KB088334

Data Structures with JAVA

자바와 함께하는 자료구조의 이해

개정판

양성봉 지음

생능출판

저자 소개

양성봉
연세대학교 공과대학, 학사
University of Oklahoma, 컴퓨터과학, 석사
University of Oklahoma, 컴퓨터과학, 박사
연세대학교 컴퓨터과학과 교수
현재 연세대학교 컴퓨터과학과 명예교수

자바와 함께하는 **자료구조의 이해**

제1판발행 2017년 8월 8일
제2판1쇄 2023년 1월 3일

지은이 양성봉
펴낸이 김승기
펴낸곳 (주)생능출판사 / **주소** 경기도 파주시 광인사길 143
출판사 등록일 2005년 1월 21일 / **신고번호** 제406-2005-000002호
대표전화 (031)955-0761 / **팩스** (031)955-0768
홈페이지 www.booksr.co.kr

책임편집 김민보 / **편집** 신성민, 이종무, 유제훈 / **디자인** 유준범, 표혜린
마케팅 최복락, 김민수, 심수경, 차종필, 백수정, 송성환, 최태웅, 명하나, 김민정
인쇄 성광인쇄(주) / **제본** 일진제책사

ISBN 978-89-7050-686-9 93000
정가 28,000원

머리말

컴퓨터를 체계적으로 배우려면 자바, C, C++, 파이썬과 같은 언어 중 적어도 하나의 언어를 어려움 없이 구사할 수 있어야 하고, 그다음엔 반드시 자료구조를 이해하여야 한다. 아무리 프로그래밍 언어를 잘 이해하고 있더라도 자료구조에 대한 기본지식 없이 실제 응용을 위한 효율적인 소프트웨어를 작성하는 것은 거의 불가능하다. 이는 한글을 깨우치자마자 시나 소설을 쓸 수 없는 것과 같은 이치이다.

자바는 PC에서 데이터 센터, 게임 콘솔에서 슈퍼컴퓨터, 핸드폰에서 인터넷까지 거의 모든 플랫폼에서 수행되는 프로그래밍 언어로서 다른 언어에 비해 소프트웨어를 개발하는 데 매우 유용한 프로그래밍 환경을 제공한다. 자바 언어는 특히 수행 성능의 최적화가 필요한 소프트웨어 개발에 매우 적합하여 소프트웨어 개발자들이 가장 선호하는 프로그래밍 언어이다.

본서는 자료구조의 이해에 있어 가장 기본적이고 공통된 부분을 발췌, 정리함과 동시에 비교적 새로운 주제인 좌편향(Left-Leaning) 레드 블랙 트리, Tim Sort와 이중 피벗 퀵 정렬(Dual Pivot Quick Sort), 소셜 네트워크 분석(Social Network Analysis)의 응용을 추가하였다. 본서는 기존 서적들에서 공통적으로 강조하고 있는 포인터 개념, 연결 리스트, 스택, 큐, 트리 앞부분 등은 기본적인 개념 위주로 설명하고, 자료구조의 핵심이라 할 수 있는 탐색 트리, 해싱, 우선순위 큐, 정렬, 그래프를 심도 있게 다루며, 아울러 새로운 자료구조를 추가로 소개한다.

독자들의 쉬운 이해를 위해 본서는 대부분의 자료구조를 다음의 다섯 단계에 따라 설명한다.

1. 주어진 자료구조에 대한 이해
2. 핵심 아이디어 소개
3. 예제
4. 자바 프로그램
5. 수행 시간 분석

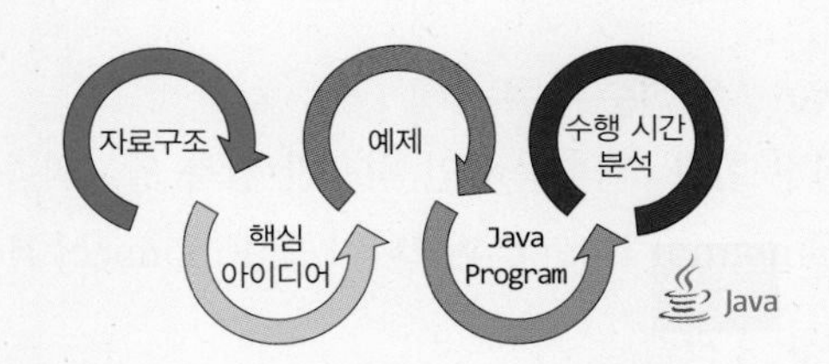

본서는 기본적으로 각 자료구조의 필요성을 소개하고, 자료구조를 이해하는 데 도움이 되는 핵심 아이디어를 살펴본다. 또한 자료구조에 대한 예제를 통해 이해를 도우며, 자바 프로그램으로 구현한 자료구조를 제시하고, 수행 시간을 분석한다. 아울러 자료구조의 응용 및 활용 분야를 살펴보고, 대부분의 자바 프로그램을 Eclipse 통합 개발 환경에서 실제로 실행시킨 결과 화면 또한 보여준다. 단, 몇몇 자료구조에 대한 자바 프로그램은 너무 길어

생략하였고 개념 위주로 서술하였다.

본서의 각 Part의 내용을 간략히 나열해보면 다음과 같다.

Part 1 자료구조를 배우기 위한 준비

자료구조와 추상 데이터 타입, 수행 시간의 분석, 수행 시간의 점근 표기법, 자바 언어의 기본 지식, 그리고 순환에 대해 살펴본다.

Part 2 리스트

배열, 단순 연결 리스트, 이중 연결 리스트, 원형 연결 리스트를 설명한다.

Part 3 스택과 큐

스택, 큐, 데크 자료구조를 다룬다.

Part 4 트리

일반적인 트리, 이진 트리, 이진 트리에서의 순회 및 기타 기본적인 연산, 집합을 위한 트리 연산으로서 Union-Find 연산을 각각 소개한다.

Part 5 탐색 트리

이진 탐색 트리, AVL 트리, 2-3 트리, 레드 블랙 트리(Left-Leaning Red Black Tree), B-트리를 소개하며, 특히 이진 탐색 트리, AVL 트리, 레드 블랙 트리는 자바 프로그램을 통하여 상세히 설명한다.

Part 6 해시 테이블

해시 함수, 충돌 해결 방법으로 선형 조사, 이차 조사, 랜덤 조사, 이중 해싱, 체이닝을 배우고, 새로운 충돌 해결 방식인 융합 해싱(Coalesced Hashing), 2-방향 체이닝(Two-Way Chaining), 뻐꾸기 해싱(Cuckoo Hashing) 을 소개하며, 재해싱과 동적 해싱을 각각 살펴본다.

Part 7 우선순위 큐

이진 힙과 그의 응용인 허프만 압축 알고리즘을 소개하고, Leftist 힙, Skew 힙, 이항 힙(Binomial Heap), 피보나치 힙(Fibonacci Heap)을 각각 소개한다.

Part 8 정렬

기본적인 정렬 알고리즘인 선택 정렬, 삽입 정렬을 다루고, 이보다 효율적인 쉘 정렬, 합병 정렬, 퀵 정렬, 힙 정렬을 살펴보며, 정렬 문제의 하한을 알아보고, 특정 환경에서 사용되는 기수 정렬과 외부 정렬을 소개한다. 또한 비교적 최근에 소개되었고 자바, 파이선, 안드로이드의 시스템 정렬로 채택된 Tim Sort와 자바의 원시 타입 시스템 정렬인 이중 피벗 퀵 정렬(Dual Pivot Quicksort)은 부록에서 소개한다.

Part 9 그래프

깊이 우선 탐색, 너비 우선 탐색을 공부하고, 기본적인 그래프 알고리즘인 위상 정렬, 이중 연결 성분, 강 연결 성분 알고리즘을 살펴본다. 또한 Kruskal, Prim, Sollin의 최소 신장 트리 알고리즘을 소개하고, Dijkstra, Bellman-Ford, Floyd-Warshall 최단 경로 알고리즘을 이해하고 분석하며 마지막으로 그래프의 응용으로서 소셜 네트워크 분석(Social Network Analysis)의 중심성(Centrality)과 커뮤니티 찾기(Community Detection)를 소개한다.

부록

상각 분석(Amortized Analysis)을 상세히 알아보고, 자바 메모리를 살펴보며, 자바의 가비지 컬렉션(Garbage Collection)의 여러 가지 방법을 소개한다. 또한 이진 탐색 트리와 관련된 이진 탐색을 소개하며, Part 4의 이진 트리를 위한 자바 프로그램을 제공하며, Tim Sort와 이중 피벗 퀵 정렬(Dual Pivot Quick Sort)을 살펴보며, 최소 신장 트리 알고리즘들이 왜 항상 정확한 해를 반환하는 지를 Cut Property의 증명을 통하여 알아본다.

본서는 자바 언어에 대한 기본 개념을 갖춘 학부 2학년생을 위하여 집필되었으나, 변리사 및 기술고시의 준비서로서도 충실한 역할을 할 것이며, 올림피아드와 같은 경시대회를 준비하는 학생들에게도 도움이 될 것이다. 또한 데이터 사이언스, 인공지능, 전자공학, 수학, 생명공학, 경영학을 전공하는 학생들에게는 자료구조를 스스로 배우고 익힐 수 있는 좋은 입문서가 되리라 생각한다. 독자들이 자료구조의 기본 개념을 이해함으로써 궁극적으로는 실세계에서 어떤 문제와 마주하더라도 효율적으로 문제를 해결하는 프로그램을 작성할 수 있게 되기를 바란다.

특히 개정판에는 270여 개의 객관식과 주관식 연습문제가 추가되었고, 대부분 각 Part의 내용에 대한 정확한 이해를 확인할 수 있도록 출제되었다. 적지 않은 수의 문제는 IT 기업의 입사 인터뷰 문제로도 손색없고, 또 기출 문제들도 포함되어 있다. 그리고 각 Part 맨뒤에는 IT회사의 Job 인터뷰 문제가 쉬어가기로 추가되었다.

일일이 다 열거할 수는 없지만, 마지막 단계에서 원고를 꼼꼼히 읽고 검토해준 양원석군의 도움에 고마움을 표한다. 또한 풍부한 저작 활동 경험으로 지속적인 조언을 아끼지 않으신 최윤철 교수님의 성원에 깊은 감사를 드린다. 아울러 이 책의 시작과 완성의 전 과정을 이끌어 주신 생능출판사 김승기 사장님과 최복락 상무님, 출판 과정에서 많이 애써 주신 김민보 차장님 및 편집 담당 관계자분들께도 진심으로 감사드린다.

2022년 10월

저자 양성봉

강의계획안

본서를 14주 동안 강의한다고 가정했을 때, 기본적인 강의 스케줄과 도전적인 강의 스케줄 중 알맞은 스케줄을 선택하여 강의할 수 있다. 기본적인 강의 스케줄은 자료구조의 기본 개념 위주의 안정된 페이스로 강의가 이루어지도록 수립하였고, 프로그램에 대한 이해는 학생들의 복습으로 남기는 것을 추천한다.

주 차	주 제
1	Part 1 자료구조를 배우기 위한 준비 (상각 분석 제외)
2	Part 2 리스트
3	Part 3 스택과 큐(스택의 응용을 선택적으로 소개)
4	Part 4 트리(4.1~4.3)
5	Part 4, 5 트리(4.4), 5.1 이진 탐색 트리(Union-Find 연산 개념 소개)
6	Part 5 탐색 트리(2-3 트리, AVL 트리)(AVL 트리 삭제 연산 제외)
7	Part 5 탐색 트리(레드 블랙 트리, B-트리)(레드 블랙 트리의 삽입 연산만 소개)
8	중간시험
9	Part 6 해시 테이블(6.1~6.3)
10	Part 6 해시 테이블(6.4~6.6)(6.5 기타 해싱 제외)(6.6 동적 해싱 제외)
11	Part 7 우선순위 큐(7.1~7.2)(7.2 Huffman Decoding 제외)(7.3 기타 우선순위 큐 제외)
12	Part 8 정렬(8.1~8.5)(코드 설명보다 개념 소개)
13	Part 8 정렬(8.6~8.9)(기수 정렬의 개념만 소개)
14	Part 9 그래프(9.1~9.4)(코드 설명보다 개념 소개)
15	Part 9 그래프(9.5~9.6)(소셜 네트워크 분석 개념만 소개)

도전적인 강의 스케줄의 경우, Part 1에서 Part 4까지는 개념 위주로 소개하고, Part 5 이후는 정상적인 페이스로 강의를 진행하는 스케줄이다. 또한 부록의 상각 분석, 자바 메모리, 가비지 컬렉션 및 새로운 정렬 알고리즘인 이중 피벗 퀵 정렬, Tim Sort를 소개하는 것도 수강생들에게 매우 유익하리라 생각된다.

주 차	주 제
1	Part 1 자료구조를 배우기 위한 준비, 부록 II 자바 메모리, 부록 III 가비지 컬렉션
2	Part 2 리스트
3	Part 3 스택과 큐
4	Part 4 트리(4.1~4.4)
5	Part 5 탐색 트리(5.1~5.2)(AVL 트리 삭제 연산 제외)
6	Part 5 탐색 트리(5.3~5.5)
7	Part 6 해시 테이블(6.1~6.3)(코드 설명보다 개념 소개)
8	중간시험
9	Part 6 해시 테이블(6.4~6.6)
10	Part 7 우선순위 큐(7.1~7.2)
11	Part7, 8 우선순위 큐(7.3), 정렬(8.1~8.4)(코드 설명보다 개념 소개)
12	Part 8 정렬(8.4~8.8), 부록 IV 이중 피벗 퀵 정렬, TimSort
13	Part 8, 9 정렬(8.9), 그래프(9.1~9.3)
14	Part 9 그래프(9.4~9.5)(코드 설명보다 개념 소개)
15	Part 9 그래프(9.5~9.6)

차례

PART 05 탐색 트리

PART 06 해시 테이블

PART 09 그래프

부록

PART 01

자료구조를 배우기 위한 준비

contents

01 자료구조를 배우기 위한 준비

Part 1에서는 자료구조와 추상 데이터 타입을 정의하고, 그 관계를 살펴보며, 자료구조의 효율성을 분석하기 위해 알고리즘의 수행 시간 분석 방법과 점근 표기법에 대해 알아본다. 또한 본서에 제공되는 자바 프로그램의 이해를 돕기 위한 자바 언어에 대한 기본적인 지식과 순환(Recursion)을 공부한다.

1.1 자료구조와 추상 데이터 타입

자료구조(Data Structure)는 일련의 동일한 타입의 데이터를 정돈하여 저장한 구성체이다. 데이터를 정돈하는 목적은 프로그램에서 저장하는 데이터에 대해 접근, 탐색, 삽입, 삭제 등의 연산을 효율적으로 수행하기 위해서이다. 따라서 자료구조를 설계할 때는 데이터와 데이터에 관련된 연산을 함께 고려하여 설계해야 한다.

자료구조를 프로그램으로 구현할 때는 데이터를 저장할 구조를 생성한 이후, 실제 저장되는 데이터를 처리하기 위한 연산을 정의해야 하는데, 추상 데이터 타입(Abstract Data Type)[1]은 이러한 관계를 정형화시킨 개념이다. 추상 데이터 타입은 데이터와 그 데이터에 대한 추상적인 연산들로써 구성된다. 여기서 '추상'은 연산을 구체적으로 어떻게 구현하여야 한다는 세부 명세를 포함하고 있지 않다는 의미이다. 자료구조는 추상 데이터 타입을 구체적(실제 프로그램)으로 구현한 것을 의미한다. 자료구조와 추상 데이터 타입의 관계는 건축 설계도와 건물의 관계와 유사하다. 건축 설계도는 건물의 용도에 따라 건물의 구조 및 형상을 그린 도면으로, 추상 데이터 타입에 해당하고, 건축 시공자가 건축 설계도에 따

1) 추상 데이터 타입은 Liskov와 Zilles에 의해 1974년에 처음 제안되었다.

라 건축 재료를 사용하여 실제로 건축한 건물은 자료구조에 해당하기 때문이다.

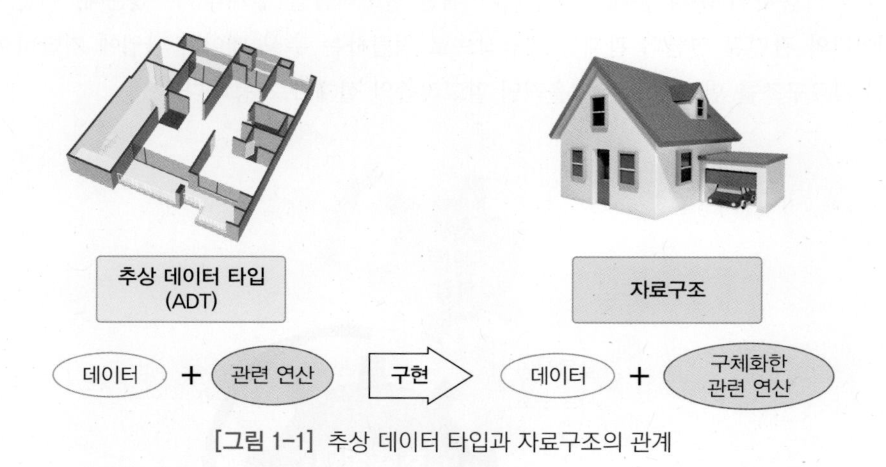

[그림 1-1] 추상 데이터 타입과 자료구조의 관계

추상 데이터 타입은 자바 언어와 같은 객체 지향 언어의 인터페이스(Interface) 개념과도 유사하다. 인터페이스의 메소드는 실제로 구현되어 있지 않은데, 이는 추상 데이터 타입에서 관련 연산이 어떻게 구현되어야 하는지에 대한 상세가 없는 것과 같은 맥락이다. 따라서 인터페이스를 클래스로 구현한 것을 자료구조라고 할 수 있다. [그림 1-2]는 추상 데이터 타입과 자바 인터페이스의 관계 및 자료구조와 자바 클래스와의 관계를 보여준다.

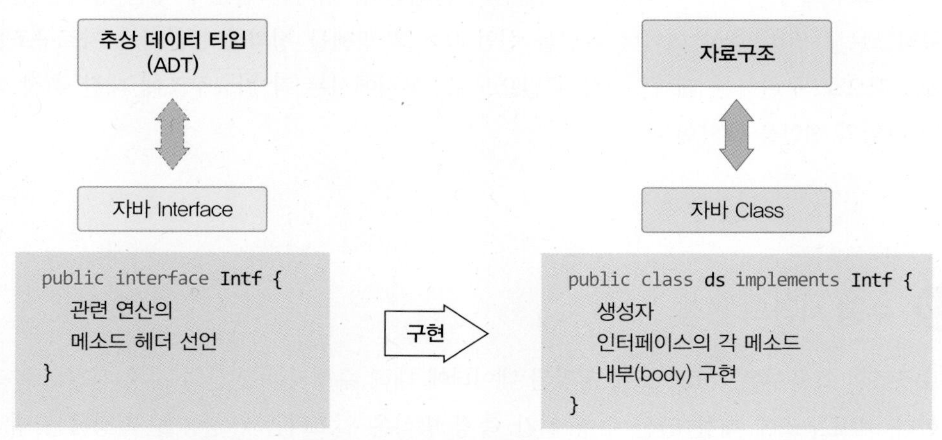

[그림 1-2] ADT, 자바 인터페이스의 관계 및 자료구조, 클래스와의 관계

실제로 자주 사용되는 자료구조로는 1차원 배열이나 연결 리스트로 구현 가능한 선형 자

료구조인 리스트, 스택과 큐, 다양한 트리, 해시테이블, 그래프 등을 들 수 있다. 이러한 자료구조를 사용하여 특정 문제를 해결하기 위한 알고리즘을 설계할 수 있는데, 이를 위해선 데이터와 관련된 연산의 관계를 개념적으로 정립하는 추상 데이터 타입에 기반하여 효율적인 자료구조를 만들어야만 효율적인 알고리즘의 설계가 가능하다.

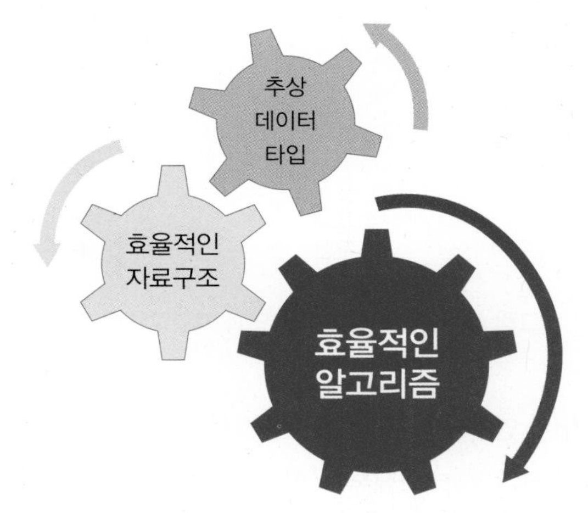

[그림 1-3] 추상 데이터 타입, 자료구조, 알고리즘의 관계

본서에서 다루는 대부분의 자료구조는 탐색, 삽입, 삭제 연산을 기본적인 연산으로 지원하며, 자료구조에 따라 추가적인 보조 연산이 존재한다. 이러한 연산에 대한 정의는 간단명료하므로 특별히 추상 데이터 타입을 선언하여 그 명세를 정의하지 않아도 자료구조를 프로그램으로 구현하는 데 큰 지장이 없으므로, 본서에서는 각 자료구조에 대한 추상 데이터 타입의 선언을 생략한다.

1.2 수행 시간의 분석

자료구조의 효율성은 자료구조에 저장된 데이터에 대해 수행되는 연산의 수행 시간으로 측정한다. 자료구조에 대한 연산 수행 시간 측정 방식은 알고리즘의 성능을 측정하는 방식과 동일하다. 알고리즘의 성능은 수행 시간을 나타내는 시간 복잡도(Time Complexity)와 알고리즘이 수행되는 동안 사용되는 메모리 공간의 크기를 나타내는 공간 복잡도(Space Complexity)에 기반하여 분석한다. 대부분의 경우 시간 복잡도만을 사용하여 알고리즘의 성능을 분석하는데, 주어진 문제를 해결하기 위한 대부분의 알고리즘이 비슷한 크기의 메모리 공간을 사용하기 때문이다.

알고리즘의 성능은 알고리즘을 구현한 프로그램을 실제로 컴퓨터에서 실행시킨 후 종료까지 소요된 시간으로 측정할 수도 있다. 하지만 실제 측정된 시간으로 알고리즘의 성능을 객관적으로 평가하는 데는 한계가 존재한다. 왜냐하면 프로그래머의 숙련도, 구현에 사용된 프로그래밍 언어의 종류 그리고 알고리즘을 실행한 컴퓨터의 성능에 따라서 수행 시간은 얼마든지 달라질 수 있기 때문이다.

따라서 알고리즘의 시간 복잡도는 알고리즘이 실행되는 동안에 사용된 기본적인 연산 횟수를 입력 크기의 함수로 나타낸다. 기본 연산(Elementary Operation)이란 탐색, 삽입이나 삭제와 같은 연산이 아닌, 데이터 간의 크기 비교, 데이터 읽기 및 갱신, 숫자 계산 등과 같은 단순한 연산을 의미한다. 본서에서는 시간 복잡도 대신에 수행 시간(Run time)을 사용한다. 알고리즘의 수행 시간은 다음과 같이 4가지의 방법으로 분석할 수 있다.

- 최악 경우 분석(Worst-case Analysis)
- 평균 경우 분석(Average-case Analysis)
- 최선 경우 분석(Best-case Analysis)
- 상각 분석(Amortized Analysis)[2]

일반적으로 알고리즘의 수행 시간은 최악 경우 분석으로 표현한다. 최악 경우 분석은 '어떤 입력이 주어지더라도 알고리즘의 수행 시간이 얼마 이상은 넘지 않는다'라는 상한(Upper Bound)을 뜻한다. 평균 경우 분석은 입력의 확률 분포를 가정하여 분석하는데, 일반적으로 균등 분포(Uniform Distribution)를 가정한다. 즉, 입력이 무작위로 주어진다고 가정한다. 최선 경우 분석은 가장 빠른 수행 시간을 분석하는 것이다. 최선 경우 분석은 거의 사용되지 않으나, 최적(Optimal) 알고리즘[3]을 찾는 데 활용되기도 한다. 상각 분석은 일련의 연산을 수행하여 총 연산 횟수를 합하고 이를 연산 횟수로 나누어 수행 시간을 분석하는 방법으로서 특정한 상황에서 최악 경우 분석보다 현실적인 분석 방법이다.

각각의 분석 방법을 등교하는데 소요되는 시간에 적용해보자. 집을 나와서 지하철역까지

2) amortize는 "분할 상환하다"라는 뜻이 있다. 그리고 상각(償却)은 "보상하여 갚는다"라는 뜻이다. 예로서 감가 상각을 들 수 있다.

3) 주어진 문제에 대해 최적 알고리즘보다 성능이 우수한 알고리즘은 존재하지 않는다.

는 5분, 지하철을 타면 학교 역까지 20분, 강의실까지는 걸어서 10분 걸린다고 가정하자. 이때 최선 경우는 집을 나와서 5분 후 지하철역에 도착하고, 운이 좋게 바로 열차를 탄 경우를 의미한다. 따라서 최선 경우 시간은 5 + 20 + 10 = 35분이다.

그러나 최악 경우는 열차에 승차하려는 순간, 열차의 문이 닫혀서 다음 열차를 기다려야 하는 경우이다. 그리고 다음 열차가 10분 후에 도착한다면, 최악 경우는 5 + 10 + 20 + 10 = 45분이다. 평균 시간은 대략 최악과 최선의 중간이라고 가정했을 때, 40분[4]이다.

(a) 최선 경우

(b) 최악 경우

(c) 평균 경우

[그림 1-4] 세 가지 경우의 학교 가는 시간

따라서 "늦어도 45분이면 학교에 간다."라고 말하면, 이는 최악 경우를 뜻한다. 이처럼 알고리즘의 수행 시간도 입력에 따라 수행 시간에 차이가 있을 수 있으므로 대부분 최악 경우로 표현한다.

상각 분석은 단순히 1회의 등교 시간을 분석하는 것이 아니라, 예를 들어, 한 학기 동안의 등교 시간을 분석해본다는 점에서 그 의미가 있다. 한 학기 동안 100번 학교에 간다고 가정하면, 최악 경우는 한 학기 동안 100 × 45 = 4,500분이 된다. 그러나 한 학기 동안에 항상 지하철만 타고 또 최악 경우인 45분만 걸린다고 가정하여 계산된 4,500분은 실제 등교 시간보다 지나치게 긴 시간이다. 실제로 어떤 날은 택시를 타고 학교에 갈 수 있고, 지하철이나 버스를 타고 학교에 갈 수도 있기 때문이다. 상각 분석은 한 학기 동안 학교에 가는데 소요된 시간을 모두 합해서 학교에 간 횟수인 100으로 나눈 값을 1회 등교 시간으로 분석한다.

4) 보다 정확히 계산하기 위해 균등 분포를 가정하면, 0분 후에 도착(최선 경우)할 확률, 1분 후에 도착할 확률, 2분 후에 도착할 확률, … 등으로 각각 같다고 가정하여 기댓값을 계산하면 5.5분이다. 그러므로 정확한 평균 시간은 35 + 5.5 = 40.5분이다.

[그림 1-5] 학교에 가는 여러 가지 교통 수단

즉, 상각 분석은 1회 연산에 대해 분석하는 것이 아니라 일련의 연산, 즉, n회의 연산을 수행한 총 시간을 n으로 나누어 1회 연산의 평균 수행 시간을 계산한다. 따라서 상각 분석이 평균 분석으로 불리는 것이 마땅하나, 상각 분석의 개념이 평균 분석보다 뒤늦게[5] 소개된 탓에 그리 불리지 못하는 것이다.

상각 분석은 입력의 확률 분포에 대한 가정이 필요 없다는 장점을 가지며, 최악 경우 분석보다 매우 정확한 분석이 가능하다. 단, 상각 분석이 가능한 알고리즘은 적은 수의 시간이 오래 걸리는 연산과 많은 수의 짧은 시간이 걸리는 연산들이 뒤섞여서 수행되는 공통점을 가지고 있다. 부록 I에서는 새 항목을 연속하여 삽입할 때 배열의 확장 연산에 대한 상각 분석을 설명한다.

1.3 수행 시간의 점근 표기법

수행 시간(Time Complexify 또는 Runtime)은 알고리즘(또는 자료구조 연산)이 수행하는 기본 연산 횟수를 입력 크기에 대한 함수로 표현한다. 이러한 함수는 주로 여러 개의 항을 가지는 다항식이므로 이를 간단히 1개의 항으로 표현하기 위해 점근 표기법(Asymptotic Notation)을 사용한다.

다음은 3가지의 대표적인 점근 표기법이다.

- O (Big-Oh)-표기
- Ω (Big-Omega)-표기
- Θ (Theta)-표기

5) 상각 분석은 Robert Tarjan에 의해 1985년에 처음 소개되었다.

O-표기의 정의

모든 $n \geq n_0$ 에 대해서 $f(n) \leq cg(n)$ 이 성립하는 양의 상수 c와 n_0 이 존재하면, $f(n) = O(g(n))$ 이다.

O-표기는 n_0 과 같거나 큰 모든 n(즉, n_0 이후의 모든 n)에 대해서 f(n)이 cg(n)보다 크지 않다는 것을 의미한다. 따라서 $f(n) = O(g(n))$은 n_0 보다 큰 모든 n에 대해서 f(n)이 양의 상수를 곱한 g(n)에 미치지 못한다는 뜻이다. 여기서 g(n)을 f(n)의 상한(Upper Bound)이라고 한다.

예를 들어 어떤 알고리즘의 수행 시간이 $2n^2+3n+5$ 라면, 양의 상수 c 값을 최고 차항의 계수인 2보다 큰 4를 택하고[6] $g(n)=n^2$ 으로 정하면, 3보다 큰 모든 n에 대해 $2n^2+3n+5<4n^2$ 이 성립한다. 따라서 $2n^2+3n+5=O(n^2)$ 이다. 물론 $2n^2+3n+5 = O(n^3)$ 도 성립하고, $2n^2+3n+5=O(2^n)$ 도 성립한다. 그러나 g(n)을 선택할 때는 정의를 만족하는 차수가 가장 낮은 함수를 선택하는 것이 원칙이다.

이렇게 가장 낮은 차수를 선택하는 이유는 과장된 표현을 피하기 위해서이다. 예를 들어 등교 시간이 최대 45분 소요되는데 이를 시간 단위로 표현할 때 "100시간 넘게는 안 걸린다"해도 맞는 말이고, "10시간 넘게는 안 걸린다"는 말도 틀린 말이 아니지만, "1시간 넘게는 안 걸린다"가 더욱 정확한 표현이기 때문이다.

[그림 1-6]은 n이 증가함에 따라 cg(n)이 n_0 이후의 모든 n에 대해서 f(n)과 같거나 큰 것을 보여준다.

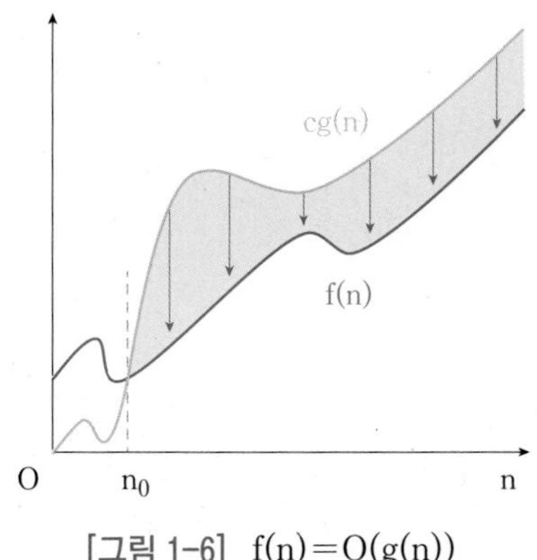

[그림 1-6] $f(n)=O(g(n))$

6) $f(n) \leq cg(n)$ 을 만족하는 가장 작은 c 값을 찾지 않아도 된다. 왜냐하면 $f(n) \leq cg(n)$ 을 만족하는 양의 상수 c와 n_0 이 존재하기만 하면 되기 때문이다.

주어진 수행 시간의 다항식에 대해 O-표기를 찾기 위해 직접 양의 상수 c와 n_0을 계산해서 $g(n)$을 찾을 수도 있다. 하지만 이보다 훨씬 간단한 방법은 다항식에서 최고 차수 항만을 취한 뒤, 그 항의 계수를 제거하여 $g(n)$을 정하는 것이다.

예제 $2n^2+3n+5$에서 최고 차수 항은 $2n^2$이고, 여기서 계수인 2를 제거하면 n^2이 된다. 따라서 $2n^2+3n+5=O(n^2)$이다.

Ω-표기의 정의

모든 $n \geq n_0$에 대해서 $f(n) \geq cg(n)$이 성립하는 양의 상수 c와 n_0이 존재하면, $f(n)=\Omega(g(n))$이다.

Ω-표기는 n_0보다 큰 모든 n에 대해서 $f(n)$이 $cg(n)$보다 작지 않다는 의미이다. 즉, $f(n)=\Omega(g(n))$은 양의 상수를 곱한 $g(n)$이 $f(n)$에 미치지 못한다는 뜻이다. 여기서 $g(n)$을 $f(n)$의 하한(Lower Bound)이라고 한다.

예제 어떤 알고리즘의 수행 시간이 $2n^2+3n+5$일 때, 양의 상수 c 값을 1로 택하고[7] $g(n)=n^2$으로 정하면, 1보다 큰 모든 n에 대해 $2n^2+3n+5>n^2$이 성립한다.

따라서 $2n^2+3n+5=\Omega(n^2)$이다. 물론 $2n^2+3n+5=\Omega(n)$도 성립하고, $2n^2+3n+5=\Omega(\log n)$도 성립한다. 그러나 $g(n)$을 선택할 때는 정의를 만족하는 가장 높은 차수의 함수를 선택하는 것이 원칙이다. [그림 1-7]은 n이 증가함에 따라 $f(n)$이 n_0 이후의 모든 n에 대해서 $cg(n)$과 같거나 큰 것을 보여준다.

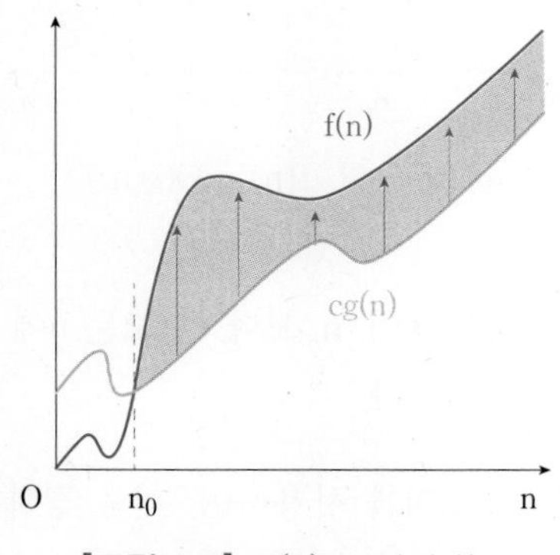

[그림 1-7] $f(n)=\Omega(g(n))$

7) O-표기와 마찬가지로 $f(n) \geq cg(n)$을 만족하는 가장 작은 양의 c 값을 반드시 찾아야 하는 것은 아니다. 왜냐하면 $f(n) \geq cg(n)$을 만족하는 양의 상수 c와 n_0이 존재하기만 하면 되기 때문이다.

주어진 수행 시간의 다항식에 대해 Ω-표기를 찾는 방법은 양의 상수 c와 n_0 을 찾아내어 g(n)을 찾을 수 있지만, O-표기를 찾을 때와 같이 다항식에서 최고 차수의 항만을 취하고 그 항의 계수를 제거하여 g(n)을 찾을 수도 있다.

예제 $2n^2+3n+5$ 에서 최고 차항은 $2n^2$ 이고, 여기서 계수인 2를 제거하면 n^2 이 된다. 따라서 $2n^2+3n+5=\Omega(n^2)$ 이다.

Θ-표기의 정의

모든 $n \geq n_0$ 에 대해서 $c_1 g(n) \geq f(n) \geq c_2 g(n)$ 이 성립하는 양의 상수 c_1, c_2, n_0 이 존재하면, $f(n)=\Theta(g(n))$ 이다.

Θ-표기는 수행 시간의 O-표기와 Ω-표기가 동일한 경우에 사용한다. 따라서 $2n^2+3n+5=O(n^2)$ 과 동시에 $2n^2+3n+5=\Omega(n^2)$ 이므로, $2n^2+3n+5=\Theta(n^2)$ 이다. $\Theta(n^2)$ 은 n^2 과 $(2n^2+3n+5)$ 가 유사한(거의 같은) 증가율을 가지고 있는 것을 뜻한다. 따라서 $2n^2+3n+5 \neq \Theta(n^3)$ 이고, $2n^2+3n+5 \neq \Theta(n)$ 이다.

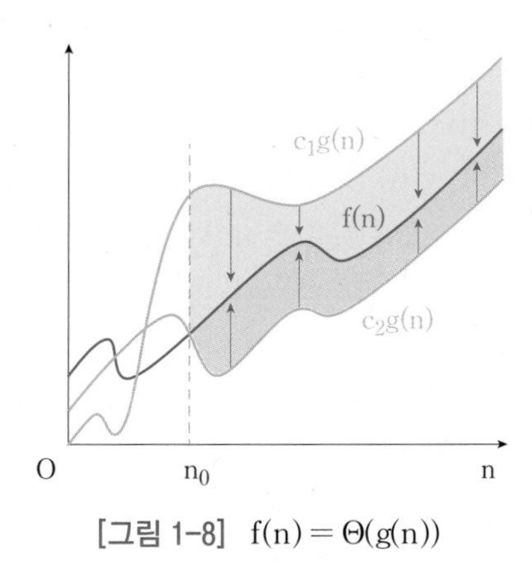

[그림 1-8] $f(n)=\Theta(g(n))$

[그림 1-8]은 n이 증가함에 따라 f(n)이 n_0 보다 큰 모든 n에 대해서 $c_1 g(n)$ 보다 크지 않고 $c_2 g(n)$ 보다 작지 않은 것을 보여준다.

알고리즘의 수행 시간은 주로 O-표기를 사용하며, 더욱 정확히 표현하기 위해 Θ-표기를 사용하기도 한다. 다음은 컴퓨터 분야에서 수행 시간을 위해 자주 사용되는 함수의 O-표기와 이름이다.

- $O(1)$ 상수 시간(Constant Time)
- $O(\log n)$ 로그(대수) 시간(Logarithmic Time)
- $O(n)$ 선형 시간(Linear Time)
- $O(n \log n)$ 로그 선형 시간(Log-linear Time)
- $O(n^2)$ 이차 시간(Quadratic Time)
- $O(n^3)$ 삼차 시간(Cubic Time)
- $O(2^n)$ 지수 시간(Exponential Time)

상수 시간 $O(1)$은 입력 크기 n이 증가하더라도 항상 변하지 않는 (일정한) 시간이 소요된다는 뜻이다. 그리고 k가 상수일 때, $O(n^k)$을 다항식 시간(Polynomial Time)이라고 일컫는다. [그림 1-9]는 자주 사용되는 O-표기의 포함 관계의 예를 보여준다. 이는 O-표기의 정의를 이해하기 위함이다.

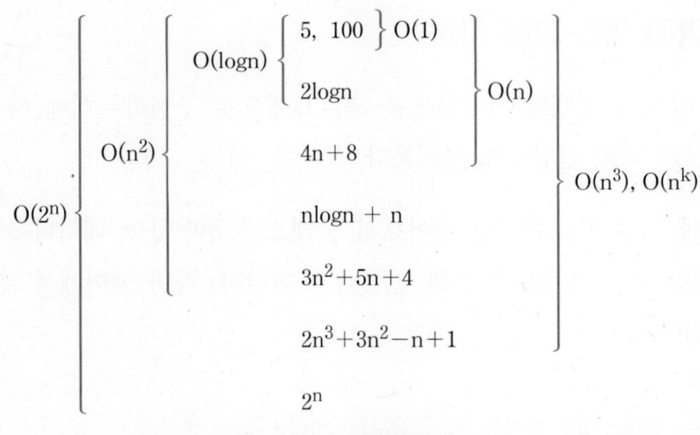

[그림 1-9] O-표기의 포함 관계

[그림 1-10]은 n이 증가함에 따라 $\log n$부터 $n!$까지 각각을 그래프로 그린 것이다. $\log n$은 거의 증가하지 않으나 $n!$이나 2^n은 n이 커짐에 따라 폭발적으로 증가하는 것을 볼 수 있다. 단, $O(1)$은 n이 증가하여도 일정한 높이를 갖는다.

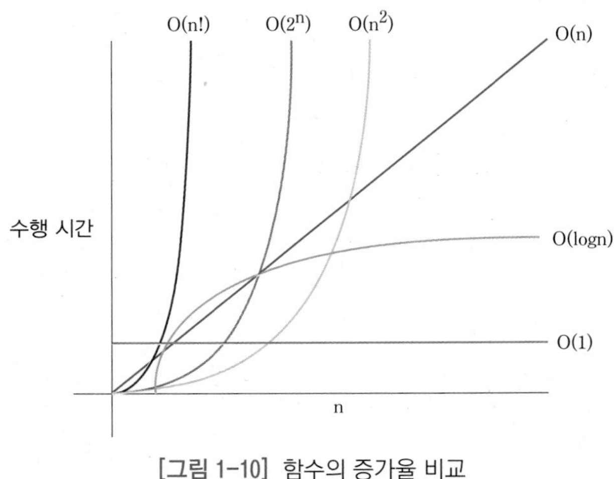

[그림 1-10] 함수의 증가율 비교

1.4 자바 언어에 대한 기본 지식

Part 1.4에서는 앞으로 소개할 자료구조를 프로그램으로 구현하는데에 사용된 자바 언어의 기본적인 구문에 대해 간단하게 살펴본다.

자바 언어는 객체 지향 프로그래밍 언어로서 클래스를 선언하여 데이터를 저장하고 메소드(Method)를 선언하여 객체들에 대한 연산을 구현한다. 자바 언어에서 클래스는 다음과 같은 구조를 가진다.

```
01 public class 클래스 이름 {
02         인스턴스 변수; // 멤버 변수라고도 함
03         객체 생성자;
04         생성된 객체에 대한 연산을 위한 메소드;
05 }
```

인스턴스 변수는 객체에 정보를 저장하기 위해 선언한다. 실제로 객체를 생성하기 위한 객체 생성자(Constructor)를 클래스 내부에 선언하며, 객체 혹은 객체 내부 인스턴스 변수에 대한 연산을 수행하는 메소드도 정의한다. 예를 들어 학생을 객체로 표현하기 위해 Student 클래스를 다음과 같이 선언할 수 있으며 각 Student 객체는 이름과 학번을 각각

저장하는 인스턴스 변수 name과 id를 갖는다. 필요에 따라 학과, 학년, 전화번호, 주소 등과 같은 변수를 추가로 선언할 수도 있다.

```
01 public class Student {
02     private string name;
03     private int id;
04     public student(string newName, int newID) {
05         name = newName;
06         id   = newID;
07     }
08     public string getName() { return name; };
09     public int    getID()   { return id; };
10 }
```

데이터를 저장하고 있는 객체들을 위한 자료구조는 별도의 클래스로 구현하며, 자료구조 객체 내부에 저장된 객체를 탐색하고, 삭제하며, 새 객체를 삽입하는 등의 연산을 수행하는 메소드들도 자료구조의 클래스 내에 정의한다.

다음으로 메소드 안에서 객체에 대한 연산을 구현하기 위한 대표적인 자바 구문을 살펴보자.

❖ 배열(Array)은 동일한 타입의 원소들이 연속적인 메모리 공간에 할당된 기초적인 자료구조이며, 각 항목이 하나의 원소에 저장된다. 1차원 배열은 다음과 같이 선언한다.[8]

```
데이터 타입[] 배열이름 = new 데이터 타입[배열 크기];
```

```
01 int[] a = new int[10];
02 String[] s = new String[10];
03 Student[] st = new Student[100];
```

❖ if-문은 조건문으로서 다음과 같이 하나 또는 여러 가지 조건을 검사하도록 선언할 수 있다. 조건식이 true이면 해당 명령문을 수행하고, false이면 else의 명령문을 수행한다.

8) 다른 선언 방식도 있으나 유사하므로 생략한다. 또한 다차원 배열도 생략한다.

```
01 if (조건식) {
02     명령문;
03 } else {
04     명령문;
05 }
```

```
01 if (조건식) {
02     명령문;
03 } else if (조건식) {
04     명령문;
05 :
06 } else {
07     명령문;
08 }
```

❖ 반복문에는 for-문과 while-문이 있다. for-문은 두 가지 방식으로 사용 가능한데, 초기화식, 조건식, 증감식을 통해 반복을 제어하는 방식과 배열의 모든 원소를 차례로 읽으며 명령문을 처리하는 방식을 사용할 수 있다. while-문은 조건식이 만족하는 동안에만 반복 수행된다.

```
01 for (초기화식; 조건식; 증감식) {
02     명령문;
03 }
```

```
01 for (데이터 타입 변수; 배열) {
02     명령문;
03 }
```

```
01 while (조건식) {
02     명령문;
03 }
```

❖ Comparable은 java.lang에 다음과 같이 선언된 인터페이스로서 객체의 하나의 멤버만을 기준으로 객체를 비교할 때 사용되며, compareTo 메소드만을 가진다.

```
01 public interface Comparable {
02     public int compareTo(T other);
03 }
```

x.compareTo(y)는

- x 〈 y이면 음수
- x = y이면 0
- x 〉 y이면 양수를 반환한다.

Comparable 인터페이스는 같은 클래스의 객체들을 비교할 때 사용되며, 일반적으로 compareTo 메소드를 재정의하여 두 개의 객체를 비교한다. 그러나 String, Date, Integer, Character, Double 등의 Wrapper 클래스에는 이미 Comparable 인터페이스가 구현되어 있으므로 compareTo 메소드를 재정의할 필요가 없다. Comparable 인터페이스는 일반적으로 다음과 같이 선언하여 사용한다.

```
01  public class 클래스_이름 implements Comparable<클래스_이름> {
02          ⋮
03          public int compareTo(클래스_이름 other) {
04          ⋮
05          }
06  }
```

❖ Comparator는 java.util에 다음과 같이 선언된 인터페이스로서, 이를 이용하여 한 프로그램 내에서 동일한 타입의 객체들을 여러 개의 멤버를 기준으로 비교할 수 있으며, compare 메소드를 가진다. 반면에 Comparable은 동일한 타입의 객체들을 1개의 멤버를 기준으로 한 정렬만 허용한다.

```
01  public class Comparator {
02          public int compare(T first, T second);
03  }
```

Comparator 인터페이스는 일반적으로 비교에 기준이 되는 멤버를 위한 별도의 클래스를 다음과 같이 선언하여 사용한다.

```
01  public class 클래스_이름 implements Comparator<클래스_이름> {
02          ⋮
03          public int compare(클래스 이름 first, 클래스_이름 second) {
04          ⋮
05          }
06  }
```

❖ import 문은 자바 언어에 이미 정의된 클래스를 사용하기 위한 선언문이다.

```
import 메인_패키지_이름.서브_패키지_이름. … .클래스_이름;
```

Java.lang은 기본적으로 자바에서 제공하는 패키지로서 import할 필요가 없다. 본서에서는 유용한 유틸리티를 제공하는 패키지인 java.util의 다음과 같은 클래스를 import하여 사용한다.

- import java.util.ArrayList;
- import java.util.LinkedList;
- import java.util.List;
- import java.util.Queue;
- import java.util.PriorityQueue;
- import java.util.NoSuchElementException;
- import java.util.EmptyStackException;

1.5 순환

순환(Recursion)[9]은 메소드의 실행 과정 중 메소드 자신을 호출하는 것이다. 순환은 팩토리얼, 조합을 계산하기 위한 식의 표현, 무한한 길이의 숫자 스트림 만들기, 분기하여 자라나는 트리 자료구조를 만드는 데 사용되며, 프랙털(Fractal) 등의 기본 개념으로도 사용된다.

$n! = n \cdot (n-1)!$

$\binom{n}{k} = \binom{n-1}{k-1} + \binom{n-1}{k}$

$F_n = F_{n-1} + F_{n-2},\ F_0 = 0,\ F_1 = 1$

$X_n = (aX_{n-1} + c)\%m,\ X_0 = seed$

[그림 1-11] 순환의 개념

메소드가 자기 자신을 호출하려면 무한 호출을 방지해야 한다. 다음의 자바 프로그램을 실행시켜보면 StackOverflowError가 발생하는데, 그 이유는 순환 호출을 중단시킬 수

9) 재귀 호출이라고도 한다.

없기 때문이다.

```
01 public class Recurson {
02     public void recurse() {
03         System.out.println("*");;
04         recurse();
05     }
06     public static void main(String[] args) {
07         Recursion r = new Recursion();
08         r.recurse();
09     }
10 }
```

```
Problems  Javadoc  Declaration  Console
<terminated> Recursion [Java Application] C:₩Program Files₩Java₩jdk1.8.0_121₩bin₩javaw.exe
*
*
*
Exception in thread "main" java.lang.StackOverflowError
        at sun.nio.cs.ext.DoubleByte$Encoder.encodeLoop(DoubleByte.java:617)
        at java.nio.charset.CharsetEncoder.encode(CharsetEncoder.java:579)
        at sun.nio.cs.StreamEncoder.implWrite(StreamEncoder.java:271)
        at sun.nio.cs.StreamEncoder.write(StreamEncoder.java:125)
```

이러한 무한 호출을 방지하려면 메소드에 매개 변수를 전달하여, 자신을 호출할 때마다 변수를 감소시키고, 메소드 내부의 if-문으로 변수를 검사해야 한다. 예를 들어 다음의 프로그램과 같이 count가 0과 같거나 작은지 검사하여 count가 0보다 작으면 더 이상 메소드를 호출하지 않도록 제어해야 한다.

```
01 public class Recurson {
02     public void recurse(int count) {
03         if (count <= 0)
04             System.out.println(".");
05         else {
06             System.out.println(count+" *");
07             recurse(count - 1);
08         }
09     }
```

```
10      public static void main(String[] args) {
11          Recursion r = new Recursion();
12          r.recurse(5);
13      }
14  }
```

```
Problems  Javadoc  Declaration  Console
<terminated> Recursion [Java Application] C:₩Progran
5 *
4 *
3 *
2 *
1 *
.
```

순환으로 구현된 메소드는 두 부분으로 구성된다. 하나는 기본(Base) case이고, 다른 하나는 순환 case이다. 기본 case는 스스로를 더 이상 호출하지 않는 부분이고, 순환 case는 스스로를 호출하는 부분이다. 따라서 무한 호출을 방지하기 위해 선언한 변수 또는 수식의 값이 호출이 일어날 때마다 순환 case에서 감소되어[10] 최종적으로 if-문의 조건식에서 기본 case를 실행하도록 제어해야 한다.

예제 다음은 팩토리얼을 순환을 통해 계산하는 자바 프로그램이다. Line 10에서 factorial(4)로 메소드를 호출하며 [그림 1-12]의 번호 순서대로 수행되어 24를 출력한다.

```
01  public class Factorial {
02      public static int factorial(int n) {
03          if (n <= 1)
04              return 1;
05          else
06              return n*factorial(n-1);
07      }
08      public static void main(String[] args) {
09          int result;
10          result = factorial(4);
```

10) 물론 호출할 때마다 변수가 증가하더라도 if의 조건식으로 기본 경우가 실행되도록 조절할 수 있다.

```
11          System.out.println(result);
12      }
```

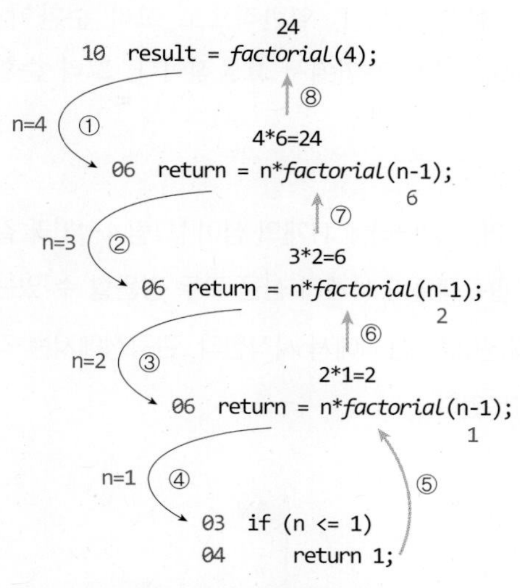

[그림 1-12] 4!의 계산 수행 순서

사실 팩토리얼은 반복문을 사용하여 순환을 사용한 경우보다 훨씬 빠르게 계산할 수 있다. 다음의 자바 프로그램은 반복문으로 팩토리얼을 계산한다. 반복문을 이용한 계산은 메소드 호출로 인해 시스템 스택[11]을 사용하지 않으므로 순환을 이용한 계산보다 매우 간단하며 메모리도 적게 사용한다.

```
01 public class Factorial {
02     public static void main(String[] args) {
03         int n = 4;
04         int result = 1;
05         for (int i = 1; i <= n; i++)
06             result = result * i;
07         System.out.println(result);
08     }
09 }
```

11) 시스템 스택은 부록 II (자바 메모리)에 상세히 설명되어 있다.

메소드의 마지막 부분에서 순환하되 호출 후 되돌아왔을 때 수행할 연산이 없는 경우를 꼬리 순환(Tail Recursion)이라 한다. 앞에서 설명한 팩토리얼을 계산하는 메소드는 메소드의 마지막에서 순환 호출을 하지만 호출 후 되돌아왔을 때 line 06에서 n과 반환된 값을 곱해야 하므로 꼬리 순환이 아니다. 일반적으로 꼬리 순환이 최적화되면 반복문으로 변환되어 수행되므로 메모리 사용 측면에서 효율적이다. 꼬리 순환에 관한 예제는 연습문제에서 다룬다.

예제 남태평양에 있는 어느 섬나라에 11개의 섬이 [그림 1-13]과 같이 다리로 연결되어 있다. 이 섬나라의 관광청에서는 관광객들이 11개의 섬을 모두 방문할 수 있는, 순서가 다른 3개의 관광 코스를 만들었다. 각 코스의 관광은 섬 H에서 시작한다. 관광청에서는 각 관광 코스의 방문 순서를 다음과 같은 규칙을 따라 만들었다.

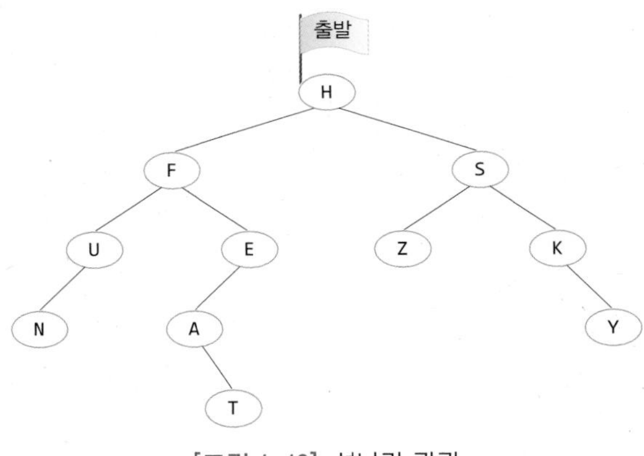

[그림 1-13] 섬나라 관광

- A-코스: 섬에 도착하면 항상 도착한 섬을 먼저 관광하고, 그다음엔 왼쪽 섬으로 관광을 진행한다. 왼쪽 방향의 모든 섬을 방문한 후에는 오른쪽 섬으로 관광을 진행한다.

```
01 public void A_Course(Node n) { // A-코스
02     if (n != null) {
03         System.out.print(n.name+"-> "); // 섬 n 방문
04         A_Course(n.left);   // n의 왼쪽으로 진행
05         A_Course(n.right); // n의 오른쪽으로 진행
06     }
07 }
```

• B–코스: 섬에 도착하면 도착한 섬의 관광을 미루고, 먼저 왼쪽 섬으로 관광을 진행하고 왼쪽 방향의 모든 섬을 방문한 후에 돌아와서 섬을 관광한다. 그 다음엔 오른쪽 섬으로 관광을 같은 방식으로 진행한다. 예를 들어 섬 H는 왼쪽 방향의 섬 F, U, N, E, A, T를 모두 관광한 다음에 관광한다.

```
01  public void B_Course(Node n) { // B-코스
02      if (n != null) {
03          B_Course(n.left); // n의 왼쪽으로 진행
04          System.out.print(n.name+"-> "); // 섬 n 방문
05          B_Course(n.right); // n의 오른쪽으로 진행
06      }
07  }
```

• C–코스: 섬에 도착하면 도착한 섬의 관광을 미루고, 먼저 왼쪽 섬으로 관광을 진행하고 왼쪽 방향의 모든 섬을 관광한 후에 돌아와서, 오른쪽 섬으로 관광을 진행한다. 오른쪽 방향의 모든 섬을 관광한 후에 돌아와서, 관광을 미루었던 섬을 관광한다. 예를 들어 섬 H는 왼쪽 방향의 섬 F, U, N, E, A, T를 모두 관광하고 오른쪽 방향의 모든 섬 S, Z, K, Y를 관광한 다음에 마지막으로 관광한다.

```
01  public void C_Course(Node n) { // C-코스
02      if (n != null) {
03          C_Course(n.left); // n의 왼쪽으로 진행
04          C_Course(n.right);// n의 오른쪽으로 진행
05          System.out.print(n.name+"-> "); // 섬 n 방문
06      }
07  }
```

A–코스의 관광 순서는 H → F → U → N → E → A → T → S → Z → K → Y이고, B–코스의 순서는 N → U → F → A → T → E → H → Z → S → K → Y이며, C–코스는 N → U → T → A → E → F → Z → Y → K → S → H 순이다. 이 섬나라의 3개의 관광 코스 순서를 계산하는 자바 프로그램은 다음과 같다.

```
01 public class Travel {
02     private Node start; // 시작 섬
03     public Travel( ) { start = null; } // 여행 생성자
04     public class Node {
05         private char name; // 섬 이름
06         private Node left, right; // 섬 사이의 다리 연결
07         public  Node( char newIsland, Node lt, Node rt ) { // 섬 생성자
08             name = newIsland; left = lt; right = rt; }
09     }
10     public Node map() { // 지도 만들기
11         Node n1 = new Node('H', null, null); Node n2 = new Node('F', null, null);
12         Node n3 = new Node('S', null, null); Node n4 = new Node('U', null, null);
13         Node n5 = new Node('E', null, null); Node n6 = new Node('Z', null, null);
14         Node n7 = new Node('K', null, null); Node n8 = new Node('N', null, null);
15         Node n9 = new Node('A', null, null); Node n10 = new Node('Y', null, null);
16         Node n11 = new Node('T', null, null);
17         n1.left = n2;   n1.right = n3;   // n1의 왼쪽 섬 -> n2,  n1의 오른쪽 섬 -> n3
18         n2.left = n4;   n2.right = n5;   // n2의 왼쪽 섬 -> n4,  n2의 오른쪽 섬 -> n5
19         n3.left = n6;   n3.right = n7;   // n3의 왼쪽 섬 -> n6,  n3의 오른쪽 섬 -> n7
20         n4.left = n8;   n5.left = n9;    // n4의 왼쪽 섬 -> n8,  n5의 왼쪽 섬 -> n9
21         n7.right = n10;  n9.right = n11;  // n7의 오른쪽 섬 -> n10,  n9의 오른쪽 섬 -> n11
22         return n1; // 시작 섬 반환
23     }
24     public void A_Course(Node n) { // A-코스
25         if (n != null) {
26             System.out.print(n.name+"-> "); // 섬 n 방문
27             A_Course(n.left); // n의 왼쪽으로 진행
28             A_Course(n.right);// n의 오른쪽으로 진행
29         }
30     }
31     public void B_Course(Node n) { // B-코스
32         if (n != null) {
33             B_Course(n.left); // n의 왼쪽으로 진행
34             System.out.print(n.name+"-> "); // 섬 n 방문
35             B_Course(n.right);// n의 오른쪽으로 진행
36         }
37     }
```

```
38      public void C_Course(Node n) { // C-코스
39          if (n != null) {
40              C_Course(n.left); // n의 왼쪽으로 진행
41              C_Course(n.right);// n의 오른쪽으로 진행
42              System.out.print(n.name+"-> "); // 섬 n 방문
43          }
44      }
45      public static void main(String[] args) {
46          Travel t = new Travel(); // 여행 객체 t 생성
47          t.start = t.map();         // t의 시작 섬을 n1로
48          System.out.print("A-코스:  ");    t.A_Course(t.start);
49          System.out.print("\nB-코스:  "); t.B_Course(t.start);
50          System.out.print("\nC-코스:  "); t.C_Course(t.start);
51      }
52  }
```

섬나라의 3가지 관광 코스는 Part 4에서 이진 트리의 순회(트리의 노드를 방문하는 방법)를 소개할 때 다시 상세히 다룬다. [그림 1-14]는 3개의 관광 코스 순서를 출력한 결과이다.

```
Problems  Javadoc  Declaration  Console
<terminated> Travel [Java Application] C:₩Program Files₩Java₩jdk1.8.0_121₩bin₩javaw.exe
A-코스:  H-> F-> U-> N-> E-> A-> T-> S-> Z-> K-> Y->
B-코스:  N-> U-> F-> A-> T-> E-> H-> Z-> S-> K-> Y->
C-코스:  N-> U-> T-> A-> E-> F-> Z-> Y-> K-> S-> H->
```

[그림 1-14] 프로그램의 수행 결과

일반적으로 순환은 프로그램(알고리즘)의 가독성을 높일 수 있지만 시스템 스택을 사용하기 때문에 메모리 사용 측면에서 비효율적이다. 그러나 반복문으로 변환하기 어려운 순환도 존재하며, 억지로 반복문으로 변환하는 경우 프로그래머가 시스템 스택의 수행을 처리해야 하므로 프로그램이 매우 복잡해질 수밖에 없다. 또한 엄밀하게 따져보았을 때 반복문으로 변환된 프로그램의 수행 속도가 순환으로 구현된 프로그램보다 항상 빠르다는 보장도 없다.

[Coin] 동전

캄캄한 방의 테이블 위에 동전 20개가 있다. 그중 12개는 앞면이 위로 향하고, 8개는 뒷면이 위로 향하고 있다. 이 동전 20개를 두 그룹으로 나누되 각 그룹에 있는 앞면이 위로 향한 동전 수가 같도록 두 그룹으로 나누어라. 단, 동전을 만져서 앞뒤를 구분할 수 없다.

답

20개의 동전을 12개와 8개로 두 그룹으로 나눈다. 나눌 때는 단순히 개수만 카운트한다. 만일 그림처럼 12개가 있는 그룹에 7개가 앞면이 위를 향하고 있다면, 8개가 있는 그룹에는 12 − 7 = 5개가 앞면이 위를 향하고 있을 것이다. (그래야 총 12개가 앞면이 위를 향하니까)

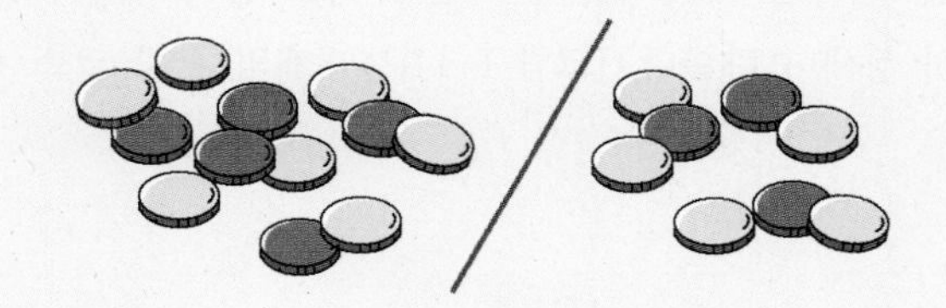

이제 12개가 있는 그룹의 동전들을 모두 뒤집어 놓는다.

그러면 앞면이 위로 향한 동전 수는 12 − 7 = 5개가 된다. 왜냐면 뒤집기 전에 7개가 앞면이 위로 향하고 있었으므로. 따라서 12개가 있는 그룹과 8개가 있는 그룹에 앞면이 위로 향한 동전 수는 5개씩 같다.

일반적으로 동전이 n개 있고, h개가 앞면이 위로 향하고 있다면, 동전을 h개와 n−h개의 두 그룹으로 나눈 뒤, h개가 있는 그룹의 동전들을 모두 뒤집으면, 각 그룹에 있는 앞면이 위로 향한 동전 수는 같다.

요약

- 자료구조는 일련의 동일한 타입의 데이터를 정돈하여 저장한 구성체이다.
- 추상 데이터 타입은 데이터와 그 데이터에 관련된 추상적인 연산들로서 구성된다. 추상적이란 연산을 구체적으로 어떻게 구현하여야 한다는 상세를 포함하고 있지 않다는 뜻이다. 자료구조는 추상 데이터 타입을 구체적(실제 프로그램)으로 구현한 것이다.
- 수행 시간은 알고리즘이 수행하는 기본적인 연산 횟수를 입력 크기에 대한 함수로 표현한다.
- 알고리즘의 수행 시간 분석 방법: 최악 경우, 평균 경우, 최선 경우 분석, 상각 분석
- 점근 표기법: 입력 크기가 증가함에 따른 수행 시간의 간단한 표기법
    - O(Big-Oh)-표기: 점근적 상한
    - Ω(Big-Omega)-표기: 점근적 하한
    - Θ(Theta)-표기: 동일한 증가율
- 자바 언어는 객체 지향 프로그래밍 언어로서 클래스를 선언하여 데이터를 객체에 저장하고 메소드(Method)를 선언하여 객체들에 대한 연산을 구현한다.
- Comparable 인터페이스는 같은 타입의 객체를 비교하는 데 사용되며, compareTo 메소드를 재정의하여 두 개의 객체를 비교한다.
- Comparator는 프로그램 내에서 동일한 타입의 객체들을 여러 개의 멤버를 기준으로 비교하는 데 사용되며, 비교 기준이 되는 각 멤버에 대해 새로운 클래스를 선언해야 한다.
- 순환(Recursion)은 메소드가 스스로를 호출하는 것이다.
- 순환으로 구현된 메소드는 두 부분으로 구성된다.
    - 기본(Base) case: 순환 호출하지 않는 부분
    - 순환 case: 스스로를 호출하는 부분
- 무한 호출을 방지하기 위해 선언한 변수 또는 수식의 값이 호출이 일어날 때마다 순환 case에서 감소하여 최종적으로 if-문의 조건식에서 기본 case를 실행하도록 제어한다.
- 꼬리 순환(Tail Recursion): 메소드의 마지막 부분에서 순환하는 것으로서 호출이 끝난 뒤 메소드

에서 수행할 것이 남아있지 않는 경우의 순환 호출을 뜻한다. 꼬리 순환은 최적화되면 반복문으로 변환되어 수행되므로 메모리 사용 측면에서 효율적이다.

- 일반적으로 순환은 프로그램(알고리즘)의 가독성을 높일 수 있다는 장점이 있지만, 시스템 스택을 사용하기 때문에 메모리 사용 측면에서는 비효율적이다.

연습문제

1.1 다음의 괄호 안에 알맞은 말을 채워 넣어라.

a) 일련의 동일한 타입의 데이터를 정돈하여 저장한 구성체를 [ ]라고 한다.
b) 알고리즘의 성능은 [ ] 복잡도와 [ ] 복잡도에 기반하여 분석한다.
c) 알고리즘의 시간 복잡도는 알고리즘이 실행되는 동안에 사용된 [ ] 횟수를 입력 크기의 [ ]로 나타낸다.

1.2 다음 중 자료구조의 설명으로 거리가 가장 먼 것은?

① 데이터에 관련된 연산을 효율적으로 수행할 수 있도록 데이터를 메모리에 저장하는 것이 바람직하다.
② 서로 다른 타입의 객체를 효율적으로 저장한다.
③ 저장된 데이터에 관련된 대표적인 연산은 탐색, 삽입, 삭제, 갱신 연산이다.
④ 효율적인 자료구조는 효율적인 알고리즘의 필수 조건이다.
⑤ 답 없음

1.3 다음 중 자료구조가 아닌 것은?

① 연결 리스트 ② 트리
③ 스택 ④ 정렬
⑤ 답 없음

1.4 다음 중 추상 데이터 타입에 대한 설명으로 가장 거리가 먼 것은?

① 프로그래머는 추상 데이터 타입을 import하여 사용한다.
② 자바의 인터페이스와 유사한 개념을 가지고 있다.
③ 데이터와 데이터에 관련된 연산의 정의이다.
④ 데이터 타입을 위한 수학적 모델이라고 할 수 있다.
⑤ 답 없음

1.5 다음 중 알고리즘의 수행 시간 분석이 아닌 것은?

① 최선 경우 분석 ② 최악 경우 분석
③ 평균 경우 분석 ④ 감가 상각 분석
⑤ 답 없음

1.6 다음 중 알고리즘의 수행 시간을 분석하기 위한 기본 연산이 아닌 것은?

① 탐색 연산
② 데이터의 크기 비교
③ 단순한 계산
④ 1개의 항목 읽기 또는 삭제
⑤ 답 없음

1.7 다음 중 수행 시간 분석에 관한 설명 중 옳지 않은 것은?

① 최선 경우 분석은 최적해를 찾는 데 사용되기도 한다.
② 최악 경우 분석은 상한의 의미가 있다.
③ 평균 경우 분석은 모든 입력에 대한 수행 시간을 입력 수로 나누어 계산한다.
④ 상각 분석은 일련의 연산을 수행하는 데 걸리는 총 시간을 연산 수로 나누어 계산한다.
⑤ 답 없음

1.8 다음의 상각 분석에 대한 설명 중 옳은 것은?

① 입력 데이터의 확률분포에 기반하여 평균 시간을 분석한다.
② 난수(Random Number) 생성에 기반하여 평균 시간을 분석한다.
③ 일련의 연산들이 수행된 총 시간을 수행된 연산 횟수로 나누어 평균 시간을 분석한다.
④ 서로 다른 연산들의 수행 시간의 평균으로 분석한다.
⑤ 답 없음

1.9 다음 중 입력의 크기가 증가해도 수행 시간이 변하지 않는 시간은?

① 상수 시간 ② 선형 시간
③ 이차 시간 ④ 지수 시간
⑤ 답 없음

1.10 다음 중 입력 크기가 증가함에 따라 비례하여 증가하는 시간은?

① 상수 시간 ② 선형 시간
③ 이차 시간 ④ 지수 시간
⑤ 답 없음

1.11 다음 중 입력 크기가 증가함에 따라 가장 폭발적으로 증가하는 시간은?

① 상수 시간 ② 선형 시간
③ 로그 시간 ④ 지수 시간
⑤ 답 없음

1.12 다음 중 점근 표기법을 옳게 설명한 것은?

① O-표기는 수행 시간의 하한 개념을 나타낸다.
② Ω-표기는 수행 시간의 상한 개념을 나타낸다.
③ Θ-표기는 수행 시간의 상한과 하한이 일치할 때 사용하는 표기이다.
④ 답 없음

1.13 다음 중 f(n) = O(g(n))에서 g(n)을 찾는 방법에 대한 설명 중 옳은 것은?

① f(n)에서 최고 차수 항만을 선택한 후 계수를 삭제한다.
② 최저 차수 항의 계수를 선택하여 g(n)을 계산한다.
③ f(n)을 미분하여 g(n)을 얻는다.
④ f(n)의 상수항도 g(n)을 얻는 데 항상 사용된다.
⑤ 답 없음

1.14 n개의 정렬된 정수가 저장된 배열 a에서 임의의 숫자를 삭제했을 때 최선 경우와 최악 경우 수행 시간은? 단, 숫자를 삭제 후 배열에는 a[0]에서 a[n-2]까지는 n-1개의 숫자가 저장되어있어야 한다. 즉, 삭제 후에 빈 곳을 남겨 두어서는 안 된다.

① 최선 경우는 O(1), 최악 경우는 O(1)이다.
② 최선 경우는 O(1), 최악 경우는 O(n)이다.
③ 최선 경우는 O(n), 최악 경우는 O(1)이다.
④ 최선 경우는 O(n), 최악 경우는 O(n)이다.
⑤ 답 없음

1.15 n개의 정렬된 정수가 저장된 배열에서 임의의 숫자를 삽입했을 때 최선 경우와 최악 경우 수행 시간은? 단, 숫자를 삽입한 후에도 배열은 정렬되어 있어야 한다.

① 최선 경우는 O(1), 최악 경우는 O(1)이다.

② 최선 경우는 O(1), 최악 경우는 O(n)이다.

③ 최선 경우는 O(n), 최악 경우는 O(1)이다.

④ 최선 경우는 O(n), 최악 경우는 O(n)이다.

⑤ 답 없음

1.16 n개의 정수가 저장된 배열에서 임의의 숫자를 탐색할 때 최선 경우와 최악 경우 수행 시간은?

① 최선 경우는 O(1), 최악 경우는 O(1)이다.

② 최선 경우는 O(1), 최악 경우는 O(n)이다.

③ 최선 경우는 O(n), 최악 경우는 O(1)이다.

④ 최선 경우는 O(n), 최악 경우는 O(n)이다.

⑤ 답 없음

1.17 어느 사무실에서 10인분(즉, 10컵 용) 커피 머신에서 하루 동안 커피를 컵에 담는 시간을 분석해보자. 맨 처음이나 커피 머신에 커피가 다 떨어졌을 때는 필터를 버리고 커피 가루를 담고 물을 채워서 커피가 준비되어 커피 1컵을 담는 시간은 5분이다. 그러나 커피 머신에 커피가 있다면 10초 만에 커피를 컵에 따를 수 있다. 하루에 총 100컵의 커피를 사무원들이 마신다면 최악 경우 수행 시간은?

① 50초 ② 100초

③ 50분 ④ 500분

⑤ 답 없음

1.18 문제 1.17에서 1컵의 커피를 따르는 시간을 상각 분석할 때의 시간은?

① 19초 ② 29초

③ 39초 ④ 49초

⑤ 답 없음

1.19 다음 중 점근 표기법을 옳게 표현한 것은?

① $2n^2+3n^3=O(n^2)$

② $2n^2+3n^3=\Omega(n^2)$

③ $2n^2+3n^3=\Theta(n^2)$

④ $2n^2+3n^2\log n^3=\Theta(n^2)$

⑤ 답 없음

1.20 다음 중 n이 증가함에 따라 가장 빠르게 증가하는 함수는?

① $4n^{10}+2^n$

② $4n^{10}\cdot 2^n$

③ $3n^8\cdot 3^n$

④ $2n^5\cdot 5^n$

⑤ $n^3\cdot 2^{2n}$

1.21 $f(n) = n^2\log n$이고, $g(n) = n\log^5 n$일 때 다음 중 옳은 것은?

① $f(n)=O(g(n))$ and $g(n)\neq O(f(n))$

② $g(n)=O(f(n))$ and $f(n)\neq O(g(n))$

③ $f(n)\neq O(g(n))$ and $g(n)\neq O(f(n))$

④ $f(n)=O(g(n))$ and $g(n)=O(f(n))$

⑤ 답 없음

1.22 순환에서 기본(base) 경우가 없으면 어떤 일이 일어나는지를 가장 적절하게 설명한 것은?

① 무한 루프로 인해 영원히 계속해서 수행된다.

② 수행하다가 StackOverflow 에러가 발생한다.

③ 300,000회를 순환 호출한 후에 중단된다.

④ 인터럽트 에러가 발생한다.

⑤ 답 없음

1.23 다음 중 순환에서 기본(base) 경우가 없으면 발생하는 에러는?

① Stack underflow

② Stack overflow

③ I/O 에러

④ OutOfMemory 에러

⑤ 답 없음

1.24 다음 중 순환과 반복문으로 구현된 프로그램에 관한 설명으로 옳은 것은?

① 순환으로 구현된 것이 반복문으로 구현된 것보다 항상 빨리 수행된다.

② 반복문으로 구현하는 것이 순환으로 구현하는 것보다 간단하다.

③ 순환으로 구현한 것을 반복문으로 바꿀 수 없는 경우도 있다.

④ 순환으로 구현하는 것이 반복문으로 구현한 것보다 메모리를 더 사용한다.

⑤ 답 없음

1.25 순환 호출은 최대 몇 회까지 가능한가?

① 64　　② 1024

③ 2048　　④ 4096

⑤ 답 없음

1.26 다음 중 순환으로 해결할 수 없는 문제는?

① 하노이 탑　　② 피보나치 수

③ 팩토리얼　　④ 의사 난수(pseudo random number) 생성

⑤ 답 없음

1.27 다음 메소드에 대해 f(4)를 호출한 결과는?

```
01  int f(int n) {
02      if (n <= 0)
03          return 0;
04      else
05          return n + f(n-1);
06  }
```

① 0　　② 1

③ 10　　④ 24

⑤ 답 없음

1.28 다음 메소드에 대해 f(3, 8)을 호출한 결과는?

```
01 int f(int a, int b){
02    if (b == 0)
03       return 0;
04    if (b == 1)
05       return a;
06    return a + f(a, b-1);
07 }
```

① 10　　② 15

③ 20　　④ 24

⑤ 답 없음

1.29 다음 메소드에 대해 f(12)를 호출했을 때 출력 결과는?

```
01 void f(int n) {
02     if (n == 0)
03       return;
04     System.Out.printf("%d", n%2);
05     f(n/2);
06 }
```

① 0011　　② 1000

③ 1001　　④ 1100

⑤ 답 없음

1.30 다음 메소드에 대해 f(4)를 호출한 결과는?

```
01 int f(int n) {
02    if (n == 0)
03       return n;
04    else
05       return n - f(n-1);
06 }
```

① −1　　② 0

③ 2　　④ 4

⑤ 답 없음

1.31 다음 메소드에 대해 f(2, 3)을 호출한 결과는?

```
01  int f(int a, int b) {
02    if (b == 1)
03       return a;
04    else
05       return a * f(a, b-1);
06  }
```

① 3 ② 4

③ 6 ④ 9

⑤ 답 없음

1.32 다음 메소드에 대해 f(4)를 호출한 결과는?

```
01  int f(int n) {
02    int s = 0;
03    if (n == 0)
04       return 0;
05    s = n + f(--n);
06    return s;
07  }
```

① 5 ② 6

③ 10 ④ 12

⑤ 무한 루프

1.33 다음의 두 메소드 method_f와 method_g에 대해 순환인지 아닌지 판단하라.

```
01  void method_f() {
02     method_g();
03  }
04  void method_g() {
05     method_f();
06  }
```

① 순환이다. ② 순환이 아니다.

③ 답 없음

1.34 등교 시간을 분석하는 예제에서 정확한 평균 등교 시간이 40.5분임을 보이라. 단, 열차 도착 간격이 10분일 때 열차는 분 단위로 도착하고, 즉, 1분 후, 2분 후, …, 10분 후에만 도착하고 각각의 경우에 열차가 도착할 확률은 같다.

1.35 다음은 상각 분석에 관한 문제이다. 부록 I에서는 데이터 항목을 1차원 배열에 저장할 때, 남은 공간이 없어 배열에 저장할 수 없는(overflow가 발생한) 경우 2배의 크기를 갖는 새로운 배열을 동적으로 할당받아 문제를 해결하는 과정을 설명하고 있다. 이 경우에 대해 상각 분석을 해보면 n개의 항목을 저장하기 위해 소요되는 시간은 3n을 넘지 않는다. 만약 배열 크기를 2배로 확대하는 대신 상수 크기 c만큼씩 overflow가 발생할 때마다 배열 크기를 확장하는 경우 소요되는 총 수행 시간을 분석하고, 상각 분석 시간과 비교하라. 단, 초기의 배열 크기는 c_0 이고, $c > 1$ 이다.

1.36 1차원 배열 a에 대해 삽입, 삭제, 전체 삭제의 3가지 연산을 다음과 같이 정의하자.

- 삽입 연산은 맨 마지막에 저장된 항목 다음의 빈 원소에 새 항목을 저장한다. 단, 삽입되는 항목은 a[0]부터 차례로 저장된다.
- 삭제 연산은 맨 마지막에 저장된 항목을 삭제한다.
- 전체 삭제 연산은 배열에 저장된 모든 항목을 삭제한다.

위의 3종류의 연산들이 뒤섞여 m번 수행되고 그중에 삽입 연산이 n회 수행되었을 때 상각 분석을 통해 1회 평균 수행 시간을 계산하라. 단, $m>n$ 이며, 삽입과 삭제 연산의 수행 시간은 각각 1이고, 전체 삭제 연산의 수행 시간은 삭제할 항목의 수와 같다. 또한 배열에 저장된 항목이 없을 때는 삭제나 전체 삭제 연산을 수행하지 않는다.

1.37 다음의 함수를 각각 O-표기로 표현하라.

a) $10n^2 - 3n + 9$

b) $2n^2 + n\log n + 5n$

c) $8n^3 + 3n + 5$

d) $2^n + n^3 + 5$

1.38 Part 1.3에서 설명된 3가지 점근 표기법 외에도 o(Small-Oh)-표기와 ω(Small-Omega)-표기가 있다. 이 표기들을 조사하고, 그 차이점을 설명하라.

1.39 다음의 루프의 수행 시간을 Θ-표기로 표현하라.

```
01  int s = 0;
02  for (int i = 0; i < n; i++)
03          for (int j = 0; j < n; j++)
04                  s += n;
```

1.40 다음의 루프의 수행 시간을 Θ-표기로 표현하라.

```
01  int s = 0;
02  for (int i = 0; i < n; i++)
03          for (int j = 0; j < i; j++)
04                  s += j;
```

1.41 다음의 루프의 수행 시간을 Θ-표기로 표현하라.

```
01  int s = 0;
02  for (int i = 0; i < n; i++){
03          for (int j = i+1; j <= n; j++){
04                  for (int k = 1; k <= j; k++){
05                      s = s + 1;
06          }
07  }
```

1.42 다음의 루프의 수행 시간을 Θ-표기로 표현하라.

```
01  int s = 0;
02  for (int i = 0; i <= n*n; i++)
03          for (int j = 0; j < i; j++)
04                  s += j;
```

1.43 다음의 메소드의 수행 시간을 Θ-표기로 표현하라.

```
01  public int f(int n){
02          if (n <= 0) return 0;
03          return f(n-1) + f(n-2);
04  }
```

1.44 다음의 함수들을 증가율 순으로 나열하라.

$n^{1/2}$, 5nlogn, nloglogn, 3n, 2^n, n^3, n!, 100, $nlogn^3$, n^2

1.45 다음 함수들을 점근적 크기 순서로 옳게 나열한 것을 모두 고르라. 단, O-표기는 생략되어 있다.

① $\sqrt{n} < \log n < n^2 < n\log n < 2^n < n!$

② $\log\log n < \log n < n < n^2 < n\log n < 2^n$

③ $\log n < \sqrt{n} < n < n\log n < n^2 < 2^n < n!$

④ $\sqrt{n} < \log n < n < n^2 < (\log n!) < n! < 2^n$

⑤ $(\log n)^2 < \sqrt{n} < n < n\log n < n^2 < 2^n < n!$

단, $n! \sim \sqrt{2\pi}\, n^{(n+1/2)} e^{-n}$

1.46 어느 알고리즘이 두 개의 단계로 수행되는데, 1단계는 O(n) 시간이 걸리고 2단계는 $O(n^2)$이 소요된다. 이 알고리즘의 총 수행 시간을 O(Big-Oh)-표기로 표현하시오.

1.47 어느 알고리즘이 다음과 같은 5개의 단계로 차례로 수행된다. 이 알고리즘의 총 수행시간을 O-표기로 표현해라.

1단계 O(n) 시간

2단계 $O(n^2)$ 시간

3단계 $O(n^2)$ 시간

4단계 $O(n^3)$ 시간

5단계 O(n) 시간

1.48 X가 다음과 같이 정의될 때, X(3)의 값을 계산하라.

$$X(1) = 1$$
$$X(n) = X(n-1) + 2n - 1$$

1.49 다음의 메소드에 대해 f(4)를 호출한 결과는?

```
01  public static void f(int n) {
02      System.out.print(n);
03      if ( n > 0 ) f(n-1);
04  }
```

1.50 다음의 메소드에 대해 g(4)를 호출한 결과는?

```
01  public static void g(int n) {
02      if ( n > 0 ) g(n-1);
03      System.out.print(n);
04  }
```

1.51 다음의 메소드에 대해 h(4)를 호출한 결과는?

```
01  public static void h(int n) {
02      System.out.print(n);
03      if ( n > 0 ) h(n-2);
04      System.out.print(n);
05  }
```

1.52 다음의 메소드에 대해 h(4)를 호출한 결과는?

```
01  public static void h(int n) {
02      if ( n > 0 ) {
03          h(n-1);
04          System.out.print(n);
05      }
06  }
```

1.53 다음의 메소드에 대해 f(78)을 호출한 결과는?

```
01 public static void f(int n) {
02     int  r = n % 2;
03     System.out.print("*");
04     if ( n >= 2 )
05         f(n/2);
06     System.out.printf("%d", r);
07     return;
08 }
```

1.54 다음의 메소드에 대해 g("110100111", 4)가 반환하는 값은?

```
01 public static int g(String s, int last) {
02     if (last < 0) {
03         return 0;
04     }
05     if (s.charAt(last) == '0') {
06         return 2 * g(s, last-1);
07     }
08     return 1 + 2 * g(s, last-1);
09 }
```

1.55 다음의 메소드가 무엇을 계산하는지 설명하라.

```
01 public static void t(int n) {
02     if (n > 0) {
03         t(n/2);
04         System.out.print(n % 2);
05     }
06 }
```

1.56 아래의 자바 프로그램은 Part 1.5의 팩토리얼을 순환으로 계산하는 프로그램을 꼬리 순환(tail recursion) 형태로 변형시킨 프로그램이다. 팩토리얼 값이 정확히 출력되도록 다음의 빈칸을 채우라.

```
01 public class TailRecursion {
02     public static int factorial(int n, int fact) {
03         if (n == 1)
04             return fact;
05         return factorial(_______, ___________);
06     }
07     public static void main(String[] args) {
08         System.out.println(factorial(4, 1));
09     }
10 }
```

1.57 아래의 자바 프로그램은 피보나치 숫자를 꼬리 순환으로 계산하는 프로그램이다. 피보나치 숫자 F_{10}이 출력되도록 다음의 빈칸을 채우라.

```
01 public class Fibonacci {
02 public static int fib(int n, int a, int b )  {
03     if (n == 0)
04         return a;
05     if (n == 1)
06         return b;
07     return fib(_____, _____, ______);
08   }
09
10 public static void main (String[] args)  {
11     int n = 10;
12     System.out.println("fib(" + n +") = "+ fib(n, 0, 1));
13   }
14 }
```

1.58 다음의 루프의 수행 시간을 Θ-표기로 표현하라.

```
01  int s = 0;
02  for (int i = n; i > 0; i /= 2)
03      for (int j = 0; j < i; j++)
04          s++;
```

1.59 양수와 음수가 뒤섞여 저장된 배열에서 모든 음수를 배열의 앞부분으로 이동시키려고 한다. 이때 최악 경우에 필요한 최소의 자리바꿈 횟수는? 단, 배열엔 n개의 정수가 저장되어있고, 배열 크기도 n이다. 여기서 자리바꿈이란 배열의 2개의 원소를 서로 바꾸는 것을 의미한다.

1.60 1에서 20까지의 정수를 순환을 이용하여 출력하는 자바 프로그램을 작성하라.

출력: 1 2 3 4 5 6 7 8 9 10 11 12 13 14 15 16 17 18 19 20

1.61 순환을 이용하여 1에서 n까지의 정수의 합을 계산하는 자바 프로그램을 작성하라. n = 10이면 1 + 2 + ··· + 10 = 55이므로 55를 출력한다.

1.62 입력에 주어지는 정수 n의 자릿수를 순환을 이용하여 출력하는 자바 프로그램을 작성하라. n = 1234500이면 7을 출력한다. 입력 n은 long 타입으로 선언하라. 또한 입력 n은 앞자리에 0을 가지지 않는다. 즉, 0123, 000123과 같은 입력은 고려하지 않는다.

1.63 입력에 주어지는 정수 n의 각 자릿수의 합을 순환을 이용하여 출력하는 자바 프로그램을 작성하라. n = 123456789012이면 1 + 2 + 3 + ··· + 9 + 0 + 1 + 2 = 48이므로 48을 출력한다. 정수는 long 타입을 사용하여 n의 최대 자릿수는 18이다. 또한 입력 n은 앞자리에 0을 가지지 않는다. 즉, 0123, 000123과 같은 입력은 고려하지 않는다.

1.64 입력으로 주어진 두 양의 정수의 최대 공약수(gcd)를 순환을 이용하여 출력하는 자바 프로그램을 작성하라. 예를 들어 34와 15의 gcd(24, 15) = 3이므로 3을 출력한다.

1.65 x^m을 순환을 이용하여 출력하는 자바 프로그램을 작성하라. x와 m은 각각 양의 정수이고 int 타입으로 선언하며 오버플로가 발생하지 않는 값을 가진다고 가정하라. 예를 들어 2^{10}이면 1024를 출력한다.

1.66 하노이의 탑 문제는 3개의 기둥(A, B, C)과 크기가 서로 다른 n개의 원판이 있고, 초기에 기둥 A에 n개의 원판이 크기 순서로 쌓여 있는 상태에서 다음의 2가지 조건을 모두 만족시키면서 기둥 A에 있는 원판들을 보조 기둥 B를 이용하여 기둥 C로 옮기는 것이다.

- 한 번에 1개의 원판만 이동할 수 있다.
- 큰 원판이 작은 원판 위에 있어서는 안 된다.

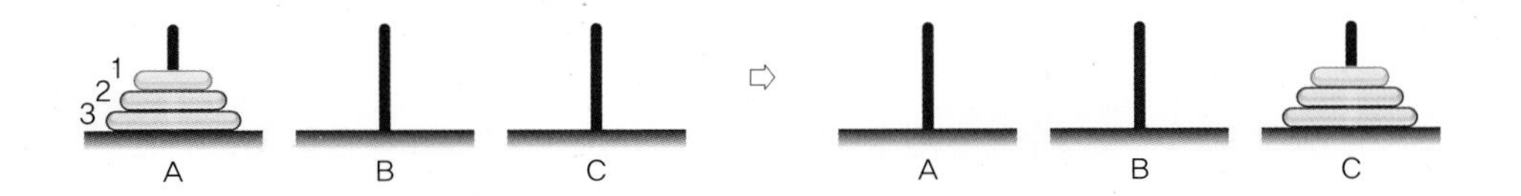

하노이 탑 문제를 해결하기 위해 순환을 이용한 자바 프로그램을 작성하라. 초기에 기둥 A에 있는 원판 수는 최대 20이고, 출력은 n = 3일 때 다음과 같이 출력한다.

```
Move disk 1 from A to C
Move disk 2 from A to B
Move disk 1 from C to B
Move disk 3 from A to C
Move disk 1 from B to A
Move disk 2 from B to C
Move disk 1 from A to C
```

PART 02

리스트

contents

02 리스트

리스트(List)는 일련의 동일한 타입의 항목(Item)들이 나열된 것을 의미한다. 실생활에서 볼 수 있는 리스트로는 학교의 학생 명단이나 시험 성적, 서점의 신간 서적, 상점의 판매 품목, 넷플릭스 순위, 빌보드 차트, 버킷 리스트 등의 다양한 예를 들 수 있다. 또한 Part 3에서 소개할 스택과 큐 자료구조도 리스트의 일종이다. 리스트에 관련된 기본 연산에는 k번째 항목을 읽는 접근, 임의의 항목을 찾는 탐색, 새 항목을 추가하는 삽입, 항목을 제거하는 삭제 연산이 있다. Part 2에서는 리스트를 1차원 배열과 다양한 연결 리스트(Linked List)로 각각 구현하고 그 장단점을 살펴본다.

2.1 배열

배열(Array)은 동일한 타입의 원소들이 연속적인 메모리 공간에 할당되어 각 항목이 하나의 원소에 저장되는 기본적인 자료구조이다. 또한 특정 원소에 접근할 때는 배열의 인덱스를 이용하여 O(1) 시간에 접근할 수 있다. 그러나 새 항목을 배열 중간에 삽입하거나 중간에 있는 항목을 삭제하면, 뒤따르는 항목들을 한 칸씩 뒤로 또는 앞으로 이동시켜야 하므로 삽입이나 삭제 연산은 항상 O(1) 시간에 수행할 수 없다.

배열은 미리 정해진 크기의 메모리 공간을 할당받은 뒤 사용해야 하므로, 빈자리가 없어 새 항목을 삽입할 수 없는 상황(Overflow)에 직면할 수도 있다. Overflow가 발생하면 에러 처리를 하여 프로그램을 정지시키는 방법이 주로 사용된다. 하지만 프로그램의 안정성을 향상시키기 위해 다음과 같은 방법을 사용할 수 있다.

핵심 아이디어

배열에 overflow가 발생하면 배열 크기를 2배로 확장한다. 또한 배열의 3/4이 비어 있다면 배열 크기를 1/2로 축소한다.

Part 2.1에서는 프로그램이 실행되는 동안에 할당된 메모리 공간을 확장 또는 축소하여 배열을 사용한다. Part 3의 스택과 큐 자료구조에서도 프로그램의 안정성 향상을 위해 동적으로 배열을 할당받아 사용한다.

[그림 2-1](a)는 크기가 8인 1차원 배열 a를 보여준다. 배열의 이름이 a이고 원소의 인덱스는 0에서 7이다. (b)는 배열의 구조를 더욱 구체적으로 표현하고 있는데, a가 배열 이름인 동시에 배열의 첫 번째 원소의 레퍼런스를 저장하고 있는 것을 보여준다. 또한 a[i]는 인덱스 i에 있는 원소를 가리키는 레퍼런스이다. 각 원소의 레퍼런스는 별도로 저장하지 않고 a가 가지고 있는 레퍼런스에 [원소의 크기(byte) × i]를 더하여 a[i]의 레퍼런스를 계산한다. 즉, a[i] = a + (원소의 크기 × i)이다. char 배열이면 원소의 크기는 2byte이고, int 배열이면 4byte이다.

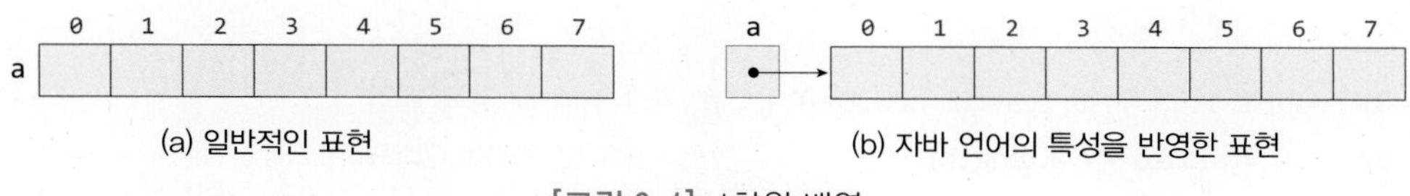

(a) 일반적인 표현　　(b) 자바 언어의 특성을 반영한 표현

[그림 2-1] 1차원 배열

다음은 리스트를 배열로 구현한 ArrList 클래스이다. Line 01에서 java.util 라이브러리에 선언된 NoSuchElementException 클래스는 리스트가 empty인 상황에서 항목을 읽으려고 하면 프로그램을 정지시키는 예외 처리를 위한 것이다. ArrList 클래스의 생성자는 크기가 1인 generic(일반) 타입의 배열과 배열에 저장된 항목 수를 저장하는 size를 0으로 초기화한다.

```
01 import java.util.NoSuchElementException;
02 public class ArrList <E> {
03     private E a[];       // 리스트의 항목을 저장할 배열
04     private int size;    // 리스트의 항목 수
```

```
05      public ArrList() { // 생성자
06          a = (E[]) new Object[1];        // 최초로 크기가 1인 배열 생성
07          size = 0;                       // 항목 수를 0으로 초기화
08      }
```

ArrList의 기본 연산은 접근, 삽입, 삭제 연산이다. 각 연산을 위한 메소드를 차례로 살펴보자. 다음의 peek() 메소드는 배열의 인덱스를 이용하여 k번째 항목을 접근한다. 단, k = 0, 1, …. Line 04에서는 a[k]를 단순히 반환한다. 단, k < size라고 가정한다.

```
01  public E peek(int k) {   // k번째 항목을 반환, 단순히 읽기만 한다.
02      if ( size == 0 )
03          throw new NoSuchElementException(); // underflow 경우에 프로그램 정지
04      return a[k];
05  }
```

삽입 연산은 새 항목을 배열의 마지막 항목 다음에 삽입하는 경우와 새 항목이 배열의 k번째 항목이 되도록 삽입하는 두 개의 메소드로 구현할 수 있다.

```
01  public void insertLast(E newItem) {   // 가장 뒤에 새 항목 삽입
02      if (size == a.length)             // 배열에 빈 공간이 없으면
03          resize(2*a.length);           // 배열 크기 2배로 확장
04      a[size++] = newItem;              // 새 항목 삽입
05  }
```

```
06  public void insert(E newItem, int k) {     // 새 항목을 k-1번째 항목 다음에 삽입
07      if (size == a.length)                  // 배열에 빈 공간이 없으면
08          resize(2*a.length);                // 배열 크기 2배로 확장
09      for (int i = size-1; i >= k; i--)  a[i+1] = a[i];  // 한 칸씩 뒤로 이동
10      a[k] = newItem;
11      size++;
12  }
```

Line 03과 08에서는 overflow가 발생한 경우이므로 resize() 메소드를 호출하여 배열의 크기를 2배로 확장한다. Line 09에서는 k번째부터 마지막 항목까지 1칸씩 오른쪽으로 이동하여 새 항목을 삽입할 k번째 원소에 자리를 마련한다. [그림 2-2](a)는 k = 2일 때 a[2]에 자리를 마련하기 위해 a[5]부터 a[2]까지 1칸씩 오른쪽으로 이동하는 것을 나타낸다. Line 10에서는 (b)와 같이 새 항목인 newItem을 a[k]에 저장하고, line 11에서 size를 1 증가시킨다.

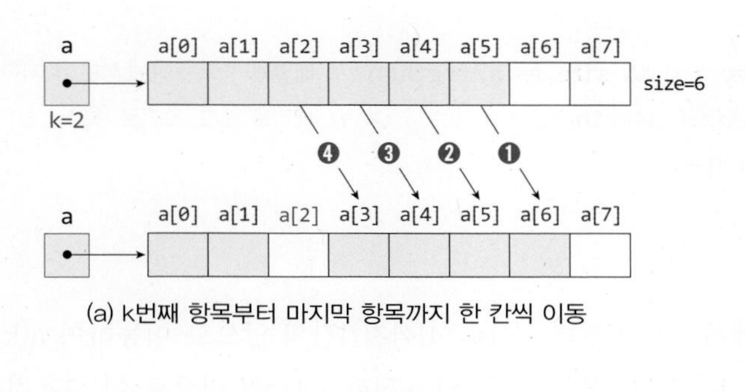

(a) k번째 항목부터 마지막 항목까지 한 칸씩 이동

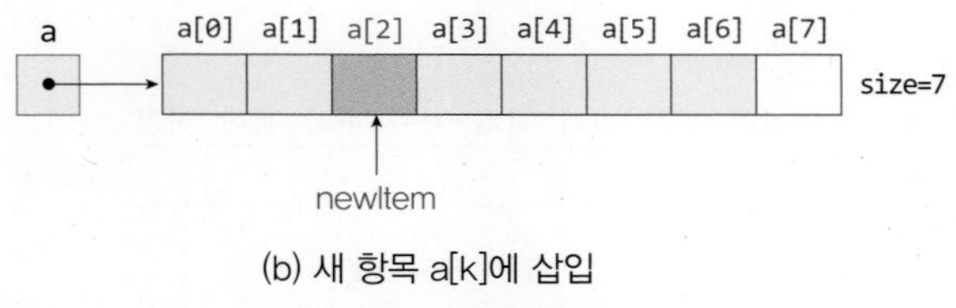

(b) 새 항목 a[k]에 삽입

[그림 2-2] 1차원 배열의 삽입

resize() 메소드는 배열의 크기를 확대 또는 축소한다. newSize 크기의 배열 t를 line 02에서 동적으로 생성하고, line 03~04의 for-루프에서 배열 a의 원소를 배열 t로 복사한 후, line 05에서 a가 t를 참조하게 한다. a가 참조하던 배열은 가비지 컬렉터[1]에 의해 처리된다.

```
01 private void resize(int newSize) {              // 배열 크기 조절
02     Object[] t = new Object[newSize];           // newSize 크기의 새로운 배열 t 생성
03     for (int i = 0; i < size; i++)
04         t[i] = a[i];                            // 배열 a를 배열 t로 복사
05     a = (E[]) t;                                // 배열 t를 배열 a로
06 }
```

1) 부록 III에 상세히 설명되어 있다.

삭제 연산은 k번째 항목을 삭제하는 delete() 메소드로 구현한다. Line 02에서는 underflow를 검사하고, line 03에서는 삭제되는 항목을 지역변수인 item에 저장한다.

```
01 public E delete(int k) {  // k번째 항목 삭제
02     if (isEmpty()) throw new NoSuchElementException(); // underflow 시 프로그램 정지
03     E item = a[k];
04     for (int i = k; i < size; i++)  a[i] = a[i+1];  // 1칸씩 앞으로 이동
05     size--;
06     if (size > 0 && size == a.length/4) // 배열에 항목들이 1/4만 차지한다면
07         resize(a.length/2);              // 배열을 1/2 크기로 축소
08     return item;
09 }
```

그리고 line 04에서 a[k+1]부터 a[size−1]까지 1칸씩 앞으로 이동하여 a[k]의 빈칸을 메운다. [그림 2-3]은 k = 2인 경우 a[3]부터 a[5]까지 1칸씩 앞으로 이동한 것을 나타낸다.

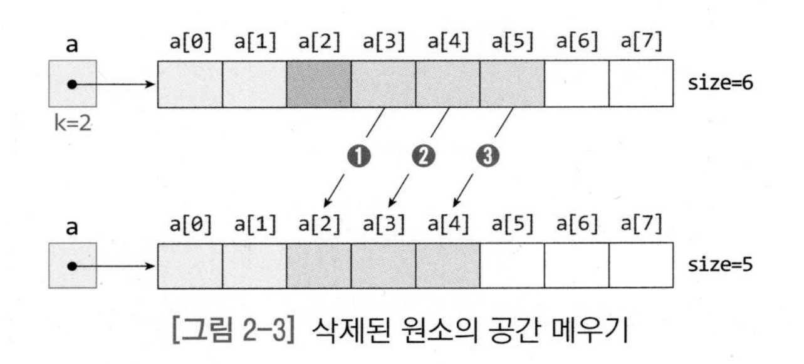

[그림 2-3] 삭제된 원소의 공간 메우기

Line 05에서는 size를 1 감소시키고, line 06~07에서는 항목 수가 배열 크기의 1/4이 되면 배열 크기를 1/2로 축소한다. 따라서 축소된 배열에서 앞쪽의 반은 항목들로 차있고 뒤쪽 1/2은 비어 있게 된다. [그림 2-4]는 배열 크기가 8이고, 실제 2개의 항목만 있는 경우, 배열 크기를 4로 축소한 것을 나타낸다. 항목 수가 배열 크기의 1/4일 때 배열 크기를 1/2로 축소하는 이유는 축소된 배열의 반은 항목들로 차 있고, 나머지 반은 비어 있는 상태로 만들기 위한 것이다.

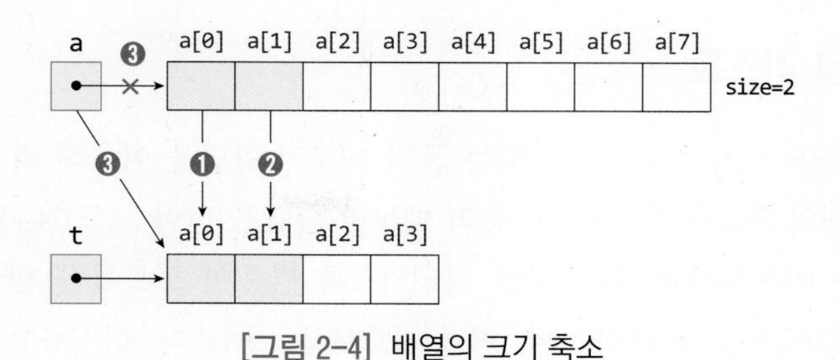

[그림 2-4] 배열의 크기 축소

[그림 2-5]는 완성된 프로그램을 실행한 결과이다. 완성된 프로그램을 위한 main 클래스는 연습문제에서 다룬다. 프로그램에서는 7개의 항목을 insertLast()와 insert()로 삽입하여 배열의 크기가 2배로 확장되는 것을 확인하고, 항목을 연속적으로 삭제하며 배열이 축소되는지 검사한다. 마지막으로 1번째 항목을 탐색한다.

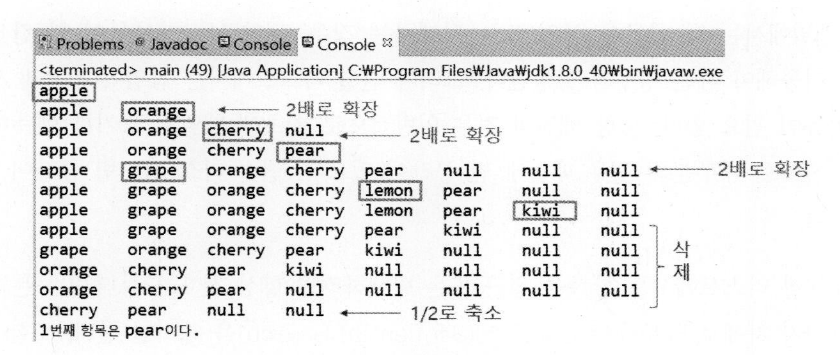

[그림 2-5] 프로그램의 수행 결과

| 수행 시간 |

배열로 구현된 리스트의 각 연산의 수행 시간을 살펴보자. 먼저 접근 연산을 수행하는 peek() 메소드는 인덱스를 이용하여 배열 원소를 직접 접근하므로 O(1) 시간에 수행된다. 그러나 삽입이나 삭제는 새 항목을 중간에 삽입하거나 중간에 있는 항목을 삭제한 후에 뒤따르는 항목들을 1칸씩 앞이나 뒤로 이동해야 한다. 이때 각각 최악의 경우는 O(n) 시간이 소요된다. 즉, 새 항목을 리스트의 맨 앞에 삽입하거나 첫 항목을 삭제하는 경우가 바로 최악의 경우이다. 단, 새 항목을 맨 뒤에 삽입하는 경우는 O(1) 시간에 수행할 수 있다.

삽입이나 삭제를 수행할 때 배열의 크기를 확대 또는 축소하는 것도 최악 경우는 O(n) 시간이 걸린다. 그러나 부록 I의 상각 분석에 따르면 삽입이나 삭제의 평균 수행 시간은 O(1)이다.

2.2 단순 연결 리스트

단순 연결 리스트(Singly Linked List)는 동적 메모리 할당을 이용해 리스트를 구현하는 가장 간단한 형태의 자료구조이다. 즉, 동적 메모리 할당을 받아 노드(Node)를 만들고, 노드는 레퍼런스를 이용하여 다음 노드를 가리키도록 만들어 노드들을 한 줄로 연결한다. [그림 2-6]은 4개의 노드를 가진 단순 연결 리스트를 보여준다. 화살표는 레퍼런스[2)]이고, 각 노드는 항목과 레퍼런스를 가진다.

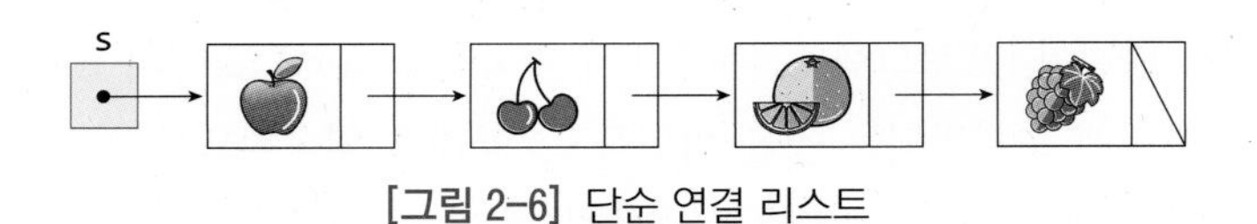

[그림 2-6] 단순 연결 리스트

1차원 배열에서는 새 항목을 삽입 또는 삭제하는 경우, 뒤따르는 항목들이 한 칸씩 뒤나 앞으로 이동해야 하는 경우가 발생한다. 그러나 연결 리스트에서는 삽입이나 삭제 시 항목들의 이동이 필요 없다. 또한 배열의 경우 일반적으로 최초에 배열의 크기를 예측하여 선언해야 하므로 대부분의 경우 배열에 빈 공간이 있으나, 연결 리스트는 빈 공간이 존재하지 않는다.

반면에 연결 리스트에서는 항목을 접근 또는 탐색하려면 항상 첫 노드부터 원하는 노드를 찾을 때까지 차례로 방문하는 순차 탐색(Sequential Search)을 해야만 한다. 또한 배열은 각 원소에 레퍼런스를 저장할 필요가 없지만 연결 리스트는 노드마다 레퍼런스를 저장할 공간이 필요하다. 단순 연결 리스트는 매우 광범위하게 활용되는데, 그중에 Part 3의 스택과 큐 자료구조 및 Part 6의 해싱의 체이닝(Chaining)에 사용되며, Part 4의 트리는 단순 연결 리스트의 개념을 확장시킨 자료구조이다.

다음은 단순 연결 리스트의 노드를 정의한 Node 클래스이다.

```
01  public class Node <E> {
02      private E        item;
03      private Node<E> next;
04
```

2) 자바 언어의 레퍼런스(Reference)와 C나 C++ 언어의 포인터(Pointer)는 기본적으로 메모리 주소를 의미한다. 세부적으로 서로 다른 부분도 있으나, 이는 자료구조와 직접 관련된 사항이 아니므로 상세한 설명은 생략한다.

```
05      public Node(E newItem, Node<E> node) { // 생성자
06          item  = newItem;
07          next  = node;
08      }
09      // get과 set 메소드
10      public E        getItem() {return item;}
11      public Node<E> getNext() {return next;}
12      public void     setItem(E newItem)          {item = newItem;}
13      public void     setNext(Node<E> newNext) {next = newNext;}
14  }
```

Node 객체는 항목을 저장할 item과 Node 레퍼런스를 저장하는 next를 가진다. Line 05~08은 Node 생성자이고, Node 객체는 [그림 2-7](a)와 같이 표현할 수 있다. 그러나 (b)와 같이 노드를 간략히 표현하기로 하자. Line 10~13은 item과 next를 위한 get과 set 메소드들이다.

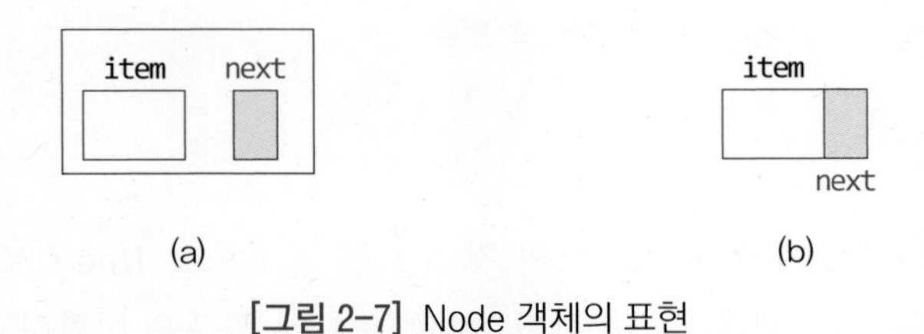

[그림 2-7] Node 객체의 표현

다음은 리스트를 단순 연결 리스트로 구현한 SList 클래스이다. Line 01의 NoSuchElementException은 java.util 라이브러리에 선언된 클래스로서 underflow 발생 시 프로그램을 정지시키기 위한 import 문이다. Line 05~08의 SList 생성자는 연결 리스트의 첫 노드를 가리키는 head를 null로 초기화하고 연결 리스트의 노드 수를 저장하는 size를 0으로 초기화한다.

```
01  import java.util.NoSuchElementException;
02  public class SList <E> {
03      protected Node head;  // 연결 리스트의 첫 노드 가리킴
04      private   int  size;
05      public SList() {        // 연결 리스트 생성자
```

```
06          head = null;
07          size = 0;
08      }
09  // 탐색, 삽입, 삭제 연산을 위한 메소드 선언
10  }
```

SList의 기본 연산은 탐색, 삽입, 삭제이다. 각 연산을 위한 메소드를 차례로 살펴보자. 탐색은 인자로 주어지는 target을 찾을 때까지 연결 리스트의 노드들을 첫 노드부터 차례로 탐색한다.

```
01  public int search(E target) { // target을 탐색
02      Node p = head;
03      for (int  k = 0; k < size; k++){
04          if (p.getItem().compareTo(target) == 0) return k;
05          p = p.getNext();
06      }
07      return -1; // 탐색을 실패한 경우 -1 반환
08  }
```

Line 02에서 지역변수 p가 연결 리스트의 첫 노드를 참조하고, line 03의 for-루프를 통해 target을 찾으면 line 04에서 target이 k번째 노드에 있음을 반환하고, 탐색에 실패하면 line 07에서 '-1'을 반환한다.

삽입 연산은 새 항목을 연결 리스트의 맨 앞에 삽입하는 경우와 p가 가리키는 노드 다음에 새 항목을 삽입하는 두 가지의 메소드로 구현한다.

```
01  public void insertFront(E newItem) { // 연결 리스트 맨 앞에 새 노드 삽입
02      head = new Node(newItem, head);
03      size++;
04  }
```

insertFront() 메소드는 새 노드를 리스트의 첫 번째 노드가 되도록 연결한다. Line 02는 [그림 2-8](a)에서 (b)로 레퍼런스를 갱신한다. Line 03에서는 size를 1 증가시킨다.

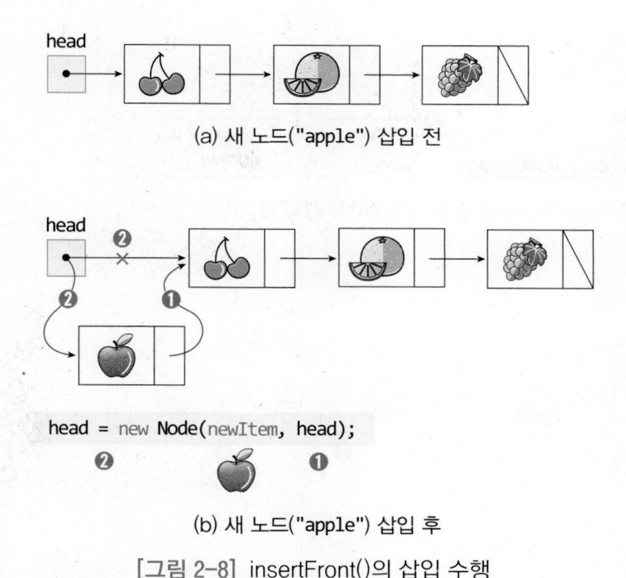

(a) 새 노드("apple") 삽입 전

(b) 새 노드("apple") 삽입 후

[그림 2-8] insertFront()의 삽입 수행

insertAfter() 메소드는 p가 가리키는 노드의 다음에 새 노드를 삽입한다. Line 02는 [그림 2-9](a)에서 (b)로 레퍼런스들을 갱신한다. Line 03에서는 size를 1 증가시킨다.

```
01  public void insertAfter(E newItem, Node p) { // 노드 p 바로 다음에 새 노드 삽입
02        p.setNext(new Node(newItem, p.getNext()));
03        size++;
04  }
```

단순 연결 리스트에서의 일반적인 삽입, 즉 insertAfter(p)와 같이 직전 노드를 가리키는 p가 주어지지 않을 때의 삽입은 2개의 레퍼런스 변수 p, q를 이용하여 삽입을 수행한다. p는 head로부터 한 노드씩 전진할 때 q는 p의 '그림자'와 같이 p의 직전 노드를 가리키며 따라간다. 그리고 p가 삽입할 곳에 도달하면 q는 직전 노드를 가리키므로 insertAfter(q)와 같이 새 노드를 삽입한다.

이러한 2개의 레퍼런스 변수를 사용하는 방법은 노드를 삭제할 때도 사용된다. p가 삭제할 노드를 가리키게 되면 q가 삭제할 노드의 이전 노드를 가리키므로 O(n) 시간에 노드를 삭제할 수 있다. 단순 연결 리스트의 일반적인 삽입과 삭제를 위한 자바 메소드는 연습문제에서 다룬다.

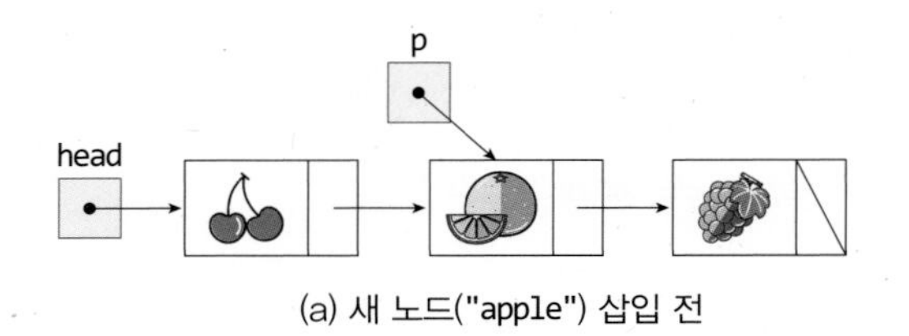

(a) 새 노드("apple") 삽입 전

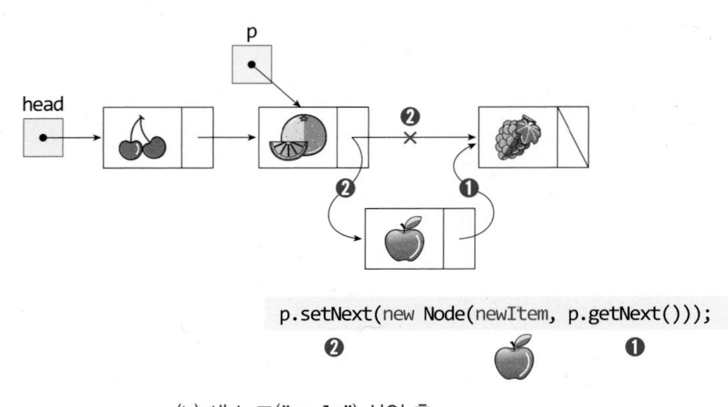

(b) 새 노드("apple") 삽입 후

[그림 2-9] insertAfter()의 삽입 수행

삭제 연산은 연결 리스트의 첫 노드를 삭제하는 경우와 p가 가리키는 노드의 다음 노드를 삭제하는 두 가지 메소드로 구현한다. deleteFront() 메소드는 리스트가 empty가 아닐 때, 리스트의 첫 노드를 삭제한다.

```
01  public void deleteFront() {          // 리스트의 첫 노드 삭제
02      if (isEmpty()) throw new NoSuchElementException();
03      head = head.getNext();
04      size--;
05  }
```

Line 02에서 head가 [그림 2-10](b)와 같이 리스트의 두 번째 노드의 레퍼런스인 head.getNext()로 갱신되어 첫 번째 노드를 건너띄고 두 번째 노드를 가리킨다. Line 03에서는 size를 1 감소시킨다.

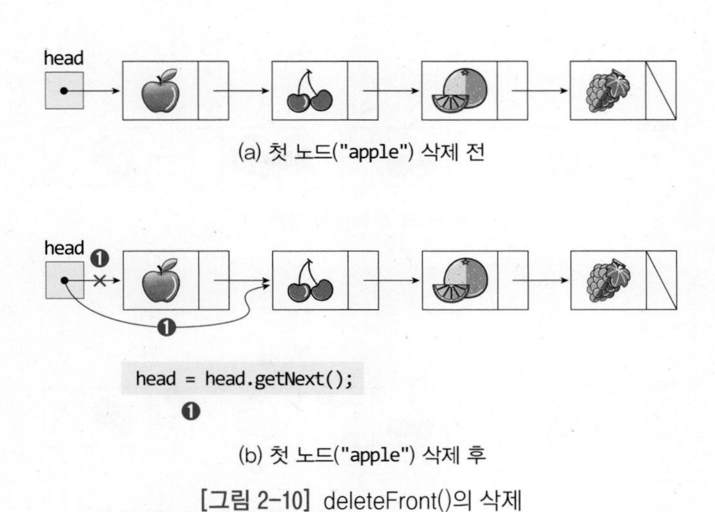

[그림 2-10] deleteFront()의 삭제

deleteAfter() 메소드는 p가 가리키는 노드의 다음 노드를 삭제한다.

```
01 public void deleteAfter(Node p) { // p가 가리키는 노드의 다음 노드를 삭제
02       if (p == null) throw new NoSuchElementException();
03       Node t = p.getNext();
04       p.setNext(t.getNext());
05       t.setNext(null);
06       size--;
07 }
```

Line 03~05가 [그림 2-11](a)에서 (b)로 레퍼런스를 차례로 갱신한다. Line 06에서는 size를 1 감소시킨다.

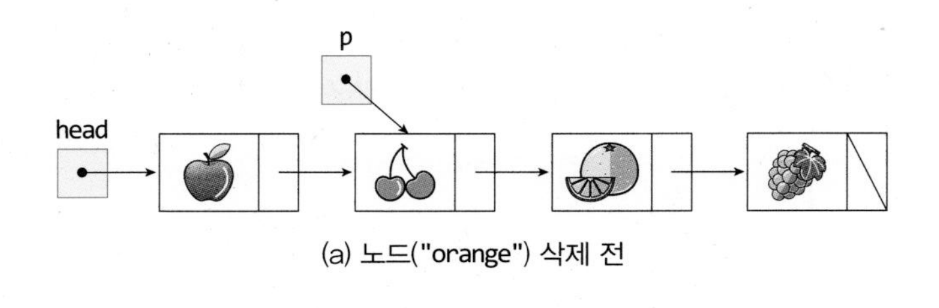

(a) 노드("orange") 삭제 전

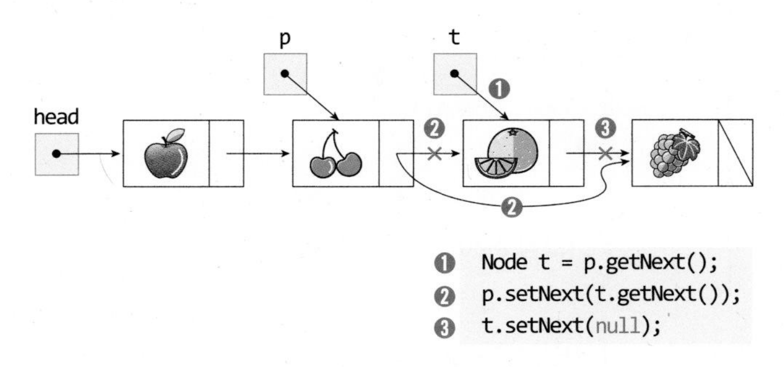

(b) 노드("orange") 삭제 후

[그림 2-11] deleteAfter()의 삭제

[그림 2-12]는 완성된 자바 프로그램을 수행한 결과이다. item의 타입이 String인 연결 리스트를 생성하여 다양한 연산을 수행하며, Integer 타입의 연결 리스트를 생성하고 삽입 연산을 수행하여 항목이 5개인 리스트를 만든다.

```
Problems @ Javadoc Console Console
<terminated> main (48) [Java Application] C:₩Program Files₩Java₩jdk1.8.0_40₩bin₩javaw.ex
pear     apple    orange   cherry   : s의 길이 = 4
체리가    3번째에 있다.
키위가    -1번째에 있다.  ←— -1은 리스트에 없다는 의미
pear     orange   cherry   : s의 길이 = 3
orange   cherry   : s의 길이 = 2
100      200      300      400      500      : t의 길이 = 5
```

[그림 2-12] 완성된 프로그램의 수행 결과

| 수행 시간 |

단순 연결 리스트로 구현된 리스트의 각 연산의 수행 시간을 살펴보자. 먼저 search() 연산은 탐색을 위해 연결 리스트의 노드들을 첫 노드부터 순차적으로 방문해야 하므로 O(n) 시간이 소요된다. 그러나 삽입이나 삭제 연산은 각각 상수 개의 레퍼런스를 갱신하

므로 O(1) 시간이 소요된다. 단, insertAfter()나 deleteAfter()의 경우에 특정 노드 p의 레퍼런스가 주어지지만, p가 주어지지 않는 삽입/삭제는 head로부터 p를 찾기 위해 리스트를 탐색해야 하므로 O(n) 시간이 걸린다.

2.3 이중 연결 리스트

이중 연결 리스트(Doubly Linked List)는 각 노드가 두 개의 레퍼런스를 가지고 각각 이전 노드와 다음 노드를 가리키는 연결 리스트이다. 단순 연결 리스트는 다음 노드의 레퍼런스만으로 노드들이 연결되어, 삽입이나 삭제할 때 이전 노드를 가리키는 레퍼런스를 알아야 하고, 역방향으로 리스트를 탐색할 수 없다. 이중 연결 리스트는 단순 연결 리스트의 이러한 단점을 보완하지만, 노드마다 추가로 1개의 레퍼런스를 저장해야 하는 단점을 가진다.

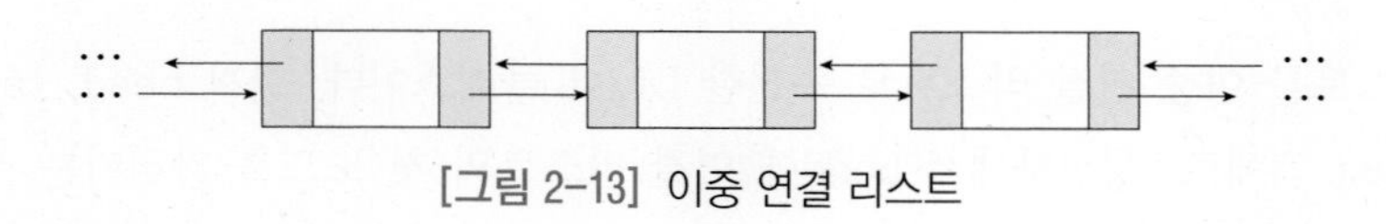

[그림 2-13] 이중 연결 리스트

다음은 이중 연결 리스트의 노드를 위한 DNode 클래스이다.

```
01 public class DNode <E> {
02     private E      item;
03     private DNode previous;
04     private DNode next;
05     public DNode(E newItem, DNode p, DNode q) { // 노드 생성자
06         item = newItem;
07         previous = p;
08         next     = q;
09     }
10     // get 메소드와 set 메소드
11     public E     getItem()     {return item;}
12     public DNode getPrevious() {return previous;}
13     public DNode getNext()     {return next;}
```

```
14        public void  setItem(E newItem)     {item     = newItem;}
15        public void  setPrevious(DNode p) {previous = p;}
16        public void  setNext(DNode q)       {next     = q;}
17  }
```

Line 05~09는 이중 연결 리스트의 노드인 DNode 객체를 만드는 생성자이고, [그림 2-14](a)와 같이 노드가 생성된다. 생성된 노드를 (b)와 같이 간략히 표현하기로 하자. Line 11~16은 item과 next에 대한 get, set 메소드이다.

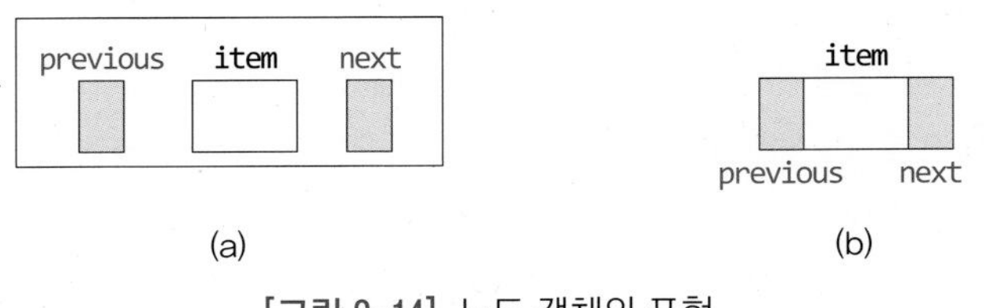

[그림 2-14] 노드 객체의 표현

다음은 리스트를 이중 연결 리스트로 구현한 DList 클래스이다. 먼저 head, tail, size를 가지는 DList 객체로, 생성자에서 head에 연결 리스트의 첫 노드를 가리키는 레퍼런스를 저장한다. 그리고 tail에는 연결 리스트의 마지막 노드를 가리키는 레퍼런스를 저장한다. head와 tail이 가리키는 노드는 생성자에서 [그림 2-15]와 같이 초기화한다. 단, 이 노드들은 실제로 항목을 저장하기 위한 것이 아니다[3]. 아울러 리스트의 항목 수(연결 리스트의 노드 수)를 저장할 size는 0으로 초기화한다.

```
01  import java.util.NoSuchElementException;
02  public class DList <E> {
03        protected DNode head, tail;
04        protected int size;
05        public DList() {  // 생성자
06            head = new DNode (null, null, null);
07            tail = new DNode (null, head, null);  // tail의 이전 노드를 head로 만든다.
08            head.setNext(tail);  // head의 다음 노드를 tail로 만든다.
09            size = 0;
10        }
```

3) 실제 항목을 저장하지 않는 노드를 dummy 노드라고 부른다.

```
11  // 삽입, 삭제 연산을 위한 메소드 선언
12  }
```

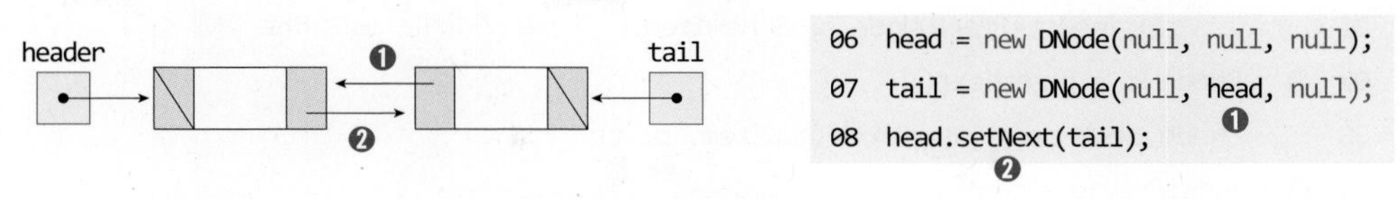

[그림 2-15] DList 객체 생성

DList의 기본 연산인 삽입과 삭제 연산을 차례로 살펴보자. 삽입 연산은 p가 가리키는 노드 앞에 그리고 뒤에 삽입하는 두 메소드로 구현한다. insertBefore() 메소드로서 새 노드를 인자로 주어지는 노드 p 앞에 삽입한다. Line 02~05에 있는 번호순으로 [그림 2-16](a)에서 (b)로 6개의 레퍼런스가 갱신된다. Line 06에서는 size를 1 증가시킨다.

```
01 public void insertBefore(DNode p, E newItem){ // p가 가리키는 노드 앞에 삽입
02 ❶   DNode t = p.getPrevious();
03      DNode newNode = new DNode(newItem, t, p);
                      ❹                  ❷  ❸
04 ❺   p.setPrevious(newNode);
05 ❻   t.setNext(newNode);
06      size++;
07 }
```

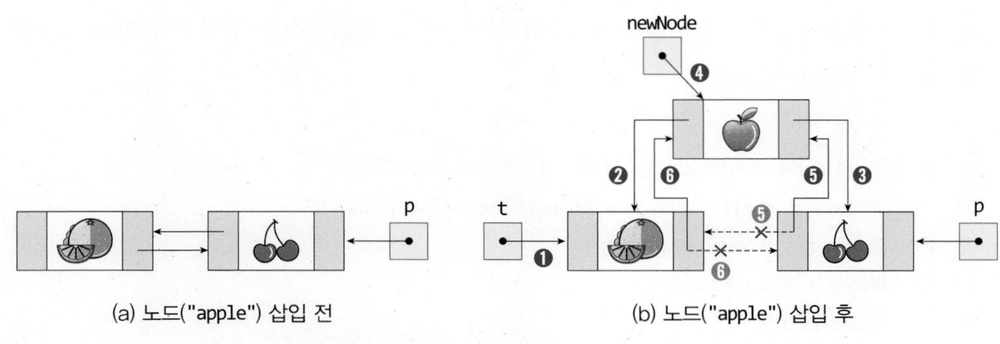

(a) 노드("apple") 삽입 전　　(b) 노드("apple") 삽입 후

[그림 2-16] insertBefore()의 노드 삽입

다음은 insertAfter() 메소드로서 새 노드를 인자로 주어지는 노드 p 다음에 삽입하는

메소드이다. Line 02~05에 있는 번호순으로 [그림 2-17](a)에서 (b)로 4개의 레퍼런스가 갱신된다. Line 06에서는 size를 1 증가시킨다.

```
01 public void insertAfter(DNode p, E newItem){ // p가 가리키는 노드 바로 뒤에 삽입
02 ❶    DNode t = p.getNext();
03       DNode newNode = new DNode(newItem, p, t);
                        ❹                  ❷  ❸
04 ❺    t.setPrevious(newNode);
05 ❻    p.setNext(newNode);
06       size++;
07 }
```

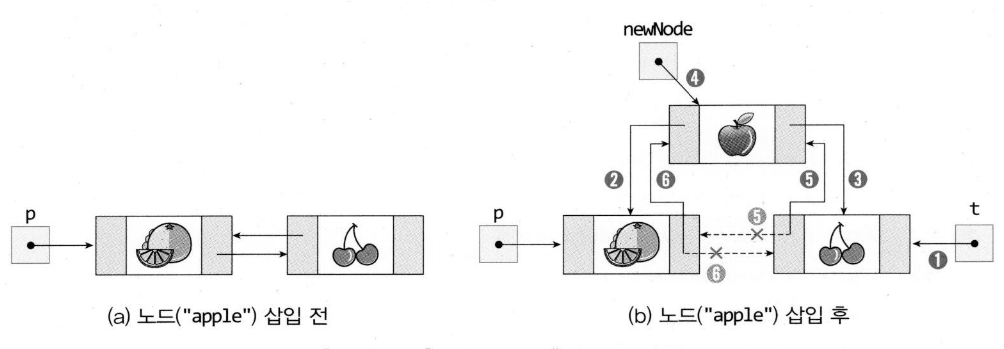

[그림 2-17] insertAfter()의 노드 삽입

삭제 연산을 위한 delete() 메소드는 인자로 주어지는 노드 x를 삭제한다. Line 03~06에 있는 번호순으로 [그림 2-18] (a)에서 (b)와 같이 2개의 레퍼런스를 갱신한다. Line 07에서는 size를 1 감소시킨다.

```
01 public void delete(DNode x) { // x가 가리키는 노드 삭제
02       if (x ==  null) throw new NoSuchElementException();
03 ❶    DNode f = x.getPrevious();
04 ❷    DNode r = x.getNext();
05 ❸    f.setNext(r);
06 ❹    r.setPrevious(f);
07       size--;
08 }
```

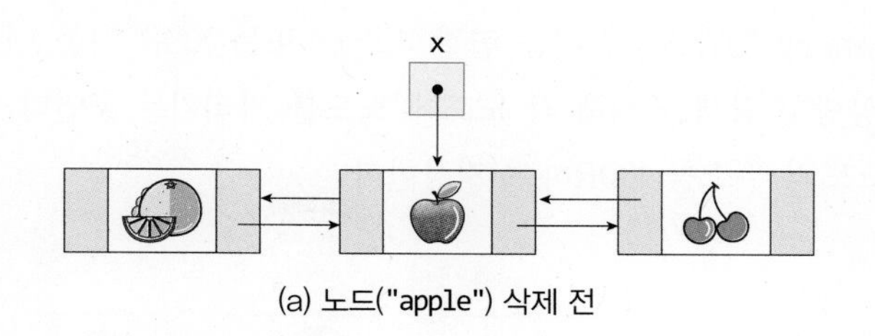

(a) 노드("apple") 삭제 전

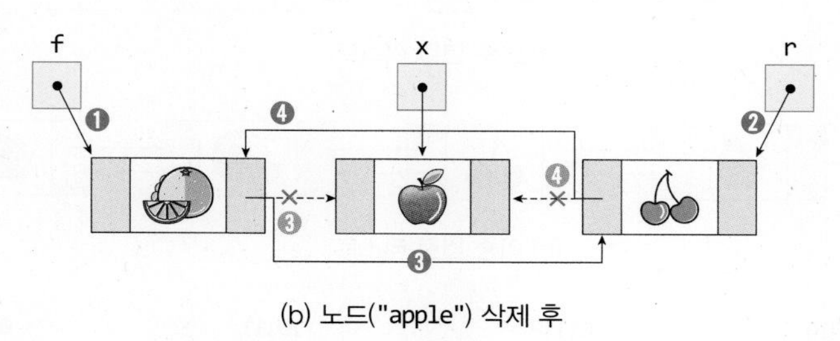

(b) 노드("apple") 삭제 후

[그림 2-18] delete()의 노드 삭제

[그림 2-19]는 완성된 자바 프로그램이 수행된 결과이다. 프로그램에서 4개의 항목을 insertAfter()와 insertBefore()를 이용하여 리스트에 삽입하고, 리스트를 출력한다. 그리고 delete() 메소드로 마지막 노드를 삭제하고, 리스트를 다시 출력한다. 또한 1개의 새 항목을 삽입한 후 연속적으로 리스트가 empty 될 때까지 삭제 연산을 수행한다.

```
Problems  @ Javadoc  Console  Console
<terminated> main (50) [Java Application] C:₩Program Files₩Java₩jdk1.8.0_40₩bin₩javaw.exe
apple   pear    orange  cherry
apple   pear    orange
apple   pear    orange  grape
pear    orange  grape
orange  grape
grape
리스트 비어있음
```

[그림 2-19] 완성된 프로그램의 수행 결과

| 메모리 효율적인 이중 연결 리스트 |

이중 연결 리스트에서는 각 노드에 2개의 레퍼런스(포인터)를 가지고 각각 이전 노드와 다음 노드를 가리키어 양방향 탐색이 가능하다. 반면에 한 방향으로만 탐색하는 단순 연결 리스트는 각 노드에 1개의 포인터만을 사용한다. 그러나 단순 연결 리스트의 각 노드에 1개의 포인터 필드만을 사용하면서 양방향 탐색이 가능한 방법이 있다. 이러한 리스트를 메

모리 효율적인(Memory Efficient) 이중 연결 리스트 또는 XOR 이중 연결 리스트라고 한다. 이 리스트는 양방향 탐색을 위해 각 노드에 노드를 가리키는 포인터 대신에 이전 노드의 주소와 다음 노드의 주소를 XOR하여 저장한다.

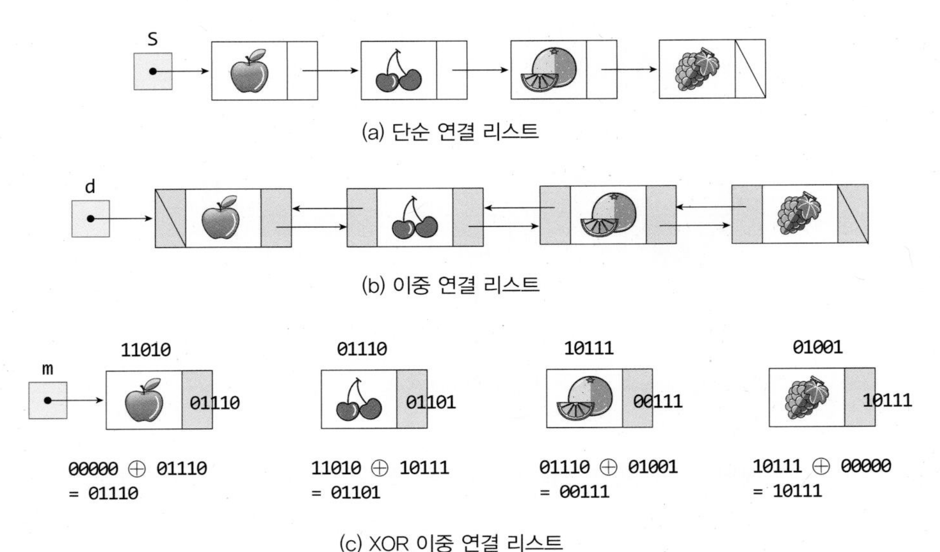

[그림 2-20] XOR 이중 연결 리스트

[그림 2-20]은 단순 연결 리스트, 이중 연결 리스트와 이에 대응되는 XOR 이중 연결 리스트를 보여준다. (c)에서 첫 노드의 포인터 필드는 00000과 두 번째 노드의 주소인 01110의 XOR 값을 가진다. 여기서 00000은 첫 노드의 이전 노드가 없는 것을 의미한다. 두 번째 노드의 포인터 필드는 첫 번째 노드의 주소인 11010과 세 번째 노드의 주소인 10111의 XOR 값인 01101을 가진다. 이처럼 이전 노드의 주소와 다음 노드의 주소를 XOR하여 포인터 필드에 저장하면 [그림 2-21]에서처럼 양방향 탐색이 가능해진다.

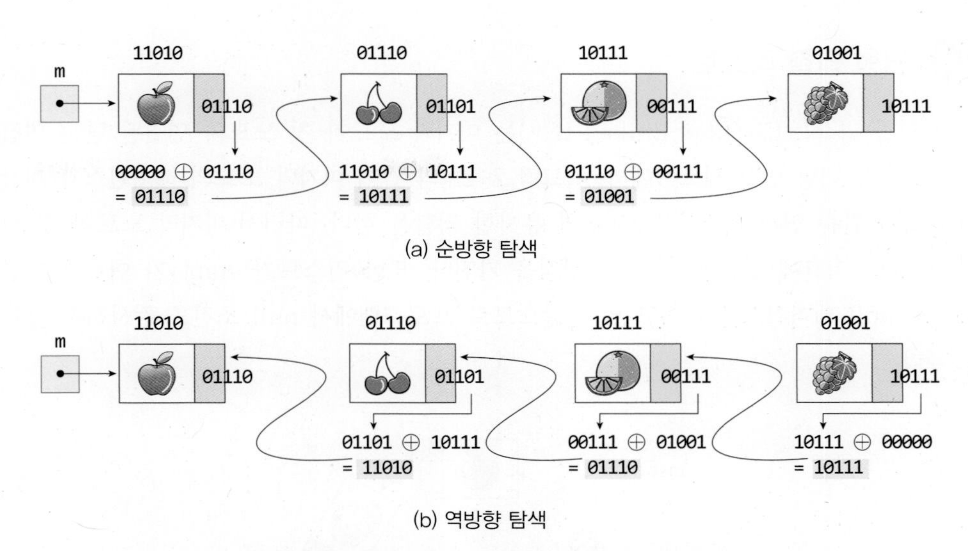

[그림 2-21] XOR 이중 연결 리스트에서 양방향 탐색

XOR 이중 연결 리스트는 메모리를 절약하면서 양방향 탐색이 가능하지만, 자바 언어에서는 주소의 연산을 허용하지 않아서 이를 구현할 수 없다. 그러나 C/C++, 파이썬 언어로는 XOR 이중 연결 리스트를 구현할 수 있다. XOR 이중 연결 리스트의 아이디어는 괜찮아 보이지만 실제 구현해서 사용하려면 다른 관련 연산, 예를 들어 삽입, 삭제 연산의 구현도 매우 복잡해진다. 또한 요즘은 메모리의 추가 사용이 큰 문제가 되지도 않으므로 XOR 이중 연결 리스트는 이론적인 자료구조라 하겠다.

| 수행 시간 |

이중 연결 리스트에서 수행되는 삽입이나 삭제 연산은 단순 연결 리스트의 삽입이나 삭제 연산보다 복잡하기는 하나 각각 상수 개의 레퍼런스만을 갱신하므로 O(1) 시간에 수행된다. 탐색 연산은 단순 연결 리스트의 탐색과 같이 head 또는 tail로부터 노드들을 순차적으로 탐색해야 하므로 O(n) 시간이 걸린다.

2.4 원형 연결 리스트

원형 연결 리스트(Circular Linked List)는 마지막 노드가 첫 노드와 연결된 단순 연결 리스트이다. 원형 연결 리스트에서는 [그림 2-22]와 같이 마지막 노드의 레퍼런스가 저장된 last가 단순 연결 리스트의 head와 유사한 역할을 한다. 따라서 마지막 노드와 첫 노드를 O(1) 시간에 접근할 수 있는 장점을 가진다. 또한 리스트가 empty가 아니면 어떤 노드도 null 레퍼런스를 가지고 있지 않으므로 프로그램에서 null 조건을 검사하지 않아도 된다.

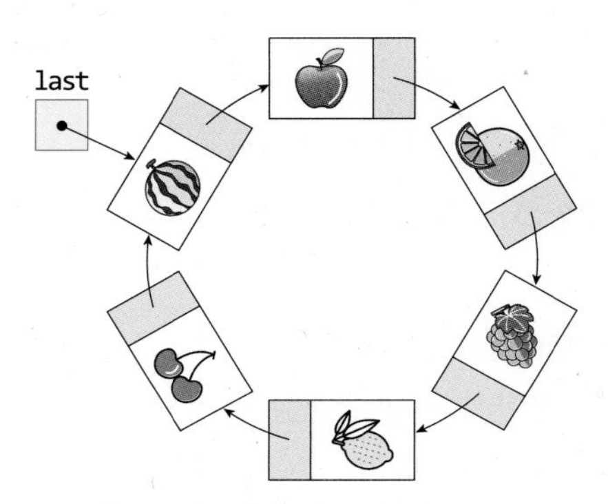

[그림 2-22] 원형 연결 리스트

반면에 원형 연결 리스트에서는 반대 방향으로 노드들을 방문하기 쉽지 않으며, 무한 루프가 발생할 수 있음에 유의할 필요가 있다. 원형 연결 리스트는 여러 사람이 차례로 돌아가며 하는 게임을 구현하는데 적합한 자료구조이며, 많은 사용자가 동시에 사용하는 컴퓨터에서 cpu 시간을 분할하여 작업에 할당하는 운영체제에도 쓰인다. 또한 Part 7의 이항 힙(Binomial Heap)이나 피보나치 힙(Fibonacci Heap)과 같은 우선순위 큐를 구현하는 데에도 원형 연결 리스트가 부분적으로 사용된다.

다음은 리스트를 원형 연결 리스트로 구현한 CList 클래스이다. CList 객체는 연결 리스트의 마지막 노드를 가리키는 last와 노드 수를 저장할 size를 갖는다. Node 클래스는 단순 연결 리스트의 Node 클래스와 동일하다.

```
01  import java.util.NoSuchElementException;
02  public class CList <E> {
03      private Node last; // 리스트의 마지막 노드를 가리킨다.
```

```
04      private int  size; // 리스트의 노드 수
05      public CList() {    // 리스트 생성자
06          last = null;
07          size = 0;
08      }
09  // 삽입, 삭제 연산을 위한 메소드 선언
10  }
```

CList의 기본 연산으로 삽입과 삭제 연산을 차례로 살펴보자. 삽입 연산은 새 항목을 리스트의 첫 노드로 삽입하는 insert() 메소드로 구현한다. Line 02는 새 항목을 저장할 노드를 생성한다. 그리고 리스트가 empty인 경우와 그렇지 않은 경우에 각각 알맞은 방법으로 삽입 연산을 수행한다. [그림 2-23](a)(b)는 empty 리스트인 경우 새 노드를 삽입하는 과정을 나타낸다(line 03~06). [그림 2-23](c)(d)는 리스트가 empty가 아닌 경우 새 노드가 삽입되는 과정을 나타낸다(line 07~10). Line 11에서는 size를 1 증가시킨다.

```
01 public void insert(E newItem) {  // last가 가리키는 노드의 다음에 새 노드 삽입
02 ❶   Node newNode = new Node(newItem, null);  // 새 노드 생성
03      if  (last == null) {  // 리스트가 empty일 때
04 ❷       newNode.setNext(newNode);
05 ❸       last = newNode;
06      }
07      else {
08 ❷       newNode.setNext(last.getNext()); // newNode의 다음 노드가 last가 가리키는 노드
                                             의 다음 노드가 되도록
09 ❸       last.setNext(newNode); // last가 가리키는 노드의 다음 노드가 newNode가 되도록
10      }
11      size++;
12 }
```

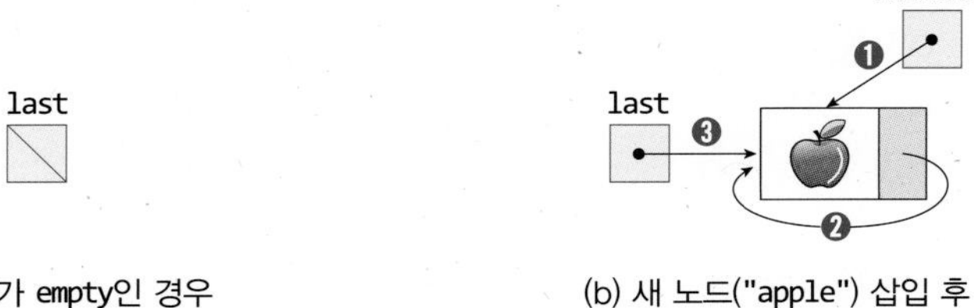

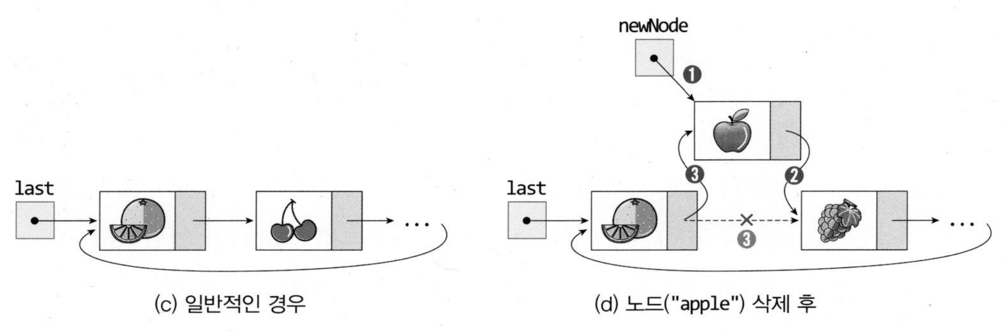

[그림 2-23] insert()의 노드 삽입

삭제 연산은 리스트의 첫 노드를 삭제하는 delete() 메소드로 구현한다. Line 03은 첫 노드를 x가 가리키게 하고 line 10에서 x를 반환한다. Line 04는 [그림 2-24](a)와 같이 리스트에 노드가 1개인 경우 last를 null로 만들며 그 결과는 (b)와 같다. Line 05~08은 리스트에 노드가 2개 이상 있는 일반적인 경우로서 (c)인 상태를 (d)와 같이 x가 가리키는 노드를 리스트에서 분리한다.

```
01   public Node delete() {   // last가 가리키는 노드의 다음 노드를 제거
02       if (isEmpty()) throw new NoSuchElementException();
03 ❶    Node x = last.getNext();          // x가 리스트의 첫 노드를 가리킴
04 ❷    if (x == last) last = null;       // 리스트에 1개의 노드만 있는 경우
05       else {
06 ❷        last.setNext(x.getNext()); // last가 가리키는 노드의 다음 노드가 x의 다음 노드가 되도록
07 ❸        x.setNext(null);           // x의 next를 null로 만든다.
08       }
09       size--;
10       return x;
11   }
```

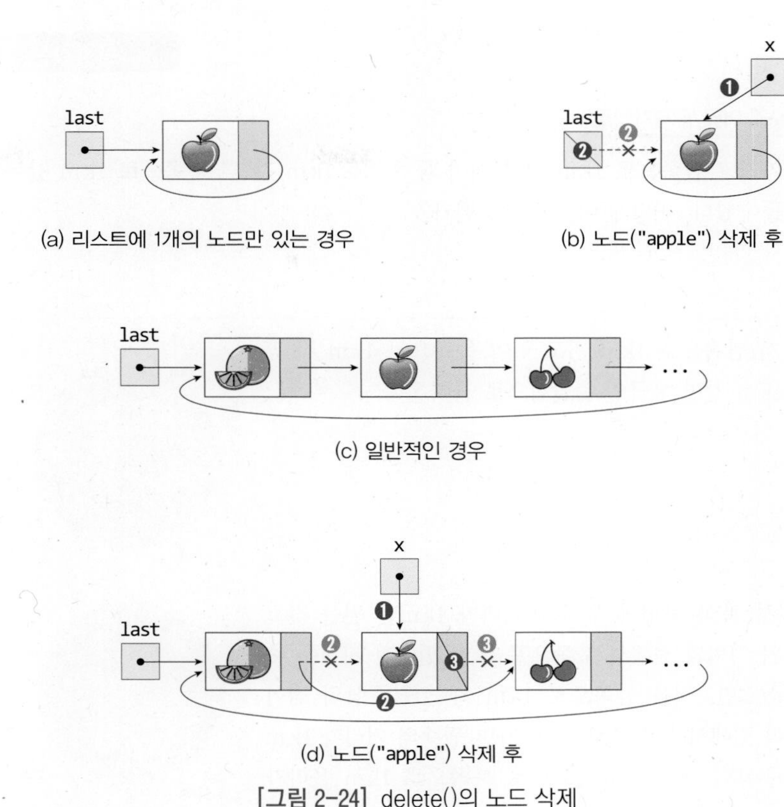

(a) 리스트에 1개의 노드만 있는 경우

(b) 노드("apple") 삭제 후

(c) 일반적인 경우

(d) 노드("apple") 삭제 후

[그림 2-24] delete()의 노드 삭제

[그림 2-25]는 완성된 자바 프로그램을 수행한 결과이다. 프로그램에서 4개의 항목을 삽입한 후, 리스트를 출력하고, 리스트의 길이를 출력하며, 마지막으로 첫 항목을 삭제하고, 리스트와 그 길이를 출력한다.

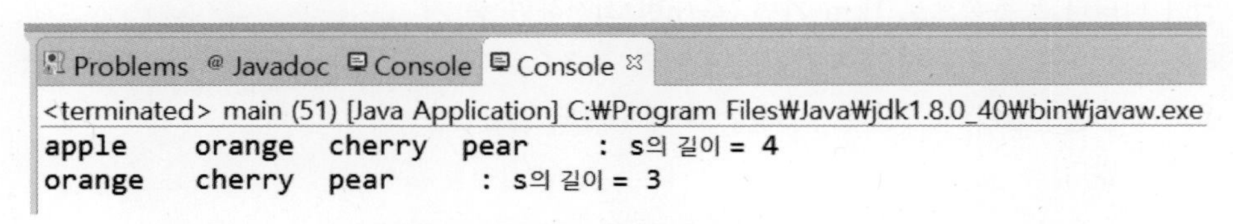

[그림 2-25] 완성된 프로그램의 수행 결과

| 수행 시간 |

원형 연결 리스트에서 삽입이나 삭제 연산 각각 상수 개의 레퍼런스를 갱신하므로 O(1) 시간에 수행된다. 탐색 연산은 단순 연결 리스트의 탐색과 같이 last로부터 노드들을 순차적으로 탐색해야 하므로 O(n) 시간이 소요된다.

[Come-back] 어떻게 제자리로?

나침반을 가지고 남쪽으로 1km 가고 이어 동쪽으로 1km 간 후 북쪽으로 1km 갔는데 출발점으로 돌아왔다. 어떻게 이것이 가능한가?

답

[1] 북극에서 남쪽으로 1km 가고 이어 동쪽으로 1km 간 후 북쪽으로 1km 가면 북극인 출발점으로 돌아온다.

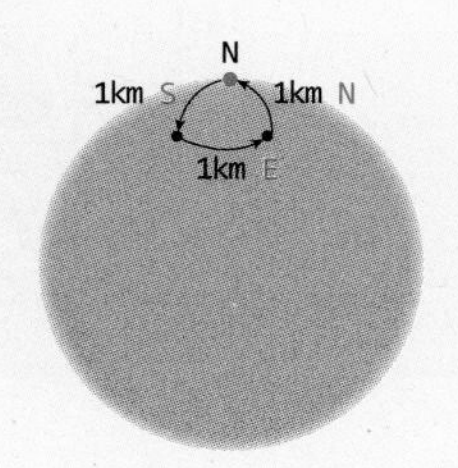

[2] 남극에서 북쪽 방향에 원주의 거리가 1km인 원을 찾고 이 원주상의 임의의 점에서 북쪽으로 1km 떨어진 지점을 출발점으로 삼으면, 처음 남쪽으로 1km 가면 원주상의 점이 나타나고 이 점에서 동쪽으로 1km 가면 원주의 거리가 1km이므로 원주상의 제자리 돌아오므로 북쪽으로 1km 올라가면 출발점에 도착한다. 따라서 출발점은 무수히 많다.

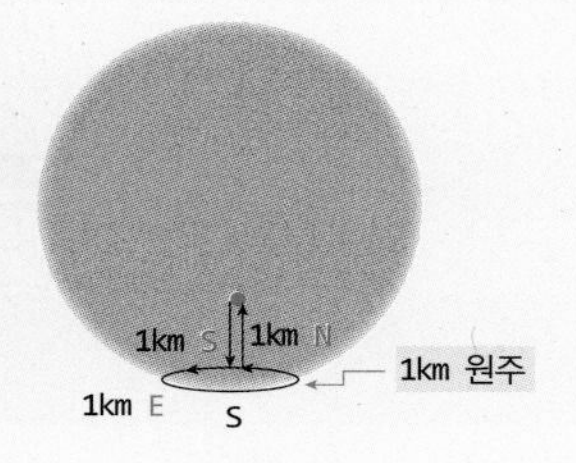

[3] 남극에서 북쪽 방향에 원주의 거리가 1/n km인 원을 찾고 이 원주상의 임의의 점에서 북쪽으로 1km 떨어진 지점을 출발점으로 삼으면, 처음 남쪽으로 1km 가면 원주상의 점이 나타나고 동쪽으로 1km 가면, 즉 n번 회전하면 총 거리가 1km이므로 원주상의 제자리로 돌아와 북쪽으로 1km 올라가면 출발점에 도착한다. 따라서 이 경우에도 출발점은 무수히 많다.

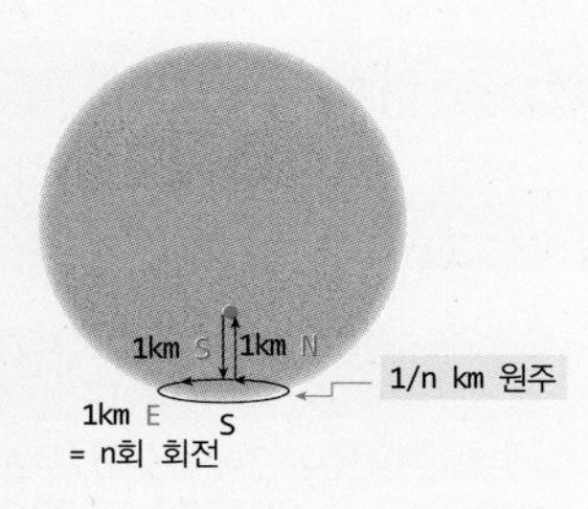

요약

- 리스트는 일련의 동일한 타입의 항목들이 나열된 것이다.
- 배열은 동일한 타입의 원소들이 연속적인 메모리 공간에 할당되어 각 항목이 하나의 원소에 저장되는 기본적인 자료구조이다.
- 단순 연결 리스트는 동적 메모리 할당을 이용해 리스트를 구현하는 가장 간단한 형태의 자료구조이다.
- 1차원 배열로 구현된 리스트는 삽입 또는 삭제하는 경우 뒤따르는 항목들이 1칸씩 뒤나 앞으로 이동해야 하는 경우가 발생한다. 그러나 단순 연결 리스트에서는 삽입이나 삭제 시 노드들을 이동시킬 필요가 없다.
- 단순 연결 리스트는 항목을 접근 또는 탐색하기 위해서 순차 탐색을 해야만 하고, 삽입이나 삭제할 때 이전 노드를 가리키는 레퍼런스를 알아야 한다.
- 이중 연결 리스트는 각 노드에 2개의 레퍼런스를 가지며 각각 이전 노드와 다음 노드를 가리키는 방식의 연결 리스트이다.
- 원형 연결 리스트는 마지막 노드가 첫 노드와 연결된 단순 연결 리스트이다.
- 원형 연결 리스트는 마지막 노드와 첫 노드를 O(1) 시간에 접근할 수 있다. 또한 리스트가 empty가 아닐 때, 어떤 노드도 null 레퍼런스를 갖지 않으므로 프로그램에서 null 조건을 검사하지 않아도 된다.
- 1차원 배열과 연결 리스트들의 연산에 대한 최악 경우 수행 시간 비교

자료구조	접근	탐색	삽입	삭제	비고
1차원 배열	O(1)	O(n)	O(n)	O(n)	정렬된 배열에서 탐색은 O(logn) (부록 IV)
단순 연결 리스트	O(n)	O(n)	O(1)	O(1)	삽입 또는 삭제할 노드의 이전 노드의 레퍼런스가 주어진 경우
이중 연결 리스트	O(n)	O(n)	O(1)	O(1)	
원형 연결 리스트	O(n)	O(n)	O(1)	O(1)	

연습문제

2.1 다음의 괄호 안에 알맞은 말을 채워 넣어라.

> a) 동일한 타입의 원소들이 연속적인 메모리 공간에 할당되어 각 항목이 하나의 원소에 저장되는 자료구조를 [ ]이라고 한다.
> b) 배열에서 빈자리가 없어 새 항목을 삽입할 수 없는 경우 [ ]가 발생하였다고 한다.
> c) 배열 a의 각 원소의 레퍼런스는 별도로 저장하지 않고, a가 가지고 있는 레퍼런스에 원소의 크기(바이트) × [ ]를 더하여 a[i]의 레퍼런스를 계산한다. 예를 들어 배열 a가 int 배열이면, a[10]은 a + [ ]에 저장되어 있다.

2.2 다음 중 배열에 관한 설명으로 옳지 않은 것은?

① 배열은 같은 타입의 항목들이 저장된다.
② 배열은 메모리의 연속된 공간의 메모리에 저장된다.
③ 프로그램이 수행되는 동안에 배열의 크기를 변경할 수 있다.
④ 배열의 레퍼런스(주소)는 첫 원소의 레퍼런스(주소)와 같다.
⑤ 답 없음

2.3 다음 중 자바 언어의 배열에 관한 설명으로 옳은 것은?

① 배열의 원소는 얼마든지 갱신해도 된다.
② 메모리에 저장된 배열 크기는 원소의 데이터 타입과 무관하다.
③ 배열은 동적으로 할당받을 수 없다.
④ 배열의 원소는 랜덤하게 접근할 수 없다.
⑤ 답 없음

2.4 다음 중 배열에 관한 설명으로 가장 적합한 것은?

① 계층적 자료구조이다.

② 같은 타입의 항목들의 저장소이다.

③ 배열은 한 번 초기화되면 원소를 변경할 수 없다.

④ 배열은 자료구조가 아니다.

⑤ 답 없음

2.5 다음 중 자바 언어의 int 배열을 옳게 선언한 것은?

① int a = new(100);

② int a[100];

③ int a[] = new int[100];

④ int a[] = new int(100);

⑤ 답 없음

2.6 다음 중 자바 언어 배열의 장점은?

① 다양한 데이터 타입의 항목을 저장할 수 있다.

② 인덱스를 이용해 원소를 직접 접근할 수 있다.

③ 배열의 인덱스를 음수로 사용할 수도 있다.

④ 배열의 크기를 동적으로 조절할 수 있다.

⑤ 답 없음

2.7 다음 중 배열의 단점을 <u>모두</u> 고르라.

① 배열에는 항목이 저장 안 된 빈 공간이 거의 없다.

② 배열에 새 항목을 중간에 삽입하면 뒤따르는 원소들이 1칸씩 이동해야 한다.

③ 배열은 크기를 선언하여 사용해야 한다.

④ 배열은 overflow 에러가 발생할 수 있다.

⑤ 답 없음

2.8 배열의 1개의 원소에 접근하는 방식으로 가장 적절한 것은?

① 랜덤하게 ② 순차적으로

③ 역으로 ④ 반으로 나누어

⑤ 답 없음

2.9 자바 언어의 int 타입의 정수는 4 byte에 저장된다. 원소 수가 20인 int 타입의 배열은 총 몇 byte인가?

① 20　② 24　③ 60
④ 80　⑤ 답 없음

2.10 배열에서 첫 번째 원소부터 차례로 검사하며 특정한 항목을 찾는 연산은?

① 접근　② 탐색　③ 삽입
④ 삭제　⑤ 답 없음

2.11 다음의 자바 프로그램이 수행된 결과는?

```
public class Array {
    public static void main(String args[]) {
        int []a = { 10, 20, 30, 40, 50 };
        System.out.print(a[2] + ", ");
        System.out.println(a[4]);
    }
}
```

① 10, 30　② 20, 40　③ 30, 50
④ 20, 50　⑤ 답 없음

2.12 다음의 자바 프로그램이 수행된 결과는?

```
public class Array {
    public static void main(String args[]) {
        int []a = { 10, 20, 30, 40, 50 };
        System.out.plintln(a[5]);
    }
}
```

① 40
② 50
③ ArrayIndexOutOfBoundsException
④ InvalidInputException
⑤ 답 없음

2.13 k번째 항목을 O(1) 시간에 읽는 기능을 가진 리스트를 구현하기에 적합한 자료구조는? 단, $k \geq 0$이다.

① 단순 연결 리스트 ② 이중 연결 리스트
③ 원형 연결 리스트 ④ 1차원 배열
⑤ 답 없음

2.14 다음의 괄호 안에 알맞은 말을 채워 넣어라.

a) 동적 메모리 할당을 받아 노드를 생성하고, 노드는 레퍼런스를 이용하여 다음 노드를 가리키도록 만들어 노드들을 한 줄로 연결시킨 자료구조를 [ ] 라고 한다.
b) 각 노드가 2개의 레퍼런스를 가지고 각각 이전 노드와 다음 노드를 가리키는 자료구조를 [ ]라고 한다.
c) 마지막 노드가 첫 노드와 연결된 단순 연결 리스트를 [ ]라고 한다.
d) [,] 연결 리스트는 다음 노드의 레퍼런스만으로 노드들이 연결되어, 삽입이나 삭제할 때 반드시 이전 노드를 가리키는 레퍼런스를 알아야 하고, 역방향으로 노드들을 탐색할 수 없다.
e) 마지막 노드와 첫 노드를 O(1) 시간에 방문할 수 있는 자료구조는[ ] 이다.

2.15 다음 중 노드들을 레퍼런스(포인터)로 연결한 자료구조는?

① 노드 리스트 ② 동적 할당 리스트
③ 포인터 리스트 ④ 연결 리스트
⑤ 답 없음

2.16 다음 중 연결 리스트에 관한 설명 중 옳지 <u>않은</u> 것은?

① 연결 리스트의 삽입 또는 삭제는 항목 이동 측면에서 배열보다 효율적이다.
② 연결 리스트에서는 랜덤 접근을 허용하지 않는다.
③ 연결 리스트는 노드 수를 미리 선언하지 않는다.
④ 연결 리스트는 배열보다 메모리를 덜 사용한다.
⑤ 답 없음

2.17 다음 단순 연결 리스트의 응용이 아닌 것은?

① 스택 또는 큐 자료구조

② 운영체제의 파일 시스템

③ 해싱의 체이닝

④ 그래프의 인접 리스트

⑤ 답 없음

2.18 단순 연결 리스트에 있는 노드 수를 계산하기 위한 수행 시간은? 단, 단순 연결 리스트의 클래스에서 연결 리스트의 노드 수를 위한 인스턴스 변수가 없다고 가정하라.

① O(1)
② O(logn)
③ O(n)
④ O(1) 또는 O(n)
⑤ 답 없음

2.19 다음 중 정렬 안 된 단순 연결 리스트에서 O(1) 시간에 수행할 수 없는 연산을 모두 고르라. 단, 단순 연결 리스트는 첫 노드를 가리키는 head 레퍼런스만 가진다.

① 새 항목을 연결 리스트의 첫 노드로 삽입

② 새 항목을 연결 리스트의 마지막 노드로 삽입

③ 연결 리스트의 첫 노드 삭제

④ 연결 리스트의 마지막 노드 삭제

⑤ 답 없음

2.20 다음 중 정렬 안 된 단순 연결 리스트에서 O(1) 시간에 수행할 수 없는 연산은? 단, 단순 연결 리스트는 첫 노드를 가리키는 head 레퍼런스와 마지막 노드를 가리키는 tail 레퍼런스를 가진다.

① 새 항목을 연결 리스트의 맨 앞에 첫 노드로 삽입

② 새 항목을 연결 리스트의 맨 뒤에 마지막 노드로 삽입

③ 연결 리스트의 첫 노드 삭제

④ 연결 리스트의 마지막 노드 삭제

⑤ 답 없음

2.21 다음 중 다음 중 이중 연결 리스트에 관한 설명 중 옳지 <u>않은</u> 것은?

① 양방향으로 탐색할 수 있다.

② 단순 연결 리스트보다 메모리가 더 필요하다.

③ 노드를 삽입하거나 삭제할 때 단순 연결 리스트보다 더 많은 레퍼런스를 변경한다.

④ 임의 노드를 O(1) 시간에 접근할 수 있다.

⑤ 답 없음

2.22 다음 중 단순 연결 리스트보다 이중 연결 리스트에서 더 효율적으로 수행되는 연산은?

① 정렬 안 된 리스트에서 임의의 항목 탐색

② 리스트의 모든 노드 방문하기

③ 레퍼런스가 주어진 노드의 삭제

④ 새 노드를 연결 리스트 맨 앞에 삽입

⑤ 답 없음

2.23 이중 연결 리스트에서 새 노드를 삽입할 때 변경(갱신)해야 하는 레퍼런스 필드 수는?

① 2　　② 4　　③ 6

④ 8　　⑤ 답 없음

2.24 이중 연결 리스트에서 삭제할 노드의 레퍼런스가 주어질 때 갱신해야 하는 레퍼런스 필드 수는?

① 2　　② 4　　③ 6

④ 8　　⑤ 답 없음

2.25 이중 연결 리스트에서 새 노드를 삽입하는 최악 경우 수행 시간은? 단, 연결 리스트에 n개의 노드가 있고, $n > 0$이다.

① O(1)　　② O(logn)

③ O(n)　　④ O(nlogn)

⑤ 답 없음

2.26 이중 연결 리스트에서 중간에 있는 노드를 삭제하는 수행 시간은? 단, 연결 리스트에 n 개의 노드가 있고, n > 0이다.

① O(1) ② O(logn)
③ O(n) ④ O(nlogn)
⑤ 답 없음

2.27 다음 중 메모리 효율적인 이중 연결 리스트에 관한 설명 중 옳지 <u>않은</u> 것은?

① 각 노드에 1개의 레퍼런스 필드만 사용한다.
② 현재 노드에서 앞으로 또는 뒤로 갈 노드의 레퍼런스를 항상 계산해야 한다.
③ 레퍼런스가 주어진 노드의 삭제는 이중 연결 리스트에서처럼 O(1) 시간에 수행할 수 있다.
④ 단순 연결 리스트의 메모리를 사용하면서 이중 연결 리스트에서처럼 양방향 탐색이 가능하다.
⑤ 답 없음

2.28 다음 XOR 이중 연결 리스트의 (a)와 (b)는 어떤 값이 저장되어야 하나?

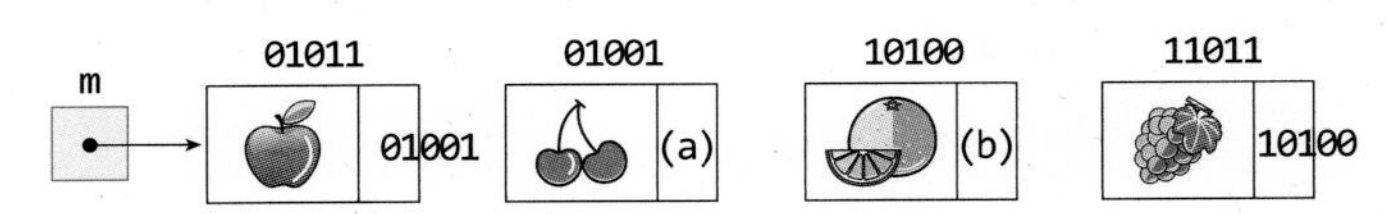

① (a) 0000, (b) 01110 ② (a) 1010, (b) 00111
③ (a) 0111, (b) 10110 ④ (a) 1111, (b) 10010
⑤ 답 없음

2.29 다음 이중 연결 리스트의 응용이 <u>아닌</u> 것은?

① 텍스트 편집기 undo/redo
② 웹페이지 이동
③ 운영체제의 스레드 스케줄러
④ 사진 슬라이드 쇼
⑤ 답 없음

2.30 다음 중 원형 연결 리스트에 관한 설명 중 옳지 <u>않은</u> 것?

① 연결 리스트의 마지막에 새 노드를 삽입할 수 있다.

② 사실상 노드들이 순차적으로 연결되어 있다.

③ 각 노드에는 null 레퍼런스가 없다.

④ 마지막 노드의 레퍼런스가 null이 아니라서 연결 리스트를 순회하기가 어렵다.

⑤ 답 없음

2.31 다음 연산 중 원형 연결 리스트에서 O(1) 시간에 수행할 수 <u>없는</u> 것은? 단, last는 연결 리스트의 마지막 노드를 가리킨다.

① 새 노드를 연결 리스트의 맨 앞에 삽입하기

② 새 노드를 연결 리스트의 맨 뒤에 삽입하기

③ 연결 리스트의 첫 노드 삭제하기

④ 연결 리스트의 마지막 노드 삭제하기

⑤ 답 없음

2.32 다음 연산 중 원형 연결 리스트에서 O(1) 시간에 수행할 수 있는 것은? 단, last가 마지막 노드를 가리키는 것 대신에 head가 연결 리스트의 첫 노드를 가리킨다.

① 새 노드를 연결 리스트의 맨 앞에 삽입하기

② 새 노드를 연결 리스트의 맨 뒤에 삽입하기

③ 연결 리스트의 첫 노드 삭제하기

④ 연결 리스트의 마지막 노드 삭제하기

⑤ 답 없음

2.33 원형 연결 리스트의 노드에 있는 null 레퍼런스 수는? 단, 연결 리스트는 n개의 노드를 가지고 있고, $n > 0$이다.

① 0　　② 1　　③ n−1

④ n　　⑤ 답 없음

2.34 원형 연결 리스트에서 삽입할 때 갱신되는 레퍼런스 필드 수는? 단, 연결 리스트는 1개 이상의 노드를 가지고 있다.

① 0　　② 1　　③ 2

④ 4　　⑤ 답 없음

2.35 다음 중 원형 연결 리스트의 응용이 아닌 것은?

① 운영체제의 CPU 스케줄러 ② 큐 자료구조
③ Josephus 문제 ④ 정렬
⑤ 답 없음

2.36 웹브라우저에서 이전 방문했던 웹페이지를 다시 방문하거나 앞서 방문했던 웹페이지를 다시 방문하는 것을 가장 효율적으로 처리할 수 있는 자료구조는?

① 단순 연결 리스트 ② 이중 연결 리스트
③ 원형 연결 리스트 ④ 1차원 배열
⑤ 다차원 배열

2.37 리스트에서 새 항목의 삽입은 항상 리스트의 맨 뒤에서 일어나고, 항목의 삭제는 항상 리스트의 맨 앞에서 일어날 때, 어떤 자료구조를 사용하는 것이 가장 효율적인가?

① 단순 연결 리스트 ② 이중 연결 리스트
③ 원형 연결 리스트 ④ 1차원 배열
⑤ 다차원 배열

2.38 리스트에 대해 새 항목을 맨 앞 또는 맨 뒤에서 삽입하고, 가장 맨 앞 또는 가장 맨 뒤에 있는 항목을 삭제하는 경우 어떤 자료구조를 사용하는 것이 가장 적절한가?

① 단순 연결 리스트 ② 이중 연결 리스트
③ 원형 연결 리스트 ④ 1차원 배열
⑤ 답 없음

2.39 교차로의 신호처리를 위해서는 어떤 자료구조가 가장 적절한가?

① 단순 연결 리스트 ② 이중 연결 리스트
③ 원형 연결 리스트 ④ 1차원 배열
⑤ 답 없음

2.40 리스트를 1차원 배열로 구현한 ArrList 클래스를 완성하고, main 클래스를 작성하여 [그림 2-5]의 프로그램 수행 결과를 확인하라.

2.41 n개의 정수를 가진 1차원 배열 a의 원소들을 k와 같거나 작은 원소들은 왼쪽으로, 즉, a[0]부터 모아놓고, k보다 큰 원소들을 오른쪽으로 분리 저장하는 O(n) 시간 알고리즘을 작성하라.

2.42 n개의 서로 다른 정수가 정렬된 1차원 배열에서 두 원소의 합이 s가 되는 두 원소를 찾는 O(n) 시간 알고리즘을 작성하라. 단, 해가 여러 개인 경우 임의의 하나를 찾아도 된다.

2.43 크기가 n인 1차원 배열에 1에서 n−1까지의 정수가 저장되어 있다. 그런데 이 중에 한 개의 숫자만 두 개의 원소에 중복 저장되어 있다. 이 중복된 숫자를 찾는 O(n) 시간 알고리즘을 작성하라. 단, O(1) 크기의 메모리만 사용하여야 하며, $n > 3$이다.

2.44 크기가 n−1인 배열 a에 1부터 n까지의 정수 중에 한 개가 빠진 채로 뒤섞여서 저장되어 있다. 배열 a에서 어떤 숫자가 빠진 숫자인지를 찾고자 한다. 물론 배열을 정렬하면 빠진 숫자를 쉽게 알 수 있다. 또 다른 방법은 크기가 n인 boolean 배열 t를 사용해서 배열 a의 원소를 하나씩 읽어가며 읽은 숫자 k에 대해 t[k−1]을 true로 만들면서 빠진 숫자를 찾을 수도 있다. 그러나 정렬은 $O(n \log n)$ 시간이 소요되고, 보조 배열은 메모리 사용이 너무 지나치다. 정렬하지 않고, 별도로 배열을 사용하지도 않으며, 즉, O(1) 크기의 메모리 공간만 사용하면서, O(n) 시간에 빠진 숫자를 찾는 알고리즘을 작성하라.

2.45 크기가 n−2인 배열 a에 1부터 n까지의 정수 중에 2개가 빠진 채로 뒤섞여서 저장되어 있다. 정렬하지 않고, O(1) 크기의 메모리 공간만 사용하면서, 배열 a에서 O(n) 시간에 빠진 숫자들을 찾는 알고리즘을 작성하라.

2.46 양의 정수가 저장된 배열에 다른 숫자들은 k개씩 있는데 오직 하나의 숫자는 1개만 있다. 1개만 있는 숫자를 찾는 알고리즘을 작성하라. 단, 배열 크기 n은 ik+1이고, $k > 1$, $i \geq 1$인 양의 정수이다. 예를 들어 [4, 9, 5, 4, 5, 4, 5]에서는 $i = 2$, $k = 3$이며 답은 9이다. 그리고 [5, 5, 4, 8, 4, 5, 8, 1, 4, 8]에서는 $i = 3$, $k = 3$이며 답은 1이다. [힌트: 배열의 각 숫자를 이진수로 변환한다.]

2.47 n개의 정수가 저장된 배열에서 반수를 넘는 숫자를 찾는 O(n) 시간 알고리즘을 작성하라. 예를 들어 [3, 1, 3, 2, 3]에서는 3이 반수를 넘는 숫자이다. 그러나 [3, 1, 3, 2]에서는 3이 반수를 넘지 않는다.

2.48 (a) 정수 n개를 저장하고 있는 1차원 배열에서 연속된 원소들의 최대 합을 계산하는 알고리즘을 작성하라. (b) 배열의 마지막 원소 a[n−1]과 첫 원소 a[0]이 이웃한다고 가정하였을 때, 연속된 원소의 최대 합을 계산하는 자바 프로그램을 작성하라. 예를 들어 (a)의 경우 다음의 배열에서 연속된 원소들의 최대 합은 1 + 1 + 3 = 5이고, (b)의 경우 연속된 원소들의 최대 합은 4 + 2 + 1 = 7이다.

(a)	2	1	-3	1	-4	1	1	3	-5	4
(b)	2	1	-3	1	-4	1	1	3	-5	4

문제 2.49~61을 위해 Part 2.2에 선언된 SList 클래스와 Node 클래스를 사용하라. 단, 문제 2.55는 제외

2.49 정렬된 단순 연결 리스트에 새 항목을 삽입하는 insert(target) 메소드를 작성하라. 단 메소드는 아무것도 반환하지 않는다. target을 가진 노드를 삽입한 후 연결 리스트는 정렬된 상태를 유지해야 한다.

2.50 단순 연결 리스트에서 특정 항목을 삭제하는 delete(target) 메소드를 작성하라. 단 메소드는 아무것도 반환하지 않으며, 2개의 레퍼런스 변수를 이용하여 구현하라. 또한 target이 연결 리스트에 없으면 "target이 연결 리스트에 없다."라고 출력하라.

2.51 단순 연결 리스트에서 임의의 노드를 삭제하려면 문제 2.50에서처럼 2개의 레퍼런스 변수를 사용하여 노드를 삭제할 수 있다. 그러나 단 1개의 레퍼런스로도 노드를 삭제할 수 있는 방법이 있다. 즉, 삭제할 노드의 작전 노드의 레퍼런스를 몰라도 단순 연결 리스트에서 노드를 삭제할 수 있다. 이를 위한 target을 가진 노드를 삭제하는 delete2(target) 메소드를 작성하라. 단, 마지막 노드는 삭제하지 않는다.

2.52 새 노드를 단순 연결 리스트의 맨 뒤에 마지막 노드로 삽입하는 insertLast(E newItem) 메소드를 작성하라. 단, 새 항목은 메소드의 매개 변수 newItem으로 주어지며, 메소드 내에서 Node를 생성하고, 메소드는 아무것도 반환하지 않는다.

2.53 단순 연결 리스트의 마지막 노드를 삭제하는 deleteLast() 메소드를 작성하라. 단, 메소드는 삭제된 노드의 레퍼런스를 반환하며, 연결 리스트가 empty이면 null을 반환한다.

2.54 각각 정렬된 2개의 단순 연결 리스트를 하나의 정렬된 단순 연결 리스트로 만드는 메소드를 작성하라. 각 노드에는 1개의 정수가 저장되어 있다.

2.55 단순 연결 리스트는 순차 탐색으로 탐색 연산을 수행한다. 만약 정렬된 단순 연결 리스트에서 이진 탐색(부록 IV)을 사용하여 탐색 연산을 수행하려면 어떠한 문제점이 발생하는지를 설명하라.

2.56 주어진 단순 연결 리스트를 역방향 단순 연결 리스트로 만드는 메소드를 작성하라.

2.57 각 노드에 한 개의 정수가 저장된 단순 연결 리스트와 정수 k가 주어질 때, 이 단순 연결 리스트를 하나는 k와 같거나 작은 정수를 가진 연결 리스트로, 다른 하나는 k보다 큰 정수를 가진 노드들로만 구성된 연결 리스트로 분리하는 메소드를 작성하라.

2.58 정렬된 두 개의 단순 연결 리스트가 가지고 있는 공통된 숫자의 합을 계산하는 메소드를 작성하라. 단, 각 단순 연결 리스트에는 중복된 숫자는 없다. 두 연결 리스트 head1 → [60] → [20] → [15] → [10] → [80]과 head2 → [90] → [60] → [70] → [10] → [35] → [20]의 공통된 숫자의 합은 60 + 20 + 10 = 90이다.

2.59 단순 연결 리스트의 각 노드를 한 번씩만 방문하는, 즉, O(n) 시간에 연결 리스트의 중간 노드를 찾는 메소드를 작성하시오. 단, 연결 리스트의 노드 수는 양의 짝수이다.

2.60 단순 연결 리스트에서 노드를 삽입하고 삭제하는 연산을 수행하다 보면 잘못하여 사이클이 만들어지는 경우가 발생할 수도 있다. 주어진 단순 연결 리스트가 사이클을 가졌는지를 검사하는 메소드를 작성하라.

2.61 단순 연결 리스트에 있는 항목을 역순으로 출력하는 메소드를 작성하라. 메소드는 순환으로 구현하라. 예를 들어 단순 연결 리스트가 [A] → [B] → [C] → [D] → [E]라면 "E D C B A"를 출력한다. [주의: 연결 리스트 자체는 변형시키지 말 것]

문제 2.62~63을 위해 Part 2.3에 선언된 DList 클래스와 DNode 클래스를 사용하라.

2.62 이중 연결 리스트의 k번째 항목을 반환하는 findKth(k) 메소드를 작성하라. k = 0, 1, 2, … 이다.

2.63 이중 연결 리스트에서 특정 항목을 삭제하는 delete(target) 메소드를 작성하라. 단 메소드는 아무것도 반환하지 않는다. 만일 target이 연결 리스트에 없으면 "target이 연결 리스트에 없다."라고 출력하라.

문제 2.64~69를 위해 Part 2.4에 선언된 CList 클래스와 Part 2.2에 선언된 Node 클래스를 사용하라.

2.64 원형 연결 리스트의 k번째 항목을 반환하는 findKth(k) 메소드를 작성하라. k = 0, 1, 2, … 이다.

2.65 원형 연결 리스트에서 특정 항목 target을 삭제하는 delete(target) 메소드를 작성하라. 단, 메소드는 아무것도 반환하지 않는다. 만일 target이 연결 리스트에 없으면 "target이 연결 리스트에 없다."라고 출력하라.

2.66 원형 연결 리스트에서 마지막 항목을 삭제하는 deleteLast() 메소드를 작성하라. 단, 메소드는 삭제된 노드의 항목을 반환한다.

2.67 원형 연결 리스트의 맨 뒤에 새 노드를 삽입하는 insertLast(E newItem) 메소드를 작성하라. 단, 새 항목은 메소드의 매개 변수 newItem으로 주어지며, 메소드 내에서 Node를 생성하고, 메소드는 아무것도 반환하지 않는다. [주의: 메소드의 마지막 부분에서는 last는 새 노드를 가리켜야 한다.]

2.68 원형 연결 리스트의 항목을 역으로 출력하는 reversePrint() 메소드를 작성하라. [주의: 연결 리스트 자체는 변형시키지 말 것]

2.69 원형 연결 리스트를 역방향 원형 연결 리스트로 만드는 reverseList(Node firstNode) 메소드를 작성하라. 단, 메소드는 원형 연결 리스트의 last를 반환한다.

2.70 long으로 정수를 선언하여 저장할 수 있는 최대 정수보다도 더 큰 정수의 계산을 위해 단순 연결 리스트를 사용하려고 한다. 이를 위해 먼저 각 노드에는 3자리 숫자만 저장 가능하다고 가정하자. 즉, 각 노드에는 0~999 사이의 정수를 저장한다. 예를 들어 5,123,000,049는 head → [49] → [0] → [123] → [5]로서 4개의 노드에 저장한다. 이와 같은 방식으로 큰 정수를 저장할 때 덧셈 연산을 수행하는 자바 프로그램을 작성하라. 단, 입력으로 주어지는 정수는 최대 45자리 수이고, 두 정수의 자릿수는 서로 다를 수도 있다.

2.71 [Josephus 문제] 1, 2, …, n으로 번호가 부여된 n명의 사람이 번호순으로 원형 테이블에 앉아 있다. 1번부터 순서를 세어서 m번째에 앉아 있는 사람을 테이블에서 떠나게 한다. 남은 n−1명에서 다시 다음 사람부터 순서를 세어서 m번째에 앉아 있는 사람을 테이블에서 떠나게 한다. 이 과정을 반복하여 마지막으로 남은 사람의 번호를 찾는 자바 프로그램을 작성하라. 단, n과 m은 자연수이고, $m < n \leq 50$이다. 그리고 Josephus 문제를 해결하기 위해 원형 연결 리스트를 구현하라.

m=2, n	1	2	3	4	5	6
마지막 남은 사람	1	1	3	1	3	5

PART 03

스택과 큐

contents

03 스택과 큐

스택(Stack)과 큐(Queue)는 우리의 일상에서 쉽게 접할 수 있는 자료구조이다. 스택 자료구조의 예를 들면, 인터넷 브라우저에서 웹을 탐색하다가 바로 이전 웹 페이지로 돌아가기 위해 화면 좌측 상단의 ⊖ 버튼을 클릭하는 경우를 들 수 있다. 다시 ⊖ 버튼을 클릭하면 그전에 방문한 페이지로 돌아갈 수 있다. 또한 워드 프로세서를 사용하여 문서를 수정하다가 수정 이전의 상태로 되돌리기 위해 CTRL-Z를 누르는 경우 역시 스택 자료구조의 개념을 내포하고 있다. 큐는 대기열을 의미하며 관공서, 은행, 우체국, 병원 등에서 번호표를 받아 자신의 순서를 기다리는 경우를 생각하면 쉽게 이해할 수 있다.

3.1 스택

스택은 한쪽 끝에서만 항목을 삭제하거나 새로운 항목을 저장하는 자료구조이다. 스택에서 새로운 항목을 저장하는 연산을 push라고 하고, 항목을 삭제하는 연산을 pop이라고 한다. [그림 3-1]과 같이 스택에서는 항목을 위에서 push하고, 스택의 가장 위에 있는 항목을 pop한다.

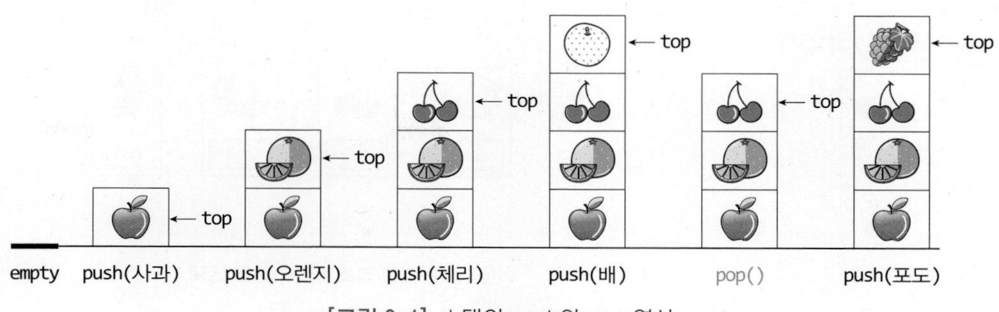

[그림 3-1] 스택의 push와 pop 연산

[그림 3-1]은 empty 스택에서 일련의 push와 pop 연산이 수행되는 과정을 나타낸다. 스택에서는 항상 가장 위에서 push나 pop 연산을 수행하므로, 스택의 가장 위의 항목을 가리키고 있는 변수(top)가 필요하다. 스택을 배열로 구현하면 top은 정수로서 스택의 가장 위의 항목이 저장된 배열 원소의 인덱스를 가진다. 단, 스택이 empty인 경우, top = −1이다. [그림 3-2](b)는 배열로 구현된 스택을 나타낸다.

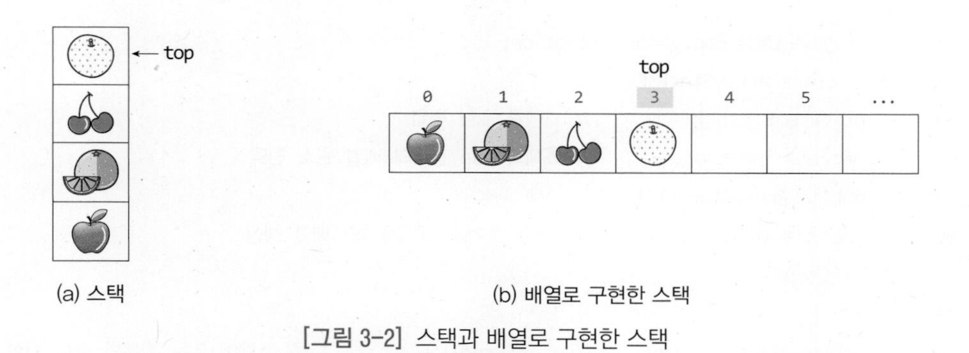

[그림 3-2] 스택과 배열로 구현한 스택

만일 스택을 단순 연결 리스트로 구현하면, top은 스택의 가장 위에 있는 항목을 참조하는 레퍼런스이고, 스택이 empty일 때 top = null이다. [그림 3-3](b)는 단순 연결 리스트로 구현한 스택이다.

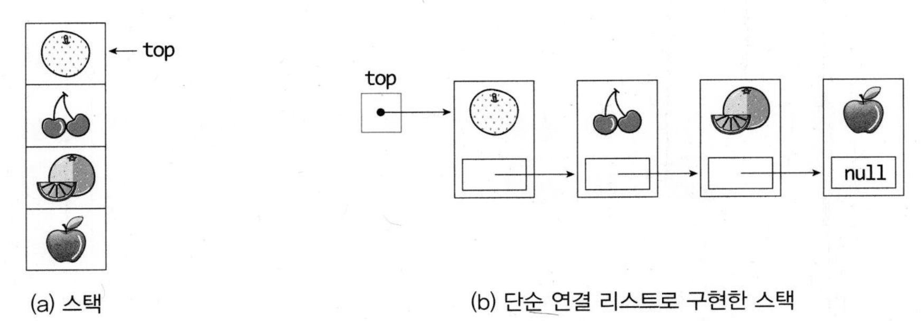

(a) 스택　　(b) 단순 연결 리스트로 구현한 스택

[그림 3-3] 스택과 단순 연결 리스트로 구현한 스택

다음은 배열로 스택을 구현한 ArrayStack 클래스이다. Line 01은 java.util 라이브러리에 선언된 EmptyStackException 클래스를 이용하여 underflow 발생 시 프로그램을 종료하기 위한 import 문이다. Line 05~08은 ArrayStack 클래스의 생성자로, 크기가 1인 배열 s와 top = −1을 가진 객체를 생성한다. Line 09~10은 각각 스택에 있는 항목의 수를 반환하고 스택이 empty인지를 검사하는 메소드이다.

```
01 import java.util.EmptyStackException;
02 public class ArrayStack<E> {
03     private E    s[];             // 스택을 위한 배열
04     private int top;              // 스택의 top 항목의 배열 원소 인덱스
05     public ArrayStack() {         // 스택 생성자
06         s = (E[]) new Object[1];  // 초기에 크기가 1인 배열 생성
07         top = -1;
08     }
09     public int      size()    {return top+1;}          // 스택에 있는 항목의 수를 반환
10     public boolean isEmpty() {return (top == -1);}     // 스택이 empty이면 true 반환
11     // peak(), push(), pop(), resize() 메소드 선언
12 }
```

peek() 메소드는 스택의 가장 위에 있는 항목을 반환한다. 만일 스택이 empty일 때에는 EmptyStackException을 발생시켜 [그림 3-4]와 같이 예외 발생 에러 메시지를 출력하고 프로그램을 종료시킨다. 물론 프로그램을 종료시키는 대신에 "스택이 empty임"을 출력하고 다음 연산을 수행시킬 수도 있다.

```
01 public E peek() {  // 스택 top 항목의 내용만을 반환
02     if (isEmpty()) throw new EmptyStackException(); // underflow 시 프로그램 정지
03     return s[top];
04 }
```

```
01 public class main {
02     public static void main(String[] args) {
03         ArrayStack<string> stack = new ArrayStack<String>();
04         stack.peek();
05         stack.push("apple");
06     }
07 }
```

```
Console
<terminated> main (47) [Java Application] C:₩Program Files₩Java₩jdk1.8.0_40₩bin₩javaw.exe
Exception in thread "main" java.util.EmptyStackException
        at ArrayStack.peek(ArrayStack.java:16)
        at main.main(main.java:4)
```

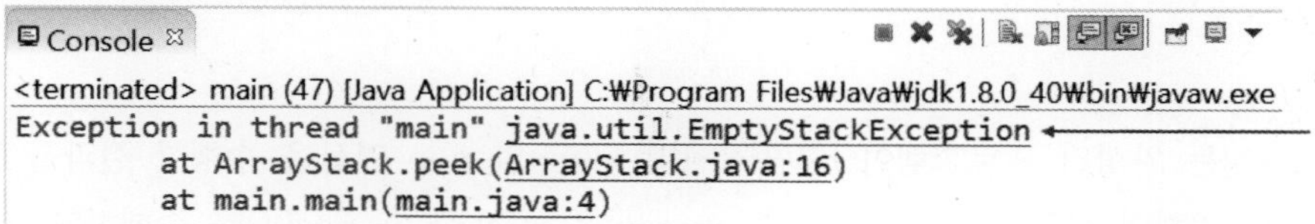

[그림 3-4] underflow 발생 시 프로그램 종료

push() 메소드는 새 항목을 스택에 삽입한다. 만약 배열 s가 항목들로 가득 찬 상태에서 삽입 연산을 수행하면, 즉 overflow가 발생하면, Part 2.1에서 선언한 resize() 메소드를 호출하여 배열의 크기를 2배로 확장한다. Line 04에서는 먼저 top을 1 증가시킨 후에 새 항목인 newItem을 s[top]에 저장한다.

```
01 public void push(E newItem) {  // push 연산
02     if (size() == s.length)
03         resize(2*s.length);      // 스택을 2배의 크기로 확장
04     s[++top] = newItem;          // 새 항목을 push
05 }
```

pop() 메소드는 스택 top 항목을 삭제한 후 이를 반환한다. Line 04에서 s[top]을 null로 만들어서 s[top]이 참조하던 객체는 가비지 컬렉터가 정리한다. s[top]을 null로 만든 이후

에는 top을 1 감소시킨다. Line 05~06에서는 스택의 항목 수가 배열 s의 1/4만 차지하게 될 때, 메모리 낭비를 줄이기 위해 resize()를 호출하여 배열 s의 크기를 1/2로 축소한다. 따라서 resize() 실행 이후에 배열 s의 1/2은 항목이 차지하고 나머지 1/2은 비어있게 된다. push 연산에서 배열 s가 항목으로 꽉 차있을 때 배열 크기를 2배로 만든 것과 유사한 상황이다.

```
01  public E pop() {    // pop 연산
02      if (isEmpty()) throw new EmptyStackException(); // underflow 시 프로그램 정지
03      E item = s[top];
04      s[top--] = null;          // null로 초기화
05      if (size() > 0 && size()==s.length/4)
06          resize(s.lengh/2);   // 스택을 1/2 크기로 축소
07      return item;
08  }
```

[그림 3-5]는 완성된 프로그램이 [그림 3-1]의 push와 pop 연산을 수행한 결과를 보여준다. 처음 3개의 항목(apple, orange, cherry)을 push한 후 peek()를 수행하고, pear를 push한 후 pop한 후에도 peek()를 수행하고, grape를 push한 것이다.

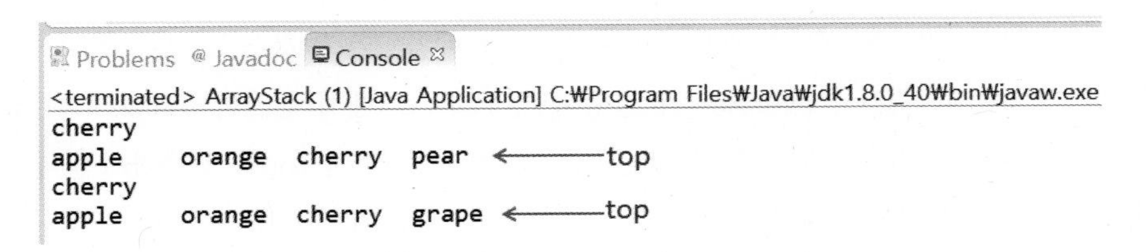

[그림 3-5] 완성된 프로그램의 수행 결과

다음은 스택을 단순 연결 리스트로 구현한다. Node 클래스는 Part 2.2의 Node 클래스와 동일하다. Line 01은 자바 util 라이브러리에 선언된 EmptyStackException 클래스이고, underflow 발생 시 프로그램을 정지시키기 위한 import 문이다. Line 05~08은 ListStack 객체를 생성하기 위한 생성자이고, 객체는 스택 top 항목을 가진 Node 레퍼런스와 스택의 항목 수를 저장하는 size를 가진다. Line 09~10은 각각 스택의 항목 수를 반환하고, 스택이 empty이면 true를 반환하는 메소드이다.

```
01 import java.util.EmptyStackException;
02 public class ListStack <E> {
03     private Node<E> top;      // 스택 top 항목을 가진 Node를 가리키기 위해
04     private int size;         // 스택의 항목 수
05     public ListStack() {      // 스택 생성자
06         top = null;
07         size = 0;
08     }
09     public int     size()     {return size;}        // 스택의 항목의 수를 반환
10     public boolean isEmpty() {return size == 0;} // 스택이 empty이면 true 반환
11     // peek(), push(), pop() 메소드 선언
12 }
```

peek() 메소드는 스택의 가장 위에 있는 항목을 반환한다. 스택이 empty인 경우, underflow가 발생한 것이므로 프로그램을 종료시킨다.

```
01 public E peek() {  // 스택 top 항목만을 반환
02     if (isEmpty()) throw new EmptyStackException(); // underflow 시 프로그램 정지
03     return top.getItem();
04 }
```

push() 메소드는 스택에 새 항목을 push하는 메소드로서, line 02에서 Node 객체를 생성하여 newItem을 newNode에 저장하고, top이 가진 레퍼런스를 next에 복사한다. 이후 top이 새 Node를 가리키도록 한다. 즉, 새 노드를 항상 연결리스트의 맨 앞에 삽입한다. Line 04에서는 스택의 항목 수인 size를 1 증가한다.

```
01 public void push(E newItem) {  // 스택 push 연산
02     Node newNode = new Node(newItem, top);   // 리스트 앞부분에 삽입
03     top = newNode;                           // top이 새 노드를 가리킴
04     size++;                                  // 스택 항목 수 1 증가
05 }
```

pop() 메소드는 스택이 empty가 아닐 때, top이 가리키는 노드의 항목을 topItem에 저

장한 뒤 line 06에서 이를 반환한다. Line 04에서는 top을 top이 참조하던 노드의 다음 노드를 가리키게 하고, line 05에서 size를 1 감소한다.

```
01  public E pop() {    // 스택 pop 연산
02      if (isEmpty()) throw new EmptyStackException(); // underflow 시 프로그램 정지
03      E topItem = top.getItem();     // 스택 top 항목을 topItem에 저장
04      top = top.getNext();           // top이 바로 아래 항목을 가리킴
05      size--;                        // 스택 항목 수를 1 감소
06      return topItem;
07  }
```

[그림 3-6]은 완성된 프로그램을 실행한 결과이다. 프로그램에서 3개의 항목을 push한 후, peek()하며, push("pear")하고, pop한 후에 peek()를 수행하고, 새 항목을 push한 결과이다.

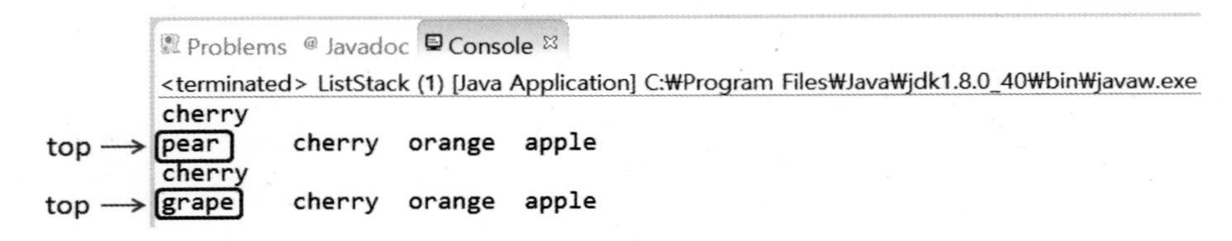

[그림 3-6] 완성된 프로그램의 수행 결과

스택 자료구조의 대표적인 응용으로써 컴파일러의 괄호 짝 맞추기, 회문(Palindrome) 검사하기, 후위 표기법(Postfix notation) 수식 계산하기, 중위 표기법(Infix notation) 수식의 후위 표기법 변환을 차례로 살펴본다.

| 괄호 짝 맞추기 문제 |

컴파일러는 프로그램에 작성된 괄호들이 짝이 맞는가를 검사한다. 이러한 괄호 짝 맞추기는 스택을 이용하여 좌에서 우로 괄호를 읽어가며 다음과 같이 괄호들을 검사한다.

핵심 아이디어

왼쪽 괄호는 스택에 push한다. 오른쪽 괄호를 읽으면 pop을 수행한다.

pop된 왼쪽 괄호와 바로 읽은 오른쪽 괄호가 다른 종류이면 에러 처리하고, 같은 종류이면 다음 괄호를 읽는다. 모든 괄호를 읽은 뒤 에러가 없고 스택이 empty이면, 괄호들이 정상적으로 사용된 것이고, 만일 모든 괄호를 처리한 후 스택이 empty가 아니면 짝이 맞지 않는 괄호가 스택에 남은 것이므로 에러 처리한다.

예제 다음의 입력에 대해 괄호 짝 맞추기를 스택을 이용하여 검사하면, 입력의 모든 괄호들을 에러 없이 처리한 후에 스택이 empty가 된다. 따라서 입력의 괄호들은 모두 정상적으로 짝이 맞는다.

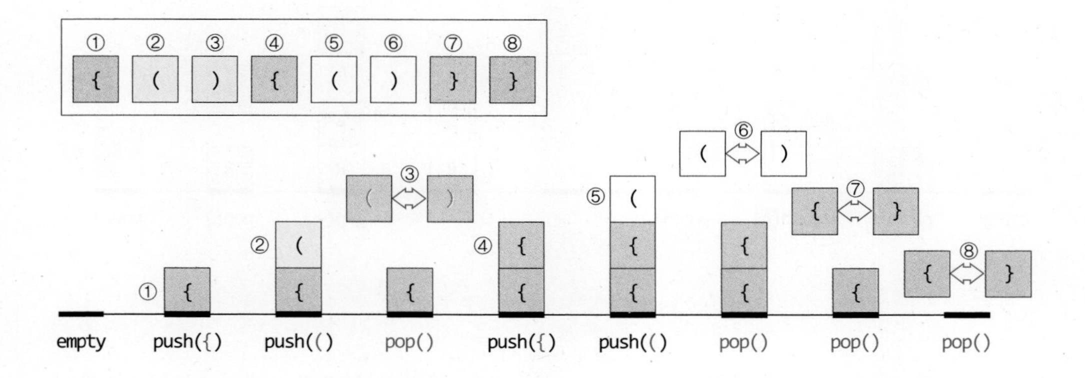

| 회문 검사하기 |

회문(Palindrome)이란 앞으로부터 읽으나 뒤로부터 읽으나 같은 스트링을 말한다.

핵심 아이디어

전반부의 문자들을 스택에 push한 후, 후반부의 각 문자를 차례로 pop한 문자와 비교한다.

회문 검사하기는 주어진 스트링의 앞부분 반을 차례대로 읽어 스택에 push한 후, 문자열의 길이가 짝수이면 뒷부분의 문자 한 개를 읽을 때마다 pop하여 읽어 들인 문자와 pop된 문자를 비교하는 과정을 반복 수행한다. 만약 마지막 비교까지 두 문자가 동일하고 스택이 empty가 되면 입력 문자열은 회문이다. 문자열의 길이가 홀수인 경우, 주어진 스트링의 앞부분 반을 차례로 읽어 스택에 push한 후, 중간 문자를 읽고 버린다. 이후 짝수 경우와 동일하게 읽은 문자와 pop한 문자의 비교를 수행한다.

예제 'RACECAR'에 대해, 왼쪽 문자부터 'R'를 읽고 'R'를 push하고, 'A'를 읽고 'A'를 push하고, 'C'를 읽고 'C'를 push한다. 네 번째 문자가 중간 문자이므로 "E"를 읽고 버린다. 이후는 다섯 번째 문자인 'C'를 읽고 pop한 문자인 'C'와 비교하고, 다음 문자인 'A'를 읽고 pop한 문자인 'A'와 비교하고, 마지막으로 'R'을 읽고 pop한 문자인 'R'과 비교한 후에 스택이 empty가 된다. 따라서 주어진 스트링은 회문이다.

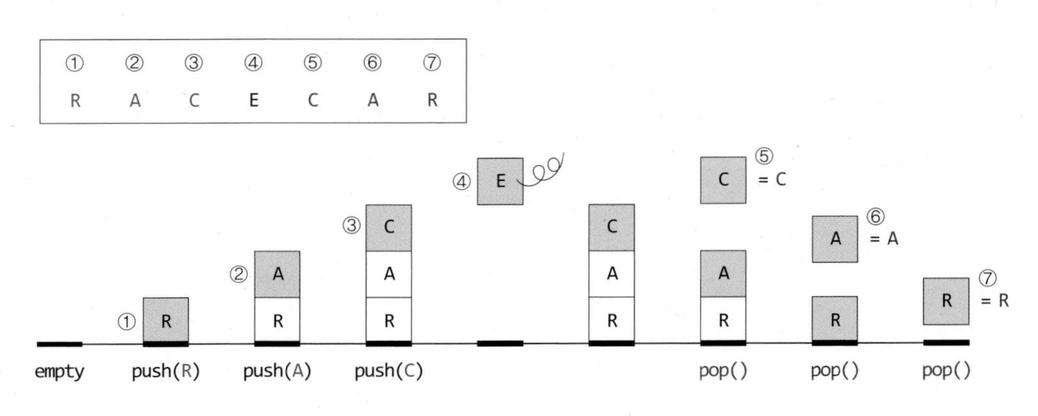

프로그램을 작성할 때 수식에서 +, -, *, /와 같은 이항 연산자는 2개의 피연산자 사이에 위치한다. 이러한 방식의 수식 표현을 중위 표기법(Infix notation)이라고 한다. 컴파일러는 중위 표기법 수식을 후위 표기법(Postfix notation)으로 바꾼다. 그 이유는 후위 표기법 수식은 괄호 없이 중위 표기법 수식을 표현할 수 있기 때문이다. 전위 표기법(Prefix notation)은 연산자를 피연산자들 앞에 두는 표기법이다. 다음은 중위 표기법 수식의 예와 그에 대응되는 후위 표기법, 전위 표기법 수식이다.

중위 표기법	후위 표기법	전위 표기법
A + B	A B +	+ A B
A + B - C	A B + C -	+ A - B C
A + B * C - D	A B C * + D -	-+ A * B C D
(A + B)/(C - D)	A B + C D -/	/+ A B - C D

| 후위 표기법 수식 계산 |

핵심 아이디어

피연산자는 스택에 push하고, 연산자는 2회 pop하여 계산한 후 계산 결괏값을 push한다.

후위 표기법으로 표현된 수식을 계산하는 알고리즘은 다음과 같다. 입력을 좌에서 우로 문자를 1개씩 읽는다. 읽은 문자를 C라고 하자.

[1] C가 피연산자이면 스택에 push한다.
[2] C가 연산자(op)이면 pop을 2회 수행한다. 먼저 pop된 피연산자가 B이고, 나중에 pop된 피연산자가 A라면, (A op B)를 수행하여 그 결괏값을 push한다.

위 알고리즘에서는 pop된 피연산자들의 순서를 반드시 유지해야 한다. 왜냐하면 연산자가 '-' 또는 '/'인 경우 (A - B)와 (B - A) 그리고 (A / B)와 (B / A)가 각각 서로 다르기 때문이다.

예제 다음 후위 표기법 수식 "8 3 2 + 1 - /"을 위의 알고리즘에 따라 계산해보자.

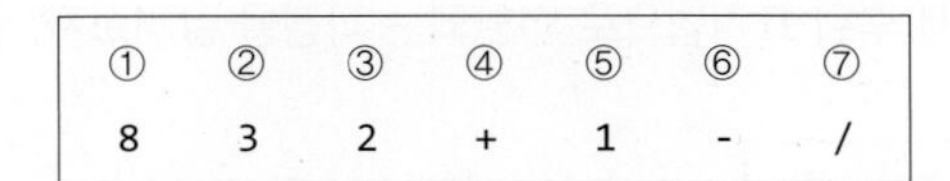

①	②	③	④	⑤	⑥	⑦
8	3	2	+	1	-	/

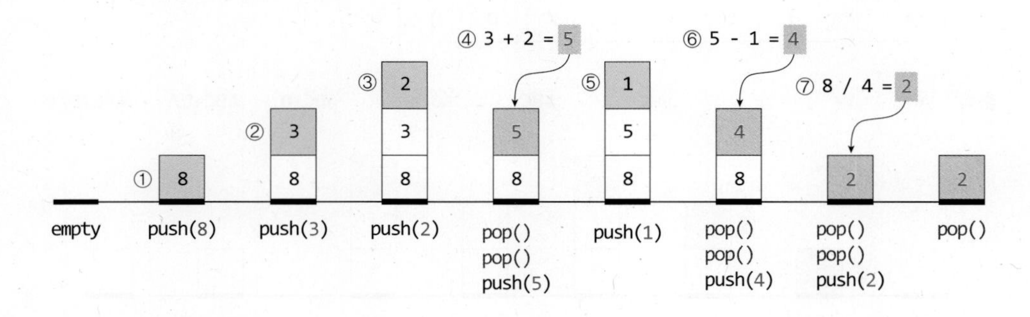

처음 3개의 피연산자 '8', '3', '2'는 push하고, 그다음 연산자 '+'에 대해 pop을 2회하여 '3 + 2'를 수행하고 그 결과인 '5'를 push한다. 그 후 뺄셈과 나눗셈을 수행하면 '2'만 스택에

있고 마지막으로 pop하여 최종 결과인 2를 얻는다.

| 중위 표기법 수식을 후위 표기법으로 변환 |

핵심 아이디어

왼쪽 괄호나 연산자는 스택에 push하고, 피연산자는 출력한다.

다음 알고리즘은 연산자들 사이에 우선순위와 괄호들을 적절히 처리하여 중위 표기법으로 된 수식을 후기 표기법으로 변환한다.

입력을 좌에서 우로 문자를 1개씩 읽는다. 읽은 문자가
1. 피연산자이면, 읽은 문자를 출력한다.
2. 왼쪽 괄호이면, 왼쪽 괄호를 push한다.
3. 오른쪽 괄호이면, 왼쪽 괄호가 나올 때까지 pop하여 출력한다. 단, 오른쪽이나 왼쪽 괄호는 출력하지 않는다.
4. 연산자이면, 자신의 우선순위보다 낮은 연산자가 스택 top에 올 때까지 pop하여 출력하고 읽은 연산자를 push한다.

입력을 모두 읽었으면 스택이 empty될 때까지 pop하여 출력한다.

예제 A * (B + C / D)를 위의 알고리즘에 따라서 후위 표기법으로 변환되는 과정을 살펴보자.

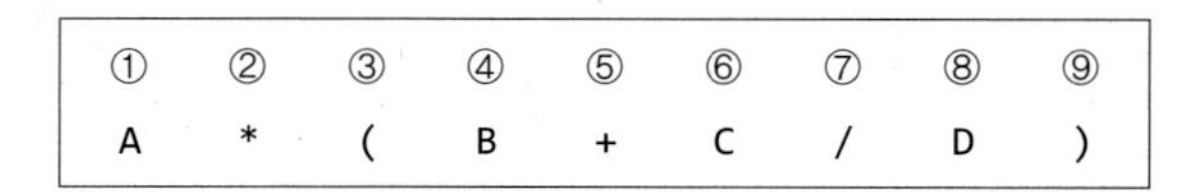

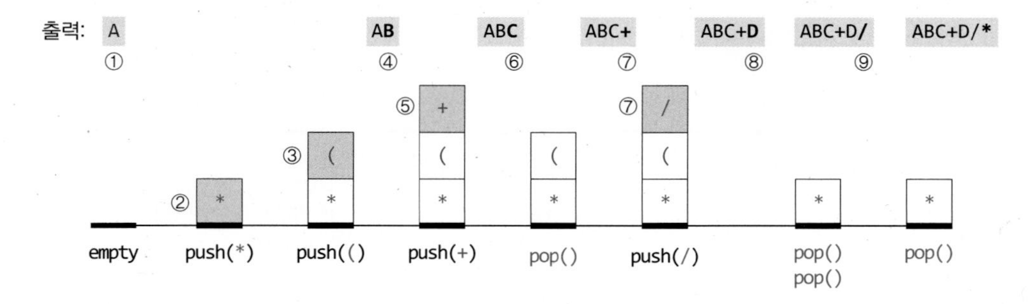

먼저 'A'를 읽고 'A'를 출력하고, 그다음 '*'를 읽고 push한다. 세 번째 문자인 '('를 push 하고, 그다음 'B'를 읽고 'B'를 출력한다. 다섯 번째 문자인 '+'를 읽고 push한다. 그다음 'C'를 출력한다.

일곱 번째 문자인 '/'를 읽고 push하려고 하나 스택 top에 '/'보다 낮은 우선순위를 가진 '-'가 있어서 pop하여 '-'를 출력하고 '/'를 push한다. 다음 'D'를 읽고 'D'를 출력한다.

아홉 번째 문자인 ')'를 읽고 왼쪽 괄호가 나올 때까지 pop한다. 이때 '/'가 출력되고, 왼쪽 괄호는 버린다. 마지막엔 입력을 모두 읽었으므로 스택이 empty될 때까지 pop하여 출력한다.

스택 자료구조는 앞서 살펴본 응용들 외에도 미로 찾기, 트리의 순회(Part 4), 그래프의 깊이 우선 탐색(Part 9)을 수행하는데 기본이 되는 자료구조이다. 또한 프로그래밍에서 매우 중요한 함수(메소드) 호출 및 순환 호출도 스택 자료구조를 바탕으로 구현된다. 이에 대한 상세한 설명은 부록 II에 있다.

| 수행 시간 |

배열로 구현한 스택의 push와 pop 연산은 각각 O(1) 시간이 소요된다. 그러나 배열 크기를 확대 또는 축소하는 경우에 스택의 모든 항목을 새 배열로 복사해야 하므로 O(n) 시간이 소요된다. 하지만 부록 I의 상각 분석에 따르면 각 연산의 평균 수행 시간은 O(1) 시간이다. 단순 연결 리스트로 구현한 스택의 push와 pop 연산은 각각 O(1) 시간이 걸리는데, 연결 리스트의 맨 앞부분에서 노드를 삽입하거나 삭제하기 때문이다. 배열과 단순 연결 리스트로 구현된 스택의 장단점은 Part 2의 리스트를 배열과 단순 연결 리스트로 구현하였을 때의 장단점과 동일하다.

3.2 큐

큐(Queue)는 삽입과 삭제가 양 끝에서 각각 수행되는 자료구조이다. 일상생활의 관공서, 은행, 우체국, 병원 등에서 번호표를 이용한 줄서기가 대표적인 큐의 예시이다. 즉, 큐 자료구조는 선입 선출(First-In First-Out, FIFO) 원칙에 따라 항목의 삽입과 삭제를 수행한다.

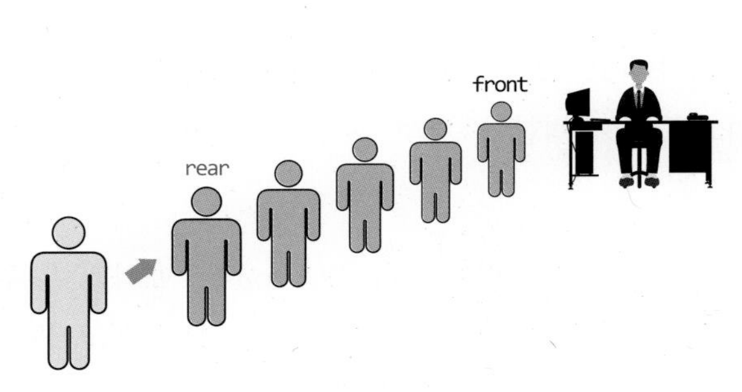

[그림 3-7] 줄서기

[그림 3-7]은 5명이 도착 순서대로 줄을 서서 기다리고 있는 상황을 나타내고 있다. 또한 다음 차례는 front의 사람이고, rear의 사람은 5명 중에서 가장 늦게 도착했으며, 또 한 사람이 줄을 서기 위해 다가오고 있는 것을 나타내고 있다. 큐에서는 뒤(rear)에서 삽입하고, 앞(front)에서 삭제 연산을 수행하므로, 큐의 맨 앞의 항목을 가리키는 변수인 front와 맨 뒤에 있는 항목을 가리키는 변수인 rear가 필요하다. 큐는 선형 자료구조이므로 1차원 배열 또는 단순 연결 리스트로 구현한다.

큐를 배열로 구현하는 경우, 큐에서 삽입과 삭제를 거듭하게 되면 [그림 3-8](b)와 같이 큐의 항목이 배열의 오른쪽 부분으로 편중되는 문제가 발생한다. 왜냐하면 새 항목은 뒤에 삽입되고 삭제는 앞에서 일어나기 때문이다.

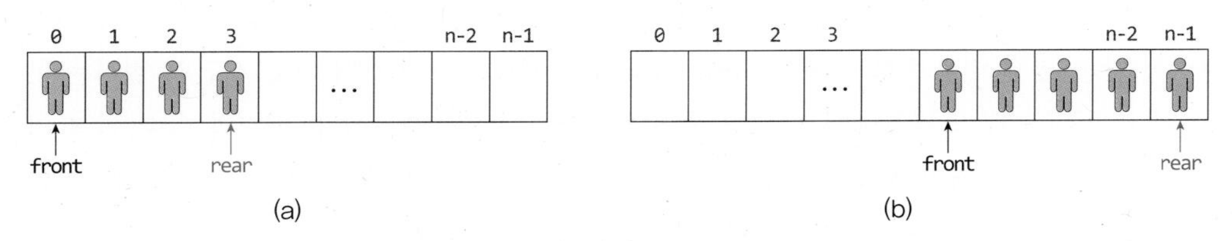

[그림 3-8] 큐의 삽입과 삭제 연산

이 문제를 해결하는 방법 중 하나는 큐의 항목을 배열의 앞부분으로 이동시키는 것이다. 그러나 이는 수행 시간이 큐에 들어있는 항목의 수에 비례한다. 이 단점을 극복하는 방법은 [그림 3-9]와 같이 배열을 원형으로, 즉, 배열의 마지막 원소가 첫 원소와 맞닿아 있다고 생각하는 것이다. 즉, [그림 3-9](a)와 (b)는 동일한 배열이다. 따라서 새 항목은 다음 비어있는 배열의 인덱스가 0인 원소에 [그림 3-9](c)와 (d)같이 삽입한다.

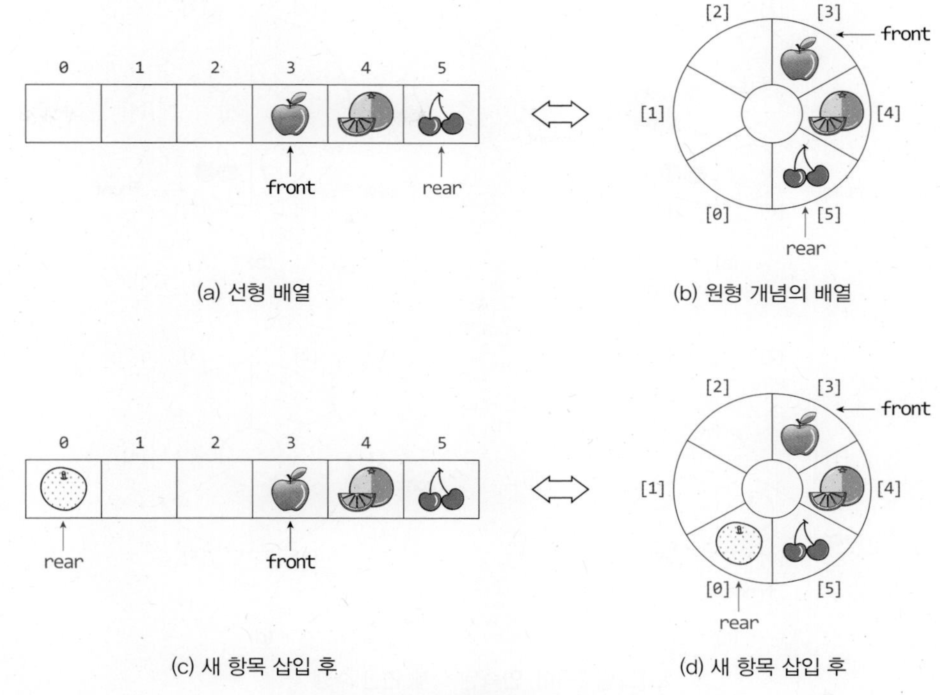

[그림 3-9] 선형 배열과 원형 배열 비교

배열의 앞뒤가 맞닿아 있도록 구현하기 위해 배열의 rear 다음의 비어있는 원소의 인덱스를 rear = (rear + 1) % n으로 계산한다. 여기서 n은 배열의 크기이다. 큐를 배열로 구현하는 데 있어서 프로그램의 효율성을 위해 한 가지 더 고려할 사항이 있다. [그림 3-9](d)에서 연속적으로 삭제를 수행하여 큐가 empty가 되는 상황을 살펴보면 [그림 3-10]과 같다.

[그림 3-10](d)의 문제는 큐의 마지막 항목을 삭제한 후에 큐가 empty임에도 불구하고 rear는 삭제된 항목이 있었던 곳을 아직도 가리키고 있다. 이를 해결하는 방법은 항목을 삭제할 때마다 큐가 empty가 되는지 검사하고, 만일 empty가 되면, front = rear = 0이 되도록 하는 것이다. 그러나 삭제할 때마다 empty 조건을 검사하는 것은 프로그램 수행의 효율성[1)]을 떨어뜨린다.

1) 삭제할 때마다 조건을 1번 더 검사하는 것은 '이론적인' 수행 시간을 증가시키지 않는다. 하지만 일반적으로 프로그램이 수행될 때 조건을 검사하는 프로그램의 실제 실행시간은 검사하지 않는 프로그램보다 더 오래 소요된다.

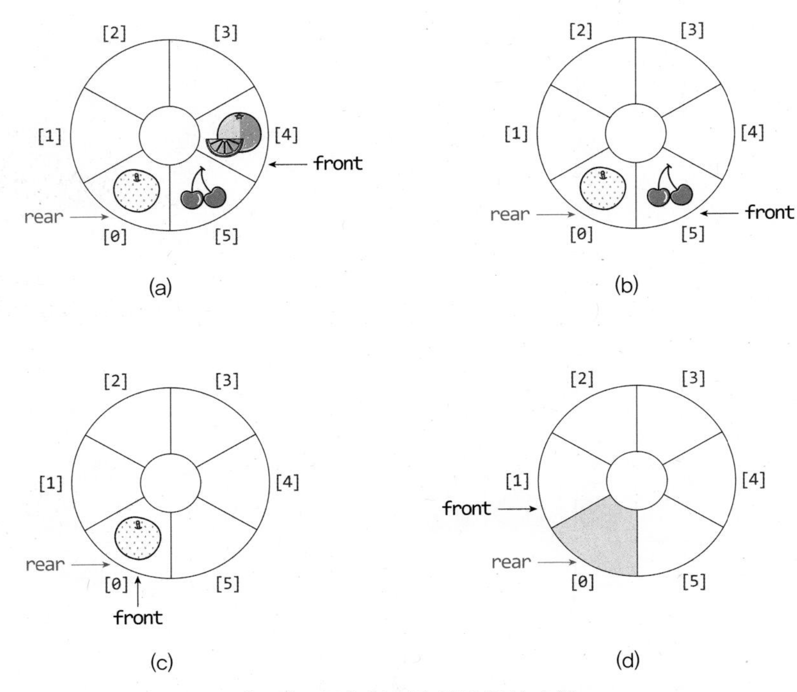

[그림 3-10] 연속된 삭제 연산 수행

그런데 삭제할 때마다 큐가 empty인지 검사하지 않도록 하는 방법은 의외로 간단하다. 그 방법은 [그림 3-11]과 같이 front를 맨 앞에 있는 항목의 직전에 비어있는 원소를 가리키게 하는 것이다. 따라서 배열의 크기가 n이라면 실제로 n-1개의 원소만 항목을 저장하는데 사용한다. 즉, 배열의 1개 원소는 사용하지 않는다.

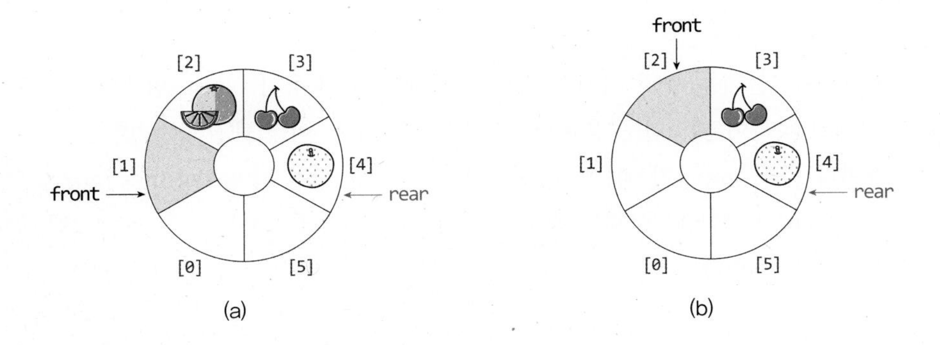

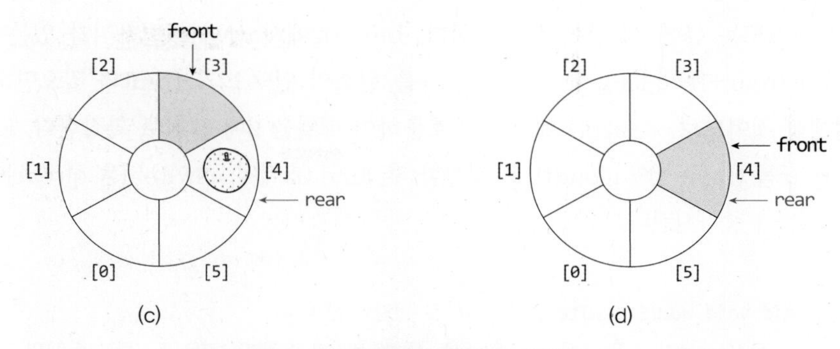

[그림 3-11] 연속된 삭제 연산 수행

[그림 3-11](d)는 (a)로부터 항목들이 차례로 삭제되어 큐가 empty가 된 모습을 나타낸다. 이때 front == rear가 되며 이는 큐의 초기 상태와 같다고 볼 수 있다.

다음은 큐를 배열로 구현한 ArrayQueue 클래스이다.

```
01 import java.util.NoSuchElementException;
02 public class ArrayQueue <E> {
03     private E[] q;      // 큐을 위한 배열
04     private int front, rear, size;
05     public ArrayQueue() {          // 큐 생성자
06         q = (E[]) new Object[2]; // 초기에 크기가 2인 배열 생성
07         front = rear = size = 0;
08     }
09     public int      size()     { return size;}           // 큐에 있는 항목의 수를 반환
10     public boolean isEmpty() { return (size == 0);}    // 큐가 empty이면 true를 반환
11     // add(), remove(), resize() 메소드 선언
12 }
```

Line 01은 큐에서 underflow가 발생했을 때 java 라이브러리에 선언된 NoSuch ElementException을 이용하여 프로그램을 정지시키기 위한 import 문이다. 참고로 EmptyQueueException은 자바 라이브러리에 선언되어 있지 않다. Line 05~08은 ArrayQueue 객체 생성자로, 객체는 1차원 배열 q와 3개의 필드인 front, rear, size를 갖는다. 초기의 배열 크기는 2이고, 각 필드를 0으로 초기화한다. Line 09는 큐의 item 수를 반환하는 메소드이고, line 10은 큐가 empty이면 true를 반환하는 메소드이다.

add() 메소드는 큐에 새 항목을 삽입한다. Line 02에서 삽입할 빈자리가 있는지 확인한다. 만일 (rear+1)%q.length (즉, rear 다음 원소의 인덱스)가 front와 같으면 overflow가 발생한 것이므로, resize() 메소드를 호출하여 배열을 2배 크기로 확장한다. Line 04에서는 rear를 (rear+1)%q.length로 갱신한 후, line 05에서 newItem을 q[rear]에 저장하고, size를 1 증가시킨다.

```
01 public void add(E newItem) {   // 큐 삽입 연산
02     if ((rear+1)%q.length == front) // 빈 원소가 1개뿐인 경우(즉, 큐가 full인 경우)
03         resize(2*q.length);     // 큐의 크기를 2배로 확장
04     rear = (rear+1) % q.length;
05     q[rear] = newItem;            // 새 항목을 add
06     size++;
07 }
```

remove() 메소드는 맨 앞의 항목을 삭제한다. Line 02에서 underflow를 체크하고 underflow 발생 시 NoSuchElementException을 throw하여 프로그램을 정지시킨다. 그렇지 않으면 front를 (front+1)%q.length로 갱신한 후, q[front]를 변수 item에 저장하여 line 09에서 반환한다. Line 05~06에서는 q[front]를 null로 만들어 가비지 컬렉터가 이를 처리하도록 하고, size를 1 감소시킨다. Line 07~08에서는 항목을 삭제한 후 배열에 1/4만큼만 항목들로 채워져 있으면 배열 크기를 1/2로 감소시키기 위해 resize() 메소드를 호출한다.

```
01 public E remove() {  // 큐 삭제 연산
02     if (isEmpty()) throw new NoSuchElementException(); // underflow 시 프로그램 정지
03     front  = (front+1) % q.length;
04     E item = q[front];
05     q[front] = null;     // null로 만들어 가비지 컬렉터가 처리
06     size--;
07     if (size > 0 && size == q.length/4) // 큐의 항목 수가 배열 크기의 1/4이 되면
08         resize(q.length/2);                // 큐를 1/2 크기로 축소
09     return item;
10 }
```

resize() 메소드는 Part 2.1의 resize()와 거의 동일하다. [그림 3-12]는 2배의 크기로 확장된 것을 나타낸다. Line 06~07에서는 front를 0으로 rear는 큐에 있는 항목 수인 size로 갱신하고, 끝으로 q가 새 배열 t를 참조하도록 한다.

```
01 private void resize(int newSize) {     // 큐의 배열 크기 조절
02       Object[] t = new Object[newSize]; // newSize 크기의 새로운 배열 t 생성
03       for(int i = 1, j = front+1; i < size+1; i++, j++) {
04           t[i] = q[j%q.length];     // 배열 q의 항목들을 t[1]로부터 복사
05       }
06       front = 0;
07       rear  = size;
08       q = (E[]) t;  // 배열 t를 배열 q로
09 }
```

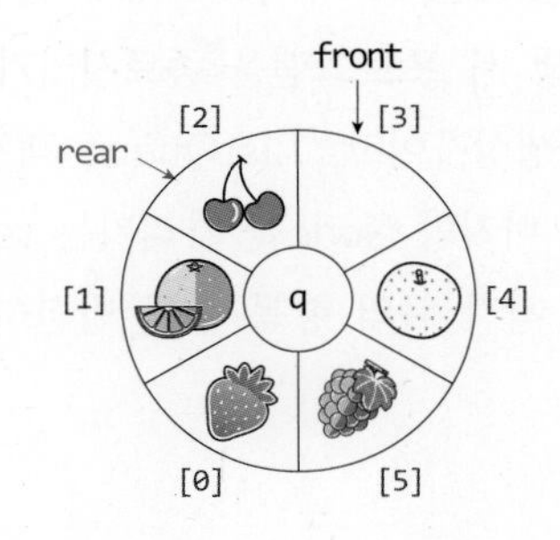

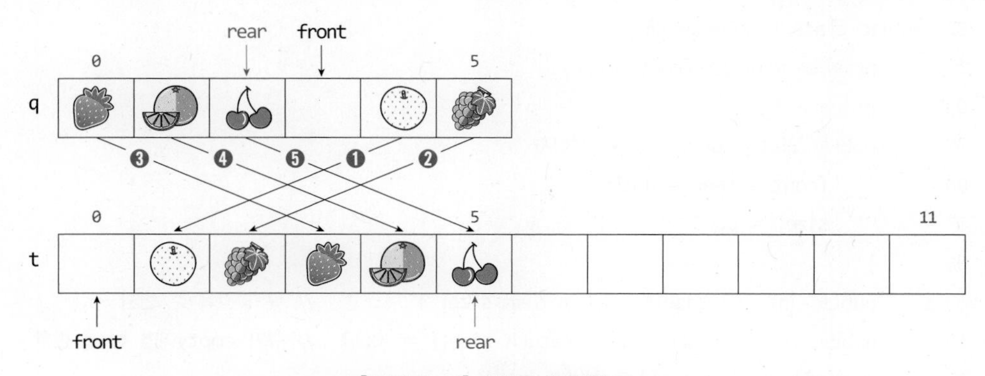

[그림 3-12] 2배로 확장한 큐

[그림 3-13]은 완성된 프로그램에서 일련의 add()와 remove()를 수행한 결과이다.

```
Problems  @ Javadoc  Console  Console
<terminated> ArrayQueue [Java Application] C:₩Program Files₩Java₩jdk1.8.0_40₩bin₩javaw.exe
null   apple  orange  cherry  pear   null   null   null
null   null   orange  cherry  pear   null   null   null
null   null   orange  cherry  pear   grape  null   null
null   null   null    cherry  pear   grape  null   null
null   null   null    cherry  pear   grape  lemon  null
null   null   null    cherry  pear   grape  lemon  mango
lime   null   null    cherry  pear   grape  lemon  mango
lime   kiwi   null    cherry  pear   grape  lemon  mango
lime   kiwi   null    null    pear   grape  lemon  mango
```

front

rear

[그림 3-13] 완성된 프로그램의 수행 결과

다음은 큐를 단순 연결 리스트로 구현한 ListQueue 클래스이다. Node 클래스는 Part 2.2의 Node 클래스와 동일하다. Line 01은 java.util 라이브러리에 선언된 NoSuchElementException 클래스이고, underflow 발생 시 프로그램을 종료시키기 위한 import 문이다. Line 05~08은 ListQueue 객체의 생성자이고, ListQueue 객체는 큐의 첫 항목을 가진 Node 레퍼런스를 저장하는 front와 마지막 Node를 가리키는 rear, 큐의 항목 수를 저장하는 size를 가진다. Line 09~10은 각각 큐의 항목 수를 반환하고, 큐가 empty이면 true를 반환하는 메소드이다.

```
01 import java.util.NoSuchElementException;
02 public class ListQueue <E> {
03     private Node<E> front, rear;
04     private int size;
05     public ListQueue() {    // 생성자
06         front = rear = null;
07         size  = 0;
08     }
09     public int     size()    { return size; }          // 큐의 항목 수 반환
10     public boolean isEmpty() { return size() == 0; }  // 큐가 empty이면 true 반환
11     // add(), remove() 메소드 선언
12 }
```

add() 메소드는 새 항목을 큐의 뒤(rear)에 삽입한다. Line 02에서 노드를 생성하고, line 03에서 연결 리스트가 empty인 경우 front가 새 노드를 가리키도록 한다. 연결 리스트가 empty가 아닌 경우 line 04에서 rear가 참조하는 노드의 next가 새 노드(newNode)를 가리키도록 하여 새 노드를 연결 리스트의 마지막 노드로서 연결한다. Line 05에서는 rear가 새 노드를 가리키게 하고, line 06에서 size를 1 증가시킨다.

```
01 public void add(E newItem) {
02     Node newNode = new Node(newItem, null);  // 새 노드 생성
03     if (isEmpty()) front = newNode;  // 큐가 empty이면 front가 newNode를 가리키게
04     else rear.setNext(newNode);      // 그렇지 않으면 rear의 next를 newNode를 가리키게
05     rear = newNode;                  // 마지막으로 rear가 newNode를 가리키게
06     size++;                          // 큐 항목 수 1 증가
07 }
```

remove() 메소드는 front가 가리키고 있는 항목을 삭제한다. Line 02에서 underflow를 검사하고, line 03에서는 front가 가리키는 노드의 항목을 frontItem 변수에 저장한 뒤 line 07에서 반환한다. Line 05에서는 삭제 후 연결 리스트가 empty가 되면 rear를 null로 갱신한다. Line 06에서는 size를 1 감소시킨다.

```
01 public E remove() {
02     if (isEmpty()) throw new NoSuchElementException(); // underflow 시 프로그램 정지
03     E frontItem = front.getItem();   // front가 가리키는 노드의 항목을 frontItem에 저장
04     front = front.getNext();         // front가 front 다음 노드를 가리키게
05     if (isEmpty()) rear = null;      // 큐가 empty이면 rear = null
06     size--;                          // 큐 항목 수 1 감소
07     return frontItem;
08 }
```

[그림 3-14]는 완성된 프로그램으로 일련의 삽입과 삭제 연산을 수행한 결과를 나타낸다.

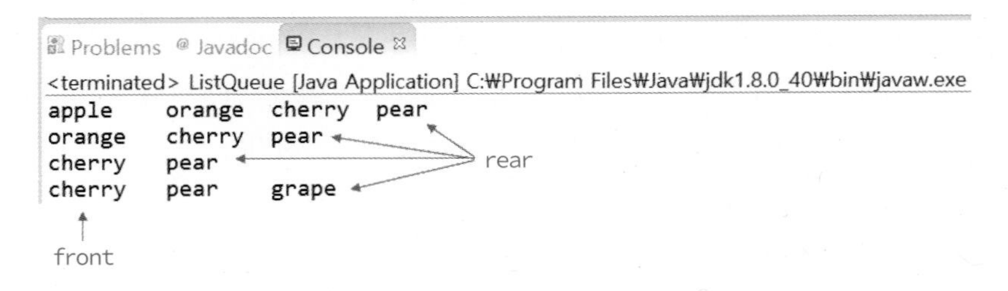

[그림 3-14] 완성된 프로그램의 수행 결과

큐 자료구조는 CPU의 태스크 스케줄링(Task Scheduling), 네트워크 프린터, 실시간(Real-time) 시스템의 인터럽트(Interrupt) 처리, 다양한 이벤트 구동 방식(Event-driven) 컴퓨터 시뮬레이션, 콜 센터의 전화 서비스 처리 등에 사용되며, Part 4의 이진 트리의 레벨 순회(Level-order Traversal)와 Part 9의 그래프에서 너비 우선 탐색(Breath-First Search)에 사용된다.

| 수행 시간 |

배열로 구현한 큐의 add와 remove 연산은 각각 O(1) 시간이 소요된다. 하지만 배열 크기를 확대 또는 축소시키는 경우에 큐의 모든 항목을 새 배열로 복사해야 하므로 O(n) 시간이 소요된다. 그렇지만 큐의 연산들에 대해 상각 분석을 해보면 각 연산의 평균 수행 시간은 O(1)이다. 단순 연결 리스트로 구현한 큐의 add와 remove 연산은 각각 O(1) 시간이 걸리는데, 삽입 또는 삭제 연산이 rear와 front로 인해 연결 리스트의 다른 노드들을 일일이 방문할 필요 없이 각 연산이 수행되기 때문이다. 배열과 단순 연결 리스트로 구현한 큐의 장단점은 Part 2의 리스트를 배열과 단순 연결 리스트로 구현하였을 때의 장단점과 동일하다.

3.3 데크(Deque)

데크(Double-ended Queue, Deque)는 양쪽 끝에서 삽입과 삭제를 허용하는 자료구조이다. 데크는 스택과 큐 자료구조를 혼합한 자료구조라고 할 수 있다. 따라서 데크는 스택과 큐를 동시에 구현하는 데 사용된다.

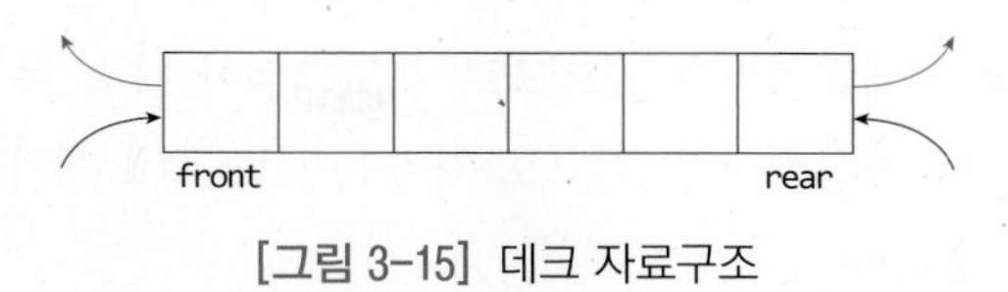

[그림 3-15] 데크 자료구조

예를 들어 스크롤(Scroll), 문서 편집기 등의 undo 연산, 웹 브라우저의 방문 기록 등에 사용된다. 웹 브라우저 방문 기록의 경우, 최근 방문한 웹 페이지 주소는 앞에 삽입하고, 일정 수의 새 주소들이 앞쪽에서 삽입되면 뒤에서 삭제가 수행된다.

데크는 1차원 배열로 구현할 수 있다. [그림 3-16]은 배열로 구현한 예시로, [그림 3-16](a)와 (b)는 동일한 배열이며, Part 3.2의 큐 자료구조에서와 같이 front가 실제 맨 앞에 있는 item의 직전 원소를 가리킨다.

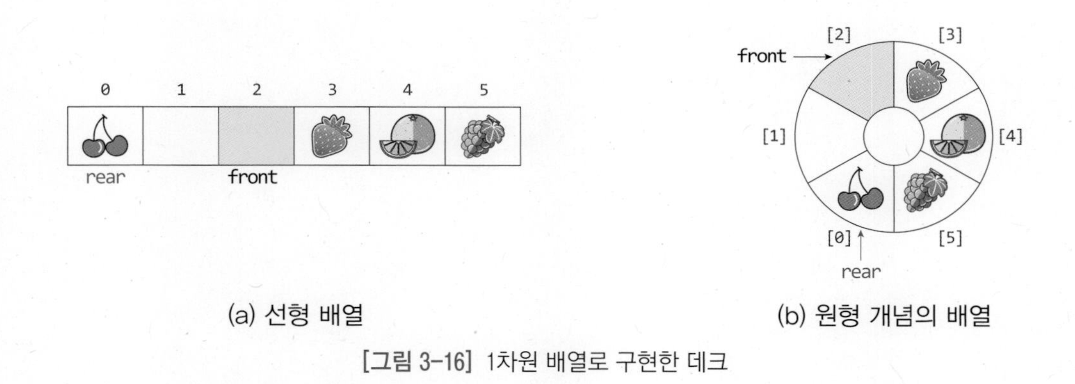

[그림 3-16] 1차원 배열로 구현한 데크

[그림 3-17]은 데크를 이중 연결 리스트로 구현한 것이다. 단, 데크를 구현하는 경우에는 단순 연결 리스트보다는 이중 연결 리스트가 더 적합한데, rear가 가리키는 노드의 이전 노드의 레퍼런스를 알아야 삭제할 수 있기 때문이다. 데크 자료구조를 위한 자바 프로그램은 연습문제에서 다룬다.

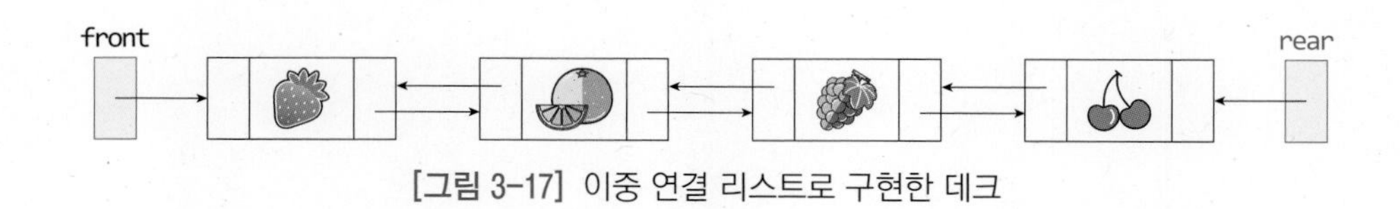

[그림 3-17] 이중 연결 리스트로 구현한 데크

| 수행 시간 |

데크를 배열이나 이중 연결 리스트로 구현한 경우, 스택과 큐의 연산 수행 시간과 같다. 하지만 양 끝에서 삽입과 삭제를 할 수 있으므로 프로그램이 다소 복잡하며, 이중 연결 리스트로 구현한 경우는 더 복잡해진다. 참고로 자바는 java.util 패키지에서 Deque 인터페이스를 제공하며 이는 Queue에서 상속된다.

[Chain] 골드 체인

한 사람이 1박을 묵는 데 1개의 금 고리를 매일 지불해야 한다. 이 사람이 7박을 체류하기 위해 7개의 금 고리로 된 체인을 최소 몇 번 잘라야 하나? [주의] 여러 날에 대해 한꺼번에 지불할 수 없다.

답

1회: 3번 고리를 잘라낸다.

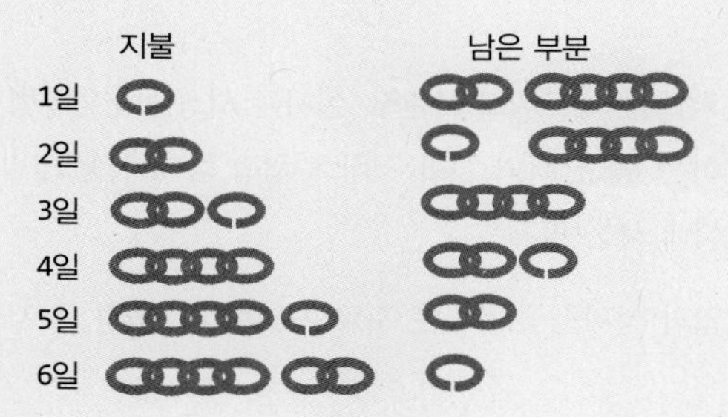

[Circular Chain] 원형 체인

3개의 고리로 된 체인 4개를 1개의 원형 체인을 만들기 위해 최소 몇 개의 고리를 잘라야 하나?

답

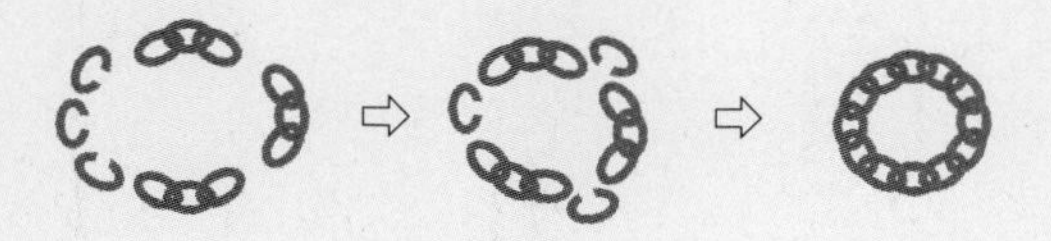

요약

- 스택은 한쪽 끝에서만 항목을 삭제하거나 새로운 항목을 저장하는 후입 선출(LIFO) 자료구조이다.
- 스택은 컴파일러의 괄호 짝 맞추기, 회문 검사하기, 후위 표기법 수식 계산하기, 중위 표기법 수식을 후위 표기법으로 변환하기, 미로 찾기, 트리의 순회, 그래프의 깊이 우선 탐색에 사용된다. 또한 프로그래밍에서 매우 중요한 메소드 호출 및 순환 호출도 스택 자료구조를 바탕으로 구현된다.
- 큐는 삽입과 삭제가 양 끝에서 각각 수행되는 선입 선출(FIFO) 자료구조이다.
- 배열로 구현된 큐에서 삽입과 삭제를 거듭하게 되면 큐의 항목이 오른쪽으로 편중되는 문제가 발생한다. 이를 해결하는 방법은 배열을 원형으로, 즉, 배열의 마지막 원소가 첫 원소와 맞닿아 있는 개념으로 구현한다.
- 큐는 CPU의 태스크 스케줄링, 네트워크 프린터, 실시간 시스템의 인터럽트 처리, 다양한 이벤트 구동 방식 컴퓨터 시뮬레이션, 콜 센터의 전화 서비스 처리 등에 사용되며, 이진 트리의 레벨 순회와 그래프의 너비 우선 탐색에 사용된다.
- 데크는 양쪽 끝에서 삽입과 삭제를 허용하는 자료구조로서 스택과 큐 자료구조를 혼합한 자료구조이다.
- 데크는 스크롤, 문서 편집기의 undo 연산, 웹 브라우저의 방문 기록 등에 사용된다.
- 스택, 큐, 데크 자료구조의 연산 수행 시간 비교

자료구조	구현	삽입	삭제	비고
스택 큐 데크	배열	O(1)*	O(1)*	* 상각 분석 평균 시간(부록 I)
	연결 리스트 †	O(1)	O(1)	† 데크는 이중 연결 리스트로 구현

연습문제

3.1 다음의 괄호 안에 알맞은 단어를 채워 넣어라.

ⓐ 한쪽 끝에서만 항목을 삭제하거나 새로운 항목을 저장하는 자료구조를 [ ] (이)라고 한다.

ⓑ 단순 연결 리스트로 구현된 스택에서 삽입과 삭제 연산의 수행 시간은 각각 [ ]이다.

ⓒ 삽입과 삭제가 양 끝에서 각각 수행되는 자료구조를 [ ](이)라고 한다.

ⓓ 배열로 구현된 큐에서 삽입과 삭제를 거듭하게 되면 큐의 항목들이 [ ]쪽으로 편중되는 문제가 발생한다. 이를 해결하는 방법은 배열을 [ ](으)로 간주하는 것이다.

ⓔ 단순 연결 리스트로 구현된 큐에서 삽입과 삭제 연산의 수행 시간은 각각 [ ]이다.

ⓕ 양쪽 끝에서 삽입과 삭제를 허용하는 자료구조를 [ ](이)라고 하며, 이는 [ )과(와) [ ](을)를 혼합한 자료구조이다.

ⓖ 데크는 [ ] 연결 리스트로 구현하는 것이 효율적이며, 이때의 삽입과 삭제 연산의 수행 시간은 각각 [ ]이다.

3.2 다음 중 스택에 관한 설명 중 옳지 <u>않은</u> 것은?

① 항상 위에서만 삽입이나 삭제 연산이 수행된다.

② 선입 선출 자료구조이다.

③ 배열로 구현할 수 있다.

④ 단순 연결 리스트로 구현할 수 있다.

⑤ 답 없음

3.3 스택에 있는 항목들은 어떤 순서로 저장되어 있나?

① 임의의 순서

② 항목의 크기를 기준으로 정렬된 순서

③ 항목의 크기를 기준으로 역으로 정렬된 순서

④ 스택에 push된 시각 순서

⑤ 답 없음

3.4 다음 중 스택을 배열로 구현한 것에 대해 옳게 설명한 것은?

① 배열의 크기가 정해져 있으므로 push할 수 없는 경우도 발생한다.

② underflow를 발생시키지 않는다.

③ 배열 인덱스를 이용해 임의의 원소에 새 항목을 삽입할 수 있다.

④ 중간에 있는 항목을 삭제하면 뒤따르는 항목들을 1칸씩 앞으로 이동해야 한다.

⑤ 답 없음

3.5 다음 중 스택의 삽입(push)과 삭제(pop)를 O(1) 시간에 수행할 수 있도록 단순 연결 리스트로 구현한 것에 대해 옳게 설명한 것은?

① 연결 리스트의 맨 앞쪽에 새 노드를 삽입하면 삭제는 연결 리스트의 맨 뒤쪽에서 수행한다.

② 연결 리스트의 맨 앞쪽에 노드를 삭제하면 삽입은 연결 리스트의 맨 뒤쪽에서 수행한다.

③ 연결 리스트의 맨 앞쪽에 새 노드를 삽입하면 삭제도 연결 리스트의 맨 앞쪽에서 수행한다.

④ 연결 리스트의 맨 뒤쪽에 새 노드를 삽입하면 삭제도 연결 리스트의 맨 뒤쪽에서 수행한다.

⑤ 답 없음

3.6 다음 중 스택 오버플로(overflow)에 관한 설명 중 옳은 것은?

① 단순 연결 리스트로 구현할 때 발생한다.

② 스택이 empty일 때 발생한다.

③ 스택을 배열로 구현했을 때 새 항목 push를 실패한 경우를 일컫는다.

④ 스택 자료구조의 오작동으로 임의의 항목이 삭제된 상황을 뜻한다.

⑤ 답 없음

3.7 다음 중 스택의 삽입(push)과 삭제(pop)를 O(1) 시간에 수행할 수 있도록 단순 연결 리스트로 구현했을 때 스택의 top이 가리키는 노드는?

① 첫 번째 노드 ② 마지막 노드
③ 중간 노드 ④ 임의의 노드
⑤ 답 없음

3.8 배열로 구현한 스택의 연산 중 O(n) 시간이 걸릴 수도 것은? 단, 스택에 n개의 항목이 저장되어 있다.

① push ② pop
③ peek ④ isEmpty
⑤ 답 없음

3.9 다음 중 스택의 응용과 가장 거리가 먼 것은?

① 괄호 짝 맞추기 ② 회문 검사
③ 이벤트 구동 시뮬레이션 ④ 미로 찾기
⑤ 답 없음

3.10 순환으로 구현된 메소드를 비순환 메소드로 변환하기 위해 사용되는 자료구조 중 가장 적절한 것은?

① 스택 ② 큐
③ 이진 힙 ④ 탐색 트리
⑤ 답 없음

3.11 초기에 empty인 스택에서 push(A), push(B), pop( ), push(C), push(D), pop( ), pop( ), push(E), pop( ) 연산을 차례로 수행한 후에 스택의 top에 있는 것은?

① A ② B
③ C ④ D
⑤ E

3.12 초기에 empty인 스택에서 push(1), push(2), pop(), push(1), push(2), pop(), pop(), pop(),push(2), pop() 연산을 차례로 수행하였다. 다음 중 이 연산들을 수행하는 과정에서 5회의 pop 연산을 출력한 결과는?

① 2, 2, 1, 1, 2
② 2, 2, 1, 2, 2
③ 2, 1, 2, 2, 1
④ 2, 1, 2, 2, 2
⑤ 답 없음

3.13 스택에 1, 2, 3, 4, 5의 순으로 push될 때 push와 pop 연산을 수행하여 얻을 수 있는 출력은? 단, pop()은 push 연산들 사이 수행되며, pop 연산은 pop한 숫자를 출력한다.

① 1, 5, 2, 3, 4
② 3, 4, 5, 1, 2
③ 5, 4, 3, 1, 2
④ 3, 4, 5, 2, 1
⑤ 답 없음

3.14 크기가 3인 스택에 1, 2, 3, 4, 5의 순으로 push될 때 push와 pop 연산을 수행하여 얻을 수 있는 출력은? 단, pop()은 push 연산들 사이 수행되며, pop 연산은 pop한 숫자를 출력한다.

① 3, 2, 1, 5, 4
② 5, 4, 3, 2, 1
③ 3, 5, 4, 2, 1
④ 3, 4, 5, 1, 2
⑤ 답 없음

3.15 다음과 같이 3개의 스택이 있다.

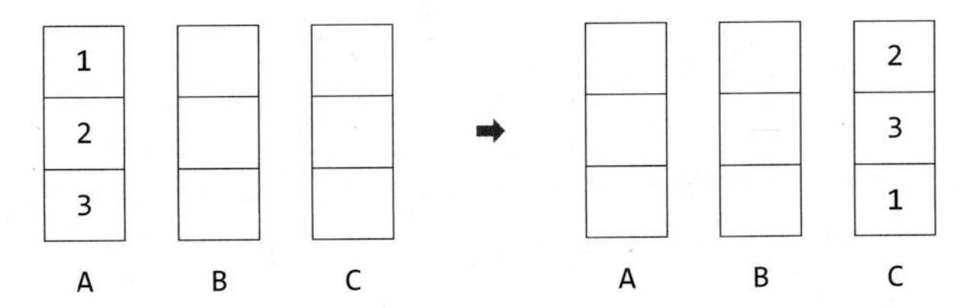

스택 A에 있는 '1', '2', '3'을 스택 B를 보조 스택으로 이용하여 스택 C로 이동하려고 한다. 예를 들어 스택 A에 있는 '1', '2', '3'을 오른쪽 그림과 같이 스택 C가 '2', '3', '1'이 되도록 하려면, A를 pop하여 얻은 '1'을 C에 push하고, A를 pop하여 얻은 '2'를 B에 push한다. 그리고 A를 pop하여 얻은 '3'을 C에 push한 후에 B를 pop하여 얻은 '2'를 C에 push하면 스택 C가 '2', '3', '1'이 된다. 이와 유사하게 스택 A에 있는 '1', '2', '3'을 일련의

스택 연산을 통해 스택 C에 '3', '2', '1'로 저장할 수도 있다.

스택 A에 있는 '1', '2', '3'에 대해 보조 스택을 활용한 일련의 스택 연산을 수행했을 때 스택 C에 저장될 수 없는 순서는? 단, 스택 A에 대해선 push 연산을 사용할 수 없으며, 스택 C에 대해선 pop 연산을 사용할 수 없다.

① 1 2 3 ② 1 3 2
③ 2 1 3 ④ 2 3 1
⑤ 답 없음

3.16 후위 표기법으로 표현된 식의 결괏값을 계산하는데 적절한 자료구조는?

① 단순 연결 리스트 ② 스택
③ 큐 ④ 데크
⑤ 답 없음

3.17 다음 중 전위 표기법으로 된 식 * + A B - C D를 후위 표기법으로 표현한 식은?

① A B + C D * -
② A B C D + - *
③ A B + - C D *
④ A B + C D - *
⑤ 답 없음

3.18 다음 중 후기 표기법으로 된 식 10 2 - 3 * 30 4 6 + / - 를 계산한 결괏값은?

① −35 ② 0
③ 12 ④ 21
⑤ 답 없음

3.19 다음 중 후기 표기법으로 된 식 4 1 8 2 / - * 를 계산한 결괏값은?

① 4 ② 6
③ 0 ④ −12
⑤ 답 없음

3.20 다음 중 (A + B) / (C * D + E) * F * G를 후위 표기법으로 변환한 것은?

① A B / C D * E + F / G *

② A B * C D / E + F * G *

③ A + B / C * D + E * F * G

④ A B + C D * E + / F * G *

⑤ 답 없음

3.21 다음 중 A + B * C − (D * E + F) / G를 후위 표기법으로 변환한 것은?

① A B + C * D E * F + * G /

② A B C * + D E * F + G / −

③ A B C * + D E * F − G + /

④ A B C + * D E * / F * G *

⑤ 답 없음

3.22 다음의 입력에 대해 괄호의 짝이 맞는지를 검사하기 위해 스택을 사용했을 때 짝 맞추기 검사가 끝날 때까지 스택에 저장된 최대 괄호 수는?

[( ) { ( ) } { ( ) }]

① 1　　② 2

③ 3　　④ 4

⑤ 답 없음

3.23 다음 중 큐 자료구조에 대한 설명 중 옳지 않은 것은?

① 한쪽 끝에서 새 항목을 삽입하고 다른 쪽 끝에서 항목을 삭제한다.

② 단순 연결 리스트로 구현할 수 있다.

③ 배열로 구현할 수 있다.

④ 후입 선출 자료구조이다.

⑤ 답 없음

3.24 큐 자료구조를 단순 연결 리스트로 구현했을 때 삽입과 삭제 연산의 수행 시간은? 단, 큐에 n개의 항목이 저장되어 있고, n > 0이다.

① O(1) ② O(logn)
③ O(n) ④ O(nlogn)
⑤ 답 없음

3.25 큐 자료구조를 단순 연결 리스트로 구현하여 1개의 레퍼런스 변수인 head만으로 첫 번째 노드를 가리키고 있다면 어떤 문제가 발생할까? 단 연결 리스트에는 n개의 노드가 있고, n > 0이다.

① 연결 리스트 맨 앞에서 삽입을 O(1) 시간에 수행할 수 있으나 삭제는 O(n) 시간이 필요하다.
② 연결 리스트 맨 앞에서 삭제를 O(1) 시간에 수행할 수 있으나 삽입은 O(n) 시간이 필요하다.
③ ①과 ② 둘 다 맞는 답이다.
④ ①과 ② 둘 다 틀린 답이다.
⑤ 답 없음

3.26 큐 자료구조를 단순 연결 리스트로 구현했을 때 새 항목을 삽입하면 다음 중 어떤 레퍼런스 변수가 갱신될까?

① front ② rear
③ front와 rear ④ size
⑤ 답 없음

3.27 단순 연결 리스트로 구현한 큐가 empty일 때 새 항목을 삽입하면 다음 중 어떤 레퍼런스 변수가 갱신될까?

① front ② rear
③ front와 rear ④ size
⑤ 답 없음

3.28 Part 3.2에서처럼 큐를 원형 배열로 구현했을 때 큐가 오버플로가 발생했는지 검사하는 것은?

① rear % q.length == front + 1

② rear % q.length == front

③ (front + 1) % q.length == rear

④ (rear + 1) % q.length == front

⑤ 답 없음

3.29 Part 3.2에서처럼 큐를 원형 배열로 구현했을 때 큐가 empty가 되면 front와 rear는?

① front=−1, rear=−1 ② front=0, rear=null

③ front=null, rear 0 ④ front==rear

⑤ 답 없음

3.30 Part 3.2에서처럼 큐를 원형 배열로 구현했을 때 배열 크기가 16이고 front=0, rear=15일 때 새 항목이 삽입된 후의 front와 rear의 값은?

① front=9, rear=15 ② front=10, rear=0

③ front=10, rear=1 ④ front=11, rear=2

⑤ 답 없음

3.31 Part 3.2의 add() 메소드에 대해 초기에 1개의 항목만을 가진 (크기가 1인) 배열로 구현된 큐에 대해 30회의 add()가 연속적으로 수행되었다. resize()가 수행된 총횟수는? 초기의 배열 크기는 1이다.

① 3 ② 5

③ 7 ④ 9

⑤ 11

3.32 Part 3.2의 add()와 remover() 메소드에 대해 초기에 1개의 항목만을 가진 (크기가 1인) 배열로 구현된 큐에 대해 30회의 add()를 수행한 후에 27회 연속적인 remove()가 수행되었다. 이때 마지막 resize()가 수행된 후 배열의 크기는?

① 2 ② 4

③ 8 ④ 16

⑤ 답 없음

3.33 초기에 empty인 큐에 A B C D가 순서대로 큐에 삽입되었다. 큐에 D C B A가 저장되게 하려면 수행해야 할 최소한의 삽입과 삭제 연산의 수는? 단, 삭제된 숫자들을 임의로 선택하여 삽입을 수행할 수 있다.

① 삭제 2회, 삽입 3회　　② 삭제 3회, 삽입 2회
③ 삭제 3회, 삽입 3회　　④ 삭제 3회, 삽입 4회
⑤ 답 없음

3.34 초기에 n개의 항목을 저장하고 있는 큐를 보조 큐를 이용하여 역순으로 만들려고 한다. 이때 필요한 삽입과 삭제 연산의 총횟수는? 단, 큐에서 삭제된 항목은 다른 큐에 반드시 삽입하여야 하고, n 〉 2이다.

① n　　② 2n
③ 3n　　④ 4n
⑤ 수행 불가능하다.

3.35 큐 자료구조를 Part 2.4에서 설명한 하나의 노드만을 참조하는 ptr을 가진 원형 연결 리스트로 구현하였을 때 다음 중 옳은 것은?

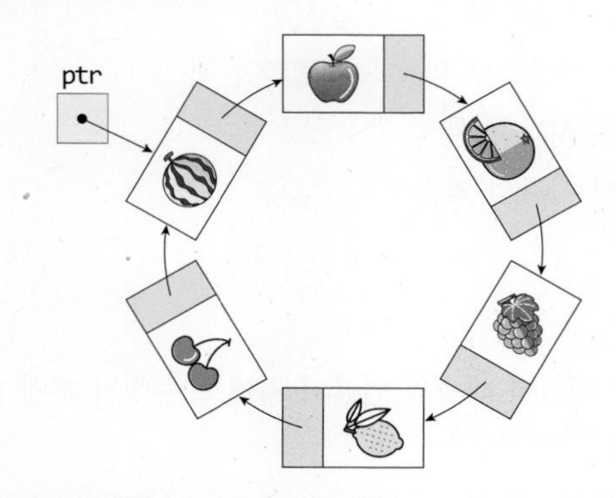

① 만일 ptr이 큐의 front 항목을 가리키면, 삭제와 삽입 연산을 각각 O(1) 시간에 수행할 수 있다.
② 만일 ptr이 큐의 rear 항목을 가리키면, 삭제와 삽입 연산을 각각 O(1) 시간에 수행할 수 있다.
③ ptr이 큐의 rear 또는 front 항목 중 아무거나 가리켜도, 삭제와 삽입 연산을 각각 O(1) 시간에 수행할 수 있다.
④ ptr이 큐의 rear 또는 front 항목 중 아무거나 가리켜도, 삽입 연산 또는 삭제 연산을 O(n) 시간에 수행할 수 있다.
⑤ 답 없음

3.36 다음 큐 자료구조의 응용과 거리가 먼 것은?

① CPU 태스크 스케줄링

② 실시간 시스템 인터럽트 처리

③ 콜 센터의 전화 서비스 처리

④ 순환 호출 처리

⑤ 답 없음

3.37 다음 중 데크 자료구조에 관한 설명 중 옳지 않은 것은?

① 스택과 큐가 혼합된 자료구조이다.

② 배열로 구현할 수 없다.

③ 양쪽 끝에서 삽입과 삭제할 수 있다.

④ 단순 연결 리스트로 구현할 수 있다.

⑤ 답 없음

3.38 데크에 있는 항목들은 어떤 순서로 저장되어 있나?

① 항목의 크기를 기준으로 정렬된 순서

② 항목의 크기를 기준으로 역으로 정렬된 순서

③ 데크에 push된 시각 순서

④ 데크에 push된 시각의 역순서

⑤ 답 없음

3.39 초기에 empty인 데크에 다음의 연산이 차례로 수행된 후에 데크에 있는 항목들을 front로부터 차례로 출력한 것은?

insertFront(10), insertFront(30), insertLast(20), deleteFront(), insertLast(30), insertLast(50), deleteLast(), insertLast(40)

① 10 30 20 50 40

② 20 10 30 40 50

③ 10 20 30 40 50

④ 50 40 30 20 10

⑤ 답 없음

3.40 다음 중 데크를 이중 연결 리스트로 구현했을 때 연산의 수행 시간은? 단 데크에 n 〉 0 개의 항목이 저장되어 있다.

① 삽입은 O(1) 시간이 걸리나 삭제는 O(n) 시간 걸린다.

② 삽입은 O(n) 시간이 걸리고 삭제는 O(1) 시간 걸린다.

③ 삽입과 삭제 둘 다 O(1) 시간이 걸린다.

④ 삽입과 삭제 둘 다 O(n) 시간 걸린다.

⑤ 답 없음

3.41 다음 데크 자료구조의 응용과 거리가 <u>먼</u> 것은?

① 화면 스크롤　　② 문서 편집기의 Undo, Redo

③ 웹 브라우저의 방문 기록　　④ 딥러닝

⑤ 답 없음

3.42 어느 음식점에서는 채소를 대형 냉장고에 저장한다. 새로 사들인 채소를 냉장고에 저장하고, 요리를 만들기 위해 냉장고에서 예전에 사놓은 채소를 꺼낸다. 냉장고는 어떤 자료구조의 기능을 하는가?

① 스택　　② 큐

③ 데크　　④ 탐색 트리

⑤ 답 없음

3.43 책들을 박스 속에 넣어서 다른 곳으로 옮긴 후, 박스에서 꺼내어 책꽂이에 비치할 때, 박스는 어떤 자료구조의 기능을 하는가?

① 스택　　② 큐

③ 데크　　④ 탐색 트리

⑤ 답 없음

3.44 콘서트나 영화표를 인터넷에서 구입하였다. 구입한 표를 내고 입장하는 과정은 어떤 자료구조의 기능을 하는가?

① 스택　　② 큐

③ 데크　　④ 탐색 트리

⑤ 답 없음

3.45 컴퓨터나 핸드폰의 화면을 위로 올리거나 아래로 내리는 스크롤(Scroll) 동작은 어떤 자료구조의 기능을 하는가?

① 스택 ② 큐
③ 데크 ④ 탐색 트리
⑤ 답 없음

3.46 다음의 각 데이터구조에 숫자들이 정렬되어 저장되어 있다. 가장 쉽게 저장된 숫자들을 역순으로 출력할 수 있는 데이터구조는?

① 단순 연결 리스트 ② 원형 연결 리스트
③ 스택 ④ 큐
⑤ 답 없음

3.47 초기에 empty인 스택과 큐에 대해 스택에 G, F, E, D, C, B, A 순으로 push한 후에 pop을 5회 수행하며 pop한 문자는 차례로 큐에 삽입한다. 그 후에 큐에서 2회 delete 연산을 수행하여 삭제된 문자를 즉시 스택에 각각 push한다. 이때 스택 top에 있는 것은?

① A ② B
③ C ④ F
⑤ 답 없음

3.48 다음은 수식 (A + B) * (C - D) / (E + F)를 트리로 만든 것이다. 이 트리의 이파리 노드에는 피연산자가 있고, 내부 노드에는 연산자가 있다. 이러한 트리를 수식 트리(Expression Tree)라고 한다.

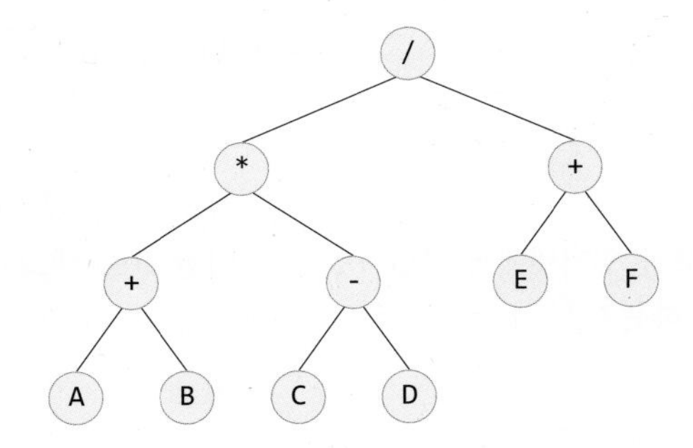

a) 주어진 수식을 전위 표기법과 후위 표기법으로 각각 변환하라.

b) 주어진 수식 트리에서 전위 순회와 후위 순회의 결과를 각각 출력하라.(Part 4.2)

c) a)와 b)의 결과를 비교하라.

3.49 스택은 프로그램의 함수(메소드) 호출을 구현하는 데 사용되며, 이를 특별히 시스템 스택이라고 한다. 메소드를 호출할 때 시스템 스택에 어떤 정보가 push되는가?

3.50 다음의 입력에 대해 괄호들의 짝이 옳게 맞는지를 스택을 이용하여 검사하라.

a) { { ( ) { ( ) } } }

b) { { ( ) { ( ) }) ( ) }

3.51 괄호 짝 맞추기를 위한 자바 메소드를 작성하라. 단, 입력은 중괄호와 소괄호만 입력 스트링으로 주어진다고 가정하라.

3.52 입력 스트링이 회문(Palindrome)인지를 검사하는 자바 메소드를 작성하라.

3.53 후위 표기법으로 된 식의 값을 계산하는 자바 메소드를 작성하라. 단, 입력의 피연산자는 1에서 9 사이의 자연수이고, 수식의 연산자는 4개의 이항 연산자(+, −, *, /)만 사용된다고 가정하라.

3.54 후위 표기법으로 된 수식을 계산할 때 어떤 형태의 수식이 최대 스택 크기를 만드는지 예를 들어 설명하라.

3.55 다음의 중위 표기법으로 된 수식을 각각 후위 표기법으로 변환하라.

a) A − B + C / D

b) A / B − C * D

c) A − B * C + D / E − F

d) (A − B) * C − (D / (E + F))

e) A * (B − (C / D)) + (E + (F * G)) / H

3.56 중위 표기법으로 된 식을 후위 표기법으로 변환하는 자바 메소드를 작성하라. 단, 수식에는 소괄호만 사용된다고 가정하라.

3.57 스택을 이용하여 주어진 스택을 역으로 만드는 자바 메소드를 작성하라. 단, 주어진 스택은 단순 연결 리스트로 구현되어 있다고 가정하라.

3.58 스택 내의 최솟값을 반환하는 get_min 연산을 스택에 추가하고자 한다. 스택의 push, pop, get_min 연산이 각각 O(1) 시간이 소요되도록 각 연산을 위한 알고리즘을 설명하라.

3.59 nxn 2차원 배열 a에서 a[0][0]에서 a[n−1][n−1]까지 경로를 찾기 위해 스택을 이용한 자바 프로그램을 작성하라. 단, 배열 a의 원소는 0 또는 1을 가지며, 0은 통과 가능한 열린 공간이고, 1은 통과할 수 없는 블록이다. 또한 경로는 배열의 한 원소에서는 상하좌우 방향으로만 진행할 수 있다. n은 최대 50이며, 경로가 있는 경우에는 [0, 0], …, [n−1][n−1] 형태로 출력하고 경로가 없으면 "경로 없음"을 출력하라.

3.60 처음에 empty인 큐에 대해 n번의 삽입과 삭제 연산들이 수행될 때 총 수행 시간이 O(n)이 되도록, 큐를 2개의 스택으로 구현하는 방법을 설명하라.

3.61 초기에 데크 d가 [A, B, C, X, Y, Z]를 가지고 있다. 단, 'A'가 front이고, 'Z'가 rear이다. d에 저장된 있는 6개의 항목을 초기에 empty인 큐 q를 사용하여 데크가 [A, B, X, C, Y, Z]를 가지도록 항목들을 이동시키는 삽입, 삭제 연산을 차례로 쓰라. 단, 어떠한 변수도 사용하지 마라.

3.62 정수 n개가 저장된 배열에서 k개의 연속된 숫자 중 가장 큰 숫자를 O(n) 시간에 찾는 자바 프로그램을 작성하라. 단, n 〉 k이다. 다음은 k = 3일 때 입력에 대한 출력의 예이다.

9	8	−7	6	1	2	−3	4	5

출력: 9, 8, 6, 6, 2, 4, 5

첫 3개의 숫자인 [9, 8, −7] 중에서 가장 큰 숫자는 9, [8, −7, 6] 중에서 가장 큰 숫자는 8, [−7, 6, 1] 중에서 가장 큰 숫자는 6, …, [−3, 4, 5] 중에서 가장 큰 숫자는 5이다. 프로그램을 위해 자바에 선언된 데크 자료구조를 아래와 같이 import하라.

```
import java.util.Deque;
import java.util.ArrayDeque;
public class main {
    public static void main(String[] args) {
        Deque<Integer> dq = new ArrayDeque<Integer>();
        int[] a = {9, 8, -7, 6, 1, 2, -3, 4, 5};
        int k = 3;
            ⋮
```

3.63 큐 자료구조를 원형 연결 리스트로 구현하는 자바 프로그램을 작성하라. CircularQue 클래스를 선언하고, Part 2.2에서 선언한 Node 클래스를 사용하며, size(), isEmpty(), add(), delete() 메소드를 작성하라.

3.64 데크를 이중 연결 리스트로 구현한 자바 클래스 Deque를 작성하라. 노드 클래스는 Part 2.4에 선언된 DNode 클래스를 사용하고, 다음 메소드를 각각 Deque 클래스 안에 선언하라.

a) size(): 항목 수를 반환한다.

b) isEmpty(): 데크가 empty이면 true를 반환한다.

c) insertFront(E newItem): 새 노드를 생성하고 NewItem을 저장한 후 맨 앞에 새 노드를 삽입한다.

d) insertLast(E newItem): 새 노드를 생성하고 NewItem을 저장한 후 맨 뒤에 새 노드를 삽입한다.

e) deleteFront(): 첫 항목을 삭제하고 삭제된 item을 반환한다.

f) deleteLast(): 마지막 항목을 삭제하고 삭제된 item을 반환한다.

PART 04

트리

contents

04 트리

배열이나 연결 리스트는 데이터를 일렬로 저장하기 때문에 일반적으로 탐색 연산이 순차적으로 수행되어야 한다는 단점을 가진다. 배열은 미리 정렬해 놓으면 이진 탐색[1]을 통해 효율적인 탐색이 가능하지만, 삽입이나 삭제 후에도 정렬 상태를 유지해야 하므로 삽입이나 삭제하는데 O(n) 시간이 소요된다. Part 4에서는 이러한 문제점을 보완한 계층적(Hierarchical) 자료구조인 트리(Tree) 자료구조에 대해 살펴본다.

일상에서 볼 수 있는 트리의 대표적인 예로 조직이나 기관의 계층구조, 컴퓨터 운영체제의 파일 시스템, 자바 클래스 계층구조 등을 들 수 있다. 트리는 일반적인 트리와 이진 트리(Binary Tree)로 구분되며, 특히 이진 트리는 다양한 탐색 트리(Search Tree), 힙(Heap) 자료구조, 컴파일러의 수식을 위한 구문 트리(Syntax Tree) 등의 기본이 되는 자료구조로서 광범위하게 응용된다.

4.1 트리

일반적인 트리(General Tree)는 실제 트리를 거꾸로 세워 놓은 형태의 자료구조이며, HTML과 XML의 문서 트리, 자바 클래스 계층구조, 운영체제의 파일 시스템, 탐색 트리, 이항(Binomial) 힙, 피보나치(Fibonacci) 힙과 같은 우선순위 큐(Part 7)에서 사용되는 자료구조이다. 일반적인 트리의 정의는 다음과 같다.

1) 이진 탐색(Binary Search)은 부록 IV에 상세히 설명되어 있다.

정의

트리는 empty이거나, empty가 아니면 루트 R과 트리의 집합으로 구성되는데 각 트리의 루트는 R의 자식이다. 단, 트리의 집합은 공집합일 수도 있다.

| 용어 |

- 루트(Root) – 트리의 최상위에 있는 노드
- 자식(Child) – 노드 하위에 연결된 노드
- 차수(Degree) – 자식 수
- 부모(Parent) – 노드의 상위에 연결된 노드
- 이파리(Leaf) – 자식이 없는 노드
- 형제(Sibling) – 동일한 부모를 가지는 노드
- 조상(Ancestor) – 루트까지의 경로상에 있는 모든 노드의 집합
- 후손(Descendant) – 노드 아래로 매달린 모든 노드의 집합
- 서브트리(Subtree) – 노드 자신과 후손으로 구성된 트리
- 레벨(Level) – 루트가 레벨 1에 있고, 아래층으로 내려가며 레벨이 1씩 증가한다. 레벨은 깊이(Depth)와 같다.
- 높이(Height) – 트리의 최대 레벨
- 키(Key) – 탐색에 사용되는 노드에 저장된 정보

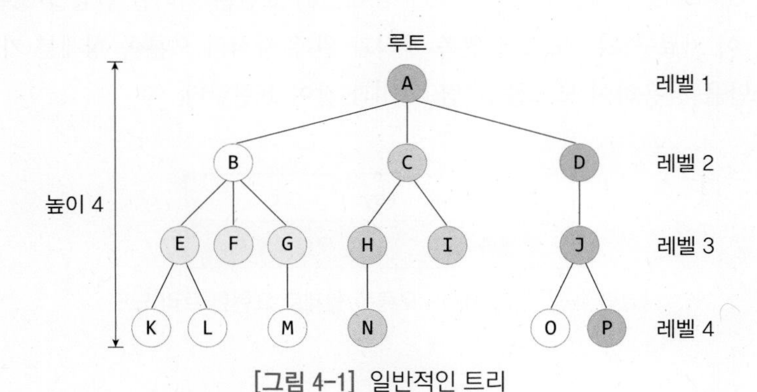

[그림 4-1] 일반적인 트리

[그림 4-1]의 트리에서 A가 트리의 루트이고, B, C, D는 각각 A의 자식이다. 따라서 A의 차수는 3이다. B, C, D의 부모는 A이고, K, L, F, M, N, I, O, P는 이파리들이다. E, F,

G의 부모가 B로 모두 같으므로 이들은 서로 형제이다. 또한 {B, C, D}, {H, I}, {K, L}, {O, P}도 각각 서로 형제들이다. C의 후손은 {H, I, N}이고, C를 루트로 하는 서브트리는 C와 C의 후손으로 구성된 트리이다. 그리고 P의 조상은 {J, D, A}이다. [그림 4-1]의 트리 높이는 4이다.

이파리는 외부(External) 노드 또는 단말(Terminal) 노드라고도 하며, 이파리가 아닌 노드를 내부(Internal) 노드 또는 비 단말(Non-Terminal) 노드라고도 일컫는다.

일반적인 트리를 메모리에 저장하려면 각 노드에 키와 자식 수만큼의 레퍼런스를 저장해야 한다. 따라서 트리 노드의 최대 차수가 k라면, k개의 레퍼런스 필드를 [그림 4-2]와 같이 선언해야 한다.

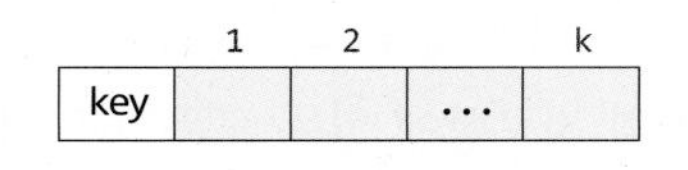

[그림 4-2] 최대 차수 k인 트리 노드

최대 차수가 k인 트리에 n개의 노드가 있다면, null 레퍼런스 수는 $nk - (n-1) = n(k-1) + 1$이다. 여기서 nk는 총 레퍼런스의 수이고, $(n-1)$은 트리에서 부모 자식을 연결하는 레퍼런스 수이다. 따라서 k가 클수록 메모리의 낭비가 심해지는 것은 물론 트리를 탐색하는 과정에서 null 레퍼런스도 확인해야 하므로 시간적으로도 매우 비효율적이다.

왼쪽 자식-오른쪽 형제(Left Child-Right Sibling) 표현은 이러한 단점을 보완해주는 자료구조이다. 이 자료구조는 노드의 왼쪽 자식과 왼쪽 자식의 오른쪽 형제를 가리키는 2개의 레퍼런스만을 사용하여 노드를 [그림 4-3]과 같이 표현한다.

[그림 4-3] 왼쪽 자식 - 오른쪽 형제로 표현한 트리 노드

예제 [그림 4-4](a)의 트리를 왼쪽 자식-오른쪽 형제 표현으로 변환하면, (b)의 트리를 얻으며, (c)는 (b)의 트리를 45° 시계 방향으로 회전시킨 것이다.

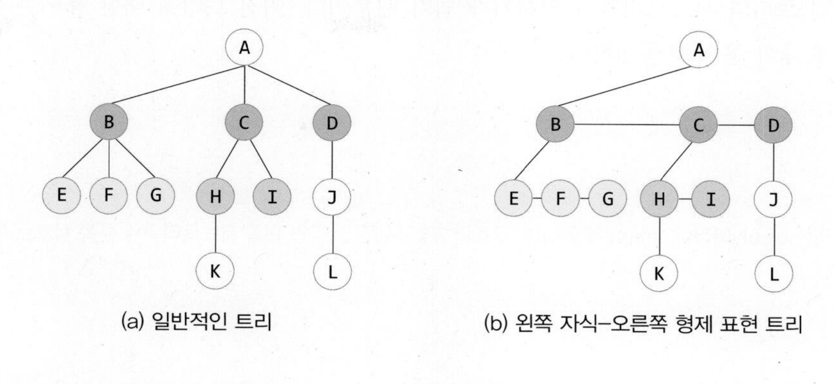

(a) 일반적인 트리 (b) 왼쪽 자식-오른쪽 형제 표현 트리

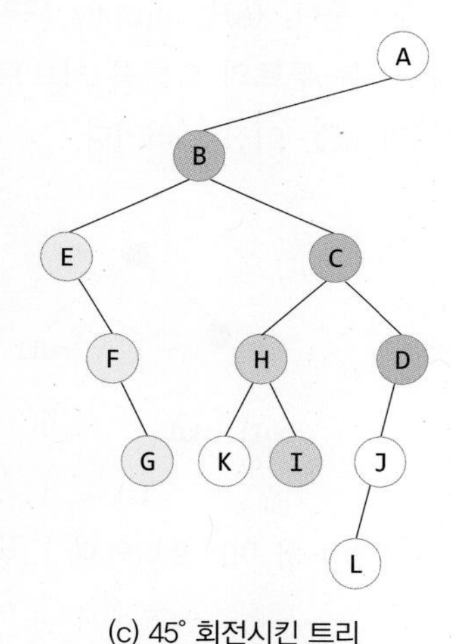

(c) 45° 회전시킨 트리

[그림 4-4] 왼쪽 자식-오른쪽 형제로 표현한 트리

왼쪽 자식-오른쪽 형제 표현은 노드의 차수가 일정하지 않은 일반적인 트리를 구현하는 매우 효율적인 자료구조이다.

4.2 이진 트리

이진 트리(Binary Tree)는 각 노드의 자식 수가 2 이하인 트리이다. 이진 트리는 컴퓨터 분야에서 널리 활용되는 기본적인 자료구조이다. 그 이유는 이진 트리가 데이터의 구조적인 관계를 잘 반영하고, 효율적인 삽입과 탐색을 가능하게 하며, 이진 트리의 서브트리를 다른 이진 트리의 서브트리와 교환하기가 쉽기 때문이다. 이진 트리에 대한 용어는 일반적인 트리에 대한 용어와 동일하다.

정의

이진 트리는 empty이거나, empty가 아니면, 루트와 2개의 이진 트리인 왼쪽 서브트리와 오른쪽 서브트리로 구성된다.

[그림 4-5]는 이진 트리의 예를 보여준다. (a)는 empty 트리도 이진 트리임을 나타낸다. (b)는 루트만 있는 이진 트리이다. (c)는 루트의 오른쪽 서브트리가 없는(empty) 이진 트리이고, (d)는 루트의 왼쪽 서브트리가 없는 이진 트리이다.

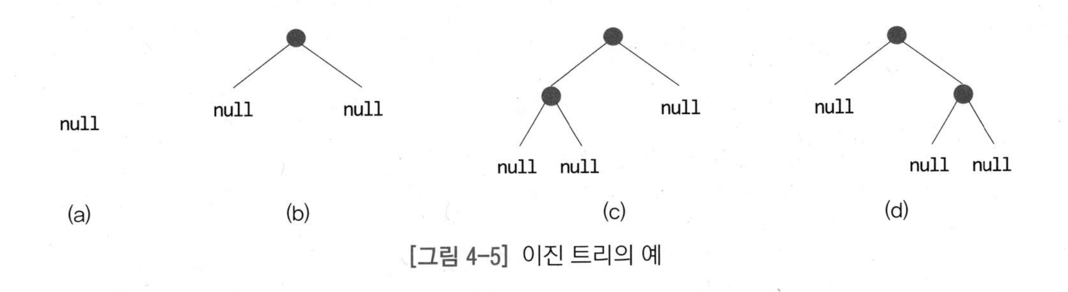

[그림 4-5] 이진 트리의 예

이진 트리에는 두 종류의 특별한 형태를 가진 트리가 존재한다. 하나는 포화 이진 트리(Perfect Binary Tree)이고 다른 하나는 완전 이진 트리(Complete Binary Tree)이다. 포화 이진 트리는 모든 이파리의 깊이가 같고 각 내부 노드가 2개의 자식을 가지는 트리이다. 완전 이진 트리는 마지막 레벨을 제외한 각 레벨이 노드들로 꽉 차있고, 마지막 레벨에는 노드들이 왼쪽부터 빠짐없이 채워진 트리이다. 포화 이진 트리는 완전 이진 트리이기도 하다.

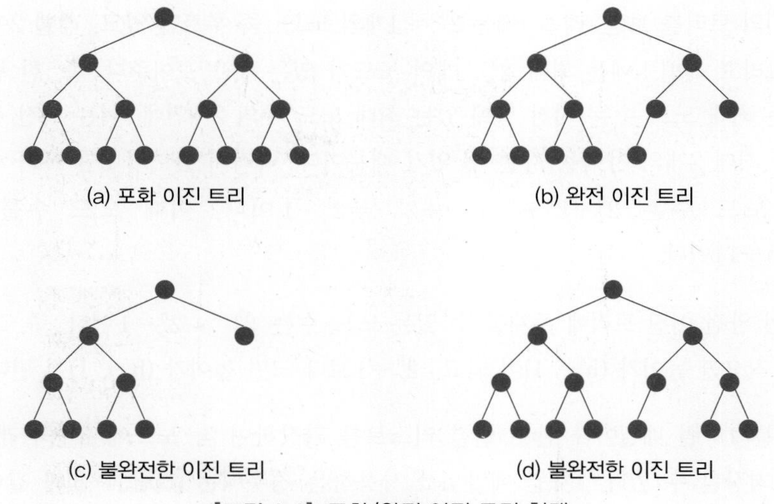

[그림 4-6] 포화/완전 이진 트리 형태

[그림 4-6](a)는 포화 이진 트리이며, 완전 이진 트리이기도 하다. (b)는 완전 이진 트리이다. 그러나 (c)는 레벨 3에 노드들이 채워져 있지 않고, (d)는 마지막 레벨에 노드들이 왼쪽부터 꽉 채워져 있지 않기 때문에 둘 다 완전 이진 트리가 아니다.

다음은 이진 트리 연산들의 수행 시간을 분석하기 위해 필요한 이진 트리의 속성들이다.

- 레벨 k에 있는 최대 노드 수는 2^{k-1} 이다. 단, $k=1, 2, 3, \cdots$ 이다.
- 높이가 h인 포화 이진 트리에 있는 노드 수는 $2^{h}-1$ 이다.
- n개의 노드를 가진 완전 이진 트리의 높이는 $\lceil \log_2(n+1) \rceil$ 이다.

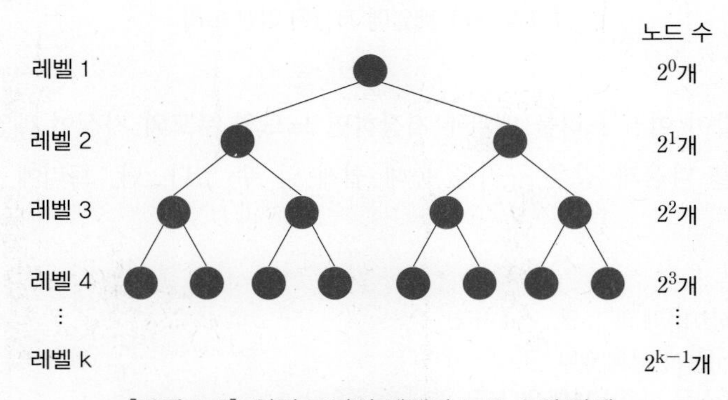

[그림 4-7] 이진 트리의 레벨과 노드 수의 관계

[그림 4-7]의 트리를 보면, 레벨 1에는 $2^0 = 1$개의 노드, 즉 루트만 있고, 레벨 2에는 $2^1 = 2$개,…, 그리고 레벨 k에는 최대 2^{k-1}개의 노드가 있는 것을 보여준다. 즉, 한 층에 존재할 수 있는 최대 노드 수는 이전 층에 있는 최대 노드 수의 2배인데, 이는 이전 층에 있는 각 노드가 최대 2개의 자식을 가질 수 있기 때문이다. 따라서 높이가 h인 포화 이진 트리에 있는 노드 수는 $2^0+2^1+2^2+\cdots+2^{h-1}=2^h-1$ 이다. 이때 노드 수를 n이면, $h=\log_2(n+1)$ 이다.

높이가 h인 완전 이진 트리에 존재할 수 있는 노드 수는 $2^{h-1} \sim 2^h-1$ 이다. 즉, 노드 수가 2^{h-1} 보다 작으면 높이가 (h - 1)이 되고, 2^h-1 보다 크면 높이가 (h + 1)이 된다.

이진 트리는 1차원 배열이나 단순 연결 리스트를 확장하여 각 노드에 2개의 레퍼런스를 사용하여 저장할 수 있다. 1차원 배열 a를 사용하는 경우에는 [그림 4-8]과 같이 a[0]은 사용하지 않고, 트리의 레벨 1부터 내려가며 각 레벨에서는 좌에서 우로 트리의 노드를 a[1]부터 차례로 저장한다.

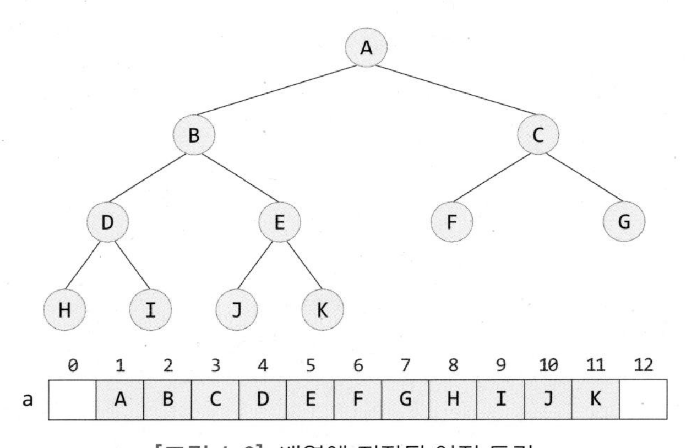

[그림 4-8] 배열에 저장된 이진 트리

[그림 4-8]과 같이 이진 트리를 배열에 저장하면 노드의 부모와 자식이 배열의 어디에 저장되어 있는지를 다음과 같은 규칙을 통해 쉽게 알 수 있다. 단, 트리에 n개의 노드가 있다.

- a[i]의 부모는 a[i/2]에 있다. 단, $i>1$ 이다.
- a[i]의 왼쪽 자식은 a[2i]에 있다. 단, $2i \leq n$ 이다.
- a[i]의 오른쪽 자식은 a[2i+1]에 있다. 단, $2i+1 \leq n$ 이다.

[그림 4-8]에서 E는 a[5]에 저장되어 있고, E의 부모는 a[5/2] = a[2]에 있는 B이고, E의 왼쪽과 오른쪽 자식은 각각 a[2×5] = a[10]과 a[2×5+1] = a[11]에 저장된 J와 K이다.

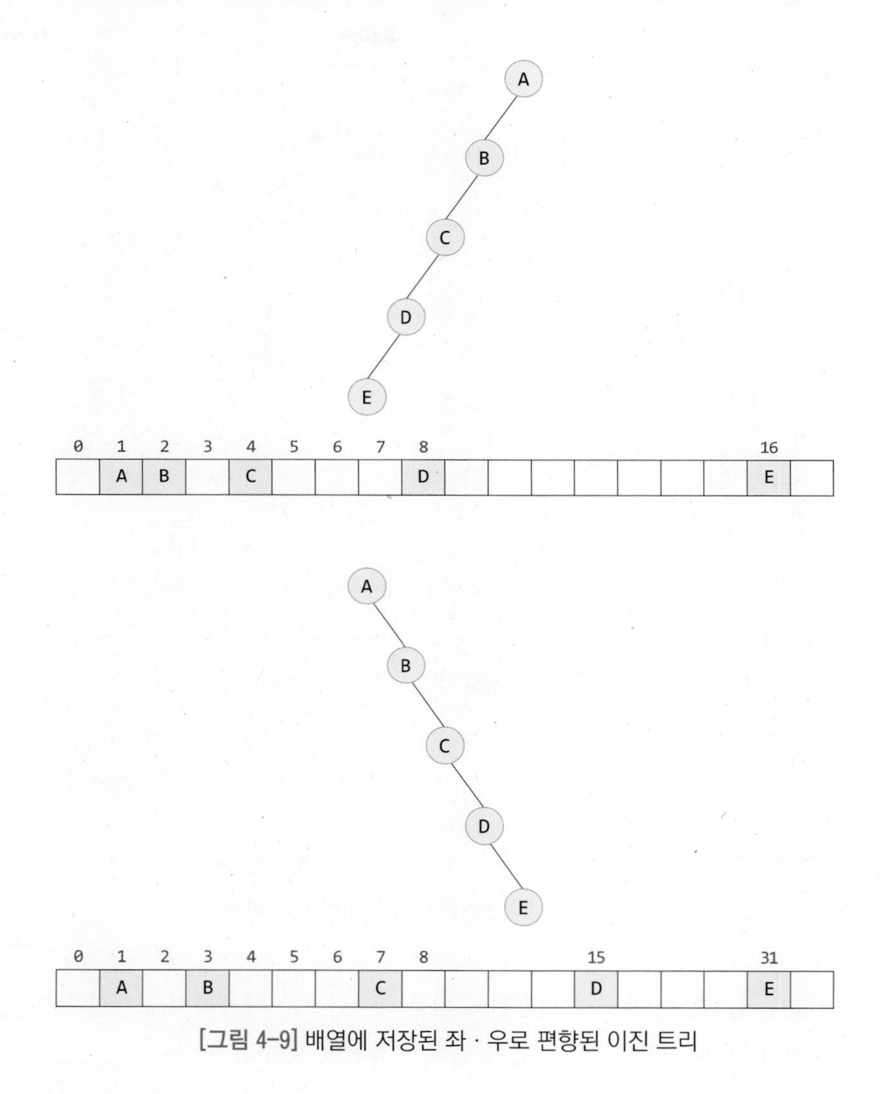

[그림 4-9] 배열에 저장된 좌 · 우로 편향된 이진 트리

완전 이진 트리를 저장하기 위해 배열을 사용하는 경우, 레퍼런스를 저장할 메모리 공간이 필요 없으므로 매우 효율적이다. 하지만 [그림 4-9]와 같이 편향(Skewed) 이진 트리[2]를 배열에 저장하는 경우, 트리의 높이가 커질수록 메모리 낭비가 심각해진다.

2) 경사 이진 트리로도 불린다.

일반적인 경우의 이진 트리의 노드는 [그림 4-10]과 같이 키와 2개의 레퍼런스 필드, 즉, left와 right를 가진다. 키와 관련된 정보도 노드에 같이 저장할 수 있다.

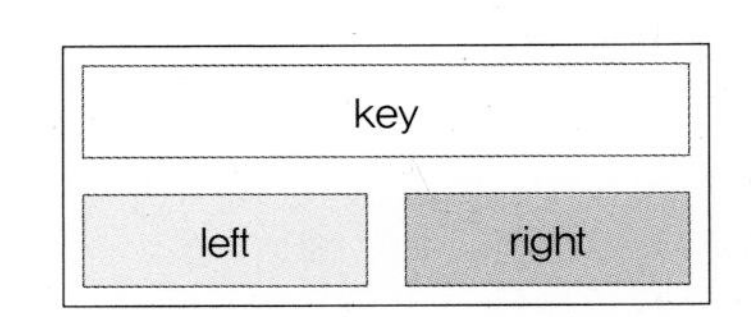

[그림 4-10] 이진 트리의 노드 정의

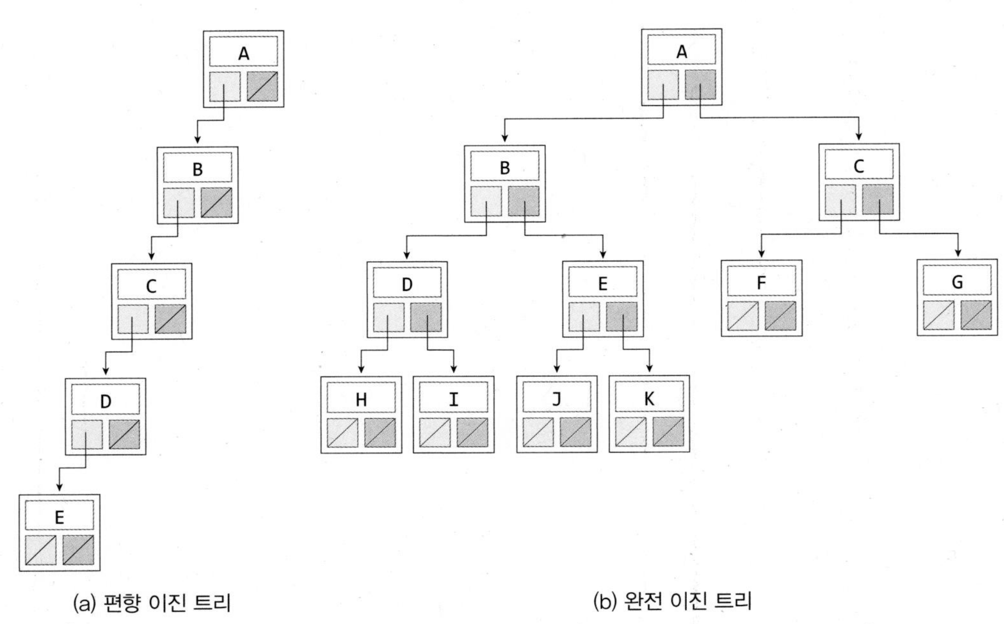

(a) 편향 이진 트리

(b) 완전 이진 트리

[그림 4-11] 레퍼런스를 이용한 이진 트리 표현

[그림 4-11](a)는 [그림 4-9](a)의 편향된 트리를 레퍼런스를 사용하여 표현한 것이고, (b)는 [그림 4-8]의 완전 이진 트리를 같은 방법으로 표현한 것이다.

다음은 이진 트리를 구현하기 위한 Node 클래스이다. Node 클래스의 line 01에서는 Key를 generic 타입으로 사용하여 데이터를 노드에 저장하고, Comparable 인터페이스는 compareTo() 메소드를 통해 2개의 키를 비교하기 위해 사용된다. Line 05~06은 Node 객체를 위한 생성자이고, line 07~12는 Node 객체에 대한 get, set 메소드이다.

```
01 public class Node<Key extends Comparable<Key>> {
02     private  Key       item;
03     private  Node<Key> left;
04     private  Node<Key> right;
05     public Node( Key newItem, Node lt, Node rt ) { // 노드 생성자
06         item = newItem; left = lt; right = rt; }
07     public Key       getKey( )   { return item; }
08     public Node<Key> getLeft( )  { return left; }
09     public Node<Key> getRight( ) { return right; }
10     public void setKey(Key  newItem)  { item  = newItem; }
11     public void setLeft(Node<Key> lt) { left  = lt; }
12     public void setRight(Node<Key> rt){ right = rt; }
13 }
```

다음은 BinaryTree 클래스이다. BinaryTree 클래스의 생성자는 Node 객체인 root만을 가지는 BinaryTree 객체를 line 04에서 생성한다. Line 05는 root를 반환하는 메소드이고, line 06은 트리의 루트인 newRoot를 root가 가리키게 한다. Line 07은 트리가 empty인지를 체크하는 메소드이다. 이후는 Part 4.3에서 소개되는 이진 트리를 4종류의 방식으로 순회하는 메소드들과 기타 기본 연산들을 위한 메소드들이 선언된다. 각 메소드를 완성시킨 프로그램은 부록 V에 있다.

```
01 import java.util.*;
02 public class BinaryTree<Key extends Comparable<Key>>  {
03     private Node root;
04     public BinaryTree( ) { root = null; }      // 트리 생성자
05     public Node getRoot( )              { return root; }
06     public void setRoot(Node newRoot) { root = newRoot; }
07     public boolean isEmpty( ) { return root == null; }
08     // preoder(), inorder(), postorder(), levelorder(),
09     // size(), height(), isEqual() 메소드 선언
```

4.3 이진 트리의 연산

이진 트리에서 수행되는 기본 연산들은 트리를 순회(Traversal)하며 이루어진다. 이진 트리를 순회하는 방식은 다음과 같이 네 가지로 나뉜다. 방식은 각각 다르지만 순회는 항상 트리의 루트로부터 시작한다.

- 전위 순회(Preorder Traversal)
- 중위 순회(Inorder Traversal)
- 후위 순회(Postorder Traversal)
- 레벨 순회(Levelorder Traversal)

전위, 중위, 후위 순회는 트리를 순회하는 중에 노드를 방문하는 시점에 따라 구분된다. 전위, 중위, 후위 순회는 모두 루트로부터 동일한 순서로 이진 트리의 노드들을 지나가는데, 특정 노드에 도착하자마자 그 노드를 방문하는지, 일단 지나치고 나중에 방문하는지에 따라 구분된다. Part 1.5에서 설명한 순환의 섬 관광 예제에서 A-코스, B-코스, C-코스가 각각 전위 순회, 중위 순회, 후위 순회이다.

[그림 4-12] 노드 방문의 의미

[그림 4-12]에서 집을 노드라고 하면, 노드를 방문하는 것은 문을 열고 집안에 들어가는 것이다. 그리고 사람이 노드(집)에는 도착했으나 집을 방문하는 것을 나중으로 미루고 왼쪽이나 오른쪽 길로 다른 집을 찾아 나설 수도 있다. 모든 순회 방식은 루트로부터 순회를 시작하여 트리의 각 노드를 반드시 1번씩 방문해야 순회가 종료된다.

전위 순회는 노드 x에 도착했을 때 x를 먼저 방문한다. 그다음에 x의 왼쪽 자식으로 순회를 계속한다. x의 왼쪽 서브트리의 모든 노드를 방문한 후에는 x의 오른쪽 서브트리의 모든 노드를 방문한다. [그림 4-13](a)는 전위 순회의 방문 규칙을 보여준다. 각 서브트리의 방문은 동일한 방식으로 이루어진다. 전위 순회 순서를 NLR 또는 VLR로 표현하기도 한다. 여기서 N은 노드(Node)를 방문한다는 뜻이고, V는 Visit(방문)을 의미한다. L은 왼쪽, R은 오른쪽 서브트리로 순회를 진행한다는 뜻이다.

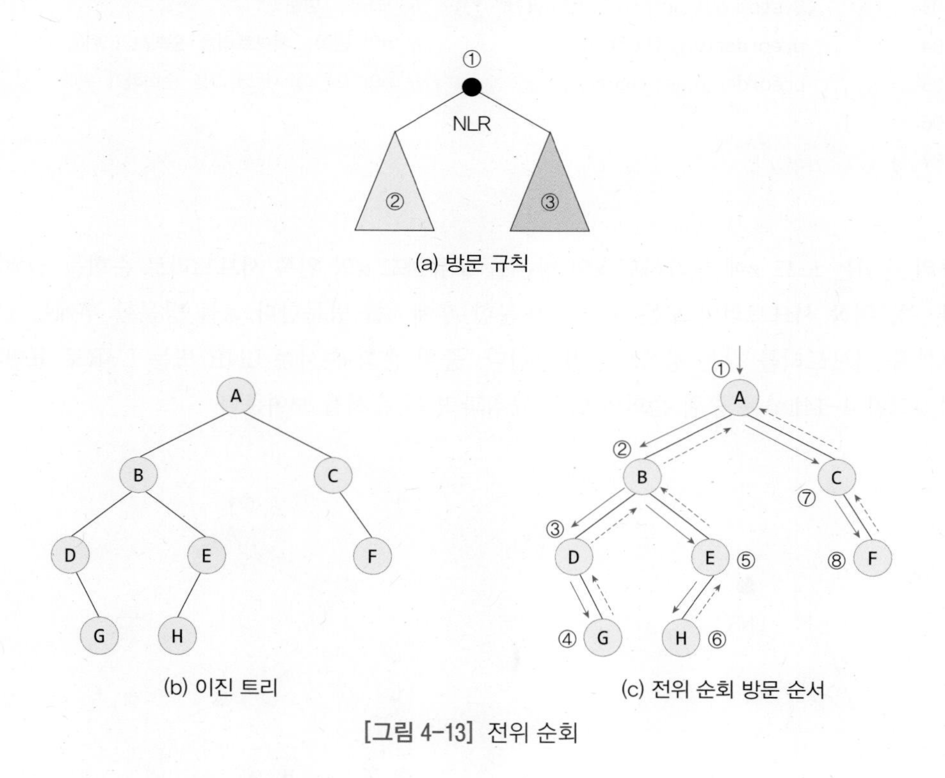

[그림 4-13] 전위 순회

[그림 4-13](b)의 트리에서 전위 순회를 수행하면 (c)의 노드 옆 번호를 따라 A, B, D, G, E, H, C, F 순으로 방문이 이루어진다. 점선 화살표는 노드의 서브트리에 있는 모든 노드를 방문한 후에 상위 노드로 복귀하는 것을 나타낸다. 참고로 복귀하는 것은 프로그램에서 메소드 호출이 완료된 후에 리턴하는 것과 같은 맥락이다. 단, 노드를 방문하는 것은 노드의 key를 출력한다고 가정한다.

다음은 전위 순회를 구현한 preorder() 메소드이다. preorder()는 트리의 루트를 인자로 전달하여 호출한다. Line 02에서는 노드 n이 null인지를 검사하고 null이면 이전 호출된 곳으로 돌아가고, null이 아니면 line 03에서 노드 n을 방문한다. 그다음엔 line 04에서 노드 n의 왼쪽 자식으로 순환 호출하여 왼쪽 서브트리의 모든 노드를 방문한 후에 line 05에서 노드 n의 오른쪽 자식으로 순환 호출하고 오른쪽 서브트리의 모든 노드를 방문한다.

```
01  public void preorder(Node n) {  // 전위 순회
02      if (n != null) {
03          System.out.print(n.getKey()+" ");   // 노드 n 방문
04          preorder(n.getLeft());              // n의 왼쪽  서브트리를 순회하기 위해
05          preorder(n.getRight());             // n의 오른쪽 서브트리를 순회하기 위해
06      }
07  }
```

중위 순회는 노드 x에 도착하면 x의 방문을 보류하고 x의 왼쪽 서브트리로 순회를 진행한다. 즉, 왼쪽 서브트리의 모든 노드를 방문한 후에 x를 방문한다. x를 방문한 후에는 x의 오른쪽 서브트리를 같은 방식으로 방문한다. 중위 순회 순서는 LNR 또는 LVR로 표현되며, [그림 4-14](a)는 중위 순회의 방문 규칙과 방문 순서를 보여준다.

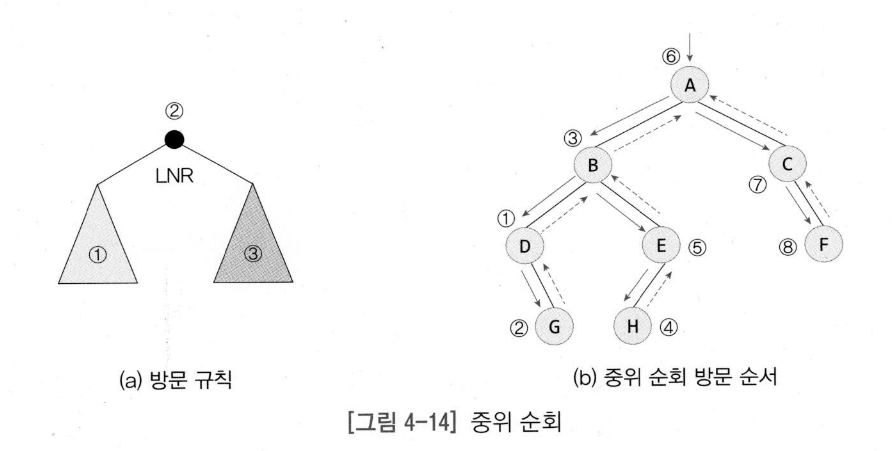

[그림 4-14] 중위 순회

[그림 4-14](b)의 트리에서 중위 순회를 수행하면 (b)와 같이 D, G, B, H, E, A, C, F 순으로 방문이 이루어진다. inorder() 메소드는 트리의 루트를 인자로 전달하여 호출한다. Line 02에서는 노드 n이 null인지를 검사하고, null이면 이전 호출된 곳으로 돌아가고, null이 아니면 line 03에서 노드 n의 왼쪽 자식으로 순환 호출하여 왼쪽 서브트리의 모든 노드를 방문한 후에 line 04에서 노드 n을 방문한다. 그다음엔 line 05에서 노드 n의 오

른쪽 자식으로 순환 호출하여 오른쪽 서브트리의 모든 노드를 방문한다.

```
01  public void inorder(Node n) {  // 중위 순회
02      if (n != null) {
03          inorder(n.getLeft());                       // n의 왼쪽 서브트리를 순회하기 위해
04          System.out.print(n.getKey()+" ");           // 노드 n 방문
05          inorder(n.getRight());                      // n의 오른쪽 서브트리를 순회하기 위해
06      }
07  }
```

후위 순회는 노드 x에 도착하면 x의 방문을 보류하고 x의 왼쪽 서브트리로 순회를 진행한다. x의 왼쪽 서브트리를 방문한 후에는 x의 오른쪽 서브트리를 같은 방식으로 방문한다. 그리고 마지막에 x를 방문한다. 후위 순회 순서는 LRN 또는 LRV로 표현되고 [그림 4-15](a)가 방문 규칙과 방문 순서를 보여준다.

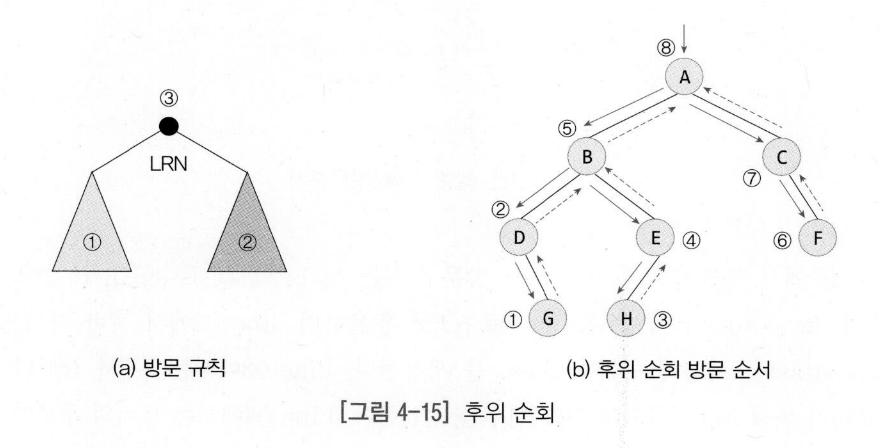

(a) 방문 규칙 (b) 후위 순회 방문 순서

[그림 4-15] 후위 순회

[그림 4-15](b)의 이진 트리에서 후위 순회를 수행하면 (b)와 같이 G, D, H, E, B, F, C, A 순으로 방문이 이루어진다. postorder() 메소드는 트리의 루트를 인자로 전달하여 호출한다. Line 02에서는 노드 n이 null인지를 검사하고, null이면 이전 호출된 곳으로 돌아가고, null이 아니면 line 03에서 노드 n의 왼쪽 자식으로 순환 호출하여 왼쪽 서브트리의 모든 노드를 방문한 후에 line 04에서 노드 n의 오른쪽 자식으로 순환 호출하고 오른쪽 서브트리의 모든 노드를 방문한다. 끝으로 line 05에서 노드 n을 방문한다.

```
01 public void postorder(Node n) {  // 후위 순회
02     if (n != null) {
03         postorder(n.getLeft());             // n의 왼쪽 서브트리를 순회하기 위해
04         postorder(n.getRight());            // n의 오른쪽 서브트리를 순회하기 위해
05         System.out.print(n.getKey()+" ");   // 노드 n 방문
06     }
07 }
```

레벨 순회는 루트가 있는 최상위 레벨부터 시작하여 각 레벨마다 좌에서 우로 노드들을 방문한다. 레벨 순회를 그림으로 나타내면 [그림 4-16]과 같다.

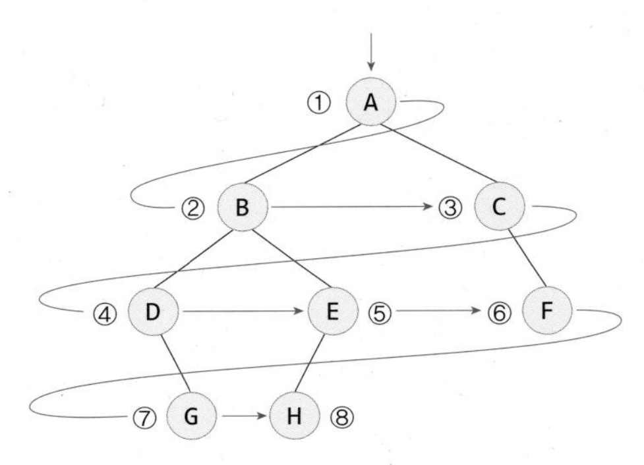

[그림 4-16] 레벨 순회 방문 순서

[그림 4-16]에서 레벨 순회에 따른 노드 방문 순서는 A, B, C, D, E, F, G, H 순으로 이루어진다. levelorder() 메소드는 큐 자료구조를 활용하며, line 02에서 자바 라이브러리의 LinkedList를 사용해 구현한 Queue를 사용한다. Line 03에서는 q에서 삭제된 노드를 참조하기 위해 Node 타입의 지역 변수를 선언한다. Line 04에서는 트리의 루트인 root를 q에 추가한 후 line 05의 while-루프를 수행한다. 루프 내에서는 line 06에서 q의 맨 앞에 있는 노드를 삭제하고 t가 이 노드를 참조하게 한다. Line 07에서는 q에서 삭제된 노드를 방문하고, line 08~11에서는 t의 왼쪽 자식과 오른쪽 자식을 q에 차례로 삽입한다. 자식이 null인 경우, 삽입 과정을 건너뛴다.

```
01 public void levelorder(Node root) {  // 레벨 순회
02     Queue<Node> q = new LinkedList<Node>();  // 큐 자료구조 이용
03     Node t;
```

```
04      q.add(root);  // 루트를 큐에 삽입
05      while (!q.isEmpty()) {
06          t = q.remove();    // 큐에서 가장 앞에 있는 노드 제거
07          System.out.print(t.getKey()+" ");  // 제거된 노드 출력(방문)
08          if (t.getLeft() != null)            // 왼쪽 자식이 null이 아니면
09              q.add(t.getLeft());             // 큐에 왼쪽 자식 삽입
10          if (t.getRight() != null)           // 오른쪽 자식이 null이 아니면
11              q.add(t.getRight());            // 큐에  오른쪽 자식 삽입
12      }
13  }
```

순회 연산 이외에도 이진 트리에 관련된 연산들은 전위 또는 후위 순회 방식에 기반하여 수행된다. 이진 트리에 데이터를 삽입, 삭제, 갱신하는 연산들도 있으나 이들은 Part 5.1의 이진 탐색 트리에서 소개한다. 새로이 살펴볼 연산들은 다음과 같다.

- size(): 트리의 노드 수 계산
- height(): 트리의 높이 계산
- isEqual(): 2개의 이진 트리에 대한 동일성 검사

size()와 height()는 후위 순회에 기반하고, isEqual()은 전위 순회에 기반한다. 트리의 노드 수를 계산하는 것은 트리의 아래에서 위로 각 자식의 후손 노드 수를 합하며 올라가는 과정을 통해 수행되며, 최종적으로 루트에서 총합을 구한다. 트리의 높이도 아래에서 위로 두 자식을 각각 루트로 하는 서브트리의 높이를 비교하여 더 큰 높이에 1을 더하는 것으로 자신의 높이를 계산하며, 최종적으로 루트의 높이가 트리의 높이가 된다. 마지막으로 2개의 이진 트리를 비교하는 것은 다른 부분을 발견하는 즉시 비교 연산을 멈추기 위해 전위 순회 방법을 사용한다.

❖ 트리의 노드 수

핵심 아이디어

트리의 노드 수 = 1 + (루트의 왼쪽 서브트리에 있는 노드 수) + (루트의 오른쪽 서브트리에 있는 노드 수)이다. 여기서 1은 루트 자신을 계산에 반영한 것이다.

[그림 4-17]은 트리의 노드 수를 계산하는 방법을 설명하고 있다. 왼쪽과 오른쪽 서브트리의 노드 수를 계산하는 경우도 동일한 방식으로 계산한다. 계산 방식이 동일하므로, 순환 호출을 통해 구현할 수 있다.

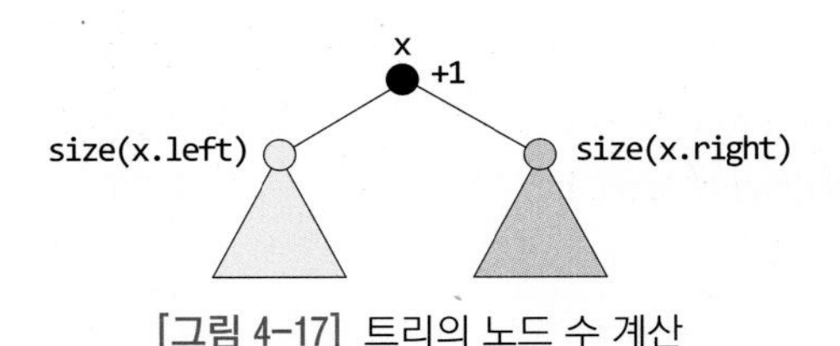

[그림 4-17] 트리의 노드 수 계산

size() 메소드는 루트를 인자로 전달하여 호출한다. Line 02에서는 노드가 null이면 line 03에서 0을 반환하고, null이 아니면 line 05에서 왼쪽 자식을 루트로 하는 서브트리의 노드 수와 오른쪽 자식을 루트로 하는 서브트리의 노드 수를 더한 결과에 1을 더한 값을 반환하는 것으로 전체 트리의 총 노드 수를 반환한다.

```
01 public int size(Node n)     {  // n을 루트로 하는 (서브)트리에 있는 노드 수
02     if (n == null)
03         return 0;    // null이면 0 반환
04     else
05         return (1 + size(n.getLeft()) + size(n.getRight()));
06 }
```

❖ 트리의 높이

핵심 아이디어

트리의 높이 = 1 + max(루트의 왼쪽 서브트리의 높이, 루트의 오른쪽 서브트리의 높이)이다. 여기서 1은 루트 자신을 계산에 반영한 것이다.

[그림 4-18]은 트리 높이를 계산하는 방법을 설명한다. 왼쪽과 오른쪽 서브트리의 높이는 같은 방식으로 계산한다.

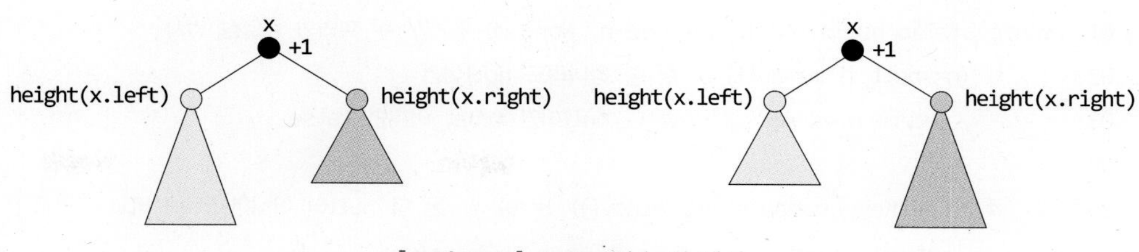

[그림 4-18] 노드 x의 높이 계산

height() 메소드는 루트를 인자로 전달하여 호출한다. Line 02에서는 노드가 null이면, line 03에서 0을 반환하고, null이 아니면 line 05에서 왼쪽 자식을 루트로 하는 서브트리 높이와 오른쪽 자식을 루트로 하는 서브트리의 높이 중에서 보다 큰 높이에 1을 더한 값을 반환하는 것으로 최종적으로 트리의 높이를 반환한다.

```
01 public int height(Node n) {  // n을 루트로하는 (서브)트리의 높이
02     if (n == null)
03         return 0;    // null이면 0 반환
04     else
05         return (1 + Math.max(height(n.getLeft()), height(n.getRight())));
06 }
```

❖ 이진 트리 비교

핵심 아이디어

전위 순회 과정에서 다른 점이 발견되는 순간 false를 반환한다.

2개의 이진 트리가 동일한지 검사하는 isEqual() 메소드는 비교하려는 두 트리의 루트를 인자로 전달하여 호출한다. Line 02에서는 노드 n과 m 둘 중의 하나라도 null일 때, 만일 둘 다 null이면 true를 반환하고, 한쪽만 null이면 트리가 다른 것이므로 false를 반환한다. 만일 둘 다 null이 아니면 line 05에서 두 노드의 키를 비교하여 다르면 (양수 또는 음수인 경우) false를 반환하고, 0이면 같은 key 값을 갖는 경우이므로 line 08~09에서 각 트리의 왼쪽 자식과 오른쪽 자식을 인자로 하여 isEqual() 메소드를 순환 호출한다.

```
01 public static boolean isEqual(Node n, Node m) {  // 두 트리의 동일성 검사
02     if (n==null || m==null) // 둘 중 하나라도 null이면
03         return n == m;     // 둘 다 null이면 true, 아니면 false
04
05     if (n.getKey().compareTo(m.getKey()) != 0) // 둘 다 null이 아니면 item 비교
06         return false;
07
08     return ( isEqual(n.getLeft(), m.getLeft()) &&  // item이 같으면 왼쪽/오른쪽 자식으로 순환 호출
09         isEqual(n.getRight(), m.getRight()) );
10 }
```

| 수행 시간 |

앞서 설명된 각 연산은 트리의 각 노드를 한 번씩만 방문하므로 O(n) 시간이 소요된다.

❖ 스레드 이진 트리

앞서 살펴본 이진 트리의 기본 연산들은 레벨 순회를 제외하고 모두 스택 자료구조를 사용한다. 메소드의 순환 호출은 시스템 스택을 사용하므로 스택 자료구조를 사용한 것으로 간주한다. 스택에 사용되는 메모리 공간의 크기는 트리의 높이에 비례한다. 스택 없이 이진 트리의 순회를 구현하는 방법에는 두 가지가 있다. 하나는 Node에 부모를 가리키는 레퍼런스 필드를 추가로 선언하여 순회에 사용하는 방법이고, 다른 하나는 노드의 null 레퍼런스를 활용하는 것이다. 즉, null 레퍼런스 공간에 다음에 방문할 노드의 레퍼런스를 저장하는 것이다. 이렇게 만든 이진 트리를 스레드 이진 트리(Threaded Binary Tree)[3]라고 한다.

n개의 노드가 있는 이진 트리에는 n+1개의 null 레퍼런스 필드가 있는데, 노드마다 2개의 레퍼런스 필드(left와 right)가 있으므로 총 2n개의 레퍼런스 필드가 존재하고, 이 중에서 부모 자식을 연결하는 레퍼런스는 n−1개이기 때문이다. 부모 자식을 연결하는 레퍼런스가 n−1개인 이유는 루트를 제외한 각 노드가 1개의 부모를 갖기 때문이다. 스레드 이진 트리는 n+1개의 null 레퍼런스를 활용하여, 이전에 방문한 노드와 다음에 방문할 노드를 가리키도록 만들어 순회 연산이 스택 없이도 수행될 수 있도록 만든 트리이다.

3) 운영체제에서 스케줄러가 운영하는 독립적인 수행 단위인 스레드와는 전혀 관계 없다.

스레드 이진 트리는 대부분의 경우 중위 순회에 기반하여 구현되나, 전위 순회나 후위 순회에 기반하여 스레드 트리를 구현할 수도 있다. 스레드 이진 트리는 스택을 사용하는 순회보다 빠르고 메모리 공간도 적게 차지하는 장점이 있지만 데이터의 삽입과 삭제가 잦은 경우 그 구현이 비교적 복잡한 편이므로 좋은 성능을 보여주지 못하는 문제점을 갖는다.

또한 Node 객체에 2개의 boolean 필드를 추가로 사용하여 레퍼런스가 스레드(다음 방문할 노드를 가리키는)로 사용되는 것인지 아니면 left나 right가 트리의 부모 자식 사이의 레퍼런스인지를 각각 true와 false로 표시해야 한다. [그림 4-19]는 중위 순회 스레드 이진 트리의 예시이다. 점선 화살표는 직전 방문 노드를 가리키는 스레드이고, 실선 화살표는 다음에 방문 노드를 가리키는 스레드이다.

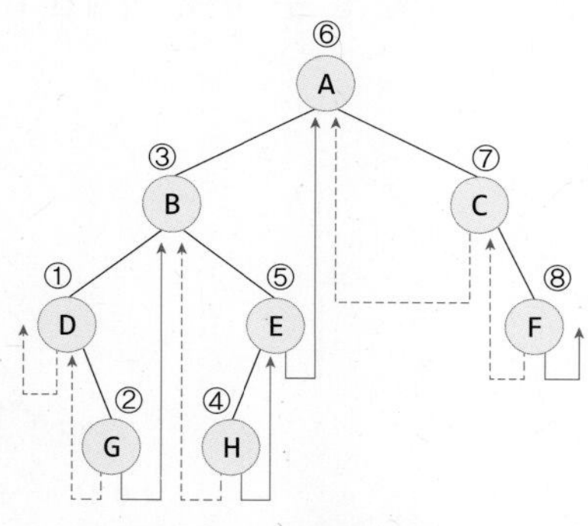

[그림 4-19] 스레드 이진 트리

4.4 서로소 집합을 위한 트리 연산

집합에 관련된 연산에는 다양한 연산들이 존재하나, 합집합(union) 연산과 주어진 원소에 대해 어느 집합에 속해 있는지를 계산하는 find 연산만을 다루고자 한다. 특히 어느 두 집합도 공통된 원소를 갖지 않는 경우, 이러한 집합들을 서로소 집합(Disjoint Set)이라고 한다. 서로소 집합의 union과 find 연산은 Part 9.4의 Kruskal의 최소 신장 트리 알고리즘을 구현하는 데 활용된다.

서로소 집합들을 메모리에 저장하기 위해선 1차원 배열을 사용하면 되는데, 집합들의 모든 원소를 0, 1, 2, …, n-1로 놓으면 이를 배열의 인덱스로 활용할 수 있기 때문이다. 또한 집합에 속한 원소들 사이에 특정한 순서가 없고, 또 중복된 원소도 없으므로 서로소 집합은 1차원 배열에 저장할 수 있다.

[그림 4-20]은 2개의 서로소 집합을 일반적인 트리로 표현하여 1차원 배열에 저장된 상태를 나타낸다. 여기서 각 집합은 루트가 대표하고, 루트의 배열 원소에는 루트 자신이 저장되며, 루트가 아닌 노드의 원소에는 부모가 저장된다.

서로소 집합들에 대해 수행할 연산은 union과 find 연산이다. union 연산은 2개의 집합을 하나의 집합으로 만드는 연산이다. find 연산은 인자로 주어지는 x가 속한 집합의 대표 노드, 즉, 루트를 찾는 연산이다. 예를 들어 find(6)은 a[6] = 2를 통해 6의 부모인 2를 찾고, a[2] = 7로 2의 부모를 찾으며, 마지막으로 a[7] = 7이기 때문에 7을 반환한다. 즉, "6은 7이 대표 노드인 집합에 속해 있다"라는 것을 반환한다. find(3)도 7을 반환하므로, 6과 3은 동일한 집합에 속해 있다는 것을 알 수 있다. 하지만 find(9) = 4이므로, 6과 9는 서로 다른 집합에 속한다.

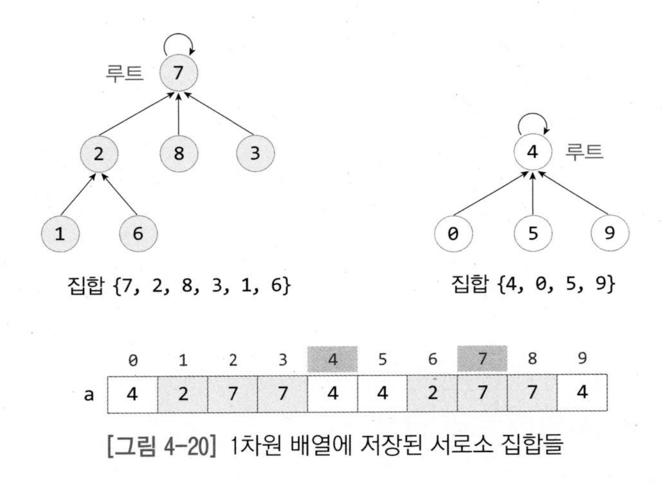

[그림 4-20] 1차원 배열에 저장된 서로소 집합들

다음은 union과 find 연산을 효율적으로 수행하기 위한 각각의 아이디어이다.

핵심 아이디어

먼저 union 연산은 rank에 기반하여(union-by-rank) rank가 높은 루트가 union 후에도 승자(합쳐진 트리의 루트)가 되도록 한다.

여기서 루트의 rank는 트리의 높이와 일단은 같다고 생각해도 무방하다. rank가 높은 루트를 승자로 만드는 이유는 합쳐진 트리가 더 커지지 않도록 하기 위함이다. 만일 두 트리의 높이가 같은 경우에는 둘 중 하나의 루트가 승자가 되고 합쳐진 트리의 높이는 1 증가한다. [그림 4-21](a)는 union 연산을 수행하기 전이고, (b)는 union 연산 수행 후이다. (c)는 비효율적인 union 연산을 나타낸다. (c)의 경우, 합쳐진 트리의 높이가 증가하므로 비효율적인 union이다.

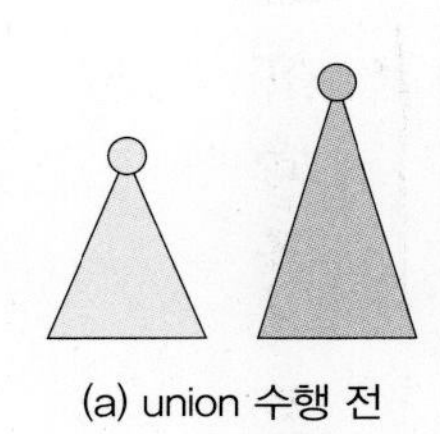

(a) union 수행 전

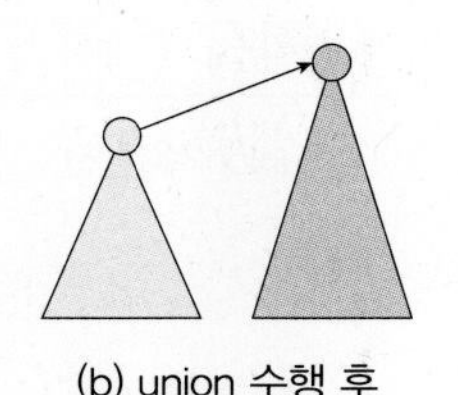

(b) union 수행 후

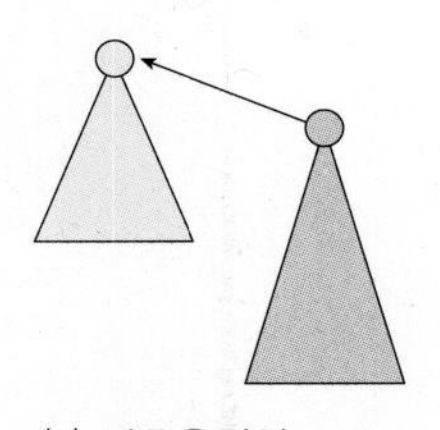

(c) 비효율적인 union

[그림 4-21] rank를 기반한 union 연산

rank에 기반한 union 연산의 목적은 두 트리가 하나로 합쳐진 후에 [그림 4-21](c)와 같이 트리의 높이가 커지는 것을 방지하기 위한 것인데, find 연산을 수행할 때 루트까지 올라가야 하므로 트리의 높이가 낮을수록 find의 수행 시간을 줄일 수 있기 때문이다. 단, 두 트라의 루트들의 rank가 같으면 어쩔 수 없이 하나의 루트가 승자가 되고 승자의 rank도 1 증가된다.

예제 [그림 4-22](a)에서 union(7, 4)를 수행하면 (b)의 결과를 얻는다. a[4] = 7로 갱신되었고 트리도 하나로 합쳐졌다. 각 노드 옆의 숫자는 노드의 rank로서 두 루트의 rank가 다르므로 union 수행 후에도 승자인 7의 rank 값도 변하지 않은 채 2로 남는다.

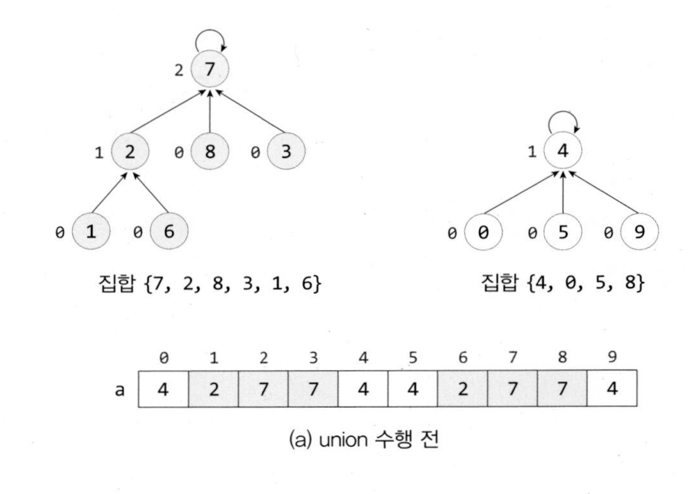

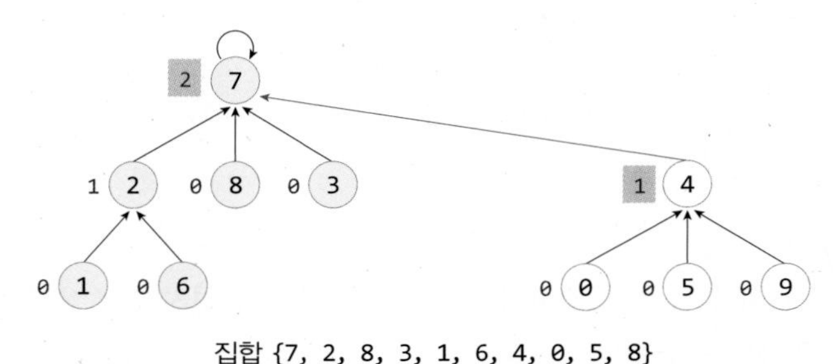

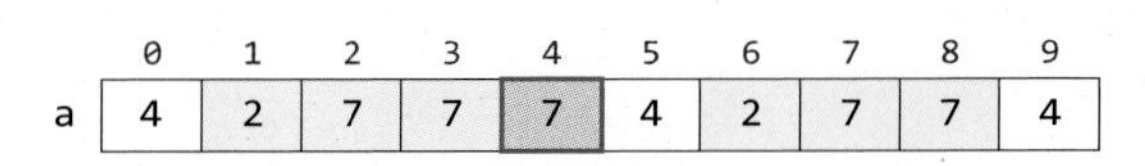

(b) union 수행 후

[그림 4-22] rank 기반 union 연산

핵심 아이디어

find 연산을 수행하면서 루트까지 올라가는 경로상의 각 노드의 부모를 루트로 갱신한다. 이를 경로 압축(Path Compression)이라고 한다.

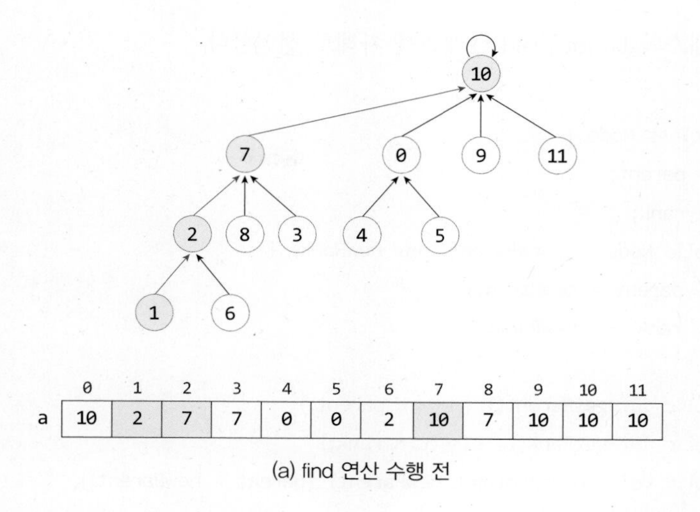

(a) find 연산 수행 전

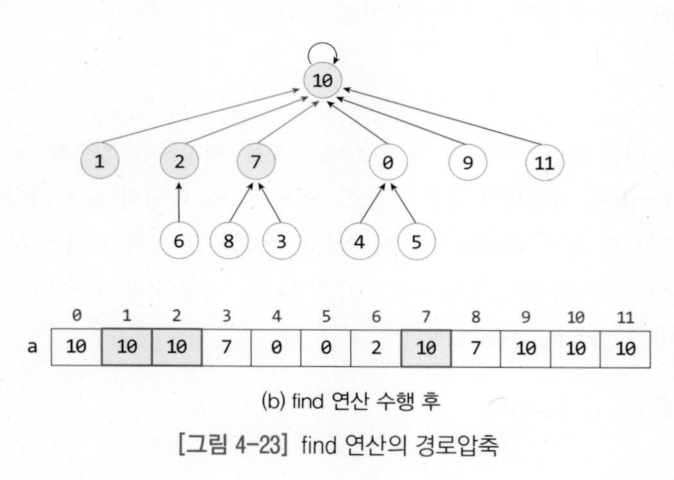

(b) find 연산 수행 후

[그림 4-23] find 연산의 경로압축

[그림 4-23](a)에서 find(1)을 수행하면 루트인 10까지 올라가는 경로상의 노드 1, 2, 7의 부모를 10으로 갱신하여 (b)와 같은 트리를 만든다. 이러한 경로 압축은 당장 find(1)의 수행 시간을 줄이는 것은 아니지만, 추후의 find(1)과 find(2)의 수행 시간을 단축한다.

참고로 경로 압축으로 인해 루트의 rank는 트리의 높이와 달라질 수 있다. [그림 4-23](a)의 트리 높이는 4인데, 경로 압축 후에 트리의 높이는 3이다. 하지만 경로 압축으로 인해 루트나 그 밖의 노드들의 rank 값은 변하지 않는다. rank를 사용하는 이유는 집합들에 대해 수행되는 union과 연산들 전체에 대한 총괄적인 상각 분석을 위한 것이다.

다음은 서로소 집합의 union-find 연산을 자바 프로그램으로 구현한 것이다. 구현을 위해 Node 클래스와 UnionFind 클래스를 차례로 선언한다.

```
01 public class Node {
02       int parent;
03       int rank;
04       public Node(int newParent, int newRank) {
05           parent = newParent;
06           rank   = newRank;
07       }
08       public int getParent() {return parent;}
09       public int getRank()   {return rank;}
10       public void setParent(int newParent) {parent = newParent;}
11       public void setRank(int newRank)     {rank   = newRank;}
12 }
```

앞에서는 1차원 배열 a만을 가지고 각 원소에 부모를 저장하는 것으로 설명하였다. 그러나 각 노드에 rank도 저장해야 하므로 노드 객체는 int 타입의 parent와 rank를 갖는다. parent는 노드의 부모 레퍼런스를 저장하고, 초기에는 자기 자신을 부모로 초기화하며 rank는 0으로 초기화한다. Line 04~07은 Node 객체의 생성자이고, line 08~11은 Node 객체에 대한 get, set 메소드이다.

다음은 UnionFind 클래스이다.

```
01 public class UnionFind {
02       protected  Node[] a;
03       public UnionFind(Node[] iarray) {  // 생성자
04           a = iarray;
05       }
06       // i가 속한 집합의 루트를 순환 호출로 찾고 경로상의 각 원소의 부모를 루트로 만든다.
07       protected int find(int i) { // 경로 압축
08           if (i != a[i].getParent())
09               a[i].setParent(find(a[i].getParent()));
10           return a[i].getParent();
11       }
12       public void union(int i, int j) {  // Union 연산
```

```
13          int iroot = find(i);
14          int jroot = find(j);
15          if (iroot == jroot) return;  // 루트가 동일하면 더 이상의 수행 없이 그대로 리턴
16          // rank가 높은 루트가 승자가 된다.
17          if (a[iroot].getRank() > a[jroot].getRank())
18              a[jroot].setParent(iroot);        // iroot가 승자
19          else if (a[iroot].getRank() < a[jroot].getRank())
20              a[iroot].setParent(jroot);        // jroot가 승자
21          else {
22              a[jroot].setParent(iroot);        // 둘 중의 하나를 임의로 승자
23              int t = a[iroot].getRank() + 1;
24              a[iroot].setRank(t);              // iroot의 rank 1 증가
25          }
26      }
27  }
```

Line 03~05는 UnionFind 객체의 생성자이다. 객체는 Node 객체를 원소로 하는 1차원 배열을 가진다. Line 07~11은 find() 메소드로 i가 속한 트리의 루트를 반환하는 동시에 노드 i에서 루트까지의 경로상의 모든 노드에 대한 부모를 루트로 갱신하는 경로 압축을 수행한다. 이 경로 압축은 line 09에서 수행되는데, find(a[i].getParent())의 값이 계속 루트로 반환되면서 경로상의 각 노드 i의 parent가 동일한 루트로 갱신된다.

Line 12~26은 union() 메소드로 i가 속한 트리와 j가 속한 트리의 루트를 각각 line 13과 14에서 찾고, 만일 두 루트가 같으면 line 15에서 union을 수행하지 않고 리턴한다. 하지만 두 루트가 다르면, line 17~20에서 두 루트의 rank를 비교하여 큰 rank를 가진 루트(승자)가 작은 rank를 가진 루트의 부모가 된다. 즉, 승자가 합쳐진 트리의 루트로 남게 된다. 이 과정에서 승자의 rank는 변하지 않음에 주목해야 한다.

Line 21~25는 두 루트의 rank가 같은 경우로, 둘 중의 하나가 승자가 된다. 여기서는 임의로 i가 속한 트리의 루트가 승자가 되도록 하였다. 마지막으로 승자의 rank를 1 증가시킨다.

[그림 4-24]는 프로그램에서 [그림 4-25](a)의 2개의 트리를 만들기 위해 union(2, 1), union(2, 6), union(7, 3), union(4, 5), union(9, 5), union(7, 2), union(7, 8), union(0, 4)를 차례대로 수행하고, union(9, 1)을 수행한 결과로, [그림 4-25](b)의 트리를 나타낸다.

```
Problems  @ Javadoc  Console
<terminated> main (45) [Java Application] C:₩Program Files₩Java₩jdk1.8.0_40₩bin₩javaw.exe
8회의 union 연산 수행 후
(i:parent,rank):(0:4,0) (1:2,0) (2:7,1) (3:7,0) (4:4,1) (5:4,0) (6:2,0) (7:7,2) (8:7,0) (9:4,0)

union(9,1) 수행 후
(i:parent,rank):(0:4,0) (1:7,0) (2:7,1) (3:7,0) (4:7,1) (5:4,0) (6:2,0) (7:7,2) (8:7,0) (9:4,0)
```

[그림 4-24] 완성된 프로그램의 수행 결과

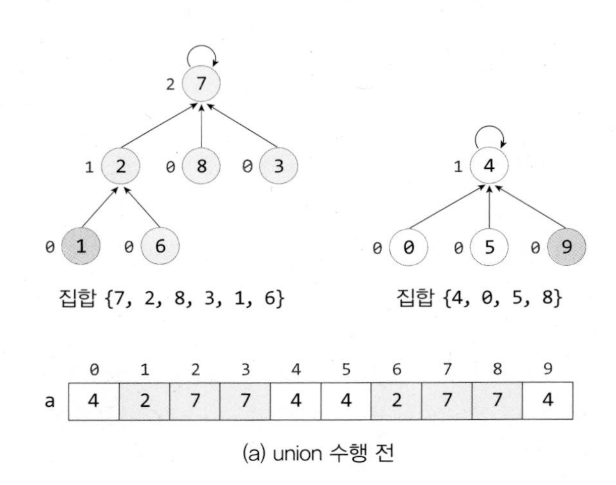

(a) union 수행 전

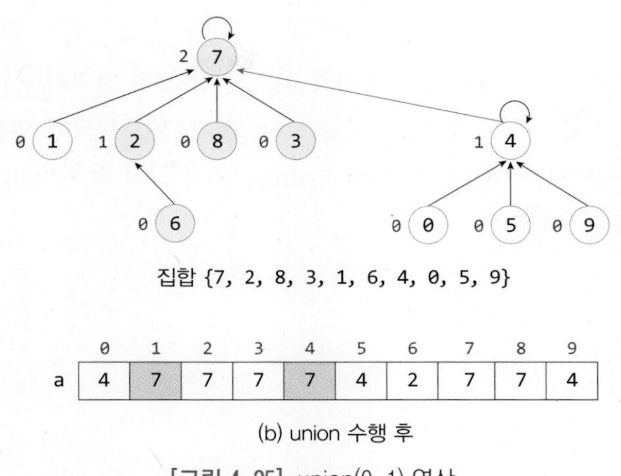

(b) union 수행 후

[그림 4-25] union(9, 1) 연산

| 수행 시간 |

union 연산은 두 루트를 각각 찾는 find 연산을 수행한 후에, rank를 비교하여 승자가 합쳐진 트리의 루트로 남는다. rank가 같은 경우엔 둘 중의 하나가 승자가 되고 승자의 rank를 1 증가시킨다. 그러므로 find 연산을 제외한 순수 union 연산의 수행 시간은 O(1) 시간이다.

find 연산의 수행 시간은 최악의 경우 트리의 높이만큼 올라가야 하므로 트리의 높이에 비례한다. find 연산을 수행하며 경로 압축을 하므로, 경로 상의 노드에 대해 추후에 수행되는 find 연산의 수행 시간은 트리의 높이보다는 적게 걸린다. 이를 상각 분석을 이용해 O(n)번의 find와 union 연산들을 수행하여 걸린 총 시간을 연산 횟수로 나누어 1회의 연산 수행 시간을 계산한다. 상각 분석 결과는 1회의 find 연산의 수행 시간이 $O(\log^* n)$이다. 여기서 $\log^* n$이란 1 이하의 값을 얻기 위해 n에다가 log 연산을 연속적으로 수행해야 하는 횟수이다. 다음은 $n = 2, 4, 16, 65536, 2^{65536}$일 때 $\log^* n$의 값을 각각 보여준다.

$$\log^*2=1, \log^*2^2=2, \log^*2^{2^2}=3, \log^*2^{2^{2^2}}=4, \log^*2^{2^{2^{2^2}}}=5$$

$\log^* n$은 상수에 가까운 매우 천천히 증가하는 함수이다. union-find 연산을 위한 상세한 상각 분석은 생략한다.

| 응용 |

Union-find 연산은 Part 9.4의 Kruskal의 최소 신장 트리 알고리즘, 트리에서 가장 가까운 공통 조상 노드(Least Common Ancestor) 찾기, 네트워크의 연결 검사, 퍼콜레이션(Percolation), 이미지 처리(Image Processing), 조각 그림 맞추기(Jigsaw Puzzle), 바둑 같은 게임 등에 활용된다.

[Treasure] 어디로 가야 할까?

보물을 찾아서 길을 걷다가 마지막에 두 갈림길이 나타났다. 다행히 두 안내인이 있어서 물어볼 수 있었다. 그러나 한 사람은 자신이 아는 대로 정직하게 말하고, 다른 사람은 항상 반대로 말하는데, 누가 정직하게 답해주고 누가 반대로 말해주는지 알 수 없다. 보물을 찾기 위해 어느 길로 가야 하는지 알아내기 위해 단 1회의 질문을 두 사람 중 한 사람에게만 할 수 있다. 누구에게 어떤 질문을 해야 보물이 있는 길로 갈 수 있을까? 단, 두 안내인은 보물을 어느 쪽 길로 가면 찾을 수 있는지 알고 있다.

답

두 사람 중에 아무에게나 "보물을 찾으려면 상대방 안내인은 어느 길로 가야한다고 합니까?"하고 질문한다.

만일 정직한 안내인에게 위의 질문을 하면 상대방 안내인은 보물을 찾을 수 없는 길을 알려줄 것이고, 정직한 안내인은 보물을 찾을 수 없는 길을 답해줄 것이다. 따라서 정직한 안내인이 답해준 반대의 길로 가면 보물을 찾는다.

만일 반대로 말하는 안내인에게 위의 질문을 하면 상대방 안내인은 보물을 찾을 수 있는 길을 답으로 듣고 그것의 반대 길, 즉 보물이 없는 길을 답해줄 것이다. 따라서 그 길이 아닌 다른 길로 가면 보물을 찾는다.

즉, 누구에게 물어보든지 답을 듣고 그 반대 길로 가면 보물을 찾는다.

요약

- 트리는 계층적 자료구조로서 배열이나 연결 리스트의 단점을 보완하는 자료구조이다.
- 왼쪽 자식-오른쪽 형제 표현은 노드의 차수가 일정하지 않은 일반적인 트리를 구현하는 매우 효율적인 자료구조이다.
- 포화 이진 트리는 모든 이파리의 깊이가 같고 각 내부 노드가 2개의 자식을 가지는 트리이다. 완전 이진 트리는 마지막 레벨을 제외한 각 레벨이 노드들로 꽉 차 있고, 마지막 레벨에는 노드들이 왼쪽부터 빠짐없이 채워진 트리이다. 포화 이진 트리는 완전 이진 트리이기도 하다.
- 이진 트리의 순회 방법은 전위 순회(NLR), 중위 순회(LNR), 후위 순회(LRN), 그리고 레벨 순회가 있다. 레벨 순회는 큐 자료구조를 사용해서 구현된다.
- 이진 트리의 높이 계산과 노드 수의 계산에는 후위 순회가 적합하고, 이진 트리의 비교에는 전위 순회가 적합하다.
- 스택 없이 이진 트리를 순회하기 위해 노드의 null 레퍼런스 대신 다음에 방문할 노드의 레퍼런스를 저장한 이진 트리를 스레드 이진 트리라고 한다.
- 이진 트리의 높이 및 노드 수의 계산, 각 트리 순회, 동일성 검사는 트리의 모든 노드를 방문해야 하므로 각각 O(n) 시간이 소요된다.
- 서로소 집합의 union과 find 연산을 효율적으로 수행하기 위해, union 은 rank 기반 연산을 수행하고, find 연산은 경로 압축을 수행한다.
- union 연산의 수행 시간은 O(1) 시간이고, find 연산의 수행 시간은 $O(\log^* n)$이다.
- union-find 연산은 Kruskal의 최소 신장 트리 알고리즘, 트리에서 가장 가까운 공통 조상 노드 찾기, 네트워크의 연결 검사, 퍼콜레이션, 이미지 처리, 조각 그림 맞추기, 바둑 같은 게임 등에 활용된다.

연습문제

4.1 다음의 이진 트리에 대해 답하라.

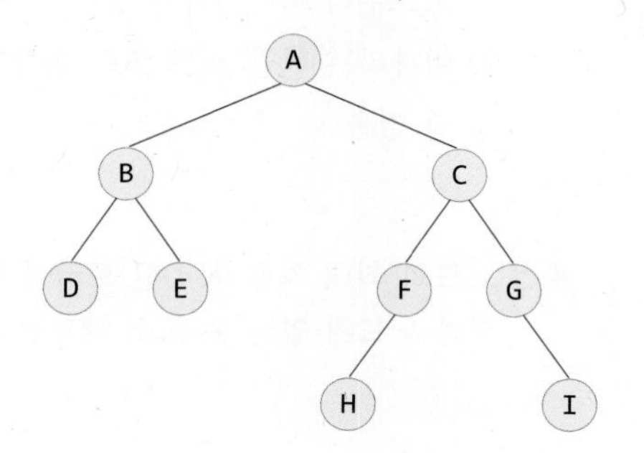

a) 루트는 어떤 노드인가?

b) 자식이 하나인 노드는 몇 개인가?

c) 이파리는 몇 개인가?

d) 내부 노드는 몇 개인가?

e) 노드 C의 후손 노드 수는 몇 개인가?

f) 노드 F의 형제 노드는?

g) 트리의 높이는?

h) 노드 D의 레벨은?

i) 노드 H의 조상 노드는?

j) 노드 C의 서브트리에 있는 노드는 몇 개인가?

4.2 다음 중 일반적인 트리에 관한 설명 중 옳지 않은 것은?

① 트리에 노드가 없을 수도 있다.

② 트리에 노드가 있으면 트리의 루트는 1개이다.

③ 노드들의 자식 수는 같다.

④ 트리는 왼쪽 자식-오른쪽 형제 표현으로 항상 변환할 수 있다.

⑤ 답 없음

4.3 다음 중 트리 자료구조의 장점이 아닌 것은?

① 계층적 구조이다.

② Undo/Redo 연산 처리가 쉽다.

③ 삽입, 삭제 연산을 효율적으로 구현할 수 있다.

④ 효율적인 탐색을 구현할 수 있다.

⑤ 답 없음

4.4 다음 중 트리 용어에 관한 설명으로 옳지 않은 것은?

① 루트는 트리의 최상위에 있는 노드이다.

② 루트까지 경로상에 있는 모두가 조상이다.

③ 노드부터 이파리까지 경로상에 있는 모든 노드가 후손이다.

④ 이파리는 단말 노드 또는 외부 노드라고도 한다.

⑤ 답 없음

4.5 노드의 최대 차수가 10인 트리에 100개의 노드가 있다. 이 트리를 자바 언어로 구현할 때 트리 노드에 있는 총 null 레퍼런스 수는?

① 10 ② 99

③ 100 ④ 901

⑤ 답 없음

4.6 다음 중 이진 트리에 관한 설명 중 옳지 않은 것은?

① 이진 트리는 적어도 1개의 노드를 가진다.

② 노드가 있는 이진 트리는 오직 1개의 루트를 가진다.

③ 노드는 최대 2개의 자식을 갖는다.

④ 루트가 아닌 노드는 1개의 부모를 가진다.

⑤ 답 없음

4.7 다음 중 이진 트리에 관한 설명 중 옳은 것은?

① 이진 트리는 포화 이진 트리이거나 완전 이진 트리이다.

② 포화 이진 트리는 완전 이진 트리이다.

③ 완전 이진 트리는 포화 이진 트리이다.

④ 편향 이진 트리는 이진 트리라고 하기 어렵다.

⑤ 답 없음

4.8 세 개의 노드로 만들어질 수 있는 이진 트리의 개수는?

① 3 ② 4

③ 5 ④ 6

⑤ 답 없음

4.9 13개의 노드를 가진 이진 트리의 최소 높이?

① 3 ② 4 ③ 5
④ 12 ⑤ 답 없음

4.10 다음 이진 트리의 높이를 옳게 정의한 것은?

① max(왼쪽 서브트리의 높이, 오른쪽 서브트리의 높이) + 1
② max(왼쪽 서브트리의 높이, 오른쪽 서브트리의 높이)
③ max(왼쪽 서브트리의 높이, 오른쪽 서브트리의 높이) − 1
④ min(왼쪽 서브트리의 높이, 오른쪽 서브트리의 높이) + 1
⑤ 답 없음

4.11 다음 중 포화 이진 트리에 관한 설명 중 옳은 것은?

① 내부 노드는 2개의 자식을 가지고 이파리는 같은 층에 있다.
② 노드는 정확히 2개의 자식을 가진다.
③ 노드는 1개 또는 2개의 자식을 가진다.
④ 이파리 수와 내부 노드 수가 같다.
⑤ 답 없음

4.12 높이가 4인 포화 이진 트리의 노드 수는?

① 10 ② 12 ③ 13
④ 14 ⑤ 15

4.13 높이가 k인 포화 이진 트리에 있는 최소 노드 수는?

① 2^{k-1} ② $2^{k-1} + 1$ ③ $2^k - 1$
④ 2^k ⑤ 답 없음

4.14 포화 이진 트리에 있는 내부 노드 수가 m일 때 이파리 수는? 단, $m > 0$이다.

① m−1 ② m ③ m+1
④ 2m ⑤ 답 없음

4.15 포화 이진 트리에 있는 이파리 수가 m일 때 트리에 있는 총 노드 수는? 단, m > 0이다.

① m+1　② 2m−1　③ 2m
④ 2m+1　⑤ 답 없음

4.16 다음 중 완전 이진 트리에 관한 설명 중 옳은 것은?

① 노드는 자식이 없거나 2개의 자식을 가진다.
② 모든 이파리는 같은 레벨에 있다.
③ 마지막 레벨은 맨 왼쪽부터 빠짐없이 노드로 채워진다.
④ 포화 이진 트리는 반드시 완전 이진 트리가 아니다.
⑤ 답 없음

4.17 노드 수가 16인 완전 이진 트리의 높이는?

① 4　② 5　③ 6
④ 7　⑤ 8

4.18 높이가 h인 완전 이진 트리에 있는 최소의 이파리 수는? 단, h > 0.

① 2h−1　② 2h−1+1　③ 2h−1
④ 2h+1　⑤ 답 없음

4.19 높이가 k인 완전 이진 트리에 있는 최소 노드 수는? 단, k > 0.

① 2^{k-1}　② $2^{k-1} + 1$　③ $2^{k} - 1$
④ 2^{k}　⑤ 답 없음

4.20 완전 이진 트리를 아래의 1차원 배열에 저장하였다. 다음 설명 중 <u>틀린</u> 것은?

0	1	2	3	4	5	6	7	8	9	10	11	12	13
	J	A	V	P	R	O	G	M	I	N	L	U	E

① R의 왼쪽 자식은 N이다.　② E의 부모는 O이다.
③ I와 N은 형제이다.　④ J는 루트이다.
⑤ 답 없음

4.21 다음의 이진 트리 순회 중 루트를 맨 마지막에 방문하는 것은?

① 전위 순회 ② 중위 순회 ③ 후위 순회
④ 레벨 순회 ⑤ 답 없음

4.22 프로그래밍에서 수식을 어떤 표기법으로 표현하나?

① 전위 표기법 ② 중위 표기법 ③ 후위 표기법
④ 레벨 표기법 ⑤ 답 없음

4.23 어떤 이진 트리에서 전위 순회를 수행한 결과가 D A C B H F E G이다. 동일한 트리에서 후위 순회를 수행한 결과는?

① A B C D E F G H ② B C A E G F H D
③ H G F E D C A B ④ G E F H B C A D
⑤ 답 없음

4.24 어떤 이진 트리에서 후위 순회를 수행한 결과가 D E B F C A이다. 동일한 트리에서 전위 순회를 수행한 결과는?

① A D B F E C ② A B F C D E
③ A B C D E F ④ A B D E C F
⑤ 답 없음

4.25 다음의 이진 트리에 대해 각각의 출력이 어떤 순회 방식의 결과인지 짝지으라.

a) A B D E C F H G I
b) A B C D E F G H I
c) D E B H F I G C A
d) D G E A H F C G I

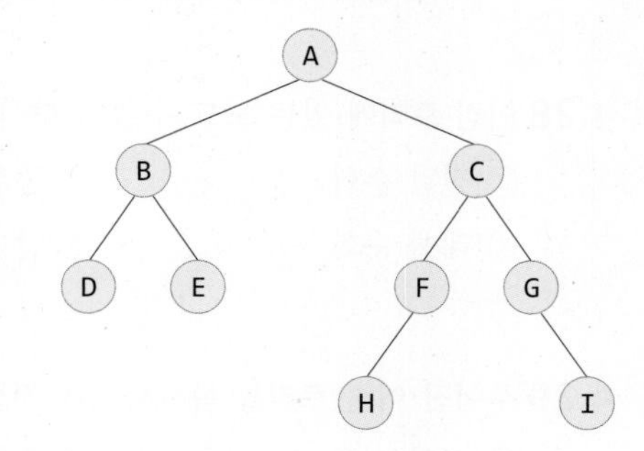

① 전위 순회 ② 중위 순회 ③ 후위 순회
④ 레벨 순회 ⑤ 답 없음

4.26 어떤 이진 트리에서 중위 순회와 후위 순회를 수행한 결과가 다음과 같다.

> 중위 순회: J E N K O P B F A C L G M D H I
> 후위 순회: J N O P K E F B C L M G H I D A

동일한 트리에서 전위 순회를 수행한 결과는?

① A B C D E F K J O N G P L M I H
② A B F E J K C P O N L D G M H I
③ J A E D N P O K F C L M G H I B
④ A B E J K N O P F C D G L M H I
⑤ 답 없음

4.27 어떤 이진 트리에서 중위 순회와 전위 순회를 수행한 결과가 다음과 같다.

> 중위 순회: D B E F A G H C
> 전위 순회: A B D E F C G H

동일한 트리에서 후위 순회를 수행한 결과는?

① D F E H B G C A
② D F E B H G C A
③ D F E B G H C A
④ D F E B H C G A
⑤ 답 없음

4.28 이진 트리에 있는 노드 수를 상향식(Bottom-up)으로 계산하는데 적절한 순회 방법은?

① 전위 순회 ② 중위 순회 ③ 후위 순회
④ 레벨 순회 ⑤ 답 없음

4.29 주어진 이진 트리를 복사하는데 적절한 순회 방법은?

① 전위 순회 ② 중위 순회 ③ 후위 순회
④ 레벨 순회 ⑤ 답 없음

4.30 주어진 두 개의 이진 트리가 같은지 검사하는데 적절한 순회 방법은?

① 전위 순회　② 중위 순회
③ 후위 순회　④ 레벨 순회
⑤ 답 없음

4.31 n개의 노드가 있는 이진 트리의 높이를 계산하는데 필요한 수행 시간은?

① O(1)　② O(logn)
③ O(n)　④ O(nlogn)
⑤ $O(n^2)$

4.32 n개의 노드를 가진 일반적인 트리에서 탐색 연산의 최악 경우 수행 시간은?

① O(logn)　② $O(\log^2 n)$
③ O(n)　④ O(nlogn)
⑤ $O(n^2)$

4.33 n개의 노드를 가진 이진 트리에서 탐색 연산의 최악 경우 수행 시간은?

① O(logn)　② $O(\log^2 n)$
③ O(n)　④ O(nlogn)
⑤ $O(n^2)$

4.34 n개의 노드를 가진 이진 트리에서 중위 순회의 수행 시간은?

① O(logn)　② $O(\log^2 n)$
③ O(n)　④ O(nlogn)
⑤ $O(n^2)$

4.35 다음 중 서로소 집합 자료구조를 활용하기에 적합한 응용을 모두 고르라.

① 그래프의 깊이 우선 탐색
② 최단 경로 찾기
③ Kruskal 알고리즘의 최소 신장 트리 찾기
④ 네트워크의 연결 검사
⑤ 조각 그림 맞추기

4.36 다음 중 스레드 이진 트리에 관한 설명 중 <u>틀린</u> 것은?

① 스레드 이진 트리는 스택을 사용하지 않고 트리를 순회한다.

② 스레드는 다음 방문할 노드의 레퍼런스이다.

③ 운영체제의 스레드와 같은 개념이다.

④ null 레퍼런스를 활용하여 트리를 순회한다.

⑤ 답 없음

4.37 다음 중 스레드 이진 트리에 관한 설명 중 <u>틀린</u> 것은?

① 시스템 스택을 사용하지 않으므로 스택을 사용하는 것보다 빠르다.

② 후위 순회를 위한 스레드 이진 트리를 구현할 수 없다.

③ 삽입, 삭제를 구현하기 복잡하다.

④ 레퍼런스가 자식을 가리키는 것인지 다음 방문할 노드를 가리키는지 구분해야 한다.

⑤ 답 없음

4.38 다음 중 서로소 집합에 대한 설명 중 <u>틀린</u> 것은?

① 서로소 집합들에는 공통된 원소가 없다.

② 서로소 집합들은 합집합을 수행할 수 있다.

③ 서로소 집합은 원소 간에 특정한 순서가 없다.

④ 서로소 집합들 사이에는 크기를 비교할 수 없다.

⑤ 답 없음

4.39 다음 중 서로소 집합에 대한 연산이 <u>아닌</u> 것은?

① union ② find ③ rank

④ size ⑤ 답 없음

4.40 다음 중 경로 압축과 직접 관련된 연산은?

① union ② find ③ search

④ intersection ⑤ 답 없음

4.41 다음 중 경로 압축에 관한 설명 중 틀린 것은?

① 경로 압축은 미래의 find 연산의 수행 시간을 줄인다.

② 경로 압축을 수행하는 중에도 find 연산의 수행 시간을 줄인다.

③ find 연산 중 경로상의 모든 노드가 직접 루트를 가리키게 하는 것이다.

④ union 연산을 수행할 때 find 연산을 수행하므로 총체적으로 수행 시간을 줄인다.

⑤ 답 없음

4.42 union과 find 연산에 대한 상각 분석 수행 시간을 맞게 짝지은 것을 고르라.

① O(1), O(1) ② O(1), O(logn)

③ O(log*n), O(logn) ④ O(1), O(log*n)

⑤ 답 없음

4.43 다음 중 서로소 집합의 응용이 아닌 것은?

① Kruskal의 최소 신장 트리 알고리즘

② Least Common Ancestor 찾기

③ 조각 그림 맞추기

④ 네트워크 연결 검사

⑤ 답 없음

4.44 다음의 트리를 왼쪽 자식-오른쪽 형제 표현의 트리로 변환하라.

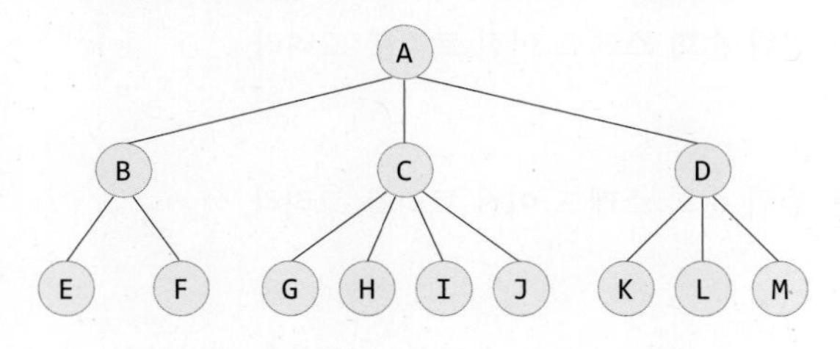

4.45 [그림 4-8]과 같이 1차원 배열을 사용하여, 트리의 노드들을 a[1]부터 차례로 저장하였을 때, a[15]의 부모는 어느 원소인가? 또 a[15]의 오른쪽 자식은 어느 원소에 있는가?

4.46 n개의 노드를 가진 이진 트리에서 이파리 수가 L이고, 2개의 자식을 가진 노드 수가 D라면, L = D + 1임을 보이라.

4.47 어느 이진 트리의 중위 순회 결과가 D G B A H E I C F이고, 후위 순회 결과가 G D B H I E F C A이다. 순회 결과에 대응되는 이진 트리를 그려라.

4.48 Part 4.2의 BinaryTree 클래스에 주어진 이진 트리를 복사(Copy)하는 메소드를 추가하라.

4.49 다음의 이진 트리에 대한 중위 순회 스레드 이진 트리를 그려라.

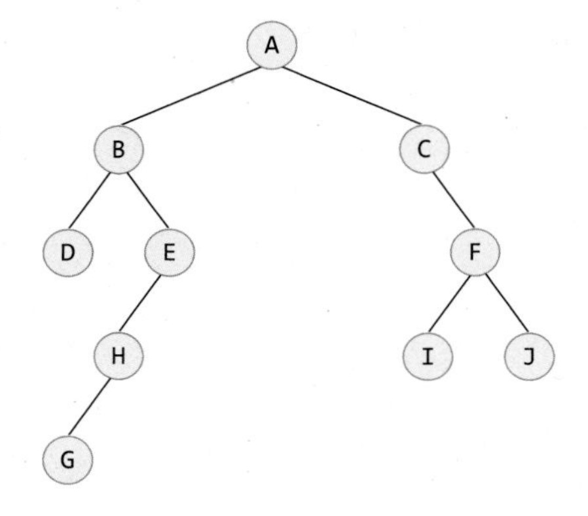

4.50 문제 4.49의 이진 트리에 대한 전위 순회 스레드 이진 트리를 그려라.

4.51 문제 4.49의 이진 트리에 대한 후위 순회 스레드 이진 트리를 그려라.

4.52 서로소 집합에 대해 union 연산을 rank 기준으로 수행하는 방법을 설명하고, find 연산의 경로 압축의 목적을 설명하라.

4.53 서로소 집합에 대한 union-find 연산을 수행하기 위해, 다음의 세 개의 집합을 배열에 저장하라.

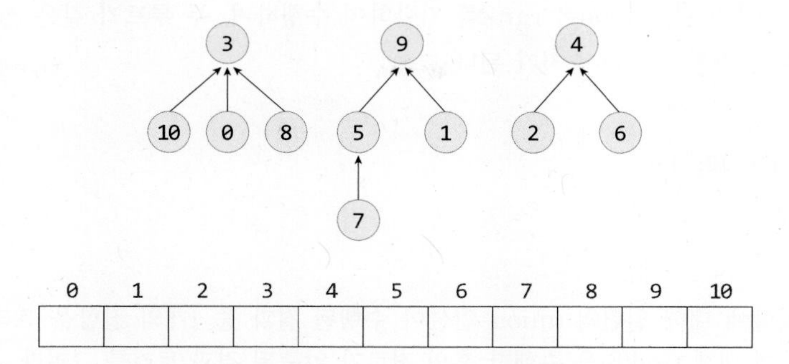

4.54 문제 4.53에서 rank를 기반한 union(10, 7)이 수행된 결과를 보이라.

0	1	2	3	4	5	6	7	8	9	10

4.55 다음의 서로소 집합을 표현한 트리에서 find(K)를 수행한 후의 경로 압축 결과를 그려라.

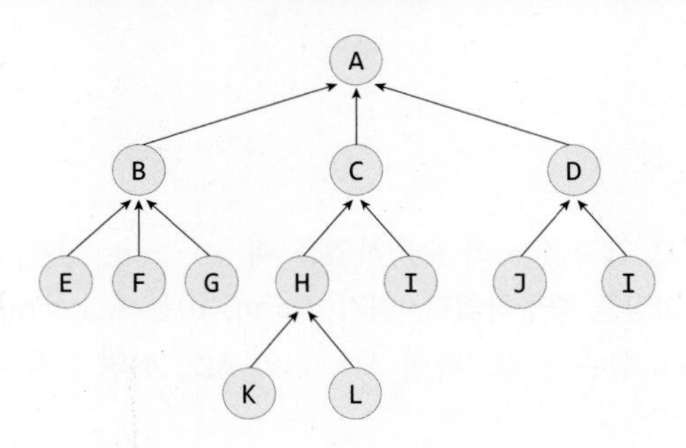

4.56 초기에 {0}, {1}, {2}, {3}, {4}, {5}, {6}, {7}, {8}, {9}, {10}, {11}, {12}와 같이 13개의 서로소 집합이 있다. 다음에 주어진 union과 find 연산들이 차례로 수행된 후에 find 연산 결과를 출력하라. 단, find 연산은 집합의 대표 숫자를 출력한다. 또한 union은 rank를 기반하여 수행하며, 두 루트가 같은 rank일 때는 작은 숫자를 가진 루트가 승자가 된다.

union(0, 9), union(6, 12), union(9, 12), union(1, 11), union(5, 10), union(1, 10), find(10), union(12, 10), find(11), union(6, 10), union(2, 8), union(3, 4), union(3, 8), find(8), union(4, 10), find(4)

4.57 초기에 {0}, {1}, {2}, {3}, {4}, {5}, {6}, {7}, {8}, {9}, {10}, {11}, {12}와 같이 13개의 서로소 집합이 있다. 다음의 for-루프에서 union 연산이 수행된 후에 남아 있는 집합 수와 가장 높은 트리의 높이는? 단, union은 rank를 기반하여 수행하며, 두 루트가 같은 rank일 때는 작은 숫자를 가진 루트가 승자가 된다.

```
for (int i = 1; i < 12; i++)
    union(i, i +1);
```

4.58 다음은 서로소 집합에 대해 일련의 union 연산이 수행된 결과 중 1개의 집합을 트리로 보여준다. 이 집합에 대해 find(8)을 수행한 후의 경로가 압축된 결과 트리를 그려라.

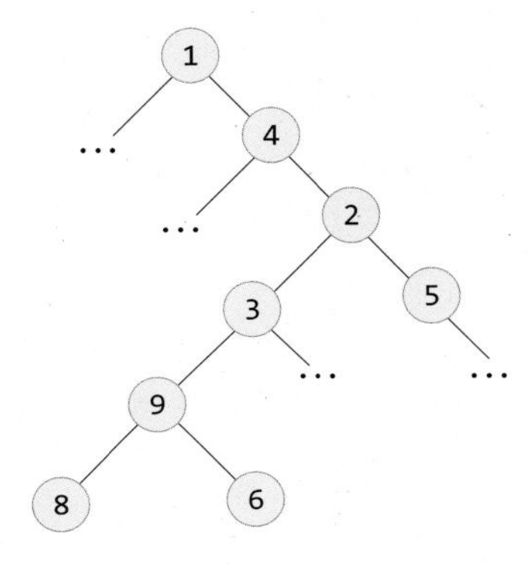

4.59 Tarjan은 size를 기반한 union과 경로 압축을 m회 수행하였을 때, m ≥ n, 상각 분석을 통해 총 수행 시간이 $O(m \cdot \alpha(m, n))$임을 증명하였다. 여기서 $\alpha(m, n)$는 Ackermann 함수의 역함수이다. 다음의 Ackerman 함수를 참고하여 A(1, 2)와 A(2, 4)의 값을 각각 계산하라.

$$A(m, n) = \begin{cases} n+1 & \text{if } m=0 \\ A(m-1, 1) & \text{if } m>0 \text{ and } n=0 \\ A(m-1, A(m, n-1)) & \text{if } m>0 \text{ and } n>0 \end{cases}$$

PART 05

탐색 트리

contents

05 탐색 트리

저장된 데이터에 대해 탐색, 삽입, 삭제, 갱신 등의 연산을 수행할 수 있는 자료구조를 사전(Dictionary)이라고 일컫기도 한다. Part 2에서 소개한 배열이나 연결 리스트도 사전이다. 하지만, 각 연산을 수행하는 데 선형 시간이 소요된다는 단점을 갖는다. Part 3의 스택이나 큐는 특정 작업에 적합한 자료구조로서 사전 자료구조로 볼 수 없다. Part 5에서는 연결 리스트 자료구조의 수행 시간을 향상하기 위한 트리 형태의 다양한 사전 자료구조들을 소개한다. 먼저 이진 탐색 트리에 대해 살펴보고, 이진 탐색 트리의 단점을 보완한 AVL 트리, 2-3 트리, 레드 블랙 트리에 대해 알아보며, 마지막으로 대용량의 데이터를 관리 유지하기 위한 B-트리에 대해 살펴본다.

5.1 이진 탐색 트리

이진 탐색 트리(Binary Search Tree)는 이진 탐색(Binary Search)의 개념을 트리 형태의 구조에 접목한 자료구조이다. 이진 탐색은 정렬된 데이터의 중간에 위치한 항목을 기준으로 데이터를 두 부분으로 나누어 가며 특정 항목을 찾는 탐색 방법이다[1]. [그림 5-1]은 1차원 배열에서 이진 탐색으로 66을 찾는 과정을 단계별로 보여준다.

1) 이진 탐색은 부록 IV에 상세히 설명되어 있다.

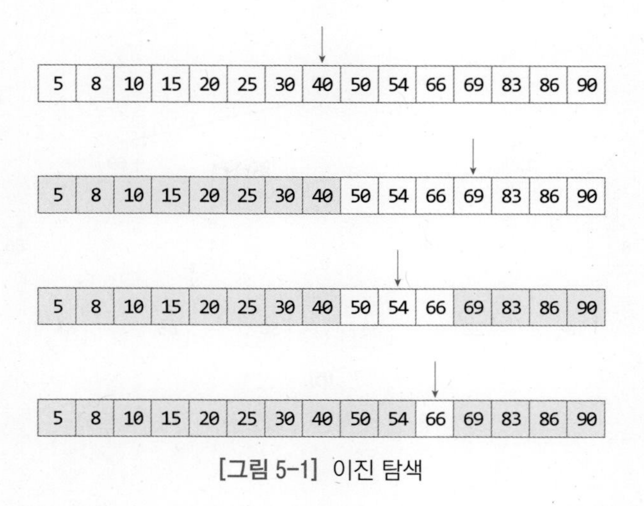

[그림 5-1] 이진 탐색

[그림 5-2]는 트리 형태의 자료구조에서 이진 탐색을 수행하기 위해 1차원 배열을 단순 연결 리스트로 만든 후, 점진적으로 이진 트리 형태로 변환해가는 과정을 나타낸다. 이 그림은 이진 탐색 트리를 만드는 과정이 아니라 이진 탐색의 개념이 트리에 어떻게 내포되어 있는지를 보여주기 위한 것이다.

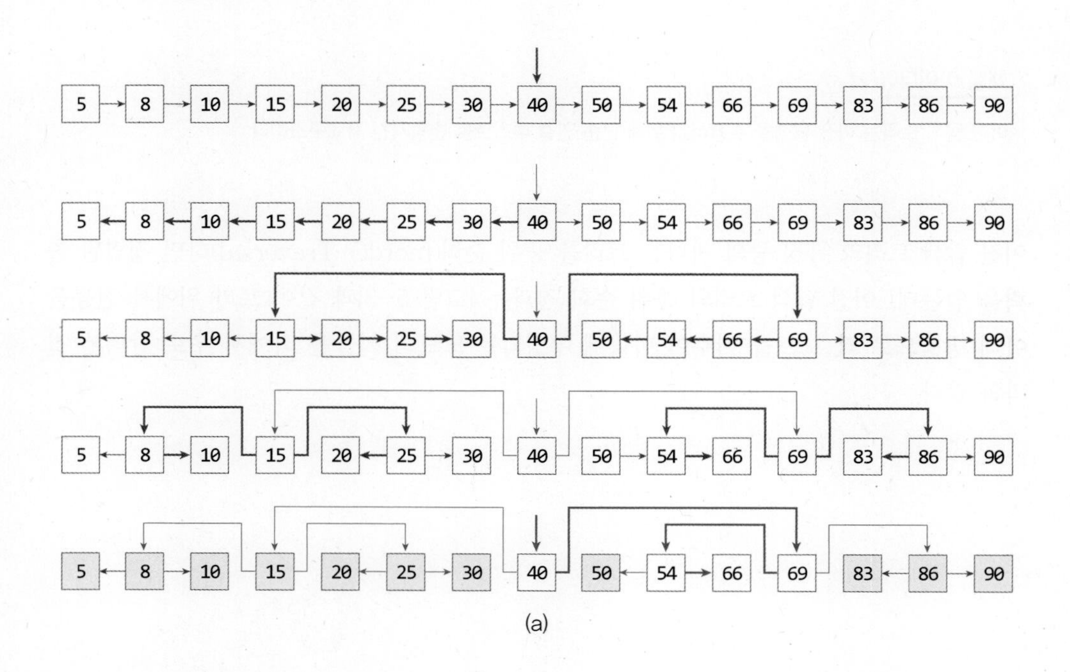

(a)

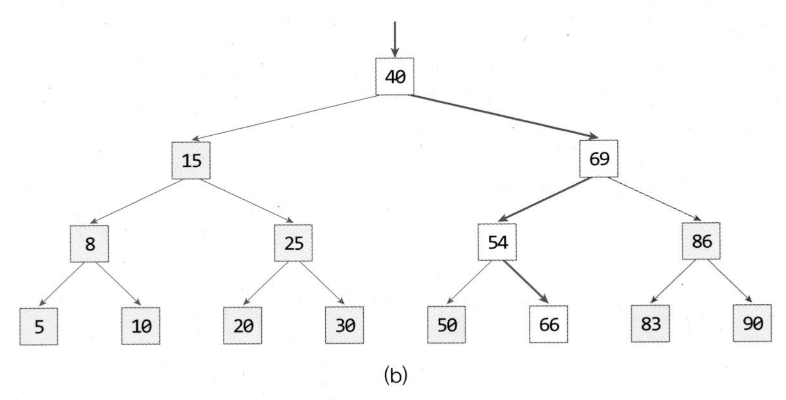

[그림 5-2] 이진 탐색 개념이 내포된 이진 탐색 트리

단순 연결 리스트에서는 각 노드가 다음 노드만을 가리키므로 이진 탐색이 쉽지 않다. 하지만 연결 리스트의 중간 노드를 중심으로 좌측 노드들은 이전 노드를 각각 가리키도록 하고, 같은 방법을 각각 좌·우측 노드들에 적용하여 [그림 5-2](a)와 같이 바꾼 뒤, 마지막으로 연결 리스트의 중간 노드를 위로 끌어당기면 (b)의 트리가 된다. 단순 연결 리스트로 구현한 이진 탐색 트리에는 이진 탐색 개념이 이처럼 내포되어 있다.

핵심 아이디어

이진 탐색 트리는 이진 탐색을 수행하기 위해 단순 연결 리스트를 변형시킨 자료구조이다.

이진 탐색 트리의 특징 중의 하나는 트리를 중위 순회(Inorder Traversal)하면 정렬된 출력을 얻는데, 이진 탐색 트리의 중위 순회 결과는 [그림 5-3]과 같이 트리 위에서 전등을 아래 방향으로 각 노드를 비추어 바닥에 투영되는 노드의 키들을 좌에서 우로 살펴본 결과와 같다.

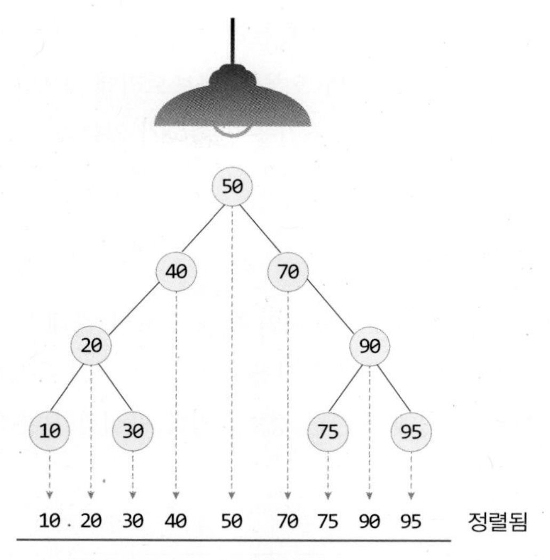

[그림 5-3] 이진 탐색 트리의 노드 투영

이진 탐색 트리는 가장 기본적인 트리 형태의 자료구조이며, 균형(Balanced) 이진 탐색 트리, B-트리, 다방향(Multi-way) 탐색 트리는 이진 탐색 트리에 기반한 자료구조들이다. 또한 이진 탐색 트리는 데이터베이스 등의 대용량 데이터 저장의 기본 개념으로도 활용된다.

정의

이진 탐색 트리는 이진 트리로서 각 노드가 다음과 같은 조건을 만족한다. 각 노드 n에 저장된 키가 n의 왼쪽 서브트리에 있는 노드에 저장된 키보다 크고, n의 오른쪽 서브트리에 있는 노드의 키보다 작다. 이를 이진 탐색 트리 조건이라 한다.[2)]

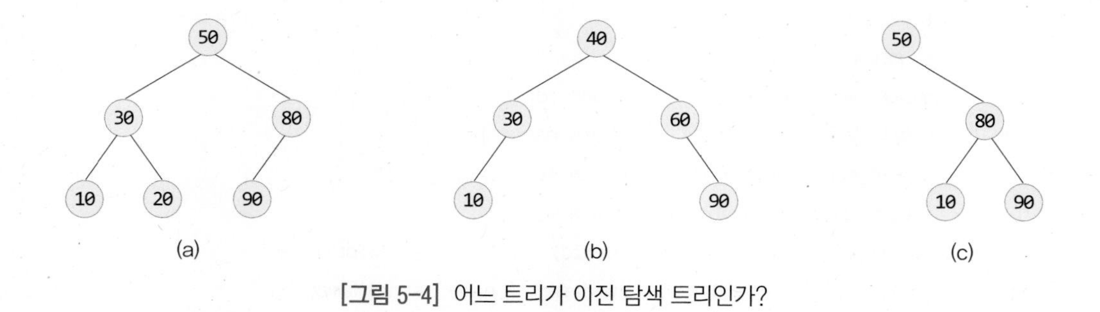

[그림 5-4] 어느 트리가 이진 탐색 트리인가?

2) 중복 키가 있는 경우에는 왼쪽 서브트리에 있는 노드에 저장된 키가 n의 키값과 작거나 같도록 설정한다.

[그림 5-4]의 세 트리 중, (b)만이 이진 탐색 트리이다. (a)는 80을 가진 노드의 왼쪽 자식의 80보다 큰 90을 가지며, (c)는 루트의 오른쪽 서브트리에 50보다 작은 10을 가진 노드가 있으므로 (a)와 (c)는 이진 탐색 트리 조건을 만족하지 않는다.

5.1.1 이진 탐색 트리 클래스

이진 탐색 트리를 자바 프로그램으로 구현하기 위해 필요한 클래스 선언을 살펴보자. 먼저 노드(Node) 클래스는 이진 트리의 구현에 사용된 노드와 거의 유사하다. 노드 객체는 [그림 5-5]와 같이 id(키), name(키에 관련된 정보), 왼쪽 자식과 오른쪽 자식을 각각 가리키기 위한 left와 right 필드를 갖는다.

[그림 5-5] 트리 노드 객체

```
01 public class Node <Key extends Comparable<Key>, Value> {
02      private Key   id;
03      private Value name;
04      private Node  left, right;
05      public Node(Key newId, Value newName) { // 노드 생성자
06          id   = newId;
07          name = newName;
08          left = right = null;
09      }
10      // get과 set 메소드들
11      public Key   getKey()   { return id; }
12      public Value getValue() { return name; }
13      public Node  getLeft()  { return left; }
14      public Node  getRight() { return right; }
15      public void  setKey(Key     newId)   { id    = newId; }
16      public void  setValue(Value newName) { name  = newName; }
17      public void  setLeft(Node   newLeft) { left  = newLeft; }
```

```
18      public void setRight(Node  newRight) { right = newRight; }
19  }
```

Node 클래스의 line 01에서 Key와 Value는 generic 타입이고, Key는 비교 연산을 위해 자바의 Comparable 인터페이스를 상속받는다. 따라서 키를 비교할 때 Comparable에 선언된 compareTo() 메소드를 사용하여 비교 연산을 수행한다. Line 05~09는 Node 클래스의 생성자이며 line 11~18은 Node클래스의 get, set 메소드이다.

다음은 이진 탐색 트리를 위한 BST 클래스이다. Line 01은 BST 클래스 선언문으로, Key와 Value에 대한 부분은 Node 클래스와 같다. Line 03은 root를 반환하는 getRoot() 메소드이고, line 04~06은 BST 클래스의 생성자이다. 생성자 선언 다음 부분에는 이진 탐색 트리의 기본 연산에 대한 메소드들이 선언되며 이 메소드들은 Part 5.1.2~5.1.6에서 정의한다.

```
01  public class BST<Key extends Comparable<Key>, Value> {
02      public Node root;
03      public Node getRoot() { return root; }
04      public BST(Key newId, Value newName) {  // BST 생성자
05          root = new Node(newId, newName);
06      }
07      // get, put, min, deleteMin, delete
08      // 메소드들 선언
09  }
```

5.1.2 탐색 연산

이진 탐색 트리에서의 탐색은 항상 루트에서 시작한다. 탐색하고자 하는 Key가 k라면, 루트의 id와 k를 비교하는 것으로 탐색을 시작한다. k가 id보다 작은 경우, 루트의 왼쪽 서브트리에서 k를 찾고, k가 id보다 큰 경우에는 루트의 오른쪽 서브트리에서 k를 찾으며, id가 k와 같으면 탐색에 성공한 것이므로 해당 노드의 Value, 즉 name을 반환한다. 왼쪽이나 오른쪽 서브트리에서 k를 탐색하는 것은 루트에서의 탐색 연산과 동일하다.

다음은 이진 탐색 트리에서 탐색을 위한 get() 메소드이다. 노드의 id를 k와 비교하는

compareTo() 메소드는 id가 k보다 작으면 음수, id가 k보다 크면 양수, 같으면 0을 반환한다.

```
01 public Value get(Key k) { return get(root, k); }
02 public Value get(Node n, Key k) {
03     if (n == null)  return null;    // k를 발견 못함
04     int t = n.getKey().compareTo(k);
05     if (t > 0) return get(n.getLeft(), k);         // if (k < n의 id) 왼쪽 서브트리 탐색
06     else if (t < 0) return get(n.getRight(), k); // if (k > n의 id) 오른쪽 서브트리 탐색
07     else return (Value) n.getValue();             // k를 가진 노드 발견
08 }
```

get() 메소드의 탐색은 메소드 오버로딩(Overloading)을 활용하여 2단계로 구현된다. Line 01의 get() 메소드는 1개의 매개변수인 Key k만을 인자로 갖고, line 02의 get() 메소드는 Node와 Key를 인자로 갖는다. Line 03에서 노드 n이 null인 경우 null을 반환한다. 즉, 탐색을 실패한 경우 null을 반환한다. Line 04에서 k와 노드의 id, 즉 n.getKey()를 비교한 결과에 따라서 line 05 또는 06에서 get()을 순환 호출하거나 line 07에서 k를 가진 노드의 Value를 반환한다. 앞으로 설명할 put(), min(), deleteMin(), delete() 메소드도 get() 메소드와 같이 오버로딩을 통한 2단계 구조를 갖는다.

예제 다음의 이진 탐색 트리에서 40을 탐색하는 경우, 먼저 루트의 50과 탐색하려는 40을 비교한다. 40이 50보다 작으므로 루트의 왼쪽 자식으로 이동하여 이 노드의 30과 탐색하려는 40을 비교한다. 40이 30보다 크므로 이번엔 오른쪽 자식으로 이동하여 40을 가진 노드를 탐색하는 데 성공한다. 탐색에 성공하면 찾아낸 노드에서 Value 타입의 name을 반환한다. 단, 그림에서 name은 생략하였다.

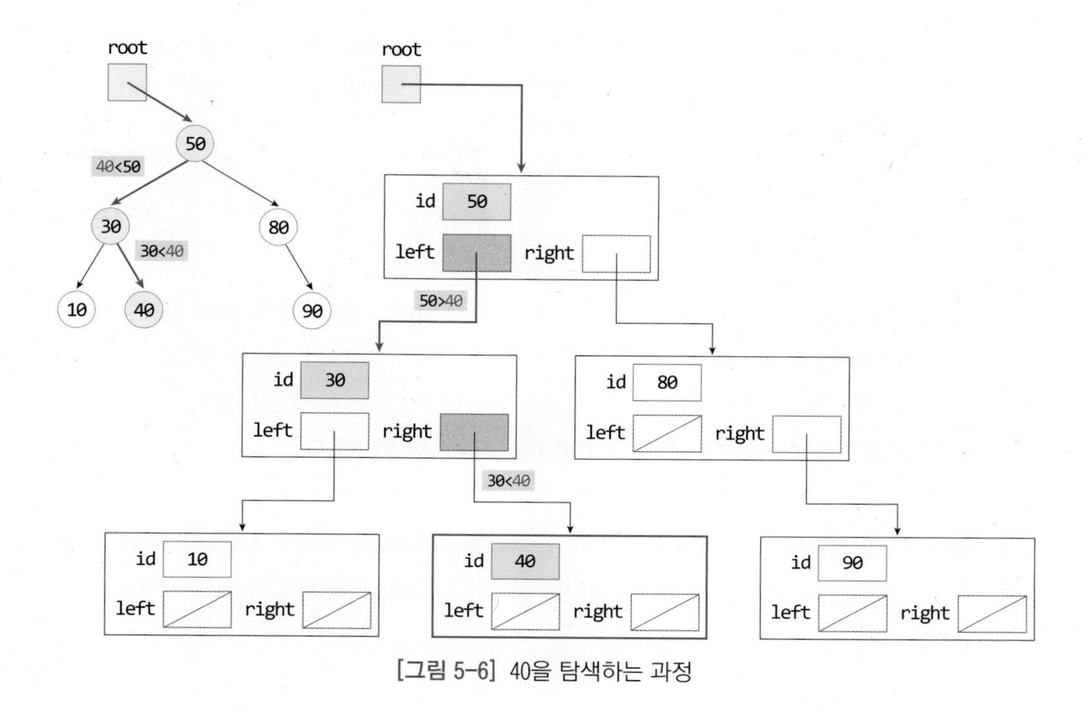

[그림 5-6] 40을 탐색하는 과정

[그림 5-6]의 트리에서 만일 45를 찾는다면, 40을 가진 노드의 오른쪽 자식으로 이동하여야 하지만 노드가 존재하지 않으므로(즉, null 이므로), 이러한 경우에는 get() 메소드가 line 03에서 null을 반환한다.

5.1.3 삽입 연산

이진 탐색 트리에서의 삽입은 탐색 연산과 거의 동일하다. 탐색 연산의 마지막에서 null이 반환되어야 할 상황에서 null을 반환하는 대신, 삽입하고자 하는 값을 갖는 새로운 노드를 생성하고 이 노드를 부모와 연결하면 삽입 연산이 완료된다. 단, 이미 트리에 존재하는 id를 삽입한 경우, name을 갱신한다. 다음은 이진 탐색 트리에서 삽입 연산을 수행하는 put() 메소드이다.

```
01 public void put(Key k, Value v) {root = put(root, k, v);}
02 public Node put(Node n, Key k, Value v) {
03     if (n == null)  return new Node(k, v);
04     int t = n.getKey().compareTo(k);
```

```
05      if (t > 0)   n.setLeft(put(n.getLeft(), k, v));  // 왼쪽 서브트리에 삽입
06      else if (t < 0) n.setRight(put(n.getRight(), k, v)); // 오른쪽 서브트리에 삽입
07      else n.setValue(v); // 노드 n의 name을 v로 갱신
08      return n;
09  }
```

put() 메소드의 line 01은 2개의 매개변수 Key k와 Value v를 가지며, line 02의 put() 메소드를 호출한다. 여기서 주목해야 할 것은 line 01에서 root가 put() 메소드가 반환하는 Node를 가리키도록 만드는 것이다. Line 05, 06의 경우도 마찬가지로 setLeft()나 setRight()를 호출하여 put() 메소드가 반환하는 Node를 연결한다.

예제 [그림 5-7](a)에 35를 삽입하는 경우, 루트와 35를 비교하는 것으로 시작하여 최종적으로 null에 이르게 된다. 바로 이곳이 새 노드를 삽입할 장소이다. (b)는 40의 왼쪽 자식으로서 35를 가진 새 노드를 생성하여 연결한 것을 나타낸다.

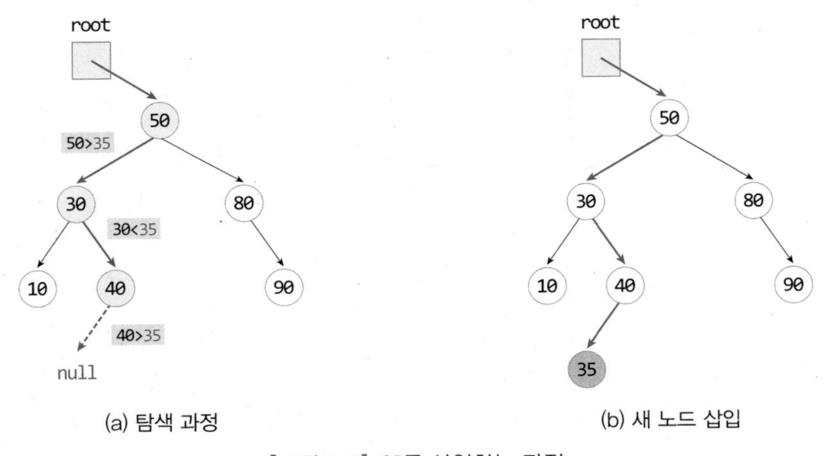

[그림 5-7] 35를 삽입하는 과정

(35, "Pear")를 삽입하는 과정은 put() 메소드를 호출하여 수행되는데, [그림 5-8]은 삽입할 장소를 탐색하는 과정을 나타내고 있으며, [그림 5-9]는 삽입 후 루트로 거슬러 올라가며 재연결하는 과정을 보여준다.

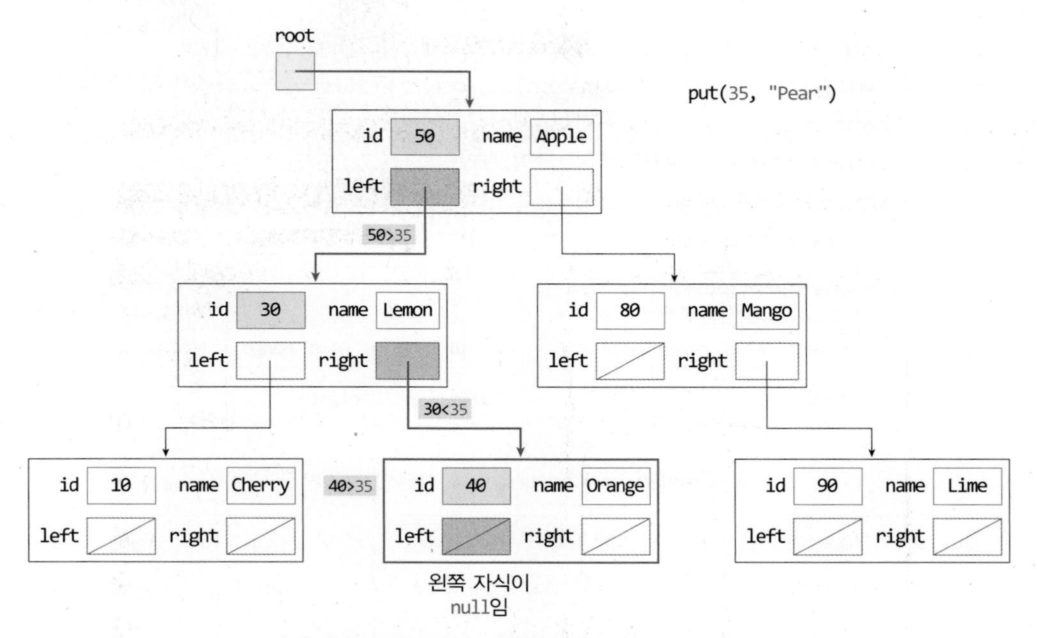

[그림 5-8] 35를 삽입할 장소를 탐색하는 과정

[그림 5-9]에서 볼 수 있듯이, Node 생성자를 호출하여 새 노드를 생성하고(line 03), setLeft() 메소드를 호출하여 새 노드를 40의 왼쪽 자식으로 연결한다(line 05). 이후, 직전에 put() 메소드를 호출했던 30에서 setRight() 메소드를 호출하여 40을 재연결한다(line 06). 이렇게 루트 방향으로 올라가며 최종적으로 root가 루트를 다시 가리키도록 하여(line 01) put() 메소드의 수행이 종료된다. 앞서 언급하였듯이 트리에 이미 존재하는 id를 삽입하는 경우, line 07에서 해당 id의 name을 갱신하고, 갱신된 노드로부터 루트로 올라가며 재연결한다.

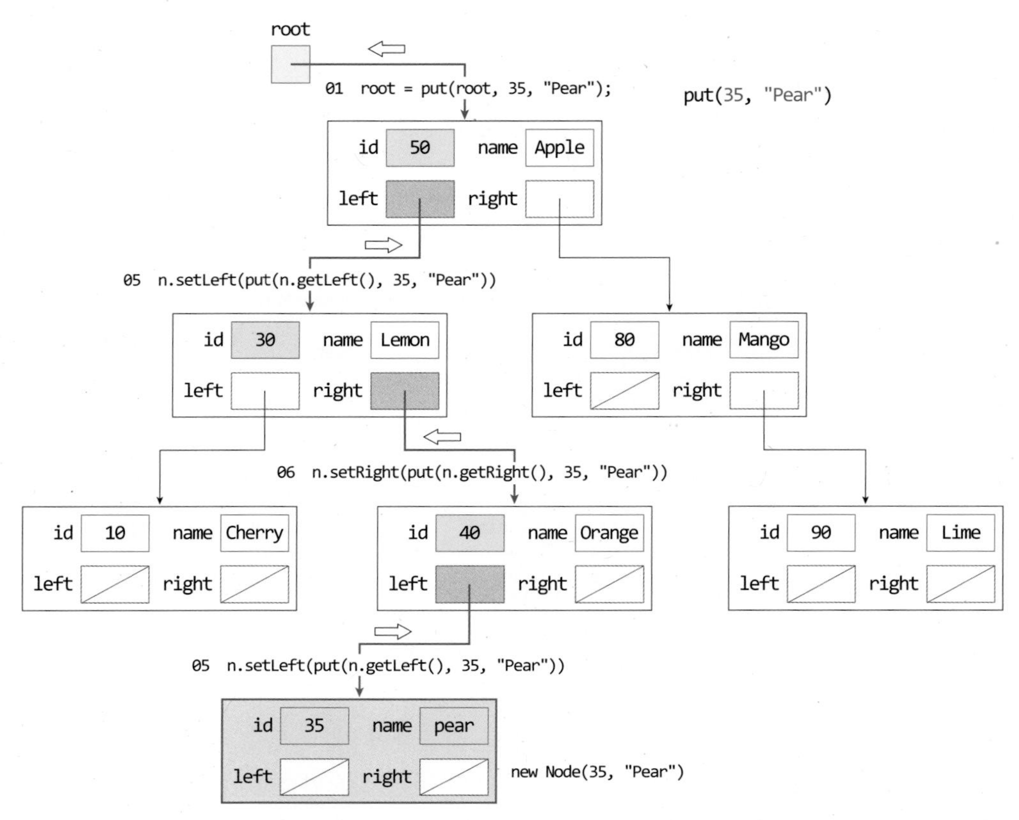

[그림 5-9] 새 노드 삽입 후 루트로 거슬러 올라가며 재연결하는 과정

5.1.4 최솟값 찾기

이진 탐색 트리에서 최솟값을 찾는 방법은 매우 간단하다. 루트로부터 왼쪽 자식을 따라 내려가며, null을 만났을 때 null의 부모가 가진 id가 최솟값이다. 최솟값을 찾는 min() 메소드는 delete() 메소드에서 사용된다. 다음은 min() 메소드이다.

```
01 public Key min() {
02     if (root == null) return null;
03     return (Key) min(root).getKey();}
04 private Node min(Node n) {
05     if (n.getLeft() == null)  return n;
06     return min(n.getLeft());
07 }
```

min() 메소드는 line 01의 min() 메소드와 line 04의 min() 메소드로 구성된다. Line 04의 min() 메소드는 인자로 전달받은 노드가 null이 아닌 한 계속 왼쪽 자식을 인자로 넘겨 min 메소드를 순환 호출하며(line 06), 왼쪽 자식이 null이면 null의 부모(최솟값을 가진 노드)의 레퍼런스를 반환한다(line 05). Line 03에서는 반환된 레퍼런스의 getKey()로 가져온 id를 최솟값으로 반환한다.

예제 [그림 5-10]의 트리에서 최솟값을 찾는 경우, 루트에서 시작하여 왼쪽 자식인 30으로 이동하고, 다시 이 노드의 왼쪽 자식인 10으로 내려간다. 그러나 10의 왼쪽 자식이 null이므로 10을 최종적으로 반환한다.

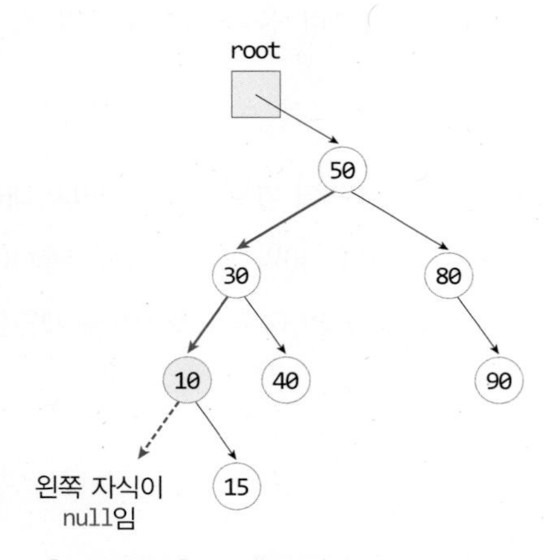

[그림 5-10] min() 메소드의 수행 과정

5.1.5 최솟값 삭제 연산

최솟값을 가진 노드를 삭제하는 것은 최솟값을 가진 노드 x를 찾아낸 뒤, x의 부모 p와 x의 오른쪽 자식 c를 연결하면 된다. 이때 c가 null이면 null을 자식으로 삼아 연결한다. deleteMin() 메소드는 임의의 id를 가진 노드를 삭제하는 delete() 메소드에서 사용된다. 다음은 최솟값을 가진 노드를 삭제하는 deleteMin() 메소드이다.

```
01 public void deleteMin() {
02     if (root == null) System.out.println("empty 트리");
03     root = deleteMin(root);}
```

```
04  public Node deleteMin(Node n) {
05      if (n.getLeft() == null) return n.getRight();  // if (n의 왼쪽 자식==null) n의 오른쪽 자식 반환
06      n.setLeft(deleteMin(n.getLeft()));  // if (n의 왼쪽 자식≠null), n의 왼쪽 자식으로 순환 호출
07      return n;
08  }
```

deleteMin() 메소드의 deleteMin(root)을 호출한다(line 01). 만일 트리가 empty라면 에러 메시지를 출력하고(line 02), 트리가 empty가 아닌 경우, line 04의 deleteMin() 메소드를 root를 인자로 하여 line 03에서 호출한다. 이후 루트로부터 왼쪽 자식으로 계속 내려가다가(line 06), 왼쪽 자식이 null이면 현재 노드의 오른쪽 자식의 레퍼런스를 반환한다(line 05). 그 후부터는 루트까지 거슬러 올라가며 부모와 자식을 line 06에서 재연결한다.

예제 [그림 5-11]의 왼쪽 트리는 루트로부터 왼쪽 자식을 따라서 내려가다가 왼쪽 자식이 null인 노드(10)를 찾은 것을 나타낸다. 오른쪽 그림은 10의 오른쪽 자식 15를 10의 부모 30에 setLeft() 메소드를 호출하여 연결하고, 계속해서 루트로 올라가며 부모와 자식을 재연결하는 과정을 나타낸다.

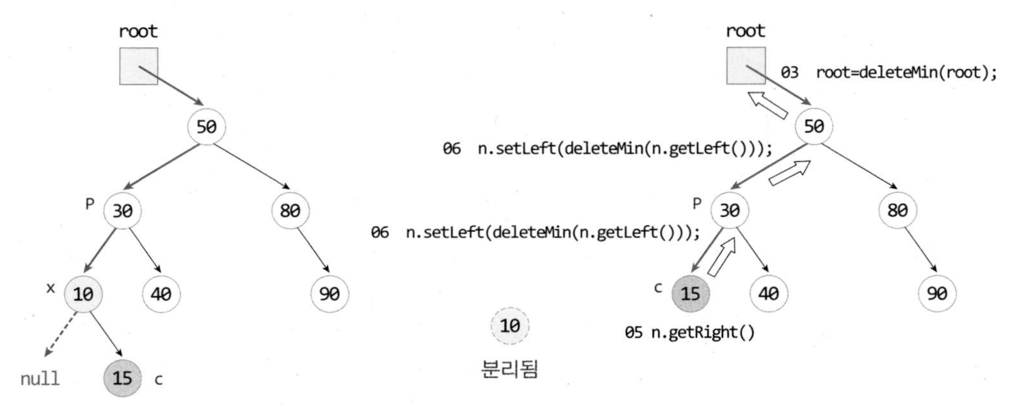

[그림 5-11] deleteMin() 메소드 수행 과정

참고로 분리된 노드는 프로그램 내에서 더 이상 참조되지 않으므로 자바의 가비지 컬렉터(Garbage Collector)[3]에 의해 처리된다.

3) 가비지 컬렉션은 부록 III에 상세히 설명되어 있다.

5.1.6 삭제 연산

이진 탐색 트리에서 마지막으로 소개할 연산으로 트리에서 임의의 키를 가진 노드를 삭제하는 delete 연산을 살펴보자. 우선 삭제하고자 하는 노드를 찾아야 하므로 루트부터 탐색을 수행해야 하며 이 과정은 get() 메소드의 탐색 과정과 동일하다. 삭제할 노드를 찾은 후에는 이진 탐색 트리 조건을 만족하도록 삭제된 노드의 부모와 자식들을 연결해 주어야 한다. 이를 위해 삭제되는 노드가 자식이 없는 경우(case 0), 자식이 하나인 경우(case 1), 자식이 둘인 경우(case 2)로 나누어 delete 연산을 수행한다.

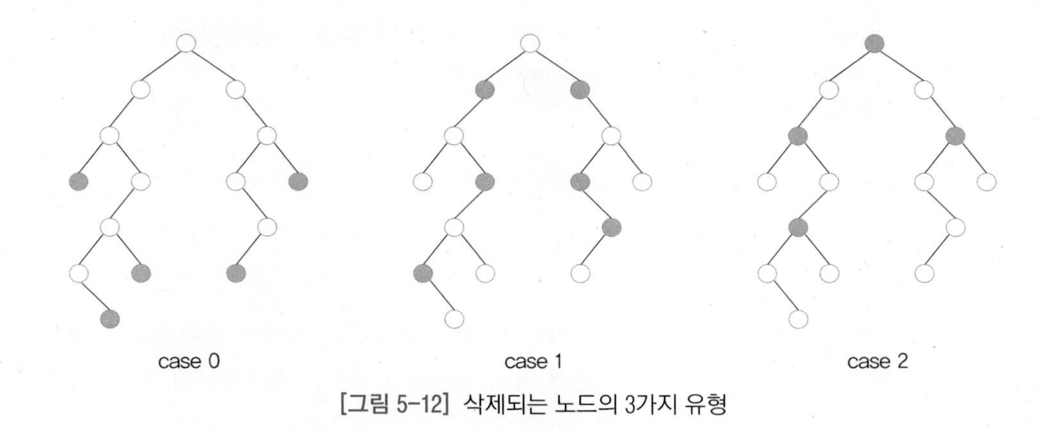

[그림 5-12] 삭제되는 노드의 3가지 유형

삭제해야 할 노드를 x라고 했을 때, case 0의 경우 x의 부모가 x를 가리키던 레퍼런스를 null로 만들면 된다. case 1의 경우, x가 한쪽 자식인 c만 가지고 있다면, x의 부모가 x가 가리키던 c를 가리키도록 갱신한다. 즉, x의 부모와 x의 자식을 직접 연결하는 것이다.

Case 2의 경우, x의 부모는 하나인데 x의 자식이 둘이므로 case 1의 방법으로 연결할 수 없다. 따라서 x의 자리에 다른 노드를 옮겨놓아야 한다. 하지만 어떤 노드를 선택해야 할까? 답은 이진 탐색 트리를 중위 순회하면서 x를 방문하기 직전 노드(Inorder Predecessor, 중위 선행자) 또는 직후에 방문 되는 노드(즉, Inorder Successor, 중위 후속자)를 x의 자리로 옮기는 것이다. 다음은 2단계로 만들어진 delete() 메소드이다.

```
01 public void delete(Key k) {root = delete(root, k);}
02 public Node delete(Node n, Key k) {
03     if (n == null) return null;
04     int t = n.getKey().compareTo(k);
05     if (t > 0) n.setLeft(delete(n.getLeft(), k));    // 왼쪽 자식으로 이동
06     else if (t < 0) n.setRight(delete(n.getRight(), k)); // 오른쪽 자식으로 이동
07     else {  // 삭제할 노드 발견
08         if (n.getRight() == null) return n.getLeft();   // case 0, 1
09         if (n.getLeft()  == null) return n.getRight(); // case 1
10         Node target = n;    // case 2 Line 10-13
11         n = min(target.getRight()); // 삭제할 노드 자리로 옮겨올 노드 찾아서 n이 가리키게 함
12         n.setRight(deleteMin(target.getRight()));
13         n.setLeft(target.getLeft());
14     }
15     return n;
16 }
```

delete() 메소드에서 삭제할 노드를 탐색하는 과정은 line 05~06에서 순환으로 수행된다. Line 08에서는 삭제되는 노드의 오른쪽 자식이 null인 경우를 처리하는데, 이때 case 0의 경우는 두 자식 모두가 null이므로 line 08의 조건에 해당하고, case 1의 경우 자식이 왼쪽 또는 오른쪽 둘 중에 1개만 있으므로 오른쪽 자식이 없는 경우 역시 line 08의 조건에 해당한다. Case 1에서 왼쪽 자식이 없는 경우는 line 09에서 처리된다.

Case 2의 경우 삭제될 노드의 중위 후속자 n을 min() 메소드를 호출하여 찾는다(line 11).[4] Line 12에서는 deleteMin() 메소드를 호출하여 중위 후속자 n을 트리에서 분리시키고, n의 부모와 n의 자식을 연결한 뒤, 계속해서 재연결하며 거슬러 올라가며 최종적으로 삭제되는 노드(target)의 오른쪽 자식의 레퍼런스를 반환한다. 반환된 레퍼런스는 n.setRight()에 의해 n의 오른쪽 자식으로 연결된다(line 12). Line 13에서는 target의 왼쪽 자식을 n.setLeft()를 이용해 노드 n의 왼쪽 자식으로 만든다.

4) 중위 후속자 (inorder successor) 또는 선행자(inorder predecessor)를 삭제되는 노드로 옮겨오는 것을 Hibbard가 처음 1962년에 제안하였으며, 이러한 삭제 방법을 '히바드 삭제'라고 부른다.

예제 1 [그림 5-13]의 왼쪽 트리에서 10을 삭제하기 위해 탐색하는 과정을 나타내며, 오른쪽 그림은 삭제할 노드를 찾은 후, 왼쪽 자식이 null이므로 line 08에서 n.getLeft()를 반환하는 경우이다. 이때 n.getLeft()가 null이며, 오른쪽 그림에서는 10을 가진 노드가 트리에서 분리되고, 루트까지 올라가며 재연결되는 과정을 나타낸다.

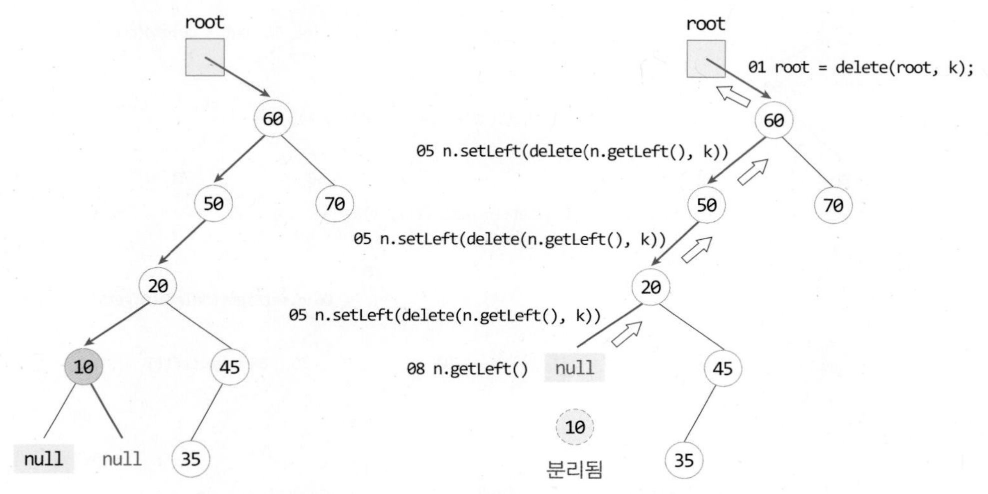

[그림 5-13] delete(10)이 수행되는 과정 (case 0)

예제 2 [그림 5-14]의 왼쪽 트리는 45를 삭제하기 위해 탐색하는 과정을 나타내고, 오른쪽 그림은 45를 찾은 후, 오른쪽 자식이 null이므로 line 08에서 n.getLeft()를 반환하며 루트까지 올라가 재연결되는 과정을 나타낸다.

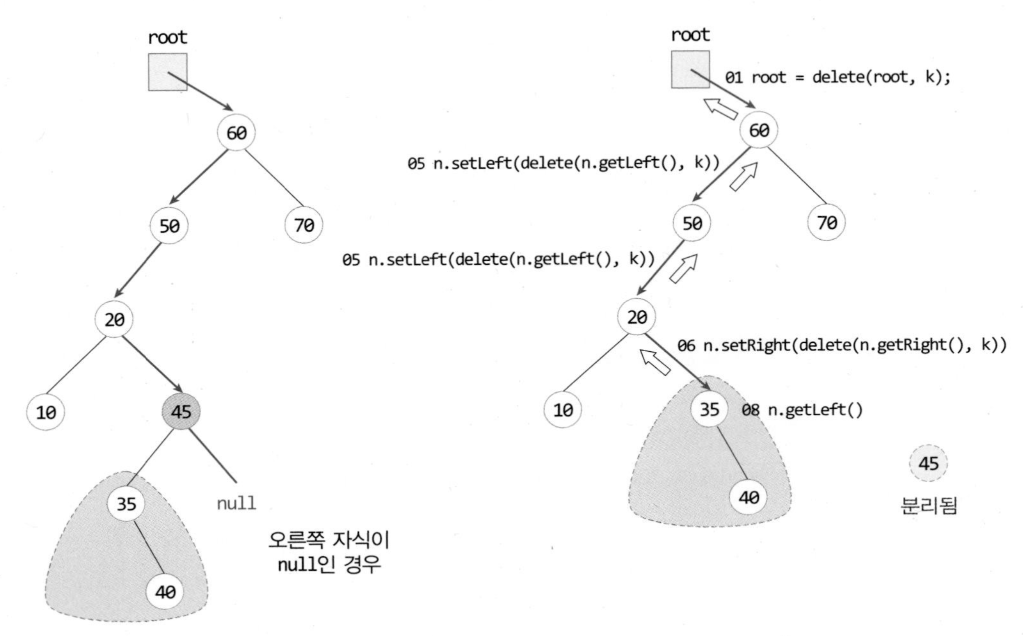

[그림 5-14] delete(45)가 수행되는 과정 (case 1, line 08)

예제 3 [그림 5-15]의 왼쪽 트리에서 35를 삭제하기 위해 탐색하는 과정을 나타내며, 오른쪽 그림은 35를 찾은 후, 왼쪽 자식이 null이므로 line 09에서 n.getRight()를 반환하며, 루트까지 올라가 재연결되는 과정을 보여준다.

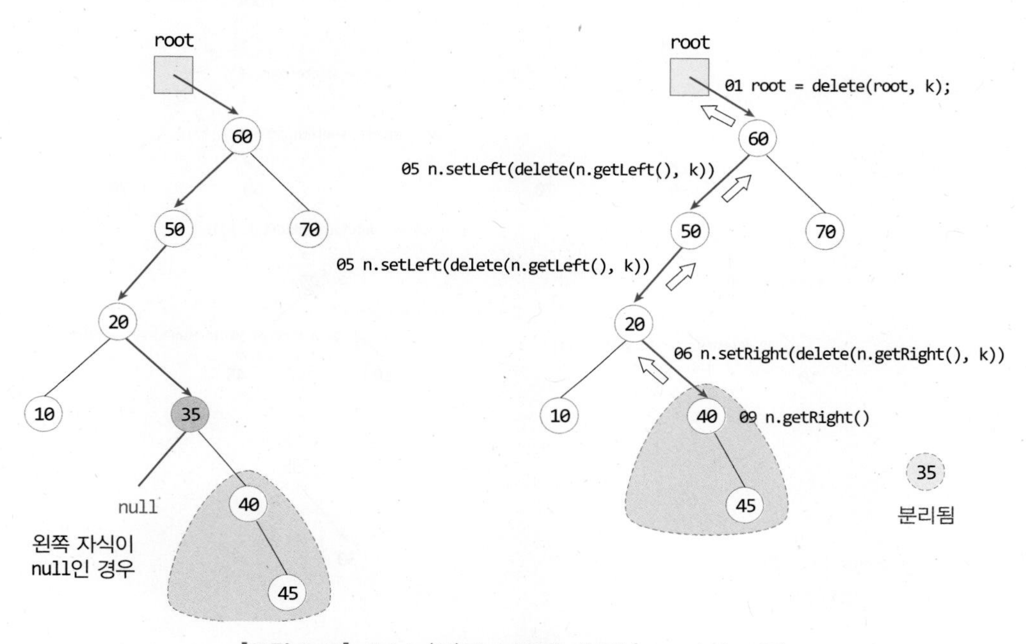

[그림 5-15] delete(35)가 수행되는 과정 (case 1, line 09)

예제 4 [그림 5-16](a)에서 20을 삭제하기 위해 탐색하는 과정이며, 오른쪽 그림은 삭제할 노드를 찾은 후, min() 메소드로 25(중위 후속자)를 찾고 이 노드를 n이 line 11에서 가리키게 한다.

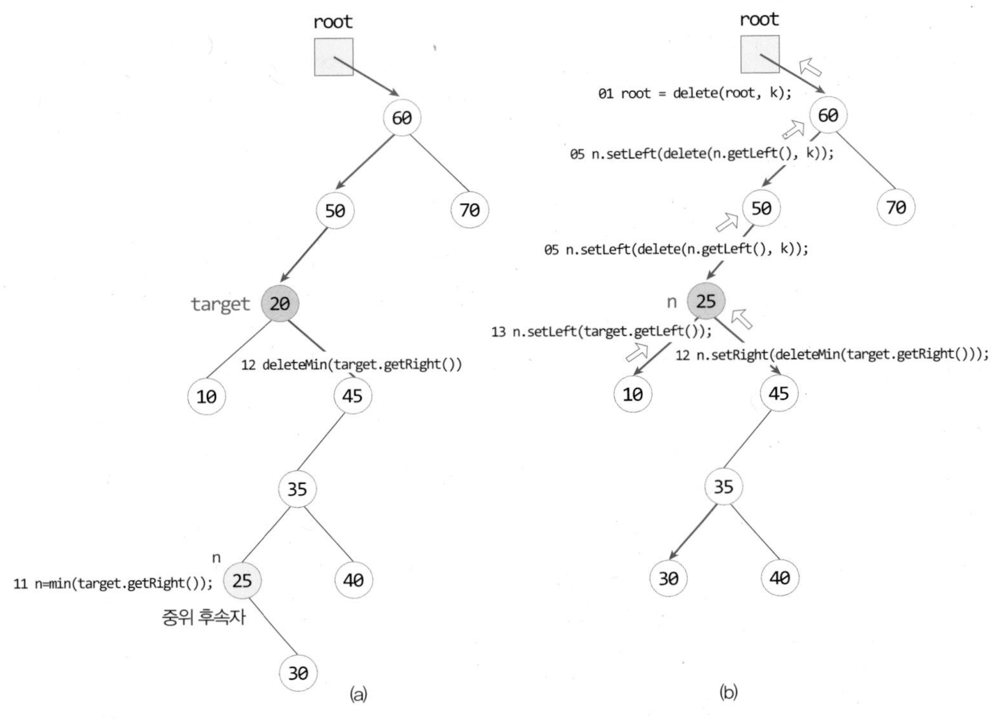

[그림 5-16] delete(20)이 수행되는 과정 (case 2)

이후, deleteMin() 메소드를 호출하여 25를 가진 노드를 트리에서 분리하고, deleteMin() 메소드는 실제로 삭제되는 노드(target)의 오른쪽 자식의 레퍼런스를 최종적으로 반환하며, 이 반환된 레퍼런스는 line 12의 n.setRight() 메소드의 인자로 전달된다. setRight() 메소드가 수행되면 target의 오른쪽 자식이 25의 오른쪽 자식이 된다. 또한 line 13에서 n.setLeft() 메소드의 수행으로 인해 target의 왼쪽 자식을 25의 왼쪽 자식으로 만든다. [그림 5-16](b)는 루트까지 올라가며 부모와 자식 사이를 재연결시키는 과정을 보여준다.

| 수행 시간 |

이진 탐색 트리에서 탐색, 삽입, 삭제 연산은 공통으로 루트에서 탐색을 시작하여 최악

의 경우에 이파리까지 내려가고, 삽입과 삭제 연산은 다시 루트까지 거슬러 올라가야 한다. 트리를 1층 내려갈 때는 순환 호출이 발생하고, 1층을 올라갈 때는 setLeft() 또는 setRight() 메소드가 수행되는데, 이들 각각은 O(1) 시간밖에 걸리지 않는다. 따라서 이 연산들의 수행 시간은 각각 이진 탐색 트리의 높이(h)에 비례한다. 따라서 각 연산의 최악 경우 수행 시간은 O(h)이다.

n개의 노드가 있는 이진 탐색 트리의 높이가 가장 낮은 경우는 완전 이진 트리 형태일 때이고, 가장 높은 경우는 편향 이진 트리이다. 따라서 이진 트리의 높이 h는 아래와 같이 표현할 수 있다.

$$\lceil \log(n+1) \rceil \approx \log n \le h \le n$$

참고로 empty 이진 탐색 트리에 랜덤하게 선택된 n개의 키를 삽입한다고 가정했을 때, 트리의 높이는 약 1.39logn이다.

5.2 AVL 트리

AVL[5] 트리는 트리가 한쪽으로 치우쳐 자라나는 현상을 방지하여 트리 높이의 균형(Balance)을 유지하는 이진 탐색 트리이다. 균형(Balanced) 이진 트리를 만들면 n개의 노드를 가진 트리의 높이가 O(logn)이 되어 탐색, 삽입, 삭제 연산의 수행 시간이 O(logn)으로 보장된다.

핵심 아이디어

AVL 트리는 삽입이나 삭제로 인해 균형이 깨지면 회전 연산을 통해 트리의 균형을 유지한다.

다음은 AVL 트리의 정의이다.

5) AVL 트리는 Adelson-Velsky 와 Landis가 1962년에 제안하여, 그들의 이름 머리글자로 트리의 이름을 지은 것이다.

정의

AVL 트리는 임의의 노드 x에 대해 x의 왼쪽 서브트리의 높이와 오른쪽 서브트리의 높이 차이가 1을 넘지 않는 이진 탐색 트리이다.

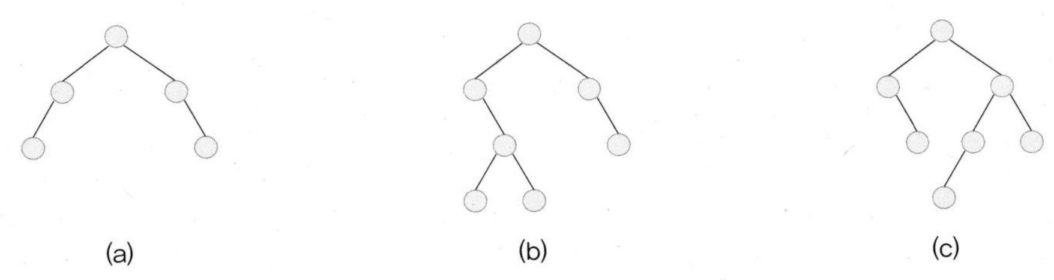

[그림 5-17] 어느 트리가 AVL 트리 형태를 갖추고 있나?

[그림 5-17]에서 (a)와 (c)는 AVL 트리의 형태를 갖추고 있다. 그러나 (b)는 루트의 왼쪽 자식의 왼쪽 서브트리가 empty이고 오른쪽 서브트리의 높이가 2이다. 따라서 왼쪽과 오른쪽 서브트리 높이 차이는 2이며, 이는 AVL 트리 조건에 어긋난다. 이 경우 루트의 왼쪽 자식에서 '불균형'이 발생했다고 말한다.

정의

n개의 노드를 가진 AVL 트리의 높이는 O(logn)이다.

| 증명 |

A(h)를 높이가 h인 AVL 트리를 구성하는 최소의 노드 수로 정의하자. 그러면 [그림5-18]에서 확인할 수 있듯이 A(1) = 1, A(2) = 2, A(3) = 4이다.

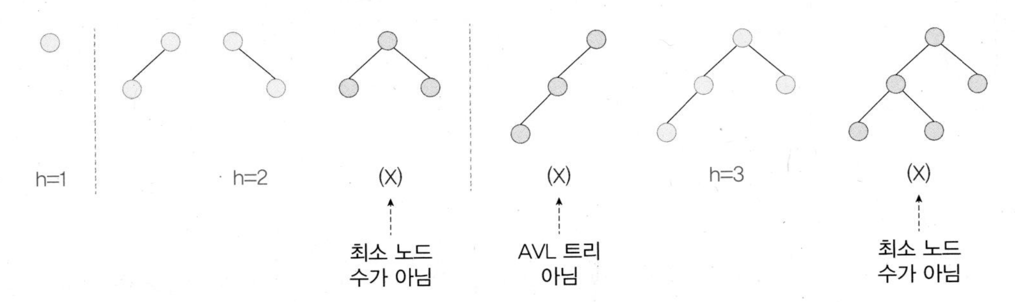

[그림 5-18] 높이가 1, 2, 3일 때 최소 노드 수로 구성된 AVL 트리

그런데 A(3) = 4가 되는 것을 살펴보기 위해, A(3)을 점화식으로 표현하면 A(3) = A(2) + A(1) + 1 = 2 + 1 + 1 = 4로 구성됨을 [그림 5-19]를 통해 확인할 수 있다.

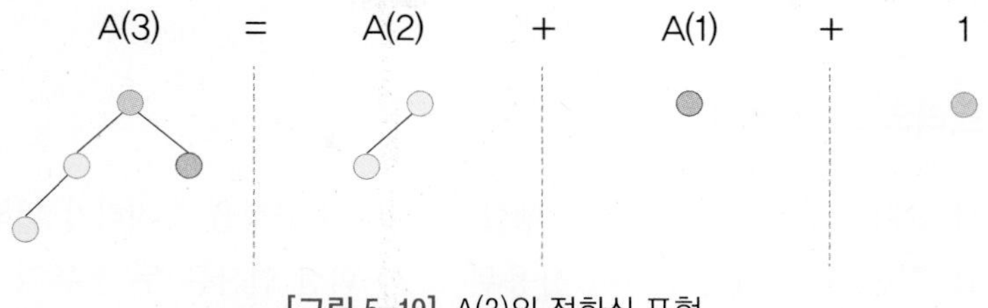

[그림 5-19] A(3)의 점화식 표현

A(3)이 위와 같이 구성되는 이유는 높이가 3인 AVL 트리에는 루트와 루트의 왼쪽 서브트리와 오른쪽 서브트리가 존재해야 하고, 각 서브트리 역시 최소 노드 수를 가진 AVL 트리여야 하기 때문이다. 또한 이 2개의 서브트리의 높이 차이가 1일 때 전체 트리의 노드 수가 최소가 되기 때문이다. 이를 A(h)에 대한 점화식으로 표현하면 다음과 같다.

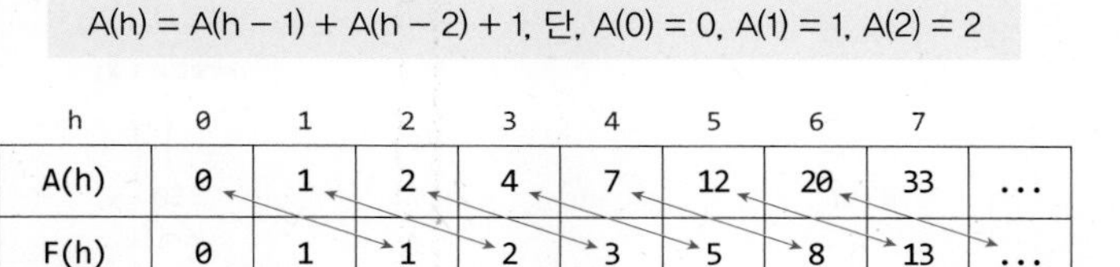

$A(h) = A(h-1) + A(h-2) + 1$, 단, $A(0) = 0$, $A(1) = 1$, $A(2) = 2$

h	0	1	2	3	4	5	6	7	
A(h)	0	1	2	4	7	12	20	33	...
F(h)	0	1	1	2	3	5	8	13	...

[그림 5-20] A(h)와 피보나치 수 F(h)와의 관계

A(h)를 n으로 된 항으로 표현하기 위해 [그림 5-20]의 표를 통해 h와 A(h)의 관계를 살펴보면 피보나치 수 F(h)와 관계가 있음을 알 수 있다. 즉, $A(h)=F(h+2)-1$이다. 그런데 피보나치 수 $F(h)\approx\phi^h/\sqrt{5}, \phi=(1+\sqrt{5})/2$이므로, $A(h)\approx\phi^{h+2}/\sqrt{5}-1$이다. 여기서 A(h)는 높이가 h인 AVL 트리에 있는 최소 노드 수이므로, 노드 수가 n인 임의의 AVL 트리의 최대 높이를 $A(h)\leq n$의 관계에서 다음과 같이 계산할 수 있다.

$$A(h)\approx\phi^{h+2}/\sqrt{5}-1\leq n$$
$$\phi^{h+2}\leq\sqrt{5}(n+1)$$
$$h\leq\log_{\phi}(\sqrt{5}(n+1))-2\approx1.44\log n=O(\log n).$$

AVL 트리에서의 탐색 연산은 이진 탐색 트리의 탐색 연산과 동일하므로 생략한다. AVL 트리에서의 삽입과 삭제 연산을 살펴보기 전에 삽입과 삭제 연산에서 불균형이 발생했을 때 균형을 유지하기 위한 4종류의 회전(Rotation) 연산에 대해 알아본다.

5.2.1 AVL 트리의 회전 연산

AVL 트리에서 삽입 또는 삭제 연산을 수행할 때 트리의 균형을 유지하기 위해 LL-회전, RR-회전, LR-회전, RL-회전 연산이 사용된다. 각 회전 연산은 두 종류의 기본적인 연산으로 구현된다. 하나는 오른쪽으로 회전하는 rotateRight이고, 다른 하나는 왼쪽으로 회전하는 rotateLeft이다.

rotateRight()는 왼쪽 서브트리가 높아서 불균형이 발생할 때 서브트리를 오른쪽으로 회전하기 위한 메소드이다. rotateRight()는 노드 n의 왼쪽 자식 x를 노드 n의 자리로 옮기고, 노드 n을 노드 x의 오른쪽 자식으로 만들며, 이 과정에서 서브트리 T_2가 노드 n의 왼쪽 서브트리로 옮겨진다.

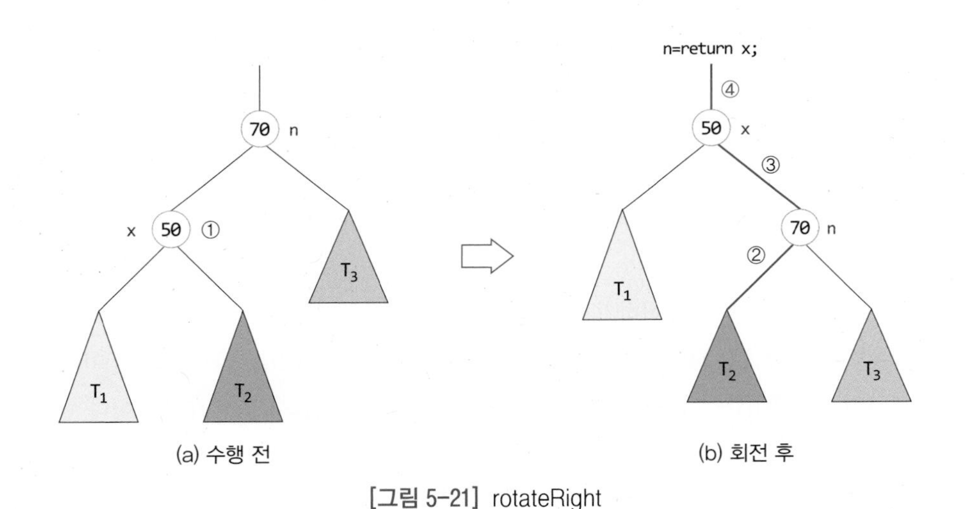

[그림 5-21] rotateRight

```
01 private Node rotateRight(Node n) {  // 우로 회전
02     Node x = n.left;   ❶
03     n.left = x.right;  ❷
04     x.right = n;       ❸
```

```
05      n.height = tallerHeight(height(n.left), height(n.right)) + 1; // 높이 갱신
06      x.height = tallerHeight(height(x.left), height(x.right)) + 1; // 높이 갱신
07      return x; ❹// 회전 후 x가 n의 이전 자리로 이동되었으므로
08  }
```

rotateRight() 메소드의 line 02~04와 07에 각각 부여된 번호 순서에 따라 [그림 5-21]의 link의 변화를 확인할 수 있다. tallerHeight는 Math.max()와 같다. 마지막으로 line 07에서 노드 x의 레퍼런스를 반환한다. 여기서 주목해야 할 것은 서브트리의 위치가 좌에서 우로 항상 T_1, T_2, T_3 순이다.

rotateLeft()는 오른쪽 서브트리가 높아서 불균형이 발생했을 때 왼쪽으로 회전하기 위한 메소드이다. rotateLeft()는 노드 n의 오른쪽 자식 x를 노드 n의 자리로 옮기고, 노드 n을 노드 x의 왼쪽 자식으로 만들며, 이 과정에서 서브트리 T_2가 노드 n의 오른쪽 서브트리로 옮겨진다.

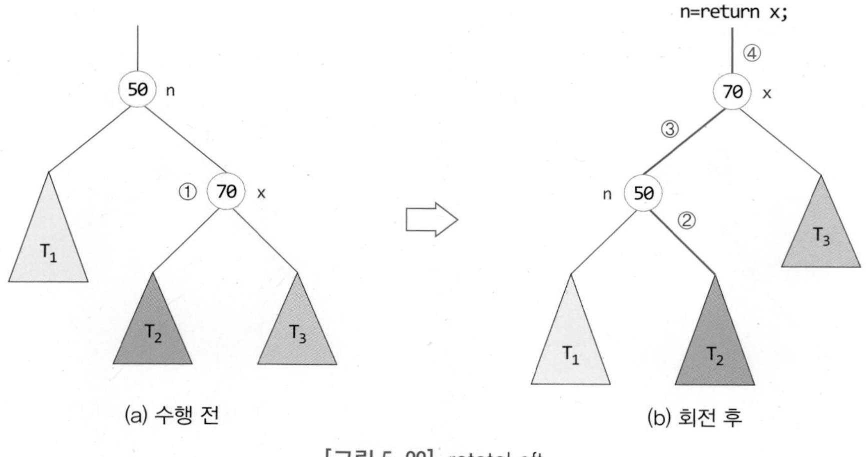

[그림 5-22] rotateLeft

rotateLeft() 메소드의 line 02~04와 07에 각각 부여된 번호 순서에 따라 [그림 5-22]에 link의 변화를 확인할 수 있다. 마지막으로 line 07에서 노드 x의 레퍼런스를 반환한다.

```
01 private Node rotateLeft(Node n) {    // 좌로 회전
02     Node x = n.right;  ❶
03     n.right = x.left;  ❷
04     x.left = n;        ❸
05     n.height = tallerHeight(height(n.left), height(n.right)) + 1; // 높이 갱신
06     x.height = tallerHeight(height(x.left), height(x.right)) + 1; // 높이 갱신
07     return x; ❹// 회전 후 x가 n의 이전 자리로 이동되었으므로
08 }
```

다음은 4개의 회전 연산에 대해 살펴보고, rotateRight()와 rotateLeft()를 사용하여 각 연산을 구현해보자.

LL-회전: [그림 5-23](a)는 노드 10의 왼쪽 서브트리(T_1) 또는 오른쪽 서브트리(T_2)에 새로운 노드가 삽입되어, T_1 또는 T_2 의 높이가 h-1이 되고 노드 30의 왼쪽과 오른쪽 서브트리의 높이 차이가 2가 된 상태를 나타낸다. 즉, 노드 30에서 AVL 트리 조건이 위배되었고, 이는 노드 30의 왼쪽(L) 서브트리의 왼쪽(L) 서브트리에 새로운 노드가 삽입되었기 때문이다.

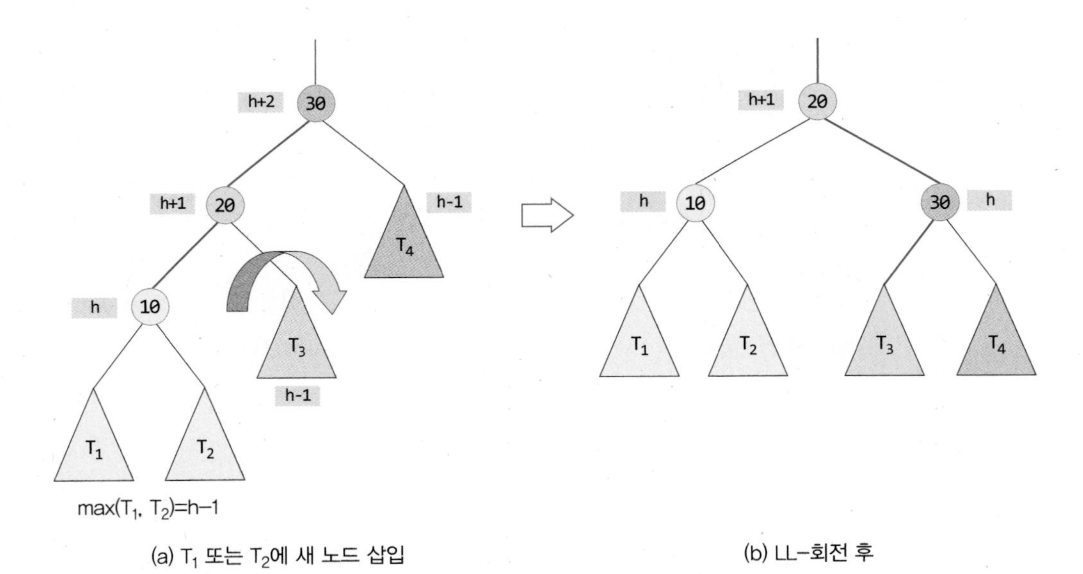

[그림 5-23] LL-회전

[그림 5-23](a)는 LL-회전을 수행하여 20이 30의 자리로 이동하고, 30이 20의 오른쪽 자식이 되며, 마지막으로 T_3은 30의 왼쪽 자식이 된 것을 나타낸다. 여기서 T_3에 있는 키들은 20과 30 사잇값을 가지므로 T_3의 이동 전후 모두 이진 탐색 트리 조건이 만족됨을 알 수 있다. LL-회전은 rotateRight() 메소드를 이용하면 된다. 즉, rotateRight(30)의 수행 결과가 바로 [그림 5-23](b)의 트리이다.

예제 [그림 5-24](a)에서 20이 삽입되어 60의 왼쪽과 오른쪽 서브트리 높이 차이가 2가 되어 불균형이 발생한다. 새 노드 20이 60을 기준으로 왼쪽 서브트리의 왼쪽 서브트리에 삽입되었으므로 LL-회전을 수행하면 (b)와 같이 균형 잡힌 AVL 트리를 얻는다.

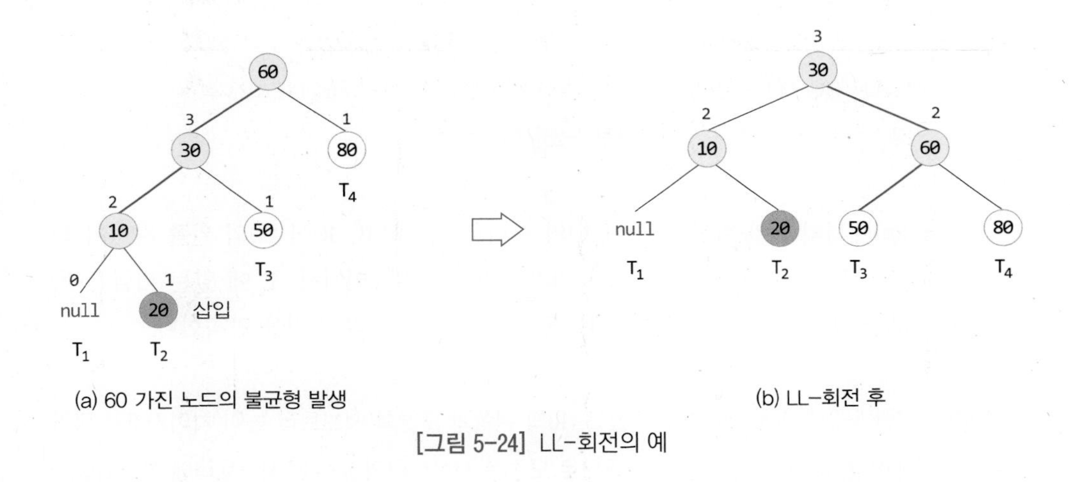

(a) 60 가진 노드의 불균형 발생

(b) LL-회전 후

[그림 5-24] LL-회전의 예

RR-회전: [그림 5-25](a)는 30의 왼쪽 서브트리(T_3) 또는 오른쪽 서브트리(T_4)에 새로운 노드가 삽입되고 T_3 또는 T_4의 높이가 h-1이 되며 10의 왼쪽과 오른쪽 서브트리의 높이 차이가 2가 된 상태이다. 즉, 10에서 AVL 트리 조건이 어긋났고, 이는 10의 오른쪽(R) 서브트리의 오른쪽(R) 서브트리에서 새로운 노드가 삽입되었기 때문이다. RR-회전은 rotateLeft() 메소드를 이용하면 된다. 즉, rotateLeft(10)의 수행 결과가 [그림 5-25](b)이다.

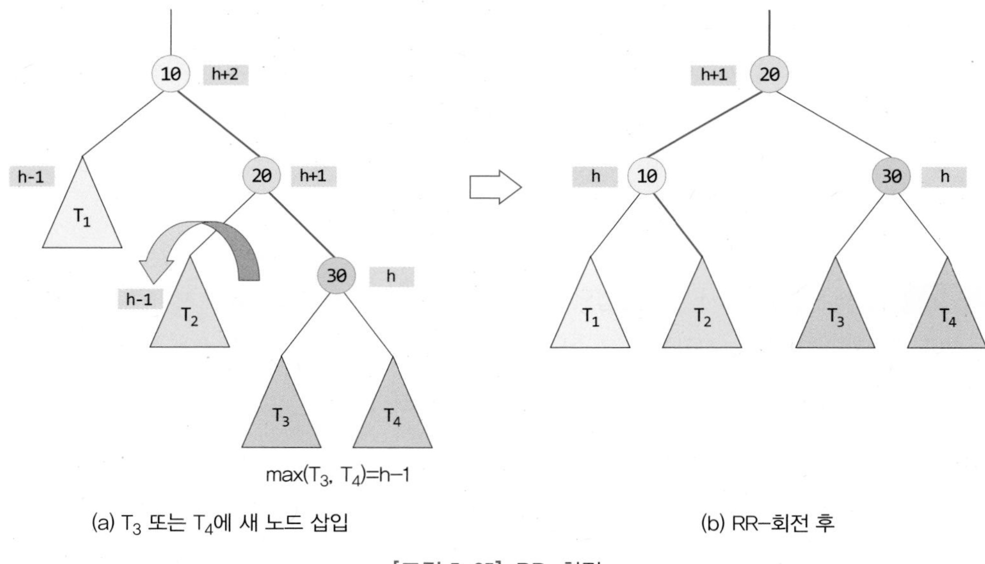

(a) T_3 또는 T_4에 새 노드 삽입 (b) RR-회전 후

[그림 5-25] RR-회전

[그림 5-25](a)에서의 RR-회전은 20이 10의 자리로 이동하고, 10이 20의 왼쪽 자식이 되며, 마지막으로 T_2는 10의 오른쪽 서브트리가 되도록 한다. 여기서 T_2에 있는 키들은 10과 20 사잇값을 가지므로 T_2의 이동 전후 모두 이진 탐색 트리 조건을 만족한다.

예제 [그림 5-26](a)에 80이 삽입되었고, 10의 왼쪽과 오른쪽 서브트리 높이 차이가 2가 되어 불균형이 발생한다. 새 노드 80이 10을 기준으로 오른쪽 서브트리의 오른쪽 서브트리에 삽입되었으므로 RR-회전을 수행하면 (b)와 같이 균형 잡힌 AVL 트리를 얻는다.

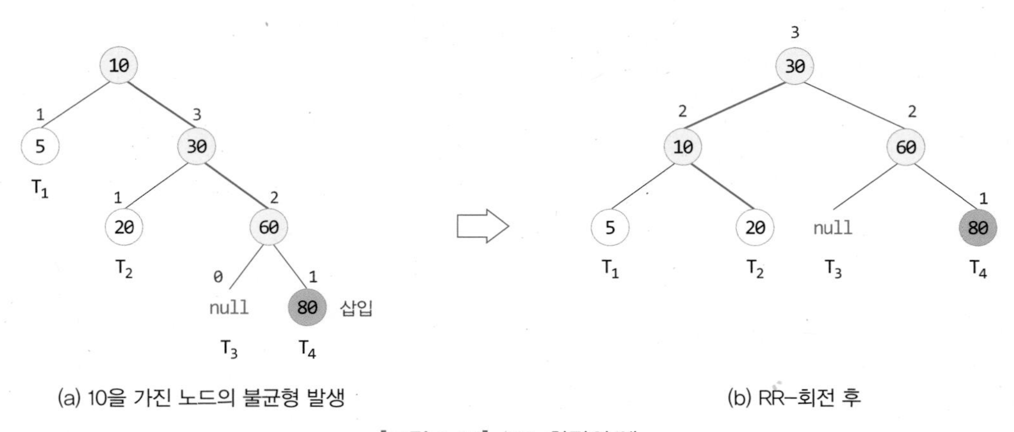

(a) 10을 가진 노드의 불균형 발생 (b) RR-회전 후

[그림 5-26] RR-회전의 예

LR-회전: [그림 5-27](a)는 20의 왼쪽 서브트리(T_2) 또는 오른쪽 서브트리(T_3)에 새로운 노드가 삽입되어 T_2 또는 T_3의 높이가 h-1이 됨에 따라 30의 왼쪽과 오른쪽 서브트리의 높이 차이가 2가 된 상태를 나타낸다. 즉, 30에서 AVL 트리 조건이 위배되었고, 이는 30의 왼쪽(L) 서브트리의 오른쪽(R) 서브트리에서 새로운 노드가 삽입되었기 때문이다. LR-회전은 rotateLeft(10)을 먼저 수행한 뒤 rotateRight(30)을 수행하며, 그 결과는 [그림 5-27](b)의 트리와 같다.

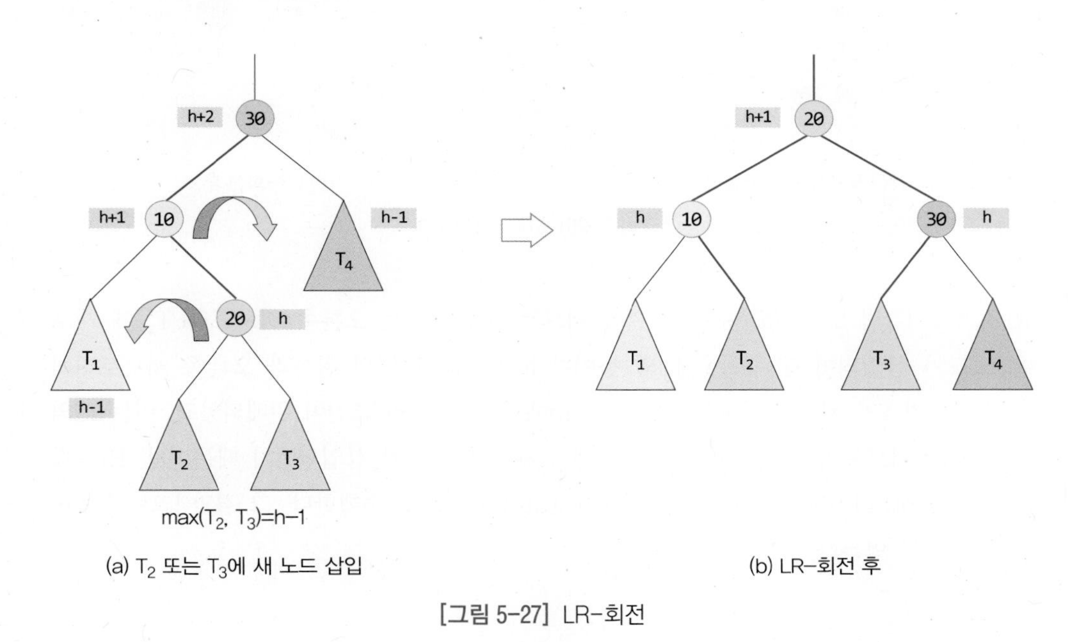

(a) T_2 또는 T_3에 새 노드 삽입

(b) LR-회전 후

[그림 5-27] LR-회전

예제 [그림 5-28](a)에 60이 삽입되고 80의 왼쪽과 오른쪽 서브트리 높이 차이가 2가 되어 불균형이 발생한다. 60이 80을 기준으로 왼쪽 서브트리의 오른쪽 서브트리에 삽입되었으므로 LR-회전을 수행하면 (b)와 같이 균형 잡힌 AVL 트리를 얻는다.

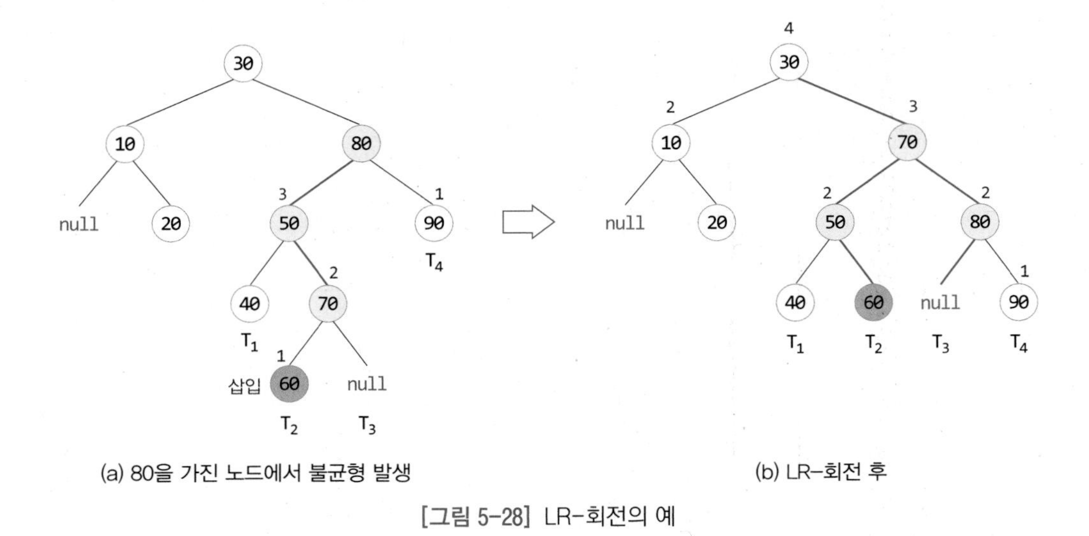

(a) 80을 가진 노드에서 불균형 발생

(b) LR-회전 후

[그림 5-28] LR-회전의 예

RL-회전: [그림 5-29](a)는 20의 왼쪽 서브트리(T_2) 또는 오른쪽 서브트리(T_3)에 새로운 노드가 삽입되어 T_2 또는 T_3의 높이가 h-1이 되고 10의 왼쪽과 오른쪽 서브트리의 높이 차이가 2가 된 상태를 나타낸다. 즉, 10에서 AVL 트리 조건이 위배되었고, 이는 10의 오른쪽(R) 서브트리의 왼쪽(L) 서브트리에서 새로운 노드가 삽입되었기 때문이다. RL-회전은 rotateRight(30)을 먼저 수행한 뒤 rotateLeft(10)을 수행한다. 그 결과 [그림 5-29](b)의 트리를 얻는다.

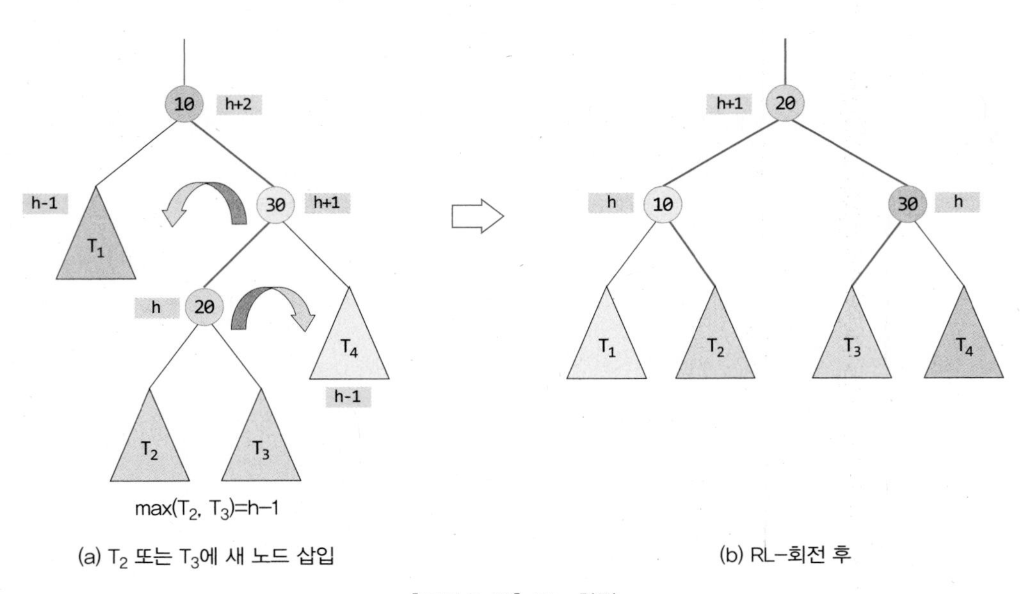

(a) T_2 또는 T_3에 새 노드 삽입

(b) RL-회전 후

[그림 5-29] RL-회전

예제 [그림 5-30](a)에 70이 삽입되었고 50의 왼쪽과 오른쪽 서브트리 높이 차이가 2가 되어 불균형이 발생한다. 70이 50을 기준으로 오른쪽 서브트리의 왼쪽 서브트리에 삽입되었으므로 RL-회전을 수행하면 (b)와 같이 균형 잡힌 AVL 트리를 얻는다.

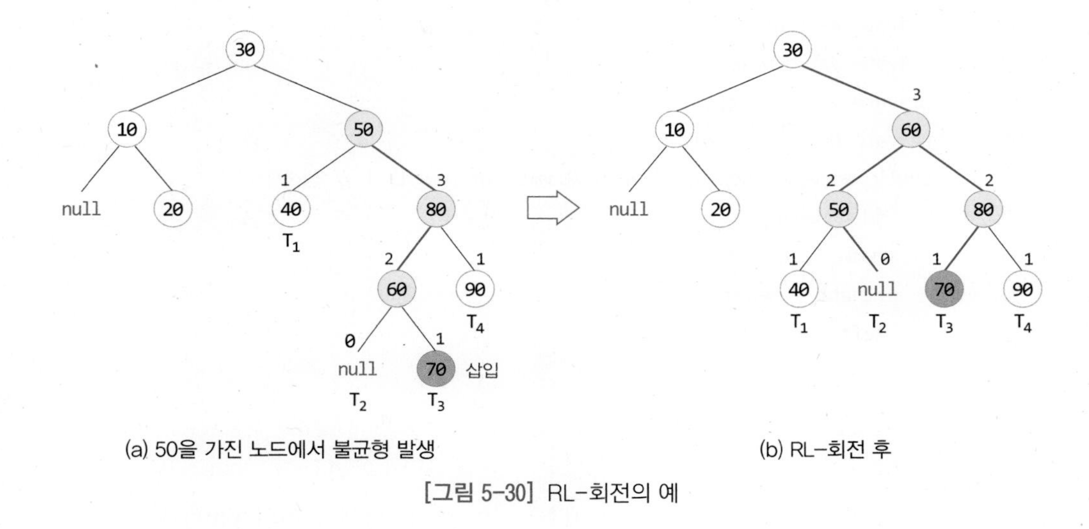

(a) 50을 가진 노드에서 불균형 발생 (b) RL-회전 후

[그림 5-30] RL-회전의 예

4종류의 회전은 두 가지 공통점을 가지고 있다. 먼저 회전 후의 트리들([그림 5-23](b), [그림 5-25](b), [그림 5-27](b), [그림 5-29](b))이 모두 같다. 이는 각 그림(a)의 트리에서 10, 20, 30이 어디에 위치하든지, 3개의 노드 중에서 중간값을 가진 노드, 즉 20이 위로 이동하면서 10과 30이 각각 20의 좌우 자식이 되기 때문이다. 또 다른 공통점은 각 회전 연산의 수행 시간이 O(1) 시간이다. 이는 각 그림(b)에서 변경된 노드 레퍼런스 수가 O(1)개이기 때문이다.

5.2.2 삽입 연산

AVL 트리에서의 삽입은 두 단계로 수행된다. 1 단계에서는 이진 탐색 트리의 삽입과 동일하게 새로운 노드를 삽입한다. 2 단계에서는 새로이 삽입한 노드로부터 루트로 거슬러 올라가며 각 노드의 서브트리 높이 차이를 갱신한다. 이때 가장 먼저 불균형이 발생한 노드를 발견하면, 이 노드를 기준으로 새 노드가 어디에 삽입되었는가에 따라 적절한 회전 연산을 수행한다.

다음은 AVL 트리를 위한 Node 클래스이다. Node 객체는 id, name, left, right 외에 height를 가진다. height는 노드의 높이이다.

```
01 public class Node {
02     private Key id;
03     private Value name;
04     private int height;
05     private Node left, right;
06     public Node(Key newID, Value newName, int newHt) { // 생성자
07         id = newID;
08         name = newName;
09         height = newHt;
10         left = right = null;
11     }
12 }
```

다음은 AVL 트리의 삽입을 위한 put() 메소드이며, 이진 탐색 트리의 put()과 거의 동일하다. 단, line 11에서의 노드의 높이 계산과 line 12에서 balance() 메소드를 호출하여 불균형이 발생하였을 경우 적절한 회전 연산을 수행하는 것이 추가되었다. Line 11의 tallerHeight(int a, int b)는 단순히 a와 b 중에서 큰 값을 반환하는 메소드이다.

```
01 public void put(Key k, Value v) {root = put(root, k, v);}  // 삽입 연산
02 private Node put(Node n, Key k, Value v) {
03     if (n == null)  return new Node(k, v, 1);
04     int t = k.compareTo(n.id);
05     if (t < 0)        n.left  = put(n.left,  k, v);
06     else if (t > 0) n.right = put(n.right, k, v);
07     else {
08         n.name = v;  // k가 이미 트리에 있으므로 Value v만 갱신
09         return n;
10     }
11     n.height = tallerHeight(height(n.left), height(n.right)) + 1;
12     return balance(n); // 노드 n의 균형 점검 및 불균형을 바로 잡음
13 }
```

balance() 메소드는 불균형 발생 시 회전 연산을 통해 불균형을 해소한다. AVL 트리의 삽입은 새로운 노드를 삽입한 후 이진 탐색 트리에서와같이 루트까지 올라가며 부모와 재연결을 반복적으로 수행한다. balance() 메소드는 현재 노드 n이 부모와 재연결되기 바로 직전에 노드 n의 불균형 여부를 검사하고 적절한 회전 연산을 수행하여 불균형을 해결한다.

```
01 private Node balance(Node n) {  // 불균형 처리
02     if (bf(n) > 1) {  // 노드 n의 왼쪽 서브트리가 높아서 불균형 발생
03         if (bf(n.left) < 0) {    // 노드 n의 왼쪽 자식의 오른쪽 서브트리가 높은 경우
04             n.left = rotateLeft(n.left);  ┐
05         }                                  ├ // LR-회전
06         n = rotateRight(n);      // LL-회전 ┘
07     }
08     else if (bf(n) < -1) {       // 노드 n의 오른쪽 서브트리가 높아서 불균형 발생
09         if (bf(n.right) > 0) {  // 노드 n의 오른쪽 자식의 왼쪽 서브트리가 높은 경우
10             n.right = rotateRight(n.right); ┐
11         }                                    ├ // RL-회전
12         n = rotateLeft(n);       // RR-회전  ┘
13     }
14     return n;
15 }
```

bf(n)은 단순히 (노드 n의 왼쪽 서브트리 높이) - (오른쪽 서브트리 높이)를 반환하는 메소드이다.

```
01 private int bf(Node n) {  // bf 계산
02     return height(n.left) - height(n.right);  // bf = 왼쪽 서브트리 높이 - 오른쪽 서브트리 높이
03 }
```

balance() 메소드에서 bf(n)>1 인 경우, 노드 n의 왼쪽 서브트리가 오른쪽 서브트리보다 높고, 그 차이가 1보다 큰 것으로(line 02) 불균형이 발생한 것이다. 이때 bf(n.left)가 음수이면, n.left의 오른쪽 서브트리가 왼쪽 서브트리보다 높음을 의미한다(line 03). 따라서 line 04에서 rotateLeft(n.left)를 수행하고 line 06에서 rotateRight(n)을 수행한다. 즉,

LR-회전을 수행한다. 만일 bf(n.left)가 음수가 아니라면, line 06에서 LL-회전을 수행한다.

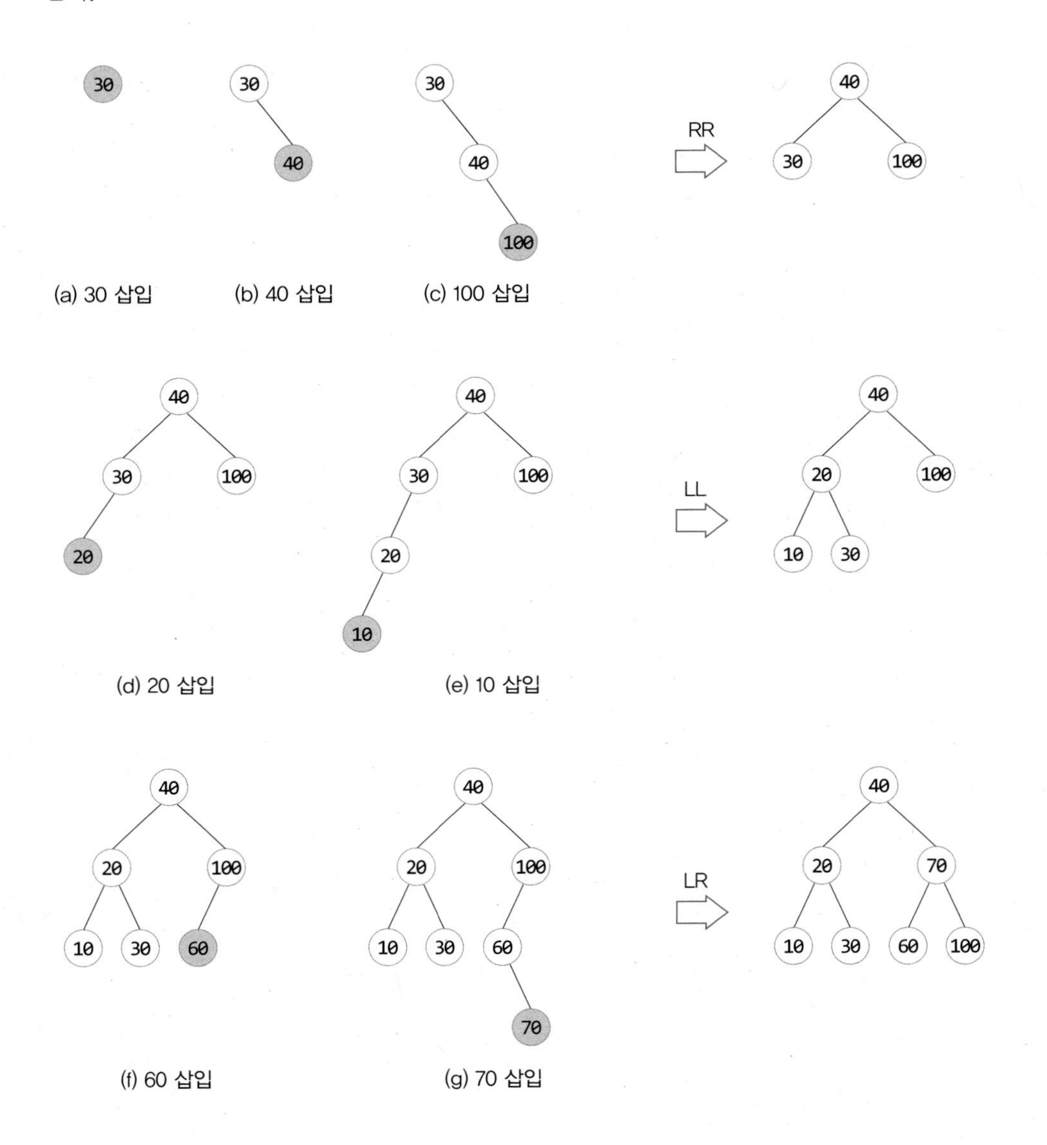

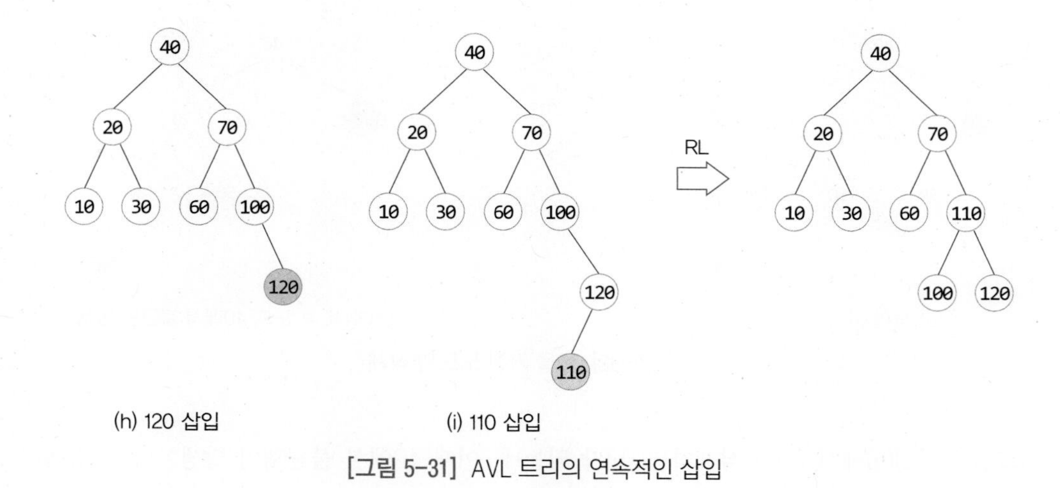

[그림 5-31] AVL 트리의 연속적인 삽입

RR-회전과 RL-회전도 line 08~13에 따라 각각 수행되어 트리의 균형을 유지한다. 참고로 현재 노드 n의 균형이 유지되어 있으면, 바로 line 14에서 노드 n의 레퍼런스를 반환한다.

[그림 5-31]은 초기에 empty인 AVL 트리에 30, 40, 100, 20, 10, 60, 70, 120, 110을 차례로 삽입하는 과정을 나타낸다.

5.2.3 삭제 연산

AVL 트리에서의 삭제는 두 단계로 진행된다. 1단계에서는 이진 탐색 트리에서와 동일한 삭제 연산을 수행하고, 2단계에서는 삭제된 노드로부터 루트 방향으로 거슬러 올라가며 불균형이 발생한 경우 적절한 회전 연산을 수행한다. 즉, 회전 연산 수행 후에 부모 노드에서 불균형이 발생할 수 있고, 이러한 일이 반복되어 루트에서 회전 연산을 수행해야 하는 경우도 발생한다. 삭제 연산의 자바 프로그램은 연습문제에서 다룬다.

(a) 삭제 전

(b) 삭제 후 노드 40에서 불균형 발생

[그림 5-32] 30을 가진 노드의 삭제

[그림 5-32](a)에서 30을 삭제하면 (b)가 되는데, 이때 40에서 불균형이 발생한다. 그런데 이 상황은 (b)에 90을 삽입하여 불균형이 발생한 것과 다를 바가 없다. 즉, 삭제 연산을 삽입 연산으로 여기는 것이다. 따라서 (b)의 불균형을 해결하려면, 40을 기준으로 RR-회전을 수행하면 된다.

핵심 아이디어

삭제 후 불균형이 발생하면 반대쪽에 삽입이 이루어져 불균형이 발생한 것으로 여기자.

삭제된 노드의 부모를 p, p의 부모를 gp, p의 형제 노드를 s라고 하면, s의 왼쪽과 오른쪽 서브트리 중에서 높은 서브트리에 마치 새 노드가 삽입된 것으로 간주하여 [그림 5-33]과 같이 적절한 회전 연산을 수행하여 균형을 유지한다.

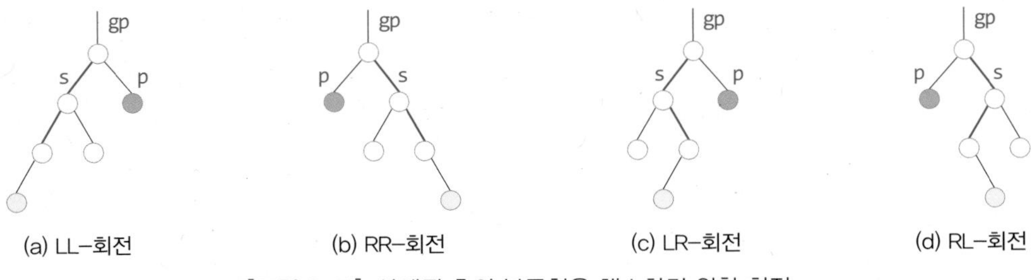

(a) LL-회전 (b) RR-회전 (c) LR-회전 (d) RL-회전

[그림 5-33] 삭제된 후의 불균형을 해소하기 위한 회전

예제 [그림 5-34](a)에서 40을 삭제한 후 30에서 불균형이 발생하였고, (b)를 살펴보면 30의 왼쪽의 서브트리가 높으므로 20이 삽입되어 30에서 불균형이 발생한 것으로 간주하여 LR-회전을 수행하면 (c)를 얻는다. 이때 20의 높이가 2가 되어서 20의 부모인 50에서 또 불균형이 발생한다. 따라서 RL-회전 연산을 수행하면 최종적으로 균형이 유지된 (d)를 얻는다.

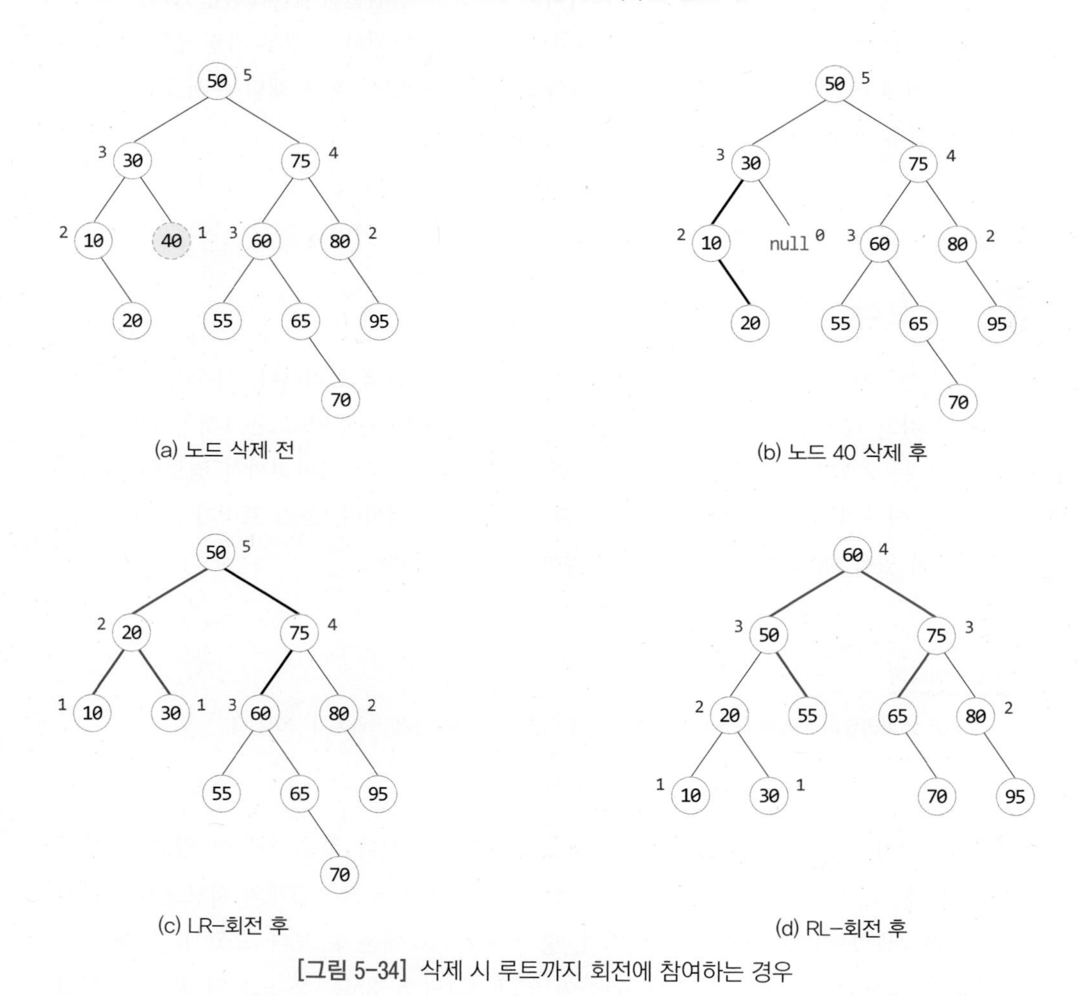

[그림 5-34] 삭제 시 루트까지 회전에 참여하는 경우

| 수행 시간 |

AVL 트리에서의 탐색, 삽입, 삭제 연산은 공통적으로 루트부터 탐색을 시작하여 최악의 경우에 이파리까지 내려가고, 삽입이나 삭제 연산은 다시 루트까지 거슬러 올라가야 한다. 트리를 한 층 내려갈 때는 순환 호출이 발생하며, 한 층을 올라갈 때 불균형이 발생하면

적절한 회전 연산을 수행하는데, 이들 각각은 O(1) 시간밖에 걸리지 않는다. 따라서 탐색, 삽입, 삭제 연산의 수행 시간은 각각 AVL 트리의 높이에 비례하므로 각 연산의 수행 시간은 O(logn) 이다.

AVL 트리는 널리 사용되는 자료구조가 아니다. 다양한 실험결과에 따르면, AVL 트리는 거의 정렬된 데이터를 삽입한 후에 랜덤 순서로 데이터를 탐색하는 경우 가장 좋은 성능을 보인다. 반면에 이진 탐색 트리는 랜덤 순서의 데이터를 삽입한 후에 랜덤 순서로 데이터를 탐색하는 경우 가장 좋은 성능을 보인다.

5.3 2-3 트리

2-3 트리[6]는 내부 노드의 차수가 2 또는 3인 완전 균형 탐색 트리이다. 차수가 2인 노드를 2-노드라고 하고, 차수가 3인 노드를 3-노드라고 부른다. 2-노드는 1개의 키를 가지며, 3-노드는 2개의 키를 가진다. 2-3 트리는 루트로부터 각 이파리까지 경로의 길이가 같고, 모든 이파리들이 동일한 층에 있는 완전한 균형 트리이다. 2-3 트리가 2-노드만으로 구성되어 있을 때 포화 이진 트리와 동일한 형태를 갖는다.

핵심 아이디어

2-3 트리는 이파리들이 동일한 층에 있어야 하므로 트리가 위로 자라나거나 위에서 낮아진다.

2-노드의 키가 k_1 이라면, 노드의 왼쪽 서브트리에는 k_1 보다 작은 키들이 있고, 오른쪽 서브트리에는 k_1 보다 큰 키들이 있다. k_1 과 k_2 를 가진 3-노드는 3개의 서브트리를 가지는데, 왼쪽 서브트리에는 k_1 보다 작은 키, 중간 서브트리에는 k_1 보다 크고 k_2 보다 작은 키, 오른쪽 서브트리에는 k_2 보다 큰 키들이 있다. [그림 5-35]는 2-노드와 3-노드에 있는 키들과 서브트리에 있는 키들 사이의 크기 관계를 나타낸 것이다.

6) 2-3 트리는 '2-3 탐색 트리'라고도 일컫는다. 2-3 트리는 Hopcroft에 의해 1970에 처음으로 제안되었다.

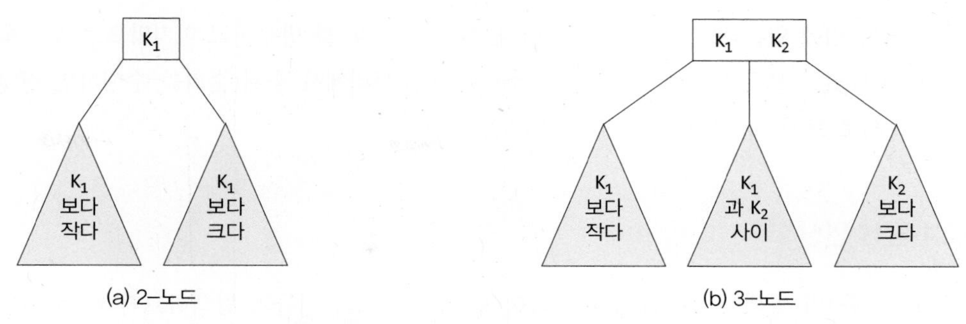

[그림 5-35] 노드의 키와 서브트리의 키 관계

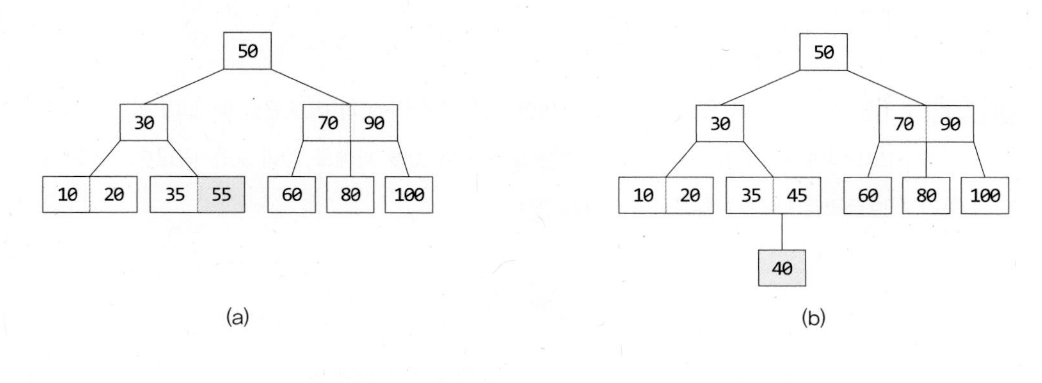

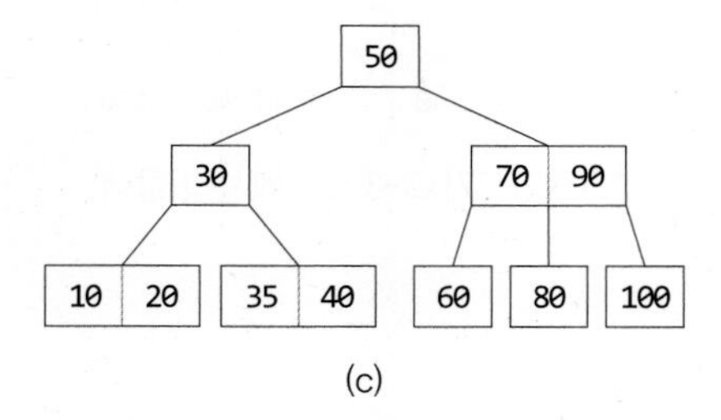

[그림 5-36] 어느 트리가 2-3 트리인가?

[그림 5-36]의 세 개의 트리 중 (c)가 2–3 트리다. (a)는 루트의 50보다 큰 55가 루트 왼쪽 서브트리에 있고, (b)는 40을 가진 이파리가 다른 이파리들과 동일한 층에 있지 않으므로 2–3 트리가 아니다.

2–3 트리에서도 이진 탐색 트리에서의 중위 순회와 유사한 방법으로 트리를 순회할 수 있다. 2–노드는 이진 트리의 중위 순회 방문과 동일하다. 그러나 k_1과 k_2를 가진 3–노드에서는 먼저 노드의 왼쪽 서브트리에 있는 모든 노드를 방문한 후에 k_1을 방문하고, 이후에

중간 서브트리에 있는 모든 노드를 방문한다. 다음으로 k_2를 방문하고 마지막으로 오른쪽 서브트리에 있는 모든 노드를 방문한다. 따라서 2-3 트리에서 중위 순회를 수행하면 정렬된 키 순서로 트리 노드들을 방문할 수 있다.

5.3.1 탐색 연산

2-3 트리에서의 탐색은 루트에서 시작하여 방문한 노드의 키들과 탐색하고자 하는 키를 비교하며 [그림 5-35]에서 설명된 노드의 키들과 노드의 서브트리의 키들과의 관계에 따라 다음 레벨의 노드를 탐색한다.

예제 [그림 5-37]의 트리 (a)에서 80을 탐색한다면, 루트의 50과 비교했을 때 80이 크므로 루트의 오른쪽 서브트리로 내려가고, 70과 90이 있는 노드에서 80을 차례로 70과 90을 비교한 후, 이 노드의 중간 서브트리로 내려가 최종적으로 80을 찾는다.

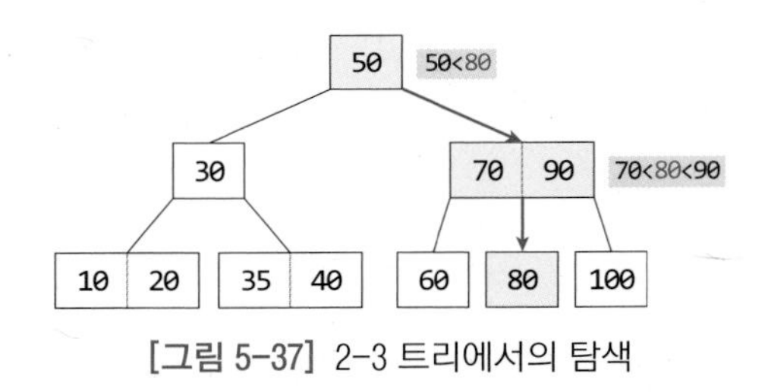

[그림 5-37] 2-3 트리에서의 탐색

5.3.2 삽입 연산

2-3 트리에서의 삽입을 수행하려면 먼저 탐색과 동일한 과정을 거쳐 새로운 키가 삽입되어야 할 이파리를 찾아야 한다. 이때 이파리가 2-노드이면 그 노드에 새 키를 삽입한다. 하지만 이파리가 3-노드이면 새로운 키를 저장할 수 없으므로, 이 노드에 있는 2개의 키와 새로운 키를 비교하여 중간값이 되는 키를 부모로 올려보내고, 남은 2개의 키를 각각 별도의 노드에 저장한다. 이러한 과정을 분리(Split) 연산이라고 한다.

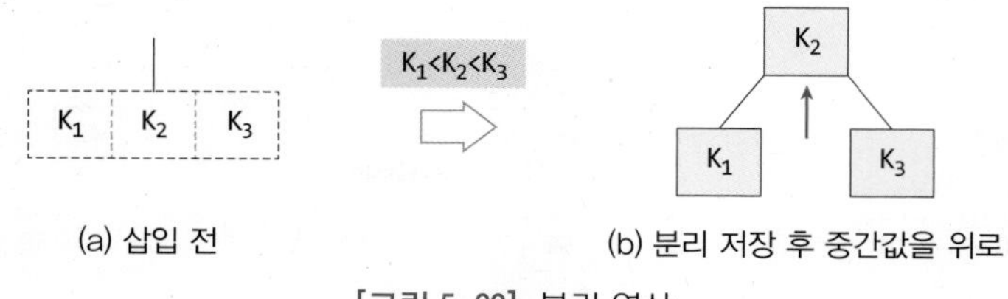

(a) 삽입 전 (b) 분리 저장 후 중간값을 위로

[그림 5-38] 분리 연산

[그림 5-38](a)에서 overflow가 발생한 노드에 3개의 키가 있을 때, $k_1<k_2<k_3$ 이라면, (b)와 같이 k_1과 k_3을 각각 2-노드에(하나는 기존 노드에 다른 하나는 생성하여) 저장하고, 중간값인 k_2를 부모로 올려보내 k_1과 k_3의 분기점 역할을 하도록 한다. 즉, k_2보다 작으면 k_1이 있는 노드로 내려가게 하고 k_2보다 크면 k_3이 있는 노드로 내려가게 한다.

부모로 올려보내진 키는 이파리에서와 마찬가지로 자리가 있으면, 즉 부모가 2-노드이면, 부모에 저장하고 삽입 연산을 종료한다. 그러나 부모가 3-노드이면 분리 연산을 다시 수행한다. 이러한 과정은 루트까지 올라가면서 반복될 수 있다. 만약 루트에서 노드 분리가 일어나면 2-3 트리의 높이가 1 증가한다.

예제 1 [그림 5-39]의 트리 (a)에 50을 삽입하면 80과 90을 가진 이파리에 overflow가 발생한다. 따라서 (b)와 같이 분리 연산을 통해 50, 80, 90 중에서 중간값인 80을 부모인 루트로 올려 보낸다. 루트가 2-노드이므로 80을 루트에 저장한다.

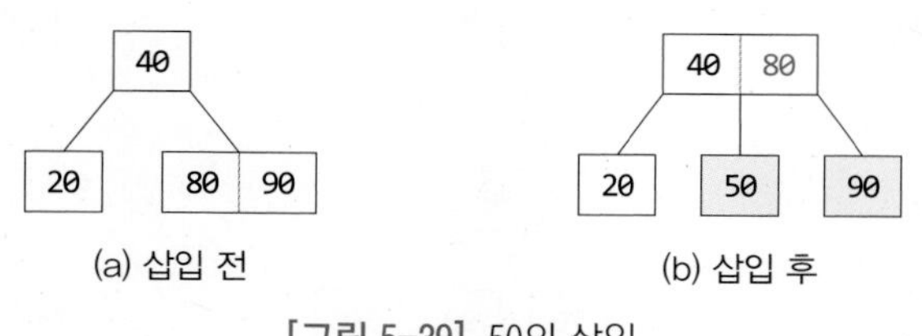

(a) 삽입 전 (b) 삽입 후

[그림 5-39] 50의 삽입

예제 2 [그림 5-40] (a)의 트리에 70을 삽입하면, 50과 60을 가진 이파리에 overflow가 발생한다. 따라서 (b)와 같이 분리 연산을 통해 50, 60, 70 중에서 중간값인 60을 부모인 루트로 올려보낸다. 이 때 루트에서도 overflow가 발생하므로 다시 루트를 분리하면 (c)의 트리를 얻는다. 이 과정에서 트리의 높이가 2에서 3으로 1 증가한다.

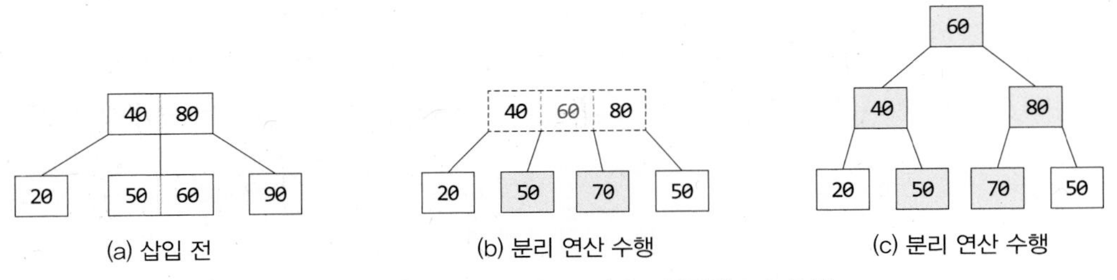

[그림 5-40] 70의 삽입 후 높이가 1 증가된 2-3 트리

5.3.3 삭제 연산

2-3 트리에서의 삭제는 항상 이파리에서 이루어진다. 만약 삭제할 키가 있는 노드가 이파리가 아닌 경우, 이진 탐색 트리의 삭제와 유사하게 중위 선행자 또는 중위 후속자와 교환한 후에 이파리에서 실질적인 삭제를 수행한다. 2-3 트리에서의 삭제를 위해선 이동(Transfer) 연산과 통합(Fusion) 연산이 필요하다.

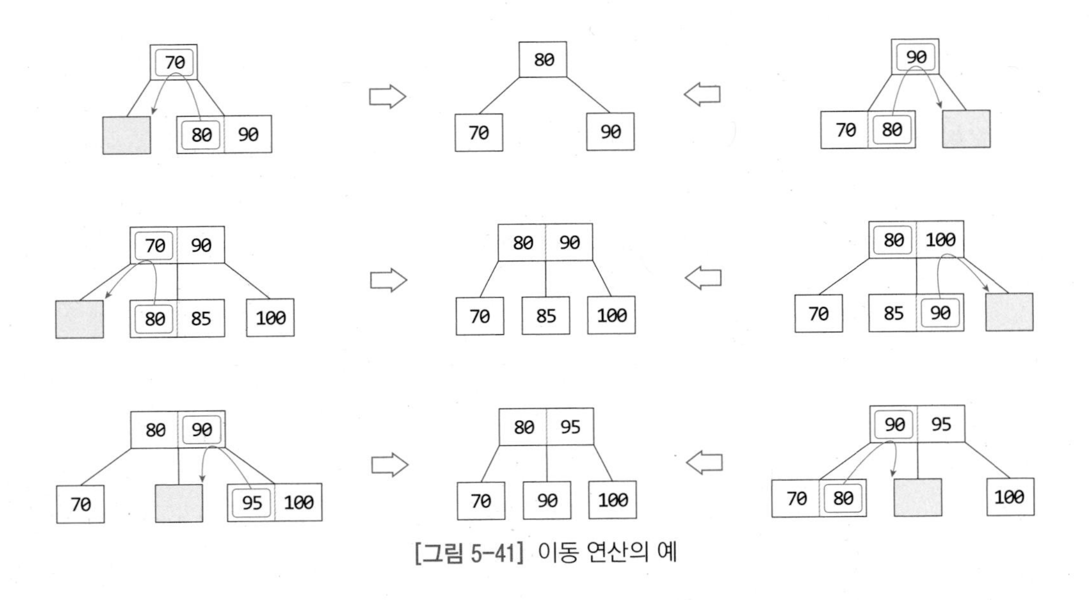

[그림 5-41] 이동 연산의 예

이동 연산이란 키가 삭제되어 노드가 empty가 되었을 때, 이 노드의 형제 노드와 부모의 도움을 받아 1개의 키를 empty 노드로 이동시키는 연산이다. 이때 형제 노드는 반드시 3-노드여야 한다. 3-노드가 empty 노드의 오른쪽 형제 노드라면, 2개의 키 중에서 작은 키를 부모로 올려보내고 부모의 키를 empty 노드로 내려보낸다. 형제 노드가 empty 노

드의 왼쪽 형제 노드인 경우, 두 개의 키 중에서 큰 키를 부모로 올려 보내고 부모의 키를 empty 노드로 내려보낸다.

[그림 5-41]은 부모가 2-노드와 3-노드인 경우, 각각에 대한 이동 연산을 나타낸 것으로 중간에 있는 트리가 이동 연산이 수행된 결과이다. 이동 연산은 노드 삭제를 방지하는 효율적인 연산이다.

통합 연산이란 노드가 empty인데 이동 연산이 불가능한 경우 empty 노드와 그의 형제 노드를 하나의 노드로 통합하고, empty 노드와 그의 형제 노드의 분기점 역할을 하던 부모의 키를 통합된 노드로 끌어내려 저장하는 연산이다. 통합 연산과 분리 연산은 상호 역(Reverse) 연산 관계이다.

[그림 5-42]는 부모가 2-노드와 3-노드인 경우에 통합 연산이 수행된 결과를 나타낸다. 부모가 2-노드인 경우에는 통합 연산이 루트 방향으로 연속적으로 수행될 수도 있다.

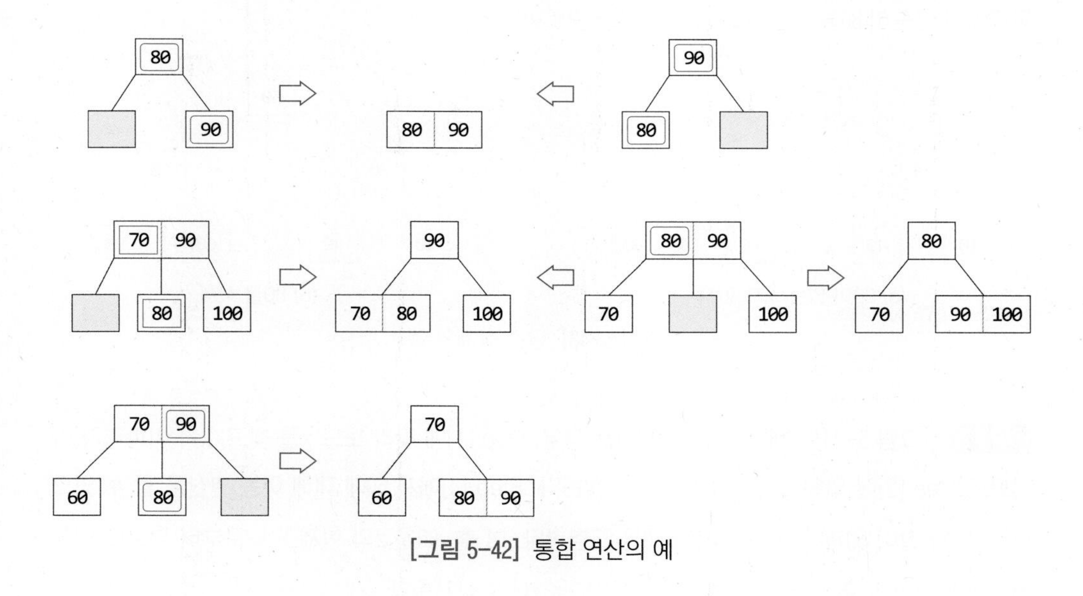

[그림 5-42] 통합 연산의 예

다음은 2-3 트리의 삭제 연산을 위한 알고리즘이다. 알고리즘에서 통합 연산은 루트 방향으로 올라가며 연속적으로 수행될 수도 있다.

[1] 삭제할 키 k가 있는 노드 x를 탐색한다.
[2] if (x가 이파리이면), k를 노드 x에서 삭제한다. k를 삭제 후 empty가 아니면 알고리즘을 종료한다. 만약 x가 empty인 경우, x의 형제 중에 3-노드가 있으면 이동 연산을 수행하고, 그렇지 않으면 통합 연산을 수행한다.
[3] if (x 가 이파리가 아니면), k의 중위 선행자가 있는 노드 y와 중위 후속자가 있는 노드 z를 찾는다.
[4] if (y 또는 z에서 이동 연산이 가능하면), 이동 연산 가능한 노드의 키를 k와 서로 교환하고 이동 연산을 수행하며, 동시에 k를 삭제한 후에 알고리즘을 종료한다.
[5] if (y와 z 둘 다 이동 연산이 불가능하면), y나 z 중에서 임의로 하나를 선택한다. 그리고 선택한 노드의 키와 k를 서로 교환한 후 k를 삭제하고, 통합 연산을 수행한다.
단, 통합 연산 수행 후, 루트 방향으로 연속적인 통합 연산이 수행될 수도 있다.

예제 1 [그림 5-43](a)에서 80을 삭제하는 경우, step [1]에 따라 80을 가진 노드 x를 찾는다. 노드 x가 이파리이므로 step [2]에 따라 80을 삭제한다. 삭제 후 x는 empty가 아니므로 (b)와 같이 이파리에서 단순히 80을 제거하고 삭제 연산을 완료한다.

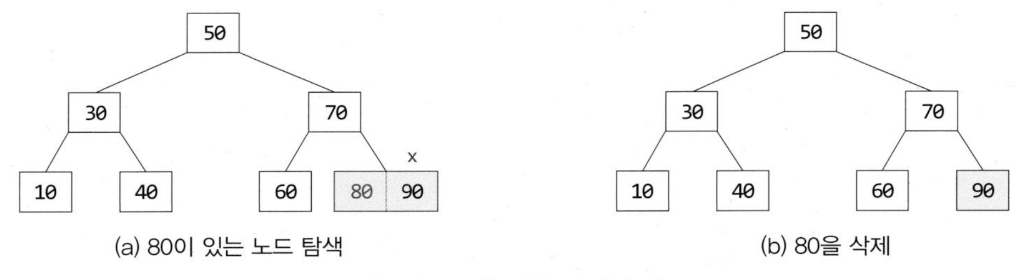

[그림 5-43] 단순 삭제의 예

예제 2 [그림 5-44](a)에서 50을 삭제하는 경우, step [1]에 따라 노드 x를 찾고, x가 이파리가 아니므로 step [3]에 의해 노드 y와 노드 z를 찾는다. Step [4]에서 60에 대해 이동 연산을 할 수 있으므로 (b)와 같이 50과 중위 후속자인 60을 교환한다. 이 후, 80을 z의 형제 노드로부터 부모로 이동시키고 부모의 70을 z로 이동시킨다. 동시에 50을 z에서 삭제한다.

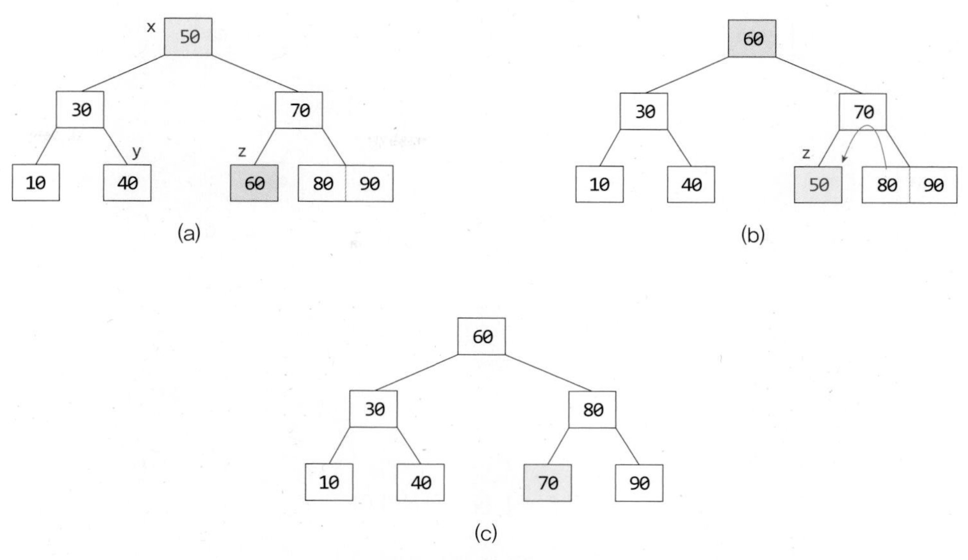

[그림 5-44] 이동 연산의 예

예제 3 [그림 5-45](a)에서 50을 삭제하는 경우, step [1]에서 노드 x를 찾고 x가 이파리가 아니므로 step [3]에 의해 노드 y(40)와 노드 z(60)를 찾는다. y와 z 모두 2-노드로 이동 연산이 불가능하므로, step [5]에 따라 50을 중위 선행자인 40 혹은 중위 후속자인 60과 교환한다. 예제에서는 (b)와 같이 50과 60을 교환하였다. (c)에서는 50이 노드 z에서 삭제된 것을, (d)는 이파리에서의 통합 연산이 수행된 것을 나타내며, 루트까지 포함된 통합 연산이 수행된 최종 결과는 (e)와 같다. 삭제 후 2-3 트리의 높이가 3에서 2로, 1만큼 감소하였다.

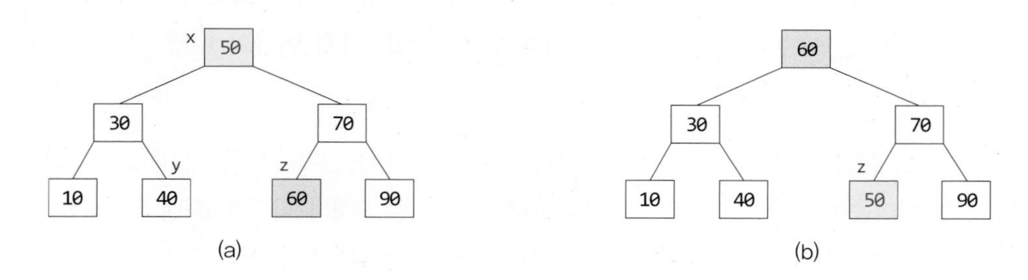

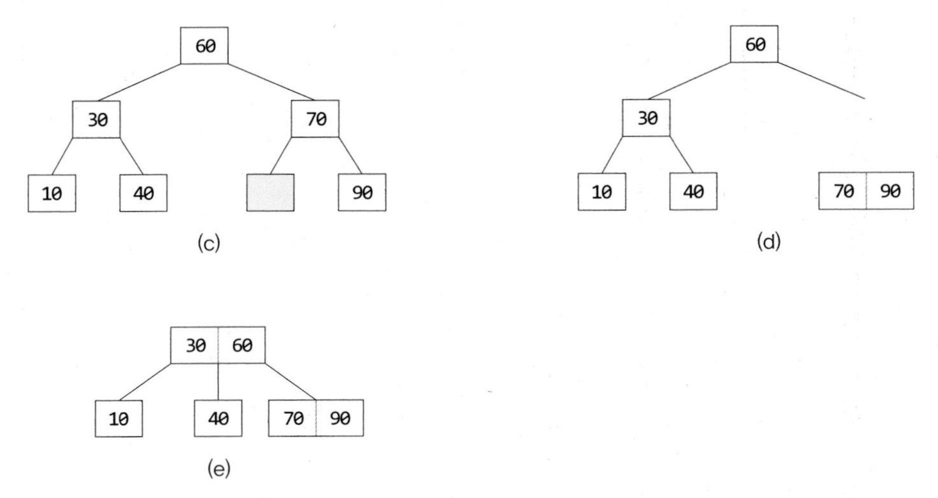

[그림 5-45] 통합 연산의 예

| 수행 시간 |

2–3 트리의 탐색, 삽입, 삭제 연산은 각각 트리 높이에 비례하는 시간이 소요된다. 각 연산은 루트부터 이파리까지 탐색해야 하고, 삽입이나 삭제는 분리나 통합 연산을 수행하며 다시 루트까지 올라가는 경우도 있기 때문이다. 단, 분리 연산이나 통합 연산은 각각 트리의 지역적인 부분에서만 수행되므로 O(1) 시간만 소요된다.

2–3 트리가 가장 높은 경우는 모든 노드가 2–노드인 경우이고, 이때 트리의 높이는 $\log_2(n+1)$ 이다. 모든 노드가 2–노드인 2–3 트리는 포화 이진 트리와 같은 형태이기 때문이다. 반면에 트리의 모든 노드가 3–노드일 때 트리의 높이는 최소가 되며, 높이는 $\log_3 n \approx 0.63 \log_2 n$ 이다. 따라서 2–3 트리의 탐색, 삽입, 삭제 연산의 수행 시간은 각각 O(logn) 이다.

2–3 트리는 이진 탐색 트리보다 매우 우수한 성능을 보이나, 2–3 트리를 실제로 구현하기에 다소 어려움이 따른다. 구현이 어려운 이유는 노드를 2개의 타입으로 정의해야 하고, 분리 및 통합 연산에서의 다양한 경우를 고려해야 하기 때문이다. 또한 3–노드에서는 키를 2회 비교하는 것도 고려해야 한다. 하지만 2–3 트리는 Part 5.4에서 설명할 좌편향 레드 블랙 트리의 기본 형태를 제공하는 매우 중요한 자료구조이다. 즉, 좌편향 레드 블랙 트리와 2–3 트리는 개념적으로 같은 트리이다.

| 2-3-4 트리 |

2-3 트리를 확장한 2-3-4 트리는 노드가 자식을 4개까지 가질 수 있는 완전 균형 트리이다. 2-3-4 트리의 장점은 2-3 트리보다 높이가 낮아 그만큼 빠른 탐색, 삽입, 삭제 연산이 가능하다. 특히 2-3-4 트리에서는 삽입 연산을 루트부터 이파리로 내려가며 4-노드를 만날 때마다 미리 분리 연산을 수행하기 때문에 다시 이파리부터 위로 올라가며 분리 연산을 수행할 필요가 없고, 따라서 더 효율적인 삽입 연산이 가능하다.

삭제 연산도 삽입 연산과 유사하게 루트로부터 이파리 방향으로 내려가며 2-노드를 만날 때마다 미리 통합 연산을 수행하므로 키를 삭제한 후 다시 루트 방향으로 올라가며 통합 연산을 수행할 필요가 없다. 그러나 이러한 삽입과 삭제 연산도 이론적으로는 2-3 트리의 수행 시간과 동일한 O(log n) 이다.

5.4 레드 블랙 트리

레드 블랙 트리(Red-Black Tree)는 노드에 색을 부여하여 트리의 균형을 유지하며, 탐색, 삽입, 삭제 연산의 수행 시간이 각각 O(logn)을 넘지 않는 매우 효율적인 자료구조이다. 일반적인 레드 블랙 트리[7]는 삽입이나 삭제를 수행할 때 트리의 균형을 유지하기 위해 상당히 많은 경우를 고려해야 한다는 단점이 있으며, 이에 따라 프로그램이 복잡해지고 그 길이도 증가한다[8]. 그러나 좌편향 레드 블랙(Left-Leaning Red-Black, LLRB) 트리[9]는 삽입이나 삭제 시 고려해야 하는 경우의 수가 매우 적어 프로그램의 길이도 일반 레드 블랙 트리 프로그램의 1/5정도에 불과하다는 장점이 있다. 또한 LLRB 트리는 AVL 트리, 2-3 트리, 2-3-4 트리, 일반 레드 블랙 트리보다 매우 우수한 성능을 갖는 자료구조이다.

핵심 아이디어

LLRB 트리는 2-3 트리에서 3-노드의 2개의 키를 두 노드로 분리 저장하고, 하나는 레드 다른 하나는 블랙으로 만든 형태와 같다.

---

7) Introduction to Algorithms (CLRS)에 소개된 레드 블랙 트리가 일반적으로 사용된다.

8) 전문 프로그래머가 프로그램을 작성해도 적어도 400 line이나 든다.

9) Sedgewick (Princeton Univ.)이 2008년에 제안하였다.

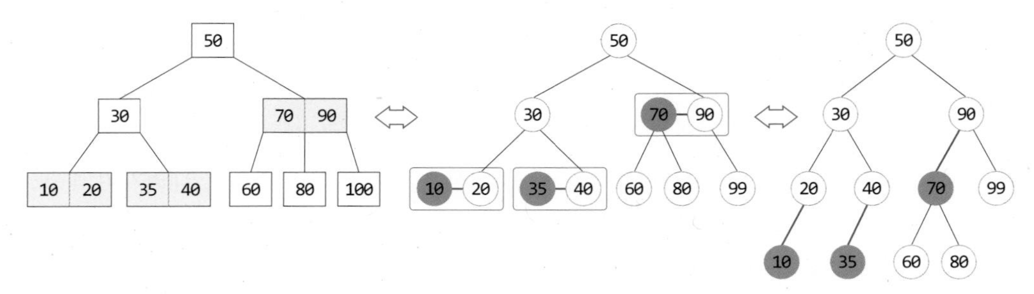

[그림 5-46] LLRB 트리와 2-3 트리의 관계

[그림 5-46]과 같이 LLRB 트리는 개념적으로 2-3 트리와 같으므로 2-3 트리의 장점인 완전 균형 트리의 형태를 내포하고 있다. LLRB 트리의 노드는 블랙 또는 레드의 색 정보를 가지며, 노드와 부모를 연결하는 link의 색은 노드의 색과 같다. 따라서 LLRB 트리에서는 link의 색을 별도로 저장하지 않는다. [그림 5-47]에서 노드 n의 왼쪽 자식은 레드이고 그 연결 link도 레드이며, n의 오른쪽 자식은 블랙이고 그 연결 link도 블랙이다.

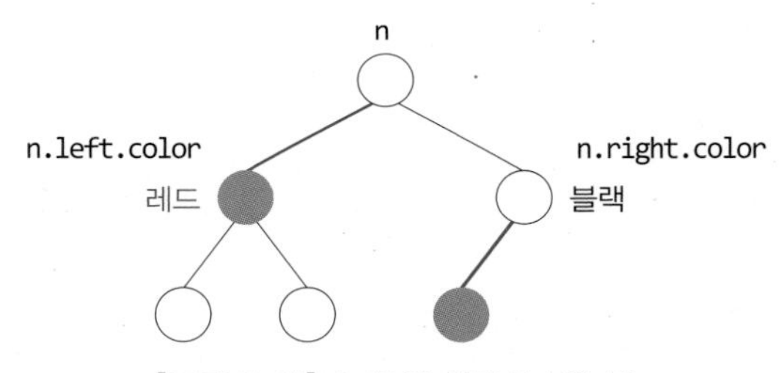

[그림 5-47] 노드의 색과 link의 색

정의

LLRB 트리는 이진 탐색 트리로서 다음의 네 가지 조건을 만족한다.

- 루트와 null 은 블랙이다.
- 루트로부터 각 null까지 2개의 연속된 레드 link는 없다. (연속 레드 link 규칙)
- 루트로부터 각 null까지의 경로에 있는 블랙 link 수는 모두 같다. (동일 블랙 link 수 규칙)
- 레드 link는 왼쪽으로 기울어져 있다. (레드 link 좌편향 규칙)

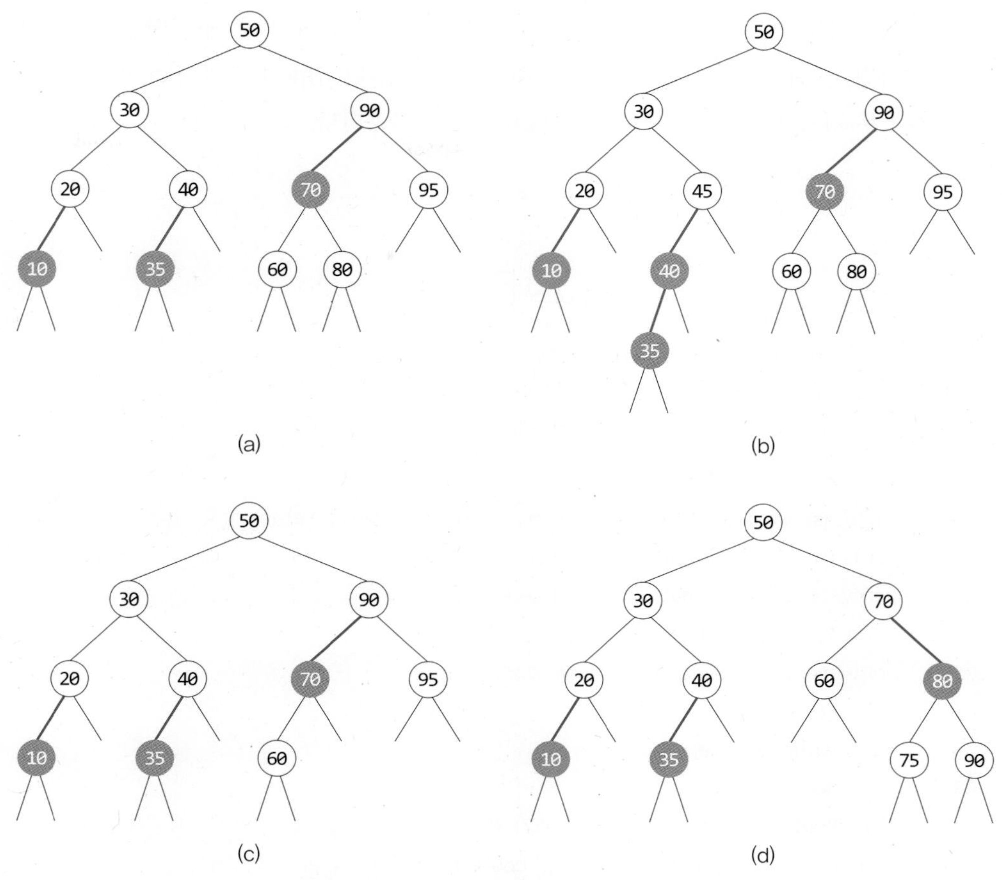

[그림 5-48] 어떤 트리가 LLRB 트리인가?

[그림 5-48]의 트리 중 (a)만이 LLRB 트리이다. (b)는 레드 link가 연속적으로 존재하므로 연속 레드 link 규칙을 위반한다. (c)는 50-90-70-(오른쪽 null)의 경로에 1개의 블랙 link가 부족하여 동일 블랙 link 수 규칙에 위배된다. 마지막으로 (d)는 70과 80사이의 레드 link가 오른쪽으로 기울어져 있으므로 레드 link 좌편향 규칙에 어긋나 LLRB 트리가 아니다.

5.4.1 레드 블랙 트리 클래스

레드 블랙 트리를 위한 RedBlackTree 클래스는 Node 클래스를 내부(Inner) 클래스로 갖는다. Node 객체는 [그림 5-49]와 같이 id(키), name(키에 관련된 정보), 왼쪽 자식과 오른쪽 자식을 각각 참조하기 위한 left와 right를 가지며, 노드의 색을 저장하기 위해 color를 가진다. 여기서 노드의 색은 노드의 부모와 연결된 link의 색과 같으며, 색은 레드와 블랙 두 가지만을 사용하므로, boolean 타입을 사용한다.

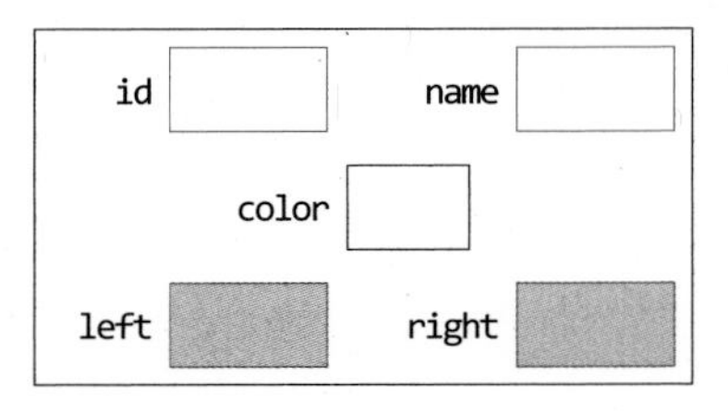

[그림 5-49] 레드 블랙 트리 노드

```
01 public class RedBlackTree<Key extends Comparable<Key>, Value> {
02     private static final boolean RED   = true;
03     private static final boolean BLACK = false;
04     private Node root;
05     private class Node {  // Node 클래스
06         Key     id;
07         Value   name;
08         Node    left, right;
09         boolean color;  // 부모 link의 색
10         public Node(Key k, Value v, boolean col) {  // 노드 생성자
11             id    = k;
12             name  = v;
13             color = col;
14             left  = right = null;
15         }
16     }
17     private boolean isEmpty() { return root == null;}
18     private boolean isRed(Node n) {
19         if (n == null) return false; // null의 색은 블랙
20         return (n.color == RED);
21     }
22     // get(), put(), deleteMin(), delete()
23     // 메소드들 선언
24 }
```

Line 01에서 Key와 Value는 generic 타입이고, Key는 비교 연산을 위해 자바의 Comparable 인터페이스를 상속받으며, Comparable에 선언된 compareTo() 메소드를 통해 키를 비교한다. Line 02~03에서는 구현 및 사용 편의를 위해 true를 RED로, false를 BLACK으로 재정의한다. Line 04의 root는 트리의 루트를 가리키며 line 05~16은 Node 클래스이다. Line 17은 트리가 empty일 때 true를 반환하는 메소드이다. Line 18의 isRed() 메소드는 노드 n이 레드이면 true를, 아니면 false를 반환한다. 단, line 19에서 노드가 null인 경우에도 false를 반환한다. Line 21 이후에 탐색, 삽입, 최솟값 삭제를 위한 메소드가 선언된다. 이제 각 연산에 대해서 차례로 살펴보자. 단, 삭제 연산은 연습문제에서 다룬다.

5.4.2 탐색 연산

레드 블랙 트리에서의 탐색은 이진 탐색 트리의 탐색과 같다. 탐색하고자 하는 Key가 k일 때, 루트의 id와 k를 비교하는 것으로 탐색을 시작한다. k가 id보다 작은 경우에는 루트의 왼쪽 서브트리에서 k를 찾고, k가 id보다 큰 경우에는 루트의 오른쪽 서브트리에서 k를 찾으며, id가 k와 같으면 노드를 찾은 것이므로 찾아낸 노드의 Value, 즉 name을 반환한다. 여기서 왼쪽이나 오른쪽 서브트리에서 k를 탐색하는 것은 루트에서의 탐색과 동일하다.

다음은 레드 블랙 트리에서 탐색을 위한 get() 메소드이다. 노드의 id를 k와 비교하는 line 04의 compareTo() 메소드는 id가 k보다 작으면 음수, id가 k보다 크면 양수, 같으면 0을 반환한다.

```
01 public Value get(Key k) {return get(root, k);} // 탐색 연산
02 public Value get(Node n, Key k) {
03     if (n == null) return null;    // 탐색 실패
04     int t = n.id.compareTo(k);
05     if (t > 0)         return get(n.left,  k); // 왼쪽 서브트리 탐색
06     else if (t < 0) return get(n.right, k); // 오른쪽 서브트리 탐색
07     else              return (Value) n.name; // 탐색 성공
08 }
```

5.4.3 레드 블랙 트리의 기본 연산

다음은 LLRB 트리의 삽입과 삭제 연산을 구현하는데 필요한 세 가지 기본 연산이다.

- rotateLeft: 노드의 오른쪽 레드 link를 왼쪽으로 옮기는 연산
- rotateRight: 노드의 왼쪽 레드 link를 오른쪽으로 옮기는 연산
- flipColors: 노드의 두 link의 색이 같을 때, 둘 다 다른 색으로 바꾸는 연산

이러한 회전이나 색 변환 연산은 삽입과 삭제 연산을 수행하는 도중에 레드 블랙 트리의 규칙에 어긋나는 부분을 수정하는 데 이용된다.

```
01 private Node rotateLeft(Node n) {
02 ❶   Node x   = n.right;
03 ❷   n.right = x.left;
04 ❸   x.left   = n;
05 ❹   x.color = n.color;
06 ❺   n.color = RED;
07      return x;
08 }
```

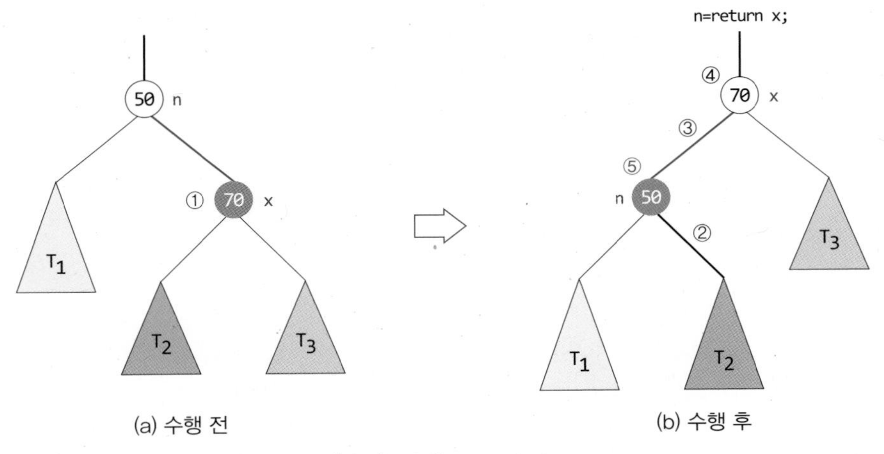

[그림 5-50] rotateLeft

[그림 5-50]에서 50을 n이라 할 때, 오른쪽 자식인 노드 x가 왼쪽으로 회전하여 n의 자리로 이동하고, x의 노드 색을 n의 노드 색으로 복사하며, n은 x의 왼쪽 자식으로서 레드 link로 연결된다. 마지막으로 n의 노드 색은 레드가 된다. [그림 5-50]은 rotateLeft() 메소드의 line 02~06의 번호 순서에 따라 link가 연결되고 색이 변경되는 과정을 보여준다.

rotateRight는 노드 n의 왼쪽 레드 link를 오른쪽으로 옮기는 메소드이고, [그림 5-51]은 rotateRight() 메소드의 line 02~06에 각각 붙여진 번호순으로 link와 색이 변경되는 과정을 보여준다. 삽입이나 삭제 연산 중에 노드 n의 왼쪽 방향에 발생한 연속 레드 link 문제를 해결하기 위해 rotateRight() 메소드를 사용한다.

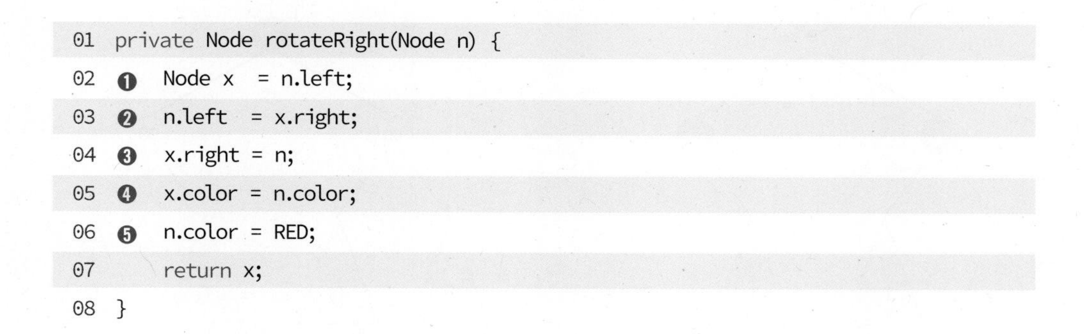

```
01  private Node rotateRight(Node n) {
02  ❶  Node x  = n.left;
03  ❷  n.left  = x.right;
04  ❸  x.right = n;
05  ❹  x.color = n.color;
06  ❺  n.color = RED;
07      return x;
08  }
```

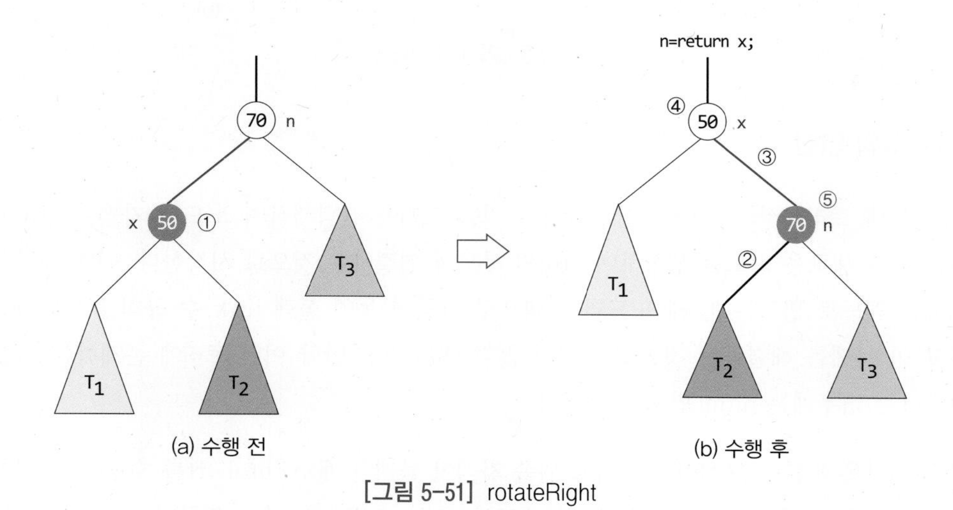

[그림 5-51] rotateRight

색 변환 연산은 [그림 5-52]의 (a)에서 (b)로, 또는 (b)에서 (a)로 각각 수행될 수 있다. 역시 flipColors() 메소드의 번호에 따라 [그림 5-52]의 (a)에서 (b)로 또는 (b)에서 (a)로 각각 link 색이 변경된다.

```
01 private void flipColors(Node n) {
02 ❶    n.color = !n.color;
03 ❷    n.left.color  = !n.left.color;
04 ❸    n.right.color = !n.right.color;
05 }
```

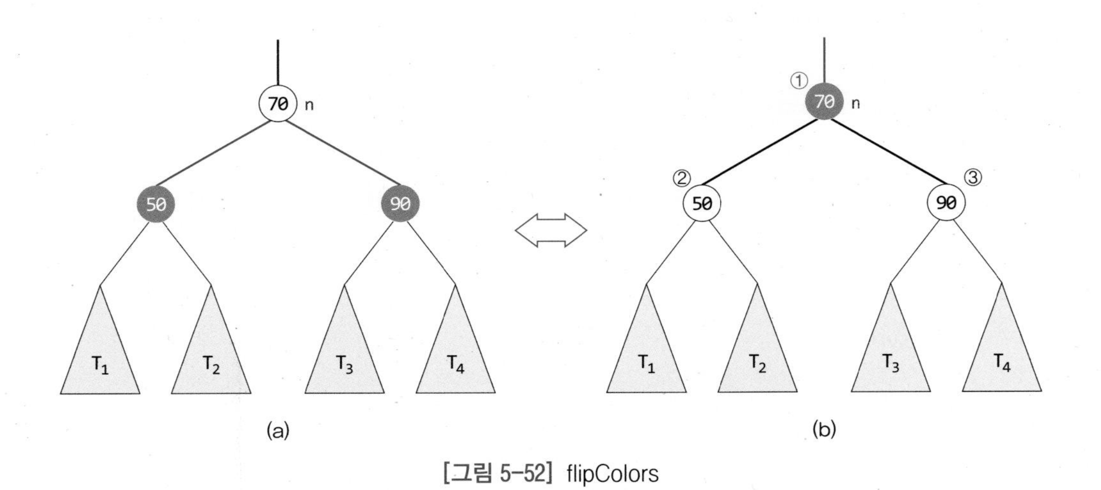

[그림 5-52] flipColors

5.4.4 삽입 연산

레드 블랙 트리에서의 삽입은 삽입하려는 키를 트리에서 탐색하여 노드의 자식이 null이 되는 곳에 새로운 노드를 생성하여 null의 부모와 연결하는 것으로 시작한다. 이때 새로운 노드는 레드로 만드는데, 새 노드를 블랙으로 만들면 동일 블랙 link 수 규칙을 위배하게 되고 이 문제를 해결하는 것이 간단하지 않기 때문이다. 만약 이미 트리에 존재하는 키를 삽입하는 경우에는 name만을 갱신한다.

삽입 연산은 오른쪽 자식이 레드이고 왼쪽 자식이 블랙일 때 rotateLeft를 수행하고, 왼쪽 자식과 왼쪽–왼쪽의 손자가 연속하여 레드일 때 rotateRight를 수행하며, 두 자식 모두가 레드일 때 flipColors를 수행한다. 다음은 레드 블랙 트리에서 삽입 연산을 위한 put() 메소드이다.

```
01 public void put(Key k, Value v) {    // 삽입 연산
02     root = put(root, k, v);
03     root.color = BLACK;
04 }
05 private Node put(Node n, Key k, Value v) {
06     if (n == null)  return new Node(k, v, RED); // 새로운 레드 노드 생성
07     int t = k.compareTo(n.id);
08     if (t < 0)      n.left  = put(n.left,  k, v);
09     else if (t > 0) n.right = put(n.right, k, v);
10     else            n.name  = v;    // k가 트리에 있는 경우 v로 name을 갱신
11     // 오른쪽 link가 레드인 경우 바로 잡는다.
12     if (!isRed(n.left) && isRed(n.right))       n = rotateLeft(n);
13     if (isRed(n.left)  && isRed(n.left.left))   n = rotateRight(n);
14     if (isRed(n.left)  && isRed(n.right))       flipColors(n);
15     return n;
16 }
```

Line 01의 put() 메소드는 line 05의 put() 메소드를 호출한다. Line 02에서 root가 line 05의 put() 메소드로부터 반환되는 Node를 가리키도록 하는데, 이는 이진 탐색 트리의 삽입(Part 5.1.3), 최솟값 삭제(Part 5.1.5), 삭제(Part 5.1.6) 연산에서 root가 최종적으로 반환되는 노드를 가리키는 것과 같다. Line 08과 09에서는 n.left와 n.right를 put() 메소드가 반환하는 Node와 각각 연결하는데, 이는 새로 삽입된 노드로부터 루트까지 올라가기 위한 것이다.

Line 12~14에서는 새 노드를 삽입한 후에 발생할 수 있는 오른쪽 link가 레드인 경우와 연속 레드 link 문제를 해결하기 위해 rotateRight, rotateLeft, flipColors를 차례로 수행한다.

마지막으로 호출이 리턴되는 line 02에서는 root가 루트를 가리키며, line 03에서 루트가 레드인 경우 블랙으로 만든 후 삽입 연산을 마친다.

예제 [그림 5-53](a)에 35를 삽입하려 할 때, 루트와 35를 비교하는 것에서 시작하여 최종적으로 null에 이르게 된다. 바로 이곳에 새 레드 노드를 만들어 35를 삽입한다. 이진 탐색 트리의 경우 여기서 삽입이 종료되지만, 레드 블랙 트리는 삽입 후에 트리 조건을 만족하였는지 검사하는 과정

을 거쳐야 한다.

(b)는 새로 삽입된 35 때문에 연속 레드 link 문제가 발생한 것을 보여준다. 이를 해결하기 위해 line 12에서 rotateRight(70)을 수행하면 (c)의 트리를 얻는다. 그러나 (c)는 70으로 인해 오른쪽 레드 link를 갖게 된다는 문제가 생긴다. 이를 해결하기 위해 line 14에서 flipColors(60)을 수행하여 트리 (d)를 얻는다. 이때 60이 레드로 변함에 따라 30을 기준으로 봤을 때, 오른쪽 레드 link가 만들어졌다. 이를 해결하기 위해 rotateLeft(30)을 수행하여 최종적으로 트리 (e)를 얻는다. 마지막으로 line 02에서 root가 루트 (60)을 참조하고 line 03에서 루트가 항상 블랙이 되도록 (이미 블랙이지만) 만든 뒤, 삽입 연산을 종료한다.

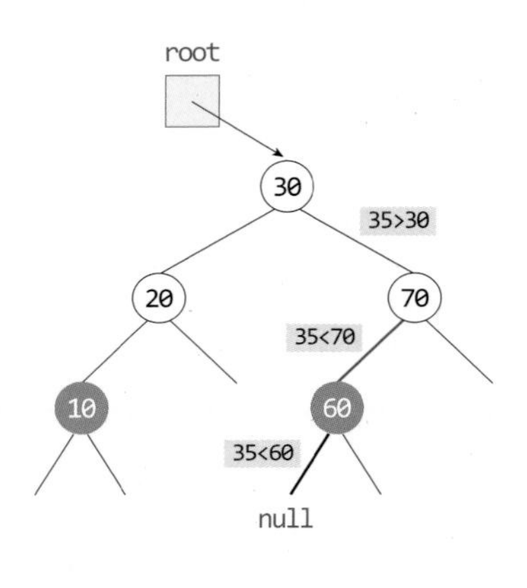

(a) 35를 탐색

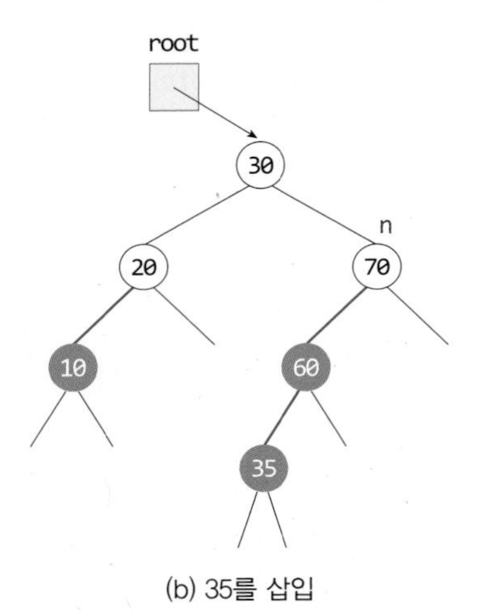

(b) 35를 삽입

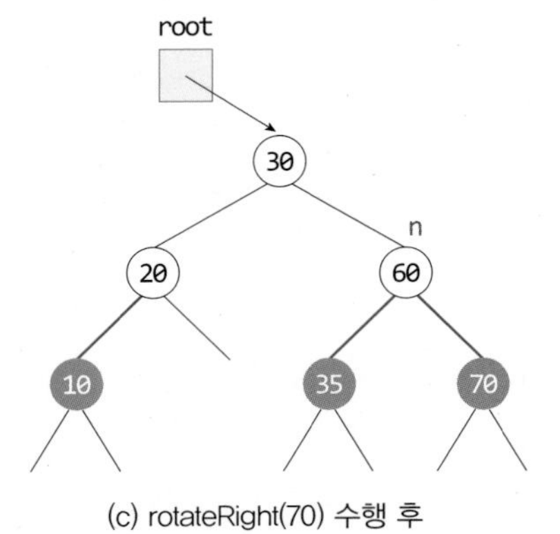

(c) rotateRight(70) 수행 후

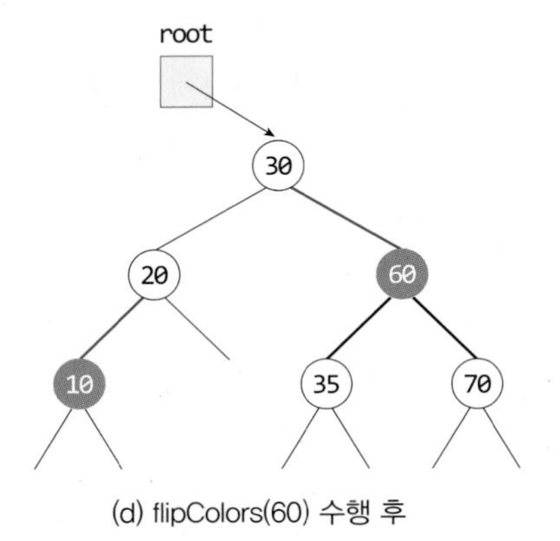

(d) flipColors(60) 수행 후

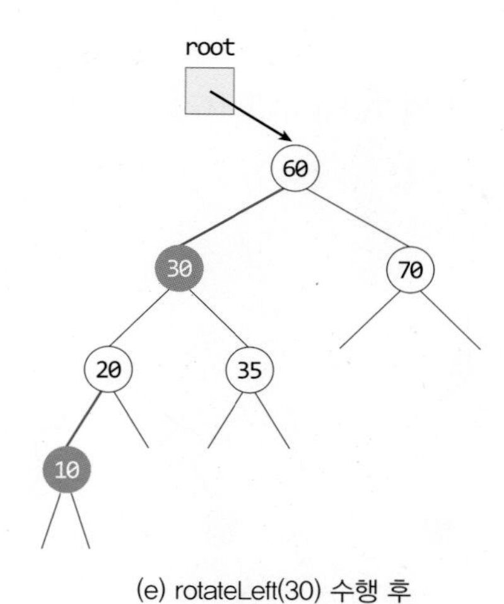

(e) rotateLeft(30) 수행 후

[그림 5-53] 35를 삽입하는 과정

5.4.5 최솟값 삭제 연산

레드 블랙 트리에서 최솟값을 찾는 것은 이진 탐색 트리의 최솟값 찾기와 같다. 루트로부터 계속해서 왼쪽 자식을 따라 내려가며 null을 만났을 때, null의 부모가 가진 키가 최솟값이다. 만약 최솟값을 가진 노드가 블랙이면, 블랙 노드를 삭제하게 됨에 따라 동일 블랙 link 수 규칙에 위배된다. 이를 바로잡기는 쉽지 않으므로 다음과 같은 아이디어로 노드를 삭제한다.

핵심 아이디어

루트로부터 삭제하는 노드 방향으로 레드 link를 옮기어 궁극적으로 삭제되는 노드를 레드로 만든 후에 삭제한다.

루트로부터 삭제하는 노드 방향으로 레드 link를 옮기는 과정은 레드 블랙 트리의 조건(좌편향 규칙 예외)을 위반하지 않는 상태를 유지하며 진행된다. 이를 위해 다음의 두 가지 방법으로 레드 link를 왼쪽 아래로 내려 보낸다. 다만 좌편향 규칙에 위배되는 경우가 발생할 수 있으나 이는 삭제 후에 다시 루트 방향으로 올라가면서 수정한다.

- [case 1] n.left와 n.left.left가 모두 블랙이고, 동시에 n.right.left도 블랙이면,

flipColors(n)을 수행한다.

- [case 2] n.left와 n.left.left가 모두 블랙이고, 동시에 n.right.left가 레드이면, n.right.left의 레드 link를 왼쪽 방향으로 보낸다.

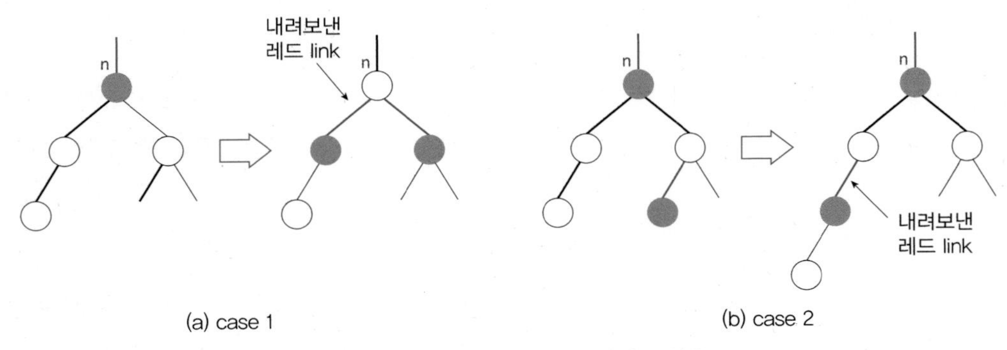

[그림 5-54] 레드 link를 왼쪽 아래로 이동

Case 2는 [그림 5-55]와 같이 일련의 기본 연산을 통해 레드 link를 왼쪽 아래로 내려 보낸다.

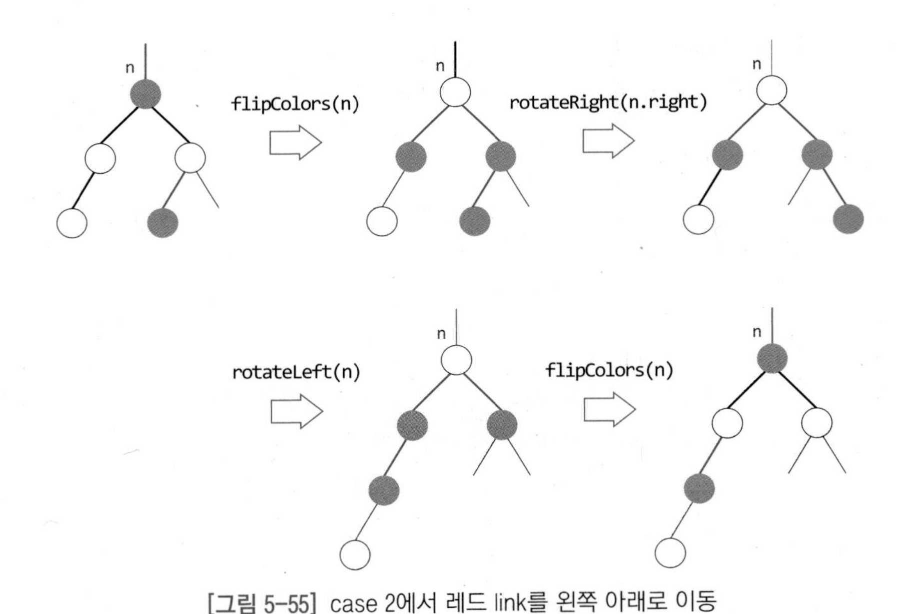

[그림 5-55] case 2에서 레드 link를 왼쪽 아래로 이동

다음은 위의 두 가지 경우를 모두 고려한 moveRedLeft() 메소드이다. Case 1과 2의 공통된 첫 연산은 flipColors이다. Case 2는 세 개의 연산(line 04~06)이 추가로 필요하다.

```
01 private Node moveRedLeft(Node n) {
02     flipColors(n);        // case 1과 case 2
03     if (isRed(n.right.left)) {  // case 2
04         n.right = rotateRight(n.right);
05         n = rotateLeft(n);
06         flipColors(n);
07     }
08     return n;
09 }
```

최솟값을 가진 노드를 삭제하는 deleteMin() 메소드는 두 단계로 구성된다. deleteMin()에서 deleteMin(Node n)을 호출하고, moveRedLeft를 필요에 따라 수행하여 레드 노드가 된 최솟값을 가진 노드를 삭제한 후, 루트까지 다시 올라가며, fixUp() 메소드를 호출하여 레드 블랙 트리 규칙에 맞도록 트리를 수정한다.

```
01 public void deleteMin() { // 최솟값 삭제
02     root = deleteMin(root);
03     root.color = BLACK;
04 }
05 private Node deleteMin(Node n) {
06     if (n.left == null)  return null;
07     if (!isRed(n.left) && !isRed(n.left.left))
08         n = moveRedLeft(n);
09     n.left = deleteMin(n.left);
10     return fixUp(n);
11 }
```

deleteMin() 메소드의 line 06에서 (n.left == null)이면 노드 n이 최솟값을 가진 노드인 것으로, 이때 단순히 null을 반환한다. 그 이유는 노드 n이 레드 노드로 만들어졌기 때문에, 왼쪽 자식이 null인 상태에서 오른쪽 자식이 존재할 수 없기 때문이다. 만일 오른쪽 자식이 있다고 가정하면, 이 오른쪽 자식은 블랙 혹은 레드여야 한다. 하지만 오른쪽 자식

이 블랙이면 동일 블랙 link 수 규칙을 위반하고, 레드 노드라면 레드 link 좌편향 규칙에 어긋나므로 어떤 경우에도 LLRB 규칙을 만족하지 못한다. 다음의 fixUp() 메소드는 레드 블랙 트리 규칙에 어긋난 부분을 수정한다.

```
01  private Node fixUp(Node n) {
02      if (isRed(n.right)) n = rotateLeft(n);
03      if (isRed(n.left) && isRed(n.left.left))  n = rotateRight(n);
04      if (isRed(n.left) && isRed(n.right))  flipColors(n);
05      return n;
06  }
```

예제 [그림 5-56](a)에서 루트 (50)으로부터 deleteMin()을 호출하여 line 07의 조건이 만족되므로 moveRedLeft(50)을 수행한다. moveRedLeft() 메소드의 line 02에서 flipColors(50)을 수행한 결과가 (b)이다. moveRedLeft()의 line 03의 조건문이 false가 되므로, 다시 deleteMin()의 line 09에서 deleteMin(30)으로 순환 호출이 발생한다. 그다음 과정은 앞서 설명한 루트에 대한 수행과 동일하다. 이때 flipColors(30)과 flipColors(20)이 수행되어 (c)와 (d)를 차례로 얻게 된다. (d)에서 최솟값 (10)을 가진 노드가 레드로 바뀌게 되고, 이에 따라 deleteMin()의 line 06에서 null을 반환하여 (e)를 얻는다. 참고로 최솟값 10을 가진 노드는 프로그램에서 더 이상 사용되지 않으므로 자바의 가비지 컬렉터에 의해 메모리 재사용을 위해 처리된다. 이제부터는 루트까지 다시 올라가며 deleteMin()의 line 10에서 fixUp() 메소드를 호출하여 레드 블랙 트리 규칙에 어긋난 부분을 수정한다. 이 예제에서는 20, 30, 50에서 rotateLeft()를 차례로 수행하여 최종적으로 (f)를 얻는다.

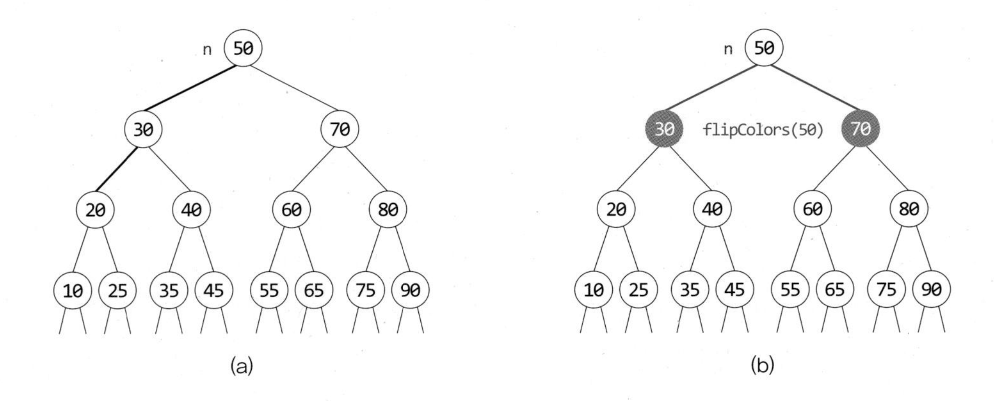

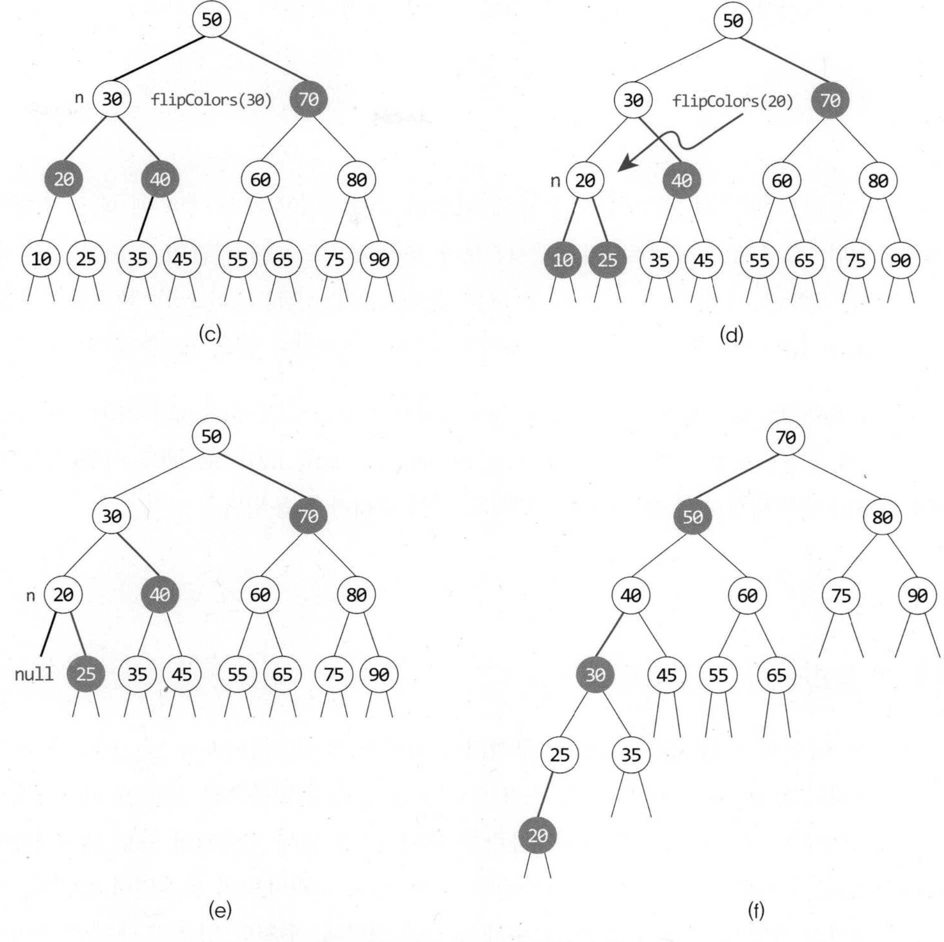

[그림 5-56] deleteMin() 메소드가 수행되는 과정

| 수행 시간 |

레드 블랙 트리에서 삽입과 삭제 연산은 공통으로 루트부터 탐색을 시작하여 이파리까지 내려가고, 다시 루트까지 거슬러 올라온다. 트리를 한 층 내려갈 때나 올라갈 때에 수행되는 연산은 각각 O(1) 시간밖에 소요되지 않으므로 삽입과 삭제 연산의 수행 시간은 각각 레드 블랙 트리의 높이에 비례한다.

n개의 노드를 가진 레드 블랙 트리의 높이 h는 $2\log n$보다 크지 않다. 루트로부터 이파리까지 블랙 link 수가 동일하므로 레드 노드가 없는 경우에는 $h = \log n$이며, 레드 노드가

최대로 많이 트리에 있는 경우에도 레드 link가 연속해서 존재할 수 없으므로 $h \le 2\log n$ 이다.

| 응용 |

레드 블랙 트리는 반드시 제한된 시간 내에 연산이 수행되어야 하는 경우에 매우 적합한 자료구조이다. 실제 응용사례로는 logn 시간보다 조금이라도 오랜 시간이 소요될 경우 매우 치명적인 상황을 초래할 수 있는 항공 교통 관제(Air Traffic Control), 핵발전소의 원자로(Nuclear Reactor) 제어, 심장박동 조정장치(Pacemakers) 등을 들 수 있다.

또한 레드 블랙 트리는 자바의 java.util.TreeMap과 java.util.TreeSet의 기본 자료구조로 사용되며, C++ 표준 라이브러리인 map, multimap, set, multiset에도 사용되고, 리눅스(Linux) 운영체제의 스케줄러에서도 레드 블랙 트리가 활용된다.

5.5 B-트리

B-트리[10]는 다수의 키를 가진 노드로 구성되어 다방향 탐색(Multiway Search)이 가능한 균형 트리이다. Part 5.3에서 다룬 2-3 트리는 B-트리의 일종으로 노드에 키가 2개까지 있을 수 있는 트리이다. B-트리는 대용량의 데이터[11]를 위해 고안되어 주로 데이터베이스(Database)의 기본 자료구조로써 활용된다. 예를 들어 우리나라의 운전면허 소지자, 이동 통신 서비스 가입자, 납세자 등은 그 수가 수천만 명인데, 수천만 명분의 대용량 데이터는 아무리 균형을 잘 유지하는 이진 트리를 사용해도 감당하기 어려울 정도의 양이다.

핵심 아이디어

노드에 수백에서 수천 개의 키를 저장하여 트리의 높이를 낮추자.

다음은 차수(Order)가 M인 B-트리의 정의이다. 여기서 M은 2보다 큰 정수로서 트리 노드의 최대 자식 수를 의미한다.

10) Bayer와 McCreight가 1972년에 고안한 트리 자료구조이다.

11) 이진 트리 형태의 자료구조는 대용량의 데이터 처리에 효율적이지 못하다.

정의

차수가 M인 B-트리는 다방향 탐색 트리로서
- 모든 이파리는 동일한 깊이를 갖는다.
- 루트가 아닌 각 노드의 자식 수는 $\lceil M/2 \rceil$ 이상 M 이하이다.
- 루트의 자식 수는 2 이상이다.

차수가 M인 B-트리의 노드는 [그림 5-57]과 같이 최대 M-1개의 키를 저장할 수 있고, 최대 M개의 서브트리를 가질 수 있다. 노드의 키들은 정렬되어있고, 즉 $k_1 < k_2 < \cdots < k_{M-2} < k_{M-1}$ 이고, 서브트리 T_i 에 있는 키들은 k_i 와 k_{i+1} 사잇값을 가진다. 단, T_0 에 있는 키들은 k_i 보다 작고, T_{M-1} 의 키들은 k_{M-1} 보다 크다.

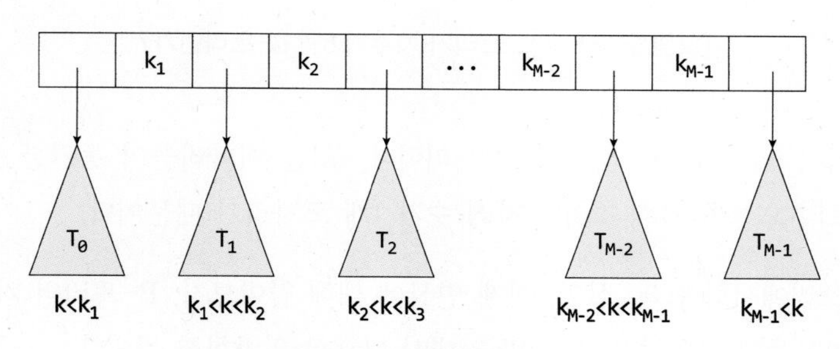

[그림 5-57] B-트리의 노드

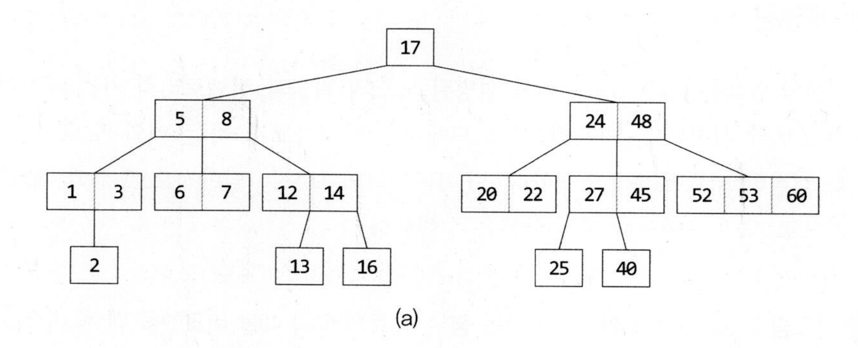

(a)

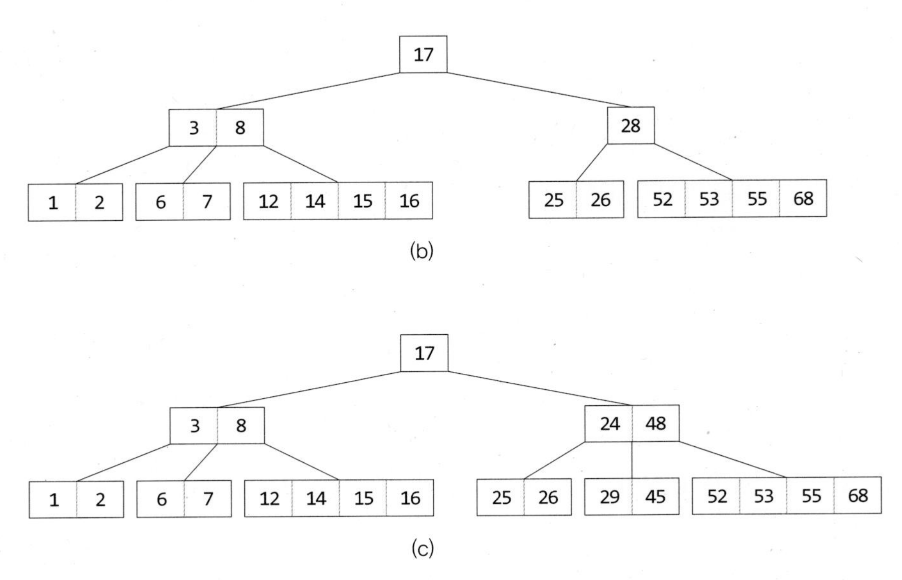

[그림 5-58] 어느 트리가 차수가 5인 B-트리인가?

[그림 5-58]에서 (c)만이 차수가 5인 B-트리이다. (a)는 이파리들이 동일한 층에 있지 않고, (b)는 루트의 오른쪽 자식 [28]의 자식 수가 1개 모자라기 때문이다.

다음으로 B-트리에서의 탐색, 삽입, 삭제 연산에 대해 알아보자. B-트리의 기본 연산들은 2-3 트리의 연산들과 동일하고, 차수만 3 대신 M으로 일반화한 것이다.

5.5.1 탐색 연산

B-트리에서의 탐색은 [그림 5-57]에서 설명된 노드의 키들과 서브트리의 키들과의 관계에 따라 루트로부터 시작된다. 방문한 각 노드에서는 탐색하고자 하는 키와 노드의 키들을 비교하여, 적절한 서브트리를 탐색한다. 단, B-트리의 노드는 일반적으로 수백 개가 넘는 키를 가지므로 각 노드에서는 이진 탐색을 수행한다.

예제 [그림 5-59](a)에서 40을 탐색하는 경우, 루트의 50과 40을 비교했을 때, 40이 작으므로 루트의 왼쪽 서브트리로 내려간다. 다음으로 40을 10과 25와 비교한 후 25의 오른쪽 서브트리로 내려가서, 30, 35를 비교한 후에 40을 찾는다.

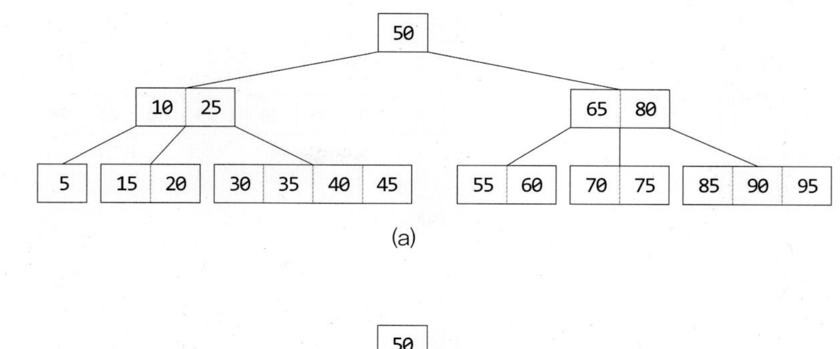

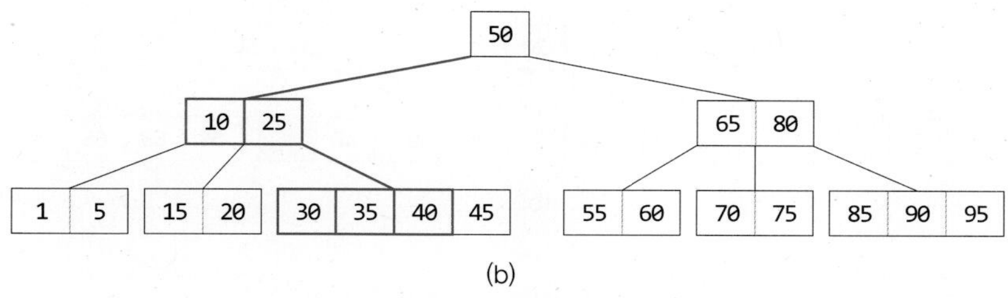

[그림 5-59] 40을 탐색하는 과정

5.5.2 삽입 연산

B-트리에서의 삽입은 탐색과 동일한 과정을 거쳐 새로운 키가 저장되어야 할 이파리를 찾는다. 이때 이파리에 새 키를 수용할 공간이 있다면, 노드의 키들이 정렬 상태를 유지하도록 새 키를 삽입한다. 하지만 이파리가 이미 M−1개의 키를 가지고 있으면, 이 M−1개의 키들과 새로운 키 중에서 중간값이 되는 키(중간키)를 부모로 올려 보내고, 남은 M−1개의 키들을 반씩 나누어 각각 별도의 노드에 저장한다. 이러한 과정을 분리(Split) 연산이라고 한다.

예제 [그림 5-60](a)의 차수가 5인 B-트리에 45를 삽입하여 보자. 루트에서 45가 20과 50의 사잇값이므로 [25, 30, 35, 40]을 가진 이파리에 도달한다. 그러나 이 노드는 이미 4개의 키를 가지고 있어서 45를 수용할 수 없다. 따라서 (b)와 같이 분리 연산을 통해 25, 30, 35, 40, 45 중에서 중간키인 35를 부모인 루트로 올려보낸다.
이때 루트도 이미 4개의 키를 가지고 있어서 35를 수용할 수 없다. 따라서 다시 분리 연산을 수행하여 5, 10, 20, 35, 50 중에서 중간키인 20을 부모로 올려보낸다. 그러나 루트의 부모는 없으므로, (c)와 같이 새로운 루트를 생성하여 20을 저장하고 이전 루트를 두 개로 분리한다. B-트리의 높이는 이처럼 루트가 분리되어 새 루트가 만들어질 때만 1 증가한다.

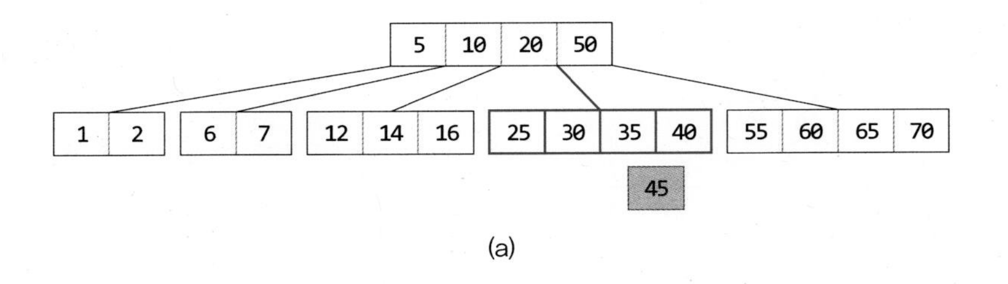

(a)

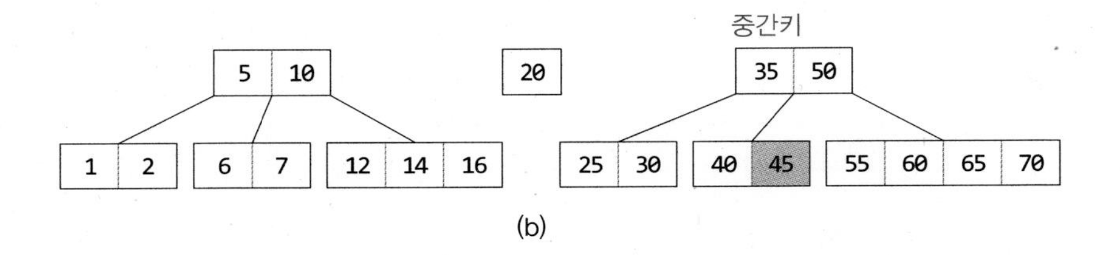

(b)

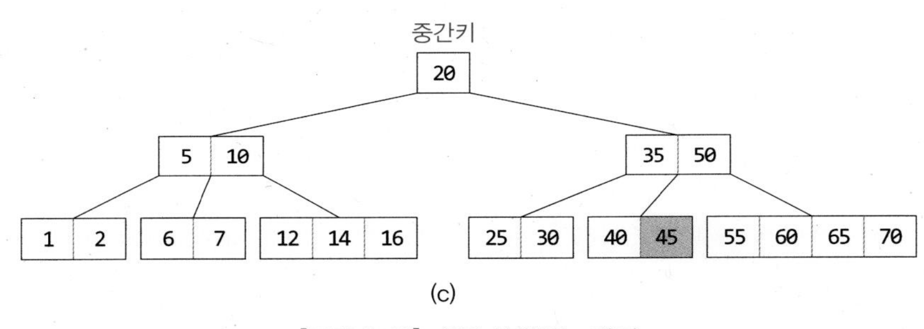

(c)

[그림 5-60] 45를 삽입하는 과정

5.5.3 삭제 연산

B-트리에서의 삭제는 항상 이파리에서 이루어진다. 만약 삭제할 키가 속한 노드가 이파리가 아니면, 이진 탐색 트리의 삭제와 유사하게 중위 선행자나 중위 후속자를 삭제할 키와 교환한 후에 이파리에서 삭제를 수행한다. 2-3 트리에서와같이 삭제는 이동(Transfer) 연산과 통합(Fusion) 연산을 사용한다.

이동 연산: 이파리에서 키가 삭제된 후에 키의 수가 $\lceil M/2 \rceil - 1$보다 작으면, 자식 수가 $\lceil M/2 \rceil$보다 작으므로 B-트리 조건을 위반한다. 이 경우, underflow가 발생하였다고 한다. 이동 연산은 underflow가 발생한 노드의 좌우의 형제들 중에서 도움을 줄 수 있는 노드로부터 1개의 키를 부모 노드를 통해 이동시킨다.

예제 1 [그림 5-61](a)에서 5를 삭제해보자. 먼저 루트로부터 5를 탐색하고 5의 중위 후속자인 6을 찾아 5와 6을 교환한다(b). 그리고 5를 이파리에서 삭제하면 underflow가 발생한다. 이때 underflow가 발생한 노드의 왼쪽 형제는 도움을 줄 수 없다. 이는 1개의 키를 이동하여 도와주면 자신이 underflow가 되기 때문이다. 하지만 오른쪽 형제는 이동 연산이 가능하므로 (c)와 같이 12를 부모로 올려보내어 10의 자리에 저장하고, 부모의 10을 5가 삭제된 노드에 저장하여 삭제 연산을 마친다.

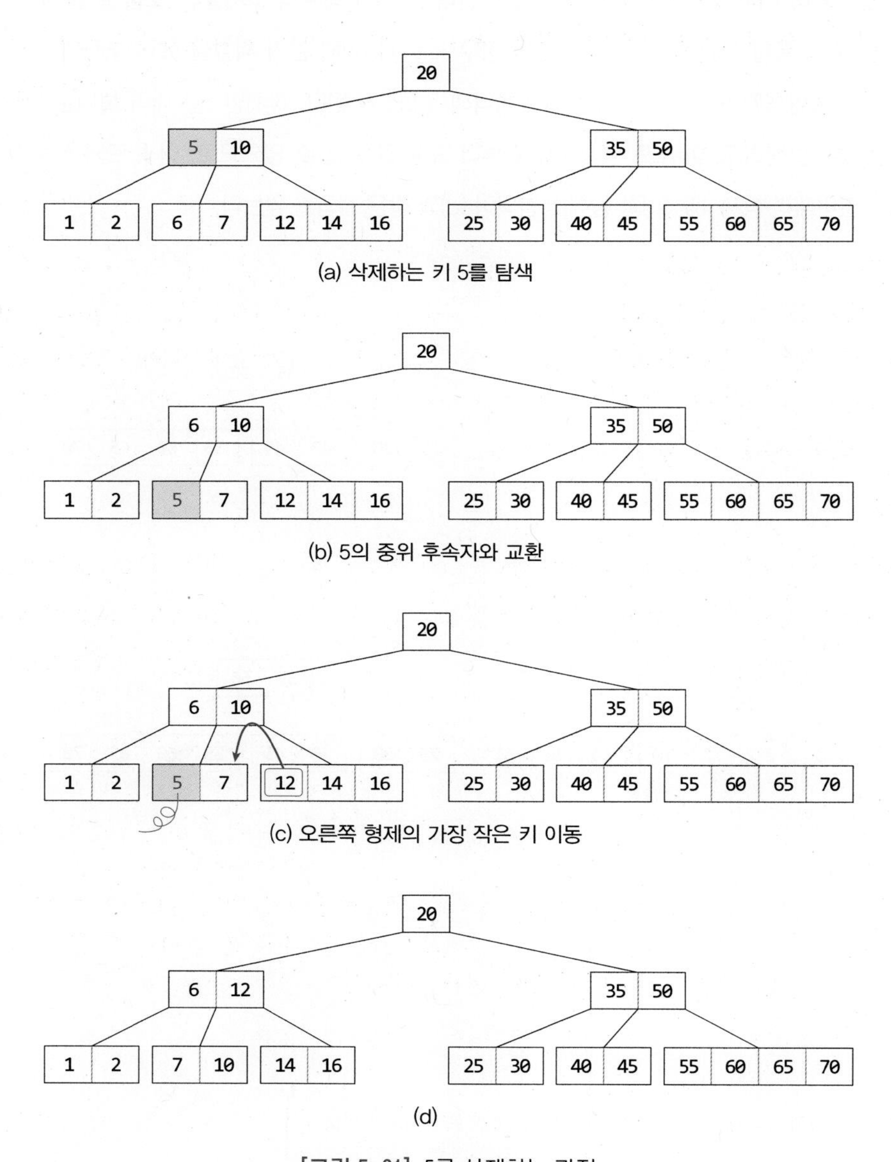

[그림 5-61] 5를 삭제하는 과정

통합 연산: 키가 삭제된 후 underflow가 발생한 노드 x에 대해 이동 연산이 불가능한 경우, 노드 x와 그의 형제를 1개의 노드로 통합하고, 노드 x와 그의 형제의 분기점 역할을 하던 부모 노드에 있는 키를 통합된 노드로 끌어내리는 연산을 수행하는데, 이를 통합 연산이라고 한다.

예제 2 [그림 5-62]의 차수가 5인 B-트리 (a)에서 7을 삭제해보자. 7이 삭제된 이파리에는 1개의 키만이 남아 (b)에서처럼 underflow가 발생한다. 그러나 좌우의 형제들이 '도움'을 줄 수 없으므로 (c)와 같이 통합 연산을 수행한다. (c)의 경우 노드 [1, 2]와 분기 역할을 했던 부모의 5, 그리고 underflow가 발생된 노드 [10]이 통합되어 하나의 노드[12]가 된다. 하지만 5를 내려 보내준 부모에도 underflow가 발생하고, 이 노드 역시 형제로부터 '도움'을 받을 수 없으므로, 이 노드의 부모인 루트의 20을 끌어내려 형제 [35, 50]과 함께 통합되어 (d)와 같은 결과를 얻는다.

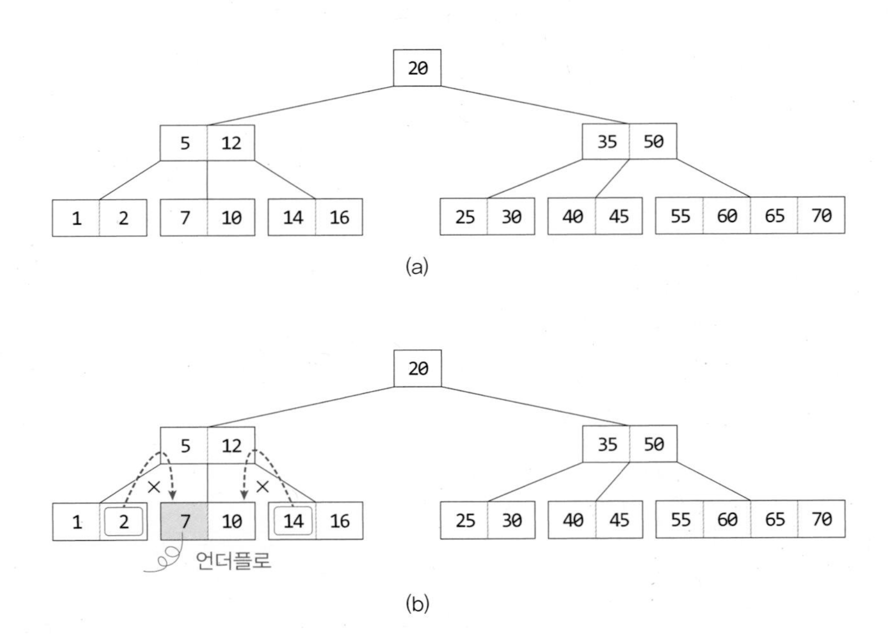

12) 오른쪽의 형제 [14, 16]과 통합하여 [10, 12, 14, 16]으로 되어도 무방하다.

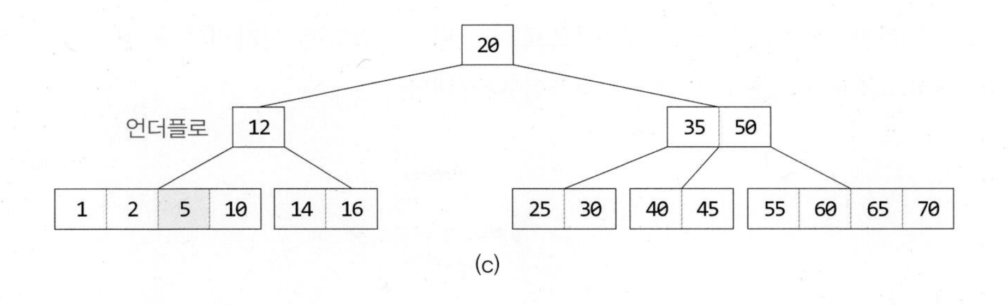

(c)

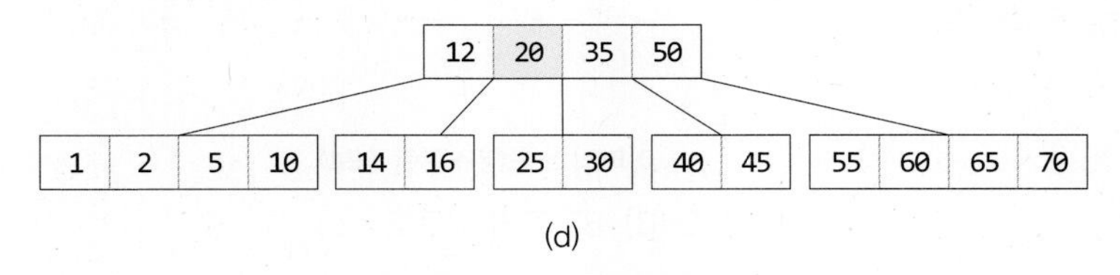

(d)

[그림 5-62] 7을 삭제하는 과정

B-트리의 높이는 이처럼 루트가 없어지고 루트에 홀로 남아있던 키와 루트의 자식들이 통합될 때만 1 감소한다.

5.5.4 B-트리의 확장

B*-트리와 B^+-트리는 B-트리를 개선한 대표적인 자료구조이다. B*-트리[13]는 B-트리로서 루트를 제외한 다른 노드의 자식 수가 2/3M~M이어야 한다. 즉, 각 노드에 적어도 2/3 이상이 키들로 채워져 있어야 한다. B-트리가 루트가 아닌 노드에 약 1/2 이상이 키들로 채워져 있어야 하는 조건을 가지므로 B*-트리는 노드의 공간을 B-트리보다 효율적으로 활용하는 자료구조이다.

B^+-트리[14]는 실세계에서 가장 널리 활용되는 B-트리로서, 오히려 B^+-트리를 B-트리라고 부르기도 한다. 처음 제안된 B-트리에서는 노드에 키와 키에 관련된 정보를 저장하고 있는 '레코드'를 가리키는 포인터(레퍼런스) 쌍인 인덱스(Index)를 저장한다. 즉, 노드에는 키와 관련된 실제 정보가 저장되지 않는다. 반면에 B^+-트리는 키들만으로 가지고 B-트리를 만들고, 이파리에 키와 관련 정보를 저장한다. 즉, 키들로 구성된 B-트리는 탐색, 삽입, 삭제 연산을 위해 관련된 이파리를 빠르게 찾을 수 있도록 안내해주는 역할만을 수행한다.

13) Knuth가 그의 저서인 The Art of Computer Programming(1998)에서 제안하였다.
14) Comer가 1979년에 제안하였다.

또한 B^+-트리는 전체 레코드를 순차적으로 접근할 수 있도록 이파리들을 연결 리스트로 구현한다. [그림 5-63]은 B^+-트리의 구조를 나타낸다.

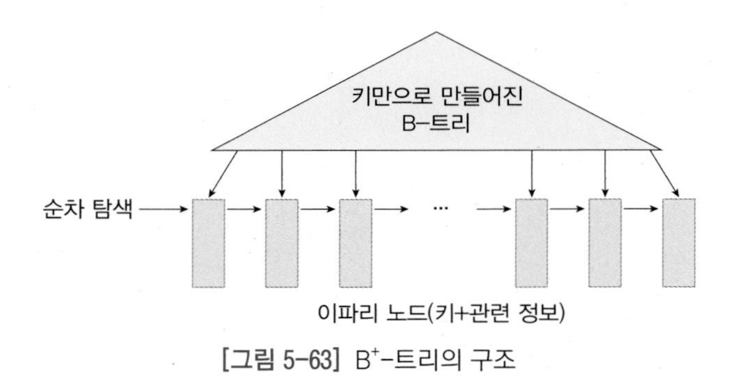

[그림 5-63] B^+-트리의 구조

| 성능 분석 |

B-트리에서 탐색, 삽입, 삭제하는 연산은 공통으로 루트부터 탐색을 시작하여 최악의 경우에 이파리까지 내려가고, 삽입과 삭제 연산은 다시 루트까지 거슬러 올라가야 한다. 트리에서 분리 연산, 이동 연산, 통합 연산은 각각 주변의 몇 개의 노드만 관련되어 수정되므로 각각은 O(1) 시간밖에 걸리지 않는다. 따라서 삽입이나 삭제 연산의 수행 시간은 각각 B-트리의 높이에 비례한다. 차수가 M이고 키의 개수가 n인 B-트리의 최대 높이는 각 노드가 M/2개의 자식을 가지고 있을 때이다. 이때 B-트리의 높이는 $O(\log_{M/2} n)$이다.

그러나 B-트리는 키들의 비교 횟수보다 몇 개의 디스크 페이지(블록)를 메인 메모리로 읽혀들이는지가 더 중요하다. 따라서 B-트리의 최고 성능을 위해선 1개의 노드가 1개의 디스크 페이지에 맞도록 차수 M을 설정해야한다. 이는 디스크와 메인 메모리 사이의 블록 이동(Transfer) 수를 최소화하기 위해서이다. 디스크 블록의 크기는 보통 4K이나, 시스템에 따라 8K, 16K 바이트 등으로 정한다. 실제로 사용되는 B-트리는 M의 크기를 수백에서 수천으로 사용한다. 예를 들어 M = 200이고 n = 1억이라면 B-트리의 연산은 4개의 디스크 블록만 메인 메모리로 읽어 들이면 처리할 수 있다. 또한 성능 향상을 위해 루트는 항상 메인 메모리에 상주시키는 것이 바람직하다.

| 응용 |

B-트리, B^{+}-트리는 대용량의 데이터를 저장하고 유지하는 다양한 데이터베이스 시스템의 기본 자료구조로 활용되고 있다. 실제로, Windows 운영체제의 파일 시스템인 HPFS(High Performance File System), 매킨토시 운영체제의 파일 시스템인 HFS(Hierarchical File System)과 HFS+, 리눅스 운영체제의 파일 시스템인 ReiserFS, XFS, Ext3FS, JFS에 사용되고, 상용 데이터베이스인 ORACLE, DB2, INGRES와 오픈소스 DBMS인 PostgreSQL에서도 사용된다.

[100 Doors] 어느 문이 열려 있을까?

초기에 모두 닫혀 있는 100개의 문을 100회에 걸쳐 다음과 같이 토글(toggle)한다. 즉, 문이 열려 있으면 닫고, 닫혀 있으면 연다.

1회: 모든 문을 toggle한다.
2회: 모든 2의 배수되는 문을 toggle한다. 즉, 2, 4, 6, …, 100문을 toggle한다.
3회: 모든 3의 배수되는 문을 toggle한다. 즉, 3, 6, 9, …, 99문을 toggle한다.
⋮
100회: 100번 문을 toggle한다.
100회 시도 후 열려 있는 문은?

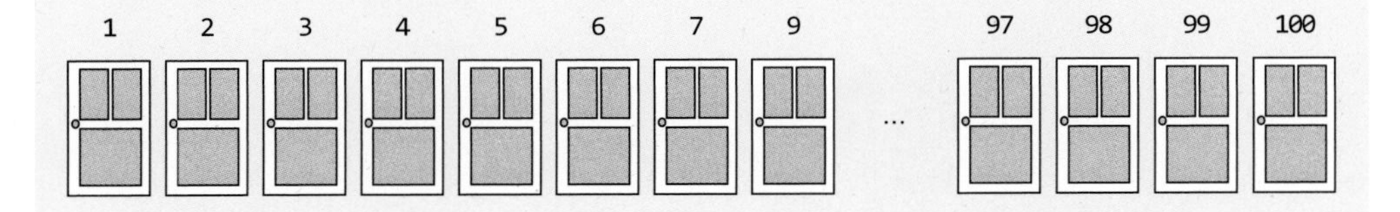

답

짝수 회 toggle하면 문은 닫힌 상태가 된다. 예를 들어 45번 문은 1, 3, 5, 9, 15, 45회 때 toggle되므로 닫힌 상태가 된다. 즉, 45의 약수의 개수(자신인 45 포함)가 짝수 개이기 때문이다.

그런데 16번 문을 살펴보면 1, 2, 4, 8, 16회에 toggle되므로 열린 상태가 된다. 이는 16 = 4*4이므로 1개의 약수가 중복되어 있기 때문이다.

따라서 약수가 중복되는, 즉 k^2이 되는 수인 4, 9, 16, 25, 36, 49, 64, 81, 100문은 열린 상태가 된다. 단, k = 2, 3, 4, ..., 10이다.

요약

- 이진 탐색 트리는 이진 탐색의 개념을 트리 형태의 구조에 접목시킨 자료구조이다.
- 이진 탐색 트리는 이진 트리로서 각 노드 n의 키가 n의 왼쪽 서브트리에 있는 노드들의 키들보다 크고, n의 오른쪽 서브트리에 있는 노드들의 키들보다 작다.
- 이진 탐색 트리의 삭제는 삭제할 노드가 자식이 없는 경우, 하나인 경우, 둘인 경우로 나누어진다. 자식이 둘인 경우는 중위 후속자(또는 중위 선행자)를 삭제할 노드로 이동하여 삭제를 수행한다.
- 이진 탐색 트리 탐색, 삽입, 삭제 연산의 수행 시간은 각각 트리 높이에 비례한다.
- AVL 트리는 임의의 노드 x에 대해 노드 x의 왼쪽 서브트리의 높이와 오른쪽 서브트리의 높이 차이가 1을 넘지 않는 이진 탐색 트리이다.
- AVL 트리는 트리가 한쪽으로 치우쳐 자라나는 것을 LL, LR, RR, RL-회전 연산을 통해 조절하여 트리 높이의 균형을 유지하는 이진 탐색 트리이다.
- AVL 트리의 탐색, 삽입, 삭제 연산의 수행 시간은 각각 $O(\log n)$이다.
- 2-3 트리는 내부 노드의 차수가 2 또는 3인 완전 균형 탐색 트리이다. 삽입에는 분리 연산을 사용하고, 삭제에는 이동 연산과 통합 연산을 사용하여 트리의 완전한 균형을 유지한다.
- 2-3 트리의 탐색, 삽입, 삭제 연산의 수행 시간은 각각 트리의 높이에 비례하므로 $O(\log n)$이다.
- 2-3-4 트리는 2-3 트리를 확장한 트리로 4-노드까지 허용한다. 2-3 트리보다 높이가 낮아서 보다 빠른 탐색, 삽입, 삭제 연산이 수행된다. 2-3-4 트리의 각 연산의 수행 시간은 2-3 트리의 경우와 동일한 $O(\log n)$이다.
- 2-3-4 트리에서는 루트로부터 이파리로 한 번만 내려가며 미리 분리 또는 통합 연산을 수행하는 효율적인 삽입 및 삭제를 할 수 있다.
- 레드 블랙 트리는 노드의 색을 이용하여 트리의 균형을 유지하며, 탐색, 삽입, 삭제 연산의 수행 시간이 각각 $O(\log n)$을 넘지 않는 매우 효율적인 자료구조이다.
- 좌편향 레드 블랙 트리는 삽입이나 삭제 시 고려해야 하는 경우의 수가 매우 적고 프로그램의 길이도 일반 레드 블랙 트리 프로그램의 1/5 정도에 불과하다.
- n개의 노드를 가진 레드 블랙 트리의 높이 h는 $2\log n$보다 크지 않다. 탐색, 삽입, 삭제의 수행 시

간은 각각 트리의 높이에 비례하므로 O(logn)이다.

- B-트리는 다수의 키를 가진 노드로 구성되어 다방향 탐색이 가능한 완전 균형 트리이다.
- 차수가 M인 B-트리는 모든 이파리는 동일한 깊이를 갖고, 각 내부 노드의 자식 수는 $\lceil M/2 \rceil$ 이상 M 이하이며, 루트의 자식 수는 2 이상이다.
- B-트리의 삽입과 삭제는 2-3 트리와 같이 분리, 이동, 통합 연산을 사용한다.
- B*-트리는 B-트리로서 루트를 제외한 다른 노드의 자식 수가 2/3M~M이어야 한다. B*-트리는 노드의 공간을 B-트리보다 효율적으로 활용하는 자료구조이다.
- B^+-트리는 키들만을 가지고 B-트리를 만들고, 이파리에 키와 관련 정보를 저장한다.
- B-트리는 몇 개의 디스크 페이지(블록)를 메인 메모리로 읽어 들이는지가 더 중요하므로 1개의 노드가 1개의 디스크 페이지에 맞도록 차수 M을 설정한다.

연습문제

5.1 다음 중 이진 탐색 트리에 관한 설명 중 옳지 않은 것은?

① 이진 탐색의 개념을 이진 트리 형태의 구조에 접목한 자료구조이다.

② 이차원 형태의 자료구조이다.

③ 정렬되지 않은 배열에서 항목을 탐색하는 수행 시간보다 일반적으로 빠르다.

④ 각 노드 n에 있는 키는 n의 왼쪽 서브트리에 있는 키와 같거나 크고 오른쪽 서브트리에 있는 키보다 작다.

⑤ 답 없음

5.2 다음 중 이진 탐색 트리에 관한 설명 중 옳지 않은 것은?

① 왼쪽 자식에 있는 키는 부모의 키보다 작다.

② 오른쪽 자식에 있는 키는 부모의 키보다 크다.

③ 각 노드의 왼쪽과 오른쪽 서브트리도 각각 이진 탐색 트리이다.

④ 중위 순회를 수행하면 노드의 키들이 감소 순으로 정렬된다.

⑤ 답 없음

5.3 다음 중 이진 탐색 트리의 탐색 연산에 관한 설명 중 옳은 것은?

① 일반적인 이진 트리에서 탐색하는 것과 같다.

② 탐색 중에 null이 발견되면 null의 부모의 다른 자식에서 탐색을 계속한다.

③ 루트로부터 탐색을 시작하여 다시 루트를 방문할 수도 있다.

④ 탐색할 키가 트리에 없으면 마지막엔 반드시 null에 도달한다.

⑤ 답 없음

5.4 다음 중 이진 탐색 트리에서 노드의 키가 정렬된 결과를 주는 순회는?

① 전위 순회

② 중위 순회

③ 후위 순회

④ 레벨 순회

⑤ 답 없음

5.5 다음 중 이진 탐색 트리의 삽입 연산에 관한 설명 중 옳지 않은 것은?

① 트리에 없는 새 키는 반드시 이파리로 삽입된다.

② 루트로부터 새 키를 삽입할 곳을 탐색해야 한다.

③ empty가 아닌 트리에서 새로 삽입한 노드의 부모는 새 노드의 키보다 큰 키를 가지고 있다.

④ 삽입하려는 키가 이미 트리에 있으면 새 노드를 만들지 않고 키에 관련된 정보만 갱신할 수도 있다.

⑤ 답 없음

5.6 다음 중 이진 탐색 트리의 최솟값 찾기 연산에 관한 설명 중 옳은 것은? 단, 트리는 2개 이상을 노드를 가지며, 트리에 있는 키들은 서로 다르다.

① 최솟값이 루트에 있는 경우는 없다.

② 최솟값은 내부 노드에 있을 수도 있다.

③ 루트로부터 계속해서 오른쪽으로 내려가야 최솟값을 가진 노드를 찾는다.

④ 최솟값을 가진 노드의 부모는 두 번째로 작은 키를 가진다.

⑤ 답 없음

5.7 다음 중 이진 탐색 트리의 최솟값 삭제 연산에 관한 설명 중 옳지 않은 것은? 단, 트리는 2개 이상을 노드를 가지며, 트리에 있는 키들은 서로 다르다.

① 최솟값을 가진 노드를 찾아야 한다.

② 최솟값을 가진 노드의 부모와 최솟값을 가진 노드의 오른쪽 자식을 연결한다.

③ 최솟값을 가진 노드의 왼쪽 자식은 항상 null이다.

④ 최솟값을 가진 노드를 찾은 후 그 노드의 부모는 루트로부터 다시 찾아야 한다.

⑤ 답 없음

5.8 다음 중 이진 탐색 트리의 삭제 연산에 관한 설명 중 옳지 않은 것은?

① 삭제될 노드가 이파리이면 부모가 삭제할 노드를 가리키던 레퍼런스를 null로 만든다.

② 삭제될 노드가 왼쪽 자식만 갖고 있으면 부모가 삭제할 노드를 가리키던 레퍼런스를 그 왼쪽 자식을 가리킨다.

③ 삭제될 노드가 오른쪽 자식만 갖고 있으면 부모가 삭제할 노드를 가리키던 레퍼런스를 그 오른쪽 자식을 가리킨다.

④ 삭제될 노드가 두 자식을 가지면 두 자식 중 하나를 삭제할 노드로 옮긴다.

⑤ 답 없음

5.9 n개의 노드를 가진 이진 탐색 트리에서 루트의 중위 선행자(Inorder Predecessor)를 찾는데 소요되는 수행 시간은? 단, n은 트리의 노드 수이고, $n > 0$이다.

① O(1) ② O(logn) ③ O(n)

④ O(nlogn) ⑤ $O(n^2)$

5.10 n개의 노드를 가진 이진 탐색 트리에서 탐색, 삽입, 삭제 연산의 최악 경우와 평균 경우 수행 시간은? 단, n은 트리의 노드 수이고, $n > 0$이다.

① O(1), O(logn) ② O(nlogn), O(n)

③ O(n), O(logn) ④ $O(n^2)$, O(n)

⑤ $O(n^2)$, O(nlogn)

5.11 n개의 노드를 가진 완전 이진 트리로부터 완전 이진 탐색 트리를 만드는데 소요되는 수행 시간은? 단, n은 트리의 노드 수이고, $n > 0$이다.

① O(1) ② O(logn) ③ O(n)

④ O(nlogn) ⑤ $O(n^2)$

5.12 센서로부터 출력되는 n개의 정수(키)를 초기에 empty인 이진 탐색 트리에 삽입하는데 소요되는 수행 시간은? 단, 센서에서 출력되는 정수들은 균등 분포(Uniform Distribution)를 갖는다. 단, $n > 0$이다.

① O(1) ② O(logn) ③ O(n)

④ O(n logn) ⑤ $O(n^3)$

5.13 초기에 empty인 이진 탐색 트리에 60, 10, 30, 50, 80, 70, 90 순으로 삽입한 결과 트리의 높이는?

① 3 ② 4 ③ 5

④ 6 ⑤ 답 없음

5.14 초기에 empty인 이진 탐색 트리에 40, 60, 20, 30, 10, 80, 50, 90, 70 순으로 삽입한 결과 트리에서 루트의 왼쪽 서브트리에 있는 노드 수는?

① 2　　② 3　　③ 4
④ 5　　⑤ 답 없음

5.15 초기에 empty인 이진 탐색 트리에 40, 60, 20, 30, 10, 80, 50, 90, 70 순으로 삽입한 결과 트리에 있는 이파리 수는?

① 5　　② 6　　③ 7
④ 8　　⑤ 답 없음

5.16 다음의 이진 탐색 트리에서 네 번째로 작은 키를 가지 노드는? 단, 모든 키는 서로 다르다.

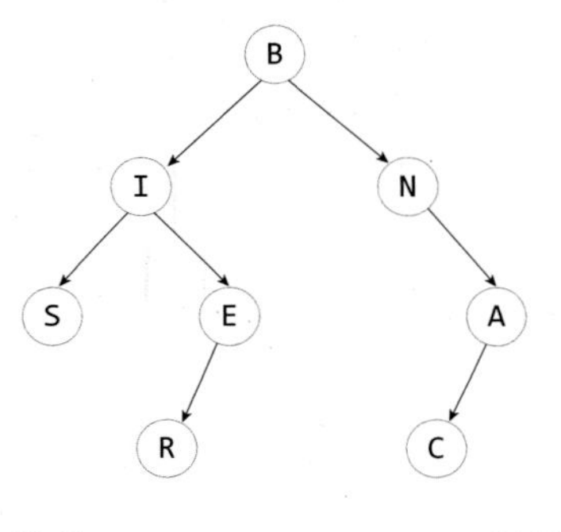

① S　　② E　　③ A
④ R　　⑤ 답 없음

5.17 10, 20, 30, 40, 50, 60, 70, 80을 가지고 있는 이진 탐색 트리에서 전위 순회를 수행하여 얻을 수 있는 결과는?

① 50, 30, 20, 40, 10, 60, 70, 80
② 50, 30, 10, 20, 60, 40, 70, 80
③ 50, 30, 20, 10, 40, 70, 80, 60
④ 50, 30, 20, 10, 40, 70, 60, 80
⑤ 답 없음

5.18 이진 탐색 트리에서 55를 가진 노드를 탐색하려고 한다. 루트로부터 55를 찾을 때까지 노드를 방문한 순서로 잘못된 것은? [힌트: 방문 순서는 이진 탐색 트리에서 수행되어야만 한다.]

① 90, 70, 10, 20, 30, 55

② 20, 90, 30, 70, 40, 55

③ 90, 80, 70, 20, 30, 55

④ 10, 90, 30, 70, 20, 55

⑤ 답 없음

5.19 다음 중 AVL 트리에 관한 설명 중 옳지 <u>않은</u> 것은?

① 트리가 치우쳐 자라나는 것을 방지하는 균형 탐색 트리이다.

② 네 종류의 회전 연산을 사용한다.

③ 각 노드에 대해 왼쪽 서브트리와 오른쪽 서브트리의 높이 차이가 1 이하인 트리이다.

④ 노드에 키를 2개까지 저장할 수 있다.

⑤ 답 없음

5.20 다음 중 AVL 트리에 대해 옳게 설명한 것을 고르라.

① 균형 이진 탐색 트리이다.

② 이진 힙의 일종이다.

③ 2-3 트리이다.

④ 레드 블랙 트리의 일종이다.

⑤ 답 없음

5.21 다음 중 각 노드의 왼쪽과 오른쪽 서브트리의 높이 차이가 1인 자료구조는?

① 이진 탐색 트리

② 스레드 이진 트리

③ AVL 트리

④ 레드 블랙 트리

⑤ 답 없음

5.22 다음 중 AVL 트리의 삽입 연산에 관한 설명 중 옳지 <u>않은</u> 것은?

① 이진 탐색 트리의 삽입 연산과 같이 새 노드를 삽입한 후에 회전 연산을 통해 트리의 불균형을 처리한다.

② 삽입된 새 노드로부터 루트 방향으로 올라가며 균형이 어긋난 노드를 찾아 회전 연산을 수행한다.

③ 새 노드를 삽입하면 적어도 1회의 회전 연산을 수행한다.

④ 루트를 기준으로도 불균형이 일어날 수 있으므로 루트에 대한 적절한 회전 연산이 필요한 경우도 발생한다.

⑤ 답 없음

5.23 초기에 empty인 AVL 트리에 10, 15, 20을 삽입하면 어떤 회전 연산을 수행해야 하나?

① LL-회전 ② LR-회전 ③ RR-회전
④ RL-회전 ⑤ 답 없음

5.24 초기에 empty인 AVL 트리에 30, 25, 10을 차례로 삽입하면 어떤 회전 연산을 수행해야 하나?

① LL-회전 ② LR-회전 ③ RR-회전
④ RL-회전 ⑤ 답 없음

5.25 초기에 empty인 AVL 트리에 40, 20, 15, 25, 30, 80, 75, 95, 90, 35, 100을 차례로 삽입하였다. 만들어진 AVL 트리의 루트에 있는 키는?

① 15 ② 20 ③ 35
④ 40 ⑤ 70

5.26 문제 5.25에서 만들어진 AVL 트리의 높이는?

① 3 ② 4 ③ 5
④ 6 ⑤ 답 없음

5.27 7개의 노드를 가진 AVL 트리의 최대 높이는?

① 3 ② 4 ③ 5
④ 7 ⑤ 답 없음

5.28 초기에 empty인 AVL 트리에 50, 20, 10, 40, 30, 60을 차례로 삽입했을 때 수행되는 회전 연산 수는?

① 0 ② 1 ③ 2

④ 3 ⑤ 답 없음

5.29 문제 5.28에서 60을 삽입한 후 AVL 트리의 루트에 있는 키는?

① 20 ② 30 ③ 40

④ 50 ⑤ 답 없음

5.30 다음의 AVL 트리에서 A 노드의 자식으로 새 노드가 삽입되면 몇 개의 노드가 불균형이 되는가?

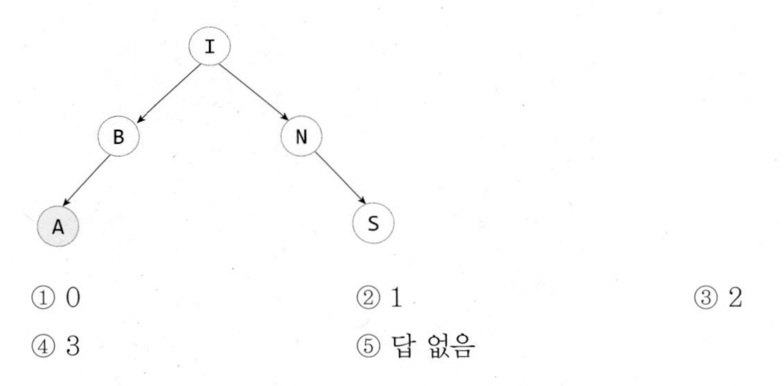

① 0 ② 1 ③ 2

④ 3 ⑤ 답 없음

5.31 다음 중 k개의 서로 다른 키가 주어질 때 회전 연산 없이 AVL 트리에 삽입하는 방법은? 단, k는 2보다 큰 정수이다.

① 주어진 순서대로 삽입한다.

② 정렬한 후 순서대로 삽입한다.

③ 정렬한 후 중간값을 루트로 삼고 왼쪽 오른쪽 서브트리도 같은 방식으로 만든다.

④ 정렬한 후 역순으로 삽입한다.

⑤ 답 없음

5.32 다음 중 AVL 트리의 삭제 연산에 관한 설명 중 옳은 것은?

① 삭제할 때 회전 연산이 최소 2회 필요하다.

② O(1) 시간에 삭제 연산을 수행할 수 있다.

③ 노드를 삭제한 후 불균형이 발생하지 않는 경우는 없다.

④ 노드를 삭제한 후 루트까지 불균형이 발생하는 경우도 있다.

⑤ 답 없음

5.33 다음의 AVL 트리에서 10을 삭제하면 몇 번의 회전 연산을 수행해야 AVL 트리가 되나?

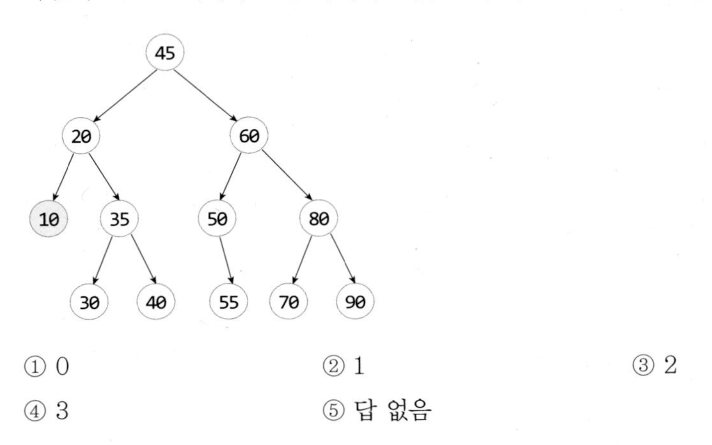

① 0 ② 1 ③ 2

④ 3 ⑤ 답 없음

5.34 다음 중 2-3 트리에 관한 설명 중 옳지 않은 것은?

① 노드가 키를 2개까지 가질 수 있다.

② 완전 균형 탐색 트리이다.

③ 모든 이파리가 같은 층에 있다.

④ 새 키는 항상 이파리에 저장된다.

⑤ 답 없음

5.35 n 노드를 가진 2-3 트리의 최대 높이에 가장 가까운 것은? 단, n은 양의 정수이다.

① n ② $\log_2 n$ ③ $\log_3 n$

④ nlogn ⑤ 답 없음

5.36 다음 중 2-3 트리의 삽입 연산에 관한 설명 중 옳지 않은 것은?

① 새 키가 저장될 노드가 2-노드이면 그 노드에 저장한다.

② 새 키가 저장될 노드가 3-노드이면 분리 연산을 수행한다.

③ 노드에 overflow가 발생하면 3개의 키 중에 중간값을 부모로 올려보낸다.

④ 루트에서 분리 연산이 발생하면 트리의 높이는 1 감소한다.

⑤ 답 없음

5.37 다음 중 2-3 트리의 삭제 연산에 관한 설명 중 옳은 것은?

① 삭제할 키가 이파리에 있으면 단순히 키를 이파리에서 제거하여 삭제 연산을 마친다.

② 삭제할 때 이동 연산을 수행한 후에 통합 연산을 수행해야 한다.

③ 이동 연산은 형제 노드로부터 키를 underflow가 발생한 노드로 이동한다.

④ 통합 연산은 이동 연산이 불가능한 경우에 수행된다.

⑤ 답 없음

5.38 초기에 empty인 2-3 트리에 45, 30, 65, 70, 25, 80, 15, 40, 90, 75, 50, 60을 차례로 삽입하였다. 만들어진 2-3 트리의 루트에 있는 키는?

① 45 ② 40 ③ 45, 70

④ 45, 65 ⑤ 45, 80

5.39 문제 5.38에서 만들어진 2-3 트리의 높이는?

① 2 ② 3 ③ 4

④ 5 ⑤ 답 없음

5.40 다음 중 2-3-4 트리에 관한 설명 중 옳지 않은 것은?

① 완전 균형 이진 탐색 트리이다.

② 모든 이파리가 같은 층에 있다.

③ 삽입/삭제 연산의 수행 시간은 2-3 트리와 같다.

④ 2-3 트리보다 대체로 트리의 높이가 낮다.

⑤ 답 없음

5.41 다음 중 2-3-4 트리의 삽입, 삭제 연산에 관한 설명 중 옳은 것은

① 삭제는 항상 이파리에서 수행된다.

② 삽입을 수행하려면 반드시 분리 연산이 수행되어야 한다.

③ 삽입 연산은 루트로부터 내려가며 4-노드를 만날 때에만 통합 연산을 수행한다.

④ 삭제 연산은 루트로부터 내려가며 2-노드를 만날 때에만 분리 연산을 수행한다.

⑤ 답 없음

5.42 다음 중 LLRB 트리에 관한 설명 중 옳지 않은 것은?

① 2-3 트리와 개념적으로 같은 트리이다.

② 완전 균형 트리이다.

③ 노드는 레드 또는 블랙의 색을 가진다.

④ 일반적인 레드 블랙 트리보다 실제 성능 면에서 우수하다.

⑤ 답 없음

5.43 다음 중 LLRB 트리의 조건이 아닌 것은?

① 연속 레드 규칙

② 동일 블랙 link 규칙

③ 레드 link 좌편향 규칙

④ 좌편향 블랙 link 규칙

⑤ 답 없음

5.44 다음 중 LLRB 트리의 기본 연산에 관한 설명 중 옳지 않은 것은?

① rotateLeft 연산은 AVL 트리의 RR-회전 연산과 유사하다.

② rotateRight 연산은 AVL 트리의 LL-회전 연산과 유사하다.

③ flipColor 연산은 AVL 트리의 LR-회전 또는 RL-회전 연산과 유사하다.

④ LLRB 트리의 기본 연산은 삽입 또는 삭제 연산에 사용된다.

⑤ 답 없음

5.45 다음 중 LLRB 트리의 최솟값 삭제 연산에 관한 설명 중 옳지 않은 것은?

① 루트로부터 삭제하는 노드 방향으로 레드 link를 옮긴다.

② 레드 link를 옮기는 과정 중에 LLRB 트리 조건이 어긋날 수도 있다.

③ 최솟값을 가진 노드가 블랙이면 삭제 후 동일 블랙 link 규칙을 만족하도록 트리를 수정한다.

④ 삭제할 노드를 레드로 만든 후 트리 조건에 맞도록 트리를 수정한다.

⑤ 답 없음

5.46 초기에 empty인 LLRB 트리에 45, 30, 65, 70, 25, 80, 15, 40, 90, 75, 50, 60을 차례로 삽입하였다. 만들어진 LLRB 트리의 루트에 있는 키는?

① 30 ② 40 ③ 45
④ 50 ⑤ 70

5.47 문제 5.46에서 만들어진 LLRB 트리의 높이는?

① 2 ② 3 ③ 4
④ 5 ⑤ 답 없음

5.48 균형 이진 트리에서 높이를 계산하는데 소요되는 수행 시간은?

① O(1) ② O(logn) ③ O(n)
④ O(nlogn) ⑤ $O(n^2)$

5.49 n개의 노드를 가진 균형 이진 탐색 트리에서 루트의 중위 선행자를 찾는데 소요되는 수행 시간은?

① O(1) ② O(logn) ③ O(n)
④ O(nlogn) ⑤ $O(n^2)$

5.50 균형 이진 탐색 트리에 있는 가장 큰 키가 1000보다 작은지를 확인하는데 소요되는 수행 시간은?

① O(1) ② O(logn) ③ O(n)
④ O(nlogn) ⑤ $O(n^2)$

5.51 이파리들이 같은 층(Level)에 있는 트리는?

① 이진 트리　② 이진 탐색 트리　③ AVL 트리
④ 레드 블랙 트리　⑤ B-트리

5.52 다음 중 LLRB 트리의 응용이 아닌 것은?

① 항공 교통 관제
② 핵발전소의 원자로 제어
③ 심장박동 제어장치
④ 대용량 데이터베이스
⑤ 답 없음

5.53 다음 중 B-트리에 관한 설명 중 옳지 않은 것은?

① 노드에 수백에서 수천 개의 키를 저장한다.
② 대용량 데이터베이스의 응용에 적합하다.
③ 모든 이파리가 같은 층에 있는 균형 트리이다.
④ 이진 트리의 형태를 가진다.
⑤ 답 없음

5.54 다음 중 B-트리의 차수 M에 관한 설명 중 옳은 것은?

① 노드의 최대 자식 수이다.
② 노드에 최대로 저장할 수 있는 키의 수이다.
③ 트리의 노드 수와 같다.
④ 트리의 높이와 같다.
⑤ 답 없음

5.55 다음 중 차수가 M인 B-트리의 조건이 아닌 것은?

① 루트의 자식 수는 2 이상이다.
② 모든 이파리는 반드시 같은 층에 있어야 한다.
③ 루트가 아닌 각 노드의 자식 수는 M/2 이상 M 이하이다.
④ 각 노드는 최대 M개의 키를 가진다.
⑤ 답 없음

5.56 다음 중 차수가 4이고 높이가 3인 B-트리에 최대로 저장할 수 있는 키의 수는?

① 63 ② 127 ③ 255

④ 511 ⑤ 답 없음

5.57 다음 중 B*-트리에 관한 설명 중 옳지 <u>않은</u> 것은?

① B-트리의 일종이다.

② 차수가 M이면 루트를 제외한 노드는 최소 2/3M 자식을 가져야 한다.

③ B-트리와 비교해 노드 공간을 효율적으로 사용한다.

④ 모든 이파리가 같은 층에 있을 필요는 없다.

⑤ 답 없음

5.58 다음 중 B^+-트리에 관한 설명 중 옳지 <u>않은</u> 것은?

① 트리 노드에는 키만 저장되어 있다.

② 키에 관련된 정보는 이파리에 키와 함께 저장한다.

③ 데이터베이스에 응용된다.

④ 이파리들은 단순 연결 리스트로 연결되어 순차 탐색을 허용한다.

⑤ 답 없음

5.59 어느 이진 탐색 트리에서 전위 순회 결과가 40, 20, 10, 30, 50, 60이다. 이 트리를 그려라.

5.60 다음의 이진 탐색 트리에 60을 삽입한 결과의 트리를 그려라.

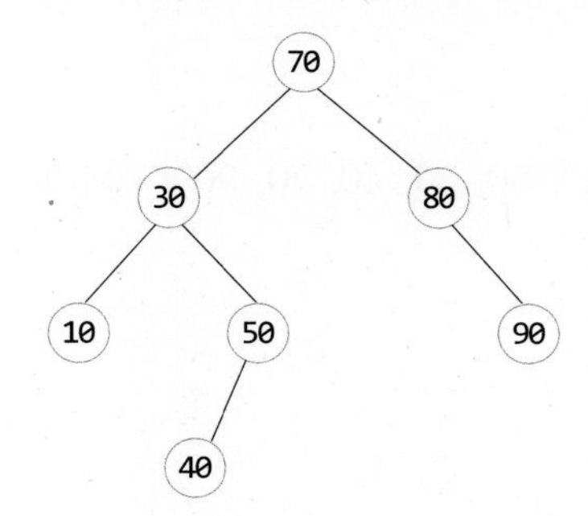

5.61 Empty인 이진 탐색 트리에 10, 20, 30, 40, 50, 60을 차례로 삽입한 트리를 그려라. 그리고 60을 탐색하기 위해 몇 개의 노드를 방문하는가? 만약 반대로 60, 50, 40, 30, 20, 10이 empty인 트리에 차례로 삽입되면 어떠한 트리가 만들어지는지 알아보라.

5.62 다음의 이진 트리에서 BinaryTree 클래스의 delete() 메소드에 따라 루트의 40을 삭제한 트리를 그려라.

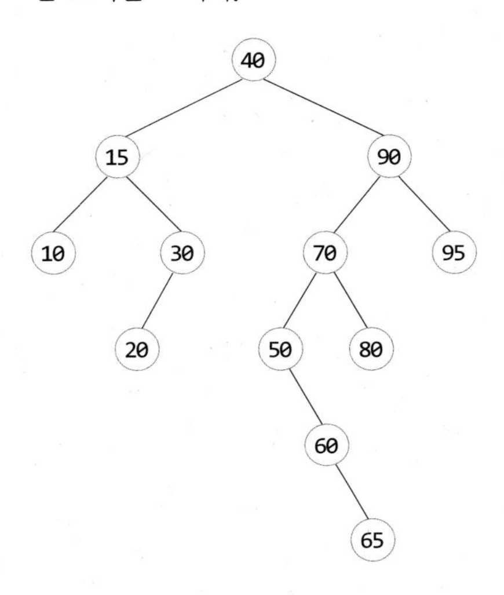

5.63 BST 클래스에 최댓값을 삭제하는 deleteMax() 메소드를 추가하라.

5.64 BST 클래스에 k번째 작은 키를 찾는 kthSmallest(k) 메소드를 추가하라. 단, 가장 작은 키는 0번째이고, 두 번째로 작은 키가 1번째이다.

5.65 Empty인 AVL 트리에 차례로 75, 80, 85, 20, 10, 50, 30, 40, 70, 90를 삽입한 최종 AVL 트리를 그려라.

5.66 다음의 AVL 트리에서 75를 삭제한 다음 85를 삭제한 후의 AVL 트리를 그려라.

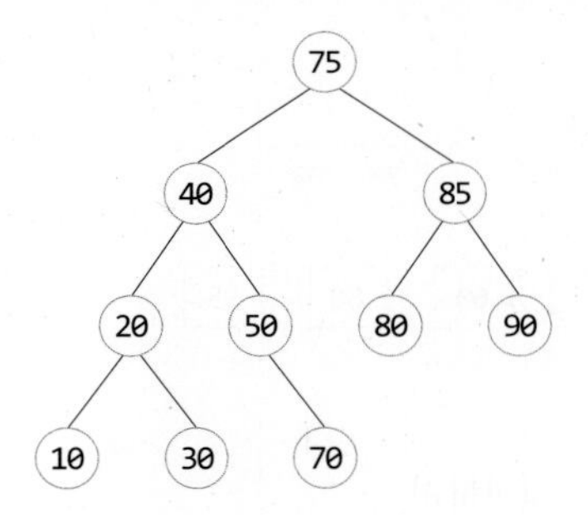

5.67 AVL 트리의 delete() 메소드를 작성하라.

5.68 다음의 2-3 트리에 95를 삽입한 결과의 2-3 트리를 그려라. 트리의 높이가 어떻게 변했는지 살펴보라.

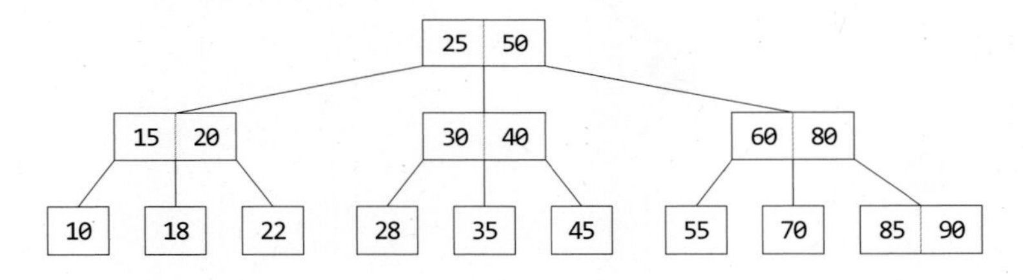

5.69 문제 5.68의 2-3 트리에서 70이 삭제된 2-3 트리를 그려라.

5.70 다음의 2-3 트리에 15를 삭제한 결과의 2-3 트리를 그려라. 트리의 높이가 어떻게 변했는지 살펴보라.

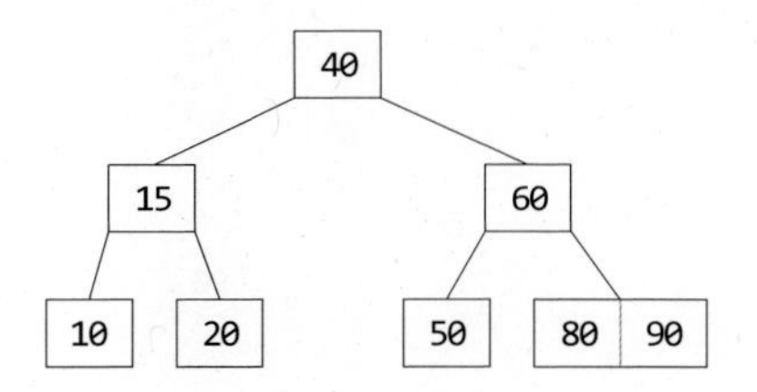

5.71 다음의 2-3-4 트리에서 32, 35, 40을 차례로 삭제한 2-3-4 트리를 그려라.

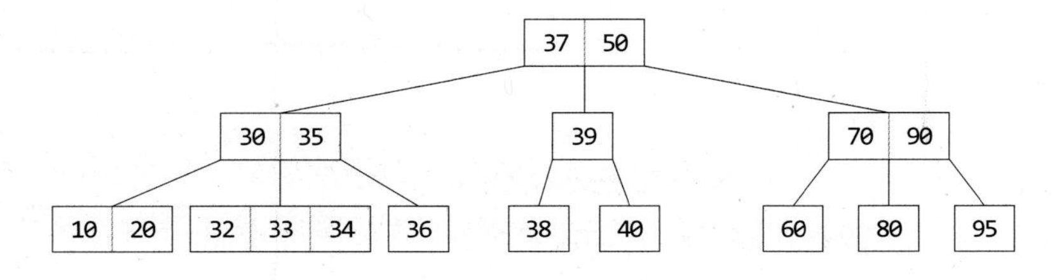

5.72 일반적인 레드 블랙 트리와 LLRB 트리의 차이점을 설명하라.

5.73 다음의 LLRB 트리에서 35를 삽입한 후의 LLRB 트리를 그려라.

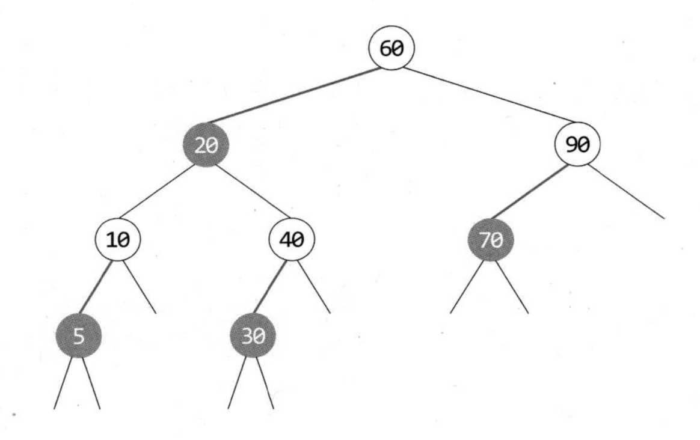

5.74 LLRB 트리의 delete() 메소드를 작성하라.

5.75 다음의 LLRB 트리에서 55를 삭제한 후의 LLRB 트리를 그려라.

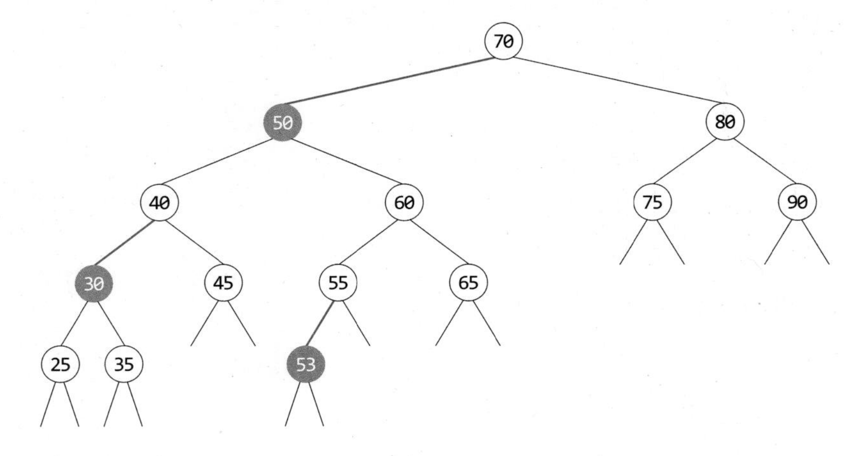

5.76 다음의 B-트리에 35를 삽입한 후의 B-트리를 그려라. 단, 차수는 5이다.

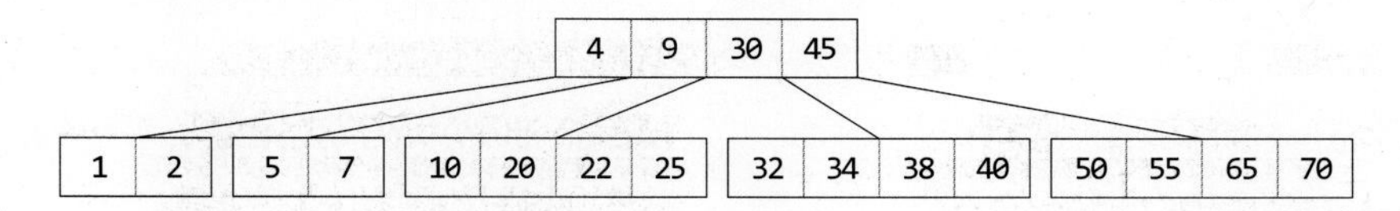

5.77 다음의 B-트리에 5를 삭제한 후의 B-트리를 그려라. 단, 차수는 5이다.

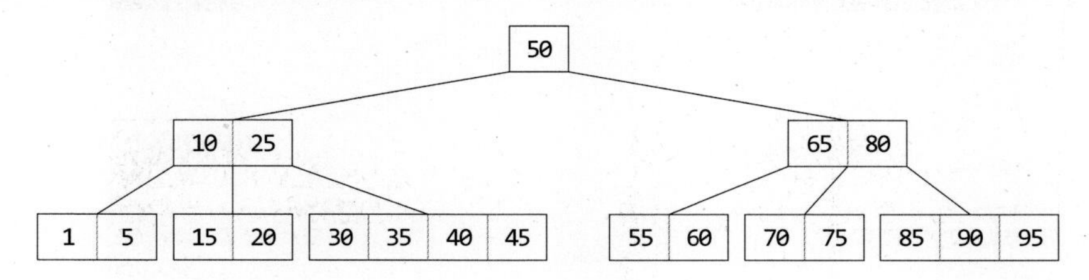

5.78 Splay 트리에 대해 조사하고, AVL 트리, LLRB 트리와 비교했을 때, 어떤 장단점을 갖는지 설명하라.

PART 06

해시 테이블

contents

06 해시 테이블

6.1 해시 테이블

Part 5에서는 이진 탐색 트리의 성능을 개선한 AVL 트리와 레드 블랙 트리에 대해 살펴보았다. 이 자료구조들의 삽입과 삭제 연산의 수행 시간은 각각 O(logn)이다. 그렇다면 O(logn)보다 좋은 성능을 가진 자료구조는 없을까?

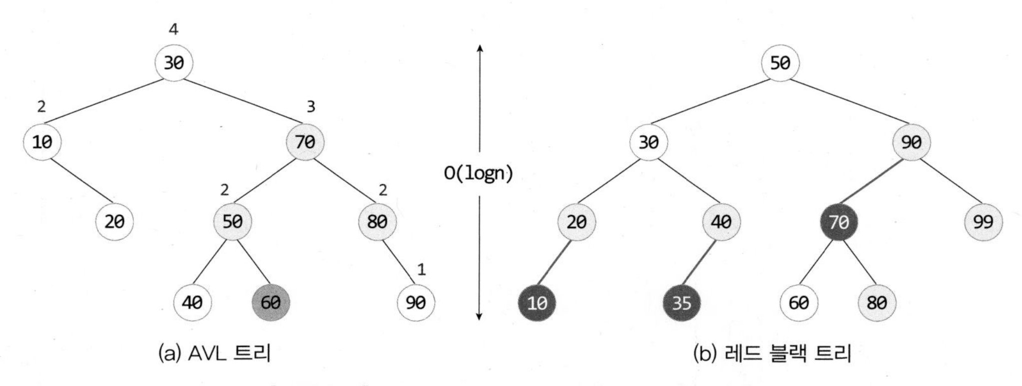

[그림 6-1] 이진 탐색 트리를 개선한 트리 자료구조

핵심 아이디어

O(logn) 시간보다 빠른 연산을 위해, 키(항목)와 1차원 배열의 인덱스의 관계를 이용하여 키를 저장한다.

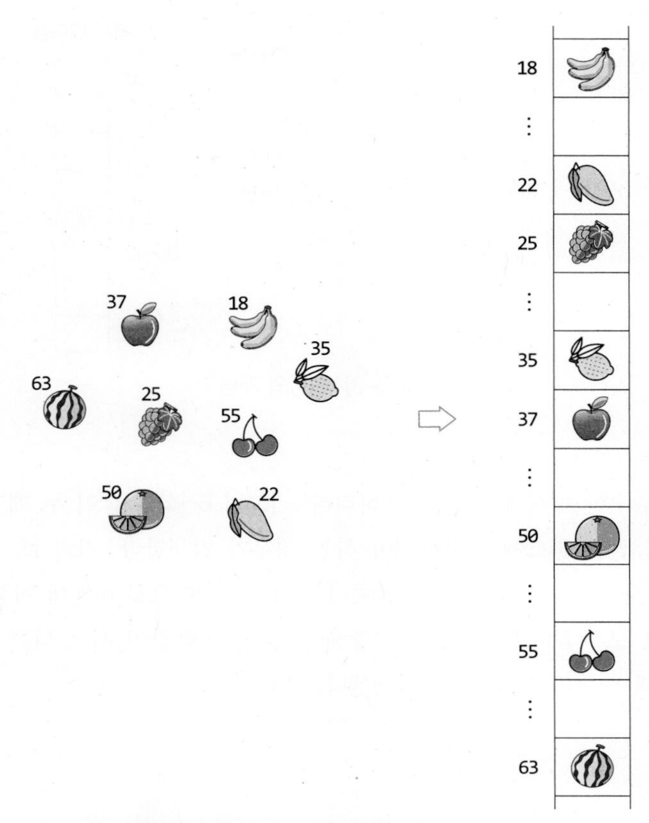

[그림 6-2] 키를 그대로 배열의 인덱스로 사용

그러나 키를 배열의 인덱스로 그대로 사용하면 [그림 6-2]와 같이 메모리 낭비가 심해질 수 있다. 이러한 문제를 해결하려면 키를 적절히 변환하여 배열의 인덱스로 사용해야 한다. 이때 키를 간단한 함수를 사용해 변환한 값을 배열의 인덱스로 이용하여 항목을 저장하는 것을 해싱(Hashing)이라고 한다. 해싱에 사용되는 함수를 해시 함수(Hash Function)라 하고, 해시 함수가 계산한 값을 해시값(Hash value) 또는 해시 주소라고 하며, 항목이 해시값에 따라 저장되는 배열을 해시 테이블(Hash Table)이라고 한다. [그림 6-3]은 해싱의 전반적인 개념을 나타낸다. 여기서 M은 해시 테이블 크기이다.

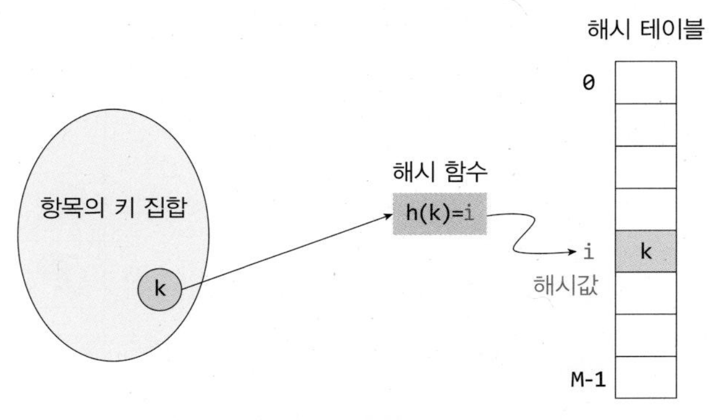

[그림 6-3] 해싱의 개념

하지만 아무리 우수한 해시 함수를 사용하더라도 [그림 6-4]와 같이 두 개 이상의 항목을 해시 테이블의 동일한 원소에 저장하여야 하는 경우가 발생한다. 키의 1의 자리만을 취하는 해시 함수를 사용한다고 가정하면, 50은 1의 자리가 0이므로 a[0]에 저장하고, 25, 35, 55는 1의 자리가 모두 5이므로 a[5]에 저장해야 한다. 이와같이 서로 다른 키들이 동일한 해시값을 가질 때 충돌(Collision)이 발생했다고 한다.

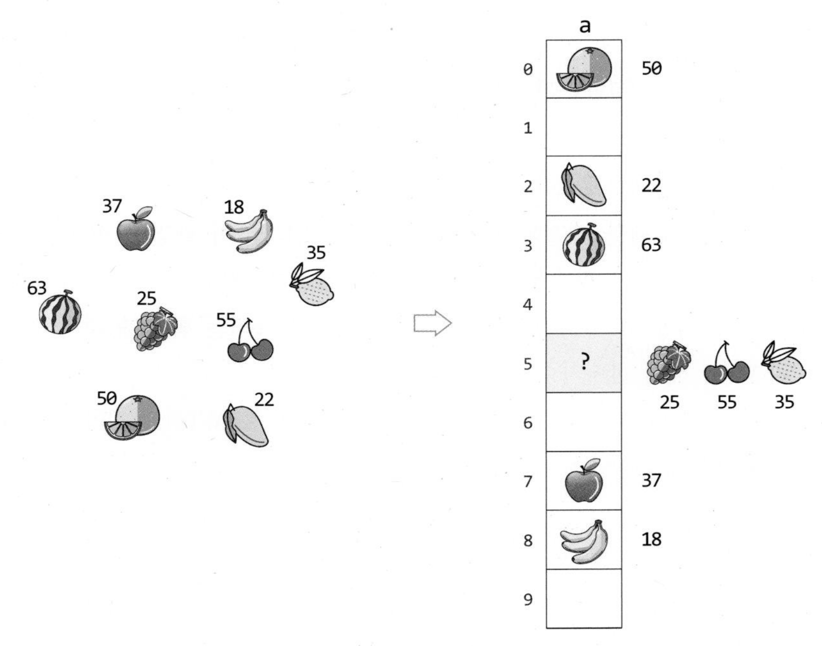

[그림 6-4] 충돌 발생

Part 6에서는 대표적인 해시 함수들을 소개하고, 다양한 충돌 해결 방법에 대해 알아본 뒤, 대용량 데이터를 위한 해싱 방법인 동적 해싱을 알아본다. 충돌 해결 방법은 크게 두 가지로 분류되는데, 개방 주소 방식(Open Addressing)과 폐쇄 주소 방식(Closed Addressing)으로 나눌 수 있다. 개방 주소 방식은 충돌된 키를 해시 테이블 전체를 열린 공간으로 여기어 비어 있는 곳을 찾아 항목을 저장하는 방식이다. 즉, 충돌이 발생한 키를 원래의 해시값과 다른 곳에 저장한다. 반면에 폐쇄 주소 방식은 해시값에 대응되는 해시 테이블 원소에 반드시 키를 저장한다. 따라서 충돌이 발생한 키들을 동일한 해시 주소에 저장한다.

6.2 해시 함수

가장 이상적인 해시 함수는 키들을 균등하게[1](Uniformly) 해시 테이블의 인덱스로 변환하는 함수이다. 일반적으로 실세계의 키들은 부여된 의미나 특성이 있는데, 학번은 입학연도, 학과 코드, 학과 학생의 일련번호로 구성되고, 은행의 계좌번호는 은행 지점, 예금 종류, 고객 일련번호로 구성되며, 주민등록번호는 생년월일, 성별, 지역코드, 검증번호로 이루어져 있는 경우가 대표적인 예시이다. 따라서 키의 맨 앞 부분의 몇 자리, 또는 뒤의 몇 자리 등을 취하여 해시값으로 사용하는 단순한 방식의 해시 함수는 많은 충돌을 초래할 수 있다.

해시 함수는 키들을 균등하게 해시 테이블의 인덱스로 변환하기 위해 의미가 부여된 키를 간단한 계산을 통해 '뒤죽박죽' 만든 후 해시 테이블의 크기에 맞도록 해시값을 계산한다. 하지만 해시 함수가 아무리 균등한 결과를 보장하더라도 함수 계산 자체에 긴 시간이 소요된다면 해싱의 장점인 연산의 신속성을 상실하므로 그 가치를 잃는다. 따라서 단순하면서 동시에 키들을 균등하게 변환하는 함수가 해시 함수로서 바람직하며, 해시 함수의 대표적인 예는 다음과 같다.

- 중간 제곱(Mid-square) 함수: 키를 제곱한 후, 적절한 크기의 중간 부분을 해시값으로 사용한다.
- 접기(Folding) 함수: 큰 자릿수를 갖는 십진수를 키로 사용하는 경우, 몇 자리씩 일정하게 끊어서 만든 숫자들의 합을 이용해 해시값을 만든다. 예를 들어, 123456789012에 대

1) 균등하게 변환하는 의미는 해시 테이블에 키들을 랜덤하게 흩어지도록 저장하는 것을 뜻한다.

해서 1234 + 5678 + 9012 = 15924를 계산한 후에 해시 테이블의 크기가 1000이라면 15924에서 3자리 수만을 해시값으로 사용한다.

- 곱셈(Multiplicative) 함수: 1보다 작은 실수 δ를 키에 곱하여 얻은 숫자의 소수 부분을 테이블 크기 M과 곱한다. 이렇게 나온 값의 정수 부분을 해시값으로 사용한다. 즉, h(key)=(int)((key * δ) % 1) * M 이다. Knuth[2]에 의하면 $\delta = \frac{\sqrt{5}-1}{2} \approx 0.61803$ 일 때 좋은 성능을 보인다. 예를 들면, 테이블 크기 M = 127이고 키가 123456789인 경우, 123456789 × 0.61803 = 76299999.30567, 그리고 0.30567 × 127 = 38.82009이므로 38을 해시값으로 사용한다.

이러한 해시 함수들의 공통점은 키의 모든 자리의 숫자가 함수 계산에 참여함으로써 계산 결과에서는 원래의 키에 부여된 의미나 특성을 찾아볼 수 없다. 또한 계산 결과에서 해시 테이블의 크기에 따라 특정 부분만을 해시값으로 활용한다.

하지만 실세계에서 가장 널리 사용되는 해시 함수는 나눗셈(Division) 함수이다. 나눗셈 함수는 키를 소수(Prime) M으로 나눈 뒤, 그 나머지를 해시값으로 사용한다. 즉, h(key) = key % M이고, 따라서 해시 테이블의 인덱스는 0에서 M−1이 된다. 여기서 제수로 소수를 사용하는 이유는 나눗셈 연산을 했을 때, 소수가 키들을 균등하게 인덱스로 변환하기 때문이다.

6.3 자바의 hashCode()

자바의 모든 클래스는 32비트 int를 반환하는 hashCode()를 포함하고 있고, hashCode()는 객체를 int로 변환하는 메소드이다. 자바의 hashCode()는 이론적으로 어떤 종류의 객체[3](사용자가 정의한 객체를 포함하여)라도 해싱을 할 수 있도록 지원한다.

또한 hashCode()는 key1.equals(key2)가 true이면, key1.hashCode() == key2.hashCode()가 성립한다는 조건으로 구현되어 있다. 즉, 2개의 키가 같으면 각각의 hashCode 값도 같아야 한다. 다음은 자바의 Integer, Boolean, Double, String 클래스에 선언된 hashCode() 메소드이다.

---

2) Knuth, The Art of Computer Programming, Sorting and Searching, Vol. 3.

3) String, Double, Integer, URL, Date, File, …

```
01 public final class Integer {
02     private final int key;
03     public int hashCode() {
04         return key; }
05 }
```

```
01 public final class Double {
02     private final double key;
03     public int hashCode() {
04         long bits = doubletoLongBits(key);
05         return (int) (bits ^ (bits >>> 32));}
06 }
```

```
01 public final class Boolean {
02     private final boolean key;
03     public int hashCode() {
04         if (key) return 1231;
05         else return 1237;
06     }
07 }
```

```
01 public final class String {
02     private final char [] s;
03     public int hashCode() {
04         int hash = 0;
05         for (int i=0; i < length(); i++)
06             hash = s[i] + (31 * hash);
07         return hash;
08     }
09 }
```

다음은 hashCode() 메소드에 관한 설명이다.

- Integer 객체의 경우 hashCode()는 아무런 계산 없이 key를 그대로 반환한다.
- Boolean 객체의 hashCode()는 key가 true이면 1231, false이면 1237을 각각 반환한다.
- Double 객체의 hashCode()는 key를 IEEE 64-bit 포맷으로 변환시킨 후, 모든 bit를 계산에 참여시키기 위해 최상위 32 bit와 최하위 32 bit를 XOR한 결과를 반환한다.
- String 객체는 key의 문자(char)를 31진수의 숫자로 간주하여 해시값을 계산한다. 예를 들어 key = "ball"이라면 hash = $98 \cdot 31^3 + 97 \cdot 31^2 + 108 \cdot 31^1 + 108 \cdot 31^0 = 108 + 31 \cdot (108 + 31 \cdot (97 + 31 \cdot (98)))$[4] = 3016191을 반환한다. 여기서 "a", "b", "l"의 unicode 값은 각각 97, 98, 108이다.

자바의 hashCode()는 앞서 설명한 바와 같이 제각각 다른 값을 반환하지만 hashCode()가 반환하는 값은 모두 signed 32 bit 정수이다. 자바를 이용하여 해시 테이블을 구현할 땐 일반적으로 hashCode()를 override하여 해시 함수를 구현한다. Part 6에서는 hash() 메소드를 다음과 같이 선언하여 사용한다.

4) 이와 같은 선형 시간 계산 방식을 Horner's method라고 한다.

```
01 private int hash(K key) {
02   return (key.hashCode() & 0x7fffffff) % M;  // 나눗셈 함수
03 }
```

hashCode()에서 반환되는 32 bit 정수의 최상위 bit(부호 bit)를 제외하기 위해 key와 "0x7fffffff"에 대해 AND 연산을 수행하여 얻은 31 bit 양수를 해시 테이블의 크기인 M으로 나눈 나머지를 해시값으로 사용한다. 이는 연산 결괏값이 음수인 경우 해시 테이블의 인덱스로 사용할 수 없기 때문이다.

6.4 개방 주소 방식

개방 주소 방식[5](Open Addressing)은 해시 테이블 전체를 열린 공간으로 가정하고 충돌된 키를 일정한 방식에 따라서 찾아낸 empty 원소에 저장한다. 대표적인 개방 주소 방식에는 선형 조사(Linear Probing), 이차 조사(Quadratic Probing), 랜덤 조사(Random Probing), 이중 해싱(Double Hashing)이 있다.

6.4.1 선형 조사

선형 조사는 충돌이 일어난 원소에서부터 순차적으로 검색하여 처음 발견한 empty 원소에 충돌된 키를 저장한다. 즉, h(key) = i라면, 해시 테이블 a[i], a[i+1], a[i+2], …, a[i+j]를 차례로 검색하여 첫 번째로 찾아낸 empty 원소에 key를 저장한다. 해시 테이블은 1차원 배열이므로, (i + j)가 M이 되면 a[0]을 검색한다.

$$(h(key) + j) \% M, j = 0, 1, 2, 3, \cdots$$

[그림 6-5]는 해시 함수가 h(key) = key mod 13일 때, 25, 37, 18, 55, 22, 35, 50, 63에 대해 순차적으로 선형 조사를 사용하여 해시 테이블에 저장하는 과정을 나타낸다.

5) 1953년 IBM의 연구자 Amdahl, Boehme, Rochester, Samuel이 최초로 개방 주소 방식인 선형 조사를 IBM 701 컴퓨터에서 구현하였다.

key	h(key)=key%13
25	12
37	11
18	5
55	3
22	9
35	9
50	11
63	11

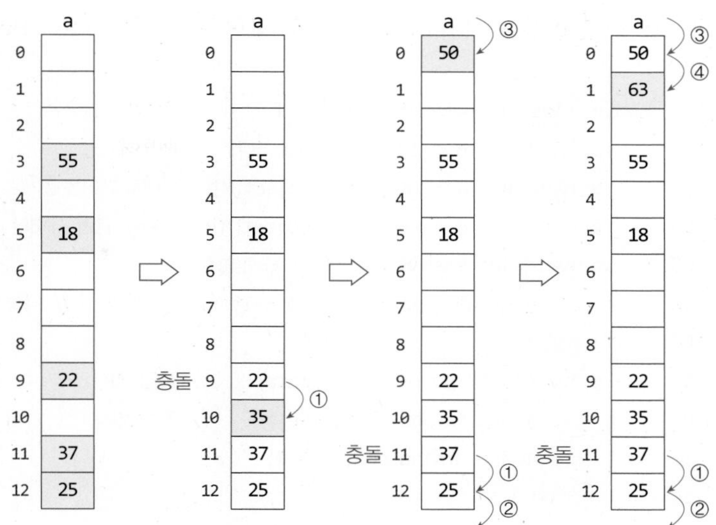

[그림 6-5] 선형 조사 방식의 키 저장 과정

25, 37, 18, 55, 22는 충돌 없이 각각 해시값에 해당하는 배열 원소에 저장된다. 그러나 35를 저장하려는 경우 h(35) = 35 % 13 = 9이므로 a[9]에 저장해야 하지만 a[9]에는 이미 22가 저장되어 있어 충돌이 발생한다. 이때 선형 조사 방식으로 a[9+1] = a[10]을 검사하고, a[10]이 empty이므로 35를 a[10]에 저장한다. 이처럼 50과 63을 저장할 때도 각각 충돌이 발생하여 [그림 6-5]와 같이 이웃하는 원소를 순차적으로 검색하여 처음 발견한 empty 원소에 각각 저장한다.

선형 조사는 순차 탐색으로 empty 원소를 찾아 충돌된 키를 저장하므로 해시 테이블의 키들이 [그림 6-6]과 같이 빈틈없이 뭉쳐지는 현상이 발생한다. 이를 1차 군집화(Primary Clustering)[6]라고 하는데, 이러한 군집화는 탐색, 삽입, 삭제 연산 시 군집 된 키들을 순차적으로 방문해야 하는 문제점을 일으킨다. 군집화는 해시 테이블에 empty 원소 수가 적을수록 더욱 심화되며 해시 성능을 극단적으로 저하시킨다.

0	1	2	3	4	5	6	7	8	9	10	11	12
50	63		55		18				22	35	37	25

군집화

[그림 6-6] 선형 조사의 군집화

6) 선형 조사에서 발생하는 군집화 현상을 특히 Primary clustering이라고 한다. 그 이유는 이차 조사와 랜덤 조사에서 발생하는 군집화 현상인 "2차 군집화", "3차 군집화"와 구분 짓기 위함이다.

다음은 선형 조사를 자바 프로그램으로 구현하기 위한 LinearProbing 클래스이다.

```
01 public class LinearProbing<K, V> {
02     private int M = 13;  // 테이블 크기
03     private K[] a = (K[]) new Object[M]; // 해시 테이블
04     private V[] d = (V[]) new Object[M]; // key 관련 데이터 저장
05     private int hash(K key) { // 해시 함수
06         return (key.hashCode() & 0x7fffffff) % M;  // 나눗셈 함수
07     }
08     private void put(K key, V data) {  // 삽입 연산
09         int initialpos = hash(key);     // 초기 위치
10         int i = initialpos, j = 1;
11         do {
12             if (a[i] == null) { // 삽입 위치 발견
13                 a[i] = key;     // key를 해시 테이블에 저장
14                 d[i] = data;    // key관련 데이터를 동일한 인덱스 하에 저장
15                 return;
16             }
17             if (a[i].equals(key)) {  // 이미 key 존재
18                 d[i] = data;         // 데이터만 갱신
19                 return;
20             }
21             i = (initialpos + j++) % M; // i = 다음 위치
22         } while (i != initialpos); // 현재 i가 초기 위치와 같으면 루프 종료
23         System.out.println("저장 실패");
24     }
25     public V get(K key) {  // 탐색 연산
26         int initialpos = hash(key);
27         int i = initialpos, j = 1;
28         while (a[i] != null) {  // a[i]가 empty가 아니면
29             if (a[i].equals(key))
30                 return d[i];     // 탐색 성공
31             i = (initialpos + j++) % M; // i = 다음 위치
32         }
33         return null; // 탐색 실패
34     }
35 }
```

Line 01의 〈K, V〉는 키와 데이터를 위한 generic 타입 선언문이다. Line 02의 M은 해시 테이블 크기이다. Line 03~04는 key를 저장할 해시 테이블과 key와 관련된 데이터를 저장할 배열의 선언이다. Line 05~07은 hashCode() 메소드에서 반환되는 정수를 하위 31 bit 양수로 변환한 후 해시 테이블의 크기로 나누는 해시 함수를 구현한 메소드이다.

Line 08~24는 key와 데이터 쌍을 저장하는 put() 메소드이다. hash() 메소드로 초기 위치인 initialpos를 계산한 후, line 11~22의 do-while 루프를 통해 삽입 위치(배열 a에서 empty인 원소)를 발견하면 key와 관련 data를 배열 a와 배열 d에 각각 저장하고, 이미 key가 있는 경우에는 data만 갱신한다. Line 21에서는 배열 a에서 다음 위치의 조사를 위해 j를 1 증가시킨 후에 (initialpos + j) % M으로 다음 위치를 정한다. Line 22에서 i가 initialpos와 같으면 배열 a에 empty 원소가 없는 것이므로 삽입에 실패한다. 이러한 경우에는 재해싱(Rehashing)을 해야 한다. 재해싱은 Part 6.6에서 살펴본다.

Line 25~34는 탐색을 위한 get() 메소드로서 배열 a에 key가 있으면 key와 관련된 data를 반환한다.

생략된 main()에서는 25, 37, 18, 55, 22, 35, 50, 63을 차례로 삽입한 후, 50과 63의 data를 각각 출력한 후, 배열 a의 내용을 출력한다.

[그림 6-7]은 완성된 프로그램에서 [그림 6-5]와 같이 키를 저장한 결과를 보여준다.

```
Console ⊠ Problems @ Javadoc Declaration
<terminated> LinearProbing [Java Application] C:₩Program Files₩Java₩jdk1.8.0_40₩bin₩javaw.exe
탐색 결과
50의 data = orange
63의 data = watermelon

해시 테이블
          0    1    2     3    4     5    6     7     8     9    10   11   12
          50   63   null  55   null  18   null  null  null  22   35   37   25
```

[그림 6-7] 완성된 프로그램의 실행 결과

선형 조사를 위한 삭제 연산에서는 삭제할 원소에 특별한 값(실제 키들과 구별되는 값)을 저장해야 한다. 삭제된 원소를 null로 초기화시키면 이후에 수행되는 탐색에 문제가 발생하는데, 탐색 중에 empty 원소가 나타나면 실패로 간주하기 때문이다. 또한 특별한 값은 실제 키가 아니므로 추후 삽입할 때 이 곳에 새로운 키를 저장할 수 있어야 한다. 삭제 메소드 구현은 연습문제에서 다룬다.

6.4.2 이차 조사

이차 조사(Quadratic Probing)는 선형 조사와 근본적으로 동일한 충돌 해결 방법이다. 다만, 충돌 후 배열 a에서 $(h(key) + j^2)$ % M, j = 0, 1, 2, 3, …으로 선형 조사보다 j가 증가할수록 더 멀리 떨어진 곳에서 empty 원소를 찾는다.

[그림 6-8]은 해시 함수가 h(key) = key mod 13일 때, 25, 37, 18, 55, 22, 35, 50, 63을 이차 조사를 통해 순차적으로 해시 테이블에 저장하는 과정을 나타낸다.

key	h(key)=key%13
25	12
37	11
18	5
55	3
22	9
35	9
50	11
63	11

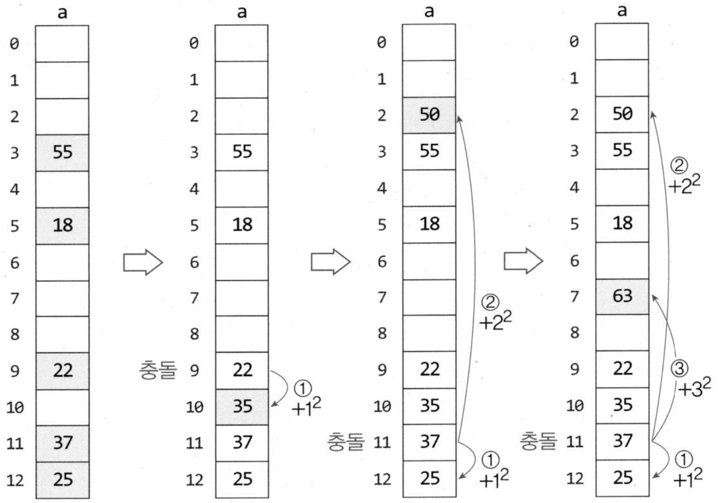

[그림 6-8] 이차 조사 방식의 키 저장 과정

25, 37, 18, 55, 22는 충돌 없이 각각 해시값에 해당하는 배열 원소에 저장된다. 그러나 35를 저장하는 경우, h(35) = 35 % 13 = 9이므로 a[9]에 저장해야 하지만 a[9]에는 이미 22가 저장되어 있으므로 충돌이 발생한다. 이때 이차 조사는 $a[9+1^2] = a[10]$을 먼저 empty인지 검사하고, a[10]이 empty이므로 35를 a[10]에 저장한다. 이처럼 50과 63을 저장할 때도 각각 충돌이 발생하여 [그림 6-8]과 같이 인덱스가 $(h(key) + j^2)$ % 13인 곳을 검색하며 처음 발견한 empty 원소에 각각 저장한다.

이차 조사는 이웃하는 빈 곳이 채워져 만들어지는 1차 군집화 문제를 해결하지만, 같은 해시값을 갖는 서로 다른 키들인 동의어(Synonym)들이 똑같은 점프 시퀀스[7](Jump

7) 점프 시퀀스란 처음 충돌이 발생한 위치로부터 연속적으로 그다음 위치를 찾아가는 순서를 말한다.

Sequence)를 따라 empty 원소를 찾아 저장되므로 결국 또 다른 형태의 군집화인 2차 군집화(Secondary Clustering)를 초래한다. 또한 점프 크기가 제곱만큼씩 커지므로 배열에 empty 원소가 있는데도 empty 원소를 건너뛰어 탐색에 실패하는 경우도 피할 수 없다.

다음은 이차 조사를 자바 프로그램으로 구현하기 위한 QuadProbing 클래스이다.

```
01 public class QuadProbing<K, V> {
 :      (LinearProbing 클래스의 line 02~07과 동일) 단, 02 private int N = 0, M = 13;
08     private void put(K key, V data) { // 삽입 연산
09         int initialpos = hash(key);    // 초기 위치
10         int i = initialpos, j = 1, loop_limit = 20; // 저장 시도 횟수 제한
11         do {
12             if (a[i] == null) { // 삽입 위치 발견
13                 a[i]  = key;    // key를 해시 테이블에 저장
14                 d[i] = data; N++;    // key 관련 데이터 저장, 항목 수 1 증가
15                   return;
16             }
17             if (a[i].equals(key)) {     // 이미 key 존재
18                 d[i] = data;            // data만 갱신
19             }
20             i = (initialpos + j * j++) % M; // i = 다음 위치
21             loop_limit -= 1;
22         } while (loop_limit > 0);
23         System.out.println("저장 실패");
24     }
25
26     public V get(K key) {  // 탐색 연산
27         int initialpos = hash(key);
28         int i = initialpos, j = 1, loop_limit = 20 ;  // 탐색 시도 횟수
29             while (a[i] != null && loop_limit > 0) {   // a[i]가 empty가 아니면
30                 if (a[i].equals(key))
31                     return d[i];       // 탐색 성공
32                 i = (initialpos + j * j++) % M; // i = 다음 위치
33                 loop_limit -= 1;
34             }
35             return null; // 탐색 실패
36     }
37 }
```

Line 02~07은 LinearProbing 클래스의 02~07과 동일하다.

Line 08~24는 key와 데이터 쌍을 저장하는 put() 메소드로서 LinearProbing 클래스의 put() 메소드와 거의 동일하다. 단, line 20에서는 배열 a의 다음 위치를 조사하기 위해 (initialpos + j*j) % M으로 증가시킨다. 이후 그다음 위치를 찾기 위해 j를 1 증가시킨다. 그리고 loop_limit 변수를 사용하여 저장 시도 횟수와 탐색 시도 횟수를 제어한다.

[그림 6-9]는 완성된 프로그램이 [그림 6-8]의 키 저장 순서에 따라 실행시킨 결과를 보여준다.

```
Console ⌘ Problems @ Javadoc Declaration
<terminated> QuadProbing [Java Application] C:₩Program Files₩Java₩jdk1.8.0_40₩bin₩javaw.exe
탐색 결과
50의 data = orange
63의 data = watermelon

해시 테이블
         0    1    2   3    4    5   6    7   8    9   10  11  12
         null null 50  55   null 18  null 63  null 22  35  37  25
```

[그림 6-9] 완성된 프로그램의 실행 결과

6.4.3 랜덤 조사

랜덤 조사(Random Probing)는 선형 조사와 이차 조사의 규칙적인 점프 시퀀스와는 달리 점프 시퀀스를 무작위화하여 empty 원소를 찾는 충돌 해결 방법이다. 랜덤 조사는 의사 난수 생성기[8](Pseudo Random Number Generator)를 사용하여 다음 위치를 찾는다. 하지만 랜덤 조사 방식도 동의어들이 똑같은 점프 시퀀스에 따라 empty 원소를 찾아 키를 저장하게 되고, 이 때문에 2차 군집화와 유사한 형태의 3차 군집화(Tertiary Clustering)가 발생한다. 다음은 랜덤 조사를 자바 프로그램으로 구현하기 위한 RandProbing 클래스이다.

```
01 import java.util.Random;
02 public class RandProbing <K, V> {
 :       (LinearProbing 클래스의 line 02~07과 동일)  단, 02 private int N = 0, M = 13;
09      private void put(K key, V data) { // 삽입 연산
```

8) 의사(Pseudo)란 '거짓'이라는 뜻이다. 모든 프로그래밍 언어가 이러한 난수 생성기를 라이브러리로 제공하며, 같은 초기 인자(Seed)값에 대해 항상 동일한 숫자 시퀀스를 얻을 수 있다.

```
10          int initialpos = hash(key);     // 초기 위치
11          int i = initialpos, loop_limit = 20 ;  // 저장 시도 횟수 제한
12          Random rand = new Random();
13          rand.setSeed(10);
14          do {
15              if (a[i] == null) { // 삽입 위치 발견
16                  a[i] = key;     // key를 해시 테이블에 저장
17                  d[i] = data; N++;    // key관련 데이터 저장, 항목 수 1증가
18                  return;
19              }
20              if (a[i].equals(key)) {     // 이미 key 존재
21                  d[i] = data;            // 데이터만 갱신
22                  return;
23              }
24              i = (initialpos + rand.nextInt(1000)) % M;  // i = 다음 위치
25              loop_limit -= 1;
26          } while (loop_limit > 0);
27          System.out.println("저장 실패");
28      }
29      public V get(K key) {     // 탐색 연산
30          Random rand = new Random();
31          rand.setSeed(10);      // 삽입 때와 같은 seed 값 사용
32          int initialpos = hash(key);     // 초기 위치
33          int i = initialpos, loop_limit = 20 ;  // 탐색 시도 횟수
34          while (a[i] != null && loop_limit > 0) {
35              if (a[i].equals(key))
36                  return d[i];    // 탐색 성공
37              i = (initialpos + rand.nextInt(1000)) % M; // i = 다음 위치
38              loop_limit -= 1;
39          }
40          return null;  // 탐색 실패
41      }
42 }
```

Line 01은 난수 생성을 위한 java.util.Random 라이브러리를 사용하기 위한 import 문이다. Line 09~28은 키와 데이터 쌍을 저장하는 put() 메소드로 LinearProbing 클래스의 put() 메소드와 유사하다. 단, line 12~13에서 Random rand = new Random()

와 rand.setSeed(10)[9]으로 난수 생성 준비를 마치고, line 24에서 배열 a의 다음 위치를 조사하기 위해 (initialpos + rand.nextInt(1000[10])) % M을 계산한다는 점이 LinearProbing 클래스의 put() 메소드와 구분되는 부분이다. 저장 또는 탐색 시도는 loop_limit 변수로 조절한다.

참고로 다음은 초깃값 10과 난수 범위 인자로 1000을 사용하여 차례로 생성된 난수들이다.

113, 380, 293, 290, 246, 456, 797, 888, 981, 214, 323, 99, 591,…

[그림 6-10]은 완성된 프로그램에서 25, 37, 18, 55, 22, 35, 50, 63을 차례로 삽입한 후, 50과 63의 data와 배열 a의 내용을 출력시킨 결과를 보여준다.

```
Console ☒  Problems  @ Javadoc  Declaration
<terminated> RandProbing [Java Application] C:₩Program Files₩Java₩jdk1.8.0_40₩bin₩javaw.exe
탐색 결과
50의 data = orange
63의 data = watermelon

해시 테이블
        0    1    2     3    4     5    6     7    8     9    10    11   12
        35   63   null  55   null  18   null  50   null  22   null  37   25
```

[그림 6-10] 랜덤 조사 실행 결과

6.4.4 이중 해싱

이중 해싱(Double Hashing)은 2개의 해시 함수를 사용하는 충돌 해결 방법이다. 두 해시 함수 중 하나는 기본적인 해시 함수 h(key)로 키를 해시 테이블의 인덱스로 변환하고, 제2의 함수 d(key)는 충돌 발생 시 다음 위치를 위한 점프 크기를 아래의 식에 따라 정한다.

$$(h(key) + j \cdot d(key)) \bmod M, \ j = 0, 1, 2, \cdots$$

앞서 살펴본 선형 조사는 1차 군집화 때문에 성능이 저하될 수 있고, 이차 조사와 랜덤 조사는 각각 2차와 3차 군집화를 일으킬 수 있다. 그러나 이중 해싱은 동의어들이 저마다 제2의 해시 함수를 갖기 때문에 점프 시퀀스가 일정하지 않다. 따라서 이중 해싱은 모든 군

9) 난수 발생을 위한 초깃값 10은 임의로 정한 것이다.

10) 0에서 999 사이에서 난수를 생성한다. 이때 인자로 사용된 1000도 임의로 정한 것이다. 그러나 너무 작은 수를 사용하면 생성되는 난수가 반복되어 키를 삽입할 수 없는 상황이 발생한다.

집화 문제를 해결하는 충돌 해결 방법이다.

제2의 함수 d(key)는 점프 크기를 정하는 함수이므로 0을 반환해서는 안 된다. 그 외의 조건으로 d(key)의 값과 해시 테이블의 크기 M과 서로소(Relatively Prime) 관계일 때 좋은 성능을 보인다. 하지만 해시 테이블 크기 M을 소수로 선택하면, 이 제약 조건을 자연히 만족한다. [그림 6-11]은 h(key) = key % 13과 d(key) = 7-(key % 7)에 따라, 25, 37, 18, 55, 22, 35, 50, 63을 해시 테이블에 차례로 저장하는 과정을 나타낸다.

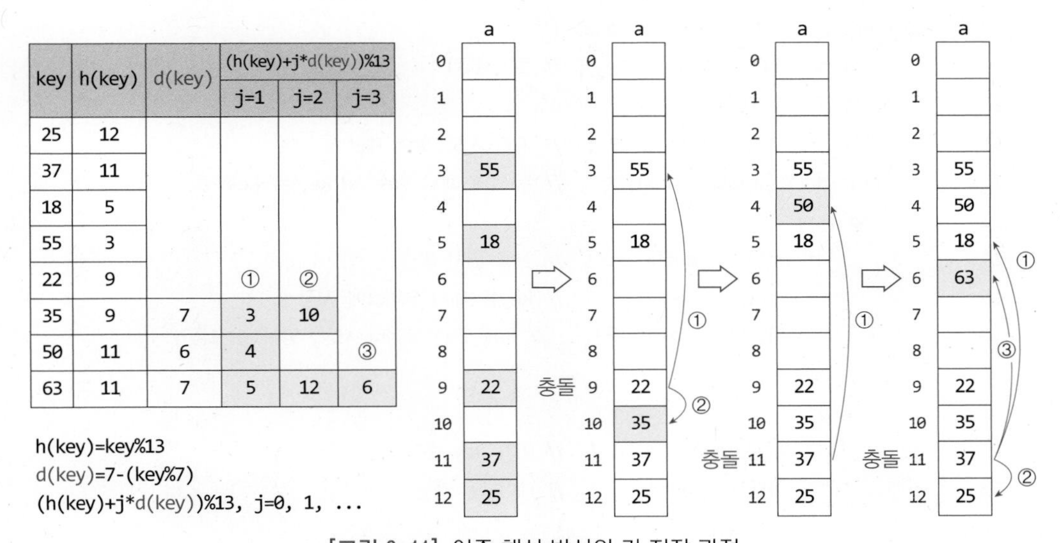

key	h(key)	d(key)	(h(key)+j*d(key))%13		
			j=1	j=2	j=3
25	12				
37	11				
18	5				
55	3				
22	9		①	②	
35	9	7	3	10	
50	11	6	4		③
63	11	7	5	12	6

[그림 6-11] 이중 해싱 방식의 키 저장 과정

25, 37, 18, 55, 22는 충돌 없이 각각 해시값에 해당하는 배열 원소에 저장된다. 그러나 35를 저장하는 경우, h(35) = 35 % 13 = 9이므로 a[9]에 저장해야 하나, a[9]에는 이미 22가 저장되어 있어 충돌이 발생한다. 따라서 j = 1일 때,

$$[h(35) + 1 * d(35)] \% 13 = [9 + 1 * 7] \% 13 = 16 \% 13 = 3$$

이므로 a[3]을 검사한다. 하지만 a[3]에는 55가 있으므로, 그다음 위치를 계산한다. 즉, j = 2일 때,

$$[h(35) + 2 * d(35)] \% 13 = [9 + 2 * 7] \% 13 = 23 \% 13 = 10$$

이므로 a[10]을 검사한다. 이때 a[10]은 empty이므로, 35를 a[10]에 저장한다. 50과 63을 저장할 때도 각각 충돌이 발생하여 [그림 6-11]과 같이 화살표가 가리키는 곳을 검색하며 처음 나타나는 empty 원소에 각각 저장한다.

다음은 이중 해싱을 자바 프로그램으로 구현하기 위한 DoubleHashing 클래스이다.

```
01 public class DoubleHashing <K, V> {
 :       (LinearProbing 클래스의 line 02~07과 동일) 단, 02 private int N = 0, M = 13;
08      private void put(K key, V data) {
09          int initialpos = hash(key); // 초기 위치
10          int i = initialpos;
11          int j=1, loop_limit = 20 ;  // 저장 시도 횟수 제한
12          int d=(7-(int)key % 7);      // 두 번째 해시 함수, d(key)=7-key%7
13          do {
14              if (a[i] == null) {      // 삽입 위치 발견
15                  a[i]  = key;         // key를 해시 테이블에 저장
16                  dt[i] = data; N++;    // key 관련 데이터 저장, 항목 수 1증가
17                  return;
18              }
19              if (a[i].equals(key)) {  // 이미 key 존재
20                  dt[i] = data;        // 데이터만 갱신
21                  return;
22              }
23              i = (initialpos + j*d) % M; // i = 다음 위치
24              loop_limit -= 1;
25              j++;
26          } while (loop_limit > 0);
27          System.out.println("저장 실패");
28      }
29      public V get(K key) {
30          int initialpos = hash(key);    // 초기 위치
31          int i = initialpos;
32          int j=1, loop_limit = 20 ;  // 탐색 시도 횟수
33          int d=(7-(int)key % 7);
34          while (a[i] != null && loop_limit > 0) {
35              if (a[i].equals(key))
```

```
36                  return dt[i];// 탐색 성공
37              i = (initialpos + j*d) % M; // i = 다음 위치
38              j++;
39              loop_limit -= 1;
40          }
41          return null;  // 탐색 실패
42      }
43 }
```

Line 08~28은 key와 데이터 쌍을 저장하는 put() 메소드로서 LinearProbing 클래스의 put() 메소드와 거의 같다. 단, line 12에서 제2의 함수 d = 7 - key % 7을 계산하고, line 23에서 배열 a의 다음 위치를 조사하기 위해 (initialpos + j*d) % M을 계산하는 것이 다르다. [그림 6-12]는 완성된 프로그램에서 25, 37, 18, 55, 22, 35, 50, 63을 차례로 삽입한 후, 50과 63의 data와 해시 테이블을 출력한 결과를 보여준다.

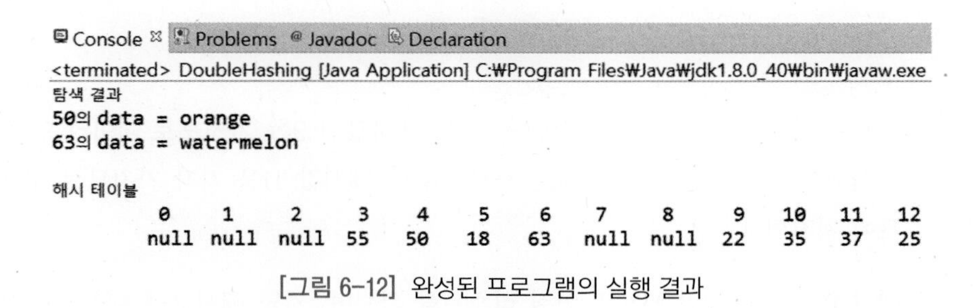

[그림 6-12] 완성된 프로그램의 실행 결과

이중 해싱은 빈 곳을 찾기 위한 점프 시퀀스가 일정하지 않으며, 모든 군집화 현상을 발생시키지 않는다. 또한 해시 성능을 저하시키지 않는 동시에 해시 테이블에 많은 키를 저장할 수 있는 장점이 있다.

6.5 폐쇄 주소 방식

폐쇄 주소 방식[11](Closed Addressing)의 충돌해결 방법은 키에 대한 해시값에 대응되는 곳에만 키를 저장한다. 따라서 충돌이 발생한 키들은 한 위치에 저장된다. 이를 구현하는 가장 대표적인 방법이 체이닝(Chaining)이다.

11) 1953년 IBM의 H. P. Luhn이 처음으로 폐쇄 주소방식의 해싱인 체이닝을 제안하였다.

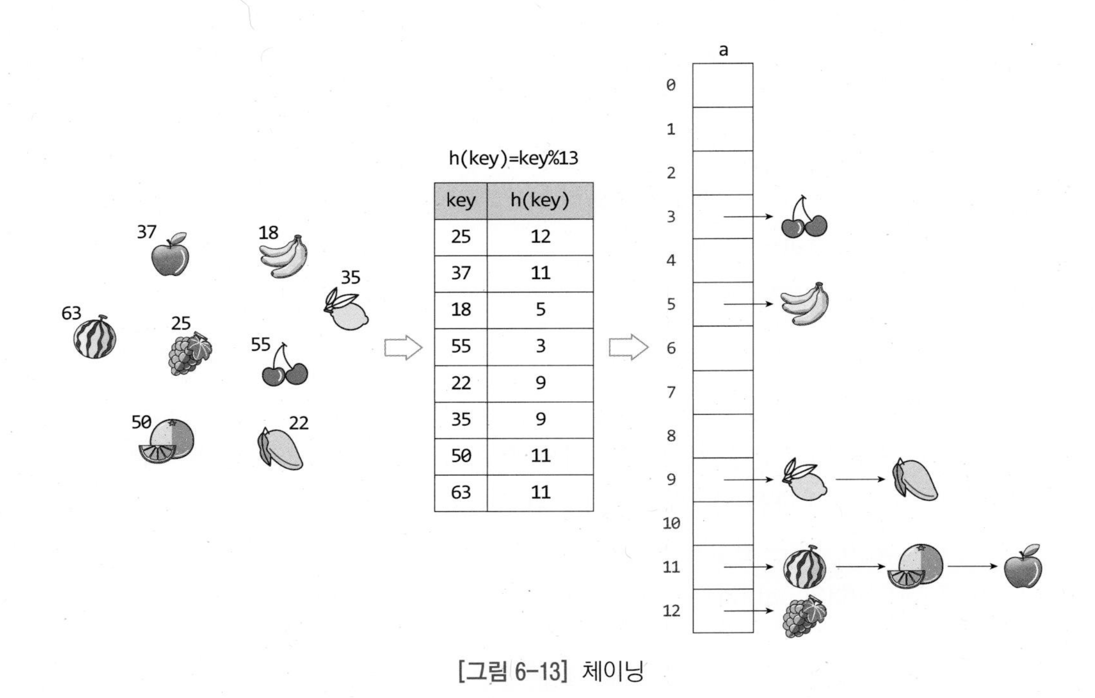

key	h(key)
25	12
37	11
18	5
55	3
22	9
35	9
50	11
63	11

[그림 6-13] 체이닝

[그림 6-13]을 보면 라임 (35)와 망고 (22)가 같은 해시값인 9를 가지므로 a[9]의 연결 리스트에 저장되고, 수박 (63), 오렌지 (50), 사과 (37)이 해시값 11을 각각 가지므로 a[11]의 연결 리스트에 저장된다.

체이닝은 해시 테이블 크기인 M개의 연결 리스트를 가지며, 키를 해시값에 대응되는 연결 리스트에 저장하는 해시 방식이다[12]. 체이닝은 연결 리스트로 구현되어 레퍼런스가 차지하는 공간이 추가로 필요하지만 개방 주소 방식처럼 해시 테이블의 empty 원소를 찾는 오버헤드가 없고, 어떠한 군집화 현상도 없으며, 구현이 간결하여 실제로 가장 많이 활용되는 해시 방법이다.

체이닝을 실세계 응용을 위해 구현할 때 테이블 크기인 M이 항목의 수 n보다 너무 크면 대부분의 연결 리스트들이 empty가 되고, M이 n보다 너무 작으면 연결 리스트들의 길이가 너무 길어져 해시 성능이 매우 낮아진다. 일반적으로 M을 소수로 선택하고, $M \approx n/10$ 정도이면, 즉 연결 리스트의 평균 길이가 약 10 정도일 때 좋은 성능을 보인다.

다음은 체이닝을 자바 프로그램으로 구현하기 위한 Chaining 클래스이다.

12) M개의 연결 리스트가 독립적으로 관리되므로 체이닝을 분리 체이닝(Separate Chaining)이라고 일컫기도 한다.

```
01 public class Chaining<K, V> {
02       private int M = 13;                // 테이블 크기
03       private Node[] a = new Node[M];    // 해시 테이블
04       public static class Node {         // Node 클래스
05             private Object key;
06             private Object data;
07             private Node   next;
08             public Node(Object newkey, Object newdata, Node ref) {  // 생성자
09                 key  = newkey;
10                 data = newdata;
11                 next = ref;
12             }
13             public Object getKey()  { return key; }
14             public Object getData() { return data;}
15       }
16       private int hash(K key) {  // 해시 함수
17           return (key.hashCode() & 0x7fffffff) % M; }       // 나눗셈 연산
18       public V get(K key) {       // 탐색 연산
19           int i = hash(key);
20           for (Node x = a[i]; x != null; x = x.next)       // 연결 리스트 탐색
21                 if (key.equals(x.key)) return (V) x.data; // 탐색 성공
22           return null;            // 탐색 실패
23       }
24       private void put(K key, V data) {     // 삽입 연산
25           int i = hash(key);
26           for (Node x = a[i]; x != null; x = x.next)
27                 if (key.equals(x.key)) {    // 이미 key 존재
28                       x.data = data;        // 데이터만 갱신
29                       return;
30                 }
31           a[i] = new Node(key, data, a[i]); // 연결 리스트의 첫 노드로 삽입
32       }
33 }
```

Line 03에서 해시 테이블인 배열 a를 선언한다. 배열의 원소에는 연결 리스트 Node를 가리키는 레퍼런스를 저장한다. Line 04~15는 연결 리스트의 노드를 위한 Node 클래스이

다. Node는 키를 저장하는 key, 데이터를 저장하는 data, 다른 Node를 참조하는 ref로 구성된다.

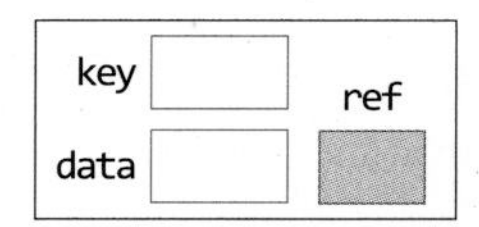

Line 16~17은 해시 함수 h(key) = key % 13을 구현한 것이다. Line 18~23은 get() 메소드로서 line 20의 for-루프를 통해 key를 탐색한다. Line 24~32는 put() 메소드이다. 먼저 line 26~30에서 저장하려고 하는 key가 이미 저장되어 있는지를 get() 메소드의 for-루프와 같은 방법으로 탐색하여 key가 발견되면 data를 갱신한다. 실제로 key가 새로운 키일 때, line 31에서 Node를 할당받아 key와 data를 저장한 후, 해당 연결 리스트 첫 노드로 삽입한다. [그림 6-14]는 line 31에서 63이 삽입되는 과정을 나타낸다. 이는 Part 2.2의 단순 연결 리스트의 insertFront()와 같다.

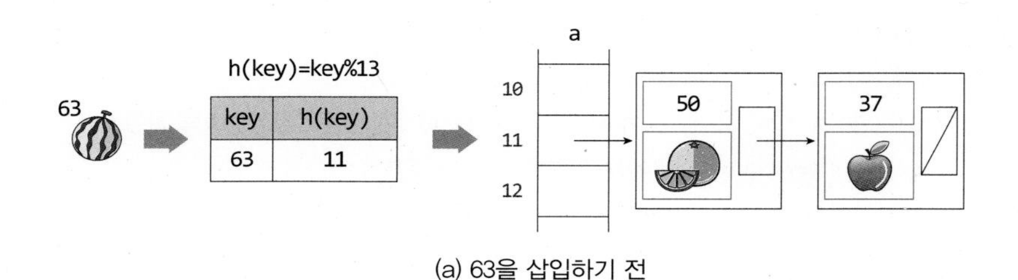

(a) 63을 삽입하기 전

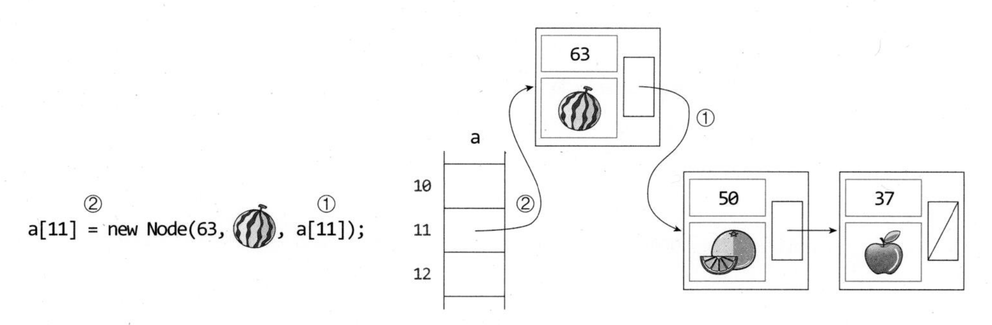

(b) 63을 삽입한 후

[그림 6-14] 63을 삽입하는 과정

[그림 6-15]는 완성된 프로그램에서 25, 37, 18, 55, 22, 35, 50, 63을 차례로 삽입한 후, 50, 63, 37, 22의 data와 해시 테이블을 출력한 결과이다.

```
Console ⌧ Problems @ Javadoc Declaration
<terminated> Chaining [Java Application] C:₩Program Files₩Java₩jdk1.8.0_40₩bin₩javaw.exe
탐색 결과                    해시 테이블
50의 data = orange           0
63의 data = watermelon       1
37의 data = apple            2
22의 data = mango            3-->[55, cherry]
                             4
                             5-->[18, bananna]
                             6
                             7
                             8
                             9-->[35, lime]-->[22, mango]
                            10
                            11-->[63, watermelon]-->[50, orange]-->[37, apple]
                            12-->[25, grape]
```

[그림 6-15] 완성된 프로그램의 실행 결과

6.6 기타 해싱

Part 6.5까지는 일반적인 해싱 방법을 소개하였다. Part 6.6에서는 기존의 해싱 방법을 융합하거나 변형시킨 새로운 해싱 방법들을 소개한다. 새로 소개되는 해싱 방법들의 자바 프로그래밍 구현은 연습문제에서 다룬다.

융합 해싱(Coalesced Hashing)[13]은 체이닝과 개방 주소 방식을 통합한 해싱 방법이다. 융합 해싱은 해시 테이블을 두 부분으로 분리하여 앞부분은 정상적인 해시 테이블로, 뒷부분은 충돌된 키들을 저장하는 데 사용한다. 그리고 체이닝의 연결 리스트 개념을 이용하여 충돌된 키(동의어)들을 연결한다.

다음은 25, 37, 18, 55, 41, 15, 63, 70을 해시 함수 h(key) = key % 11을 사용하여, 크기가 15인 해시 테이블에 순차적으로 저장하는 과정을 나타낸다. 해시 테이블의 각 원소는 key, data, link를 가지며, link는 충돌된 키가 저장된 원소의 테이블 인덱스이다. [그림 6-16]에서는 각 키의 data는 생략되었다.

13) F. A. Williams가 1959년에 제안하였다.

h(key)=key%11

key	h(key)
25	3
37	4
18	7
55	0
41	8
15	4
63	8
70	4

해시 테이블 a

	key	link
0	55	
1		
2	35	
3	25	
4	37	14
5		
6		
7	18	
8	41	13
9		
10		
11		
12	70	-1
13	63	-1
14	15	12

[그림 6-16] 융합 해싱

[그림 6-16]에서 해시 테이블 뒷부분의 4개 원소는 충돌된 키들을 저장한다. 25, 37, 18, 55, 41은 충돌 없이 각각 저장되지만 15를 저장할 때 37과 충돌된 후 해시 테이블의 마지막 원소인 a[14]에 저장하고 14를 37이 저장된 원소의 link에 저장한다. 63을 삽입할 때는 a[8]의 41과 충돌된 후 a[13]에 63을 저장한다. 70을 저장할 때는 a[4]의 link를 따라서 a[14]로 가고, a[12]가 테이블 끝으로부터 처음 비어있는 원소이므로 70을 a[12]에 저장하고, a[14]의 link에 12를 저장한다.

2-방향 체이닝 (Two-way Chaining)[14]은 체이닝과 동일하나 2개의 해시 함수를 이용하여 연결 리스트의 길이가 짧은 쪽에 새 키를 저장한다. 따라서 해시 테이블의 원소는 Node를 가리키는 레퍼런스 이외에도 연결 리스트의 길이(length)를 가진다. [그림 6-17]은 2개의 해시 함수 h(key)와 d(key)가 이미 계산되어 있다고 가정한 후, 25, 37, 18, 55, 22, 35, 50, 63을 차례로 저장한 결과를 나타낸다.

14) 1994년에 Azar, Broder, Karlin, Upfal이 최초로 제안하였다.

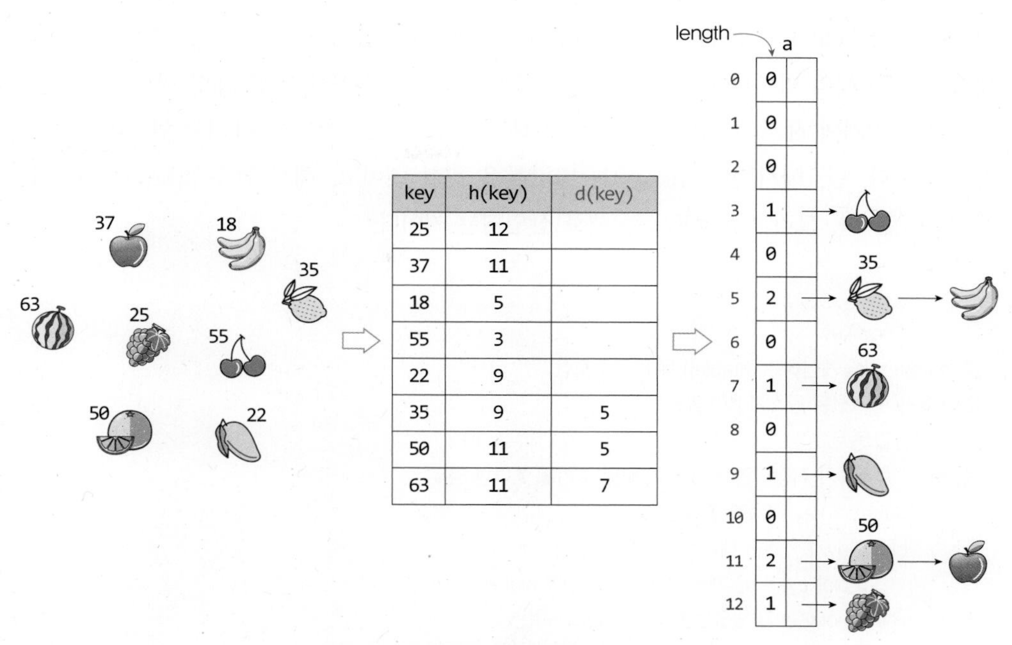

key	h(key)	d(key)
25	12	
37	11	
18	5	
55	3	
22	9	
35	9	5
50	11	5
63	11	7

	a
0	0
1	0
2	0
3	1
4	0
5	2
6	0
7	1
8	0
9	1
10	0
11	2
12	1

[그림 6-17] 2-방향 체이닝[15)]

25, 37, 18, 55, 22까지는 충돌 없이 저장되나, 35를 저장할 때에는 h(35) = 9, d(35) = 5이고 a[9]와 a[5]의 연결 리스트의 길이가 같으므로, 임의로 a[5]의 연결 리스트에 35를 저장한다. 50을 저장할 때에는 h(50) = 11, d(50) = 5이므로 a[11]과 a[5]의 리스트의 길이를 비교하여 a[11]의 리스트가 더 짧으므로 a[11]의 리스트에 50을 저장한다. 마지막으로 63을 저장할 때는 a[11]와 a[7]의 리스트의 길이를 비교하여 a[7]의 리스트가 짧으므로 a[7]의 리스트에 63을 저장한다. 그리고 새로운 키가 삽입되면 해당 리스트의 길이를 1 증가시킨다.

2-방향 체이닝은 2개의 해시 함수를 계산해야 하고, 연결 리스트의 길이를 비교해야 하며, 추후에 탐색을 위해선 찾고자 하는 대상이 2개의 리스트 중 어느 리스트에 있는지를 알아야 한다. 그러나 연구 결과에 따르면, 총 n개의 키를 2-방향 체이닝으로 저장하였을 때, 연결 리스트의 평균 길이는 O(loglogn)으로 매우 짧아서 실제로 매우 좋은 성능을 보인다.

15) 25, 37, 18, 55, 22는 충돌 없이 저장되므로 이들 키에 대한 d(key) 값은 그림에서 생략되었다.

뻐꾸기 해싱[16](Cuckoo Hashing)은 뻐꾸기가 다른 새의 둥지에 알을 낳고, 부화된 뻐꾸기 새끼가 다른 새의 알이나 새끼들을 둥지에서 밀어내는 습성을 모방한 해싱 방법이다. 뻐꾸기 해싱은 2개의 해시 함수와 2개의 해시 테이블을 가지고 키들을 아래의 알고리즘에 따라 저장한다. 단, 해시 함수 h(key)는 htable을 위한 것이고, 해시 함수 d(key)는 dtable을 위한 것이다. 그리고 newKey는 새로 삽입되는 키이다.

```
[1] key = newKey
[2] h(key) = i를 계산하여, htable[i]에 key를 저장
[3] if (key가 저장된 원소가 비어있으면)
        삽입 종료
[4] else   // key가 저장되면서 그 자리에 있던 키를 쫓아낸 경우
        oldKey = key 때문에 쫓겨난 키
[5]     if (oldKey가 있었던 테이블이 htable이면)
            d(oldKey) = j를 계산하여, dtable[j]에 oldKey 저장
[6]     else  // oldKey가 있었던 테이블이 dtable이면
            h(oldKey) = j를 계산하여, htable[j]에 oldKey 저장
[7]     key = oldKey, go to step [3]
```

[그림 6-18]은 뻐꾸기 해싱으로 10, 32, 45, 61을 차례로 삽입하는 과정을 나타낸다.

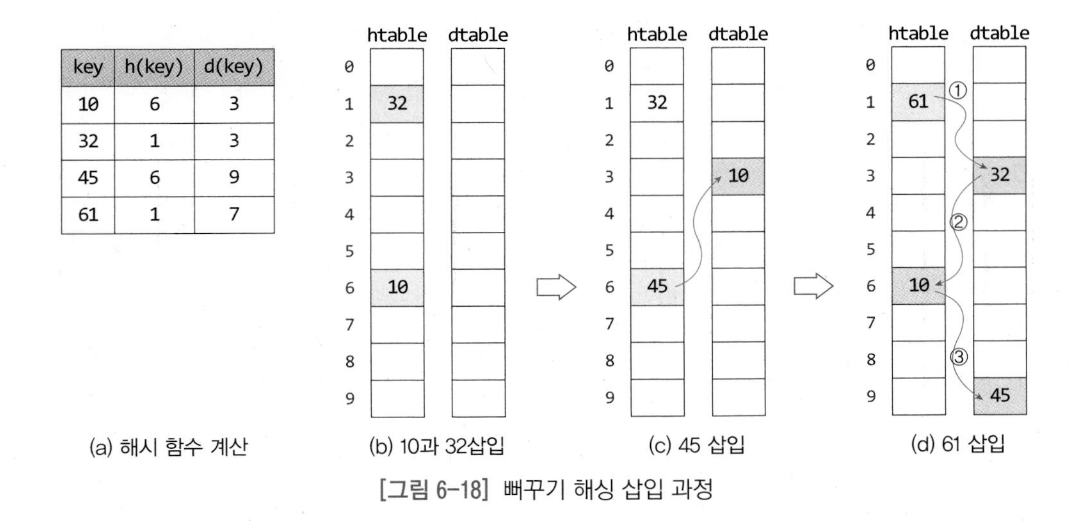

[그림 6-18] 뻐꾸기 해싱 삽입 과정

---

16) 2001년에 Pagh와 Rodler가 최초로 제안하였다.

[그림 6-18](a)는 각 키에 대한 2개의 해시 함수 값이다. (b)는 10과 32가 각각 htable의 비어있는 원소에 저장된 것이다. (c)는 45를 삽입하려 할 때, h(45) = 6이므로, htable[6]에 10이 이미 있으니 10을 쫓아낸 뒤, 45를 그곳에 저장한 상태이다. 이때 쫓겨난 10은 d(10) = 3이므로 dtable[3]에 저장된다. (d)는 61을 삽입하는 과정이다. 32는 61에게 자리를 내주고 쫓겨나 10을 밀어내고, 10은 45를 밀어낸다. 마지막으로 45는 dtable[9]에 저장된다.

뻐꾸기 해싱에서는 삽입 도중에 사이클(Cycle)이 발생하면 삽입 과정이 종료되지 않는다. [그림 6-19]의 예제는 삽입 과정 중에 발생한 사이클을 보여준다. 키들을 10, 20, 45, 32 순으로 삽입하면 (b)와 같이 10은 45 때문에 쫓겨나서 dtable[3]에 저장되고, 20은 32 때문에 쫓겨나서 dtable[0]에 저장된다.

그다음에 61을 저장하면, h(61) = 1이므로, 32를 dtable[3]으로 쫓아내고, 32는 10을 htable[6]으로 쫓아내며, 10은 45를 dtable[0]으로 쫓아낸다. dtable[0]의 20은 45 때문에 쫓겨나서 새 키였던 61을 쫓아내는 상황이 발생한다. 삽입 과정에서 사이클이 발생할 경우, 뻐꾸기 해싱은 삽입에 실패한 것으로 간주하여 재해싱을 수행한다.

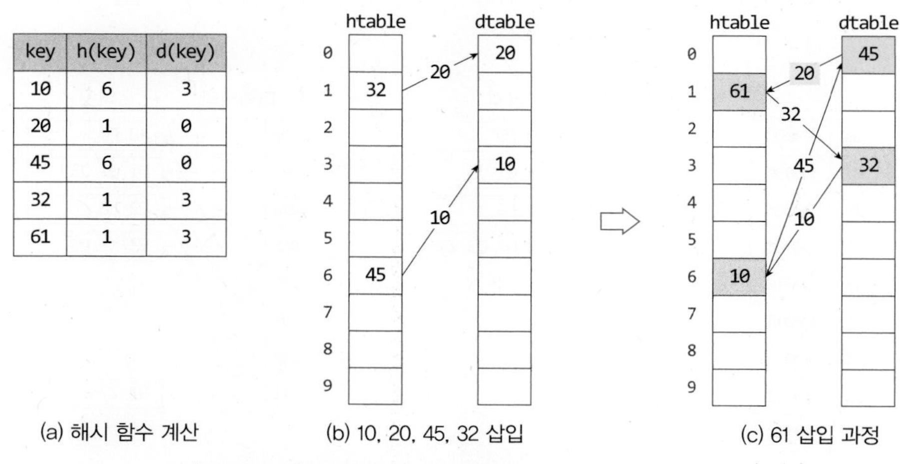

[그림 6-19] 뻐꾸기 해싱의 삽입 과정 중 발생한 사이클

뻐꾸기 해싱의 장점은 탐색과 삭제를 O(1) 시간에 보장하는 것인데, 이런 장점을 가진 해시 함수는 아직 존재하지 않는다. 즉, 최대 2회의 해시 함수 계산으로 각각의 테이블 원소를 찾아 각 연산을 처리한다. 단, 삽입은 높은 확률로 O(1) 시간에 수행이 가능하다.

6.7 재해시와 동적 해싱

지금까지 다양한 해싱 방법들을 살펴보았다. 하지만 그 어떤 해싱 방법도 해시 테이블에 비어있는 원소가 적으면, 삽입에 실패하거나 해시 성능이 급격히 저하되는 현상을 피할 수 없다. 이러한 경우, 해시 테이블을 확장시키고 새로운 해시 함수를 사용하여 모든 키를 새로운 해시 테이블에 다시 저장하는 재해시(Rehash)가 필요하다. 재해시는 오프라인(Off-line)에서 이루어지고 모든 키를 다시 저장해야 하므로 O(n) 시간이 소요된다.

재해시 수행 여부는 적재율(Load Factor)에 따라 결정된다. 적재율이란 (테이블에 저장된 키의 수 n) / (테이블 크기 M)이다. 적재율은 α로 표기하는데, 일반적으로 $\alpha \geq 0.75$가 되면 해시 테이블 크기를 2배로 늘리고, $\alpha \leq 0.25$가 되면 해시 테이블을 1/2로 줄인다.

동적 해싱(Dynamic Hashing)은 대용량의 데이터베이스를 위한 해시 방법으로 재해싱을 수행하지 않고 동적으로 해시 테이블의 크기를 조절한다. 대표적인 동적 해싱에는 확장 해싱(Extendible Hashing)과 선형 해싱(Linear Hashing)이 있다.

확장 해싱[17]은 디렉터리(Directory)를 메인 메모리에 저장하고, 데이터는 디스크 블록(Disk Block) 크기의 버킷(Bucket) 단위로 저장한다. 여기서 버킷이란 키를 저장하는 곳

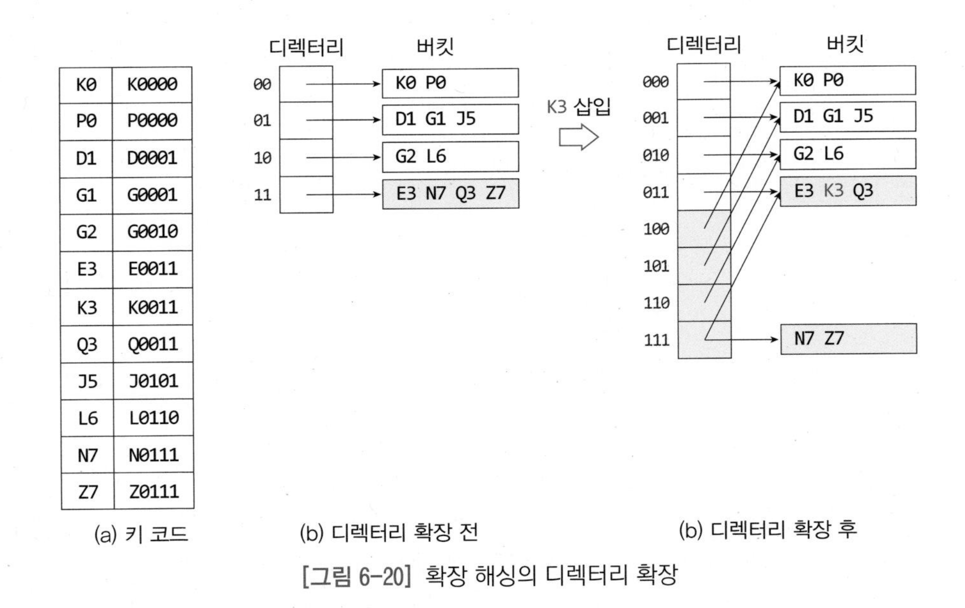

[그림 6-20] 확장 해싱의 디렉터리 확장

17) 1979년에 Fagin, Nievergelt, Pippenger, Strong이 최초로 제안하였다.

이며, Part 6.6까지는 1개의 버킷에 1개의 키만 저장한다고 가정하였다. 확장 해싱에서는 버킷에 overflow가 발생하면 새 버킷을 만들어 나누어 저장하며 이때 이 버킷들을 가리키던 디렉터리는 2배로 확장된다.

[그림 6-20]의 예제에서는 (a)의 키 코드의 마지막 두 자리를 가지고 키들을 버킷에 저장한다. 이때 버킷 크기는 4이다. 즉, (b)에서 버킷 [E3, N7, Q3, Z7]은 꽉 차있는 상태이다. 이때 K3을 삽입하면 K3의 코드의 마지막 두 자리가 '11'이므로 [E3, N7, Q3, Z7] 버킷에 저장되어야 하지만 꽉 차있으므로, (c)와 같이 디렉터리를 2배로 확장한다. 그리고 코드의 마지막 세 자리를 가지고 탐색, 삽입, 삭제 연산을 수행한다.

선형 해싱[18]은 디렉터리 없이 삽입할 때 버킷을 순서대로 추가하는 방식이다. 추가되는 버킷은 삽입되는 키가 저장되는 버킷과 무관하게 순차적으로 추가된다. 만일 삽입되는 버킷에 저장 공간이 없으면 overflow 체인에 새 키를 삽입한다. 체인은 단순 연결 리스트로서 overflow된 키들을 임시로 저장하고, 나중에 관련된 버킷이 추가되면 overflow 체인의 키들을 버킷으로 이동한다.

[그림 6-21]의 예제에서는 버킷 크기가 2이다. (b)는 (a)의 키 코드에 따라 마지막 두 자리를 이용하여 키들을 저장한 상태이다. (c)는 K1을 삽입하려는데 버킷 001에 저장할 공간이 없어 overflow 체인에 임시로 K1을 저장한 경우이다. 다음으로 추가되는 버킷은 인덱스가 100이며, 이때 버킷 000에 저장되었던 P4는 버킷 100으로 이동한다. 왜냐하면 P4

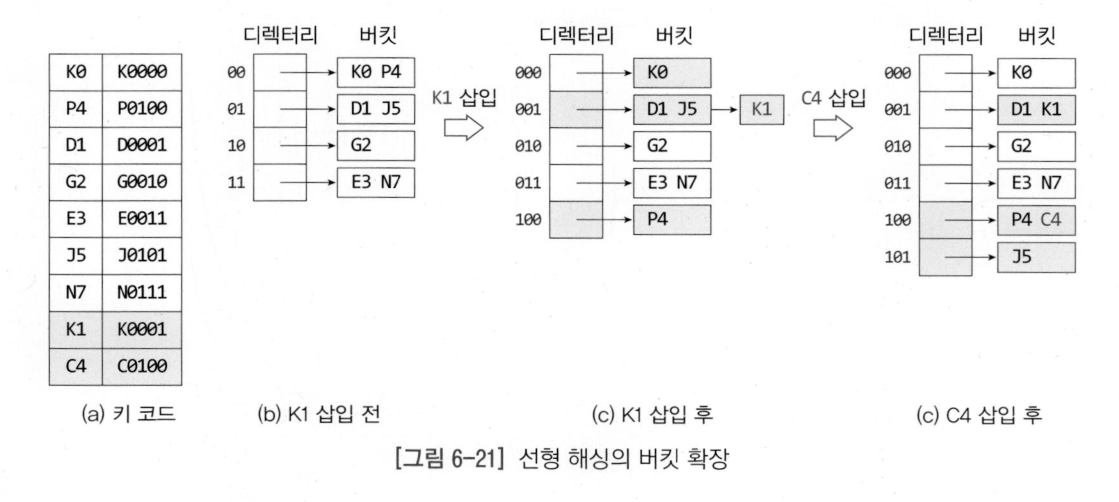

[그림 6-21] 선형 해싱의 버킷 확장

18) 1980년에 Litwin이 최초로 제안하였다.

코드의 마지막 3 bit가 100이기 때문이다. (d)는 C4를 100 버킷에 삽입한 경우이며, 새롭게 101 버킷이 추가되었다. 따라서 001 버킷의 코드가 101로 끝나는 키인 J5가 버킷 101로 이동하고, overflow 체인의 K1은 버킷 001로 이동한다. 다음 키가 삽입될 때는 버킷 110이 추가된다.

선형 해싱은 디렉터리를 사용하지 않는 장점이 있으며, 인터렉티브(Interactive) 응용에 적합하다.

6.8 해시 방법의 성능 비교

해시 방법의 성능은 탐색이나 삽입 연산을 수행할 때 성공과 실패한 경우를 각각 분석하여 측정한다.

선형 조사는 적재율 α가 너무 작으면 해시 테이블에 empty 원소가 너무 많고, α 값이 1.0에 근접할수록 군집화가 심화된다. 개방 주소 방식의 해싱은 $\alpha \approx 0.5$, 즉 $M \approx 2n$ 일 때 상수 시간 성능을 보인다. 체이닝은 α가 너무 작으면 대부분의 연결 리스트들이 empty가 되고, α가 너무 크면 연결 리스트들의 길이가 너무 길어져 해시 성능이 매우 저하된다. 일반적으로 M이 소수이고, $\alpha \approx 10$ 정도이면 $O(1)$ 시간 성능을 보인다.

[그림 6-22]는 대표적인 해싱 방법의 성능을 비교한 것이다. 각 방법의 탐색 성공, 탐색 실패와 삽입의 평균 탐색 횟수에 대한 증명은 생략한다.

	탐색 성공	삽입/탐색 실패
선형 조사	$\frac{1}{2}\left[1+\frac{1}{(1-\alpha)}\right]$	$\frac{1}{2}\left[1+\frac{1}{(1-\alpha)^2}\right]$
이중 해싱	$\frac{1}{\alpha}\ln\frac{1}{1-\alpha}$	$\frac{1}{1-\alpha}$
체이닝	$1+\frac{\alpha}{2}$	α

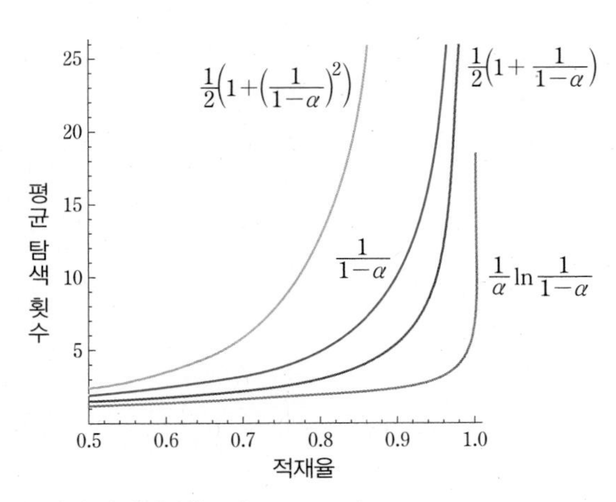

[그림 6-22] 대표적인 해싱 방법의 성능 비교

쉬어가는 코너

[Poison Wine] 독이 든 술단지

옛날 어느 먼 나라에 술을 매우 즐겨 마시는 임금님이 살고 있었다. 창고에는 4개의 술단지가 보관되어 있었다. 어느 날 이웃 나라의 스파이가 창고에 들어가서 술단지 하나에 독을 넣고 나오다가 붙잡혔다. 스파이는 눈으로 확인할 수 없는 독을 사용하였고, 어떤 단지인지는 모르지만 하나의 단지에만 독을 넣었다고 말하고 죽었다.

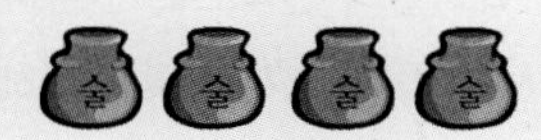

스파이가 사용한 독이 든 술을 아주 조금만 맛보아도 정확히 10시간 후에 죽는다. 임금님은 독이 든 술단지를 반드시 24시간 만에 찾아내라고 명하였다. 그런데 술을 맛볼 신하는 1명 밖에 없다. 어떻게 하면 24시간 이내 독이 든 술단지를 찾을 수 있을까?

답

첫 번째 술단지의 술을 맛보고 10시간 후에 독이 없으면, 두 번째 단지를 맛보고 10시간 후에 독이 없는 경우 이미 20시간이 지나서 나머지 두 단지 중 어느 단지에 독이 들어 있는지 판별할 시간이 부족하다.

[착안점] 첫 번째 단지를 맛보게 한 뒤 왜 그 결과를 확인할 때까지 10시간을 기다려야 할까? 첫 단지를 맛보게 한 뒤 1시간 후에 두 번째 단지를 맛보게 하고, 또다시 1시간 후에 세 번째 단지를 맛보게 하자.

- 시작 후 10시간 만에 신하가 죽으면, 첫 번째 단지에 독이 들어 있다.
- 안 죽었으면 시작 후 11시간 만에 신하가 죽으면, 두 번째 단지에 독이 들어 있다.
- 안 죽었으면 시작 후 12시간 만에 신하가 죽으면, 세 번째 단지에 독이 들어 있다.
- 다행히 안 죽었으면 마지막 단지에 독이 들어 있다. 이때는 마지막 단지의 술은 맛볼 필요 없다.

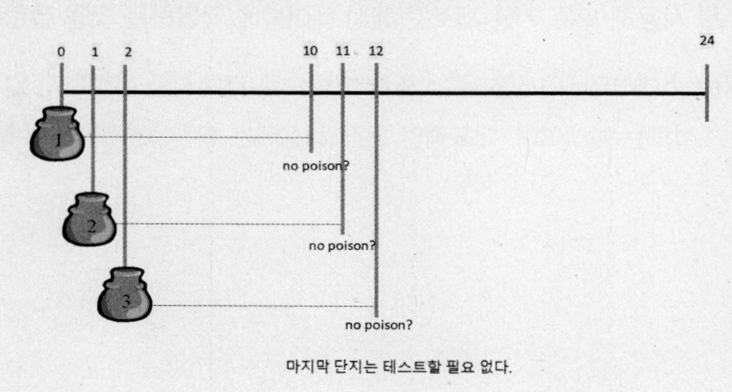

마지막 단지는 테스트할 필요 없다.

요약

- 해싱이란 키를 간단한 (해시) 함수로 계산한 값을 배열의 인덱스로 이용하여 항목을 저장하고, 탐색, 삽입, 삭제 연산을 평균 $O(1)$ 시간에 지원하는 자료구조이다.
- 해시 함수는 키들을 균등하게 해시 테이블의 인덱스로 변환하기 위해 의미가 부여된 키를 간단한 계산을 통해 '뒤죽박죽' 만든 후 해시 테이블 크기에 맞도록 해시값을 계산한다. 대표적인 해시 함수는 나눗셈 함수이다.
- 충돌 해결 방법들은 크게 두 가지로 분류되는데, 하나는 개방 주소 방식이고, 다른 하나는 폐쇄 주소 방식이다.
- 개방 주소 방식에는 선형 조사, 이차 조사, 랜덤 조사, 이중 해싱이 있다.
- 폐쇄 주소 방식은 키에 대한 해시값에 대응되는 곳에만 키를 저장한다. 체이닝은 해시 테이블 크기만큼의 연결 리스트를 가지며, 키를 해시값에 대응되는 연결 리스트에 저장하는 해시 방식이다. 군집화 현상이 발생하지 않으며, 구현이 간결하여 실제로 가장 많이 활용되는 해시 방법이다.
- 융합 해싱은 체이닝과 개방 주소 방식을 통합한 해싱 방법이다.
- 2-방향 체이닝은 체이닝과 동일하나 2개의 해시 함수를 이용하여 연결 리스트의 길이가 짧은 쪽에 새 키를 저장한다.
- 뻐꾸기 해싱은 뻐꾸기가 다른 새의 둥지에 알을 낳고, 부화된 뻐꾸기 새끼는 다른 새의 알이나 새끼들을 둥지에서 밀어내는 습성을 모방한 해싱 방법이고, 탐색과 삭제를 $O(1)$ 시간에 보장하는 매우 효율적인 해싱 방법이다.
- 재해시는 삽입에 실패하거나 해시 성능이 급격히 저하되었을 때, 해시 테이블의 크기를 확장하고 새로운 해시 함수를 사용해 모든 키를 새로운 해시 테이블에 저장하는 것을 말한다.
- 동적 해싱은 대용량의 데이터베이스를 위한 해시 방법으로 재해시를 수행하지 않고 동적으로 해시 테이블의 크기를 조절하는 방식이며, 대표적인 동적 해싱에는 확장 해싱과 선형 해싱이 있다.

연습문제

6.1 다음 중 해시 테이블에 관한 설명 중 가장 적절한 것은?

① 키를 저장할 배열의 인덱스로 변환하여 저장하는 자료구조
② 배열 인덱스를 키로 변환하여 키에 관한 정보를 저장하는 자료구조
③ 저장 공간을 효율적으로 사용하는 자료구조
④ 시스템 스택을 지원하는 자료구조
⑤ 답 없음

6.2 해시 테이블이 단순 연결 리스트보다 효율적인 자료구조인 이유는?

① 데이터를 더 빠르게 삽입, 삭제할 수 있다.
② 쉽게 구현할 수 있다.
③ 레퍼런스를 효율적으로 사용한다.
④ 데이터 수가 적을 때 유리하다.
⑤ 답 없음

6.3 해시 테이블의 한 원소에 서로 다른 키를 저장하려 할 때 무엇이 발생했다고 하는가?

① 오버플로 ② 언더플로 ③ 중복
④ 충돌 ⑤ 답 없음

6.4 다음 중 해시 함수에 관한 설명 중 옳은 것은?

① 키를 위해 메모리를 할당하는 함수
② 객체를 생성하는 함수
③ 키를 배열의 인덱스로 변환하는 함수
④ 키의 인터페이스를 계산하는 함수
⑤ 답 없음

6.5 다음의 빈칸에 적절한 단어를 채워 넣어라.

> [   ] 주소 방식은 충돌된 키들을 해시 테이블 전체를 열린 공간으로 여기어 빈 원소에 항목을 저장하는 방식이다. 즉, 해시값에 대응되는 해시 테이블 원소에 키를 저장하지 않을 수 있다는 의미이다. 반면에 [   ] 주소 방식은 해시값에 대응되는 해시 테이블 원소에 반드시 키를 저장한다. 따라서 충돌된 키들을 동일한 해시 주소 하에 저장한다.

6.6 개방 주소 방식이 체이닝보다 나은 점은?

① 해시 테이블에 오버플로가 발생하지 않는다.
② 해시 함수에 성능이 민감하지 않다.
③ 구현하기가 간단하다.
④ 캐시 성능이 더 우수하다.
⑤ 답 없음

6.7 다음 중 충돌 해결 방법이 아닌 것은?

① 선형 조사 ② 이차 조사 ③ 랜덤 조사
④ 이중 해싱 ⑤ 답 없음

6.8 해싱을 이용하여 최초에 데이터를 저장하려고 할 때 반드시 고려하지 않아도 되는 것은?

① 해시 함수 ② 해시 테이블 크기
③ 충돌 해결 방식 ④ 동적 해싱 방식
⑤ 적재율

6.9 좋은 해시 함수를 선택하는 기준을 모두 고르라.

① 해시 함수 값의 분포도 ② 해시 함수의 공간 복잡도
③ 충돌 해결 방식의 군집화 ④ 해시 함수의 수행 시간
⑤ 해시 함수의 최댓값과 최솟값

6.10 다음 중 가장 널리 사용되는 해시 함수는?

① 중간 제곱 함수 ② 접기 함수 ③ 곱셈 함수
④ 나눗셈 함수 ⑤ 답 없음

6.11 해시 테이블의 크기를 정하는 방법으로 가장 적절한 것은?

① 두 개의 소수(Prime)의 곱한 수로 정한다.
② 임의의 두 개의 소수 중에 큰 것으로 정한다.
③ 4k+1로 정한다. 단, k는 양의 정수이다.
④ 2^k에 너무 가깝지 않은 숫자로 정한다. 단, k는 양의 정수이다.
⑤ 적재율을 예측하여 저장할 항목 수보다 큰 소수로 정한다.

6.12 해시 테이블 크기가 2^k인 경우에 나눗셈 함수, 즉 h(key) = key % 2^k일 때, 다음 중 올바른 설명은? 단, k는 양의 정수이다.

① 홀수인 키들과 짝수인 키들이 골고루 섞이어 테이블에 저장된다.
② 홀수인 키들과 소수인 키들과 골고루 섞이지 않게 되는 문제점을 가진다.
③ 키의 상위 k 비트만을 사용하여 항목을 저장하므로 잦은 충돌을 일으킬 수 있다.
④ 키의 하위 k 비트만을 사용하여 항목을 저장하므로 잦은 충돌을 일으킬 수 있다.
⑤ 답 없음

6.13 체이닝을 위해 해시 테이블 크기가 256일 때 저장할 수 있는 최대 항목의 수는?

① 128 ② 256 ③ 512
④ 1024 ⑤ 제한 없음

6.14 크기가 M인 해시 테이블에 n개의 항목이 저장되어 있다. 다음 중 이 해시 테이블의 적재율(Load Factor)을 옳게 표현한 식은?

① M + n ② M − n ③ M × n
④ n / M ⑤ M / n

6.15 다음 중 선형 조사에 관한 설명으로 옳지 않은 것은?

① 개방 주소 방식이다.

② 충돌이 발생한 곳부터 순차적으로 빈 곳을 찾는다.

③ 1차 군집화를 초래한다.

④ 해시 테이블의 마지막 원소까지 빈 곳을 찾지 못하면 삽입에 실패한다.

⑤ 답 없음

6.16 해시 함수 h(key) = key mod 11을 사용하고 선형 조사를 이용하여 31, 40, 56, 23, 49, 36, 79를 차례로 삽입한 후, 46을 삽입하면 46은 해시 테이블의 어디에 저장되나? 단, 해시 테이블의 인덱스는 0, 1, 2, …, 10이다.

① 2 ② 3 ③ 4 ④ 5 ⑤ 6

6.17 문제 6.16에서 31, 40, 56, 23, 49, 36, 79, 46을 차례로 삽입할 때, 8개의 키 중에 몇 개가 출동을 일으키는가? 단, 빈 곳을 찾는 동안의 키 비교는 충돌로 계산하지 마라.

① 2 ② ③ 4 ④ 5 ⑤ 6

6.18 다음 중 이차 조사에 관한 설명으로 가장 거리가 먼 것은?

① 2차 군집화를 일으킨다.

② 충돌 난 곳으로부터 갈수록 멀리 떨어진 곳에서 빈 원소를 찾는다.

③ 해시 테이블에 빈 곳이 있더라도 삽입에 실패할 수도 있다.

④ 선형 조사보다 공간을 더 효율적으로 사용한다.

⑤ 답 없음

6.19 해시 함수 h(key) = key mod 11을 사용하고 이차 조사를 이용하여 31, 40, 56, 23, 49, 36, 78, 17을 차례로 삽입한 후, 46을 삽입하면 46은 해시 테이블의 어디에 저장되나? 단, 해시 테이블의 인덱스는 0, 1, 2, …, 10이다.

① 0 ② 2 ③ 4 ④ 9 ⑤ 답 없음

6.20 문제 6.19에서 31, 40, 56, 23, 49, 36, 78, 17, 46을 삽입할 때 9개의 키 중에 몇 개가 출동을 일으키는가? 단, 빈 곳을 찾는 동안의 키 비교는 충돌로 계산하지 마라.

① 2 ② 3 ③ 4 ④ 5 ⑤ 6

6.21 다음 중 랜덤 조사에 관한 설명으로 옳지 않은 것은?

① 3차 군집화를 일으킨다.

② 의사 난수 생성을 이용한다.

③ 랜덤하게 키를 저장한다.

④ 개방 주소 방식이다.

⑤ 답 없음

6.22 해시 함수 h(key) = key mod 11을 사용하고 랜덤 조사를 이용하여 31, 40, 56을 차례로 저장한 후, 23을 삽입하면 23은 해시 테이블의 어디에 저장되나? 단, 해시 테이블의 인덱스는 0, 1, 2, …, 10이고, 의사 난수 생성기가 차례로 생성한 난수는 6, 3, 2, 4, 11이다.

① 2 ② 3 ③ 4 ④ 5 ⑤ 6

6.23 다음 중 이중 해싱에 관한 설명으로 옳지 않은 것은?

① 해시 함수를 2개 사용한다.

② 어떠한 군집화도 일으키지 않는다.

③ 동의어들이 서로 다른 점프 시퀀스를 갖는다.

④ 점프 시퀀스를 결정하는 해시 함수의 값이 0이면 안 된다.

⑤ 답 없음

6.24 크기가 1200인 해시 테이블에 대해 이중 해싱을 이용하여 키를 저장하려고 한다. 다음은 첫 번째 해시 함수 h이다.

(h(key) + j · d (key)) % 1200

다음 중 두 번째 해시 함수 d(key) = x - key % x에서 가장 적절한 x의 값은?

① 95 ② 74 ③ 53 ④ 39 ⑤ 27

6.25 다음 중 체이닝에 관한 설명으로 옳지 않은 것은?

① 폐쇄 주소 방식이다.

② 연결 리스트를 사용한다.

③ 연결 리스트가 길수록 캐시 효율성이 높아진다.

④ 삽입에 실패하는 경우가 발생하지 않는다.

⑤ 답 없음

6.26 해시 함수 h(key) = key mod 7을 사용하고 체이닝을 이용하여 31, 40, 56, 23, 49, 36, 77, 46을 차례로 삽입했을 때 가장 긴 연결 리스트의 길이는?

① 2 ② 3 ③ 4 ④ 5 ⑤ 답 없음

6.27 다음 중 융합 해싱에 관한 설명으로 옳지 않은 것은?

① 개방 주소 방식과 체이닝 개념을 사용한다.

② 해시 테이블을 두 부분으로 나눈다.

③ 충돌이 발생하면 링크를 따라 순차적으로 빈 곳을 찾는다.

④ 2개의 해시 함수를 사용한다.

⑤ 답 없음

6.28 다음 중 2-방향 체이닝에 관한 설명으로 옳지 않은 것은? 단, 해시 테이블에 저장된 키의 개수는 n이다.

① 2개의 해시 함수를 사용한다.

② 짧은 연결 리스트에 새 키를 삽입한다.

③ 연결 리스트의 평균 길이는 O(loglogn)이다.

④ 탐색할 때는 1개의 해시 함수만 사용한다.

⑤ 답 없음

6.29 다음 중 뻐꾸기 해싱에 관한 설명으로 옳지 않은 것은?

① 2개의 해시 함수를 사용한다.

② 삽입할 때 사이클이 발생하여 실패할 수도 있다.

③ 삽입 수행 시간은 O(1)이다.

④ 2개의 해시 테이블을 사용한다.

⑤ 답 없음

6.30 다음 중 재해시에 관한 설명으로 가장 거리가 <u>먼</u> 것은? 단, 해시 테이블에 저장된 키의 개수는 n이다.

① 수행 시간은 O(logn)이다.
② 새 해시 함수와 새 해시 테이블이 필요하다.
③ 재해시 수행 여부는 적재율에 따라 결정한다.
④ 재해시는 일반적으로 오프라인으로 수행한다.
⑤ 답 없음

6.31 다음 중 동적 해싱에 관한 설명으로 옳지 <u>않은</u> 것은?

① 재해시를 하지 않고 해시 테이블 크기를 조절한다.
② 확장 해싱과 선형 해싱이 대표적인 동적 해싱이다.
③ 동적 메모리 할당이 필요하다.
④ 항상 디렉터리를 사용한다.
⑤ 답 없음

6.32 다음 중 확장 해싱에 관한 설명으로 옳지 <u>않은</u> 것은?

① 디렉터리를 사용한다.
② 데이터는 디스크 블록에 저장한다.
③ 디렉터리는 주기억 장치에 저장한다.
④ 버킷에 오버플로가 발생하면 체인을 사용하여 임시 저장한다.
⑤ 답 없음

6.33 다음 중 선형 해싱에 관한 설명으로 옳지 <u>않은</u> 것은?

① 디렉터리를 사용하지 않는다.
② 버킷에 오버플로가 발생하면 체인을 사용하여 임시 저장한다.
③ 일정한 간격으로 새 버킷이 만들어진다.
④ 인터렉티브 응용에 적합하다.
⑤ 답 없음

6.34 적재율이 1.0에 가까울 때 다음의 충돌 해결 방법 중에서 가장 좋은 성능을 보이는 방법은?

① 선형 조사　② 이차 조사　③ 랜덤 조사
④ 이중 해싱　⑤ 체이닝

6.35 선형 조사를 이용해서 3,000개의 항목을 저장하려고 한다. 이때 성공적인 탐색의 평균 비교 횟수가 2.5일 때 해시 테이블 크기는? 단, 선형 조사의 성공적인 탐색의 평균 비교 횟수는 $\frac{1}{2}\left[1+\frac{1}{(1-\alpha)}\right]$이다.

① 3,500　② 4,000　③ 4,500
④ 5,000　⑤ 5,500

6.36 이중 해싱을 이용해서 3,000개의 항목을 저장하려고 한다. 이때 성공적인 탐색의 평균 비교 횟수가 8/3 ≈ 2.67일 때 해시 테이블 크기는? 단, 이중 해싱의 성공적인 탐색의 평균 비교 횟수는 $\frac{1}{\alpha}\log_2\frac{1}{1-\alpha}$ 이다.

① 3,000　② 3,500　③ 3,850
④ 4,000　⑤ 4,200

6.37 2차와 3차 군집화를 각각 설명하고, 이들의 공통점을 설명하라.

6.38 다음의 해시 함수와 입력 키에 대해

h(k) = k (mod 10)
키 저장 순서: 71, 23, 73, 49, 54, 89, 39

(a) 선형 조사 방식으로 해시 테이블에 저장하라
(b) 이차 조사 방식으로 해시 테이블에 저장하라.
(c) 이중 해싱 방식으로 해시 테이블에 저장하라. 단, d(k) = 7 – (k mod 7)
(d) 체이닝 방식으로 해시 테이블에 저장하라.

6.39 해시 함수 h(x) = key % 11일 때 문제 6.38과 동일한 순서의 입력 키에 대해

(a) 선형 조사 방식으로 해시 테이블에 저장하라.

(b) 이차 조사 방식으로 해시 테이블에 저장하라.

(c) 이중 해싱 방식으로 해시 테이블에 저장하라. 단, d(k) = 7 - (k mod 7)

(d) 체이닝 방식으로 해시 테이블에 저장하라.

6.40 선형 조사를 위한 LinearProbing 클래스에 삭제 연산을 위한 delete() 메소드를 추가하라.

6.41 융합 해싱(Coalesced Hashing)을 자바 프로그램으로 작성하라. 단, M = 11, n = 20이고, n은 해시 테이블 크기이다. 그리고 아래의 hash 함수를 사용하라. 해시 테이블을 출력하고, 몇 개의 탐색 연산의 수행 결과를 출력하라.

```
private int hash(K key){
        return (key.hashCode() & 0x7fffffff) % M;  // 나눗셈 함수
}
```

6.42 다음의 키와 해시 함수 h(key) = key % 11과 이미 계산된 해시값에 대해 융합 해싱을 이용하여 차례로 키들을 저장하라. 단, 충돌된 키들을 저장하는 곳의 원소의 수는 4이다.

key	24	36	17	50	40	30	63	28
h(key)	2	3	6	6	7	8	8	6

6.43 2-방향 체이닝(Two-way Chaining)을 자바 프로그램으로 작성하라. 해시 테이블을 출력하고, 몇 개의 탐색 연산의 수행 결과를 출력하라.

6.44 다음의 표에는 키들과 해시 함수 h와 d의 값이 계산되어 있다. 2-방향 체이닝을 이용하여 키들을 좌에서 우로, 즉, 25, 37, 18, …, 63 순으로 저장하라. 키를 저장하려고 할 때, 두 개의 체인의 길이가 같으면 h 함수 값에 대응되는 체인에 삽입하라. 단, 해시 테이블의 크기는 9이고, 새로 저장되는 키는 체인의 첫 노드가 되도록 (insertFront) 삽입하라.

key	25	37	18	55	22	35	50	63
h(key)	2	3	5	3	2	2	2	3
d(key)	0	4	0	2	1	3	5	4

6.45 뻐꾸기 해싱(Cuckoo Hashing)을 자바 프로그램으로 작성하라. 아래의 자바 선언 및 해시 함수를 사용하라. 각 테이블을 출력하고, 몇 개의 탐색 및 기존 키에 대한 데이터 갱신 연산의 수행 결과를 출력하라.

```
public class CuckooHashing <K, V> {
    private int M = 13;  // h_테이블 크기
    private int N = 17;  // d_테이블 크기
    private K[] h_table = (K[]) new Object[M];  // h_테이블
    private V[] h_data  = (V[]) new Object[M];  // key관련 데이터 저장
    private K[] d_table = (K[]) new Object[N];  // d_테이블
    private V[] d_data  = (V[]) new Object[N];  // key관련 데이터 저장

    private int hash_h(K key) { // h_해시 함수
        return(key.hashCode() & 0x7fffffff) % M;}

        private int hash_d(K key) { // d_해시 함수
        return (key.hashCode() & 0x7fffffff) % N;}
    ⋮
}
```

6.46 다음의 표에는 키들과 해시 함수 h와 d의 값이 계산되어 있다. 뻐꾸기 해싱을 이용하여 키들을 좌에서 우로, 즉, 75, 20, 61,… 순으로 저장하라. 키를 저장하려고 할 때, 먼저 h 함수 값에 대응되는 테이블 원소에 삽입하라. 단, 각 해시 테이블의 크기는 9이다.

key	75	20	61	93	40	17
h(key)	5	3	2	3	5	3
d(key)	4	1	3	2	2	1

6.47 Universal 해싱에 대해 조사하라.

6.48 Perfect 해싱에 대해 조사하라.

PART 07

우선순위 큐

contents

07 우선순위 큐

우선순위 큐(Priority Queue)는 가장 높은 우선순위를 가진 항목에 접근하거나 삭제하는 연산과 임의의 우선순위를 가진 항목을 삽입하는 연산을 지원하는 자료구조이다. Part 3에서 소개한 스택이나 큐도 일종의 우선순위 큐로, 스택의 경우 가장 마지막으로 삽입된 항목이 가장 높은 우선순위를 가지며, 최근 시간일수록 높은 우선순위를 부여하는 우선순위 큐이다. 큐의 경우는 먼저 삽입된 항목이 우선순위가 더 높다. 따라서 이른 시간일수록 더 높은 우선순위를 부여하는 우선순위 큐이다.

그렇다면 스택과 큐와 같은 우선순위 큐가 있는데, 왜 또 다른 우선순위 큐 자료구조가 필요할까? 스택에 새로이 삽입되는 항목의 우선순위는 스택에 저장된 모든 항목의 우선순위보다 높고, 큐에 새롭게 삽입되는 항목의 우선순위는 큐에 저장된 모든 항목들의 우선순위보다 낮다. 그러나 새롭게 삽입되는 항목이 임의의 우선순위를 가진다면 스택이나 큐는 새 항목이 삽입될 때마다 저장된 항목들을 우선순위에 따라 정렬 상태를 유지해야 하는 문제점을 갖는다.

이러한 문제를 해결하기 위해 새 항목 삽입 시 정렬 상태를 유지할 필요 없고, O(1) 시간에 가장 높은 우선순위를 가진 항목에 접근할 수 있으며, 가장 높은 우선순위를 가진 항목을 삭제하는 연산을 지원하는 효율적인 우선순위 큐 자료구조들을 Part 7에서 살펴본다.

7.1 이진 힙

정의

이진 힙(Binary Heap)은 완전 이진 트리로서 부모의 우선순위가 자식의 우선순위보다 높은 자료구조이다.

각 노드에 대해 부모의 우선순위가 자식의 우선순위보다 높은 것을 힙 속성(Heap Property)이라 한다. 키가 작을수록 더 높은 우선순위를 갖는다면 [그림 7-1]의 트리들 중, 어떤 트리가 이진 힙일까?

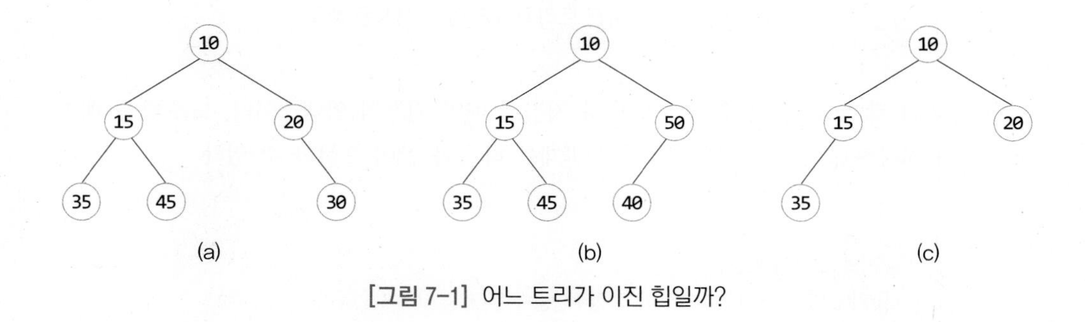

[그림 7-1] 어느 트리가 이진 힙일까?

[그림 7-1]의 트리들 중 (c)만이 이진 힙이다. (a)는 모든 노드가 힙 속성을 만족하지만 완전 이진 트리가 아니다. (b)는 루트의 오른쪽 자식인 50이 40을 자식으로 가지고 있기 때문에 힙 속성에 위배된다.

완전 이진 트리는 1차원 배열로 구현하며, 배열의 두 번째 원소부터 사용한다. 즉, 배열 a에서 a[0]은 사용하지 않고, 완전 이진 트리의 노드들을 레벨 순회(Level-order Traversal) 순서에 따라 a[1]부터 차례로 저장한다.[1] [그림 7-2]는 완전 이진 트리의 노드들이 배열에 저장된 것을 나타낸다.

1) a[0]부터 노드를 저장할 수도 있으나, 부모와 자식 관계를 표현하는 식이 간결하게 표현되지 않는다. 따라서 a[1]부터 노드를 저장한다.

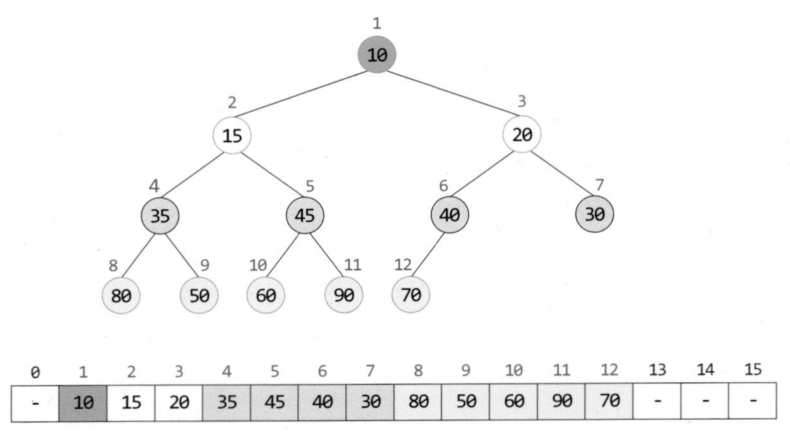

[그림 7-2] 완전 이진 트리의 노드들이 저장된 배열

[그림 7-2]의 각 노드 위의 숫자는 노드가 저장된 배열 원소의 인덱스이다. 노드들을 배열에 이처럼 저장하면, 힙에서 부모와 자식 관계를 다음과 같이 표현할 수 있다.

> a[i]의 자식은 a[2i]와 a[2i+1]에 있고,
> a[j]의 부모는 a[j/2]에 있다. 단, j 〉 1이고, j/2의 정수만을 취한다.

예를 들어 [그림 7-2]의 힙에서 노드 35의 자식은 a[2×4] = a[8]과 a[2×4+1] = a[9]에 있고, 즉 80과 50이고, 노드 90의 부모는 a[11/2] = a[5]에 있는 노드 45이다.
이진 힙에는 키가 작을수록 높은 우선순위를 가지는 최소 힙(Minimum Heap)과 클수록 더 높은 우선순위를 가지는 최대 힙(Maximum Heap)이 있다. [그림 7-2]의 힙은 최소 힙이다. 이 Part에서는 최소 힙으로 이진 힙을 설명하며, 힙에 저장되는 키(우선순위)들은 서로 다르다고 가정한다.

최소 힙의 루트에는 항상 가장 작은 키가 저장되는데, 최소 힙의 노드에 저장된 키가 자식의 키보다 작은 힙 속성 때문이다. 또한 루트는 a[1]에 저장되어 있으므로, 최소 힙에서는 O(1) 시간에 가장 작은 키를 가진 노드에 접근할 수 있다. 최소 힙에서 수행되는 기본 연산인 최솟값 삭제와 삽입 연산을 각각 살펴보자.

최솟값 삭제(delete_min) 연산은 루트의 키를 삭제한다. 이를 위해 힙의 가장 마지막 노드, 즉 배열의 가장 마지막 항목을 루트로 옮기고, 힙 크기를 1 감소시킨다. 다음으로 루트

로부터 자식 중에서 작은 값을 가진 자식(두 자식 사이의 승자)과 키를 비교하여 힙 속성이 만족될 때까지 키를 교환하며 이파리 방향으로 진행한다. 이 과정은 루트로부터 아래로 내려가며 진행되므로 downheap[2]이라 부르자. [그림 7-3]은 [그림 7-2]의 최소 힙에서 최솟값인 10을 삭제하고 힙 속성을 회복하는 downheap 과정을 나타낸다.

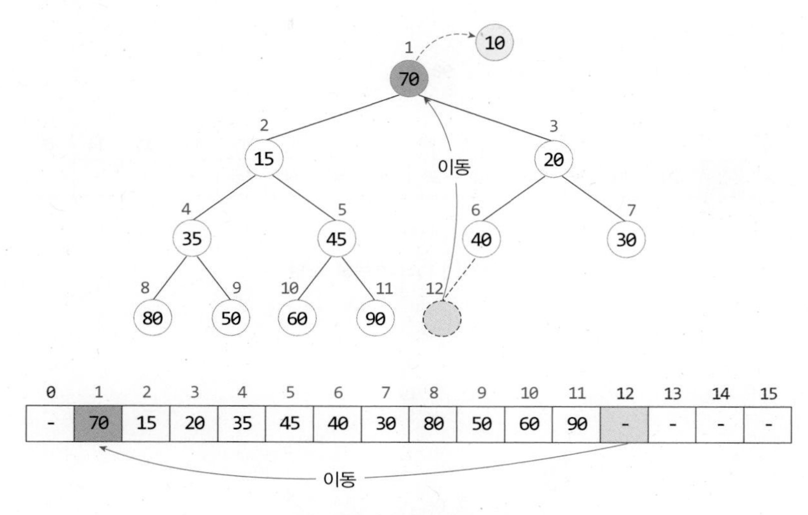

(a) 마지막 노드를 루트로 이동

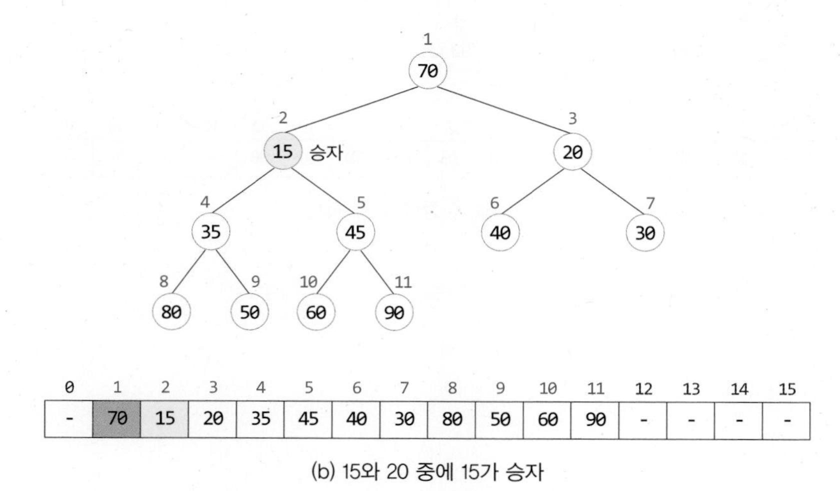

(b) 15와 20 중에 15가 승자

[그림 7-3] 최솟값 삭제 후 수행되는 downheap 과정 (계속 ➡)

2) heapify라고도 부른다.

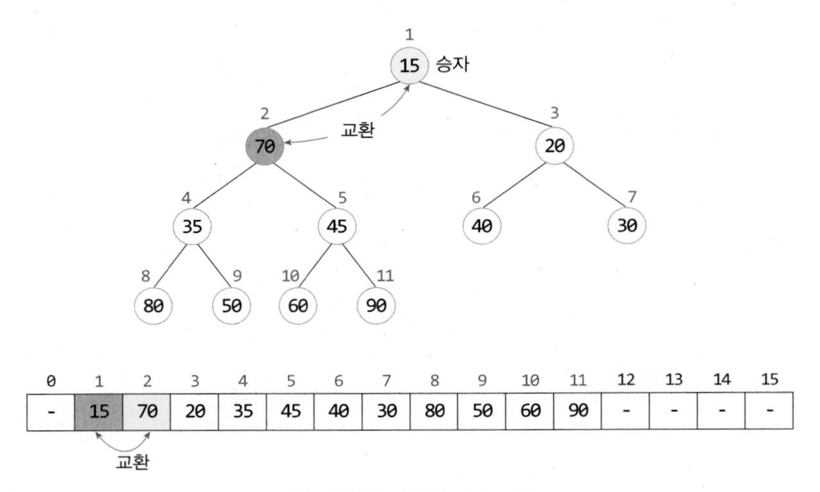

(c) 승자인 15와 루트를 교환

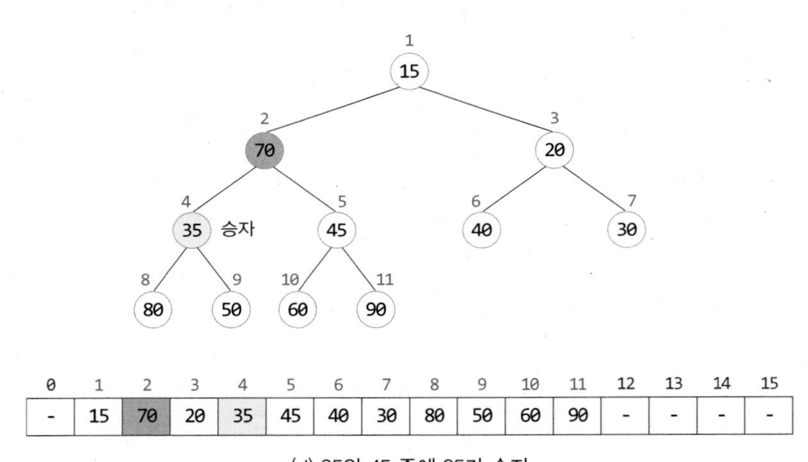

(d) 35와 45 중에 35가 승자

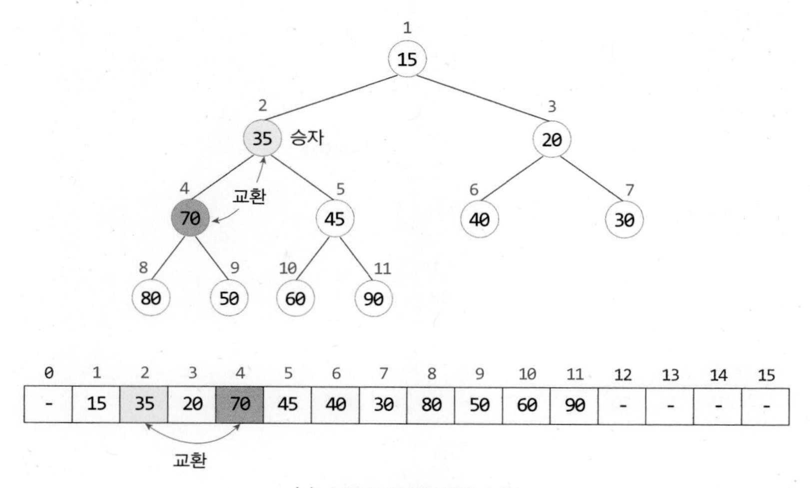

(e) 승자인 35와 70을 교환

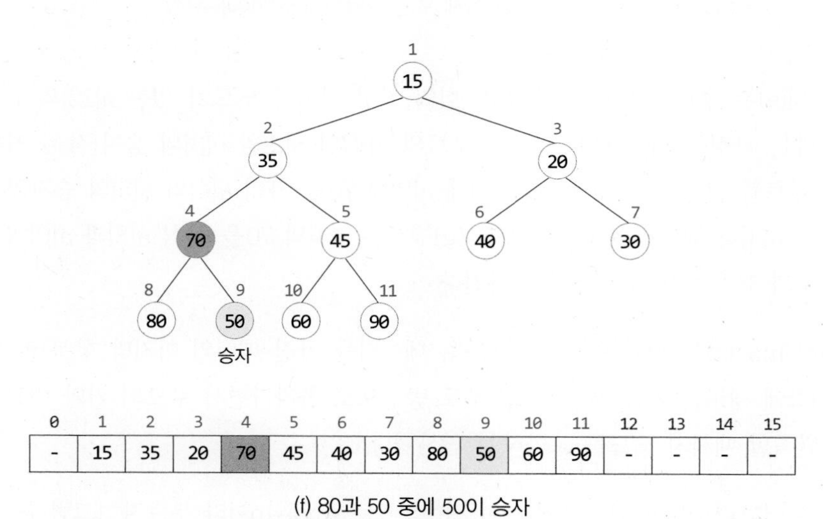

(f) 80과 50 중에 50이 승자

[그림 7-3] 최솟값 삭제 후 수행되는 downheap 과정 (계속 ➡)

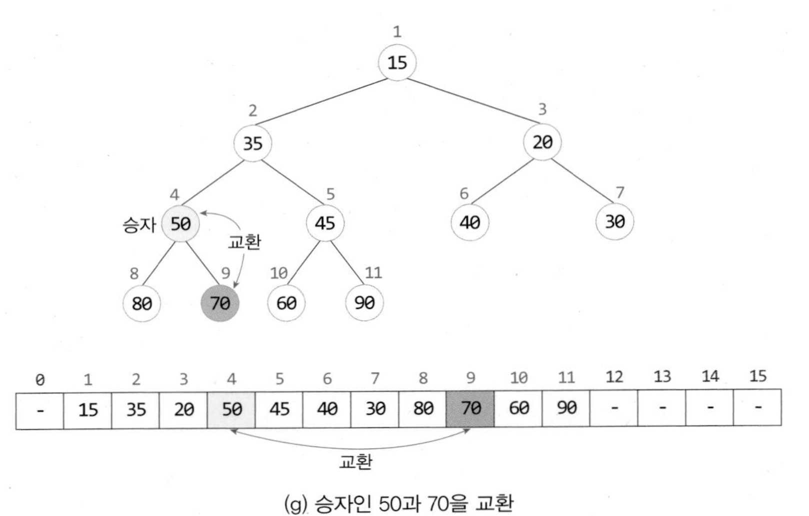

(g) 승자인 50과 70을 교환

[그림 7-3] 최솟값 삭제 후 수행되는 downheap 과정

[그림 7-3](a)는 루트의 10을 삭제하고, 힙의 가장 마지막 노드가 있는 a[12]의 70을 a[1]로 이동하는 과정을 나타낸다. 그리고 루트의 자식인 a[2]와 a[3]의 승자(작은 키를 가진 노드)와 루트를 교환하면 (c)가 된다. 이제 a[2]의 70을 자식 a[4]와 a[5]의 승자와 비교하여, a[2]와 a[4]를 교환하여 (e)가 되고, (g)에서는 a[4]의 70을 자식 a[8]과 a[9]의 사이의 승자인 50과 교환하여 삭제 연산을 마친다.

삽입 연산(insert)은 힙의 마지막 노드(즉, 데이터를 가진 배열의 마지막 항목)의 바로 다음 빈 원소에 새로운 키를 저장한 후, 루트 방향으로 올라가면서 부모의 키와 비교하여 힙 속성을 만족할 때까지 노드를 교환하는 연산이다.

이 과정은 이파리로부터 위로 올라가며 진행되므로 upheap이라 부르자. [그림 7-4]는 [그림 7-3](g)의 최소 힙에 5를 삽입하는 upheap 과정을 단계적으로 보여준다.

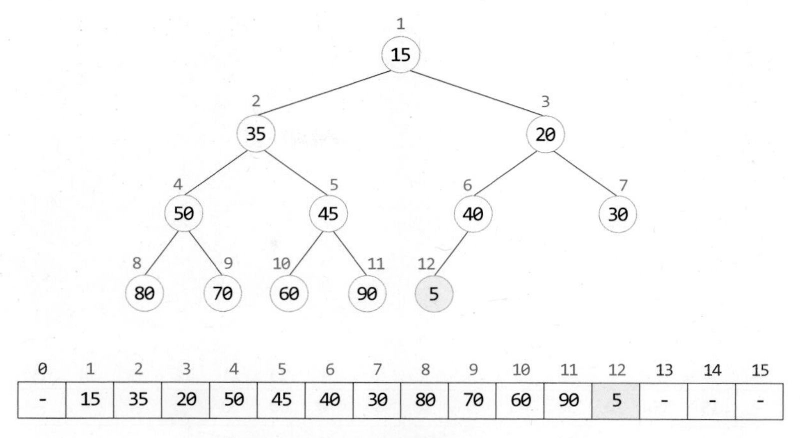

(a) 5를 배열의 마지막 항목(90) 다음에 저장

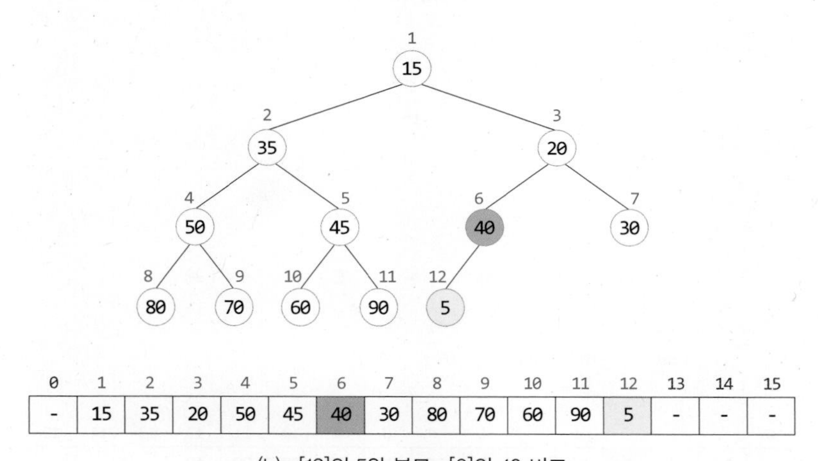

(b) a[12]의 5와 부모 a[6]의 40 비교

[그림 7-4] 최소 힙에 5를 삽입하는 upheap 과정 (계속 ➡)

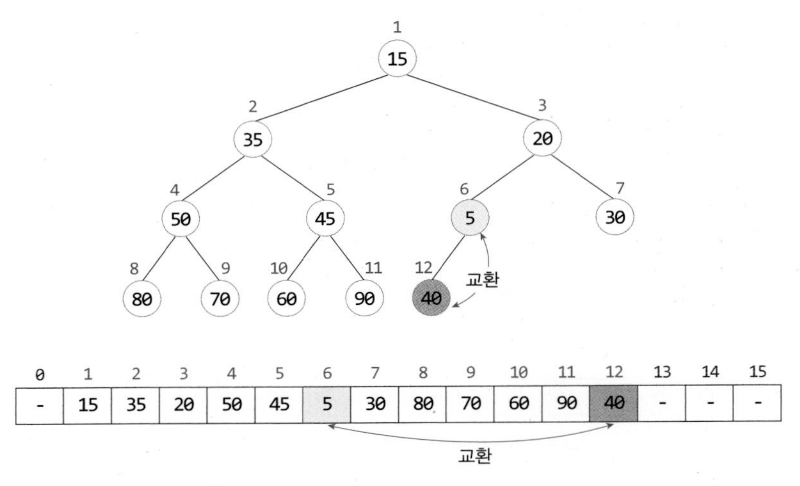

(c) 5와 40 교환

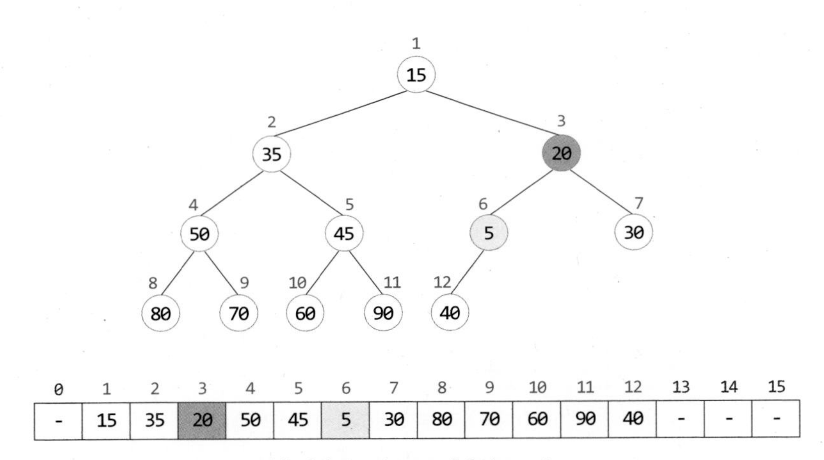

(d) a[6]의 5와 부모 a[3]의 20 비교

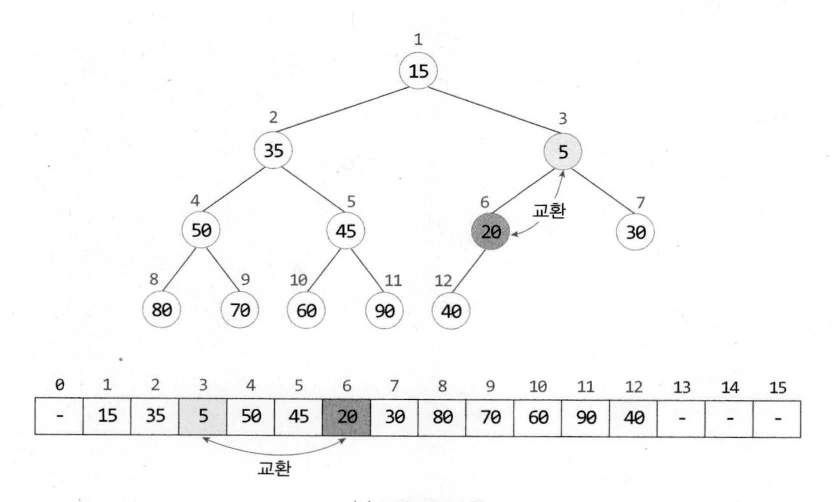

(e) 5와 20 교환

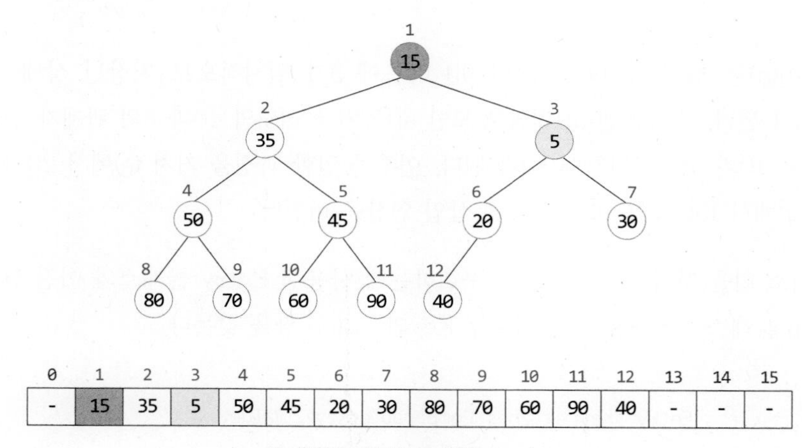

(f) a[3]의 5와 부모 a[1]의 15 비교

[그림 7-4] 최소 힙에 5를 삽입하는 upheap 과정 (계속 ➡)

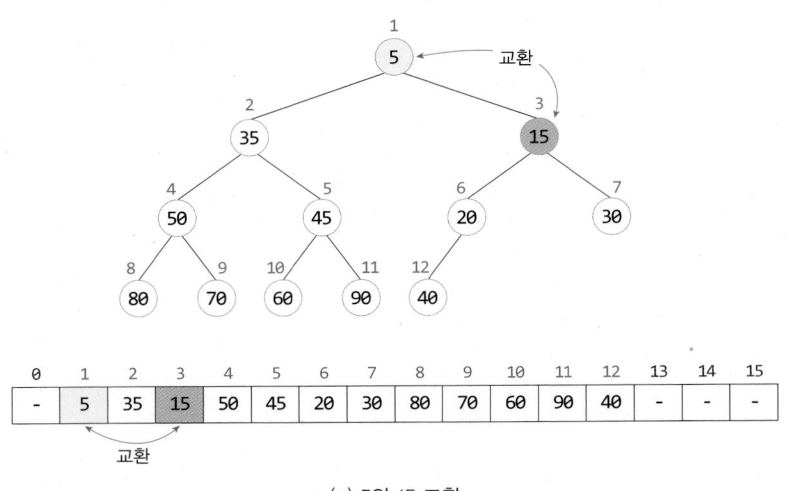

(g) 5와 15 교환

[그림 7-4] 최소 힙에 5를 삽입하는 upheap 과정

[그림 7-4](a)는 힙의 마지막 항목인 90 다음에 5가 일시적으로 저장된 상태이다. 즉, a[13] = 5가 된다. 그다음엔 a[12]의 부모인 a[12/2] = a[6]의 40과 5의 관계가 힙 속성에 위배되므로 40과 5를 교환하여 (c)가 된다. 이후 동일한 과정을 거쳐 (e)에서 20과 5를 교환하고, (g)에서 15와 5를 교환한 후에 삽입 연산을 마친다.

다음은 최소 힙을 자바 프로그램으로 구현하는데 사용된 Entry 클래스와 이진 힙 클래스인 BHeap 클래스이다. Entry 클래스는 Key와 Value 쌍을 갖는다.

```
01 public class Entry <Key extends Comparable<Key>, Value> {
02      private Key   ky;
03      private Value val;
04      public Entry (Key newKey, Value newValue) { // 생성자
05          ky  = newKey;
06          val = newValue;
07      }
08      // get 메소드와 set 메소드
09      public Key   getKey()   { return ky; }
10      public Value getValue() { return val; }
11      public void  setKey(Key newKey)         { ky  = newKey; }
12      public void  setValue(Value newValue) { val = newValue; }
13 }
```

Entry 객체는 키와 키에 대응하는 정보를 가지며, line 01에서는 두 개의 키를 compareTo() 메소드를 통해 비교하기 위해 Comparable 인터페이스를 사용한다. Key와 Value는 각각 generic 타입이다.

다음은 BHeap 클래스이다. Line 04~07은 생성자이고, BHeap 객체는 Entry 타입의 1차원 배열을 가지며 배열에는 N개의 항목이 저장된다. Line 08의 size() 메소드는 힙의 크기를 반환한다. Line 09~10에선 a[i]가 a[j]보다 크면 true를 반환하며, line 11~12는 a[i]와 a[j]를 서로 바꾼다. 그 뒤로 초기에 힙을 만드는 createheap() 메소드, 삽입을 위한 insert(), 최솟값 삭제를 위한 deleteMin(), 그리고 upheap()과 downheap() 메소드가 선언된다.

```
01 public class BHeap<Key extends Comparable<Key>, Value> {
02     private Entry[] a;          // a[0]은 사용 안 함
03     private int N;              // 힙의 크기, 즉 힙에 있는 항목 수
04     public BHeap(Entry[] harray, int initialSize) {  // 생성자
05         a = harray;
06         N = initialSize;
07     }
08     public int size() { return N; }           // 힙의 크기 반환
09     private boolean greater(int i, int j) {  // 키 비교
10         return a[i].getkey().compareTo(a[j].getkey()) > 0; }
11     private void swap(int i, int j) {        // a[i]와 a[j] 교환
12         Entry temp = a[i];  a[i] = a[j];  a[j] = temp; }
13     // createHeap, 삽입, 최솟값 삭제, downheap, upheap
14     // 메소드를 선언
15 }
```

다음은 초기에 임의의 순서로 키가 저장된 배열 a[1]~a[N]의 항목들을 최소 힙으로 만드는 createHeap() 메소드이다. Line 02의 for-루프는 i가 N/2부터 시작하는데, 이는 a[N/2]부터 downheap을 수행하며, 끝으로 a[1]을 downheap하여 최소 힙을 완성한다.

```
01 public void createHeap() {  // 초기 힙 만들기
02     for(int i = N/2; i > 0; i--){
03         downheap(i);
```

```
04      }
05  }
```

createHeap() 메소드는 다음과 같은 아이디어에 기반한 것이다.

> **핵심 아이디어**
>
> 상향식(Bottom-up) 방식으로 각 노드에 대해 힙 속성을 만족하도록 부모와 자식을 서로 바꾼다. n개의 항목이 배열에 임의의 순서로 저장되어있을 때, 힙을 만들기 위해선 a[n/2]부터 a[1]까지 차례로 downheap을 각각 수행하여 힙 속성을 충족시킨다.

이때 a[n/2+1]~a[n]에 대하여 downheap을 수행하지 않는 이유는 이 노드들이 이파리이므로 각각의 이파리는 힙 크기가 1인 독립적인 최소 힙이기 때문이다. 따라서 [그림 7-5]와 같이 최하단의 바로 위층의 마지막 노드인 a[n/2]부터 자식 승자와 비교하여 힙 속성에 위배되면 부모와 자식 승자를 교환하는 downheap을 수행한다. 마지막으로 a[1]에 대해 downheap을 수행하면 힙이 완성된다. 이러한 힙 만들기 방식을 상향식 힙 만들기(Bottom-up Heap Construction)라고 한다.

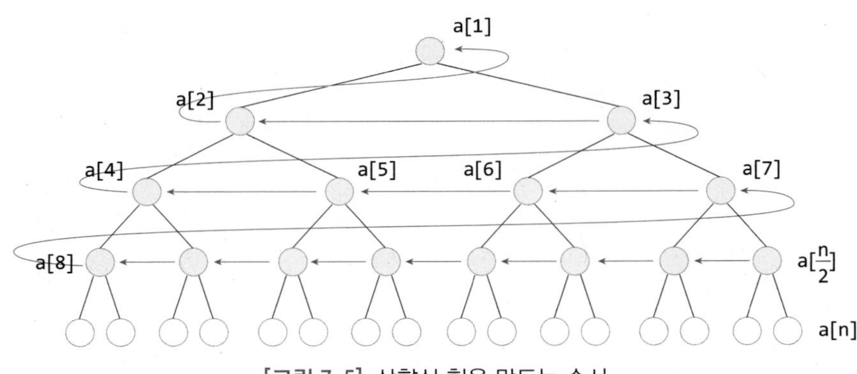

[그림 7-5] 상향식 힙을 만드는 순서

다음은 downheap() 메소드이다. Line 04에서 두 자식 중의 승자를 결정하고, line 05에서 자식 승자와 현재 노드를 비교하여 자식 승자가 작으면 line 06에서 현재 노드와 자식 승자를 교환하고, line 07에서는 다시 다음 층을 살펴보기 위해 현재 노드의 인덱스 i를 k로 만든다.

```
01 private void downheap(int i) {     // i는 현재 노드의 인덱스
02     while (2*i <= N) {             // i의 왼쪽 자식이 힙에 있으면
03         int k = 2*i;               // k는 왼쪽 자식의 인덱스
04         if (k < N && greater(k, k+1)) k++; // k가 승자의 인덱스가 됨
05         if (!greater(i, k)) break; // 현재 노드가 자식 승자와 같거나 작으면 루프를 중단
06         swap(i, k);    // 현재 노드가 자식 승자보다 크면 현재 노드와 자식 승자와 교환
07         i = k;         // 자식 승자가 현재 노드가 되어 다시 반복하기 위해
08     }
09 }
```

다음은 삽입 연산을 위한 insert() 메소드이다. Line 02에서 Entry 객체를 생성하고, line 03에서 N을 1 증가시켜, 즉, 힙 크기를 1 증가시켜, 힙의 마지막 노드 다음의 빈 원소에 새로 생성한 Entry 객체를 저장[3]한다. 그리고 line 04의 upheap() 메소드를 호출하여 루트 방향으로 거슬러 올라가며 힙 속성이 어긋나는 경우 부모와 자식을 교환한다.

```
01 public void insert(Key newKey, Value newValue) {  // 새로운 항목 삽입
02     Entry temp = new Entry(newKey, newValue);     // Entry 생성
03     a[++N] = temp;             // 새로운 키(항목)를 배열 마지막 항목 다음에 저장
04     upheap(N);                 // 위로 올라가며 힙 속성 회복시키기 위해
05 }
```

다음은 upheap() 메소드이다. Line 02의 while-루프 조건에서 현재 노드의 인덱스인 j를 2로 나누어 부모를 찾고, 부모가 현재 노드보다 크면 line 03에서 부모와 현재 노드를 교환하고, line 04에서 현재 노드의 인덱스를 부모 인덱스인 j/2로 만들어 계속해서 루트 방향으로 올라가며 while-루프를 수행한다.

```
01 private void upheap(int j) {  // j는 현재 노드의 인덱스
02     while (j > 1 && greater(j/2, j)) { // 현재 노드가 루트가 아니고 동시에 부모가 크면
03         swap(j/2, j);          // 부모와 현재 노드 교환
04         j = j/2;               // 부모가 현재 노드가 되어 다시 반복하기 위해
05     }
06 }
```

3) 실제로 Entry 객체를 배열에 저장하는 것이 아니라, Entry 객체의 레퍼런스를 배열 원소에 저장한다. 참고로 insert()에서는 overflow 검사가 생략되었다.

다음은 delete_min 연산을 위한 deleteMin() 메소드이다. deleteMin() 메소드는 line 02에서 a[1]을 지역 변수 min에 저장한 뒤, 최종적으로 line 06에서 min을 반환한다. Line 03에서는 힙의 마지막 항목 a[N]과 a[1]을 교환[4]한 뒤에 N을 1 감소시킨다. 즉, 힙 크기를 1만큼 줄인다. Line 04에서는 가비지 컬렉터를 위해 삭제된 객체를 참조하던 배열 원소를 null로 만든다. 그리고 line 05에서 downheap(1)을 호출하여 힙 속성을 회복한다.

```
01  public Entry deleteMin() {    // 최솟값 삭제
02      Entry min = a[1];         // a[1]의 최솟값을 min으로 저장하여 반환
03      swap(1, N--);             // 힙의 마지막 항목과 교환하고 힙 크기 1 감소
04      a[N+1] = null;            // 마지막 항목을 null로 처리
05      downheap(1);              // 힙 속성을 회복시키기 위해
06      return min;
07  }
```

[그림 7-6]은 완성된 프로그램을 수행한 결과로, 힙 크기가 12인 BHeap 객체를 생성하고, 데이터가 임의의 순서로 저장되어있는 배열을 createHeap() 메소드를 호출하여 최소 힙으로 만든 뒤 최솟값을 가진 루트를 삭제한 다음 '5'를 삽입한 결과를 나타낸다.

```
Console ☒ Problems @ Javadoc Declaration
<terminated> main (4) [Java Application] C:₩Users₩user₩.p2₩pool₩plugins₩org.eclipse.justj.openjdk.hotspot.jre.full.win32.x86_64_16.0.2.v20210721-1149₩jre₩bin₩javaw.exe (2022. 9. 3.
힙 만들기 전:
[90 watermelon] [80 pear] [70 melon] [50 lime] [60 mango] [20 cherry] [30 grape] [35 orange] [10 apricot] [15 banana] [45 lemon] [40 kiwi]
힙 크기 = 12

최소힙:
[10 apricot] [15 banana] [20 cherry] [35 orange] [45 lemon] [40 kiwi] [30 grape] [80 pear] [50 lime] [60 mango] [90 watermelon] [70 melon]
힙 크기 = 12

min 삭제 후
apricot
[15 banana] [35 orange] [20 cherry] [50 lime] [45 lemon] [40 kiwi] [30 grape] [80 pear] [70 melon] [60 mango] [90 watermelon]
힙 크기 = 11

5 삽입 후
[5 apple] [35 orange] [15 banana] [50 lime] [45 lemon] [20 cherry] [30 grape] [80 pear] [70 melon] [60 mango] [90 watermelon] [40 kiwi]
힙 크기 = 12
```

[그림 7-6] 완성된 프로그램의 수행 결과

| decrease_key 연산 |

이진 힙의 기본 연산은 insert와 delete_min 연산이지만, 기본 연산 외에도 힙에 있는 노드의 키를 감소시키는 연산인 decrease_key 연산과 임의의 키를 가진 노드를 삭제하는

4) swap(1, N--)를 a[1] = a[N--]로 대체해도 무방하다. 참고로 deleteMin()에서는 underflow 검사는 생략되었다.

delete 연산 또한 수행 가능하다. decrease_key 연산은 Part 9.4.2의 Prim의 최소 신장 트리 알고리즘과 Part 9.5.1의 Dijkstra의 최단 경로 알고리즘을 구현하는 데 사용된다. 이러한 연산들을 수행하려면 힙에서의 각 키의 위치를 알아야 한다. 이를 위해 2개의 1차원 배열을 이용하여, 힙에 대해 연산이 수행될 때마다 노드의 위치 변화를 갱신한다.

[그림 7-7]은 힙에서의 노드 위치를 저장하는 position 배열, 키를 저장하고 있는 key 배열, 이진 힙이 저장된 a 배열 간의 관계를 나타낸다.

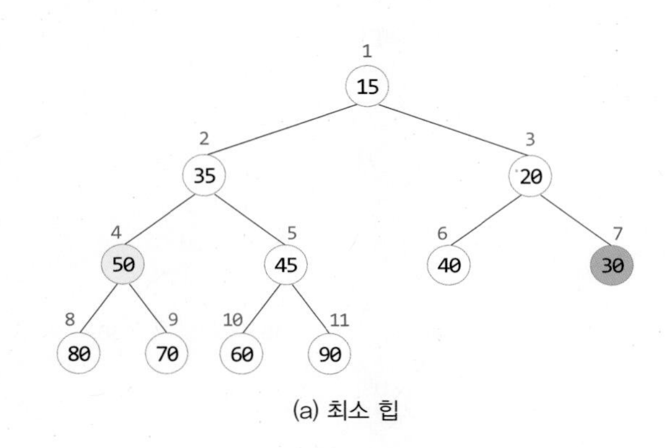

(a) 최소 힙

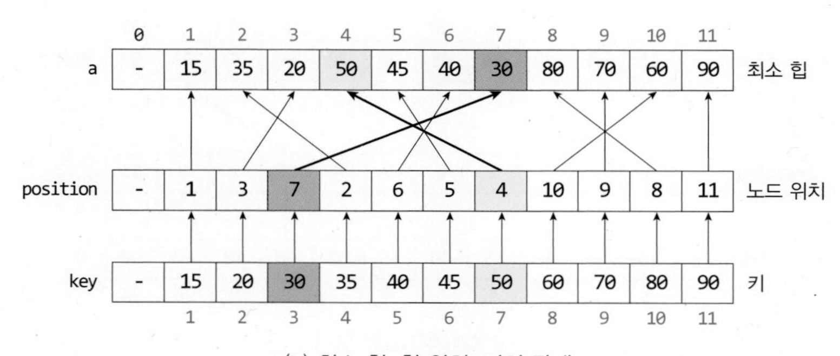

(b) 최소 힙, 힙 위치, 키의 관계

[그림 7-7] 노드의 힙에서의 위치

[그림 7-7]의 최소 힙 (a)는 (b)의 배열 a에 저장되어있다. 배열 position의 각 원소는 키가 저장된 배열 a의 인덱스를 저장한다. (b)에서 30은 key[3] = 30이고, position[3] = 7이므로 a[position[3]] = a[7]에 저장되어있다. 또한 50은 key[7] = 50이고, position[7] = 4이므로 a[position[7]] = a[4]에 저장되어있다. 따라서 주어진 키가 힙 어디에 있는지를 배열의 인덱스 계산을 통해 알 수 있다.

decrease_key 연산은 key와 position 배열을 이용하여 키를 감소시키는 노드를 탐색하여 키를 감소시킨 후, upheap을 수행하면서 힙 속성이 어긋나는 경우 부모 자식의 교환을 통해 힙 속성을 복원한다. 물론 upheap을 수행하면서 부모 자식의 교환이 이루어지면 노드들의 힙에서의 위치가 바뀌므로 position 배열의 관련된 원소들도 갱신하여야 한다.

예제 [그림 7-8](a)의 최소 힙에서 60을 35만큼 감소시키면, (b)에서 부모인 45와 감소된 25 사이에 힙 속성이 위배되므로 upheap을 수행한다. (c)~(e)는 각각 교환되는 노드의 힙 내의 위치, 즉 position 배열의 원소들이 갱신되는 것을 나타낸다.

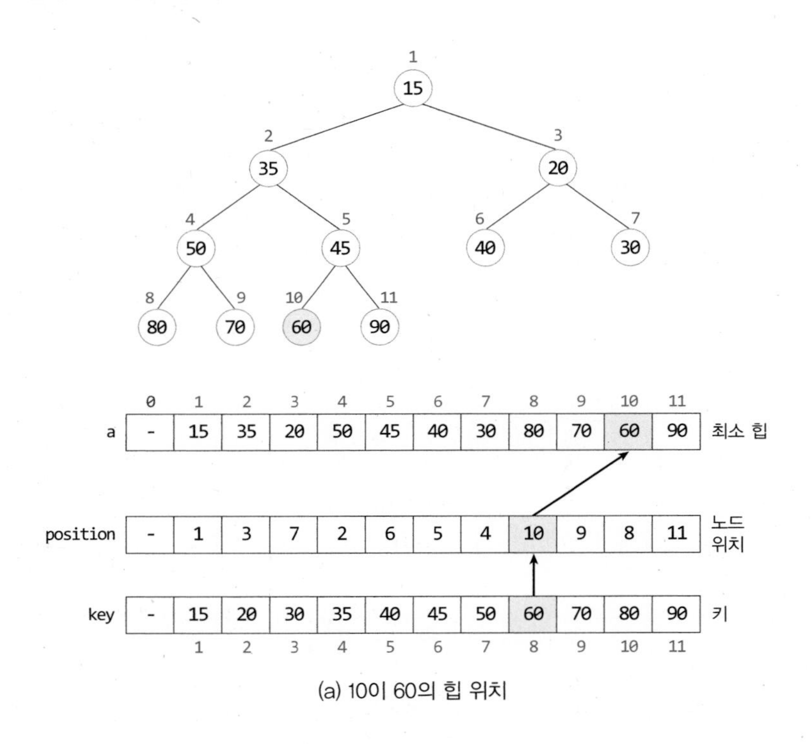

(a) 10이 60의 힙 위치

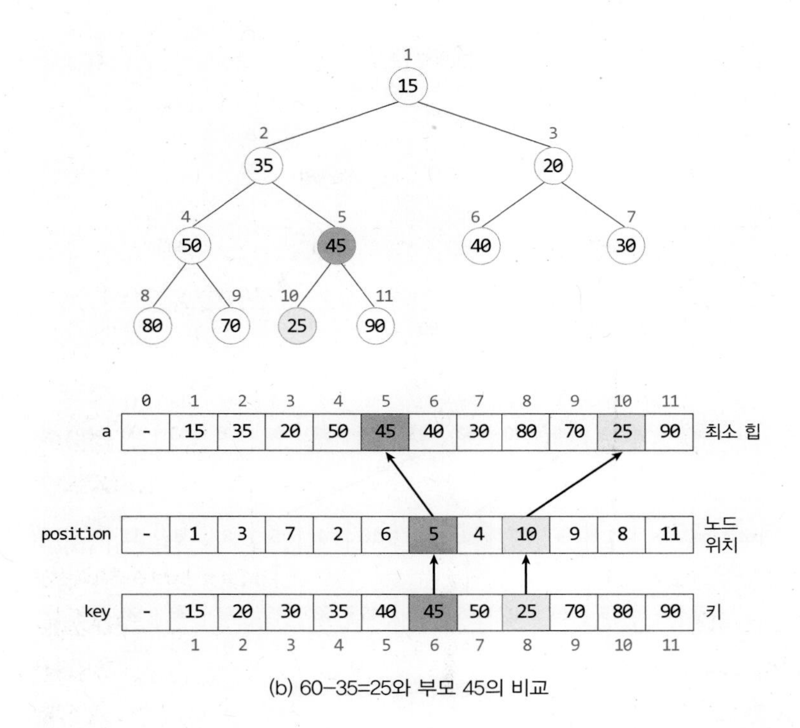

(b) 60−35=25와 부모 45의 비교

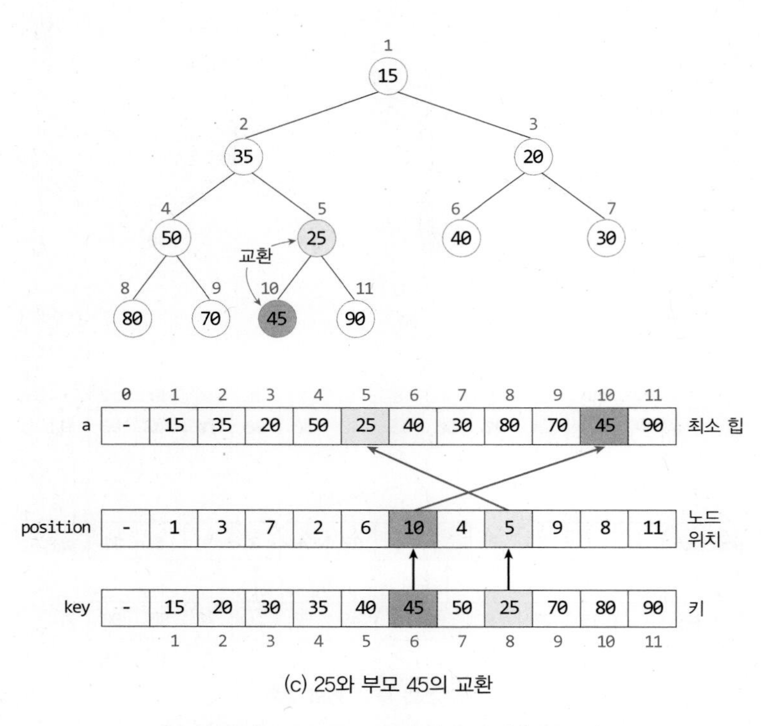

(c) 25와 부모 45의 교환

[그림 7-8] decrease_key 연산 예제 (계속 ➡)

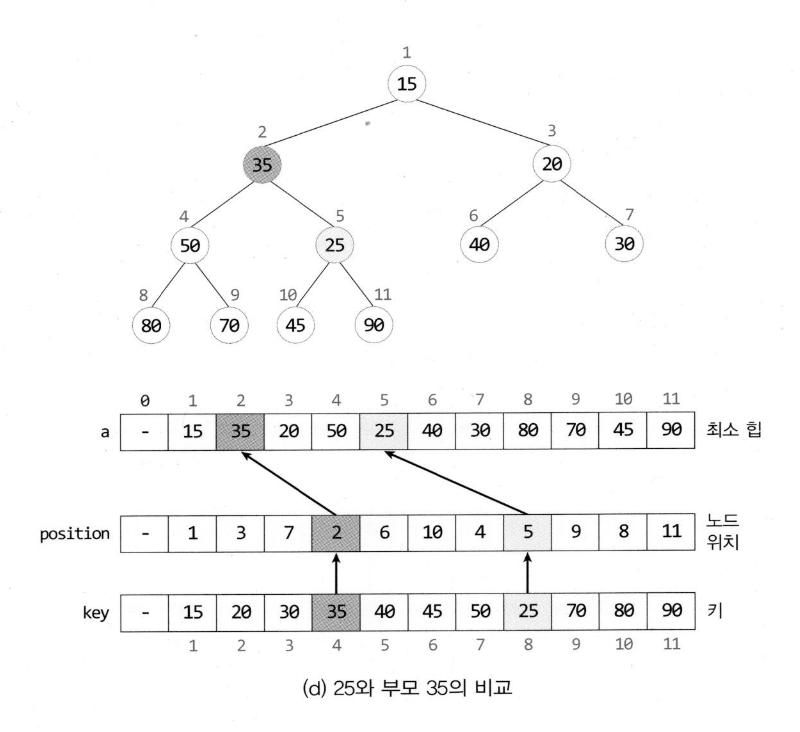

(d) 25와 부모 35의 비교

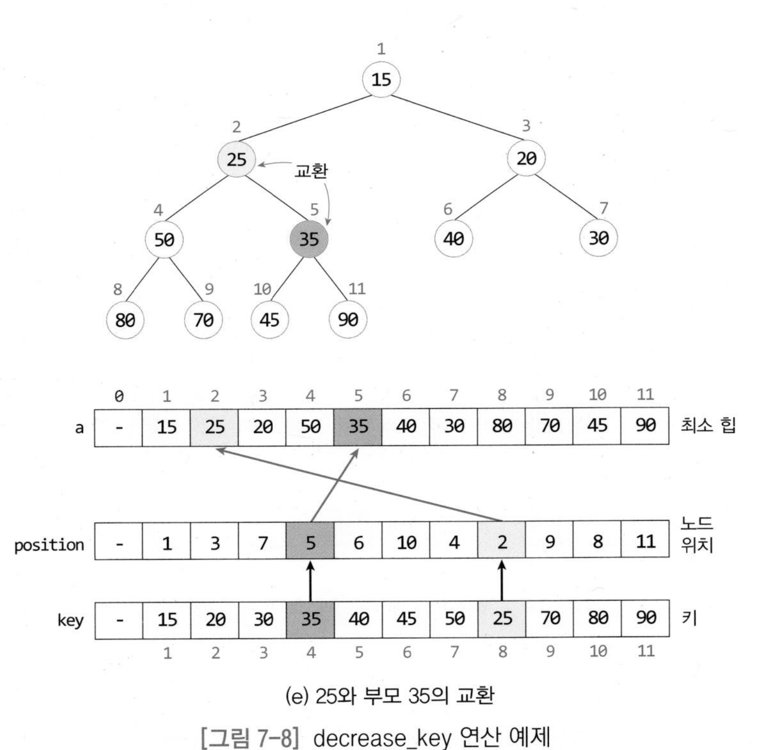

(e) 25와 부모 35의 교환

[그림 7-8] decrease_key 연산 예제

delete 연산은 key와 position 배열을 이용하여 삭제하려는 노드를 찾은 뒤, decrease_key 연산으로 노드를 $-\infty$로 만든 다음 delete_min을 수행한다.

| 수행 시간 |

Insert, decrease_key, delete 연산을 위한 upheap은 삽입된 노드나 키가 감소된 노드로부터 최대 루트까지 올라가며 부모와 자식을 교환한다. 또한 delete_min 연산에서는 힙의 마지막 노드를 루트로 이동한 후, downheap을 최하위층의 노드까지 교환해야 하는 경우가 발생한다. 따라서 각 연산의 수행 시간은 힙의 높이에 비례한다. 그런데 힙은 완전 이진 트리이므로 힙에 n개의 노드가 있으면 그 높이는 $\lceil \log(n+1) \rceil$이다. 따라서 각 연산의 수행 시간은 O(logn)이다.

상향식 힙 만들기의 수행 시간 분석을 위해 노드 수가 n인 힙의 각 층에 있는 노드 수를 살펴보자. 단, 간단한 계산을 위하여 $n = 2^k - 1$로 가정하며, k는 양의 상수이다. 최하위층, 즉 h = 0인 경우에는 $\lceil \frac{n}{2} \rceil \approx \frac{n}{2}$ 개의 이파리들이 있고, 바로 위층 (h=1)에는 $\lceil \frac{n}{4} \rceil \approx \frac{n}{2^2}$ 개의 노드가 있다. 또한 h=2에는 $\lceil \frac{n}{8} \rceil \approx \frac{n}{2^3}$ 개의 노드가 있다. 즉, h층에 $\frac{n}{2^{h+1}}$ 개의 노드가 있다. 그런데 힙 만들기는 h=1인 경우부터 시작하여 최상위층의 루트까지 각 노드에 대해 downheap을 수행하므로 힙 만들기의 수행 시간 T(n)은 다음의 계산을 통해 O(n) 임을 알 수 있다.

$$\begin{aligned} T(n) &= 1 \cdot \frac{n}{2^2} + 2 \cdot \frac{n}{2^3} + 3 \cdot \frac{n}{2^4} + \cdots + (\log n - 1) \cdot \frac{n}{2^{\log n}} \\ &\le \sum_{h=1}^{\log n} h \cdot \frac{n}{2^{h+1}} = \frac{n}{2} \sum_{h=1}^{\log n} \frac{h}{2^h} \le \frac{n}{2} \cdot 2, \quad \sum_{x=0}^{\infty} \frac{x}{2^x} = 2\text{이므로} \\ &= O(n) \end{aligned}$$

| 응용 |

이진 힙은 우선순위를 가진 데이터를 처리하는 자료구조로서, 관공서, 은행, 병원, 우체국, 대형 마켓, 공항 등에서 이루어지는 업무와 관련된 이벤트 처리, 컴퓨터 운영체제의 프로세스 처리, 네트워크 라우터에서의 패킷 처리 등에 적합한 자료구조이고, 데이터 스트림에서 Top k 항목 유지를 위한 적절한 자료구조이다. 또한 Part 7.2의 허프만 코딩, Part 8.4

의 힙 정렬, Part 9의 Prim의 최소 신장 트리 알고리즘과 Dijkstra의 최단 경로 알고리즘에도 이진 힙이 활용된다.

7.2 허프만 코딩

허프만(Huffman) 코딩[5]은 입력 파일의 문자 빈도수를 가지고 만든 최소 힙을 이용하여 허프만 코드를 생성하여 파일을 압축하는 과정이다. 허프만 코드는 Unix의 파일 압축에 사용되고, JPEG 이미지 파일과 MP3 음악 파일을 압축하기 위한 서브루틴으로도 활용된다.

핵심 아이디어

빈도수가 높은 문자에는 짧은 이진 코드(허프만 코드)를 부여하고, 빈도수가 낮은 문자에는 긴 이진 코드를 부여하여 압축 효율을 높인다.

허프만 압축 알고리즘은 두 단계로 수행된다. 1단계에서는 입력 파일을 스캔하여 각 문자의 빈도수를 계산하고, 이 빈도수를 가지고 허프만 트리를 생성한다. 끝으로 생성된 트리로부터 각 문자에 대응하는 허프만 코드를 추출한다. 2단계에서는 파일을 스캔하며 각 문자를 허프만 코드로 변환시킨다. 다음은 각 문자의 빈도수를 가지고 만든 최소 힙을 이용하여 허프만 트리를 생성하는 알고리즘이다.

```
[1] 압축할 파일을 스캔하여 각 문자의 빈도수를 계산한다.
[2] 빈도수를 우선순위로 최소 힙 h를 구성한다.
[3] while (힙의 크기 > 1)
      e1 = h.delete_min();
      e2 = h.delete_min();
      t = new 항목(e1의 빈도수+e2의 빈도수, left = e1, right =e2);
      h.insert(t);  // 힙에 새로 만든 항목 t 삽입
[4] return h.delete_min();
```

5) 1952년에 Huffman이 제안한 파일 압축 알고리즘이다.

허프만 트리 만들기는 힙에서 최소의 빈도수를 가진 2개의 노드를 합하여 새 노드를 만들어 힙에 삽입하는 과정을 반복하며, 힙에 1개의 노드만 남으면 이 노드를 반환한다. 이 반환된 노드가 허프만 트리의 루트이다.

예제 입력 파일이 6개의 문자, a, b, c, d, e, f로 구성되어 있고, 문자의 빈도수가 각각 60, 20, 30, 35, 40, 90이다. 최소 힙을 문자의 빈도수를 기준으로 만든 후, [그림 7-9]는 허프만 트리 만들기의 while-루프가 수행되는 과정을 단계별로 나타낸다.

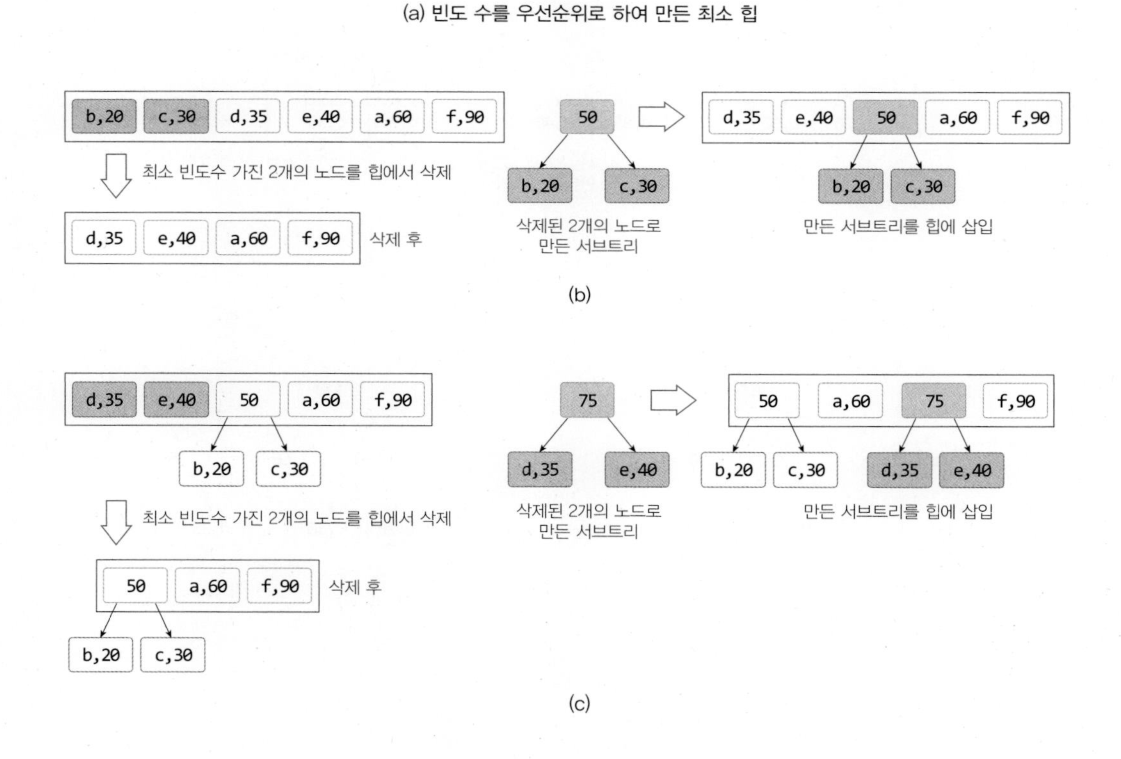

[그림 7-9] 허프만 트리 만드는 과정 (계속 ➡)

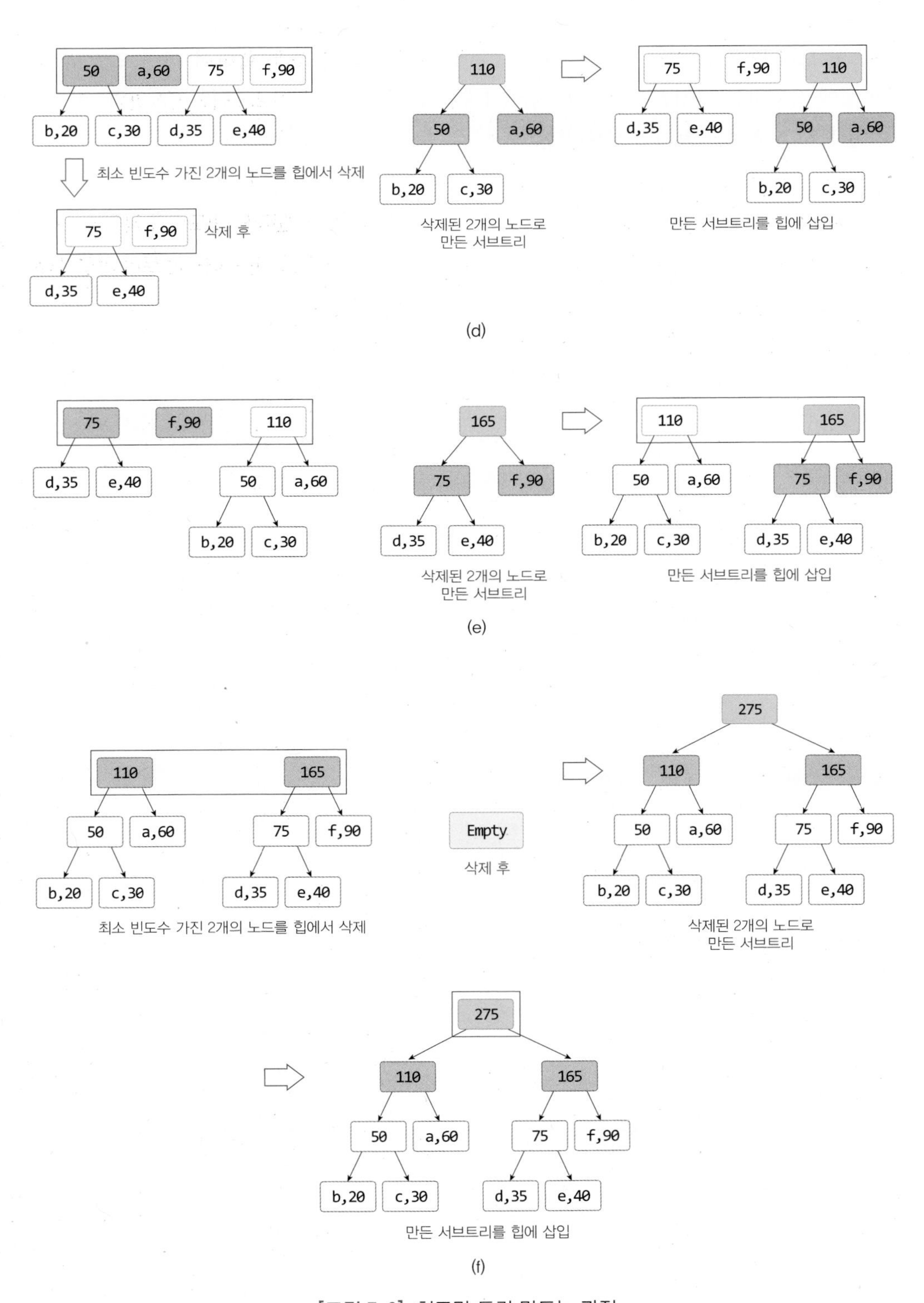

[그림 7-9] 허프만 트리 만드는 과정

(a)의 최소 힙에서 delete_min을 2회 수행하여 [b, 20]과 [c, 30]을 반환받아 새 노드 [50]을 만들고 [b, 20]과 [c, 30]을 각각 왼쪽 자식과 오른쪽 자식으로 만들어 힙에 노드 [50]을 삽입하는 과정이 (b)이다. (c)~(f)는 동일한 과정이 반복되어 수행되는 것을 순차적으로 나타낸다. 마지막에 힙에는 1개의 노드만 있고, 이 노드를 delete_min으로 반환하여 허프만 트리의 루트로 삼는다.

허프만 코드

허프만 트리를 살펴보면 각 이파리에만 문자가 있다. 루트로부터 각 이파리로 내려가며 왼쪽으로 내려갈 때 0, 오른쪽으로 내려갈 때 1을 추가하여 이파리에 있는 문자의 허프만 코드를 얻는다.

[그림 7-10]은 [예제]에서 만든 허프만 트리의 각 이파리에 부여된 허프만 코드를 보여준다.

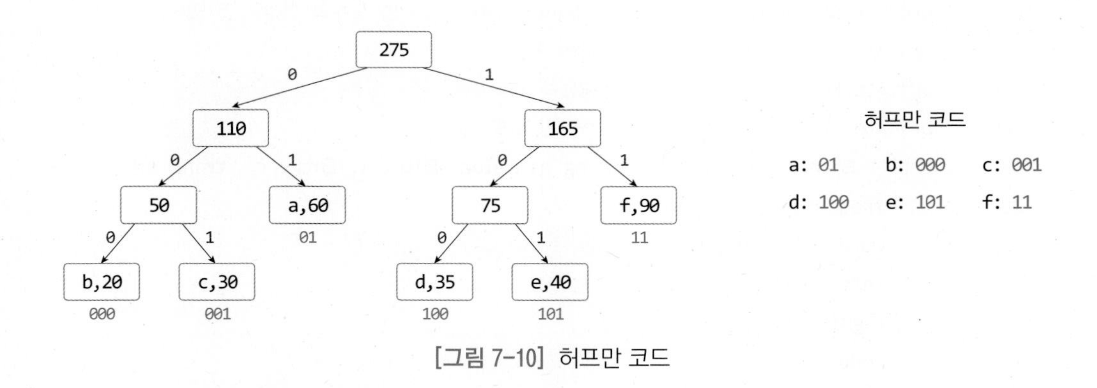

[그림 7-10] 허프만 코드

이렇게 만들어진 허프만 코드는 접두어 속성(Prefix Property)[6]을 갖는다. 이 속성은 어떤 문자의 코드도 다른 문자의 코드의 접두어(Prefix)가 되지 않는 것을 말한다.

만일 a의 코드가 00101이고 b의 코드가 001이면, 허프만 트리에서 루트로부터 a를 가진 이파리까지 내려가는 경로의 앞부분이 루트로부터 b를 가진 노드로 가는 경로와 일치하게 된다. 하지만 허프만 트리에서는 내부 노드가 문자를 가질 수 없으므로 b가 001을 가질 수 없다.

6) Prefix property보다는 prefix-free property(접두어 없는 속성)가 정확한 표현이다.

또한 허프만 코드의 접두어 속성 덕분에 문자를 코드로 바꾸는 과정에서 코드와 코드 사이를 분리하기 위해 특별한 문자를 삽입할 필요가 없다. [그림 7-10]의 허프만 코드를 이용해서 abcd를 변환(압축)하면 01000001100이 되는데, 01#000#001#100과 같은 방식으로 연속된 2개의 코드 사이에 특수 문자를 넣어 구분할 필요가 없다.

다음은 허프만 코드를 생성하는 자바 프로그램을 위한 Entry 클래스와 Huffman 클래스이다. Entry 클래스는 허프만 트리에 쓰일 노드 객체를 생성한다. Line 02~06에는 빈도수를 저장하는 frequency, 문자 또는 합쳐진 스트링을 저장하는 word, 노드의 왼쪽과 오른쪽 자식 레퍼런스인 left와 right, 마지막으로 허프만 코드를 저장할 code가 각각 선언되어 있고, line 07~13에는 객체 생성자가 선언되어 있다. Line 14~19는 get, set 메소드들이다.

```
01 public class Entry {
02      private int    frequency;   // 빈도수
03      private String word;        // 이파리의 문자 또는 내부 노드의 합성된 문자열
04      private Entry  left;        // 왼쪽 자식
05      private Entry  right;       // 오른쪽 자식
06      private String code;        // 허프만 코드
07      public Entry (int newFreq, String newValue, Entry l, Entry r, String s){
08          frequency = newFreq;
09          word  = newValue;
10          left  = l;
11          right = r;
12          code  = s;
13      }
14      public int    getKey()    { return frequency; }
15      public String getValue() { return word; }
16      public String getCode()   { return code; }
17      public Entry  getLeft()   { return left; }
18      public Entry  getRight() { return right; }
19      public void   setCode(String newCode) { code = newCode; }
20 }
```

Huffman 클래스는 Part 7.1의 BHeap 클래스와 거의 동일하며, createTree()가 추가되고, line 08~09에서 2개의 빈도수를 비교하는 greater() 메소드를 int 형 단순 비교로 수정했다는 데에서 BHeap 클래스와 구분된다.

```
01 public class Huffman {
02     private Entry[] a;        // a[0]은 사용 안 함
03     private int N;            // 힙의 크기
04     public Huffman(Entry[] harray, int initialSize) {  // 생성자
05         a = harray;
06         N = initialSize;
07     }
08     private boolean greater(int i, int j) {
09         return a[i].getkey() > a[j].getkey(); }
10     // size(), swap(), createHeap(), insert(), deleteMin(),
11     // upheap(), downheap() 메소드들은 BHeap 클래스의 메소드들과 동일
12 }
```

createTree() 메소드는 허프만 트리를 생성한다. 힙에 1개의 노드가 남을 때까지 line 03~04에서 2회의 deleteMin()을 호출한다. Line 05~07에서 빈도수와 스트링을 각각 합하며 line 08에서 힙에 삽입한다. Line 10에서는 힙에 남은 1개의 노드(허프만 트리의 루트)를 삭제하는 동시에 반환하여 트리 생성 과정을 종료한다.

```
01 public Entry createTree(){
02     while (size() > 1){              // 힙에 1개의 노드만 남을 때까지
03         Entry e1 = deleteMin();  // 힙에서 최소 빈도수 가진 노드 제거하여 e1이 참조
04         Entry e2 = deleteMin();  // 힙에서 최소 빈도수 가진 노드 제거하여 e2가 참조
05         Entry temp = new Entry(e1.getKey()+e2.getKey(),    // e1과 e2의 빈도수를 합산
06                                e1.getValue()+e2.getValue(), // string 이어붙이기
07                                e1, e2, " "); // e1, e2가 각각 새 노드의 왼쪽, 오른쪽 자식
08         insert(temp);    // 새 노드를 힙에 삽입
09     }
10     return deleteMin(); // 1개 남은 노드(루트)를 힙에서 제거하며 반환
11 }
```

[그림 7-11]은 [예제]에 있는 입력, 즉 여섯 개의 문자, a, b, c, d, e, f와 각 문자의 빈도수 60, 20, 30, 35, 40, 90에 대한 완성된 프로그램의 실행 결과이다.

```
Console
<terminated> main (39) [Java Application] C:₩Program Files₩Java₩jdk1.8.0_40₩bin₩javaw.exe
최소 힙 만들기 전
[60 a] [20 b] [30 c] [35 d] [40 e] [90 f]
최소 힙:
[20 b] [35 d] [30 c] [60 a] [40 e] [90 f]
허프만 코드
b: 000   c: 001   a: 01   d: 100   e: 101   f: 11
```

[그림 7-11] 완성된 프로그램의 수행 결과

| 복원(Decoding) 알고리즘 |

각 문자에 대응되는 허프만 코드를 만들어 입력을 압축하는 과정은 단순히 각 문자를 허프만 코드로 바꾸면 된다. 예를 들어 aceffe…를 [그림 7-10]의 각 문자의 허프만 코드로 변환시키면 01, 001, 101, 11, 11, 101, …이 된다. 이렇게 얻은 코드들을 붙여 쓴 010011011111101…이 압축된 결과이다. 이러한 긴 비트 스트링을 어떻게, 어디에서 끊어서 원래의 문자들로 복원할 수 있을까?

문자 복원을 위한 단순한 방법은 압축된 비트 스트링의 첫 번째 비트부터 읽어나가며 허프만 트리 상에서 루트로부터 0이면 왼쪽 자식으로 1이면 오른쪽 자식으로 내려가서 이파리에 도달하면 그 이파리가 가진 문자로 변환하고, 그다음 문자에 대해서도 동일한 방법으로 복원한다. 하지만 이 방법은 문자 1개를 복원하는데 트리의 루트부터 이파리까지 내려가는 시간, 즉 허프만 트리의 높이에 비례하는 시간이 소요된다는 문제점을 갖는다. 허프만 트리의 높이는 문자들의 빈도수 분포에 따라 최저 logn 에서 최대 n−1이다. 여기서 n은 문자의 수이다. 따라서 최악 경우는 1개의 문자를 복원하는데 O(n) 시간이 걸린다.

더 효율적인 디코딩 방법은 허프만 코드를 저장한 룩업 테이블(Lookup Table)을 만들어 변환하는 것이다. 그러나 이 방법에도 문제가 있는데, 허프만 코드의 길이가 문자에 따라 다르므로 복원해야 하는 비트 스트링에서 몇 개의 비트를 선택하여 룩업 테이블에서의 탐색해야 하는지 알 수 없다. 다음의 알고리즘은 이러한 문제를 해결한다.

[1] 가장 긴 코드의 길이(비트 수) L을 찾는다.

[2] 각 문자 c_i 의 테이블 주소의 길이를 L이 되도록 2^{L-l_i} 개의 중복된 테이블 항목들을 다음과 같이 만든다.
단, 문자 c_i 의 허프만 코드는 h_i 이고, 그 길이는 l_i 이다.
문자 c_i 의 테이블 주소를 h_i 뒤에 비트의 모든 0과 1의 조합을 추가하여 중복된 항목들을 만든다.
그리고 각 테이블 항목에 문자 c_i 와 허프만 코드 길이 l_i 를 함께 저장한다.

예를 들어 문자 a의 허프만 코드가 01이고, 가장 긴 허프만 코드의 길이가 4라면, 문자 a에 대한 테이블의 항목 $2^{4-2}=4$ 개, 즉 0100, 0101, 0110, 0111의 테이블 항목을 만든다.

새 주소	문자	길이
0100	a	2
0101	a	2
0110	a	2
0111	a	2

이처럼 각 문자에 대해 테이블 항목을 만들어 테이블을 완성한 후, 복원할 때는 입력 비트 스트링에서 첫 L 비트를 읽어와서 L 비트에 해당하는 주소의 테이블 항목에 있는 문자 c_i 를 처음 복원한 문자로 출력시킨다. 그리고 나머지 $L-l_i$ 비트는 아직 복원을 위해 사용되지 않은 부분이므로 입력으로부터 그다음 l_i 비트만큼을 읽어와 L 비트를 만들어 이에 대응되는 테이블 항목을 찾는다. 이러한 방식으로 반복하여 전체 입력 비트 스트링을 압축 이전의 상태로 복원한다.

예제 [그림 7-10](a)의 허프만 트리에 대해 룩업 테이블을 (b)와 같이 만든다.

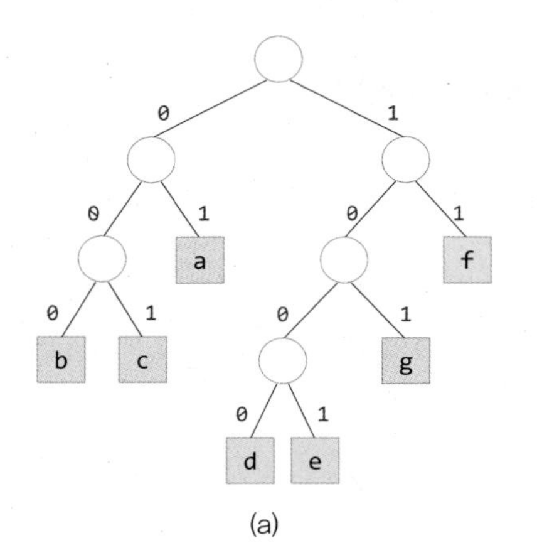

(a)

주소	문자	길이
0000	b	3
0001	b	3
0010	c	3
0011	c	3
0100	a	2
0101	a	2
0110	a	2
0111	a	2

주소	문자	길이
1000	d	4
1001	e	4
1010	g	3
1011	g	3
1100	f	2
1101	f	2
1110	f	2
1111	f	2

(b)

[그림 7-12] 룩업 테이블

[그림 7-12](b)의 테이블을 가지고 입력 스트링 01101011000001…을 복원하는 과정을 살펴보자. 먼저 가장 긴 허프만 코드의 길이 L = 4이므로, 입력의 처음 4 비트인 '0110'을 가져와서 (b)의 테이블에서 '0110'에 해당하는 테이블 항목 [0110, a, 2]를 찾아 'a'를 출력한다.

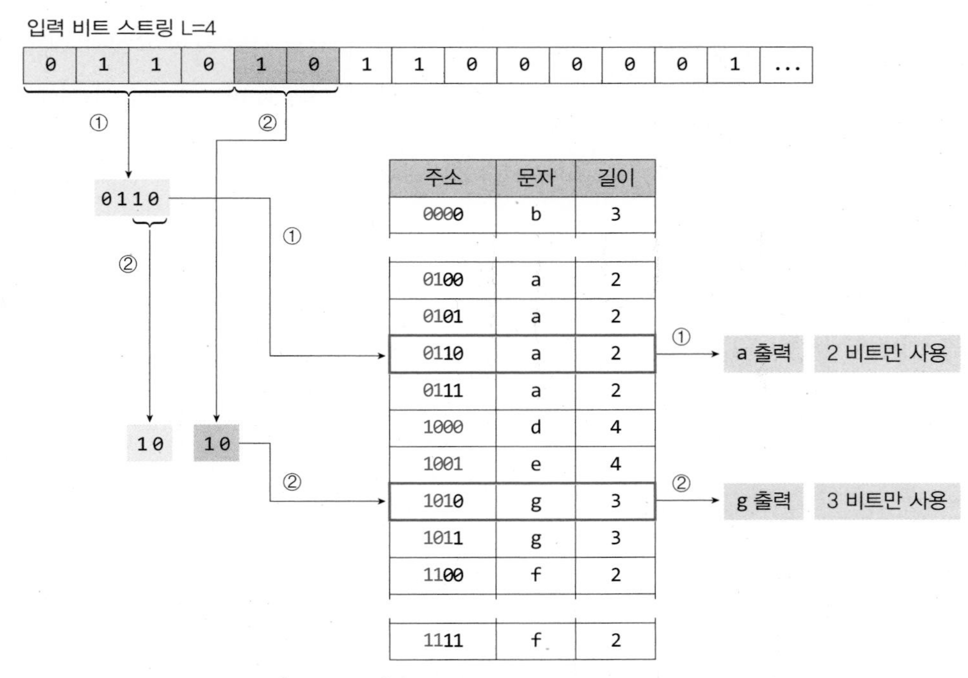

[그림 7-13] 룩업 테이블을 이용한 문자 복원

a의 코드 길이가 2이므로, 뒷부분의 2 비트인 '10'과 입력에서 그다음 2 비트인 '10'을 가져와 합쳐진 '1010'에 해당하는 테이블 항목을 찾으면 [1010, g, 3]이 되어, 'g'를 출력한다([그림 7-13] 참조). g의 코드 길이가 3이므로, 나머지 1 비트인 '0'과 입력에서 그다음 3 비트인 '110'을 가져와 합쳐진 '0110'에 해당하는 항목을 찾으면 [0110, a, 2]이므로, 'a'를 출력한다. 이러한 방법으로 디코딩을 계속하면 d, c, …로 출력된다. 최종 복원된 문자열은 agadc…이다.

| 수행 시간 |

허프만 트리 만들기는 먼저 최소 힙을 구성하는데 O(n) 시간이 걸린다. 단, n은 입력 파일의 서로 다른 문자의 수이다. 그리고 최소 힙에서 n−1회의 while-루프가 수행되고, 루프 내에서는 2번의 delete_min과 1번의 insert가 각각 수행된다. delete_min이나 insert는 downheap과 upheap을 수행하므로 각각 O(logn) 시간이 소요된다. 따라서 허프만 트리를 만드는 시간은 $O(n)+(n-1)O(\log n)=O(n\log n)$이다. 각 문자의 허프만 코드를 계산하기 위해 트리에서 전위 순회를 수행하는 시간은 트리의 노드 수에 비례하므로 O(n)이다.

파일의 각 문자를 허프만 코드로 변환하는 시간은 파일의 문자 수에 비례한다. 룩업 테이블을 사용하여 복원하는 시간도 비트 스트링에서 스트링을 읽어올 때마다 1개의 문자를 출력하므로, 파일의 문자 수에 비례한다.

| 압축 성능 |

허프만 알고리즘은 입력에 민감하다. 최악의 경우는 입력 파일의 문자들이 모두 같은 빈도수를 갖는 경우이다. 이런 경우 허프만 트리를 만들면 포화 또는 완전 이진 트리와 유사한 형태가 되고 모든 문자가 거의 같은 길이의 코드를 가지게 된다. 원래 허프만의 아이디어는 빈도수가 높은 문자에 짧은 코드를 부여하고, 빈도수가 낮은 문자에 긴 코드를 부여하는 것이므로 파일에 문자들의 빈도수가 고르지 않게 분포할 때 허프만 알고리즘은 우수한 압축 성능을 보인다.

| 응용 |

허프만 압축 알고리즘은 Text, 팩스(FAX), 멀티미디어, MP3 압축 등에 활용된다. 또한 정보 이론(Information Theory) 분야에서 엔트로피(Entropy)와 관련지어 데이터의 불특

정성을 분석하고 예측하는 데 이용된다. 엔트로피에 대한 상세한 내용은 연습문제를 통해 살펴본다.

7.3 기타 우선순위 큐

우선순위 큐를 구현하는 자료구조에는 이진 힙 외에도 매우 다양한 종류가 있다. 그중에 이 Part에서는 Leftist 힙, Skew 힙, 이항 힙(Binomial Heap), 피보나치 힙(Fibonacci Heap)을 간략히 소개한다.

7.3.1 Leftist 힙

Leftist 힙은 leftist 트리의 구조를 가진 힙이다. 힙 속성은 이진 힙의 속성과 동일하다.

정의

Leftist 트리는 각 노드 x에 대해서 npl(x의 왼쪽 자식) ≥ npl(x의 오른쪽 자식)의 관계를 만족한다.

여기서 npl(x)는 노드 x로부터 가장 가까운 null까지 경로 길이(null path length, npl)이다. [그림 7-14]에서 어떤 트리가 leftist 트리일까? 단, 각 노드 x에 있는 숫자는 npl(x) 값이고, npl(null) = 0이다.

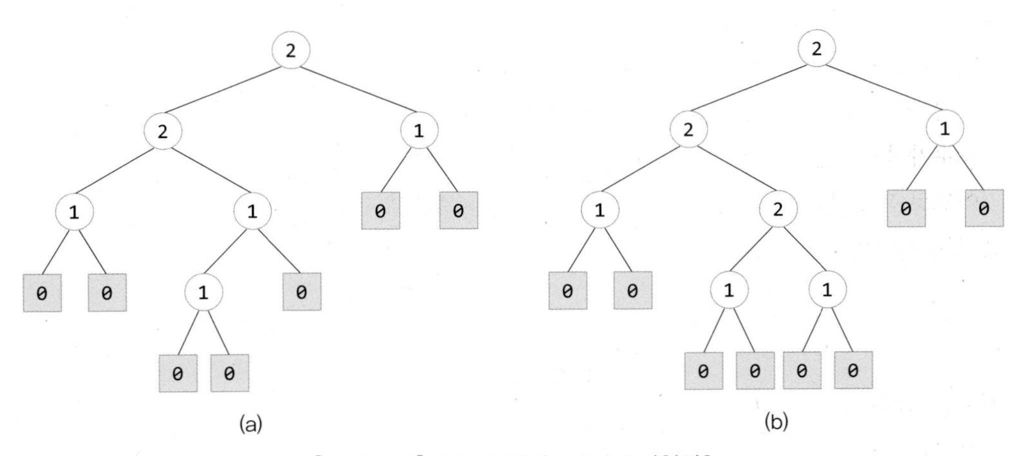

[그림 7-14] 어느 트리가 leftist 트리일까?

[그림 7-14](a)는 각 노드가 leftist 트리 조건을 충족시킨다. 그러나 (b)는 루트의 왼쪽 자식에 대해 npl(왼쪽 자식) < npl(오른쪽 자식)이므로 leftist 트리가 아니다.

핵심 아이디어

각 연산을 O(logn) 시간에 수행하기 위하여, 트리를 왼쪽으로 치우친 형태로 만든다.

왼쪽으로 치우친 트리 구조는 루트로부터 계속해서 오른쪽으로만 내려가서 만나는 null까지의 경로(Rightmost Path) 길이를 logn이 넘지 않게 만든다. 이에 대한 증명은 연습문제에서 다룬다. Leftist 힙의 기본 연산들은 2개의 leftist 힙을 합치는 combine[7] 연산을 기반하여 수행된다.

- delete_min은 루트를 힙에서 '물리적으로' 제거한 후, 루트의 왼쪽과 오른쪽 서브트리를 하나의 힙으로 합치는 combine 연산을 수행한다.
- insert는 기존의 힙과 삽입하는 노드 자체를 힙으로 여기어 2개의 힙을 합치는 combine 연산을 수행한다.
- combine은 2개의 힙의 rightmost 경로를 따라 내려가며 루트로부터 정렬되도록 2개의 힙을 합치고[8], 다시 루트 방향으로 올라가며 현재 노드 x에서 leftist 트리 조건이 위배되면 x의 왼쪽 서브트리와 x의 오른쪽 서브트리를 맞바꾼다.

7) combine 연산은 merge, meld, union 등으로도 불린다.

8) combine 연산을 실제로 구현할 때 정렬하며 그때그때 자식 교환을 수행한다. 그러나 개념을 쉽게 이해할 수 있도록 정렬 후 거슬러 올라가며 자식을 교환하는 것으로 설명한다.

예제 [그림 7-15]의 leftist 힙 (a)와 (b)를 합치는 combine 연산을 수행해 보자.

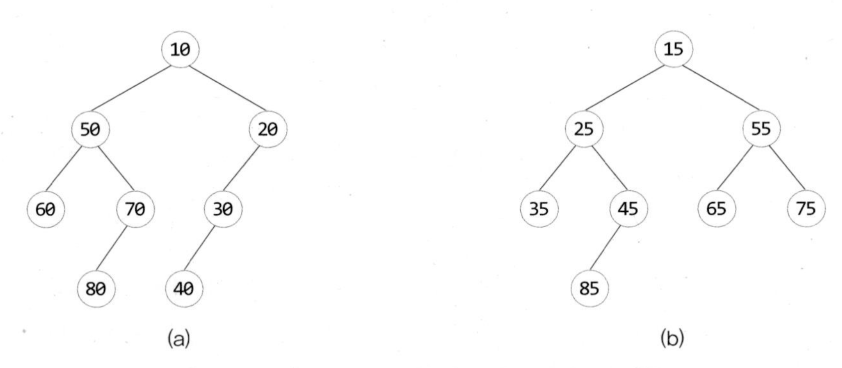

[그림 7-15] combine 연산을 위한 2개의 leftist 힙

[그림 7-15]의 leftist 힙 (a)와 (b)의 각각 rightmost 경로를 따라 내려가며 정렬되도록 [그림 7-16](a)와 같이 하나의 힙을 만든다. 그다음엔 합쳐진 rightmost 경로를 따라 올라가며 현재 노드에서 leftist 트리 조건이 어긋나는 경우 왼쪽 서브트리와 오른쪽 서브트리를 교환한다. (b)에서는 20에서 조건이 위배되어 자식의 교환이 이루어졌고, 마지막으로 (c)에서는 루트에서 교환이 이루어졌다.

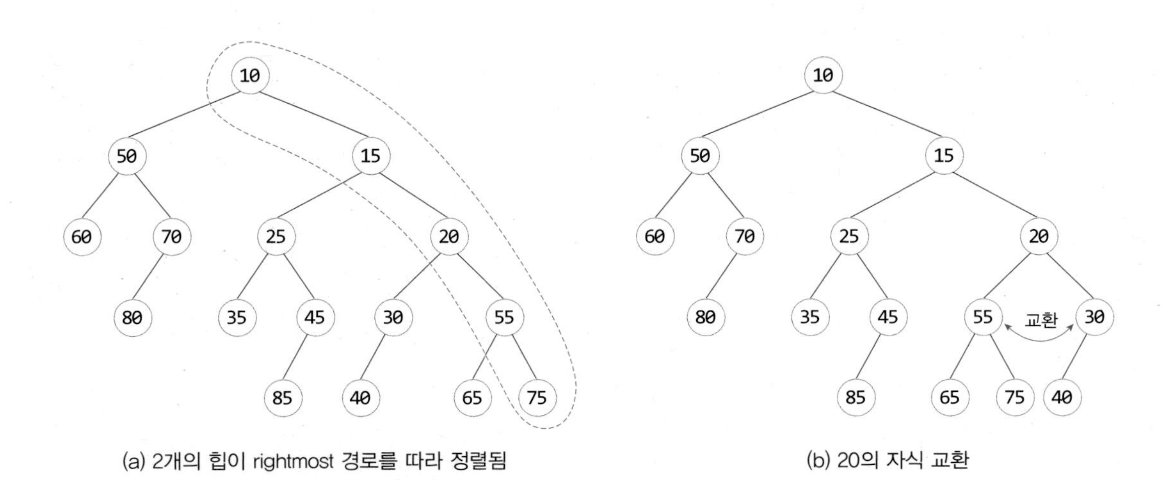

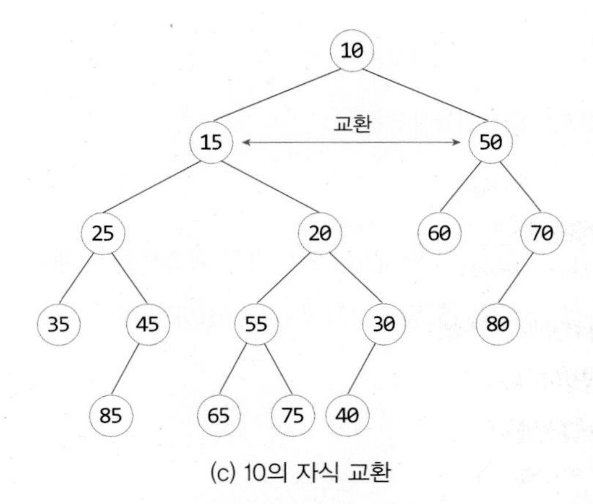

(c) 10의 자식 교환

[그림 7-16] [그림 7-15]의 leftist 힙 (a)와 (b)에 대한 combine 연산

| 수행 시간 |

delete_min이나 insert 연산은 combine 연산을 통해 이루어지므로 combine 연산의 수행 시간과 동일하다. Combine 연산은 2개의 힙의 rightmost 경로를 따라 내려가며 정렬되도록 합치면서 트리 조건이 위배되면 서브트리의 교환을 수행한다. npl 값을 비교하여 서브트리를 교환하는 것은 O(1) 시간만 걸리므로 combine 연산의 수행 시간은 2개의 rightmost 경로 길이의 합에 비례한다. 그리고 각 rightmost 경로의 길이는 logn을 넘지 않으므로 두 경로의 합도 2logn을 넘지 않는다. 단, 각각의 힙에 n개의 노드가 있다. 따라서 combine 연산의 수행 시간은 O(logn)이며, 이진 힙의 delete_min과 insert의 수행 시간과 같다.

Leftist 힙은 좌우 서브트리 교환이 필요하므로 배열이 아닌 레퍼런스를 이용한 이진 트리를 사용하며, combine 연산이 필요한 응용에서는 매우 유용한 자료구조이다.

7.3.2 Skew 힙

Skew 힙[9]은 구조적 제약이 없는 단순한 우선순위 큐 자료구조이다. Skew 힙은 각 노드의 npl을 계산도 필요 없고, 자식의 npl을 비교할 필요도 없다. Leftist 힙과 같이 rightmost 경로를 따라 combine 연산을 수행하는데, 다만 루트 방향으로 거슬러 올라가며 무조건 현재 노드의 좌우 서브트리를 교환한다.

9) 스스로 조절하는(Self-Adjusting) 힙으로도 부른다.

핵심 아이디어

조건 없이 서브트리를 교환하여 스스로 왼쪽으로 치우친 형태를 유지하게 만든다.

예제 [그림 7-17]은 [그림 7-15]의 힙 (a)와 (b)를 합치는 combine 연산의 수행과정을 단계별로 보여준다. [그림 7-16](a)로 rightmost 경로가 정렬된 후, [그림 7-17]의 (a)~(d)까지 루트 방향으로 올라가며 항상 좌우 서브트리를 교환한다.

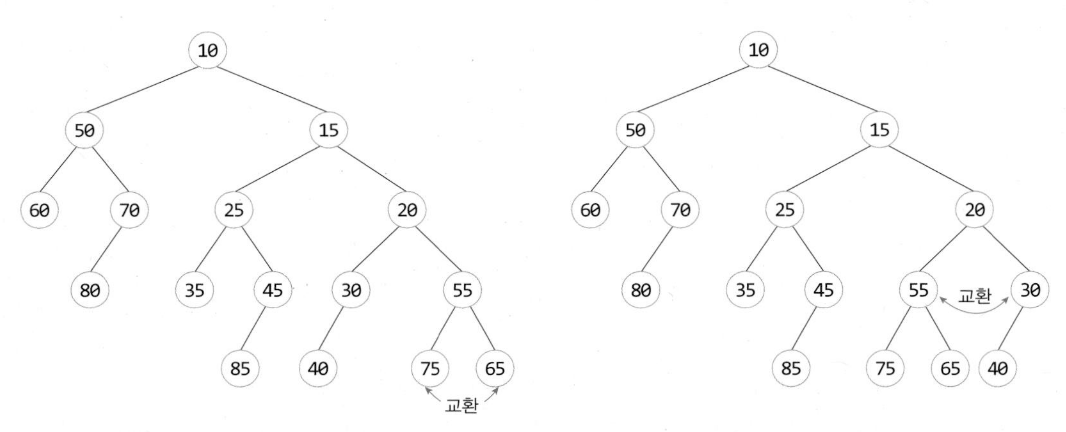

(a) 2개의 힙이 rightmost 경로를 따라 정렬됨

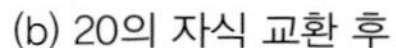
(b) 20의 자식 교환 후

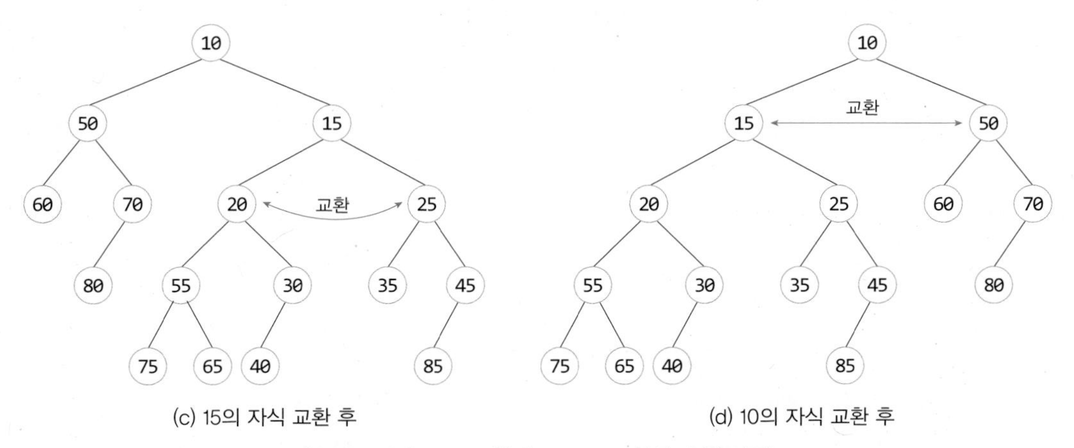

(c) 15의 자식 교환 후

(d) 10의 자식 교환 후

[그림 7-17] Skew 힙의 combine 연산 수행 과정

Skew 힙의 장점은 각 노드에 대해 npl 정보가 필요 없는 것과 combine 연산 도중에 조건 검사도 필요 없는 것이다. 또한 트리에 대해 구조적인 제약이 없는 것도 장점이다.

| 수행 시간 |

insert, delete_min, combine 연산의 최악 경우의 수행 시간은 각각 O(n) 시간이다. 대부분의 노드들이 rightmost 경로상에 있는 경우가 바로 이러한 경우이다. 그러나 이러한 최악 경우의 combine을 수행하는 과정에서 항상 좌우 서브트리를 교환하면 대다수의 노드들이 힙의 왼쪽으로 치우게 되어 자연스럽게 rightmost 경로의 길이가 짧아진다. 이는 뒤따르는 연산들의 수행 시간을 단축시킨다. 많은 수의 연산을 연속적으로 수행하여 상각 분석(Amortized Analysis)을 해보면, 각 연산의 1회 평균 수행 시간이 O(logn)이 된다. 이에 대한 상세한 설명은 생략한다.

7.3.3 이항 힙

이항(Binomial) 힙은 노드들이 힙의 속성을 만족하는 이항 트리들로 구성된다. 이항 트리는 차수(Order)에 따라서 다음과 같이 정의된다.

정의

차수가 0인 트리 B_0 은 1개의 노드만을 가진 트리이다. 차수가 k인 트리 B_k 는 루트가 2개의 차수 $k-1$ 트리를 왼쪽과 오른쪽 서브트리로 가진다.

핵심 아이디어

이진 트리의 형태에서 벗어나 여러 개의 트리로 힙을 만들자.

[그림 7-18]은 이항 트리의 예를 보여준다.

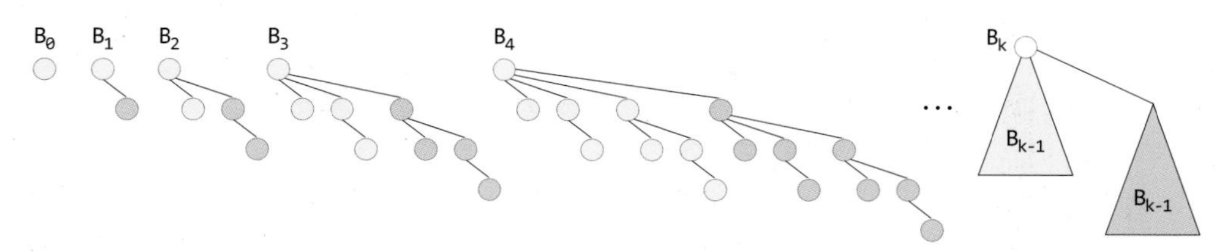

[그림 7-18] 이항 트리의 예

B_k 는 2^k 개의 노드를 가지며, 높이(또는 깊이)는 k이고, 루트는 k개의 자식을 가진다. 또한 [그림 7-19]와 같이 트리 레벨 i에 $\binom{k}{i}$ 개의 노드가 있다. 힙이 이와 같은 구조를 가지므로 이항 힙이라고 부른다.

레벨	노드 수
0	1
1	4
2	6
3	4
4	1

B4 B0 B1 B2 B3

[그림 7-19] 각 레벨에 있는 노드 수

이항 힙은 이항 트리들로 구성되어야 하는 조건 외에도 또 하나의 구조적인 조건을 갖는다. 이 조건은 이항 힙은 유일한 차수를 가진 이항 트리들로만 구성되어야 하는 것인데, 이항 힙에는 같은 차수를 가진 이항 트리가 2개 이상 있을 수 없기 때문이다. 이항 힙에서 지원되는 연산은 leftist 힙이나 skew 힙에서 지원되는 insert, delete_min, combine 외에도 임의의 노드가 가진 키를 감소시키는 decrease_key와 임의의 키를 가진 노드를 삭제하는 delete 연산이 있다. Insert, delete_min, delete 연산은 combine 연산을 기반으로 수행되므로 먼저 combine 연산을 살펴본다.

- combine 연산은 2개의 이항 힙을 하나로 합치는 연산이다. combine 연산은 이진수의 덧셈과 매우 유사하다. [그림 7-20]과 같이 좌에서 우로 B_i 가 2개가 되면 합쳐서 B_{i+1} 을 만든다. 단, $i = 0, 1, 2, \cdots$.

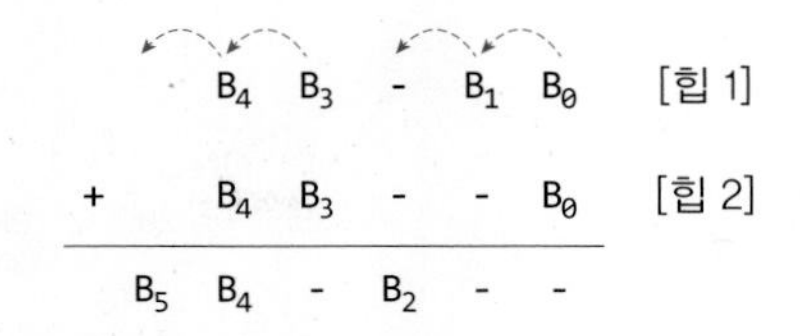

[그림 7-20] 이항 힙의 combine 연산

예제 다음은 [그림 7-21]의 2개의 이항 힙을 combine하는 과정이다.

[그림 7-21] combine 연산을 위한 2개의 이항 힙

먼저 B_0은 힙 2에만 있으므로 그대로 두고, B_1은 양쪽 힙에 다 있으므로 힙 속성을 만족하도록 힙 2의 루트 20이 힙 1의 루트 5의 자식이 되도록 연결한다. 그 결과 [그림 7-22]와 같이 새로운 B_2가 만들어진다.

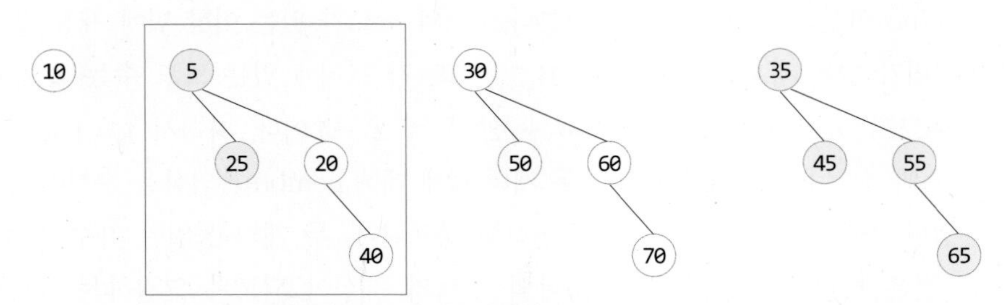

[그림 7-22] 2개의 B_1을 합쳐서 하나의 B_2를 만든다.

그다음엔 양쪽 힙에 있던 각각의 B_2와 새로운 B_2 중 임의로 2개를 합쳐서 [그림 7-23]과 같이 B_3을 만든다.

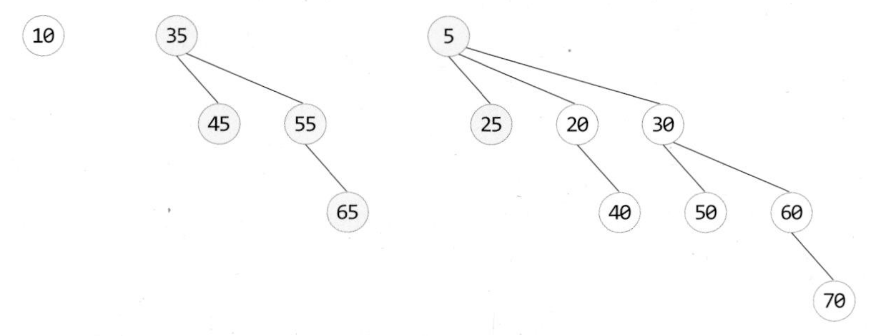

[그림 7-23] 2개의 B_2를 합쳐서 하나의 B_3을 만든다.

- insert 연산은 삽입하고자 하는 키로 B_0을 만든 후, 기존의 이항 힙과 combine 연산을 수행한다.
- delete_min 연산은 최솟값을 가진 노드를 삭제하고, 삭제된 노드의 서브트리들과 나머지 트리들에 대해 combine 연산을 수행한다.
- decrease_key 연산은 해당 노드의 키를 감소시킨 후 부모와 비교하며 upheap을 수행한다.
- delete 연산은 삭제하려는 노드의 키를 $-\infty$ 로 만들어, 즉 decrease_key 연산을 수행한 후에 delete_min 연산을 수행한다.

| 수행 시간 |

먼저 combine 연산의 수행 시간을 살펴본다. n개의 노드가 있는 이항 힙에 가장 많은 수의 이항 트리가 있는 경우는 $B_0, B_1, \cdots, B_{k-1}$ 이고, 각 트리에 있는 노드 수는 1, 2, 4, 8, …, 2^{k-1} 이므로, $n = 1 + 2 + 4 + \cdots + 2^{k-1} = 2^k - 1$ 이다. 따라서 $k = \log_2(n+1)$ 이다. 즉, 트리 수인 k는 O(logn) 이다. 두 개의 힙에 대해 combine 연산을 수행하면 최대 k번의 동일한 차수 트리가 합쳐진 후에 연산이 종료된다. 두 개의 동일한 차수의 트리가 합쳐지는 것은 하나의 루트가 다른 하나의 루트의 자식이 되도록 연결하는 것이므로 O(1) 시간만 걸린다. 따라서 combine 연산의 수행 시간은 O(k)=O(log n) 이다.

insert, delete_min, delete 연산은 각각 combine 연산을 기반으로 수행되므로, 각각의 수행 시간도 각각 O(logn) 이다. decrease_key 연산의 수행 시간은 upheap을 수행하며 루트까지 올라갈 수 있으므로 트리 높이에 비례하고, 가장 높은 트리의 높이가 logn 을 넘지 않으므로, decrease_key 연산의 수행 시간도 O(logn) 이다. 단, decrease_key와 delete 연산을 위해 각 키에 대해 힙에서의 위치 정보를 유지해야 한다.

7.3.4 피보나치 힙

피보나치(Fibonacci) 힙은 힙 속성을 만족하는 트리들의 집합이며, 트리의 각 노드 x에 대해 x의 자식 수가 k이면 x는 적어도 F_{k+2} 개의 후손(자신 포함)을 가지고 있어야 한다. 여기서 F_{k+2} 는 $k+2$ 번째 피보나치 수이다. 피보나치 힙은 Dijkstra의 최단 경로 알고리즘과 Prim의 최소 신장 트리 알고리즘의 수행 시간을 $O(m \log n)$ 에서 각각 $O(m+n \log n)$ 으로 향상시키기 위해 만들어진 이론적인 자료구조이다. 여기서 n은 그래프의 정점 수이고, m은 간선 수이다.

피보나치 힙은 이항 힙과는 달리 구조적인 제약이 거의 없다. 또한 이항 힙은 피보나치 힙의 조건을 모두 갖추고 있다. 즉, 이항 힙은 피보나치 힙의 일종이다. 또한 피보나치 힙에서는 이항 힙의 모든 연산을 지원한다. 이항 힙은 각 연산의 수행이 구조적인 조건을 만족시키는데 초점이 맞추어져 있으나, 피보나치 힙은 다음과 같은 아이디어에 기반하여 이항 힙보다 (이론적으로) 우수한 성능을 갖도록 만든 자료구조이다.

핵심 아이디어

delete_min을 제외한 다른 연산을 수행할 때, 힙의 구조적인 일 처리를 미루고, delete_min 연산을 수행할 때 힙의 구조를 정상화한다. 힙 구조의 정상화 작업은 이항 힙에서 같은 차수의 트리를 합치는 것과 유사하다.

[그림 7-24]는 피보나치 힙의 예시이다. 각 트리의 루트가 원형 이중 연결 리스트(Circular Doubly Linked List)로 연결되고, 루트들 중에 가장 작은 키를 가진 노드를 min이 가리키며, 트리의 형제(Sibling)들도 원형 이중 연결 리스트로 연결된다.

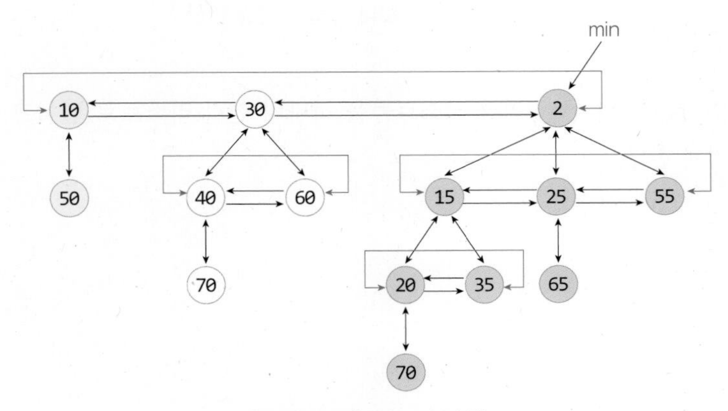

[그림 7-24] 피보나치 힙

- insert 연산은 새로운 키를 가진 노드를 생성하여 최상위 원형 이중 연결 리스트에 연결한다. 만약 새로운 키가 최솟값이 되면 min이 새 노드를 가리키도록 한다.

예제 [그림 7-25](a)에서 20을 삽입하기 위해 새 노드를 생성하고, (b)와 같이 루트들의 연결 리스트에 연결한다.

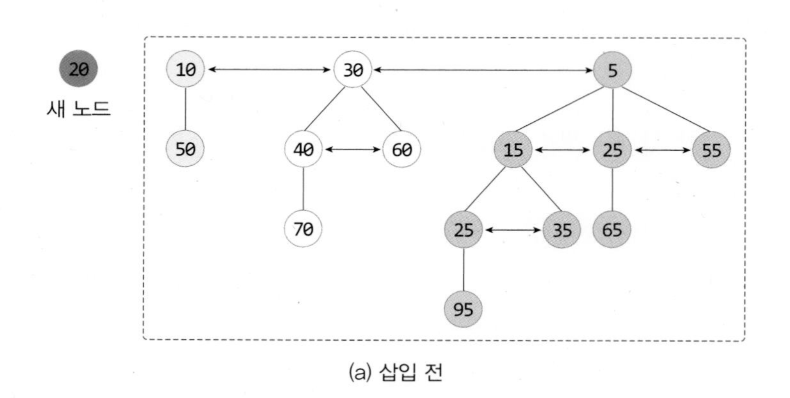

(a) 삽입 전

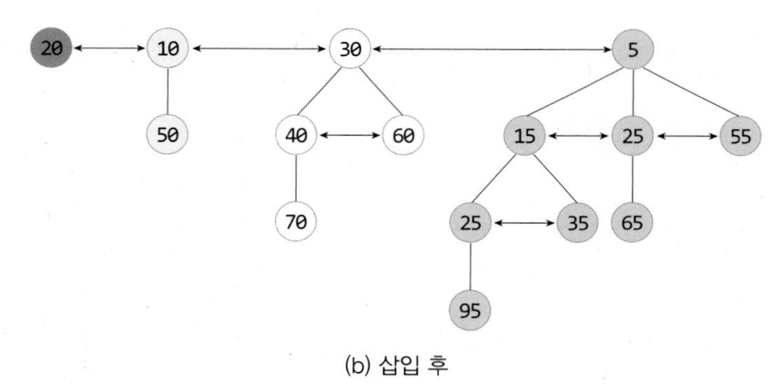

(b) 삽입 후

[그림 7-25] 피보나치 힙의 삽입 연산

- combine 연산은 힙의 루트 연결 리스트들을 하나의 연결 리스트로 만들고 min이 최솟값을 가리키게 한다.

예제 [그림 7-26](a)에 있는 2개의 힙에 대해 combine 연산을 수행하면 (b)의 결과를 얻는다.

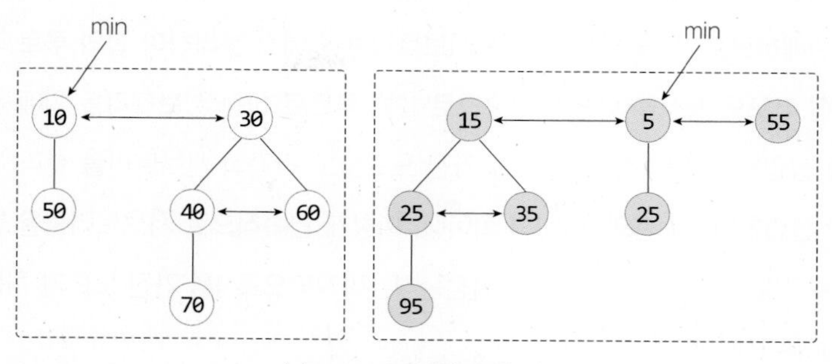

(a) combine 연산 수행 전

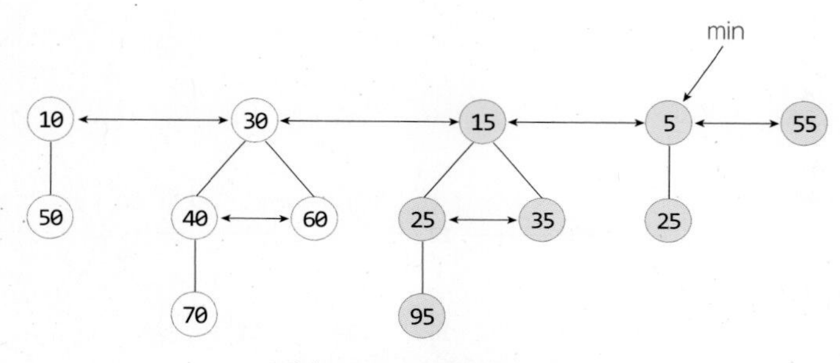

(b) combine 연산 수행 후

[그림 7-26] 피보나치 힙의 combine 연산

- decrease_key 연산은 노드가 가진 키를 감소시킨 후, 부모의 키와 비교하여 감소한 키가 힙 속성을 위배하지 않으면 연산을 종료한다. 그렇지 않은 경우 키가 감소된 노드를 루트로 하는 서브트리를 힙에서 분리하여 힙의 루트 리스트에 삽입한다.

키가 감소된 노드를 루트로 하는 서브트리가 분리된 경우, 감소된 키가 min이 가리키는 노드의 키보다 작으면, min이 키가 감소된 노드를 가리키게 한다. 그리고 자식을 잃게 된 부모를 true로 표시해 둔다. 이렇게 표시하여 다음 예제에서 설명하는 연속 자르기(Cascading Cut)에서 자식 잃은 노드들을 트리에서 잘라내어 루트 리스트에 삽입한다.

예제 [그림 7-27](a)에서 노드 14를 가진 노드의 키를 4 감소시켜보자. 그리고 노드 6, 8, 12는 각각 이미 자식을 한 번씩 잃은 노드들이라고 가정하자. 14를 4 감소시키면 부모의 12보다 작게 되어 힙 속성을 위배하므로, 10을 루트로 하는 서브트리를 힙에서 분리하여 힙의 루트 리스트에 삽입하고, 12를 가진 부모도 자식을 한번 잃었으므로 12를 루트로 하는 서브트리를 힙에서 떼어내 힙의 루트 리스트에 삽입하고, 연속하여 8과 6을 가진 노드들도 각각의 서브트리를 분리하여 힙의 루트 리스트에 각각 삽입한다. 그 결과가 (b)의 힙이다. 이렇게 연속적으로 서브트리들을 힙에서 분리하는 것을 연속 자르기(Cascading Cut)라고 일컫는다. 마지막으로 4를 가진 노드가 처음으로 자식을 잃었으므로 true로 표시한다.

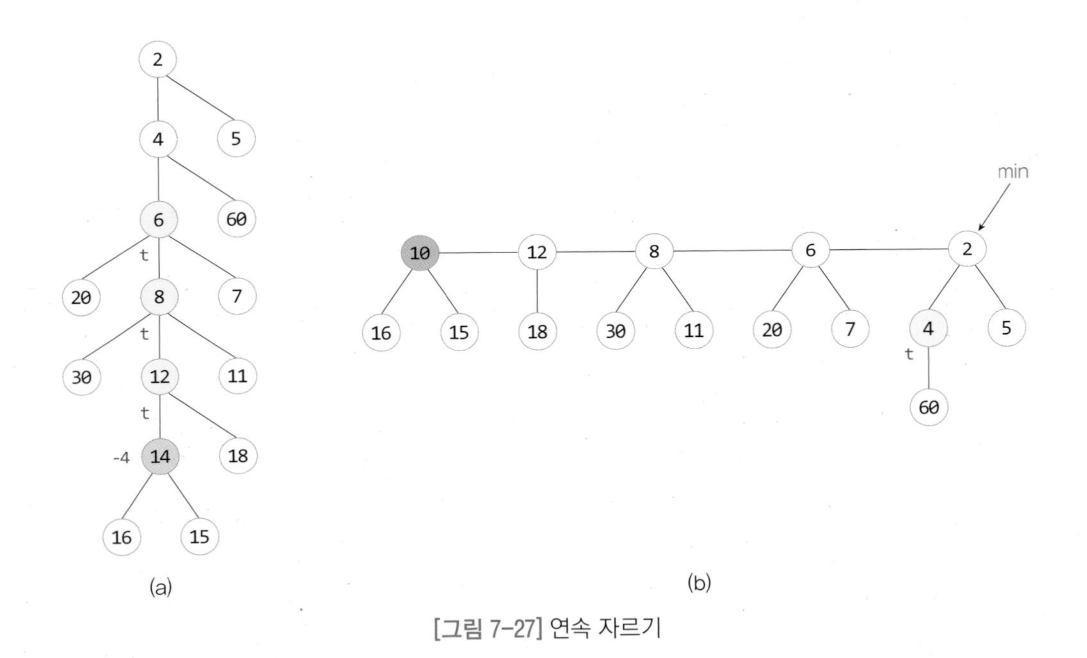

[그림 7-27] 연속 자르기

- delete 연산은 노드의 키를 −∞로 decrease_key 연산을 수행한 후에 delete_min 연산으로 노드를 제거한다.
- delete_min 연산은 min이 가리키는 노드를 삭제하고 그 자식들을 루트 리스트에 삽입한 후, 구조 정상화 작업을 하는 연산이다. 구조 정상화는 각 트리의 루트의 자식 수를 차수로 여기어 이항 힙의 combine 연산처럼 차수가 동일한 트리를 합치는 것을 말한다.

예제 [그림 7-28]은 delete_min 연산을 수행하는 과정을 (b)부터 (h)까지 순차적으로 나타낸다. 각 단계는 동일한 차수 트리를 합치며, 같은 차수 트리가 3개 이상이 되면 임의의 2개를 합쳐도 무관하다.

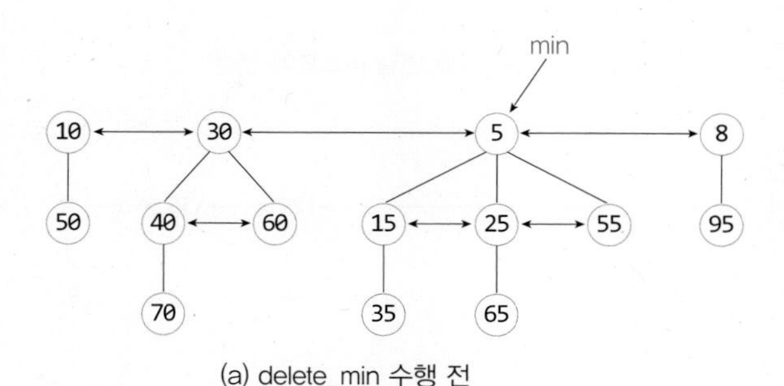

(a) delete_min 수행 전

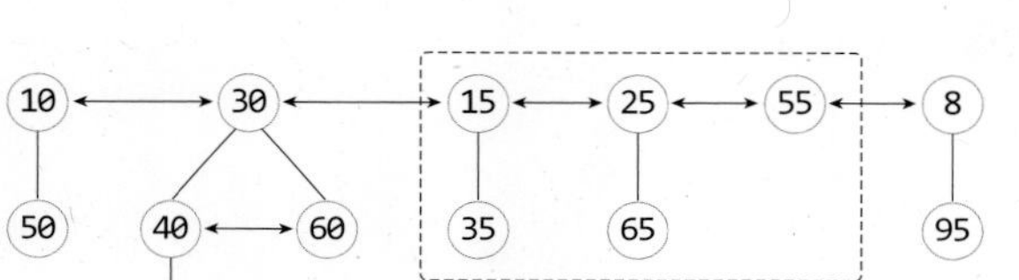

(b) 분리된 서브트리를 루트 연결 리스트에 연결

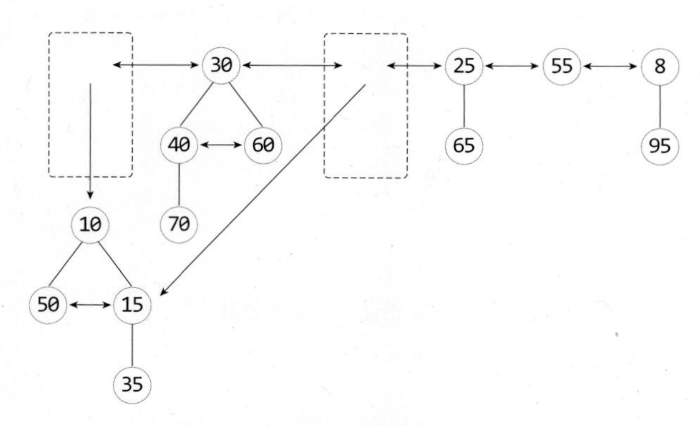

(c) 차수가 같은 2개를 합친 트리

[그림 7-28] delete_min 연산의 구조 정상화 과정 (계속 ➡)

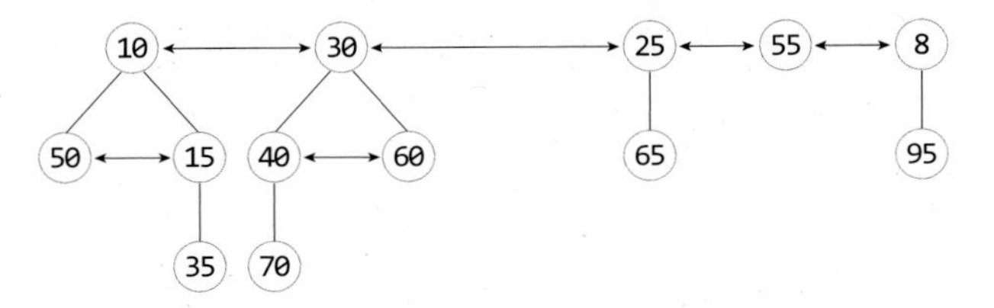

(d) 합친 트리를 루트 연결 리스트에 연결

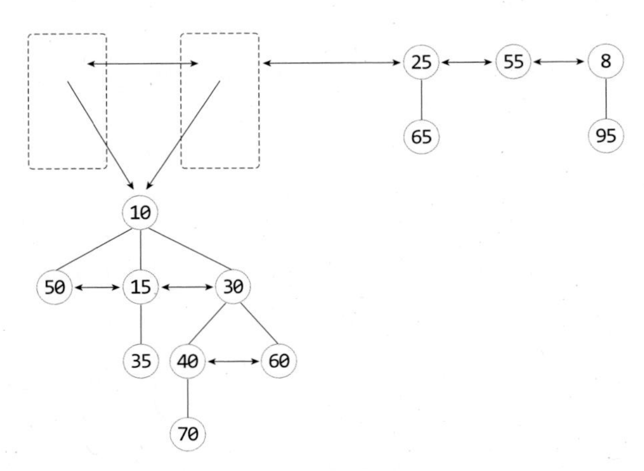

(e) 차수가 같은 2개를 합친 트리

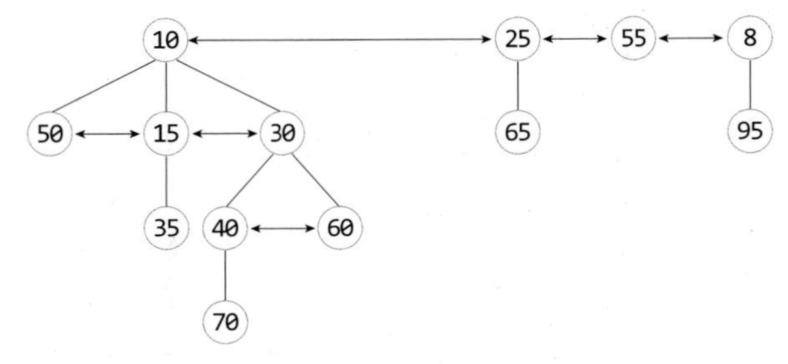

(f) 합친 트리를 루트 연결 리스트에 연결

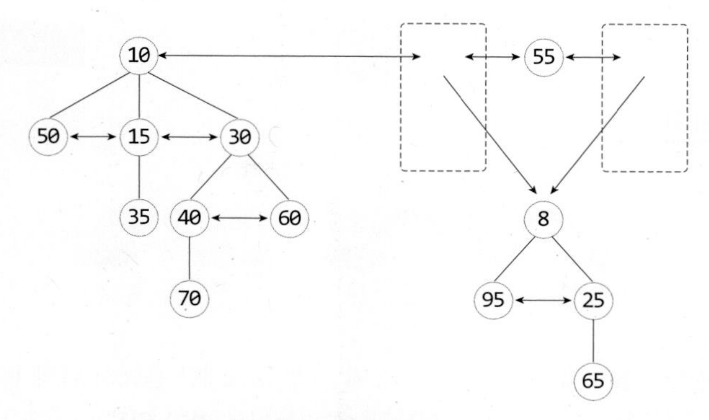

(g) 차수가 같은 2개를 합친 트리

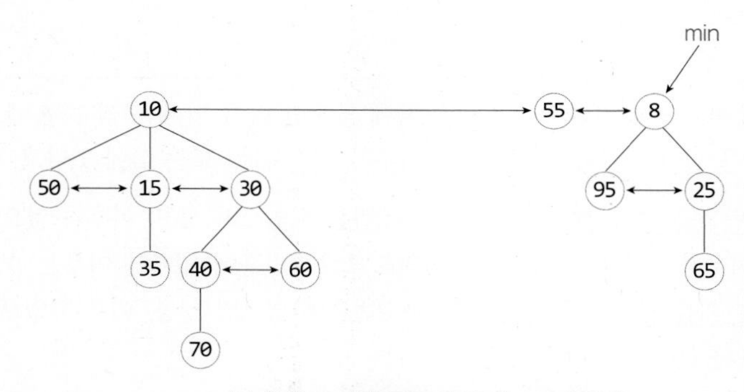

(h) 합친 트리를 루트 연결 리스트에 연결

[그림 7-28] delete_min 연산의 구조 정상화 과정

| 수행 시간 |

피보나치 힙의 delete_min과 delete 연산은 O(logn) 상각 시간이 소요되고, decrease_key 연산은 O(1) 상각 시간, combine과 insert 연산은 각각 O(1) 시간이 소요된다. 각 연산의 수행 시간에 대한 상세한 분석은 생략한다.

| 응용 |

피보나치 힙은 Dijkstra의 최단경로 알고리즘, Prim의 최소 신장 트리 알고리즘, 가중치 이분 매칭(Weighted Bipartite Matching)을 찾는 알고리즘의 수행 시간을 향상하는데 기여한다.

쉬어가는 코너

[Fox in the Hole] 여우 찾기

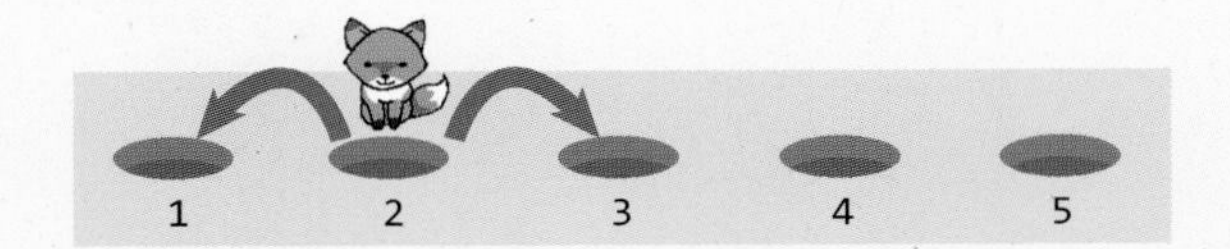

그림과 같이 일렬로 5개의 홀이 있다. 여우는 매일 밤 12시에만 홀에서 나와 바로 옆에 있는 왼쪽 또는 오른쪽 홀로 이동한다. 여우가 어느 홀에 있는지를 찾기 위해 아침에 1개의 홀 만을 검사할 수 있는데 어떻게 하면 여우가 있는 홀을 찾을 수 있고, 또 찾는 데 며칠이 걸릴까?

답

[관찰해보자] 만일 여우가 어느 날 홀수 홀에 있으면 다음 날에는 짝수 홀에 있고, 짝수 홀에 있으면 다음 날에는 홀수 홀에 있다. 여우가 짝수 홀(2 또는 4)에 있다고 가정해보자.

- Day 1: 2번홀을 검사한다. 만일 여우가 2번홀에 있으면 성공, 여우가 없으면
- Day 2: 여우가 처음에 짝수 홀에 있었으므로 2번홀에 없으면 여우는 4번홀에 있었다. 따라서 3번홀을 검사한다. 만일 여우가 3번홀에 있으면 성공, 여우가 없으면 여우는 4번홀에서 5번홀로 이동했다.
- Day 3: 여우는 5번홀에서 4번홀로 이동할 수밖에 없으므로 4번홀을 검사하면 여우를 발견한다.

그런데 처음에 여우가 짝수 홀에 있다고 가정했으나, 만일 여우가 홀수 홀에 있었다면 Day 3에 여우를 발견 못 할 수도 있다. 그렇다면 Day 4에는 짝수 홀에 있으므로(왜냐면 Day 1에는 홀수 홀, Day 2에는 짝수 홀, Day 3에는 홀수 홀이므로)

- Day 4: 4번홀을 검사한다. 없으면
- Day 5: 3번홀을 검사한다. 없으면
- Day 6: 2번홀을 검사하면 반드시 여우를 찾는다.

따라서 위의 전략을 사용하면, 즉 [2, 3, 4, 4, 3, 2] 순으로 검사하면 최악의 경우 6일 만에 여우를 찾는다.

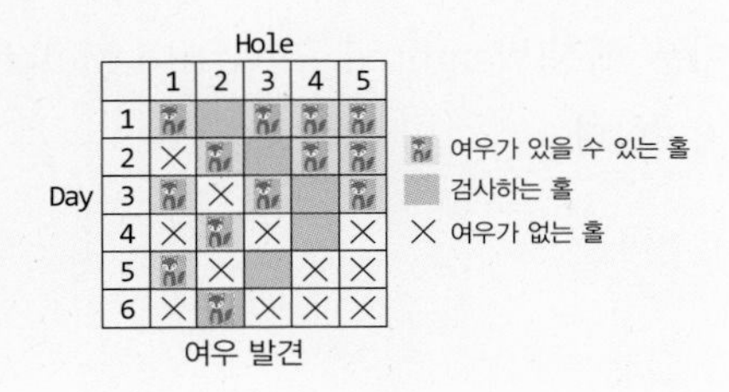

여우를 찾는 또 다른 순서는 [2, 3, 4, 2, 3, 4], [4, 3, 2, 2, 3, 4], [4, 3, 2, 4, 3, 2]이다.

요약

- 우선순위 큐는 가장 높은 우선순위를 가진 항목을 접근 또는 삭제하는 연산과 삽입 연산을 지원하는 자료구조이다.
- 이진 힙은 완전 이진 트리로서 부모의 우선순위가 자식의 우선순위보다 높은 자료구조이다. 이진 힙은 키가 작을수록 높은 순위를 가지는 최소 힙과 클수록 더 높은 우선순위를 가지는 최대 힙이 있다.
- 허프만 코딩은 빈도수가 높은 문자에 짧은 이진 코드를 부여하고, 빈도수가 낮은 문자에 긴 이진 코드를 부여하여 압축 효율을 높인다.
- 허프만 알고리즘은 입력에 민감하다. 최악의 경우는 입력 파일의 문자들이 모두 같은 빈도수를 갖는 경우이고, 파일에 문자들의 빈도수가 고르지 않게 분포할 때 우수한 압축 성능을 보인다.
- Leftist 힙은 leftist 트리의 구조를 가진 힙이다. Leftist 트리가 왼쪽 부분으로 치우친 구조를 갖도록 하는 이유는 rightmost 경로의 길이를 logn보다 크지 않게 하기 위함이다.
- Skew 힙은 구조적 제약조건이 없으며 항상 현재 노드의 좌우 서브트리를 교환한다.
- 이항 힙은 힙 속성을 만족하는 이항 트리들로 구성된다.
- 피보나치 힙은 힙 속성을 만족하는 트리들의 집합이며, 트리의 각 노드 x에 대해 x의 자식 수가 k이면 x는 적어도 F_{k+2}개의 후손(자신 포함)을 가지고 있다.
- 피보나치 힙에서는 delete_min 연산을 수행할 때까지 다른 연산들은 힙의 구조적 정상화를 미루고 delete_min 연산을 수행하면서 힙의 구조를 정상화한다.
- 힙 자료구조들의 각 연산의 수행 시간 비교는 다음과 같다.

	insert	delete_min	combine	decrease_key	delete
이진 힙	O(logn)	O(logn)	O(n)	O(logn)	O(logn)
Leftist 힙	O(logn)	O(logn)	O(logn)	–	–
Skew 힙	O(logn) †	O(logn) †	O(logn) †	–	–
이항 힙	O(logn)	O(logn)	O(logn)	O(logn)	O(logn)
피보나치 힙	O(1)	O(logn) †	O(1)	O(1) †	O(logn) †

† 상각(amortized) 시간

연습문제

7.1 다음 중 우선순위 큐에 관한 설명 중 가장 거리가 먼 것은? 단, n은 우선순위 큐에 저장된 항목 수이다.

① 스택과 큐 자료구조도 일종의 우선순위 큐이다.
② 임의의 우선순위를 가진 항목을 삽입할 수 있다.
③ 가장 높은 우선순위를 가진 항목을 O(1) 시간에 접근할 수 있다.
④ 임의의 우선순위를 가진 항목을 O(logn) 시간에 탐색할 수 있다.
⑤ 답 없음

7.2 다음 중 우선순위 큐를 구현하기에 가장 부적절한 자료구조는?

① 배열　② 단순 연결 리스트　③ 이진 트리
④ 트리　⑤ 답 없음

7.3 다음 중 우선순위 큐의 응용과 가장 거리가 먼 것은?

① 허프만 코딩
② 운영체제의 인터럽트 처리
③ 다익스트라의 최단 경로 알고리즘
④ 화면의 스크롤
⑤ 답 없음

7.4 다음 중 스택과 큐 자료구조에 관한 설명 중 옳지 않은 것은?

① 스택에서는 새 항목의 우선순위가 스택에 저장된 항목들의 우선순위보다 항상 높다.
② 큐에서는 새 항목의 우선순위가 큐에 저장된 항목들의 우선순위보다 항상 낮다.
③ 스택이나 큐는 임의의 우선순위를 가진 항목을 삽입할 수 있다.
④ 큐나 스택은 항목들이 우선순위로 정렬 또는 역 정렬되어 저장된다.
⑤ 답 없음

7.5 다음 중 이진 힙에 관한 설명 중 옳지 않은 것은?

① 완전 이진 트리 형태를 가진 자료구조이다.

② 루트는 가장 높은 우선순위를 가진다.

③ 각 노드는 자식의 우선순위보다 높다.

④ 키값이 클수록 우선순위가 높다.

⑤ 답 없음

7.6 다음 중 힙 속성을 옳게 설명한 것은?

① 노드의 우선순위는 왼쪽 서브트리의 우선순위보다 높다.

② 노드의 우선순위는 오른쪽 서브트리의 우선순위보다 높다.

③ 노드의 우선순위는 자식의 우선순위보다 높다.

④ 노드의 우선순위는 형제의 우선순위보다 높다.

⑤ 답 없음

7.7 다음 중 이진 힙을 배열로 구현하는 것에 대해 잘못 설명한 것은?

① 우선순위가 가장 낮은 키를 가진 노드는 배열의 맨 뒤에 저장된다.

② 배열에 저장된 항목들 사이에 빈 원소가 없다.

③ 힙의 항목들을 레벨 순회 순서로 배열에 저장한다.

④ 루트는 항상 맨 앞에 저장된다.

⑤ 답 없음

7.8 다음은 자료구조들 사이의 관계를 설명한 것이다. 가장 적절한 설명은?

① 이진 탐색 트리는 이진 힙의 일종이다.

② 이진 힙은 이진 탐색 트리의 일종이다.

③ 이진 힙은 이진 트리의 일종이다.

④ 이진 트리는 이진 힙의 일종이다.

⑤ 답 없음

7.9 다음은 n개의 키를 가진 최소 힙에서 최댓값을 찾기 위한 알고리즘이다.

> 최댓값을 찾기 위해 루트로부터 이파리 방향으로 각 노드에서 큰 자식으로 내려가면 최댓값을 가진 노드에 도달한다.

위의 알고리즘에 대해 가장 적절한 설명은? 단, n은 힙의 항목 수이다.

① 힙에 있는 키들이 서로 다른 경우, 이 알고리즘은 항상 최댓값을 찾고 수행 시간은 O(logn) 이다.

② 힙에 있는 키들이 서로 다르더라도, 이 알고리즘은 O(logn) 시간에 항상 최댓값을 찾지 못한다.

③ 힙에 있는 키들이 서로 다른 경우, 이 알고리즘은 항상 최댓값을 찾지만 수행 시간은 O(n) 이다.

④ 힙에 중복 키들이 있고, 양쪽 자식이 같은 키를 가지는 경우, 양쪽 서브트리를 모두 탐색하면 항상 최댓값을 찾고, 수행 시간은 O(logn) 이다.

⑤ 답 없음

7.10 n개의 키를 가진 최대힙에서 루트를 삭제하는데 소요되는 수행 시간은?

① O(1) ② O(logn) ③ O(n)

④ O(n logn) ⑤ $O(n^2)$

7.11 다음은 최소 힙이다. 5를 삽입한 후의 최소 힙은?

-	10	20	15	45	35	40	30	90	50	80	

① _ 10 20 15 45 35 40 30 90 50 80 5

② _ 5 10 15 20 30 35 40 45 50 80 90

③ _ 5 10 20 45 15 40 30 90 50 80 35

④ _ 5 10 15 45 20 40 30 90 50 80 35

⑤ 답 없음

7.12 다음은 최대 힙이다. 90을 삽입한 후의 최대 힙은?

-	80	70	30	55	65	20	10	40	50	60	

① _ 90 80 70 65 60 55 50 40 30 20 10
② _ 90 30 80 55 70 20 40 10 50 85 65
③ _ 90 80 30 55 70 20 10 40 50 60 65
④ _ 80 70 30 55 65 20 10 40 50 60 90
⑤ 답 없음

7.13 다음은 최소 힙이다. 10을 삭제한 후의 최소 힙은?

-	10	20	15	45	35	40	30	90	50	80	

① _ 15 20 30 35 40 45 50 80 90
② _ 15 20 30 45 35 40 80 90 50
③ _ 15 30 20 35 45 80 40 50 90
④ _ 15 35 20 30 45 40 90 80 50
⑤ 답 없음

7.14 다음은 최대 힙이다. 80을 삭제한 후의 최대 힙은?

-	80	70	30	55	65	20	10	40	50	60	

① _ 70 65 30 55 60 20 10 40 50
② _ 70 60 30 55 65 10 20 40 50
③ _ 70 65 30 50 60 10 20 40 55
④ _ 70 30 60 50 65 20 10 55 40
⑤ 답 없음

7.15 다음 중 최소 힙의 삽입과 delete_min의 수행 시간은? 단, n은 힙의 항목 수이다.

① O(1) ② O(logn) ③ O(n)
④ O(nlogn) ⑤ $O(n^2)$

7.16 다음 중 상향식 힙 만들기의 수행 시간은? 단, n은 힙의 항목 수이다.

① O(1) ② O(logn) ③ O(n)
④ O(nlogn) ⑤ $O(n^2)$

7.17 크기가 n인 최소 힙에서 가장 작은 항목 10개를 출력하는데 탐색해야할 힙의 노드 수는? 단, 출력만 하고 항목은 삭제하지 않는다.

① 10 ② 20 ③ 30
④ 40 ⑤ 답 없음

7.18 다음 중 상향식 힙 만들기에 대한 설명 중 가장 거리가 먼 것은? 단, n은 항목 수이다.

① 이파리의 바로 위층에 있는 노드부터 위로 올라가며 각 노드에서 downheap을 수행한다.
② downheap은 힙 속성을 만족시키기 위해 수행한다.
③ downheap을 수행하는 노드 수는 약 n/2이다.
④ 힙 속성에 따라 upheap을 수행하는 경우도 발생한다.
⑤ 답 없음

7.19 다음의 배열에 대해 상향식 힙 만들기를 수행한 결과의 최소 힙은?

-	80	70	30	55	65	20	10	40	50	60	

① _ 10 20 40 60 50 65 80 30 55 70
② _ 10 20 30 50 60 65 40 70 55 80
③ _ 10 30 40 50 60 65 20 80 70 55
④ _ 10 40 20 50 60 80 30 55 70 65
⑤ 답 없음

7.20 다음 중 Huffman 코딩에 관한 설명 중 가장 적절한 것은?

① 각 문자에 같은 길이의 비트를 사용하여 파일을 압축한다.
② 빈도수가 낮은 문자일수록 짧은 코드를 부여한다.
③ 문자의 유니코드 값에 따라 코드 길이를 조절한다.
④ 문자에 가변 길이의 코드를 부여한다.
⑤ 답 없음

7.21 다음의 문자 빈도수로 만든 Huffman 코드 중 가장 긴 코드는 몇 bit인가?

문자	A	B	C	D	E	F
빈도수	50	10	15	40	25	4

① 2 ② 3 ③ 4
④ 5 ⑤ 답 없음

7.22 다음의 문자 빈도수로 만든 Huffman 코드 중 가장 짧은 코드는 몇 bit인가?

문자	A	B	C	D	E	F
빈도수	1	3	5	10	20	40

① 2 ② 3 ③ 4
④ 5 ⑤ 답 없음

7.23 다음의 빈도수를 가진 입력에 대해서 Huffman 코드의 길이(bit 수)의 총 합은?

$$2^7,\quad 2^6,\quad 2^5,\quad 2^4,\quad 2^3,\quad 2^2,\quad 2^1,\quad 1$$

① 10 ② 25 ③ 30
④ 35 ⑤ 40

7.24 어느 파일이 여섯 개의 문자만으로 구성되어있고, 그 빈도수가 다음과 같다. Huffman 코드로 압축된 문서의 총 bit 수는?

문자	A	B	C	D	E	F
빈도수	50	10	15	40	25	4

① 220 ② 331 ③ 356
④ 375 ⑤ 400

7.25 다음과 같이 여섯 개의 문자 모두가 동일한 빈도수로 구성되어있을 때, Huffman 코드로 압축된 문서의 총 bit 수는?

문자	A	B	C	D	E	F
빈도수	24	24	24	24	24	24

① 384 ② 390 ③ 392
④ 401 ⑤ 410

7.26 Huffman 트리를 만드는데 소요되는 수행 시간은? 단, n은 문자의 수이다.

① O(1) ② O(logn) ③ O(n)
④ O(nlogn) ⑤ $O(n^2)$

7.27 Huffman 트리를 만든 후 트리를 순회하며 모든 문자의 Huffman 코드를 찾는 수행 시간은? 단, n은 문자의 수이다.

① O(1) ② O(logn) ③ O(n)
④ O(nlogn) ⑤ $O(n^2)$

7.28 다음의 Leftist 힙에서 npl(null path length)이 2인 노드 수는?

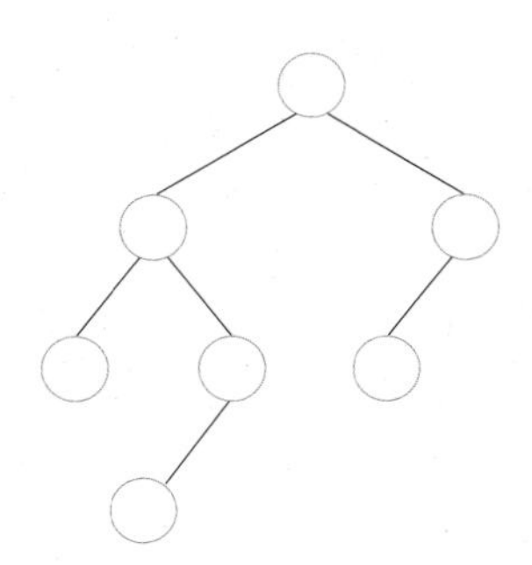

① 0 ② 1 ③ 2
④ 4 ⑤ 답 없음

7.29 다음 중 Leftist 힙에 관한 설명 중 가장 거리가 먼 것은? 단, n은 힙의 노드 수이다.

① Leftist 힙의 속성은 이진 힙의 속성과 같다.

② 각 노드에 대해 왼쪽 자식의 npl은 오른쪽 자식의 npl과 같거나 크다.

③ 각 연산을 O(logn) 시간에 수행하기 위해 왼쪽으로 치우친 형태를 가진 힙이다.

④ 여러 개의 이진 힙의 집합이다.

⑤ 답 없음

7.30 다음 중 Skew 힙에 관한 설명 중 가장 거리가 먼 것은? 단, n은 힙의 노드 수이다.

① 각 노드의 npl을 계산할 필요가 없다.

② rightmost 경로를 따라 combine 연산을 수행한다.

③ 삽입 연산의 최악 경우 수행 시간은 O(n)이다.

④ combine 연산을 수행할 때 항상 좌우 서브트리를 교환한다.

⑤ 답 없음

7.31 다음 중 이항 힙에 관한 설명 중 가장 거리가 먼 것은? 단, n은 힙에 있는 항목 수이다.

① 힙 속성을 만족하는 이항 트리들로 구성된다.

② 임의의 키(우선순위)를 가진 노드를 삭제하는 연산을 지원한다.

③ 삽입, combine, decrease_key 연산의 수행 시간은 O(logn)이다.

④ 각 트리의 구조적 형태가 자유롭다.

⑤ 답 없음

7.32 높이가 k인 이항 트리에 있는 노드 수는?

① k ② k^2 ③ k^3

④ 2^{k-1} ⑤ 2^k

7.33 이항 트리 B_5에 있는 총 레벨 수는?

① 4 ② 5 ③ 6

④ 7 ⑤ 답 없음

7.34 다음 중 피보나치 힙에 관한 설명 중 가장 거리가 먼 것은?

① 힙 속성을 만족하는 여러 개의 트리로 구성된다.

② k개의 자식을 가진 노드의 후손 수는 적어도 F_{k+2}개 이상이다.

③ 트리의 형태에 대한 제약 조건이 없다.

④ 이항 힙은 피보나치 힙의 일종이라고 할 수 있다.

⑤ 답 없음

7.35 피보나치 힙에서 어느 연산을 수행하는 과정에서 힙 구조적 조정을 수행하는가?

① insert ② delete_min ③ decrease_key

④ delete ⑤ combine

7.36 다음 중 피보나치 힙의 응용과 거리가 먼 것은?

① 그래프의 탐색

② Dijkstra의 최단 경로 알고리즘

③ Prim의 최소 신장 트리 알고리즘

④ 이분 매칭

⑤ 답 없음

7.37 다음의 피보나치 힙에서 10을 3 감소시켰을 때, 피보나치 힙에 있는 트리의 수는 몇 개인가? 단, 4, 5, 9의 childCut은 각각 true이고, 다른 노드들의 childCut은 각각 false이다.

① 1 ② 3 ③ 5

④ 7 ⑤ 9

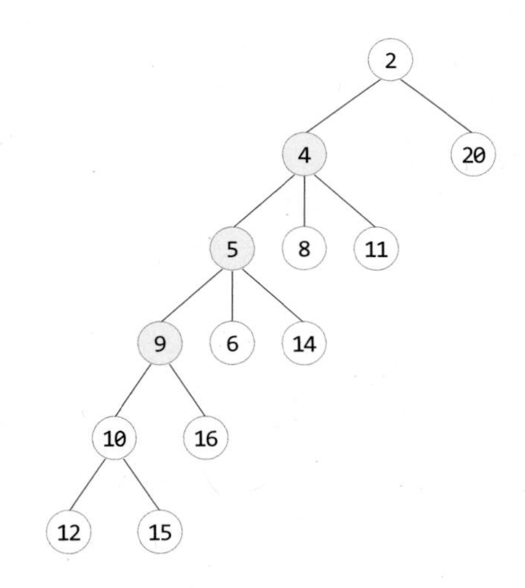

7.38 다음 중 combine 연산의 수행 시간이 가장 느린 힙은?

① 이진 힙　　② Leftist 힙　　③ Skew 힙
④ 이항 힙　　⑤ 피보나치 힙

7.39 다음 중 삽인 연산의 수행 시간이 가장 빠른 힙은?

① 이진 힙　　② Leftist 힙　　③ Skew 힙
④ 이항 힙　　⑤ 피보나치 힙

7.40 delete_min 연산의 수행 시간이 O(logn)과 같거나 작은 자료구조를 모두 고르라. 단, n은 힙에 있는 항목 수이다.

① 균형 이진 트리　　② 이진 힙　　③ 단순 연결 리스트
④ 레드 블랙 트리　　⑤ 데크

7.41 다음에 주어진 키들이 순서대로 초기에 empty인 최소 힙에 삽입되는 과정을 그려라.

80, 40, 70, 30, 60, 20, 50, 10

7.42 다음에 주어진 키들이 순서대로 초기에 empty인 최대 힙에 삽입되는 과정을 그려라.

10, 50, 20, 60, 30, 70, 40, 80

7.43 다음의 최소 힙에서 delete_min 연산을 수행한 결과의 최소 힙을 그려라.

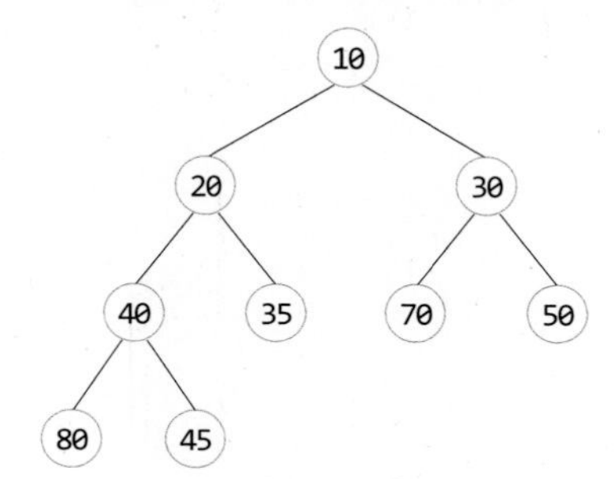

7.44 다음의 최소 힙에서 노드 80을 75만큼 감소시키기 위해 decrease_key 연산을 수행한 결과의 힙을 그려라.

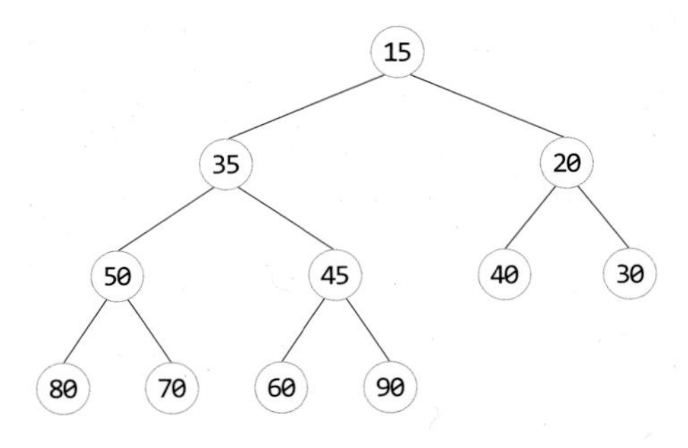

7.45 문제 7.44의 최소 힙에서 35를 삭제한 결과의 힙을 그려라.

7.46 Part 7.1의 BHeap 클래스에 decrease_key 연산을 추가하려고 한다. 이를 위해 decreaseKey 메소드를 작성하라.

7.16 Part 7.1의 BHeap 클래스에 대해 삭제 연산을 추가하려고 한다. 이를 위해 delete() 메소드를 작성하라.

7.48 다음의 Huffman 트리로 만들어진 코드로 압축된 파일을 복원하기 위해서 Part 7.2에서 설명한 Decoding 알고리즘을 위한 룩업 테이블을 만들라.

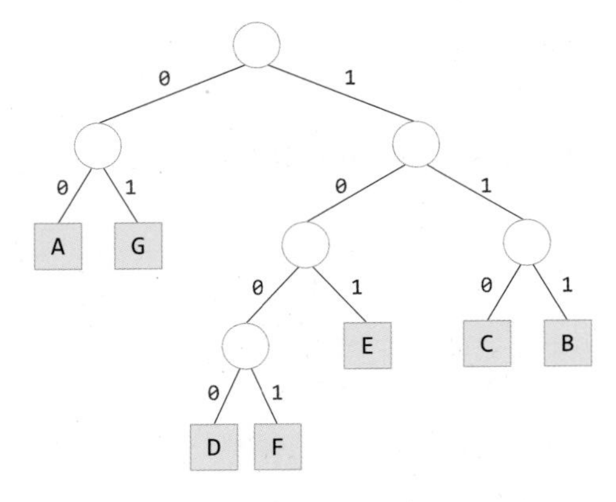

7.49 문제 7.48에서 만든 룩업 테이블을 이용하여 다음의 압축된 코드를 복원하라.

0 0 0 1 1 0 1 1 0 1 1 0 0 1 1 1 1 0 0

7.50 정보 이론(Information Theory)에서 엔트로피(Entropy)는 Shannon Entropy라고도 하는데 정보의 예측 불가능성(Unpredictability)을 측정하는 수치이다. 즉, 데이터가 얼마나 랜덤한지를 측정하는 수치이다. 엔트로피는 다음과 같이 정의된다. 여기서 c는 파일에 있는 문자 종류의 수이고, p_i 는 문자 i에 대한 확률로서 (문자 i의 수/ 총 문자 수)이다.

$$\sum_{i=1}^{c} p_i \log \frac{1}{p_i}$$

문제 7.24와 7.25에서의 입력 파일은 여섯 종류로 된 144개 문자를 각각 가지고 있다. 이때 여섯 종류의 문자를 주사위의 여섯 면과 대응시켜보면, 예를 들어 A = 1, B = 2, ⋯, F = 6이라고 하면, 마치 주사위를 144번 던져서 한 번은 문제 7.24와 같은 빈도수를 얻고 다른 한 번은 문제 7.25와 같은 빈도수를 얻은 것으로 생각해볼 수 있다. 위의 엔트로피 식을 이용하여 문제 7.24와 7.25의 파일에 대한 엔트로피를 각각 계산하라. 그리고 계산된 엔트로피 값들을 비교하여 설명하라.

7.51 (a) 앞면과 뒷면이 나올 확률이 1/2로 동일한 동전의 엔트로피를 계산하라.

(b) 만일 앞면이 나올 확률이 1/4이고 뒷면이 나올 확률이 3/4인 동전의 엔트로피를 계산하라.

7.52 n개의 노드를 가진 Leftist 힙의 Rightmost 경로의 길이가 최대 $O(\log n)$ 임을 증명하라.

7.53 다음의 Leftist 힙에서 delete_min을 수행한 결과의 Leftist 힙을 그려라.

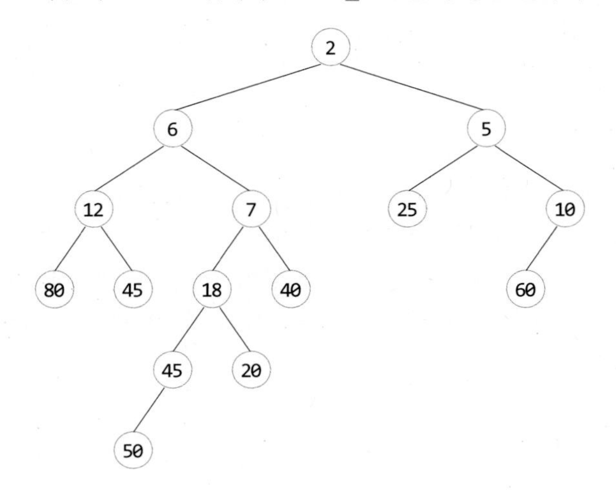

7.54 다음 Skew 힙에서 delete_min을 수행한 결과의 Skew 힙을 그려라.

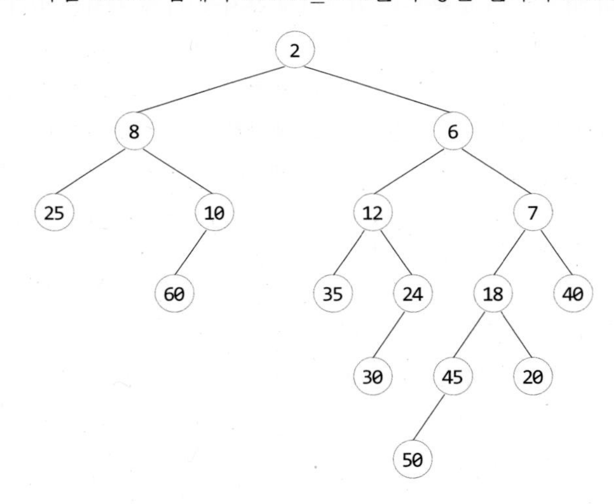

7.55 다음의 이항 힙에서 1을 delete한 결과의 이항 힙을 그려라.

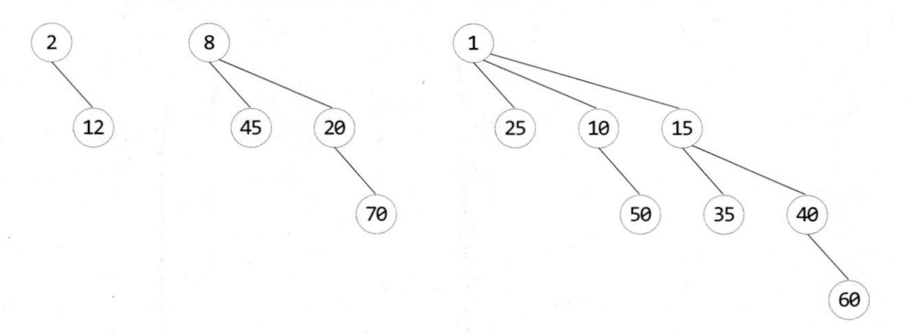

7.56 d-ary 힙은 이진 힙을 일반화시킨 힙이다. 즉, 이진 힙은 일반적으로 노드의 자식이 둘이지만 d-ary 힙에 있는 노드의 자식은 d개이다. 따라서 d = 2인 d-ary 힙이 이진 힙이다. d-ary 힙에 n개의 노드가 있다고 가정할 때,

(a) d-ary 힙의 높이를 Big-Oh로 표현하라.

(b) d-ary 힙을 이진 힙과 같이 배열 a에 a[1]부터 저장할 때, a[i]의 부모와 자식들의 인덱스를 각각 계산하라.

(c) delete_min 연산의 수행 시간을 Big-Oh로 표현하라.

7.57 다음의 힙에 대해 조사해보고, 그 장단점을 비교하라.

(a) Pairing 힙

(b) Interval 힙

(c) Symmetric Min-Max 힙

(d) Double-Ended 힙

PART 08

정렬

contents

08 정렬

일반적으로 주어진 데이터를 오름차순[1]으로 나열하는 것을 정렬이라고 한다. 정렬 알고리즘은 컴퓨터 분야에서 가장 많이 연구된 분야 중 하나이다. 정렬 알고리즘에는 비교적 쉽고 간단한 선택 정렬, 삽입 정렬 등이 있고, 이보다 빠른 수행 시간을 가진 쉘 정렬, 힙 정렬, 합병 정렬, 퀵 정렬 등이 있다. 이외에도 String을 정렬하는데 매우 효율적인 기수 정렬이 있다.

정렬 알고리즘은 데이터의 크기가 메인 메모리의 용량을 초과하지 않는 경우에 수행되는 내부 정렬(Internal Sort)과 보조 기억 장치에 있는 대용량의 데이터를 정렬하는 외부 정렬(External Sort)로 분류할 수 있다. Part 8에서는 앞서 언급한 내부 정렬을 살펴본 후 외부 정렬을 소개한다.

8.1 선택 정렬

선택 정렬(Selection Sort)은 배열에서 아직 정렬되지 않은 부분에서 최솟값을 '선택'하여 정렬된 부분의 바로 오른쪽 원소와 교환하는 간단한 정렬 알고리즘이다.

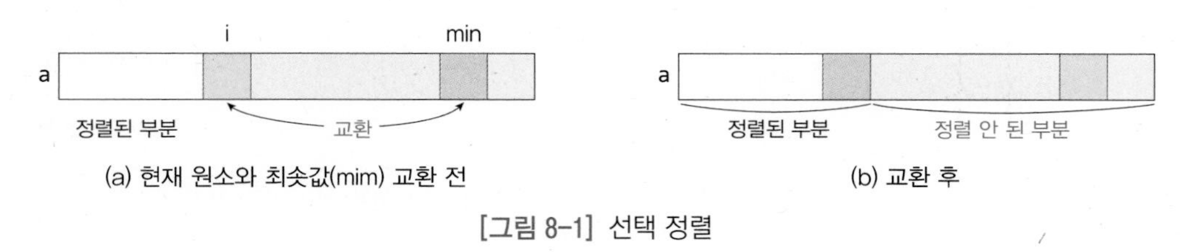

[그림 8-1] 선택 정렬

1) 데이터에 중복 키가 있는 경우에는 nondecreasing (감소하지 않는) 순서로 나열하며, 또한 때에 따라 데이터를 내림차순으로 나열할 필요도 있다.

[그림 8-1](a)에서 배열 a의 왼쪽 부분은 이미 정렬되어 있고 나머지 부분은 정렬되지 않은 부분이다. 여기서 주목해야 할 것은 정렬된 부분의 키(숫자)는 오른쪽의 정렬되지 않은 부분의 키보다 크지 않다는 것인데, 선택 정렬은 항상 정렬 안 된 부분에서 최솟값(min)을 찾아 왼쪽의 정렬된 부분의 바로 오른쪽 원소(현재 원소)로 옮기기 때문이다. 이 과정은 [그림 8-1](a)에서 min과 a[i]를 교환하고, 교환 후에는 [그림 8-1](b)와 같이 i를 1 증가시키며, 반복적으로 정렬 안 된 부분의 최솟값과 a[i]를 교환하여 마지막에 한 개의 원소만 남게 되면 정렬을 마친다. 다음은 선택 정렬을 구현한 Selection 클래스이다.

```
01 import java.lang.Comparable;
02 public class Selection {
03     public static void sort(Comparable[] a) {
04         int N = a.length;
05         for (int i = 0; i < N; i++) {
06             int min = i;
07             for (int j = i+1; j < N; j++) {  // min 찾기
08                 if (isless(a[j], a[min])) min = j;
09             }
10             swap(a, i, min); // min과 a[i]의 교환
11         }
12     }
13     private static boolean isless(Comparable i, Comparable j) { // 키 비교
14         return (i.compareTo(j) < 0);
15     }
16     private static void swap(Comparable[] a, int i, int j) { // 원소 교환
17         Comparable temp = a[i];
18         a[i] = a[j];
19         a[j] = temp;
20     }
21 }
```

Line 01에서 compareTo() 메소드를 사용하여 키를 비교하기 위해 Comparable 인터페이스를 import한다. Line 05의 for-루프는 i가 0부터 N−1까지 변하면서, line 06~08에서 찾은 min에 대해 line 10에서 a[i]와 a[min]을 교환한다.

예제 다음은 40, 70, 60, 30, 10, 50에 대해 Selection 클래스를 수행하는 과정이다.

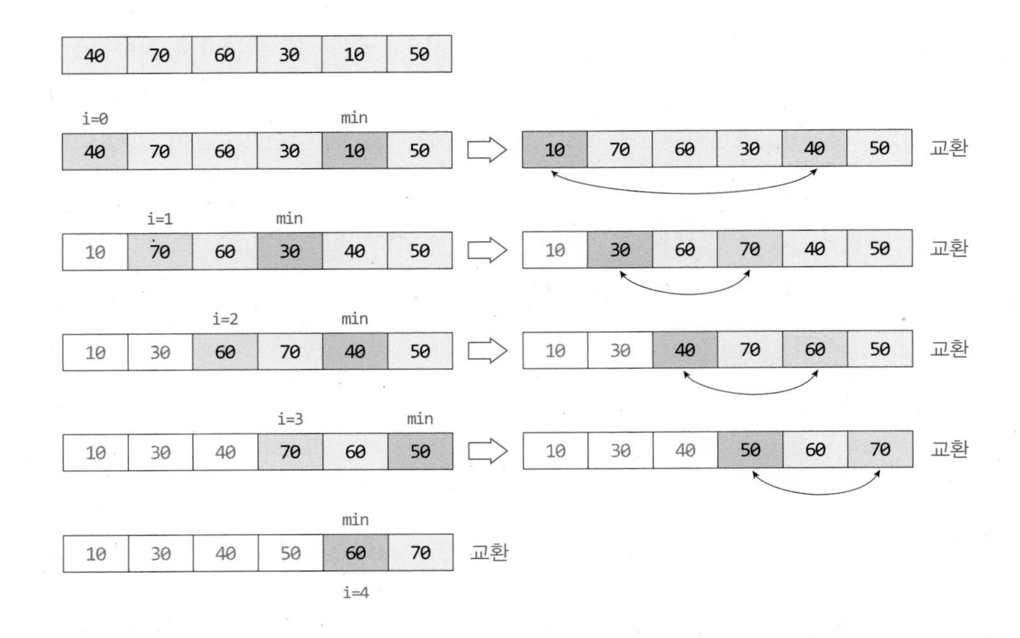

| 수행 시간 |

선택 정렬은 루프가 1번 수행될 때마다 정렬되지 않은 부분에서 가장 작은 원소를 선택한다. 따라서 처음 루프가 수행될 때 n개의 원소 중에서 최솟값을 찾기 위해 n−1번의 원소 비교가 필요하고, 루프가 두 번째로 수행될 때는 n−1개의 원소 중에서 최솟값을 찾는 데 n−2번의 원소 비교가 필요하다. 같은 방식으로 루프가 마지막으로 수행될 때에는 2개의 원소를 비교하여 최솟값을 찾는다. 따라서 원소들의 총 비교 횟수는 $(n-1)+(n-2)+(n-3)+\cdots+2+1=\frac{n(n-1)}{2}=O(n^2)$ 이다.

선택 정렬의 특징은 입력이 이미 정렬되어 있거나 역으로 정렬되어있어도 항상 $O(n^2)$ 수행 시간이 소요된다. 따라서 선택 정렬은 입력에 민감하지 않은(Input Insensitive) 알고리즘이다. 그러나 최솟값을 찾은 후 원소를 교환하는 횟수가 n−1밖에 안 된다. 이는 정렬 알고리즘 중에서 최소의 최악 경우 교환 횟수이다. 하지만 선택 정렬은 효율성 측면에서 다른 정렬 알고리즘에 비교해 뒤떨어지므로 거의 활용되지 않는 알고리즘이다.

8.2 삽입 정렬

삽입 정렬(Insertion Sort)은 선택 정렬과 유사하게 배열이 정렬된 부분과 정렬되지 않은 부분으로 나뉘며, 정렬되지 않은 부분의 가장 왼쪽 원소를 정렬된 부분에 '삽입'하는 방식의 정렬 알고리즘이다.

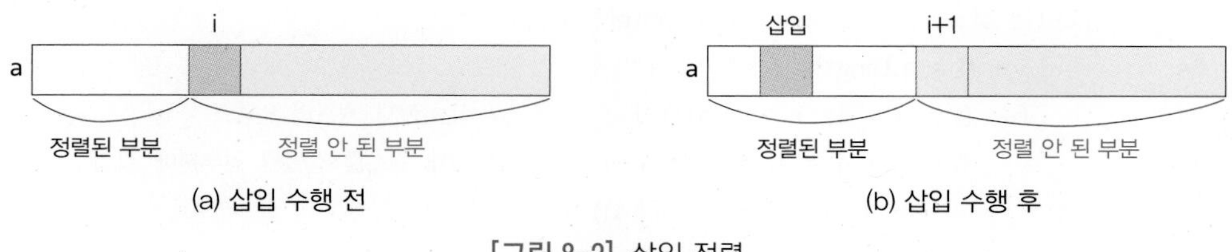

[그림 8-2] 삽입 정렬

[그림 8-2](a)에서 정렬되지 않은 부분의 가장 왼쪽 원소(현재 원소)를 정렬된 부분의 원소들을 비교하며 (b)와 같이 현재 원소를 삽입한다. 따라서 정렬된 부분의 원소 수가 1 증가하고 반면에 정렬되지 않은 부분의 원소 수는 1 감소한다. 즉, 삽입 정렬은 현재 원소를 앞 부분의 정렬 상태를 유지하며 삽입하는 과정을 반복하는 정렬 알고리즘이다. [그림 8-3]은 현재 원소인 50을 정렬된 부분에 삽입하는 과정이다.

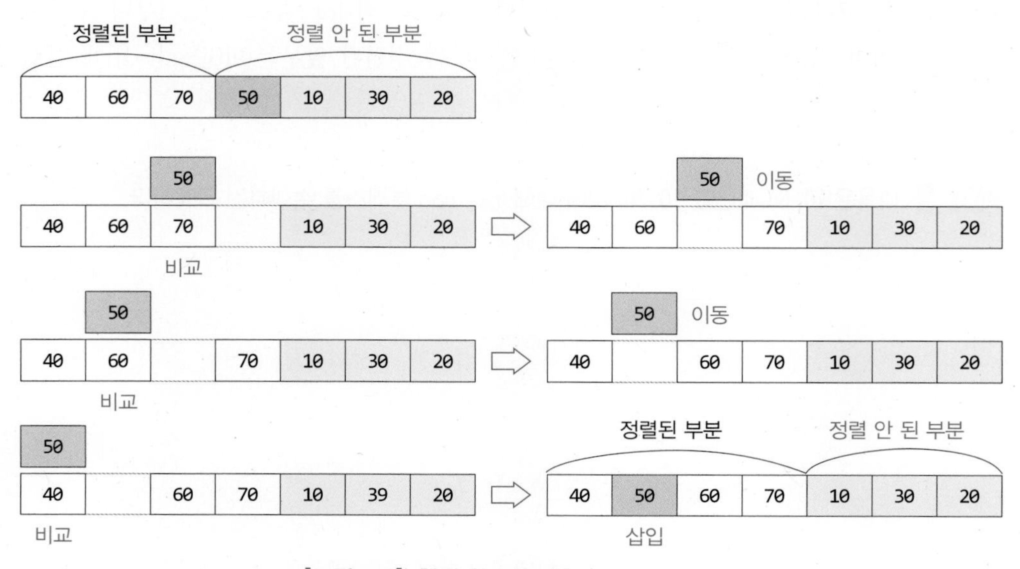

[그림 8-3] 현재 원소인 50을 삽입하는 과정

삽입 정렬은 배열의 두 번째 원소를 현재 원소로 지정하여 정렬을 시작하고[2], 배열의 마지막 원소를 이미 정렬된 앞부분에 삽입했을 때 정렬을 마친다. 다음은 삽입 정렬을 구현한 Insertion 클래스이다.

```
01 import java.lang.Comparable;
02 public class Insertion {
03     public static void sort(Comparable[] a) {
04         int N = a.length;
05         for (int i = 1; i < N; i++) {          // i는 현재 원소의 인덱스
06             for (int j = i; j > 0; j--) {     // 현재 원소를 정렬된 앞부분에 삽입
07                 if ( isless(a[j], a[j-1]) )
08                   swap(a, j, j-1);
09                 else break;
10             }
11         }
12     }
13     // isless(), swap() 메소드 선언, Selection 클래스와 동일
14 }
```

삽입 정렬 알고리즘은 line 05~11에 해당한다. Line 05의 for-루프는 i를 1부터 N−1까지 변화시키며, line 06~10에서 현재 원소인 a[i]를 정렬된 앞부분(a[0]~a[i−1])에 삽입한다.

예제 다음은 70, 60, 40, 50, 10, 30, 20에 대해 Insertion 클래스를 수행하는 과정이다.

2) 배열의 첫 번째 원소는 자기 자신 스스로 정렬되어 있기 때문이다.

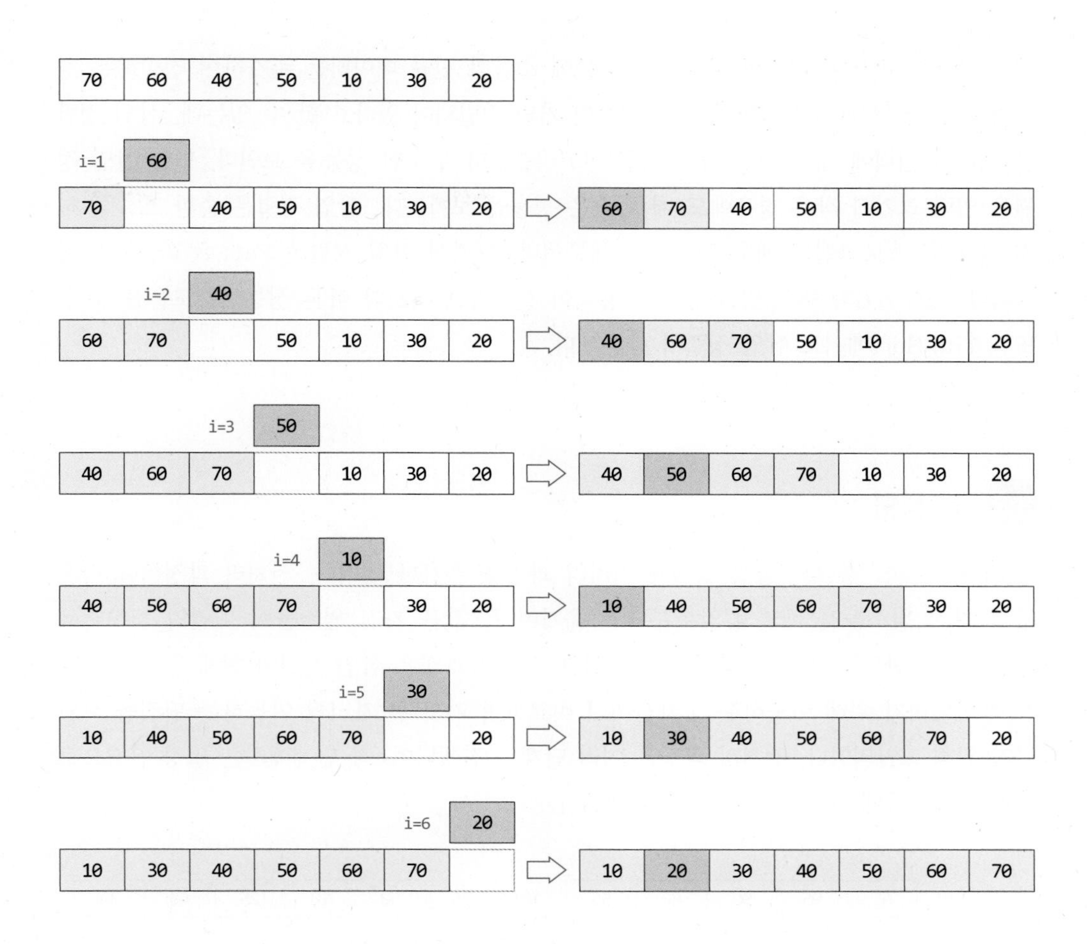

| 수행 시간 |

삽입 정렬은 입력에 민감한(Input Sensitive) 알고리즘으로, 입력 배열이 거의 정렬되어 있을 때 정렬이 매우 빠르고, 배열이 역으로 정렬되어 있는 때는 최악 경우로서 매우 느리다.

입력이 이미 정렬된 경우는 n−1번 비교하면 정렬을 마치지만, 최악 경우에는 선택 정렬과 같은 $1+2+\cdots+(n-2)+(n-1)=\frac{n(n-1)}{2}\approx\frac{1}{2}n^2=O(n^2)$ 이 소요된다. 하지만 최악 경우 삽입 정렬은 데이터 교환 수가 $O(n^2)$ 이므로 오히려 선택 정렬이 좋은 성능을 보인다.

입력 데이터의 순서가 랜덤한 경우, 삽입 정렬의 평균 경우의 수행 시간은 $O(n^2)$ 인데, 이는 현재 원소가 정렬된 앞부분에 최종적으로 삽입되는 곳이 평균적으로 정렬된 부분의 중간이기 때문이다. 따라서 $\frac{1}{2}\times\frac{n(n-1)}{2}\approx\frac{1}{4}n^2=O(n^2)$ 이다.

실제 응용에서 이미 정렬된 파일의 뒷부분에 소량의 신규 데이터를 추가하여 정렬하는 경우가 종종 발생한다. 이러한 경우를 입력이 거의 정렬되어 있다고 할 수 있는데, 삽입 정렬은 이러한 입력에 대해 어느 다른 정렬 알고리즘보다 우수한 성능을 보인다. 또한 삽입 정렬은 입력 크기가 작은 경우에도 매우 좋은 성능을 보이는데, 삽입 정렬은 순환 호출을 하지 않으며, 프로그램도 매우 간단하기 때문이다. 따라서 삽입 정렬은 Part 8.5의 합병 정렬이나 Part 8.6의 퀵 정렬과 함께 사용되어 실질적으로 보다 빠른 성능[3]에 도움을 준다. 또한 Tim Sort에서도 삽입 정렬이 사용된다.

8.3 쉘 정렬

쉘(Shell Sort) 정렬은 삽입 정렬에 전처리 과정을 추가한 것이다. 전처리 과정이란 작은 값을 가진 원소들을 배열의 앞부분으로 옮기며 큰 값을 가진 원소들이 배열의 뒷부분에 자리잡도록 만드는 과정을 의미한다. 이러한 전처리 과정은 삽입 정렬이 현재 원소를 앞부분에 삽입하기 위해 이웃하는 숫자들끼리 비교하며 기껏 한 자리씩 이동하는 단점을 보완하기 위해 고안되었다. 전처리 과정은 여러 단계로 진행되며, 각 단계에서는 일정 간격으로 떨어진 원소들에 대해 삽입 정렬을 수행한다.

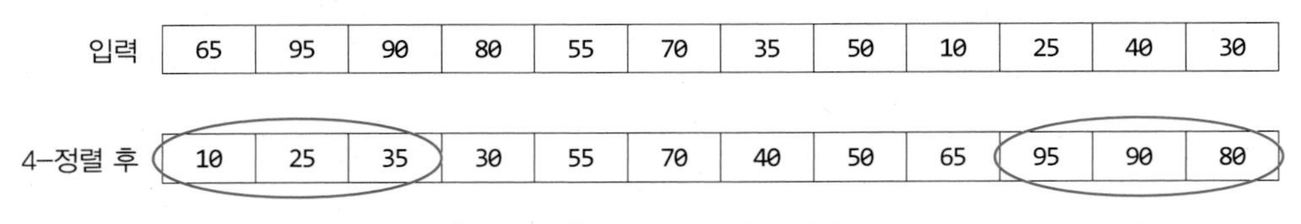

[그림 8-4] 전처리 과정 전과 후

[그림 8-4]에서 주어진 입력에 대해 간격이 4인 원소들로 그룹을 만들면 다음과 같이 4개의 그룹이 만들어진다.

[65, 55, 10], [95, 70, 25], [90, 35, 40], [80, 50, 30]

생성된 각 그룹 내에서 정렬을 수행하면 다음과 같은 결과를 얻는다.

[10, 55, 65], [25, 70, 95], [35, 40, 90], [30, 50, 80]

---

3) 단, 이론적인 수행 시간은 향상되지 않는다.

[그림 8-4]에서 4-정렬 후의 배열은 그룹별로 정렬된 결과를 나타낸다. 일반적으로 간격이 h인 원소들끼리 정렬하는 것을 h-정렬(h-sort)이라고 한다. 여기서 4-정렬 후 결과를 살펴보면 완전히 정렬되지는 않았으나 작은 숫자들(10, 25, 35)이 배열의 앞부분에 옮겨져 있고, 큰 숫자들(95, 90, 80)이 뒷부분으로 이동한 것을 확인할 수 있다. 쉘 정렬은 h-정렬의 h(간격)를 줄여가며 정렬을 수행하고, 마지막엔 간격을 1로 하여 정렬을 완성한다. 참고로 간격이 1인 경우는 삽입 정렬과 같다.

다음은 대표적인 간격의 순서(h-Sequence)이다.

Shell	n/2, n/4, ⋯, 1 (나누기 2를 계속하여 1이 될 때까지의 순서)
Hibbard	$2^k-1, 2^{k-1}-1, \cdots, 7, 3, 1$
Knuth	$(3^k-1)/2, \cdots, 13, 4, 1$
Sedgewick	⋯, 109, 41,19, 5, 1
Marcin Ciura	1750, 701, 301, 132, 57, 23, 10, 4, 1

다음은 쉘 정렬 알고리즘을 구현한 Shell 클래스이다. Line 07의 for-루프는 h-정렬을 수행하며, line 12의 h /= 3은 h를 1/3로 감소시킨다.

```
01  import java.lang.Comparable;
02  public class Shell {
03      public static void sort(Comparable[] a) {
04          int N = a.length;
05          int h = 4;  // 3x+1 간격: 1, 4, 13, 40, 121,... 중에서 4와 1만 사용
06          while (h >= 1) {
07              for (int i = h; i < N; i++) {  // h-정렬 수행
08                  for (int j = i; j >= h && isless(a[j], a[j-h]); j -= h) {
09                      swap(a, j, j-h);
10                  }
11              }
12              h /= 3;
13          }
14      }
15      // isless(), swqp() 메소드 선언, Selection 클래스와 동일
16  }
```

예제 다음은 65, 95, 90, 80, 55, 70, 35, 50, 10, 25, 40, 30에 대해 Shell 클래스가 4-정렬하는 과정이다.

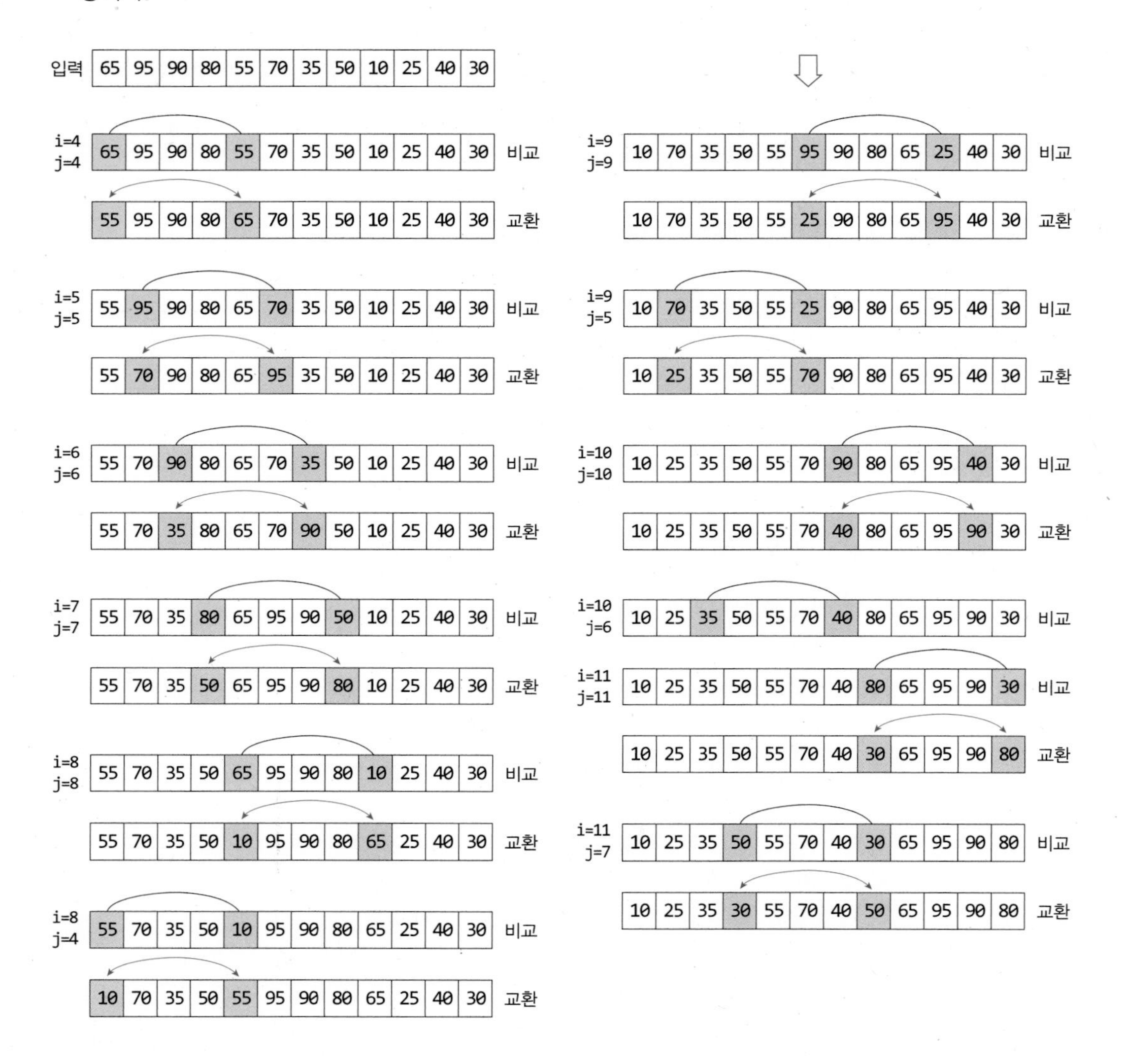

| 수행 시간 |

쉘 정렬의 수행 시간은 간격을 어떻게 설정하느냐에 따라 달라진다. Hibbard의 간격인 2^k-1 (즉, $2^k-1, \cdots, 7, 3, 1$)을 사용하면, 수행 시간은 $O(n^{1.5})$이다. 대표적으로 좋은 성능을 보이는 간격은 Marcin Ciura의 간격으로 1, 4, 10, 23, 57, 132, 301, 701, 1750이다. 하지만 쉘 정렬의 정확한 수행 시간을 계산하는 것은 아직 풀리지 않은 문제로 남아있다.

이는 최적의(Optimal) 간격을 찾고 나서야 쉘 정렬의 정확한 수행 시간을 분석할 수 있기 때문이다.

일반적으로 쉘 정렬은 입력이 그리 크지 않은 경우에 매우 좋은 성능을 보인다. 쉘 정렬은 임베디드(Embedded) 시스템에서 주로 사용되는데, 이는 간격에 따른 그룹별 쉘 정렬을 하드웨어 설계를 통해 구현하는 것이 매우 편리하기 때문이다.

8.4 힙 정렬

힙 정렬(Heap Sort)은 힙 자료구조를 이용하는 정렬 알고리즘이다. 먼저 배열에 저장된 데이터의 키를 우선순위로 하는 최대 힙(Max Heap)[4]을 만든다. 이후 루트의 숫자를 힙의 가장 마지막 노드에 있는 숫자와 교환한 후 힙 크기를 1 감소시키고 루트로 이동한 숫자로 인해 위배된 힙 속성을 Part 7.1에서 설명한 downheap 연산으로 복원한다. 힙 정렬은 이 과정을 반복하여 나머지 원소를 정렬한다.

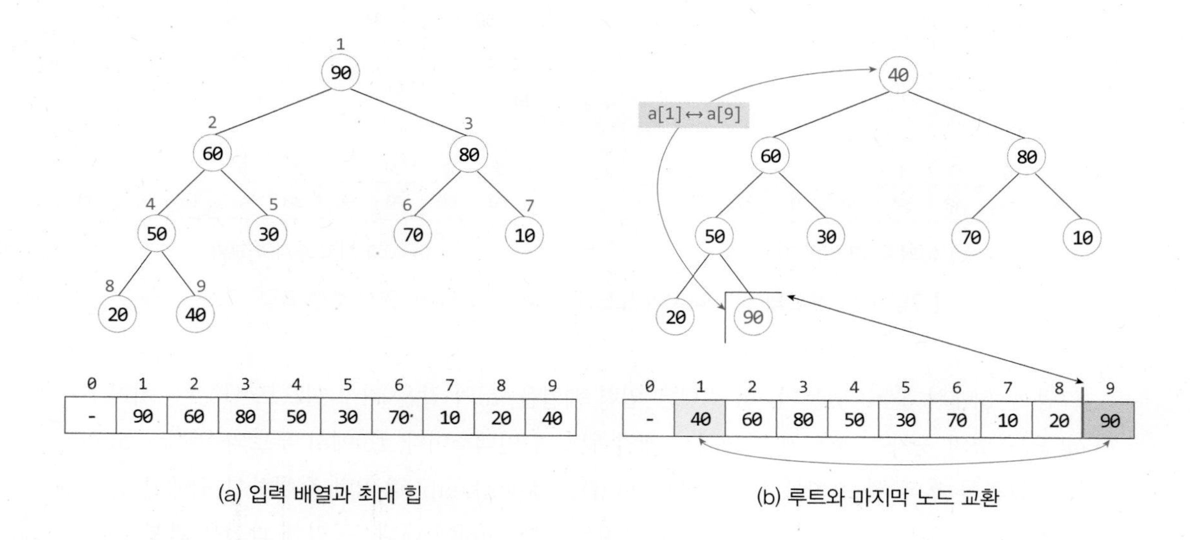

(a) 입력 배열과 최대 힙

(b) 루트와 마지막 노드 교환

4) 데이터 키를 편의상 정수로 가정한다. 최대 힙의 루트는 배열 a[1]에 저장되어있다. 또한 루트에는 가장 큰 숫자가 저장되어있다.

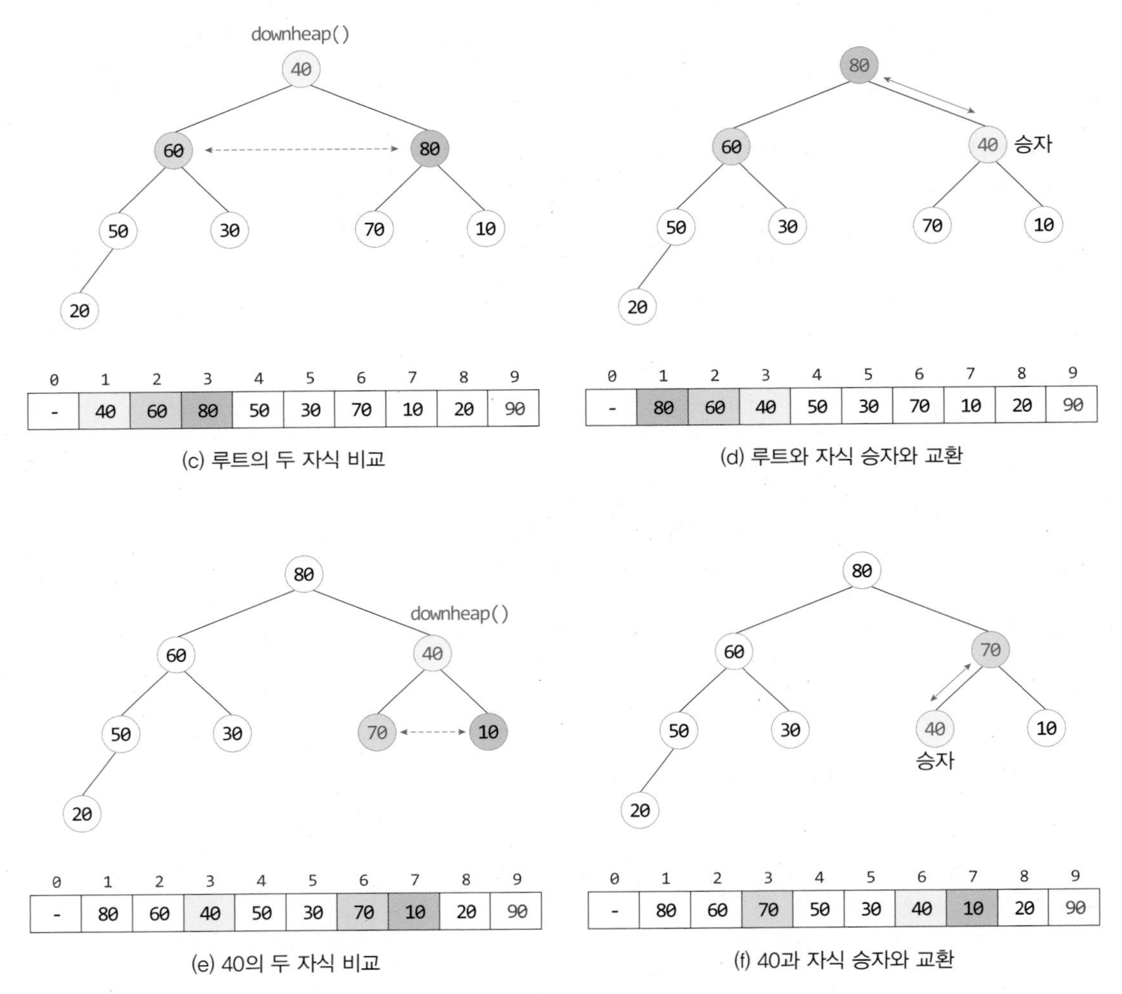

[그림 8-5] 루트와 힙의 마지막 노드 교환 후 downheap 연산 수행 과정

[그림 8-5]에서 볼 수 있듯이, 힙 정렬은 입력 배열을 (a)와 같은 최대 힙으로 만든다. 여기서 노드 옆의 숫자는 노드에 대응되는 배열 원소의 인덱스이다. (b)에서 루트와 마지막 노드를 교환한 후에 힙 크기를 1 줄이고, (c)~(f)는 downheap()을 2번 수행하여 위배된 힙 속성을 충족시킨 것을 나타낸다. 이후의 과정은 a[1]~a[8]에 대해[5] 동일한 과정을 반복 수행하여 힙 크기가 1이 되었을 때 정렬을 마친다.

다음은 힙 정렬을 위한 Heap 클래스이다. Line 05~06에서 상향식 힙 만들기로 입력에

5) 힙 크기를 1 감소시켰으므로

대한 최대 힙을 구성하고, line 07~10에서 정렬을 수행한다. Line 07의 while-루프가 수행될 때마다 line 12의 downheap() 메소드를 호출하여 힙 속성을 충족시킨다.

```
01 import java.lang.Comparable;
02 public class Heap {
03     public static void sort(Comparable[] a) {
04         int heapSize = a.length-1;              // a[0]은 사용 안함
05         for (int i = heapSize/2; i > 0; i--)  // 힙 만들기
06             downheap(a, i, heapSize);
07         while (heapSize > 1) {           // 힙 정렬
08             swap(a, 1, heapSize--);    // a[1]과 힙의 마지막 항목과 교환
09             downheap(a, 1, heapSize);  // 위배된 힙 속성 고치기
10         }
11     }
12     private static void downheap(Comparable[] a, int p, int heapSize) {
13         while (2*p <= heapSize) {
14             int s = 2*p;     // s=왼쪽 자식의 인덱스
15             if (s < heapSize && isless(a[s], a[s+1])) s++; // 오른쪽 자식이 큰 경우
16             if (!isless(a[p], a[s])) break; // 힙 속성 만족하는 경우
17             swap(a, p, s);    // 힙 속성 만족 안하면  부모(p)와  자식 승자(s) 교환
18             p = s;            // 이제 자식 승자의 자리에 부모가 있게 됨
19         }
20     }
21     // isless(), swap() 메소드 선언, Selection 클래스와 동일
22 }
```

예제 다음은 [그림 8-5]에 이어서 힙 정렬이 수행되는 과정을 단계적으로 나타낸 것이다.

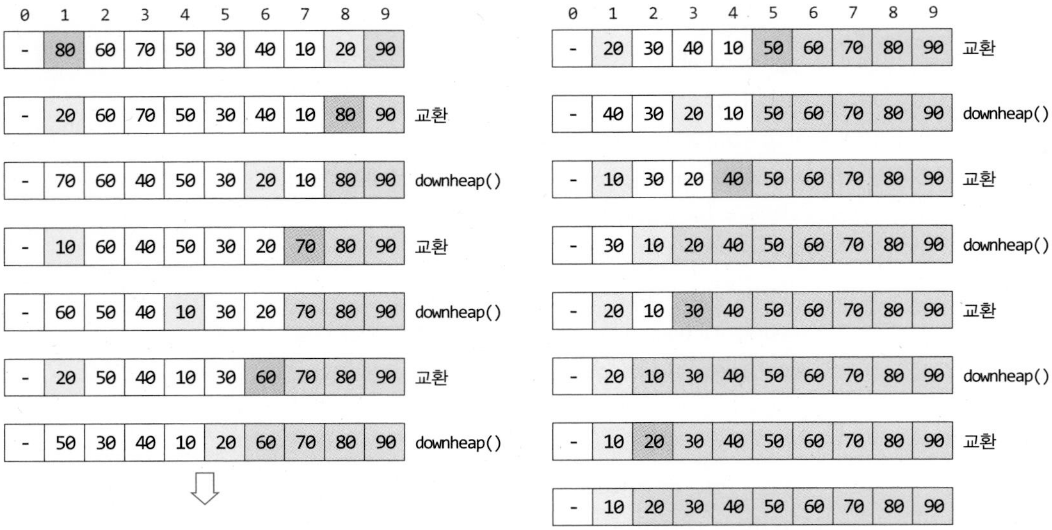

0	1	2	3	4	5	6	7	8	9	
-	80	60	70	50	30	40	10	20	90	
-	20	60	70	50	30	40	10	80	90	교환
-	70	60	40	50	30	20	10	80	90	downheap()
-	10	60	40	50	30	20	70	80	90	교환
-	60	50	40	10	30	20	70	80	90	downheap()
-	20	50	40	10	30	60	70	80	90	교환
-	50	30	40	10	20	60	70	80	90	downheap()

0	1	2	3	4	5	6	7	8	9	
-	20	30	40	10	50	60	70	80	90	교환
-	40	30	20	10	50	60	70	80	90	downheap()
-	10	30	20	40	50	60	70	80	90	교환
-	30	10	20	40	50	60	70	80	90	downheap()
-	20	10	30	40	50	60	70	80	90	교환
-	20	10	30	40	50	60	70	80	90	downheap()
-	10	20	30	40	50	60	70	80	90	교환
-	10	20	30	40	50	60	70	80	90	

| 수행 시간 |

먼저 상향식(Bottom-up)으로 힙을 구성하는 데에 O(n) 시간[6]이 소요되며, 루트와 힙의 마지막 노드를 교환한 후 downheap()을 수행하는 데에는 최대 힙의 높이, 즉 O(logn) 만큼의 시간이 소요된다[7]. 루트와 힙의 마지막 노드를 교환하는 횟수는 n−1번이므로 총 수행 시간은 O(n)+(n−1)*O(logn) 이다. 따라서 힙 정렬의 수행 시간은 O(n logn) 이다.

힙 정렬은 어떠한 경우의 입력에도 항상 O(n logn) 수행 시간이 소요되는 장점을 갖는다. 그러나 루프 내의 코드가 길고, 수행 중에 비효율적인 캐시 메모리 사용으로 인해 특히 대용량의 입력을 정렬하기에 부적절하다. 하지만 C/C++ 표준 라이브러리(STL)의 partial_sort (부분 정렬)는 힙 정렬로 구현되어 있다. 부분 정렬이란 가장 작은 k개의 원소만을 출력하는 정렬이다.

6) Part 7.1 참조

7) 힙의 마지막 노드가 루트로 옮겨진 후, 힙 속성을 만족시키기 위해 downheap을 수행할 때, 루트로 옮겨진 항목이 이파리까지 내려올 수 있기 때문이다.

8.5 합병 정렬

합병 정렬(Merge Sort)[8]은 크기가 n인 입력을 n/2 크기의 입력 2개로 분할하고, 각각에 대해 순환으로 합병 정렬을 수행한 후, 2개의 각각 정렬된 부분을 합병하는 정렬 알고리즘[9]이다. 합병(Merge)이란 2개의 각각 정렬된 입력을 합치어 정렬하는 것이다.

[그림 8-6]은 2개의 정렬된 입력을 합병하여 하나의 정렬된 리스트로 만든 결과를 나타낸다.

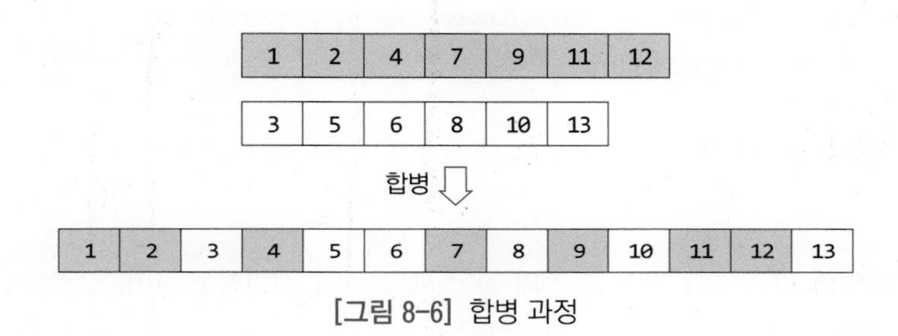

[그림 8-6] 합병 과정

다음은 합병 정렬을 구현한 Merge 클래스이다.

```
01 import java.lang.Comparable;
02 public class Merge {
03     private static void merge(Comparable[] a, Comparable[] b, int low, int mid, int high) {
04         int i = low, j = mid+1;
05         for (int k = low; k <= high; k++) {
06             if       (i > mid)              b[k] = a[j++];  // 앞부분이 먼저 소진된 경우
07             else if (j > high)              b[k] = a[i++];  // 뒷부분이 먼저 소진된 경우
08             else if (isless(a[j], a[i]))  b[k] = a[j++];  // a[j]가 승자
09             else                            b[k] = a[i++];  // a[i]가 승자
10         }
11         for (int k = low;k <= high; k++) a[k] = b[k];    // 보조 배열 b를 배열 a에 복사
12     }
13     private static void sort(Comparable[] a, Comparable[] b, int low, int high) {
14         if (high <= low) return;
```

8) Von Neumann이 1945년에 최초의 전자식 컴퓨터인 EDVAC에서 처음으로 합병 정렬을 구현하였다.

9) 입력을 나누어 분할된 입력 각각에 대한 문제를 순환으로 해결한 후 취합하여 문제를 해결하는 알고리즘을 분할 정복(Divide-and-Conquer) 알고리즘이라 한다.

```
15          int mid = low + (high - low) / 2;
16          sort(a, b, low, mid);          // 앞부분 순환 호출
17          sort(a, b, mid + 1, high);     // 뒷부분 순환 호출
18          merge(a, b, low, mid, high);  // 합병 수행
19      }
20      public static void sort(Comparable[] a) {
21          Comparable[] b = new Comparable[a.length];
22          sort(a, b, 0, a.length-1);
23      }
24      private static boolean isless(Comparable v, Comparable w) {
25          return (v.compareTo(w) < 0);
26      }
27  }
```

Line 21에서 입력 배열 a와 같은 크기의 보조 배열 b를 선언하고, line 22에서 line 13의 sort()를 호출하는 것으로 정렬을 시작한다.

Line 15에서는 정렬할 배열 부분 a[low]~a[high]를 1/2로 나누기 위해 중간 인덱스 mid를 계산하고, line 16에서 1/2로 나눈 앞부분인 a[low]~a[mid]를 sort() 메소드의 인자로 넘겨 순환 호출하며, line 17에서 뒷부분인 a[mid+1]~a[high]를 sort() 메소드의 인자로 넘겨 순환 호출한다. 앞부분과 뒷부분에 대한 호출이 끝나면, 각 부분이 정렬되어 있으므로 합병을 위해 line 18에서 merge()를 호출한다.

Line 03~12는 a[low]~a[mid]와 a[mid+1]~a[high]를 [그림 8-7]과 같이 합병한다.

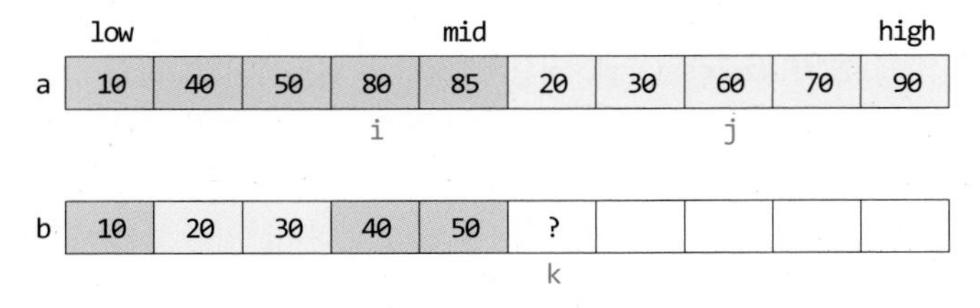

[그림 8-7] 80과 60의 승자를 b[k]에 저장

[그림 8-7]에서 60이 80보다 작으므로 60이 '승자'가 되어 b[k]에 저장된다. 그 후 i는 변하지 않고, j와 k만 각각 1씩 증가하고, 다시 a[i]와 a[j]의 승자를 가린다. 합병의 마지막

부분인 line 11에서 합병된 결과가 저장되어있는 보조 배열 b[low]~b[high]를 a[low]~a[high]로 복사한다.

예제 다음은 [80, 40, 50, 10, 70, 20, 30, 60]에 대해 합병 정렬이 수행되는 과정이다.

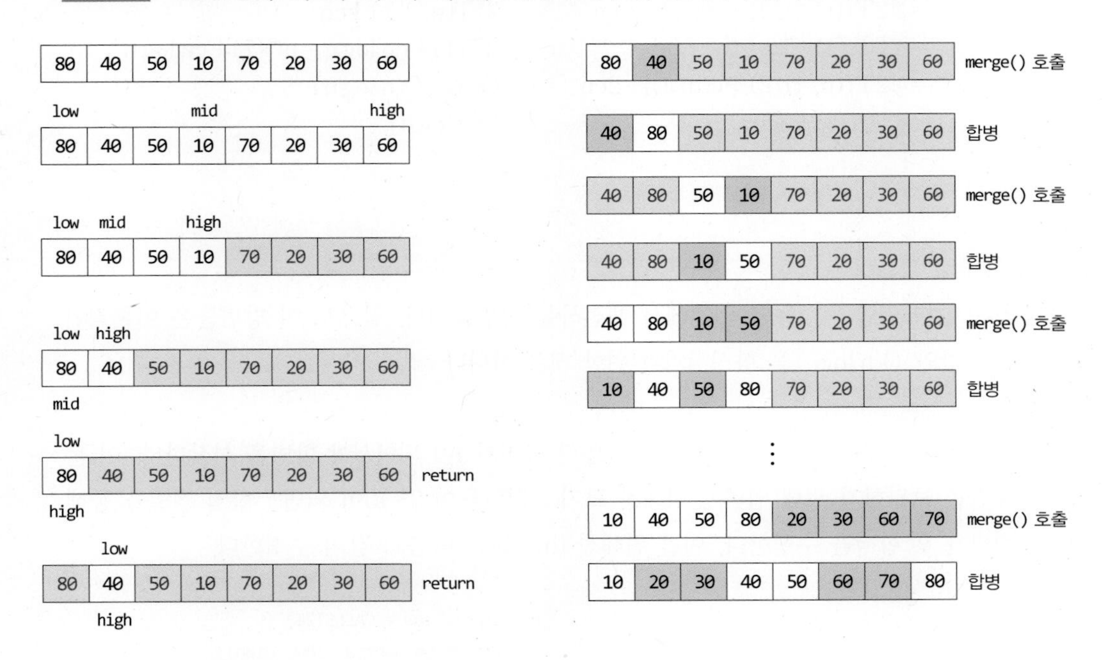

| 수행 시간 |

합병 정렬은 어떤 입력에 대해서도 $O(n\log n)$의 수행 시간을 보장한다. 합병 정렬의 수행 시간을 점화식을 이용하여 분석해보자. 입력 크기 n이 2^k이라고 가정하고, $T(n)$을 크기가 n인 입력에 대해 합병 정렬이 수행하는 원소 비교 횟수(시간)라고 하면, $T(n)$은 두 개의 $T(n/2)$을 수행하는 시간과 이들의 결과를 합병하는 시간[10]을 합한 값이며, 입력 크기가 1인 경우, $T(1)$은 $O(1)$ 시간이다. 따라서 $T(n)$을 다음과 같이 표현할 수 있다.

$$\begin{cases} T(n)=2T(n/2)+cn, & n>1,\ c\text{는 상수} \\ T(1)=O(1) \end{cases}$$

10) 합병하는 데는 2개의 정렬된 리스트를 비교하며 각 원소를 보조 배열에 저장하므로 $O(n)$ 시간이 걸린다.

다음은 T(n)을 단계적으로 치환하며, 순환 관계로 표현된 항을 없애고 $T(n)=O(n \log n)$ 임을 유도하는 과정이다. 단, $n=2^k$, $k=\log n$ 이다.

$$
\begin{aligned}
T(n) &= 2T(n/2)+cn \\
&= 2[2T((n/2)/2)+c(n/2)]+cn \\
&= 4T(n/4)+2cn \\
&= 4[2T((n/4)/2)+c(n/4)]+2cn \\
&= 8T(n/8)+3cn \\
&\ \vdots \\
&= 2^k T(n/2^k)+kcn \\
&= nT(1)+cn\log n = nO(1)+cn\log n \\
&= O(n)+O(n\log n) \\
&= O(n\log n)
\end{aligned}
$$

| 성능 향상 방법 |

다음은 합병 정렬의 성능을 실전에서 개선하는 방법들이다. 참고로 이 방법들은 이론적인 수행 시간인 $O(n \log n)$을 향상시키기 위한 것은 아니다.

1. 합병 정렬은 순환 호출을 사용하므로 입력 크기가 1이 되어서야 합병을 시작한다. 이 문제점을 보완하기 위해 입력이 정해진 크기, 예를 들어 7~10이 되면[11] 삽입 정렬을 통해 정렬한 후 합병을 수행한다. 이를 위해선 line 14를 다음과 같이 수정한다.

```
if (high <= low) return;
```

⇨

```
if (high < low + CALLSIZE) {
    Insertion.sort(a, low, high);
    return;
}
```

2. 합병 정렬에서는 입력 크기가 작아지면 합병하기 위한 2개의 리스트가 이미 합병되어 있을 가능성이 높다. 따라서 Merge 클래스의 line 18에 있는 merge()를 호출하기 직전에, 즉 line 17과 18 사이에 다음의 if-문을 추가하면 불필요한 merge() 호출을 방지할 수 있다.

```
if (!isless(a[mid+1], a[mid])) return;
```

3. merge()의 line 11에서 매번 보조 배열 b를 입력 배열 a로 복사하는데, 이를 a와 b를 번갈아 사용하여 합병 정렬의 성능을 향상시킬 수 있다.

11) 자바 Standard Edition 6에서는 7로 사용되었다.

| 반복 합병 정렬 |

합병 정렬은 앞서 설명한 것과 같이 분할 정복 방식으로 수행할 수 있지만, 입력 배열에서 바로 2개씩 짝지어 합병한 뒤, 다시 4개씩 짝지어 합병하는 상향식(Bottom-up)으로도 수행 가능하다. 이러한 합병 정렬을 Bottom-up 합병 또는 반복[12](Iterative) 합병 정렬이라고 한다. [그림 8-8]은 [30, 30, 95, 25, 40, 50, 55, 10, 70, 90, 60, 45, 75, 80, 15]를 반복 합병 정렬을 통해 정렬하는 과정을 보여준다.

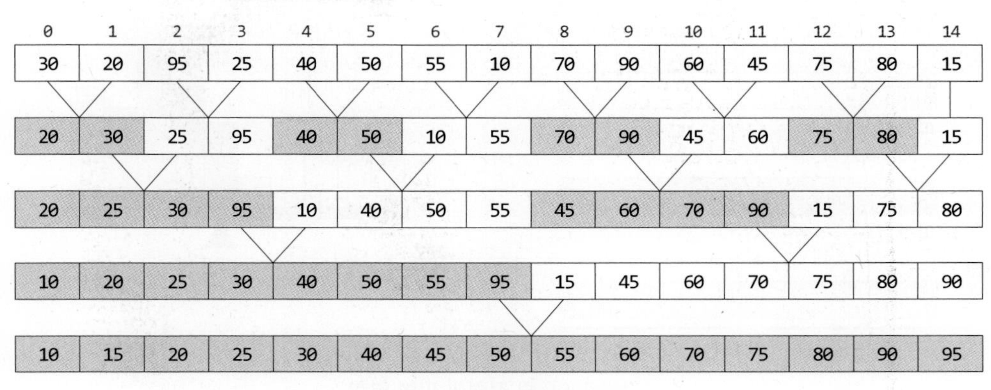

[그림 8-8] 반복 합병 정렬

| 수행 시간 |

합병 정렬은 O(n logn) 수행 시간이 항상 보장되는 정렬 알고리즘이다. 반복 합병 정렬의 수행 시간도 합병 정렬과 동일한 O(n logn)이다. 그러나 합병 정렬은 입력 배열 크기의 보조 배열을 사용한다. 대부분의 정렬 알고리즘들은 보조 배열 없이 입력 배열에서 정렬을 수행한다. 이러한 알고리즘을 In-place 알고리즘이라고 한다. 보조 배열을 사용하지 않는 합병 정렬 알고리즘[13]도 연구된 바 있으나 알고리즘이 너무 복잡하여 실질적인 효용 가치는 없다. 합병 정렬은 자바 Standard Edition 6의 객체 정렬에 사용되었고, Perl 등에서 시스템 sort로 활용된다.

12) '반복적(iterative)'은 '순환(recursive)'과 상반된 의미를 가진다.

13) Kronrod가 1969년에 최초로 보조 배열을 사용하지 않는 합병 정렬을 제안하였다.

8.6 퀵 정렬

퀵 정렬[14](Quick Sort)은 입력의 맨 왼쪽 원소(피벗, Pivot)를 기준으로 피벗보다 작은 원소들과 큰 원소들을 각각 피벗의 좌우로 분할한 후, 피벗보다 작은 원소들과 피벗보다 큰 원소들을 각각 같은 방법으로 정렬하는 알고리즘이다.

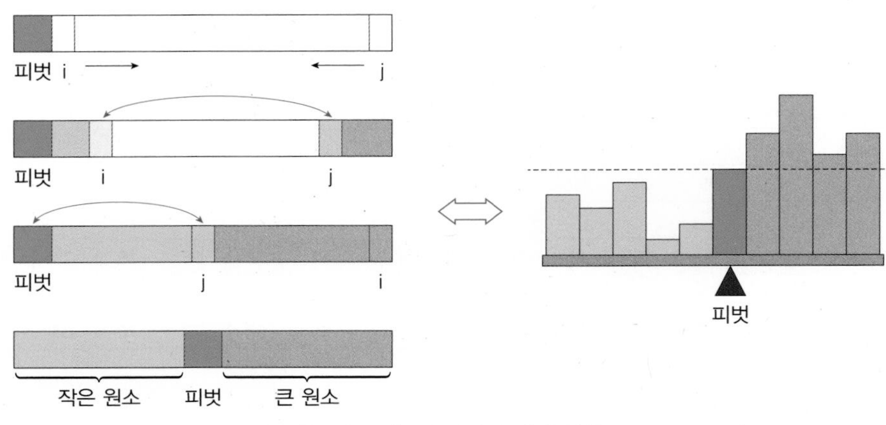

[그림 8-9] 퀵 정렬의 피벗 역할

[그림 8-9]는 피벗과 각 원소를 좌우로 비교하며 교환하여 피벗보다 작은 원소들은 왼쪽으로, 피벗보다 큰 원소들은 오른쪽으로 분할하는 과정을 나타낸 것이다. 다음은 퀵 정렬을 구현한 Quick 클래스이다.

```
01  import java.lang.Comparable;
02  public class Quick {
03      public static void sort(Comparable[] a) {
04           sort(a, 0, a.length - 1);
05      }
06      private static void sort(Comparable[] a, int low, int high) {
07          if (high <= low) return;
08          int j = partition(a, low, high);
09          sort(a, low, j-1);    // 피벗보다 작은 부분을 순환 호출
10          sort(a, j+1, high);   // 피벗보다 큰 부분을 순환 호출
11      }
```

14) Hoare가 1959년에 고안하였으며, 퀵 정렬은 20세기 top-10 알고리즘 중 하나로 선정되었다.

```
12      private static int partition(Comparable[] a, int pivot, int high) {
13          int i = pivot;
14          int j = high+1;
15          Comparable p = a[pivot];
16          while (true) {
17              while (isless(a[++i], p)) if (i == high)  break;     // 피벗보다 작으면
18              while (isless(p, a[--j])) if (j == pivot) break;     // 피벗보다 크면
19              if (i >= j) break;  // i와 j가 교차하면 루프 나가기
20              swap(a, i, j);
21          }
22          swap(a, pivot, j);    // 피벗과 a[j] 교환
23          return j;             // a[j]의 피벗이 "영원히" 자리 잡은 곳
24      }
25      private static boolean isless(Comparable u, Comparable v) {
26          return (u.compareTo(v) < 0);
27      }
28      private static void swap(Comparable [] a, int i, int j) {
29          Comparable temp = a[i];
30          a[i] = a[j];
31          a[j] = temp;
32      }
33  }
```

Line 04에서 sort(a, 0, a.length−1)로 호출을 시작하여, line 08에서 피벗인 a[low]를 기준으로 a[low]~a[j−1]과 a[j+1]~a[high]로 분할하며, a[j]에 피벗이 고정된다. Line 09에서 a[low]~a[j−1]을 순환 호출하여 정렬하고, Line 10에서 a[j+1]~a[high]를 순환 호출하여 정렬한다.

예제 다음은 피벗인 50으로 line 12의 partition()을 호출했을 때 수행되는 과정을 단계적으로 나타낸 것이다.

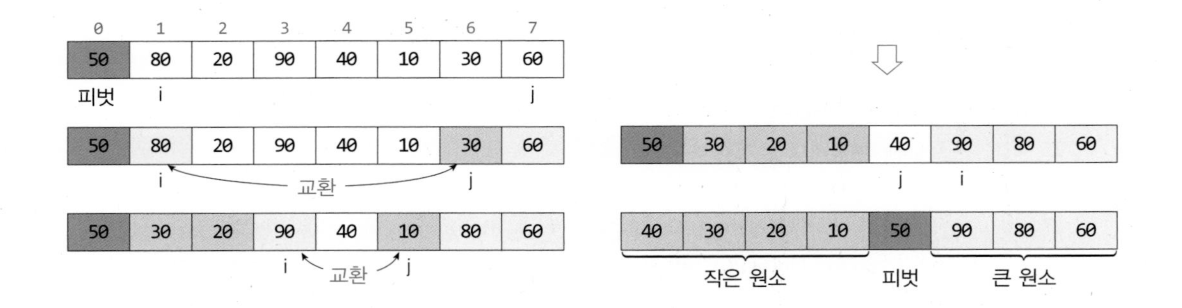

| 수행 시간 |

퀵 정렬은 최선 경우가 $O(n\log n)$, 평균 경우가 $O(n\log n)$, 최악 경우가 $O(n^2)$이다.

- 최선 경우는 피벗이 매번 입력을 1/2씩 분할을 하는 경우로 $T(n) = 2T(n/2) + cn$, $T(1) = O(1)$로 합병 정렬의 수행 시간과 동일하다. 여기서 c는 상수이다.
- 평균 경우는 피벗이 입력을 다음과 같이 분할할 확률이 모두 같을 때, $T(n) = O(n\log n)$으로 계산된다[15].

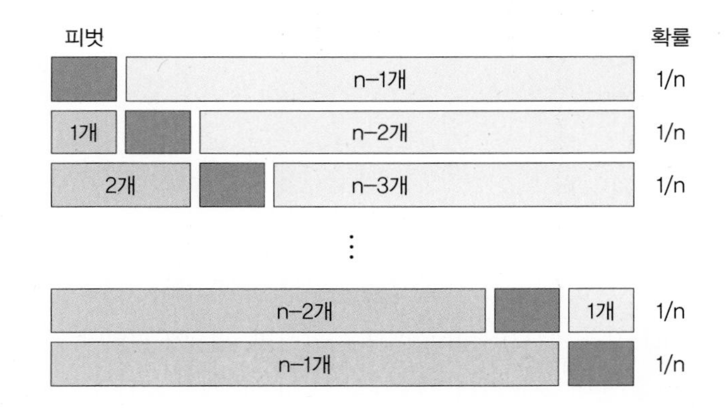

- 최악 경우는 피벗이 매번 가장 작은 경우 또는 가장 큰 경우로 피벗보다 작은 부분이나 큰 부분이 없을 때이다. 따라서 수행 시간이 $T(n) = T(n-1) + n-1$, $T(1) = O(1)$이 된다. 즉, 피벗과 n−1개의 원소를 각각 비교한 후 피벗이 가장 작으면, 피벗이 가장 왼쪽에 위치하고 나머지 n−1개의 원소는 피벗의 오른쪽에 위치하게 된다. 이후 n−1개의 원소를 가지고 순환 호출하여 정렬해야 하므로 $T(n-1)$ 시간이 소요된다.

15) 평균 경우 $T(n) = O(n\log n)$ 임을 증명하는 것은 연습문제에서 다룬다.

$$
\begin{aligned}
T(n) &= T(n-1)+n-1=[T((n-1)-1)+(n-1)-1]+n-1 \\
&= T(n-2)+n-2+n-1 \\
&= T(n-3)+n-3+n-2+n-1 \\
&\cdots \\
&= T(1)+1+2+\cdots+n-3+n-2+n-1,\ T(1)=O(1) \\
&= O(1)+n(n-1)/2=O(n^2)
\end{aligned}
$$

| 성능 향상 방법 |

다음은 퀵 정렬의 성능을 실제 응용에서 향상시키는 방법들이다.

1. 퀵 정렬은 합병 정렬과 같이 순환 호출을 사용하므로 입력이 작은 크기가 되었을 때 삽입 정렬을 호출하여 성능을 향상시킬 수 있다. 보통 크기 제한 CALLSIZE를 7~10으로 정한다. 이를 위해선 line 07을 다음과 같이 수정한다.

```
if (high <= low) return;
```

⇨

```
if (high < low + CALLSIZE) {
    Insertion.sort(a, low, high);
    return;
}
```

2. 퀵 정렬은 피벗의 크기에 따라 분할되는 두 영역의 크기가 결정되므로 한쪽이 너무 커지는 것을 방지하기 위해 가장 왼쪽(low), 중간(mid), 그리고 가장 오른쪽(high) 원소 중에서 중간값(Median)을 피벗으로 사용하여 성능을 개선할 수 있다. 이를 Median-of-Three 방법이라고 한다.

3. 피벗을 선택하는 또 다른 방법으로 Tukey(투키)는 9개의 원소를 아래의 그림과 같이 선택하여 각 그룹에서 중간값을 선택하고, 선택된 3개의 중간값의 중간값을 피벗으로 사용하는 것을 제안[16]했고, 이는 실제로 Median-of-Three 방법보다 좋은 성능을 보인다.

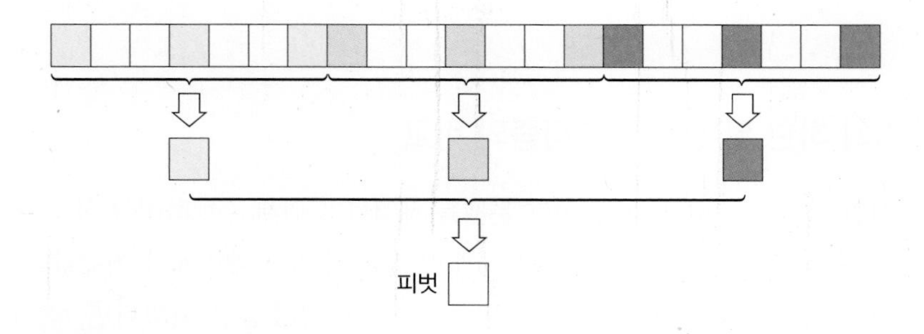

16) 이 방법을 Tukey's Ninther라고 부른다.

4. 퀵 정렬을 시작하기 전에 입력 배열에 대해 랜덤 섞기(Random Shuffling)를 수행한다. 이는 치우친 분할이 일어나는 것을 확률적으로 방지하기 위한 것이다. 이를 위해 Knuth의 O(n) 시간 Random Shuffle 메소드를 사용한다.

```
private static void shuffle(Object[] a) {
    int N = a.length;
    Random rand = new Random();
    for (int i = 0; i < N; i++){
        int r = rand.nextInt(i+1);
        swap(a, i, r);
    }
}
```

for-루프에서 루프마다 0과 i사이의 정수 중 랜덤하게 r을 선택하여 a[i]와 a[r]을 교환한다. Knuth는 위의 랜덤 섞기 결과가 균등 분포(Uniform Distribution)를 가진다는 것을 증명하였다.

퀵 정렬은 평균적으로 빠른 수행 시간을 가지며, 보조 배열을 사용하지 않는다. 그러나 최악 경우 수행 시간이 $O(n^2)$이므로, 성능 향상 방법들을 적용하여 사용하는 것이 바람직하다. 퀵 정렬은 원시 타입(Primitive Type) 데이터를 정렬하는 자바 Standard Edition(SE) 6의 시스템 sort에 사용되었고, C-언어 라이브러리의 qsort, 그리고 Unix, g++, Visual C++ 등에서도 퀵 정렬을 시스템 정렬로 사용한다. 자바 SE 7 이후 버전에서는 2009년에 Yaroslavskiy가 고안한 이중 피벗 퀵(Dual Pivot Quick) 정렬이 사용되고 있으며, 이 알고리즘은 일반적인 퀵 정렬보다 대부분의 입력에 대해 성능이 우수하다고 알려져 있다. 이중 피벗 퀵 정렬은 부록 VI에 상세히 설명되어있다.

8.7 정렬의 하한 및 정렬 알고리즘의 비교

주어진 문제의 하한(Lower Bound)이란 문제를 해결하기 위해 수행하여야 할 최소한의 기본 연산의 횟수를 의미한다. 간단한 예로, n개의 정수를 가진 배열에서 최솟값을 찾는 문제의 하한은 n−1이다. 만약 n−1보다 적은 비교 횟수로 최솟값을 찾았다면, 적어도 하나의 원소가 비교되지 않은 것이므로 찾은 숫자가 최솟값이 아닐 수도 있다.

정렬 문제의 하한을 위해 비교는 반드시 원소 대 원소의 크기를 비교[17]하는 것으로 가정한다. 이때의 정렬 문제를 비교 정렬(Comparison Sort)이라고 한다. [그림 8-10]과 같이 3개의 서로 크기가 다른 원소, a, b, c에 대해 a, b, c의 값에 따라서 총 6개의 정렬 결과가 만들어질 수 있다. 이러한 트리를 결정 트리(Decision Tree)라고 하는데, 내부 노드에서는 2개의 다른 원소를 비교하며, 비교 결과에 따라 참이면 왼쪽으로, 거짓이면 오른쪽으로 내려가며 이파리에 이르렀을 때 주어진 원소의 값에 따른 정렬 결과[18]를 얻는다.

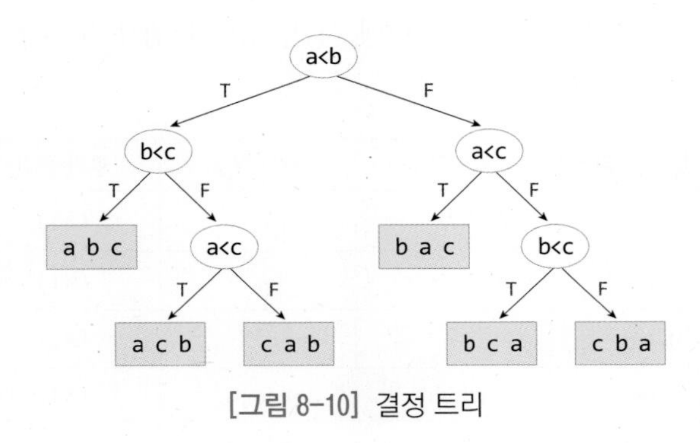

[그림 8-10] 결정 트리

[그림 8-10]의 결정 트리를 살펴보면 다음과 같은 사실을 확인할 수 있다.

- 결정 트리는 이진 트리이다.
- 총 이파리 수는 3! = 6개이다.
- 결정 트리에는 불필요한 비교를 하는 내부 노드가 없다.

위의 사실로부터 비교 정렬의 하한은 결정 트리의 높이와 같음을 유추할 수 있다. [그림 8-10]에서 루트부터 이파리까지 가려면 적어도 3번의 비교를 해야 어느 경우에라도 올바른 정렬 결과를 얻는다. 이때 비교 횟수인 3은 이파리를 제외한 결정 트리의 높이인 3과 같다.

따라서 n개의 서로 다른 원소에 대한 결정 트리의 높이는 적어도 $\log n!$ 인데, k개의 이파리가 있는 이진 트리의 높이는 $\log k$ 보다 크기 때문이다. 그런데 $n! \geq (n/2)^{n/2}$ 이므로 $\log n! \geq$

17) 원소 대 원소의 비교는 원소들을 '통째로' 비교하는 것을 의미한다. 원소의 비교를 부분적으로 하는 정렬은 Part 8.8의 기수 정렬에서 살펴본다.

18) 결정 트리는 정렬 알고리즘이 아니다. 가능한 모든 정렬 결과에 대해 최소의 비교 횟수를 보여줄 따름이다.

$\log(n/2)^{n/2}=(n/2)\log(n/2)=\Omega(n \log n)$이다. 따라서 비교 정렬의 하한은 $\Omega(n \log n)$이다.

주어진 문제의 하한과 같은 수행 시간을 가진 알고리즘을 최적(Optimal) 알고리즘이라고 한다. 앞에서 살펴본 정렬 알고리즘들은 모두 비교 정렬이고, 이들 중에서 최적 정렬 알고리즘은 힙 정렬과 합병 정렬이다.

| 정렬 알고리즘 성능 비교 |

다음은 앞서 살펴본 정렬 알고리즘들을 수행 시간, 정렬에 필요한 추가 공간, 안정성을 비교한 표이다.

	최선 경우	평균 경우	최악 경우	추가 공간	안정성
선택 정렬	n^2	n^2	n^2	O(1)	X
삽입 정렬	n	n^2	n^2	O(1)	○
쉘 정렬	n logn	?	$n^{1.5}$	O(1)	X
힙 정렬	n logn	n logn	n logn	O(1)	X
합병 정렬	n logn	n logn	n logn	n	○
퀵 정렬	n logn	n logn	n^2	O(1)*	X
Tim Sort	n	n logn	n logn	n	○

* 순환 호출 시 필요한 공간까지 고려하면 O(logn)

| 안정한 정렬 |

안정한 정렬(Stable Sort) 알고리즘은 중복된 키에 대해 입력에서 앞서 있던 키가 정렬 후에도 앞서 있고, 불안정한 정렬 알고리즘은 정렬 후에 그 순서가 지켜지지 않는다.

[그림 8-11]에서 안정한 정렬 결과에서는 [20 B]와 [20 E]가 각각 정렬 전과 후에 상대적인 순서가 유지되지만, 불안정한 정렬 결과에서는 정렬 전과 후에 그 순서가 뒤바뀐 것을 볼 수 있다.

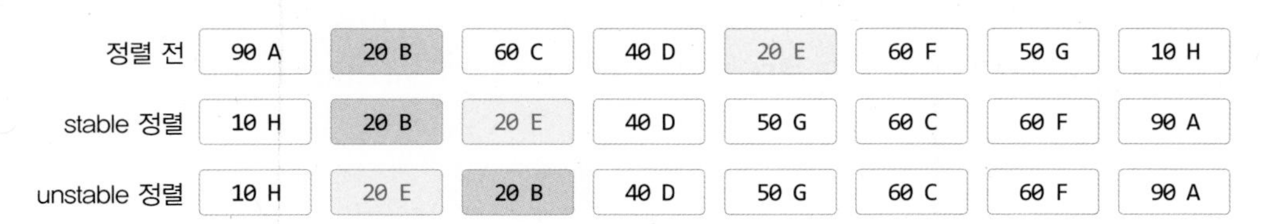

[그림 8-11] 안정한 정렬과 불안정한 정렬 결과

Tim Sort는 입력에 부분적으로 이미 정렬된 부분(run)과 삽입 정렬을 이용하여 입력을 일정한 크기 이상의 run들로 만든 뒤 효율적으로 합병하는 정렬이다. 1993년에 McIlroy가 제안한 정렬 알고리즘을 소프트웨어 엔지니어인 Tim Peters가 파이선 라이브러리에 처음으로 구현하였다. Tim Sort는 실세계의 입력에 대해 우수한 성능을 보이고, 특히 거의 정렬된 입력에 대해 매우 빠른 성능을 보인다. Tim Sort는 파이선과 자바 SE 7 이후 버전에서는 객체 정렬에 사용되며, 그 외에도 안드로이드 운영체제와 기타 프로그래밍 언어의 시스템 sort로 활용된다. Tim Sort에 대한 보다 상세한 설명은 부록 VI에 있다.

8.8 기수 정렬

기수 정렬(Radix Sort)은 키를 부분적으로 비교하는 정렬이다. 즉, 키가 숫자로 되어있으면, 각 자릿수에 대해 키를 비교한다. 기(radix)는 특정 진수를 나타내는 숫자들이다. 예를 들어 10진수의 기는 0, 1, 2,…, 9이고, 2진수의 기는 0, 1이다. 기수 정렬에는 자릿수 비교를 최하위 숫자로부터 최상위 숫자 방향으로 정렬하는 LSD(Least Significant Digit) 기수 정렬과 반대 방향으로 정렬하는 MSD(Most Significant Digit) 기수 정렬이 있다.

먼저 [그림 8-12]에 주어진 세 자리 십진수에 대한 LSD 기수 정렬을 살펴보자. LSD 기수 정렬은 가장 먼저 각 숫자의 1의 자리만 비교하여 작은 수부터 큰 수로 정렬한다. 그다음에는 10의 자리만을 각각 비교하여 정렬한다. 마지막으로 100의 자리만을 비교하여 정렬을 마친다.

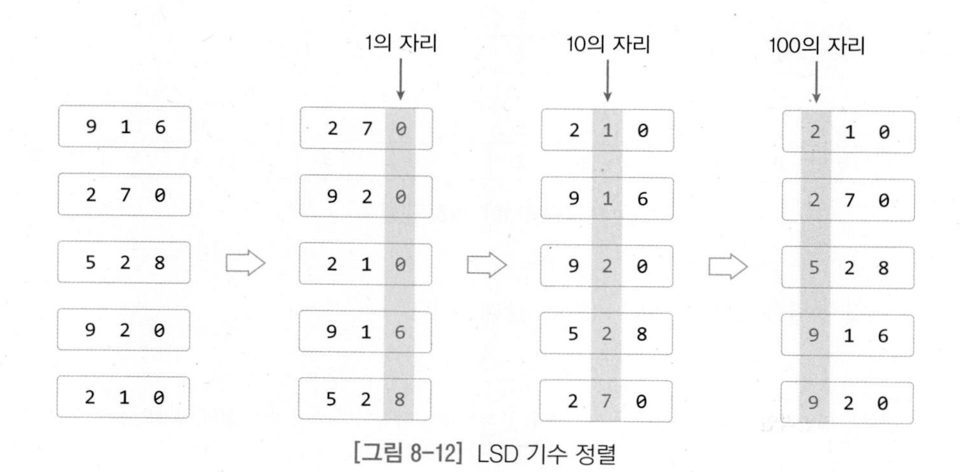

[그림 8-12] LSD 기수 정렬

LSD 기수 정렬을 위해서는 반드시 지켜야 할 순서가 있다. [그림 8-12]에서 10의 자리가 1인 210과 916이 있는데, 10의 자리에 대해 정렬할 때 210이 반드시 916 위에 위치하여야 한다. 10의 자리가 같으므로 916이 210보다 위에 있어도 문제가 없어 보이지만, 그렇게 되면 1의 자리에 대해 정렬해 놓은 것이 아무 소용이 없게 된다. 따라서 LSD 기수 정렬은 안정성(Stability)이 유지되어야 하는 정렬 알고리즘이다.

LSD 기수 정렬은 키의 각 자릿수에 대해 버킷(Bucket) 정렬을 사용한다. 버킷 정렬은 키를 배열의 인덱스로 사용하는 정렬[19]로서 두 단계로 이루어진다.

[1] 입력 배열에서 각 숫자의 빈도수를 계산한다.
[2] 버킷 인덱스 0부터 차례로 빈도수만큼 배열에 저장한다.

빈도수 계산을 위해 1차원 배열 bucket을 사용한다. [그림 8-13]의 정렬 전 배열 a에 대해 버킷 정렬은 0, 1, 2, 3, 4, 5의 빈도수를 각각 계산하여 배열 bucket에 저장한다. Step[2]에서는 bucket[0] = 3이므로, 0을 세번 연속하여 a[0], a[1], a[2]에 각각 저장한다. bucket[1] = 1이므로, 다음 빈 곳인 a[3]에 1을 한번 저장하며, bucket[2] = 4이므로 네 번 연속하여 2를 저장한다. 동일한 방법으로 3을 두 번 저장하고 5를 두 번 저장한 후 정렬을 종료한다.

[그림 8-13] 버킷 정렬

다음은 버킷 정렬을 구현한 BucketSort 클래스이다.

19) 버킷 정렬은 일반적인 입력을 정렬하는 데는 매우 부적절하다. 왜냐하면 버킷 수가 입력 크기보다 훨씬 더 클 수 있기 때문이다.

```
01  public class BucketSort {
02      public static void sort(int[] a, int R) {
03          int [] bucket = new int[R];
04          for (int i=0; i<R; i++)   bucket[i]=0;   // 초기화
05          for (int i=0; i<a.length; i++)   bucket[a[i]]++; // 1단계: 빈도수 계산
06          // 2단계: 순차적으로 버킷의 인덱스를 배열 a에 저장
07          int j=0;   // j는 다음 저장될 배열 a 원소의 인덱스
08          for (int i=0; i<R; i++)
09              while((bucket[i]--)!=0)   // 버킷 i에 저장된 빈도수가 0이 될 때까지
10                  a[j++] = i;   // 버킷 인덱스 i를 저장
11      }
12      public static void main(String[] args) {
13          int [] a = {2, 0, 5, 0, 3, 2, 5, 2, 3, 1, 0, 2};
14          sort(a, 10);
15          System.out.print("정렬 결과: ");
16          for (int i = 0; i < a.length; i++) {
17              System.out.printf(a[i]+"  ");
18          }
19      }
20  }
```

Line 05에서는 각 숫자의 빈도수를 계산하여 bucket 배열에 저장하고, line 07~11은 차례로 bucket 배열의 원소에 저장된 빈도수만큼 같은 숫자를 배열 a에 복사한다.

LSD 기수 정렬은 버킷 정렬을 활용하여 입력 키의 최하위 숫자에서 최상위 숫자까지 비교하여 정렬한다. 다음은 세자리 십진수 키에 대한 LSD 기수 정렬의 수행 과정이다. 배열 a는 입력 배열이고, t는 같은 크기의 보조 배열이다.

	a			t			a			t			a			t	
2	5	1	4	3	0	4	3	0	3	0	1	3	0	1	0	0	2
4	3	0	5	4	0	5	4	0	4	0	1	4	0	1	0	1	0
3	0	1	0	1	0	0	1	0	0	0	2	0	0	2	0	2	2
5	4	0	2	5	1	2	5	1	2	0	4	2	0	4	1	1	5
5	5	1	3	0	1	3	0	1	0	1	0	0	1	0	1	2	4
4	0	1	5	5	1	5	5	1	1	1	5	1	1	5	2	0	4
0	0	2	4	0	1	4	0	1	0	2	2	0	2	2	2	5	1
0	1	0	0	0	2	0	0	2	1	2	4	1	2	4	3	0	1
1	2	4	0	2	2	0	2	2	4	3	0	4	3	0	4	0	1
0	2	2	1	2	4	1	2	4	5	4	0	5	4	0	4	3	0
2	0	4	2	0	4	2	0	4	2	5	1	2	5	1	5	4	0
1	1	5	1	1	5	1	1	5	5	5	1	5	5	1	5	5	1

[그림 8-14] LSD 기수 정렬의 수행 과정

다음은 LSD 기수 정렬을 구현한 LSDSort 클래스이다. LSDSort 클래스에서는 BucketSort 클래스의 버킷 정렬을 그대로 활용할 수 없는데, 이는 일반적으로 정렬할 입력이 여러 자리의 숫자로 되어있기 때문이다.

```
01 public class LSDsort {
02     public static void sort(int[] a) {
03         int R = 10;
04         int N = a.length;
05         int[] t = new int[N];
06         for (int k = 10; k <= 1000; k*=10) {
07             int[] startIndex = new int[R+1];
08             for (int i = 0; i < N; i++) // 빈도수 계산
09                 startIndex[(a[i]%k)/(k/10) + 1]++;  // (a[i]%k)/(k/10)은 a[i]의 각 자릿수를 추출
10             for (int r = 0; r < R; r++)   // 각 버킷 인덱스 값이 저장될 배열 t의 시작 인덱스 계산
11                 startIndex[r+1] += startIndex[r];
12             for (int i = 0; i < N; i++) // a[i]를 배열 t에 차례로 저장
13                 t[startIndex[(a[i]%k)/(k/10)]++] = a[i];
14             for (int i = 0; i < N; i++)     // 배열 t를 배열 a로 복사
15                 a[i] = t[i];
16             System.out.println();
17             System.out.println(k/10+"의 자리 정렬 결과:");
```

```
18                for (int i = 0; i < N; i++)
19                    System.out.print(String.format("%03d", a[i]) + " ");
20                System.out.println();
21            }
22        }
23        public static void main(String[] args) {
24            int [] a = {251,430,301,540,551,401,2,10,124,22,204,115};
25            sort(a);
26        }
27    }
```

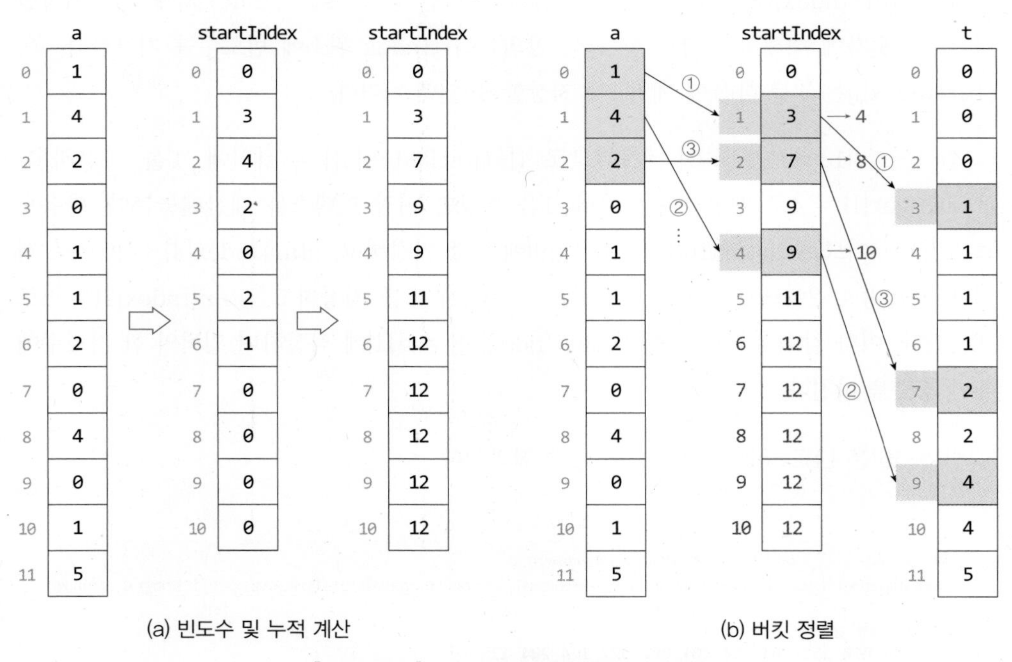

[그림 8-15] startIndex 배열 원소의 활용

LSDSort 클래스에서 line 06의 for-루프는 세 자리 십진수 키를 k = 10일 때 1의 자리, k = 100일 때 10의 자리, k = 1000일 때 100 자리의 숫자를 차례로 처리하기 위해 세 번 반복된다. Line 08~09에서는 빈도수를 계산하는데, (a[i]%k)/(k/10)이 k = 10, 100, 1000일 때 각각 a[i]의 세 자리 십진수로부터 1, 10, 100의자리를 추출한다. 예를 들어 a[i] = 259라면,

- k = 10일 때, 259%10 = 9이고, 9를 (k/10) = (10/10) = 1로 나누면 그대로 9가 되어, 259의 1의 자리인 '9'를 추출한다.
- k = 100일 때, 259%100 = 59이고, 59를 (k/10) = (100/10) = 10으로 나눈 몫은 5이다. 따라서 259의 10의 자리인 '5'를 추출한다.
- k = 1,000일 때 259%1000 = 259이고, 259를 (1000/10) = 100으로 나누면 몫이 2이다. 따라서 259의 100자리인 '2'를 추출한다.

또한 line 09의 startIndex[(a[i]%k)/(k/10)+1]++에서 추출한 숫자에 1을 더한 startIndex 원소의 빈도수를 1 증가시킨다. [그림 8-15](a)를 보면 배열 a에 '0'이 세 개 있지만 startIndex[0]에 3을 저장하지 않고 "한 칸 앞의" startIndex[1]에 3을 저장한다. 다른 숫자에 대해서도 각각 한 칸씩 앞의 startIndex 원소에 빈도수를 저장한다. 즉, startIndex[i]는 'i'를 다음에 배열 t에 저장할 곳(인덱스)이다.

[그림 8-15](b)에서는 a[0] = 1이므로 t[startIndex[1]] = t[3]에 '1'을 저장하고, startIndex[1] = 4로 갱신하여 다음에 '1'을 저장할 시작 인덱스를 계산해놓는다. 다음으로 a[1] = 4이므로 t[startIndex[4]] = t[9]에 '4'를 저장하고, startIndex[4] = 10으로 갱신한다. a[2] = 2이므로 t[startIndex[2]] = t[7]에 '2'를 저장하고, startIndex[2] = 8로 갱신한다. 이와 같이 a[11] = 5를 t[startIndex[5]] = t[11]에 저장하며 입력의 한 자릿수에 대한 정렬을 마친다.

[그림 8-16]은 LSDSort 클래스를 실행한 결과이다.

```
Console ⊠ Problems @ Javadoc Declaration
<terminated> LSDsort [Java Application] C:₩Users₩user₩.p2₩pool₩plugins₩org.eclipse.justj.openjdk.hotspot.jre.full.wi

1의 자리 정렬 결과:
430 540 010 251 301 551 401 002 022 124 204 115

10의 자리 정렬 결과:
301 401 002 204 010 115 022 124 430 540 251 551

100의 자리 정렬 결과:
002 010 022 115 124 204 251 301 401 430 540 551
```

[그림 8-16] LSDSort 클래스의 실행 결과

| 수행 시간 |

LSD 기수 정렬의 수행 시간은 O(d(n+r))이다. 여기서 d는 키의 자릿수이고, r은 기(Radix)이며, n은 입력의 크기이다. 수행 시간이 O(d(n+r))인 이유는 Line 06의 for-루프는 d번 수행되고, 각 자릿수에 대해 line 08, 12, 14의 for-loop들이 각각 n번씩 수행되며, line 10의 for-loop는 r회 수행되기 때문이다.

LSD 기수 정렬은 제한적인 범위 내에 있는 숫자(스트링)에 대해서 좋은 성능을 보이는 정렬 알고리즘이다. 예를 들어 인터넷 주소, 계좌번호, 날짜, 주민등록번호 등을 정렬할 때 매우 효율적이다. 하지만 기수 정렬은 범용 정렬 알고리즘이 아니다. 입력의 형태 따라 알고리즘을 수정해야 할 여지가 있으므로 일반적으로 시스템 라이브러리에서도 활용되지 않는다. 또한 선형 크기의 추가 메모리를 필요하며, 힙 정렬과 같이 입력 크기가 커질수록 캐시 메모리를 비효율적으로 사용하게 되므로 실행 시간이 더 길어지는 문제점이 있다. 그리고 힙 정렬의 단점과 같이 루프 내에 명령어(코드)가 많다는 것도 단점으로 작용한다.

하지만 GPU(Graphics Processing Unit) 기반 병렬(Parallel) 정렬의 경우 LSD 기수 정렬을 병렬처리 할 수 있도록 구현하여 시스템 sort[20]로 사용하고 있다.

MSD(Most Significant Digit) 기수 정렬은 최상위 자릿수부터 최하위 자릿수로 버킷 정렬을 수행한다. 예를 들어 [그림 8-17](a)와 같이 1000장의 카드에 000부터 999까지 각각 다른 숫자가 적혀 있고, 이 카드들이 섞여 있다고 생각해보자. 이 카드를 어떻게 정렬해야 할까? 쉽게 생각할 수 있는 방법은 먼저 카드를 한 장씩 보고 100자리의 숫자에 따라 읽은 카드를 분류하여 열 개의 더미를 [그림 8-17](b)와 같이 만든다. 그리고 각각의 더미에서는 10의 자리 숫자만을 보고 마찬가지로 열 개의 작은 더미를 만들고, 마지막으로 각각의 작은 더미에서는 카드의 1의 자리를 보고 정렬하여 각각의 더미를 차례로 모아 정렬하는 것이다.

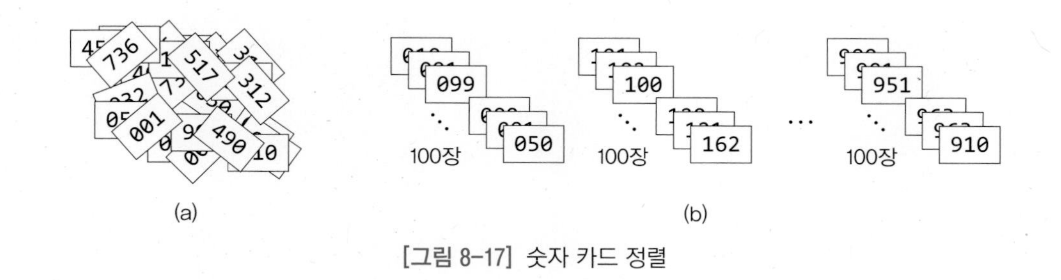

[그림 8-17] 숫자 카드 정렬

20) Thrust Library of Parallel Primitives, v.1.3.0의 시스템 sort로 사용되고 있다.

위와 같은 정렬 방식이 바로 MSD 기수 정렬이다. 다음은 배열 a에 주어진 세 자리 십진수를 보조 배열 t를 이용하여 최상위 자릿수부터 최하위 자릿수 순으로 정렬하는 과정을 나타낸 것이다.

	a			t			a			t			a			t	
1	5	1	0	2	2	0	2	2	0	0	7	0	0	7	0	0	7
4	3	9	0	1	0	0	1	0	0	1	0	0	1	0	0	1	0
4	9	1	0	0	7	0	0	7	0	2	2	0	2	2	0	2	2
5	2	0	1	5	1	1	5	1	1	0	8	1	0	8	1	0	5
4	3	7	1	2	4	1	2	4	1	0	5	1	0	5	1	0	8
0	2	2	1	0	8	1	0	8	1	2	4	1	2	4	1	2	4
4	3	0	1	0	5	1	0	5	1	5	1	1	5	1	1	5	1
0	1	0	4	3	9	4	3	9	4	3	9	4	3	9	4	3	0
1	2	4	4	9	1	4	9	1	4	3	7	4	3	7	4	3	7
0	0	7	4	3	7	4	3	7	4	3	0	4	3	0	4	3	9
1	0	8	4	3	0	4	3	0	4	9	1	4	9	1	4	9	1
1	0	5	5	2	0	5	2	0	5	2	0	5	2	0	5	2	0

[그림 8-18] MSD 기수 정렬

MSD 기수 정렬은 입력의 최상위 자릿수에 대해 정렬한 후에 배열을 0으로 시작되는 숫자들, 1로 시작되는 숫자들, …, 9로 시작되는 숫자들에 대해 [그림 8-19]와 같이 각각 차례로 순환 호출한다. 그 다음 자릿수에 대해서도 동일한 방식으로 정렬이 진행된다. MSD 기수 정렬을 위한 자바 프로그램은 연습문제에서 다룬다.

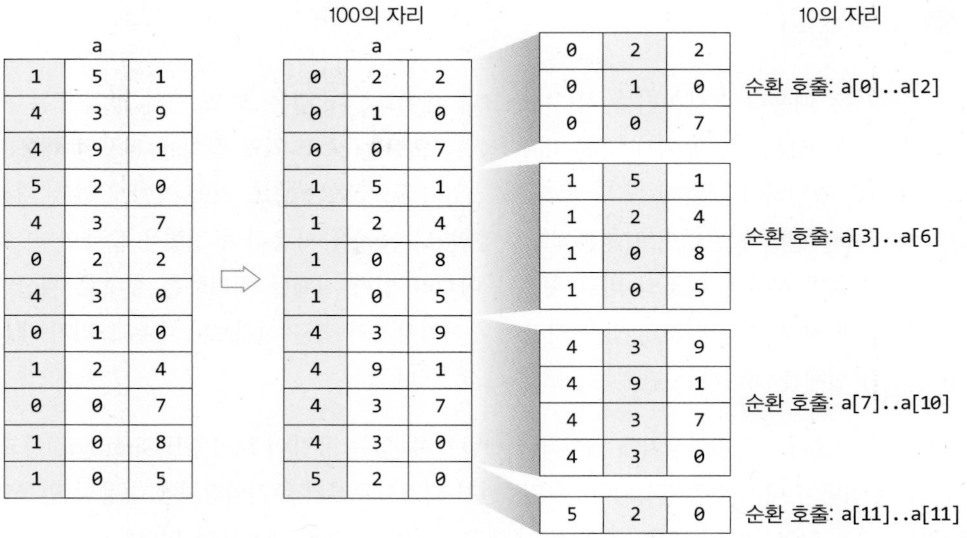

a

1	5	1
4	3	9
4	9	1
5	2	0
4	3	7
0	2	2
4	3	0
0	1	0
1	2	4
0	0	7
1	0	8
1	0	5

100의 자리

a

0	2	2
0	1	0
0	0	7
1	5	1
1	2	4
1	0	8
1	0	5
4	3	9
4	9	1
4	3	7
4	3	0
5	2	0

10의 자리

0	2	2
0	1	0
0	0	7

순환 호출: a[0]..a[2]

1	5	1
1	2	4
1	0	8
1	0	5

순환 호출: a[3]..a[6]

4	3	9
4	9	1
4	3	7
4	3	0

순환 호출: a[7]..a[10]

5	2	0

순환 호출: a[11]..a[11]

[그림 8-19] 10의 자리에서의 순환 호출

| 수행 시간 |

MSD 기수 정렬의 수행 시간은 O(d(n+r))이다. 여기서 d는 키의 자리 수이고, r은 기(radix)이며, n은 입력의 크기이다. 이는 LSD 기수 정렬의 수행 시간과 동일한데 MSD 기수 정렬이 LSD 기수 정렬이 수행하는 방향과 반대 방향으로 수행되는 것[21]일 뿐이기 때문이다.

MSD 기수 정렬은 키의 앞부분(Prefix)만으로 정렬하는 경우 매우 좋은 성능을 보인다. 예를 들어 전화번호를 지역 번호 기준으로 정렬하기, 생년월일을 년도 별로 정렬하기, IP 주소를 첫 8-비트를 기준으로 정렬하기, 항공기 도착시간 또는 출발시간을 기준으로 정렬하기 등의 경우, 키의 앞부분만을 가지고 정렬하므로 MSD 기수 정렬이 매우 효율적이다.

MSD 기수 정렬은 최하위 자릿수로 다가갈수록 작은 부분에 대해 너무 많은 수의 순환 호출이 발생하는 단점을 가진다. 이는 프로그램 실행 속도를 느리게 하는 주된 요인으로 순환 호출 시 입력 크기가 작아지면 삽입 정렬을 사용하는 것으로 실행 속도를 향상시킬 수 있다.

21) MSD 기수 정렬은 순환 호출을 이용하여 정렬하나, 전반적으로 수행된 계산 양은 LSD 기수 정렬과 동일하다.

8.9 외부 정렬

실세계에서는 대용량의 데이터를 하드디스크나 테이프[22]와 같은 보조 기억 장치(또는 외부 메모리)에 저장한다. 앞에서 다룬 내부 정렬만으로는 보조 기억 장치에 저장된 대용량의 데이터를 정렬하기 어렵다. 외부 정렬(External Sort)이란 보조 기억 장치에 있는 대용량의 데이터를 정렬하는 것으로 기본적으로 합병(Merge)을 사용하여 정렬을 수행한다. 외부 정렬의 수행 시간은 원소의 비교 횟수가 아니라 입력 전체를 처리하는 횟수로 계산한다. 왜냐하면 보조 기억 장치의 접근 시간이 주기억장치의 접근 시간보다 매우 느리기 때문이다. 입력 전체를 처리하는 단위는 패스(Pass)[23]이다.

예를 들어 컴퓨터의 주기억장치에 데이터를 정렬할 수 있는 용량이 M=1 GB(Gigabyte)이고, 64 GB의 입력이 디스크에 저장되어있다면, 먼저 디스크로부터 주기억장치에 수용할 만큼의 입력(1 GB)을 읽어 들여 퀵 정렬과 같은 내부 정렬 알고리즘을 사용하여 정렬하고, 그 결과를 디스크에 일단 다시 저장한다. 이 과정을 반복하면, 원래의 입력이 64개의 정렬된 블록으로 분할되어 디스크에 저장된다. 여기서 정렬된 블록(데이터)을 런(Run)[24]이라고 한다.

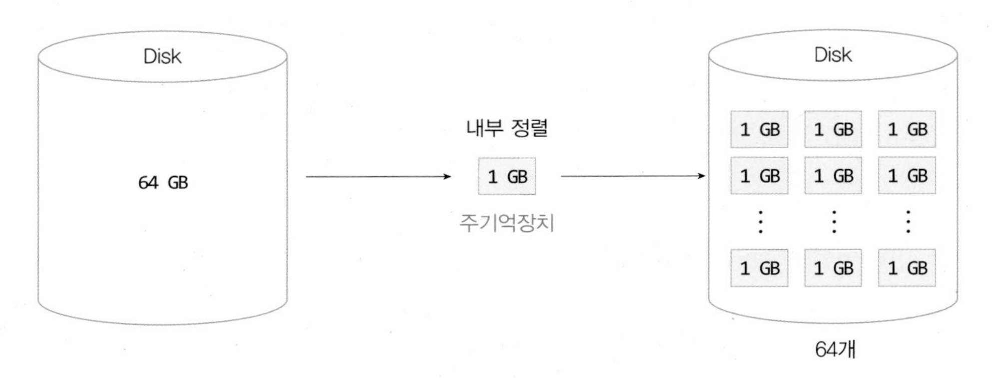

[그림 8-20] 내부 정렬로 만든 64개의 정렬된 블록

그다음 과정은 정렬된 블록들을 반복적으로 합병하여 하나의 정렬된 (크기가 64 GB인) 블록으로 만든다. 즉, 블록들을 부분적으로 주기억장치의 입력 버퍼(Buffer)에 읽어 들여

22) 자기(Magnetic) 하드디스크와 테이프 외에도 SSD(Solid State Drive), 광학(Optical) 디스크, 플래시(Flash) 메모리 등의 보조 기억 장치가 있다.

23) Pass는 컴퓨터 분야에서 쓰이는 일반적인 용어로서 입력(또는 데이터) 전체를 1회 처리하는 것을 뜻한다. 예를 들어 대부분의 프로그래밍 언어의 컴파일러를 Two-pass 컴파일러라고 일컫는다. 이는 첫 패스에서는 소스 프로그램을 어셈블리 언어로 바꾸고, 두 번째 패스에서는 이를 기계어로 바꾸기 때문이다.

24) Run은 컴퓨터뿐만 아니라 수학에서도 같은 의미로 쓰인다.

서, 합병을 수행하여 부분적으로 디스크에 쓰는 과정을 반복한다. [그림 8-21]은 1GB 블록들을 부분적으로 k개의 입력 버퍼로 읽어 들여 k GB 크기의 블록을 만드는 과정을 나타낸다.

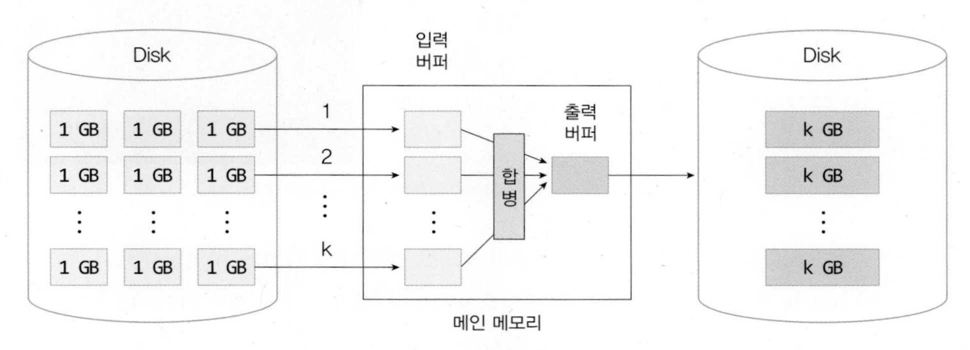

[그림 8-21] k개의 버퍼를 이용한 합병

입력 버퍼가 k개만큼 있으므로 k GB 블록이 총 64/k개 만들어진다. 다음으로 k GB 블록을 k개씩 짝지어 합병시키면, k^2 GB 블록 $64/k^2$개가 만들어진다. 이 과정을 반복하여 계속 합병을 진행하면, 블록 크기는 k 배로 커지고 블록의 수는 1/k로 줄어들게 되어 결국에는 64 GB 블록 하나만 남는다.

예제 [그림 8-21]에서 k = 2이면, 첫 번째 pass 후에 64/2 = 32개의 2 GB 블록이 만들어지고, 두 번째 pass 후에 $32/2 = 64/2^2 = 16$개의 $4(=2^2)$ GB 블록이 만들어지고, 세 번째 pass 후에 16/2 = 8개의 8 GB 블록이 만들어지고, …, 여섯 번째 pass 후에 64 GB 블록 하나만 남는다.

| 수행 시간 |

입력의 크기가 n일 때, 첫 pass에 n/M개의 블록을 만들고, k개의 블록을 하나의 블록으로 합병하는 방식으로 정렬을 수행하면, 정렬을 마칠 때까지 $\log_k(n/M)$ pass가 필요하다. 단, 계산 편의상 n이 M의 배수라고 가정한다. 즉, n/M은 정수이다. 따라서 정렬을 위해선 총 $\log_k(n/M)+1$ 번의 pass가 필요하다.

인터넷의 IP 주소, 통신/전화 회사의 전화번호, 은행에서의 고객/계좌, 기업의 물품/재고 데이터베이스, 인사 데이터베이스 등의 관리를 위해 외부 정렬이 사용되며, 일반적인 데이터베이스의 중복된 데이터를 제거하는 데에도 사용된다.

정렬

2007년 당시 상원의원이었던 버락 오바마가 구글을 방문하여 CEO인 에릭 슈미트(Eric Schmidt)와 담소를 나누던 중 슈미트 회장이 요즘 Job 잡기가 어려운데 오바마에게 구글에 왔으니 Job Interview를 해보자며 다음과 같이 물어보았다.

[https://www.youtube.com/watch?v=k4RRi_ntQc8]

"32-bit 정수 100만 개를 가장 효율적으로 정렬하는 방법은 무엇일까?"
[What is the most efficient way to sort a 1 Million 32-bit integers?]

오바마는 "I think the Bubble sort is the wrong way to go."라고 정치인다운 답을 하여 청중들의 웃음을 자아냈다.

이 질문에 대해 어떤 답이 가장 이상적일까?

답

좋은 답 중의 하나는 기수 정렬(LSD 또는 MSD)이다. 4bit씩 16진수로 여기어 정렬하면 O(d(n+R)) = O(8(n+16)) = O(8n)으로 O(nlogn)보다 빠르게 정렬할 수 있다.

그러나 추가로 정렬할 때 사용하는 메모리에 제한이 있는지 그리고 입력의 상태에 대해 질문자에게 물어보거나 아니면 스스로 가정하여 다음과 같이 답하는 것이 좋다.

기수 정렬은 선형 크기의 메모리가 필요하다. 만일 상수 크기의 메모리만 사용해야 한다면 기수 정렬이 답이 아니다. 만일 입력이 랜덤 순서이고 상수 크기의 메모리를 사용해야 한다면 이중 피벗 퀵 정렬이 좋다. 여기서 더욱 주의할 점은 이중 피벗 퀵 정렬이 순환 호출하므로 시스템 스택을 사용하고 이를 사용한 메모리에 크기에 포함하면 상수 크기의 메모리를 사용하는 O(nlogn) 힙 정렬이 좋다.

또한 만일 입력이 거의 정렬(almost sorted)되어 있다면 백만 개의 32bit 정수일지라도 삽입 정렬을 사용하면 상수 메모리만 사용하여 선형 시간에 정렬할 수 있다. 참고로 일반적으로 삽입 정렬보다 훨씬 우수한 Tim sort도 거의 정렬된 입력을 선형 시간에 정렬하지만, 선형 크기의 보조 메모리가 필요하다.

요약

- 선택 정렬은 아직 정렬되지 않은 부분의 배열 원소 중에서 최솟값을 선택하여 정렬된 부분의 바로 오른쪽 원소와 교환하는 정렬 알고리즘이다.
- 삽입 정렬은 수행과정 중에 배열이 정렬된 부분과 정렬되지 않은 부분으로 나누어지며, 정렬되지 않은 부분의 가장 왼쪽의 원소를 정렬된 부분에 삽입하는 방식의 정렬 알고리즘이다.
- 쉘 정렬은 전처리 과정을 추가한 삽입 정렬이다. 여기서 전처리 과정이란 작은 값을 가진 원소들을 배열의 앞부분으로 옮겨 큰 값을 가진 원소들이 배열의 뒷부분에 자리잡게 하는 것을 의미한다.
- 힙 정렬은 입력에 대해 최대 힙을 만들어 루트와 힙의 가장 마지막 노드를 교환하고, 힙 크기를 1 감소시킨 후에 루트로부터 downheap을 수행하는 과정을 반복하여 정렬하는 알고리즘이다.
- 합병 정렬은 입력을 반씩 2개로 분할하고, 각각을 순환으로 합병 정렬을 수행한 후, 2개의 각각 정렬된 부분을 합병하는 정렬 알고리즘이다.
- 퀵 정렬은 피벗보다 작은 원소들과 큰 원소들을 각각 피벗의 좌우로 분할한 후, 피벗보다 작은 원소들과 피벗보다 큰 원소들을 각각 순환으로 정렬하는 알고리즘이다.
- 원소 대 원소의 크기를 비교하는 비교 정렬의 하한은 Ω(nlogn)이다.
- 기수 정렬은 키를 부분적으로 비교하는 정렬이다. 기수 정렬에는 자릿수 비교를 최하위 숫자로부터 최상위 숫자 방향으로 정렬하는 LSD 기수 정렬과 반대 방향으로 정렬하는 MSD 기수 정렬이 있다. LSD/MSD 기수 정렬의 수행 시간은 O(d(n+r))이다. 여기서 d는 키의 자릿수이고, r은 기(Radix)이며, n은 입력의 크기이다.
- 외부 정렬이란 보조 기억 장치에 있는 대용량의 데이터를 정렬하는 알고리즘으로 합병을 사용하여 정렬을 수행한다.

연습문제

8.1 다음 중 선택 정렬에 관한 설명 중 옳은 것은?

① 거의 정렬된 입력에 대해 더 좋은 성능을 보인다.

② 정렬된 부분에 있는 숫자가 정렬되지 않은 부분에 있는 숫자보다 클 수도 있다.

③ 입력 배열을 반으로 나누어 나누어가며 정렬한다.

④ 정렬되지 않은 부분에서 최솟값을 선택한다.

⑤ 답 없음

8.2 다음의 입력에 대해 선택 정렬의 Selection 클래스의 line 05에 있는 for-루프가 3회 수행된 결과는?

80 50 20 90 30 40 10 60 70

① 10 20 30 90 60 40 80 50 70

② 10 70 30 90 50 40 80 60 20

③ 10 20 30 90 50 40 80 60 70

④ 10 30 20 90 50 40 80 60 70

⑤ 답 없음

8.3 선택 정렬의 최선, 평균, 최악 수행 시간은? 단, n은 입력 크기이다.

① O(n), O(nlogn), O(n^2)

② O(nlogn), O(nlogn), O(n^2)

③ O(nlogn), O(n^2), O(n^2)

④ O(n^2), O(n^2), O(n^2)

⑤ 답 없음

8.4 다음 중 삽입 정렬에 관한 설명 중 가장 적절한 것은?

① 정렬되지 않은 부분에서 가장 작은 숫자를 찾아 삽입한다.

② 이웃하는 원소들을 비교하면서 삽입할 곳을 찾는다.

③ 중간값을 기준으로 분할하면서 삽입한다.

④ 자릿수를 비교하며 삽입한다.

⑤ 답 없음

8.5 다음의 입력에 대해 삽입 정렬의 Insertion 클래스에 있는 line 05의 for-루프가 3회 수행된 결과는?

80 50 20 10 30 40 90 60 70

① 20 10 50 80 30 40 90 60 70

② 10 20 80 50 30 70 90 60 40

③ 10 20 50 80 30 90 40 70 60

④ 10 20 50 80 30 40 90 60 70

⑤ 답 없음

8.6 삽입 정렬의 최선, 평균, 최악 수행 시간은? 단, n은 입력 크기이다.

① O(n), O(nlogn), $O(n^2)$

② O(nlogn), O(nlogn), $O(n^2)$

③ O(nlogn), $O(n^2)$, $O(n^2)$

④ $O(n^2)$, $O(n^2)$, $O(n^2)$

⑤ 답 없음

8.7 다음 중 쉘 정렬에 관한 설명 중 가장 거리가 먼 것은?

① 마지막 단계는 삽입 정렬과 같다.

② 이웃하는 원소를 비교하며 전처리 과정을 수행한다.

③ 전처리 과정을 통해 작은 숫자들을 앞으로 큰 숫자들을 뒤로 보낸다.

④ 간격 순서는 감소 순이고 마지막은 항상 1이어야 한다.

⑤ 답 없음

8.8 다음의 입력에 대해 쉘 정렬이 3-sort를 수행한 결과는?

80 60 70 10 30 40 90 50 20

① 10 30 20 80 50 40 90 60 70

② 20 70 80 10 50 90 40 60 30

③ 10 20 30 40 50 60 70 80 90

④ 80 60 20 10 30 70 40 90 50

⑤ 답 없음

8.9 다음 중 힙 정렬에 관한 설명 중 가장 거리가 먼 것은?

① 최소 힙 자료구조를 사용한다.

② 힙의 루트와 마지막 항목을 교환하고 downheap을 수행한다.

③ downheap은 이진 힙의 downheap과 같다.

④ downheap은 힙 속성을 회복시키기 위한 것이다.

⑤ 답 없음

8.10 다음의 입력에 대해 힙 정렬의 Heap 클래스에서 line 07에 있는 while-루프를 3회 수행한 결과는?

90 60 80 50 30 40 70 10 20

① 10 20 30 80 50 40 90 60 70

② 10 70 60 20 50 30 40 80 90

③ 10 20 30 40 50 60 70 80 90

④ 60 50 40 20 30 10 70 80 90

⑤ 답 없음

8.11 8개의 서로 다른 숫자를 입력으로 힙 정렬의 Heap 클래스를 수행하는 중 line 07에 있는 while-루프를 몇 회 수행해야 다음과 같은 중간 결과를 얻었는가?

60 40 50 10 20 70 80

① 1 ② 2 ③ 3

④ 4 ⑤ 답 없음

8.12 다음 중 합병 정렬에 관한 설명 중 가장 거리가 먼 것은?

① 입력을 반으로 나누어가며 정렬한다.

② 나누어진 부분을 합병을 이용하여 정렬한다.

③ 이웃하는 숫자를 비교하여 입력을 반으로 나눈다.

④ 먼저 입력을 나누고 나중에 합병하는 방식으로 정렬한다.

⑤ 답 없음

8.13 입력 크기가 n인 입력에 대해 합병 정렬에 관한 설명 중 맞는 것은?

① 입력 크기의 보조 배열 없이 합병 정렬을 할 수 없다.

② 입력 크기의 보조 배열 없이 합병 정렬을 할 수 있으나 O(n) 시간이 소요된다.

③ 입력 크기의 보조 배열 없이 합병 정렬을 할 수 있고, 수행 시간도 O(n logn)이다.

④ 합병 정렬은 적어도 두 개의 n/2 크기의 보조 배열이 반드시 필요하다.

⑤ 답 없음

8.14 두 개의 정렬된 리스트를 하나의 정렬된 리스트로 합병하는데 필요한 최소 및 최대 원소 비교 횟수를 바르게 표현한 것은? 단, 두 리스트의 길이는 각각 m과 n이고, m≥n 이다.

① n, m+n−1 ② m, m+n−1 ③ n, m+n

④ m, m+n ⑤ m, mn

8.15 이미 정렬된 입력에 대한 합병 정렬의 수행 시간은?

① O(1) ② O(n) ③ O(nlogn)

④ O(n^2) ⑤ 답 없음

8.16 다음 중 퀵 정렬에 관한 설명 중 가장 거리가 먼 것은?

① 피벗으로 입력을 두 부분으로 나눈다.

② 입력의 거의 비슷한 크기로 분할된다.

③ 피벗이 가장 작거나 크면 두 부분으로 분할하지 못한다.

④ 분할 후 피벗은 두 부분 사이에 위치한다.

⑤ 답 없음

8.17 다음의 입력에 대해 퀵 정렬을 수행하려 한다. 피벗이 50일 때 Quick 클래스의 partition이 수행된 결과는?

50 60 80 90 30 40 70 10 20

① 20 30 10 80 50 40 90 60 70

② 30 20 10 40 50 90 70 80 60

③ 40 70 80 10 20 30 50 60 90

④ 30 60 20 10 80 70 40 90 50

⑤ 답 없음

8.18 퀵 정렬에 n개의 입력이 주어진 경우, 다음 설명 중 옳은 것은?

① 평균 경우 수행 시간은 $O(n \log n)$ 이고, 최악 경우 수행 시간은 $O(n^2)$ 이다.

② 평균 및 최악 경우 수행 시간은 $O(n \log n)$ 이다.

③ 평균 및 최악 경우 수행 시간은 $O(n^2)$ 이다.

④ 평균 경우 수행 시간은 $O(n \log n)$ 이고, 최선 경우 수행 시간은 $O(n)$ 이다.

⑤ 답 없음

8.19 다음 중 퀵 정렬의 성능을 향상시키는 방법이 <u>아닌</u> 것은?

① 입력 크기가 작으면 순환 호출 대신 삽입 정렬을 사용한다.

② Median-of-Three 방법으로 피벗을 선택한다.

③ 중간값으로 피벗을 사용한다.

④ 퀵 정렬을 수행하기 전에 랜덤 섞기를 수행한다.

⑤ 답 없음

8.20 중간값을 찾아서 피벗을 사용하는 퀵 정렬의 최악 경우 수행 시간은? 단, 중간값은 $O(n)$ 시간에 찾는다.

① $O(\log n)$　　② $O(n)$　　③ $O(n \log n)$

④ $O(n^2)$　　⑤ 답 없음

8.21 다음 중 n개의 서로 다른 숫자를 위한 결정 트리에 관한 설명 중 가장 거리가 <u>먼</u> 것은?

① 이진 트리이다.

② 결정 트리에는 불필요한 비교를 하는 내부 노드는 없다.

③ 총 이파리 수는 n!이다.

④ 결정 트리의 높이는 정렬 문제 하한을 결정한다.

⑤ 답 없음

8.22 다음 중 비교 정렬이 <u>아닌</u> 것은?

① 삽입 정렬　　② 쉘 정렬　　③ 퀵 정렬

④ 기수 정렬　　⑤ 답 없음

8.23 다음 중 랜덤한 입력에 대해 원소 교환 횟수가 최소인 정렬 알고리즘은?

① 버블 정렬 ② 선택 정렬 ③ 삽입 정렬
④ 퀵 정렬 ⑤ 힙 정렬

8.24 입력이 거의 정렬되어 있는 경우 성능이 좋은 정렬 알고리즘은?

① 버블 정렬 ② 선택 정렬 ③ 삽입 정렬
④ 합병 정렬 ⑤ 쉘 정렬

8.25 다음 중 입력이 역으로 정렬되어있을 때 가장 성능이 좋은 정렬 알고리즘은?

① 버블 정렬 ② 선택 정렬 ③ 삽입 정렬
④ 합병 정렬 ⑤ 답 없음

8.26 입력 배열이 [3, 4, 7, 1, 2, 8]일 때, 다음 중 어떤 정렬 알고리즘의 루프가 3회 수행되어야 배열 [1, 2, 3, 7, 4, 8]을 얻을 수 있는가?

① 버블 정렬 ② 선택 정렬 ③ 삽입 정렬
④ 세 가지 정렬 모두 ⑤ 세 가지 정렬 모두 아님

8.27 다음 중 안정한(Stable) 정렬 알고리즘들만 모아 놓은 것은?

① 버블 정렬, 힙 정렬, 선택 정렬, 합병 정렬
② 선택 정렬, 퀵 정렬, 쉘 정렬, 합병 정렬
③ 삽입 정렬, 선택 정렬, 합병 정렬, 힙 정렬
④ 버블 정렬, 합병 정렬, 삽입 정렬, Tim Sort
⑤ 힙 정렬, 쉘 정렬, 이중 피벗 퀵 정렬, Tim Sort

8.28 다음 중 최악 경우 수행 시간이 가장 우수한 것은?

① 선택 정렬 ② 삽입 정렬 ③ 퀵 정렬
④ 힙 정렬 ⑤ 답 없음

8.29 다음 중 기수 정렬에 관한 설명 중 옳은 것은?

① 비교 정렬 중의 하나이다.

② 숫자만 정렬할 수 있다.

③ LSD 기수 정렬은 버킷 정렬을 사용한다.

④ MSD 기수 정렬은 최하위 자릿수부터 최상위 자릿수 순으로 정렬한다.

⑤ 답 없음

8.30 다음 중 기수 정렬을 수행하기 위해 개별 자리에 대한 정렬에 사용할 수 없는 정렬 알고리즘은?

① 삽입 정렬 ② 합병 정렬

③ 선택 정렬 ④ 버킷 정렬

⑤ 답 없음

8.31 다음은 기수 정렬에 대한 설명이다. 다음 중 옳지 않은 설명은?

① 제한적인 범위 내에 있는 숫자(스트링)에 대해서 좋은 성능을 보이는 정렬 알고리즘이다.

② 범용 정렬 알고리즘이 아니다.

③ 선형 크기의 추가 메모리가 필요하다.

④ 입력 크기가 커질수록 캐시 메모리를 비효율적으로 사용하게 되므로 실행 시간이 더 길어진다.

⑤ 힙 정렬의 단점과 같이 루프 내에 명령어 수가 적다.

8.32 다음은 MSD 기수 정렬에 대한 설명이다. 다음 중 옳지 <u>않은</u> 설명은?

① 키의 앞부분만으로 정렬하는 경우 매우 좋은 성능을 보인다.

② 선형 크기의 추가 메모리가 필요하다.

③ LSD 기수 정렬보다 빠른 최악 경우 수행 시간을 갖는다.

④ 최하위 자릿수로 다가갈수록 작은 부분에 대해 너무 많은 수의 순환 호출이 발생한다.

⑤ 답 없음

8.33 다음 중 MSD 기수 정렬의 응용으로 적절하지 <u>않은</u> 것은?

① 지역 번호 기준 전화번호 정렬
② 년도 별 생일 정렬
③ 출발/도착 시간 기준 항공편 정렬
④ IP 주소의 뒷자리 기준 정렬
⑤ 답 없음

8.34 다음 중 외부 정렬에 관한 설명 중 가장 옳은 것은?

① 디스크나 테이프를 사용한다.
② 이웃하는 원소의 비교를 통해 정렬을 수행한다.
③ 주기억장치만으로도 정렬할 수 있다.
④ 추가 메모리 없이 정렬한다.
⑤ 답 없음

8.35 다음의 입력에 대해 부록 VI에 있는 이중 피벗 퀵 정렬 클래스의 while-루프가 수행된 결과는? 단, 피벗 1은 30이고, 피벗 2는 60이다.

30 90 80 20 50 40 10 70 60

① 20 10 30 40 50 60 70 90 80
② 20 30 40 10 50 90 80 60 70
③ 10 20 30 40 50 60 90 80 70
④ 10 30 20 40 60 50 70 90 80
⑤ 답 없음

8.36 버블 정렬은 $O(n^2)$ 알고리즘으로 실제로 사용되지 않는다. 그러나 버블 정렬은 다른 정렬 알고리즘이 수행한 정렬 결과가 맞는지를 검사하기에 매우 유용하게 사용된다. 버블 정렬의 개념을 이용하여 주어진 배열이 정렬되어있는지를 검사하는 자바 메소드를 작성하라.

8.37 전 순서(Total Order)는 반대칭성, 추이성, 완전성을 만족하는 이항 관계이다. 부분 순서(Partial Order)와 전 순서의 차이점을 설명하라. 정렬하려고 하는 데이터가 전 순서가 아니라 부분 순서만을 만족하면 어떤 문제가 발생하는지 설명하라.

8.38 선택 정렬의 장점을 설명하고, 다른 정렬 알고리즘이 가지지 못하는 특성을 설명하라.

8.39 쉘 정렬의 h-순서를 $2^k, 2^{k-1}, \cdots, 2, 1$로 사용하였을 때의 문제점을 서술하라. 단, k는 양의 정수이다.

8.40 힙 정렬은 루프 내의 코드가 길고, 캐시 메모리 사용이 비효율적이어서 대용량의 입력에는 적절하지 않다. 입력 크기가 클수록 왜 힙 정렬이 캐시 메모리를 비효율적으로 사용하는지를 설명하라.

8.41 반복 합병 정렬을 위한 자바 프로그램을 작성하라.

8.42 퀵 정렬의 Quick 클래스에서 다음 입력에 대해 partition(a, 0, 9)가 수행되는 과정을 순환 호출 직전까지 단계적으로 보이라.

```
50 20 70 10 70 20 50 70 70 10
```

8.43 3-Way 퀵 정렬은 입력을 피벗보다 작은 부분, 피벗과 같은 부분, 피벗보다 큰 부분으로 분할하는 퀵 정렬이다. 중복 키가 많은 입력에 대해 3-Way 퀵 정렬과 (일반적인) 퀵 정렬의 성능을 분석 비교하라. 아울러 3-Way 퀵 정렬을 위한 자바 프로그램을 작성하라.

8.44 퀵 정렬의 입력이 균등 분포(Uniform Distribution)를 가질 때 평균 경우 수행 시간이 O(nlogn)이 됨을 보이라.

8.45 세 개의 문자로 된 스트링 입력에 대해 LSD 기수 정렬을 위한 자바 프로그램을 작성하라.

8.46 세 자리 십진수로 된 입력(000~999)에 대해 MSD 기수 정렬을 위한 자바 프로그램을 작성하라.

8.47 [그림 8-21]에서 k = 4이면 몇 번째 pass 후에 64 GB 블록이 만들어지는가?

8.48 버블 정렬의 성능을 개선한 두 개의 대표적인 알고리즘인 Cocktail sort와 Comb sort에 대해서 조사하라.

8.49 각 원소가 정렬 후 자신의 원래 자리로부터의 거리가 k보다 멀리 떨어져 있지 않은 배열을 효율적으로 정렬하는 알고리즘을 작성하라. 또한 작성한 알고리즘의 수행 시간을 분석하라.

8.50 정렬을 위한 입력 데이터가 학생의 학번, 이름, 학과, 학년으로 구성되어 있을 때, java.util의 Comparator 인터페이스를 이용하여 각 항목을 기준으로 정렬하는 자바 프로그램을 작성하라. 즉, 하나의 프로그램 안에서 하나의 정렬 알고리즘만을 이용하여 타입이 다른 항목들에 대해 각각 정렬하도록 프로그램을 작성하라. 단, 정렬은 자바 시스템 sort인 Arrays.sort()를 사용하라.

PART 09

그래프

contents

09 그래프

그래프[1]는 인터넷, 도로, 운송, 전력, 상하수도망, 신경망, 화학성분 결합, 단백질 네트워크, 금융 네트워크, 소셜 네트워크 분석(Social Network Analysis) 등의 광범위한 분야에서 활용되는 자료구조이다. Part 9에서는 먼저 그래프 용어에 대해 이해하고, 그래프의 기본 연산인 깊이 우선 탐색(Depth First Search, DFS)과 너비 우선 탐색(Breath First Search, BFS)을 살펴보며, 기본적인 그래프 분석을 위한 연결 성분(Connected Component), 이중 연결 성분(Biconnected Component), 강 연결 성분(Strongly Connected Component)을 찾는 방법과 위상 정렬(Topological Sort)을 소개한다. 또한 주어진 가중치 그래프에서 최소 신장 트리(Minimum Spanning Tree)를 찾기 위한 알고리즘들과 다양한 최단 경로를 찾는 알고리즘들을 소개하며 마지막으로 소셜 네트워크 분석에서 그래프가 어떻게 활용되는지 알아본다.

9.1 그래프

9.1.1 그래프 용어

그래프는 정점(Vertex)과 간선(Edge)의 집합으로 하나의 간선은 두 개의 정점을 연결한다. 그래프는 G=(V, E)로 표현하는데, V는 정점의 집합이고, E는 간선의 집합이다. 간선에 방향이 있는 그래프를 방향 그래프(Directed Graph)라하고, 간선에 방향이 없는 그래프를 무방향 그래프(Undirected Graph)라고 한다.

1) Part 9에서 다루는 그래프는 막대 그래프, 원 그래프, 선 그래프, 띠 그래프 등의 자료 시각화를 위한 그래프가 아니다.

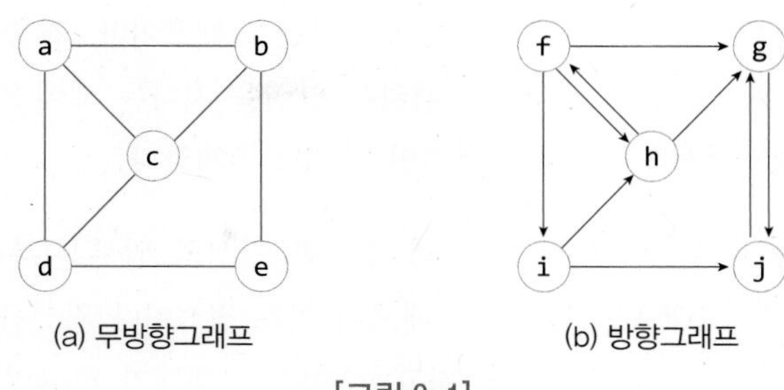

[그림 9-1]

정점 a와 b를 연결하는 간선을 (a, b)로 표현하고, 정점 a에서 b로 간선의 방향이 있는 경우에는 ⟨a, b⟩로 표현하기도 한다. 정점 a에 인접한 정점의 수를 a의 차수(Degree)라고 정의한다. 방향 그래프에서는 차수를 진입 차수(In-degree)와 진출 차수(Out-degree)로 구분한다. [그림 9-1](a)에서 정점 a의 차수는 3이고, 정점 e의 차수는 2이다. (b)에서 정점 g의 진입 차수는 3이고, 진출 차수는 1이다.

경로(Path)는 시작점 u에서 도착점 v까지의 정점들을 나열하여 표현한다. [그림 9-1](a)에서 a, c, b, e는 정점 a로부터 도착점 e까지의 여러 경로 중 하나를 나타낸 것이다. 경로 상의 정점들이 모두 다른 경로를 특별히 단순 경로(Simple Path)라고 한다. 즉, '일반적인' 경로는 동일한 정점을 중복하여 방문하는 경우를 포함한다. 예를 들어 [그림 9-1](a)에서 a, b, c, b, e도 정점 a에서 도착점 e까지의 경로이다. 시작점과 도착점이 동일한 단순 경로를 사이클(Cycle)이라고 일컫는다. [그림 9-1](a)에서 a, b, e, d, c, a는 사이클이다.

[그림 9-2]의 그래프는 10개의 정점을 가지고 있다. 이 그래프는 모든 정점이 서로 연결되어(Connected) 있지 않다. 그래프에서 정점들이 서로 연결되어 있는 부분을 연결 성분(Connected Component)이라 한다. [그림 9-2]의 그래프는 3개의 연결 성분, [a, b, c, d, e], [f, g, h, i], [j]로 구성되어 있다.

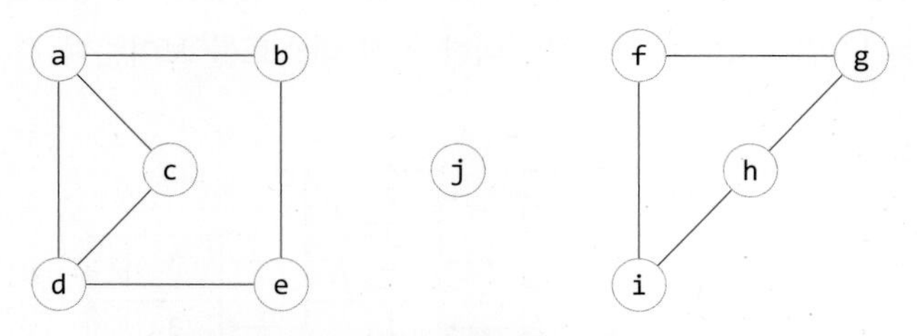

[그림 9-2] 3개의 연결 성분을 가진 그래프

가중치(Weighted) 그래프는 간선에 가중치가 부여된 그래프이다. 가중치는 실제 두 정점 사이의 거리가 될 수도 있고, 두 정점을 연결하는 간선을 지나는 데에 소요되는 시간이 될 수도 있다. 또한 응용에 따라 가중치가 음수인 경우도 존재한다.

부분 그래프(Subgraph)는 주어진 그래프의 정점과 간선의 일부분(부분 집합)으로 이루어진 그래프이다. 부분 그래프는 원래의 그래프에 없는 정점이나 간선을 포함하지 않는다. 사이클이 없는 그래프를 트리(Tree)라고 하고, 주어진 그래프가 하나의 연결 성분으로 구성되어 있을 때, 그래프의 모든 정점을 사이클 없이 연결하는 부분 그래프를 신장 트리(Spanning Tree)라고 한다.

9.1.2 그래프 자료구조

그래프를 자료구조로서 저장하는 방법으로 인접 행렬(Adjacency Matrix)과 인접 리스트(Adjacency List)가 주로 사용된다. n개의 정점을 가진 그래프의 인접 행렬은 2차원 n×n 배열로 저장한다. 배열이 a라면, 정점을 0, 1, 2,…, n−1로 하여, 정점 i와 j 사이에 간선이 없으면 a[i][j] = 0으로, 간선이 있으면 a[i][j] = 1로 표현한다. 가중치 그래프인 경우에는 1 대신 가중치를 저장한다. [그림 9-3]은 무방향 그래프에 대한 인접 행렬의 예시이다.

[그림 9-3] 인접행렬

인접 리스트는 정점마다 1개의 연결 리스트를 이용하여 인접한 각 정점을 노드에 저장한다. [그림 9-4]는 [그림 9-3]의 그래프에 대한 인접 리스트를 보여준다.

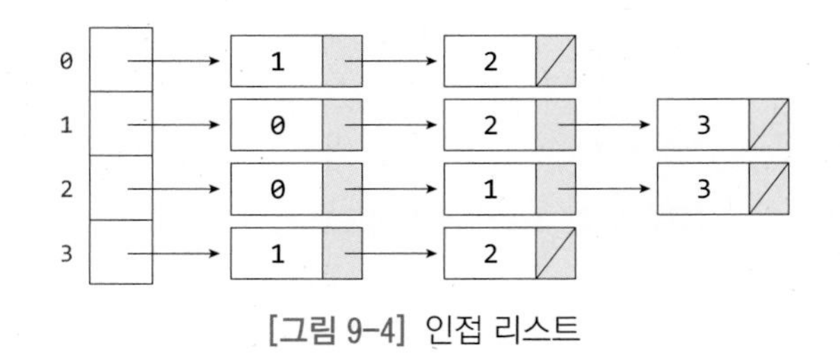

[그림 9-4] 인접 리스트

다음은 그래프를 자바 언어로 구현하기 위해 선언한 Edge 클래스와 인접 리스트를 만드는 프로그램이다. 참고로 아래에 표현된 방법 외에도 다른 방법으로 인접 리스트를 만들 수 있다.

```
01 public class Edge {
02     int adjvertex; // 간선의 맞은편 정점
03     public Edge(int v) { // 생성자
04         adjvertex = v;
05     }
06 }
```

```
01 List<Edge>[] adjList = new List[N];
02 for (int i = 0; i < N; i++) {
03     adjList[i] = new LinkedLest<>();
04     for (int j = 0; j < N; J++) {
05         if (/*정점 i와 j 사이에 간선이 있으면*/) {
06             Edge e = new Edge(j);
07             adjList[i].add(e);
08         }
09     }
10 }
```

Edge 객체는 간선의 맞은편 쪽 정점만을 가진다. 인접 리스트 adjList는 List 배열로 선언하고, List의 각 원소는 LinkedList로 선언하여 (단순) 연결 리스트의 각 노드에 인접한 간선(맞은편 쪽 정점)을 가진 Edge 객체를 저장한다.

실세계의 그래프는 대부분 정점의 평균 차수가 작은 희소 그래프(Sparse Graph)이다. 즉, 희소 그래프의 간선 수는 최대 간선 수인 n(n−1)/2보다 훨씬 작은데, 이 경우 희소 그래프를 효율적으로 저장하는 자료구조는 인접 리스트이다. 무방향 그래프를 인접 리스트를 사용하여 저장할 경우 간선 1개당 2개의 Edge 객체를 저장하고, 방향 그래프의 경우 간선 1개당 하나의 Edge 객체를 저장하기 때문이다. 간선의 수가 최대 간선 수에 근접한 그래프는 조밀 그래프(Dense Graph)라고 한다. 조밀 그래프는 인접 행렬을 사용하는 것이 효율적이다.

9.2 그래프 탐색

그래프에서는 두 가지 방식으로 그래프의 모든 정점을 방문한다. 하나는 깊이 우선 탐색(DFS; Depth First Search)이고 다른 하나는 너비 우선 탐색(BFS; Breadth First Search)이다.

9.2.1 깊이 우선 탐색

그래프에서의 DFS는 임의의 정점에서 시작하여 이웃하는 하나의 정점을 방문하고, 방금 방문한 정점의 이웃 정점을 방문하며, 이웃하는 정점들을 모두 방문한 경우에는 이전 정점으로 되돌아가서 탐색을 수행하는 방식으로 진행된다.

핵심 아이디어

DFS는 실타래를 가지고 미로에서 출구를 찾는 것과 유사하다. 새로운 곳으로 갈 때는 실타래를 풀면서 진행하고, 길이 막혀 진행할 수 없을 때는 실타래를 되감으며 왔던 길을 되돌아가 같은 방법으로 다른 경로를 탐색한다.

다음은 DFS 클래스이다.

```
01 import java.util.List;
02 public class DFS {
03     int N;  // 그래프 정점의 수
04     List<Edge>[] graph;
05     private boolean[ ] visited;  // DFS 수행 중 방문한 정점을 true로
06     public DFS(List<Edge>[] adjList) { // 생성자
07         N = adjList.length;
08         graph = adjList;
09         visited = new boolean[N];
10         for (int i = 0; i < N; i++) visited[i] = false;  // 배열 초기화
11         for (int i = 0; i < N; i++) if (!visited[i]) dfs(i);
12     }
13     private void dfs(int i) {
14         visited[i] = true;                  // 정점 i를 방문하면 visited[i]를 true로
15         System.out.print(i+" ");            // 정점 i를 방문하였음을 출력
16         for (Edge e: graph[i]) {            // 정점 i에 인접한 각 정점에 대해
17             if (!visited[e.adjvertex]) {  // 정점 i에 인접한 정점을 방문 안 했으면 순환 호출
18                 dfs(e.adjvertex);
19             }
20         }
21     }
22 }
```

Line 10의 for-루프에서 visited 배열을 false로 초기화하고, 정점 i를 방문하면 visited[i] = true로 만들어 한번 방문한 정점을 다시 방문하는 것을 방지한다. 단, 방문은 정점을 단순히 출력하는 것으로 가정한다. Line 11의 for-루프에서는 0부터 N-1까지의 정점에 대해 dfs() 메소드를 호출하는데, 이는 그래프가 여러 개의 연결 성분으로 구성된 경우 정점 0에서 방문을 시작하여 계속해서 인접한 정점을 방문하다 보면 정점 0이 속한 연결 성분의 정점들만 방문하고, 다른 연결 성분의 정점들은 방문할 수 없기 때문이다.

Line 13의 dfs() 메소드는 line 14~15에서 visited[i]를 true로 만들고 i를 출력한다. Line 16의 for-루프는 방금 방문한 정점 i에 인접한 정점(e.adjvertex)을 아직 방문하지 않은 경우 line 18에서 dfs()를 순환 호출한다.

[그림 9-5]는 DFS가 수행되는 과정을 표로 나타낸 것이다.

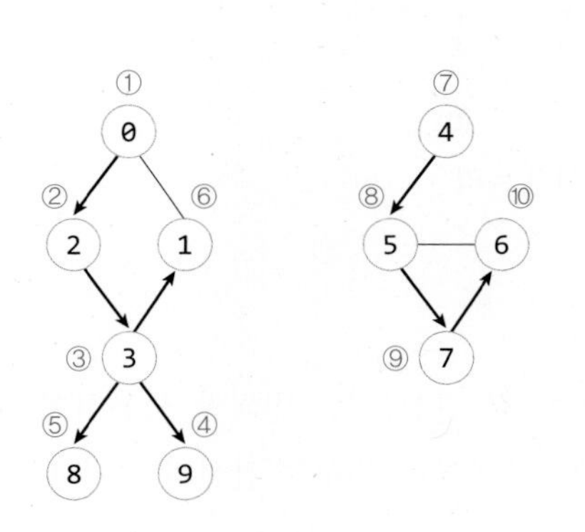

방문순서	dfs()호출	visited[]	출력
①	dfs(0)	visited[0]=true	0
②	dfs(2)	visited[2]=true	2
③	dfs(3)	visited[3]=true	3
④	dfs(9)	visited[9]=true	9
⑤	dfs(8)	visited[8]=true	8
⑥	dfs(1)	visited[1]=true	1
⑦	dfs(4)	visited[4]=true	4
⑧	dfs(5)	visited[5]=true	5
⑨	dfs(7)	visited[7]=true	7
⑩	dfs(6)	visited[6]=true	6

[그림 9-5] DFS 방문순서

DFS 클래스의 line 11에 있는 for-루프에서 i가 0일 때 정점 0, 2, 3, 9, 8, 1을 방문한 후, i가 각각 1, 2, 3일 때 visited[i] = true이므로 dfs()가 호출되지 않는다. 그러나 i = 4일 때에는 visited[4] = false이므로, dfs(4)를 호출하면서 정점 4는 일곱 번째로 방문하며 나머지 정점을 차례로 방문한다. [그림 9-6]은 [그림 9-5]의 그래프에 대해 완성된 프로그램을 수행한 결과이다.

```
Problems  Javadoc  Console
<terminated> main (24) [Java Application] C:\Program Files\Java\jdk1.8.0_40\bin\javaw.exe
DFS 방문 순서:
0 2 3 9 8 1 4 5 7 6
```

[그림 9-6] 완성된 프로그램의 수행 결과

[그림 9-7](a)의 DFS 방문 순서대로 정점 0부터 위에서 아래 방향으로 정점들을 그리면 (b)와 같은 트리가 만들어진다. 실선은 탐색하며 처음 방문할 때 사용된 간선이고, 점선은 뒷간선(Back Edge)으로서 탐색 중 이미 방문된 정점에 도달한 경우를 나타낸다. 그래프가 하나의 연결 성분으로 되어 있을 때 DFS를 수행하며 실선으로 만들어지는 트리를 깊이 우선 신장 트리(Depth First Spanning Tree)라고 한다.

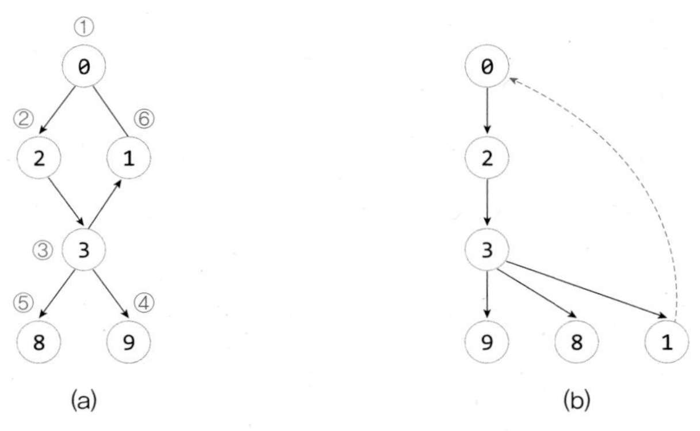

[그림 9-7] 그래프와 깊이 우선 신장 트리

| 수행 시간 |

DFS의 수행 시간은 탐색이 각 정점을 한 번씩 방문하며, 각 간선을 한 번씩만 사용하여 탐색하기 때문에 O(n+m)이다. 여기서 n은 그래프의 정점의 수이고, m은 간선의 수이다.

9.2.2 너비 우선 탐색

BFS는 임의의 정점 s에서 시작하여 s의 모든 이웃하는 정점을 방문하고, 방문한 정점의 이웃 정점들을 모두 방문하는 방식으로 그래프의 모든 정점을 방문한다. BFS는 이진 트리에서의 레벨 순회와 유사하다.

핵심 아이디어

BFS는 연못에 돌을 던져서 만들어지는 동심원의 물결이 퍼져나가는 것 같이 정점들을 방문한다.

BFS는 이진 트리의 레벨 순회에서처럼 큐 자료구조를 사용한다. 다음은 BFS 클래스이다.

```
01 import java.util.*;
02 public class BFS {
03     int N;  // 그래프 정점의 수
04     List<Edge>[] graph;
05     private boolean[ ] visited;  // BFS 수행 중 방문한 정점의 원소를 true로 만든다.
06     public BFS(List<Edge>[] adjList) {  // 생성자
07         N = adjList.length;
08         graph = adjList;
09         visited = new boolean[N];
10         for (int i = 0; i < N; i++) visited[i] = false;    // 배열 초기화
11         for (int i = 0; i < N; i++) if (!visited[i]) bfs(i);
12     }
13     private void bfs(int i) {
14         Queue<Integer> q = new LinkedList<Integer>();     // 큐 선언
15         visited[i] = true;
16         q.add(i);                            // 큐에 시작점 삽입
17         while (!q.isEmpty()) {
18             int j = q.remove();       // 큐에서 정점 j를 가져옴
19             System.out.print(j+" "); // 정점 j 방문
20             for (Edge e: graph[j]) { // 정점 j에 인접한 정점 중 방문 안 된 정점 하나씩 방문
21                 if (!visited[e.adjvertex]) {
22                     visited[e.adjvertex] = true;
23                     q.add(e.adjvertex);    // 방문할 정점을 큐에 삽입
24                 }
25             }
26         }
27     }
28 }
```

Line 10의 for-루프에서 visited 배열을 false로 초기화하고, 정점 i를 방문하면 visited[i]를 true로 만들어, 한번 방문한 정점을 다시 방문하는 것을 방지한다. Line 11의 for-루프는 0부터 N-1까지의 정점에 대해 bfs() 메소드를 호출하여 그래프의 모든 정점을 방문한다.

Line 13의 bfs() 메소드는 line 15~16에서 visited[i]를 true로 만들고, i를 큐에 삽입한다. Line 17의 while-루프는 큐가 empty가 되면 종료하고, 루프가 처음 시작하여 끝날

때까지 연속적으로 방문한 정점들은 하나의 연결 성분을 구성한다. Line 18~19에서는 큐에서 다음 방문할 정점 j를 삭제한 후, j를 방문하고 (즉, j를 출력하고), line 20의 for-루프는 정점 j에 인접해 있지만, 아직 방문하지 않은 정점들을 큐에 삽입한다.

[그림 9-8]은 [그림 9-9]의 그래프에 대해 bfs(0)부터 BFS 클래스가 수행되며 첫 번째 연결 성분의 정점들을 모두 방문할 때까지 큐에 정점들이 삽입, 삭제되며 정점들이 출력(방문)될 때의 큐의 상태를 도식화한 것이다.

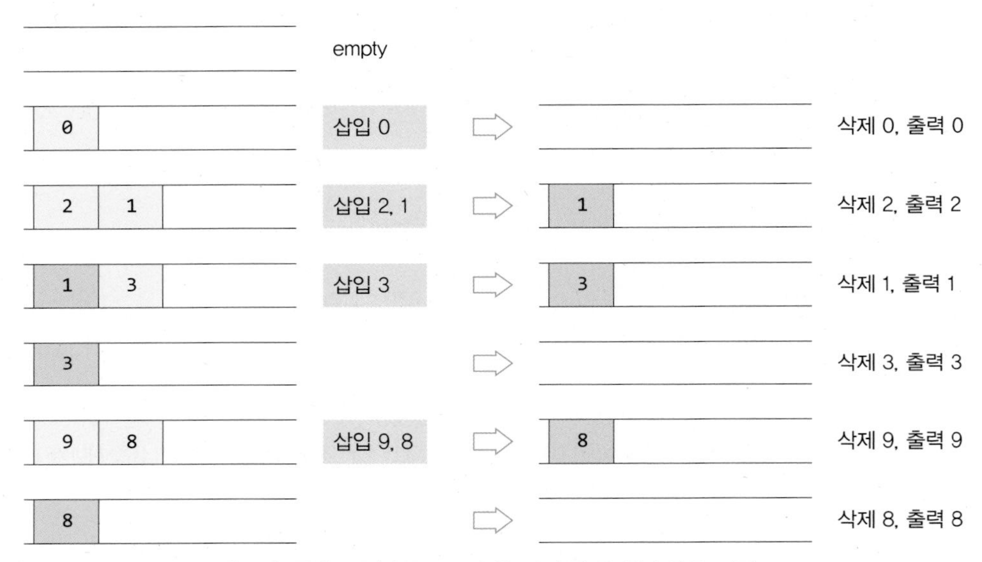

[그림 9-8] bfs(0)으로부터 첫 번째 연결 성분 방문 과정

[그림 9-9]는 BFS가 수행되는 전 과정을 나타낸 것이다.

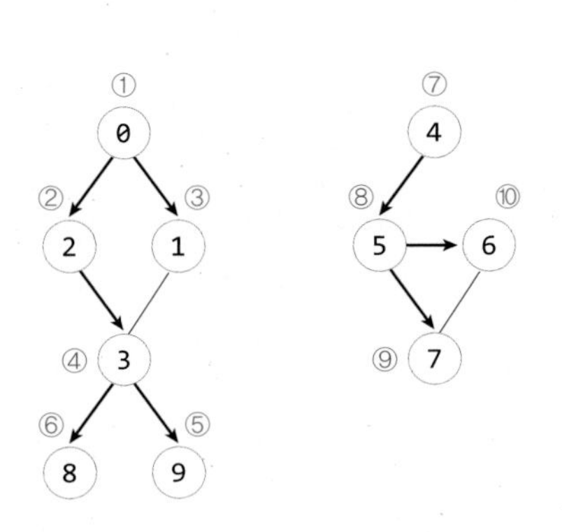

방문순서	visited[]	출력
①	visited[0]=true	0
②	visited[2]=true	2
③	visited[1]=true	1
④	visited[3]=true	3
⑤	visited[9]=true	9
⑥	visited[8]=true	8
⑦	visited[4]=true	4
⑧	visited[5]=true	5
⑨	visited[7]=true	7
⑩	visited[6]=true	6

[그림 9-9] BFS 방문순서

[그림 9-10]은 완성된 프로그램이 [그림 9-9]의 그래프에 대해 BFS를 수행한 결과이다.

```
Problems  Javadoc  Console
<terminated> main (26) [Java Application] C:₩Program Files₩Java₩jdk1.8.0_40₩bin₩javaw.exe
BFS(0) 방문 순서:
0 2 1 3 9 8 4 5 7 6
```

[그림 9-10] 완성된 프로그램의 수행 결과

[그림 9-11](a)의 그래프에서 BFS 방문 순서대로 정점 0부터 위에서 아래 방향으로 그려 보면 (b)와 같은 트리가 만들어진다. 실선은 탐색하며 처음 방문할 때 사용된 그래프의 간선이고, 점선은 교차 간선(Cross Edge)으로서 탐색 중 이미 방문한 정점에 도달한 경우를 나타낸다. 그래프가 하나의 연결 성분으로 되어 있을 때 BFS를 수행하며 실선으로 만들어지는 트리를 너비 우선 신장 트리(Breadth First Spanning Tree)라고 한다.

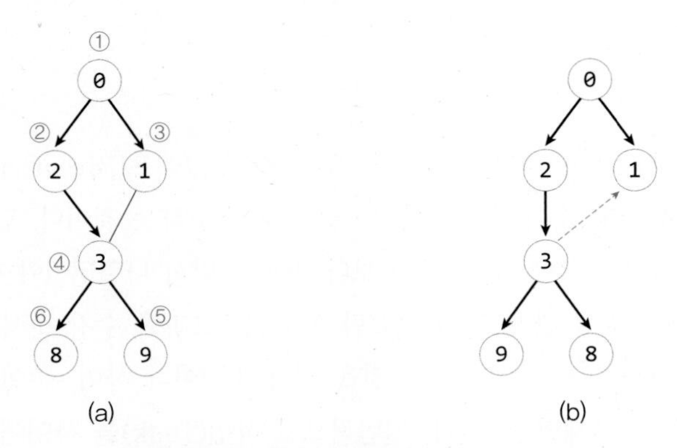

[그림 9-11] 그래프와 너비 우선 신장 트리

| 수행 시간 |

BFS는 DFS와 같이 각 정점을 한 번씩 방문하며, 각 간선을 한 번씩만 사용하여 탐색하기 때문에 O(n+m)의 수행 시간이 소요된다. BFS와 DFS는 정점의 방문 순서나 간선을 사용하는 순서만 다를 뿐이다. 여기서 n은 그래프의 정점의 수이고, m은 간선의 수이다.

다음은 DFS와 BFS로 수행 가능한 그래프 응용을 보여준다. 신장 트리, 연결 성분, 경로, 사이클 찾기는 두 방법 모두 응용 가능하지만, 최소 간선을 사용하는 경로를 찾기 위해선 BFS를 사용해야 하고, 위상 정렬, 이중 연결 성분, 강 연결 성분을 찾기 위해선 DFS를 사용해야 한다.

표 9-1 DFS와 BFS로 수행 가능한 그래프 응용

응용	DFS	BFS
신장 트리, 연결 성분, 경로, 사이클	✓	✓
최소 간선을 사용하는 경로		✓
위상 정렬, 이중 연결 성분, 강 연결 성분	✓	

9.3 기본적인 그래프 알고리즘

앞에서 살펴본 그래프의 DFS는 그래프의 기본적인 분석을 위한 연산에 사용된다. Part 9.3에서는 주어진 그래프에서 DFS를 이용하여 위상 정렬을 찾고, 이중 연결 성분 및 강 연결 성분을 찾는 방법에 대해 살펴본다.

9.3.1 위상 정렬

위상 정렬(Topological Sort)이란 사이클이 없는 방향 그래프(Directed Acyclic Graph, DAG)에서 정점들을 선형 순서(즉, 정점들을 일렬)로 나열하는 것이다. 단, 위상 정렬 결과는 그래프의 각 간선 ⟨u, v⟩에 대해 u가 v보다 반드시 앞서 나열되어야 한다. [그림 9-12] (a)는 교과과정의 선수과목 관계도이고, [그림 9-13]은 교과목 수강 순서도이다. 이렇게 그래프의 각 정점에 대해 순서를 부여하는 것을 위상 정렬이라 하며, 주어진 그래프에 따라 여러 개의 위상 정렬이 존재할 수 있다. 일반적으로 작업(Task)들 사이에 의존관계가 존재할 때 수행 가능한 작업 순서를 도식화하는 데에 위상 정렬을 사용한다.

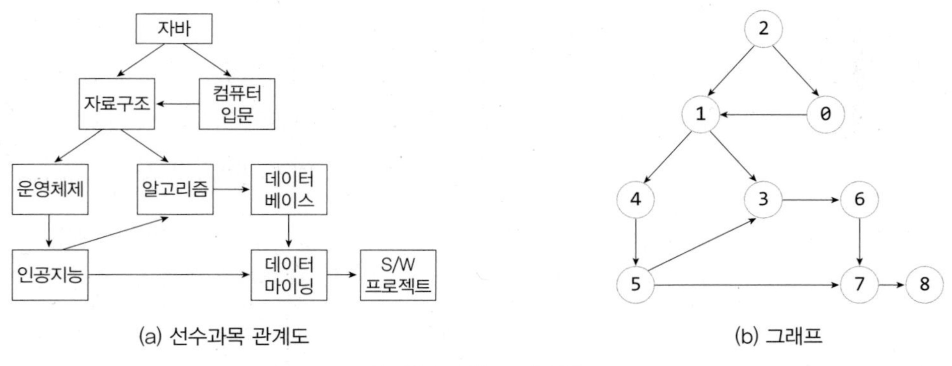

(a) 선수과목 관계도
(b) 그래프

[그림 9-12] 교과과정

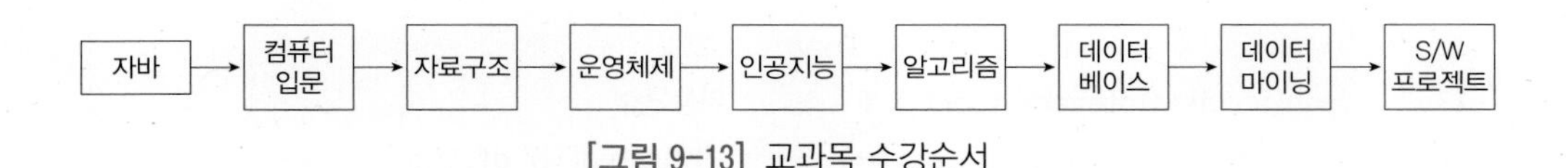

[그림 9-13] 교과목 수강순서

위상 정렬은 두 가지 방법으로 얻을 수 있다. 하나는 그래프에서 진입 차수가 0인 정점 v에서 시작하여 v를 출력하고 v를 그래프에서 제거하는 과정을 반복하는 순방향 방법이고, 다른 하나는 진출 차수가 0인 정점 v를 출력하고 v를 그래프에서 제거하는 과정을 반복하여 얻은 출력 리스트를 역순으로 만들어 결과를 얻는 역방향 방법이 있다.

그러나 순방향 방법은 인접 리스트를 각 정점으로 진입하는 정점들의 인접 리스트로 바꾸어야 하는 단점이 있으므로, 역방향 방법으로 위상 정렬을 찾아보자.

핵심 아이디어

DFS를 수행하며 각 정점 v의 인접한 모든 정점의 방문이 끝나자마자 v를 리스트에 추가한다. 리스트가 완성되면 리스트를 역순으로 만든다.

"v의 인접한 모든 정점의 방문이 끝나자마자 v를 리스트에 추가한다"는 것은 v가 추가되기 전에 v에 인접한 모든 정점이 이미 리스트에 추가되어 있음을 뜻한다. 따라서 리스트가 완성되어 이를 역순으로 만들면 위상 정렬 결과를 얻을 수 있다. 다음은 위상 정렬을 위한 TopologicalSort 클래스이다.

```
01 import java.util.*;
02 public class TopologicalSort {
03     int N;                      // 그래프의 정점 수
04     boolean[] visited;          // DFS 수행 중 방문 여부 체크 용
05     List<Integer>[] adjList;    // 인접 리스트 형태의 입력 그래프
06     List<Integer> sequence;     // 위상 정렬 순서를 담을 리스트
07     public TopologicalSort(List<Integer>[] graph) {  // 생성자
08         N = graph.length;
09         visited = new boolean[N];
10         adjList = graph;
11         sequence = new ArrayList<>();
```

```
12      }
13      public List<Integer> tsort() {       // 위상 정렬
14          for (int i = 0; i < N; i++)      if (!visited[i]) dfs(i);
15          Collections.reverse(sequence); // sequence를 역순으로 만들기
16          return sequence;
17      }
18      public void dfs(int i) {  // DFS 수행
19          visited[i] = true;
20          for (int v : adjList[i]) { // i의 방문이 끝나고 앞으로 방문해야할 각 정점 v에 대해
21              if (!visited[v]) dfs(v);
22          }
23          sequence.add(i);    // i에서 진출하는 간선이 더 이상 없으므로 i를 sequence에 추가
24      }
25  }
```

Line 13의 tsort() 메소드는 line 18의 dfs() 메소드를 호출하며, line 15~16과 line 23을 제외하면 DFS 클래스와 거의 동일하다. 단, DFS 클래스에서는 Edge 클래스를 사용하여 간선을 나타냈지만, 여기서는 단순히 간선을 인접한 정점(int)으로 나타낸다.

[그림 9-12](b)의 그래프에 대해 TopologicalSort 클래스의 주요 부분이 어떤 단계를 거쳐 수행되는지 살펴보자. 먼저 Line 14의 dfs(0)으로 시작하여, dfs(1), dfs(3), dfs(6), dfs(7)을 차례로 호출한 후에, dfs(8)을 호출한다. 이때 정점 8에선 더 이상 인접한 정점이 없으므로 line 20의 for-루프가 수행되지 않고 바로 line 23의 sequence.add(8)이 수행되어 '8'이 sequence에 가장 먼저 저장된다. 즉, 위상 정렬 순서의 가장 마지막 정점을 찾아서 sequence에 저장한 것이다.

sequence.add(8)이 수행된 후 dfs() 메소드가 리턴된 뒤, 정점 7에 대해 line 20의 for-루프에서 정점 7의 인접한 모든 정점을 이미 방문했으므로, line 23에서 '7'을 sequence에 추가한다. Line 20의 for-루프에서 더 이상 방문하지 않은 인접한 정점이 없으면 해당 정점을 sequence에 추가하며, 최종적으로 line 15에서 sequence를 역순으로 만들어 line 16에서 위상 정렬의 결과를 반환한다.

[그림 9-14]는 [그림 9-12](b)의 그래프에 대해 완성된 프로그램이 수행된 결과이다.

```
Console
<terminated> main (64) [Java Application] C:₩Program Files₩Java₩jdk1.8.0_40₩bin₩javaw.exe (2017. 1. 24. 오후 5:58:01)
위상 정렬:
[2, 0, 1, 4, 5, 3, 6, 7, 8]
```

[그림 9-14] 완성된 프로그램의 수행 결과

| 수행 시간 |

위상 정렬 알고리즘의 수행 시간은 깊이 우선 탐색의 수행 시간과 동일한 O(n+m)이다. 기본적으로 깊이 우선 탐색을 하며 추가로 소요되는 시간은 line 23에서 정점을 리스트에 저장하고, 모든 탐색이 끝나면 리스트를 역순으로 만드는 시간으로 이는 O(n)이다. 따라서 위상 정렬 알고리즘의 수행 시간은 O(n+m)+O(n)=O(n+m)이다.

9.3.2 이중 연결 성분

무방향 그래프의 연결 성분에서 임의의 두 정점 사이에 적어도 2개의 단순 경로가 존재하는 연결 성분을 이중 연결 성분(Biconnected Component)이라고 한다. 따라서 하나의 단순 경로 상의 어느 정점 하나가 삭제되더라도 또 다른 경로가 존재하므로 연결 성분 내에서 정점들 사이의 연결이 유지된다. 이중 연결 성분은 통신 네트워크 보안, 전력 공급 네트워크 등에서 네트워크의 견고성(Robustness)을 분석하는 주된 방법이다.

그래프에서 하나의 정점을 삭제했을 때, 2개 이상의 연결 성분으로 분리된다면 삭제된 정점을 단절 정점(Articulation Point 또는 Cut Point)이라고 한다. 또한 간선을 제거했을 때 2개 이상의 연결 성분으로 분리된다면 삭제된 간선을 다리 간선(Bridge)이라고 한다.

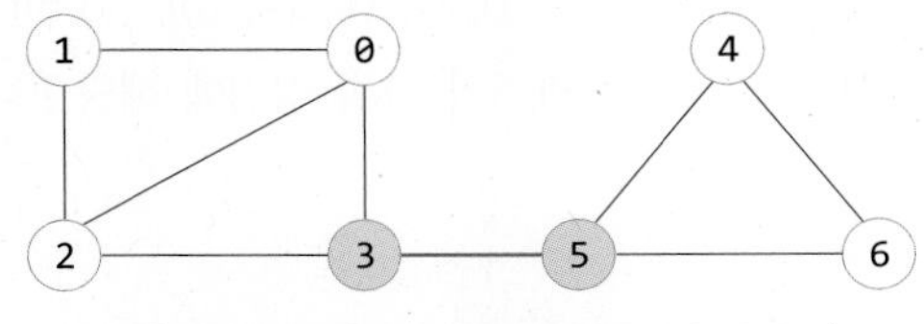

[그림 9-15] 단절 정점과 다리 간선

[그림 9-15]의 그래프에서 정점 3과 5는 각각 단절 정점이다. 그리고 간선 (3, 5)는 다리 간선이다. 또한 이 그래프는 세 개의 이중 연결 성분, [0, 1, 2, 3], [3, 5], [4, 5, 6]으로 구성되어 있다. 참고로 단절 정점은 이웃한 이중 연결 성분에 동시에 속하고, 다리 간선은 그

자체로 하나의 이중 연결 성분이다.

이중 연결 성분을 찾는 알고리즘을 알아보기 전에 DFS를 수행하며 만들어지는 깊이 우선 신장 트리와 이중 연결 성분과의 관계를 살펴보자. [그림 9-15]의 그래프에 대한 인접 리스트가 [그림 9-16](a)와 같다면, 정점 0에서 DFS를 수행하면 (b)와 같은 신장 트리를 얻는다.

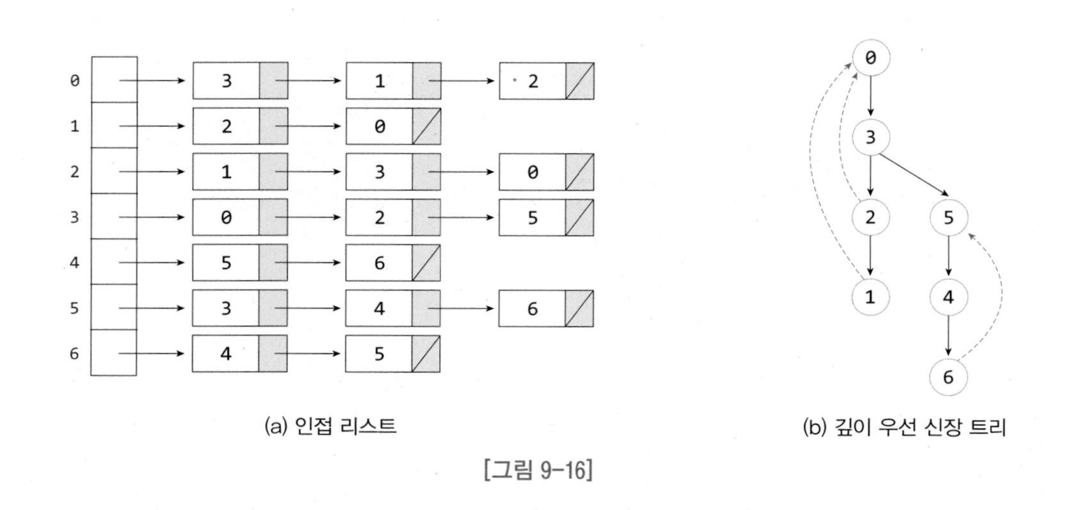

[그림 9-16]

[그림 9-16](b)의 트리에서 점선으로 표시된 각각의 뒷간선은 사이클을 만든다. 뒷간선 (2, 0)을 실선으로 만들어진 신장 트리에 추가하면 [0-3-2-0]의 사이클을 만들고, 뒷간선 (1, 0)은 [0-3-2-1-0]의 사이클을 만들며, 마지막으로 뒷간선 (6, 5)는 [5-4-6-5]의 사이클을 만든다. 이중 연결 성분은 성분 내의 정점들 사이에 적어도 2개의 단순 경로가 있어야 하므로, 뒷간선으로 만들어지는 사이클 상의 정점들은 하나의 이중 연결 성분에 속한다. [그림 9-16]의 그래프는 [(0, 3), (3, 2), (2, 1), (1, 0), (2, 0)], [(3,5)], [(5, 4), (4, 6), (6, 5)]의 이중 연결 성분으로 구성되고, 정점 3과 5가 단절 정점에 해당한다.

핵심 아이디어

DFS를 수행하면서 사용하는 간선을 스택에 저장하고 뒷간선의 적절한 활용을 통해 단절 정점을 찾으며, 단절 정점을 찾은 직후에 스택에서 이중 연결 성분에 속한 간선들을 모두 꺼내어 출력한다.

다음의 이중 연결 성분을 찾는 알고리즘은 DFS를 수행하면서 각 정점에 방문 번호(dfsNum)를 부여한다. 또한 DFS 수행 과정에서 만들어지는 신장 트리에서 뒷간선을 활용하여 가장 작은 dfsNum을 가진 정점에 도달 가능 여부를 표시하기 위해 lowNum 배열을 사용한다. 다음은 이중 연결 성분을 찾기 위한 알고리즘이다.

```
[1] sequence = 1;
[2] dfsNum[]을 0으로 초기화;
[3] biconnected(0, -1);    // 시작점 0으로 호출
[4] biconnected(v, u) {
[5]      dfsNum[v] = lowNum[v] = sequence++;
[6]      for(each w adjacent to v)
[7]           if(w≠u and dfsNum[w] < dfsNum[v])
[8]                간선 (v, w)를 스택에 push;
[9]           if(dfsNum[w] == 0)  // w 가 방문 안 되었으면
[10]               biconnected(w, v);
[11]               lowNum[v] = min{lowNum[v], lowNum[w]};
[12]               if(lowNum[w] ≥ dfsNum[v])  // v 는 단절 정점
[13]                    간선 (v, w)가 나올 때까지 pop하여 출력;
[14]          else if(w≠u)   // (v, w)가 뒷간선이면
[15]               lowNum[v] = min(lowNum[v], dfsNum[w]);
     }
```

Step [1]의 sequence = 1은 DFS 수행하면서 방문 순서에 따라 정점에 1부터 (n까지) 방문 번호(dfsNum)를 부여하기 위한 것이다. 참고로 한번 부여된 방문 번호는 알고리즘이 종료될 때까지 변하지 않는다. Step [2]에서 dfsNum 배열을 0으로 초기화하며, dfsNum[i] = 0은 정점 i를 아직 방문하지 않았음을 나타낸다.

Step [3]에서 biconnected(0, -1)을 호출하는데, 첫 번째 매개변수는 정점 0부터 DFS를 시작함을 의미하고, 두 번째 매개변수는 신장 트리에서 첫 번째 매개변수의 부모이다. 정점 0은 신장 트리의 루트라서 부모가 없으므로 '-1'로 표현한 것이다.

Step [5]에서는 dfsNum[v] = lowNum[v] = sequence++를 수행하여 정점 v에 대해 dfsNum[v]와 lowNum[v]에 동일한 값을 부여한다. Step [6]의 for-루프에서는 정점 v에 인접한 각 정점 w에 대해서 하나씩 step [7], [9], [14]에 있는 if-조건에 따라 해당 부분을 수행한다.

Step [7]의 if-문은 정점 w가 신장 트리에서 정점 v의 부모가 아니고 dfsNum[w] < dfsNum[v]인 경우(참고로 아직 방문 안 된 정점의 dfsNum은 0이다), 간선 (v, w)를 스택에 push하기 위한 것이다.

Step [9]의 if-문에서는 dfsNum[w] = 0이면, 즉 w를 아직 방문하지 않았으면, biconnected(w, v)를 순환 호출한다. Step [11]에서 호출이 끝나고 리턴되면 lowNum[v] 값을 둘 중에서 작은 값으로 갱신한다. 만약 lowNum[w]로 갱신되었다면 v의 자식인 w의 도움으로 v로부터 w를 거쳐서 트리의 더 '높은' 정점에 도달할 수 있는 것을 의미한다.

Step [12]는 정점 v가 단절 정점인지를 검사하며, 그 조건은 lowNum[w] ≥ dfsNum[v]이다. 즉, 정점 w에서 트리 위로 아무리 높이 올라가려고 해도 정점 v보다 위에 있는 정점에 도달 불가능하다면, 정점 v는 단절 정점이다. 이는 정점 v와 w가 속한 이중 연결 성분을 발견한 것이므로, step [13]에서 스택에 있는 간선들을 간선 (v, w)가 나올 때까지 꺼내어 출력한다. 이때 (v, w)도 pop하여 출력한다.

Step [14]의 if-문은 정점 w가 정점 u와 다를 때, 즉 간선 (v, w)가 뒷간선인 경우, lowNum[v]를 둘 중에 작은 값으로 갱신한다. 이때 정점 w를 탐색 중 먼저 방문하여 v보다 작은 방문 번호를 부여받았다면, lowNum[v]는 dfsNum[w]로 갱신된다.

이중 연결 성분 알고리즘은 프로그램과 거의 유사한 의사코드이므로 이중 연결 성분을 위한 자바 프로그램은 연습문제에서 다룬다.

| 수행 시간 |

이중 연결 성분 알고리즘의 수행 시간은 깊이 우선 탐색의 수행 시간과 동일한 O(n+m)이다. 기본적으로 깊이 우선 탐색을 수행하며 이와 별도로 소요되는 시간은 스택에 각 간선이 1번 push되고 1번 pop되는 시간으로 이는 O(m) 시간이다. 따라서 이중 연결 성분 알고리즘의 수행 시간은 O(n+m)+O(m)=O(n+m)이다.

9.3.3 강 연결 성분

강 연결 성분(Strongly Connected Component)이란 방향 그래프에서 연결 성분 내의 임의의 두 정점 u와 v에 대해 정점 u에서 v로 가는 경로가 있고 동시에 v에서 u로 돌아오는 경로가 있는 연결 성분을 의미한다. 따라서 강 연결 성분은 단절 정점이나 다리 간선을 포함하지 않는다. 강 연결 성분은 소셜 네트워크에서 커뮤니티(Community)를 분석하는데 활용되며, 인터넷의 웹 페이지 분석에도 사용된다. [그림 9-17]에서 그래프(a)의 강 연결 성분은 (b)와 같이 3개이다.

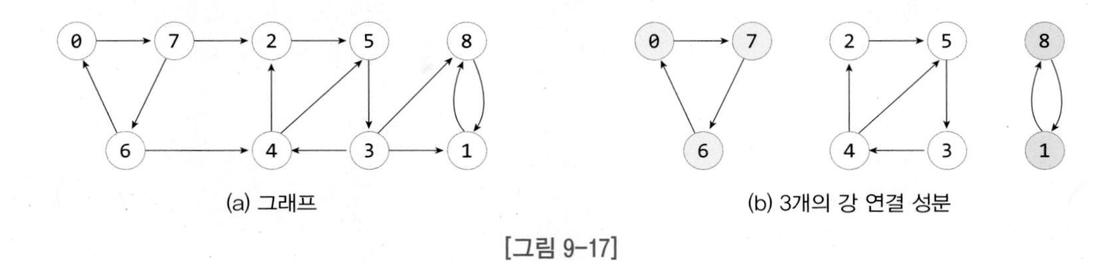

[그림 9-17]

주어진 방향 그래프에서 강 연결 성분을 찾는 알고리즘은 스택을 사용하는 Tarjan의 알고리즘과 역방향 그래프를 활용하는 Kosaraju의 알고리즘이 있다. 여기서는 Tarjan의 알고리즘보다 간결하면서도 문제를 완전히 다른 각도에서 분석하여 착안한 Kosaraju의 알고리즘을 알아보자.

핵심 아이디어

입력 그래프의 각각의 강 연결 성분은 역방향 그래프에서도 각각 동일한 강 연결 성분이다. 입력 그래프의 위상 정렬 순서로 역방향 그래프에서 DFS를 수행하면 하나의 강 연결 성분에서 다른 강 연결 성분으로 진행할 수 없다.

[Kosaraju 알고리즘]

[1] DFS를 이용하여 위상 정렬 순서 S를 찾는다. 단, 그래프의 사이클은 무시하며 S를 찾는다.
[2] 각 간선이 역방향으로 된 역방향 그래프 G^R을 만든다.
[3] S를 이용하여 G^R에서 DFS를 수행하면서 강 연결 성분들을 추출한다.

Step [1]에서는 입력 그래프에서 DFS를 수행하면서 위상 정렬 순서 S를 찾는다. 단, 위상 정렬 순서를 찾을 때 임의의 정점에서 시작해도 무방하며, 사이클은 무시한다. Step [2]에서는 역방향 그래프 G^R을 만들고, step [3]에서는 S를 이용하여 G^R에서 DFS를 수행하면서 강 연결 성분들을 추출한다. G^R에서 각각의 강 연결 성분을 추출할 수 있는 이유는 S의 순서에 따라 G^R에서 DFS를 수행하면서 하나의 강 연결 성분의 정점들을 모두 방문한 후에 다른 강 연결 성분에 있는 정점을 방문할 수 없기 때문이다.

예제 [그림 9-18](a)의 그래프에 대해 step [1]에서 (b)의 인접 리스트가 주어졌다면, DFS를 정점 0에서 수행한 결과로 얻은 위상 정렬 순서는 [4, 1, 8, 3, 5, 2, 6, 7, 0]이고, 이 순서의 역순은 [0, 7, 6, 2, 5, 3, 8, 1, 4]이다. 단, DFS는 임의의 정점에서 시작해도 무방하다. 예를 들어 정점 5부터 DFS를 시작하면 [2, 4, 1, 8, 3, 5, 6, 7, 0]을 찾고, 이 순서의 역순인 [0, 7, 6, 5, 3, 8, 1, 4, 2]가 S이다.

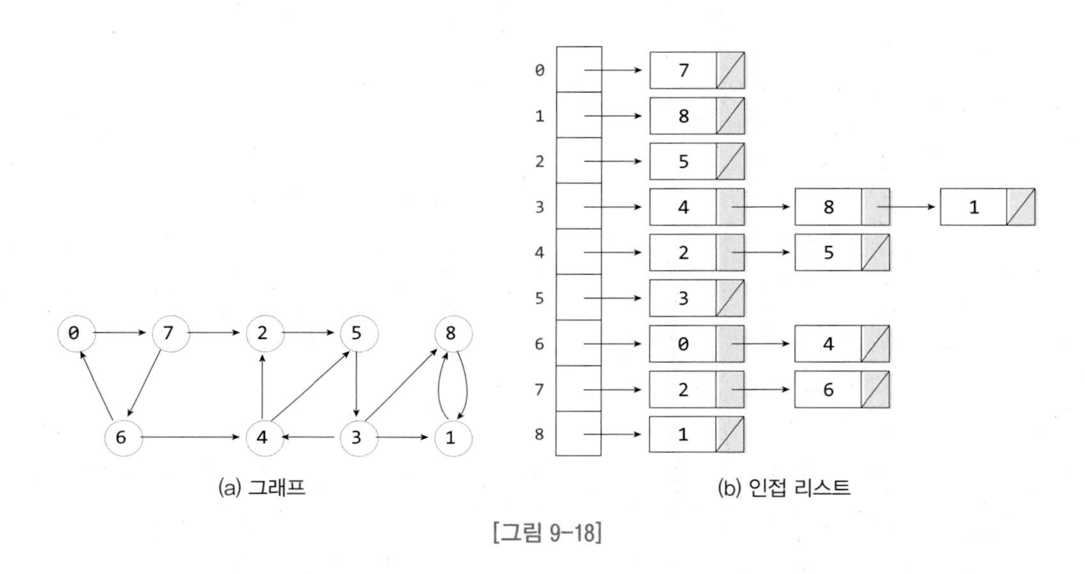

[그림 9-18]

Step [2]에서는 입력 그래프를 [그림 9-19]와 같이 역방향 그래프로 변환한다.

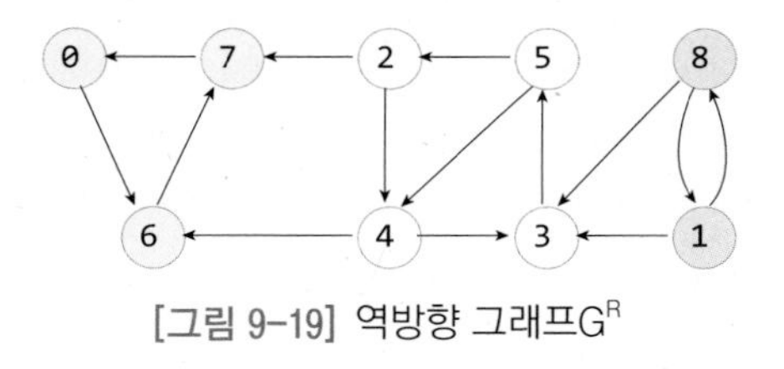

[그림 9-19] 역방향 그래프G^R

Step [3]에서는 S = [0, 7, 6, 2, 5, 3, 8, 1, 4]의 순서에 따라서 각각의 강 연결 성분을 추출한다. 먼저 S의 첫 정점 0으로부터 DFS를 G^R에서 수행하면, 정점 0, 6, 7을 방문한 후에 더 이상 다른 강 연결 성분에 있는 정점으로 이동할 수 없으므로 첫 번째 강 연결 성분인 [7, 6, 0]을 성공적으로 추출한다. 그다음엔 위상 정렬 순서 [2, 5, 3, 8, 1, 4] 중 아직 방문하지 않은 첫 정점인 2부터 DFS를 수행하여, [5, 3, 4, 2]를 두 번째 강 연결 성분으로 추출하며, 마지막으로 위상 정렬 순서 [8, 1] 중에서 방문 안 된 첫 정점인 8부터 DFS를 수행하여 [1, 8]을 추출한다. 강 연결 성분을 찾는 Kosaraju 알고리즘을 위한 자바 프로그램은 연습문제에서 다룬다.

| 수행 시간 |

Kosaraju 알고리즘의 수행 시간은 DFS의 수행 시간과 동일한 O(n+m)이다. 깊이 우선 탐색을 2회 수행하고, 이와 별개로 소요되는 시간은 역방향 그래프를 생성하는데에 소요되는 시간인데 이는 O(m) 시간이다. 따라서 강 연결 성분 알고리즘의 수행 시간은 O(n+m)+O(m)=O(n+m)이다. 참고로 Knuth의 강 연결 성분 알고리즘의 수행 시간도 O(n+m)이다. 그러나 Knuth 알고리즘은 깊이 우선 탐색을 1회만 수행하는 장점이 있는 반면에 Kosaraju 알고리즘에 비해 복잡한 편이다.

9.4 최소 신장 트리

하나의 연결 성분으로 이루어진 무방향 가중치 그래프에서 간선의 가중치의 합이 최소인 신장 트리를 최소 신장 트리(Minimum Spanning Tree, MST)라고 한다. 최소 신장 트리를 찾는 대표적인 알고리즘은 Kruskal, Prim, Sollin 알고리즘이다. 이 알고리즘들은 모두 그리디(Greedy) 알고리즘이다. 그리디 알고리즘은 최적해(최솟값 또는 최댓값)를 찾는 문제를 해결하기 위한 알고리즘 방식 중 하나로서, 알고리즘의 선택이 항상 '욕심내어' 지역적인 최솟값(또는 최댓값)을 선택하며, 이러한 부분적인 선택을 축적하여 최적해를 찾는다.

[그림 9-20]에서 어떤 그래프가 (a)의 신장 트리일까?

[그림 9-20](b)는 2개의 트리로 이루어져 있으므로 트리가 아니고, (c)는 트리이나 정점 4가 없으므로 신장 트리가 아니며, (e)는 모든 정점을 포함하나 [1-6-5-3-1] 사이클이 있으므로 트리가 아니다. (d)는 트리이면서 (a)의 모든 정점을 포함하므로 신장 트리이다.

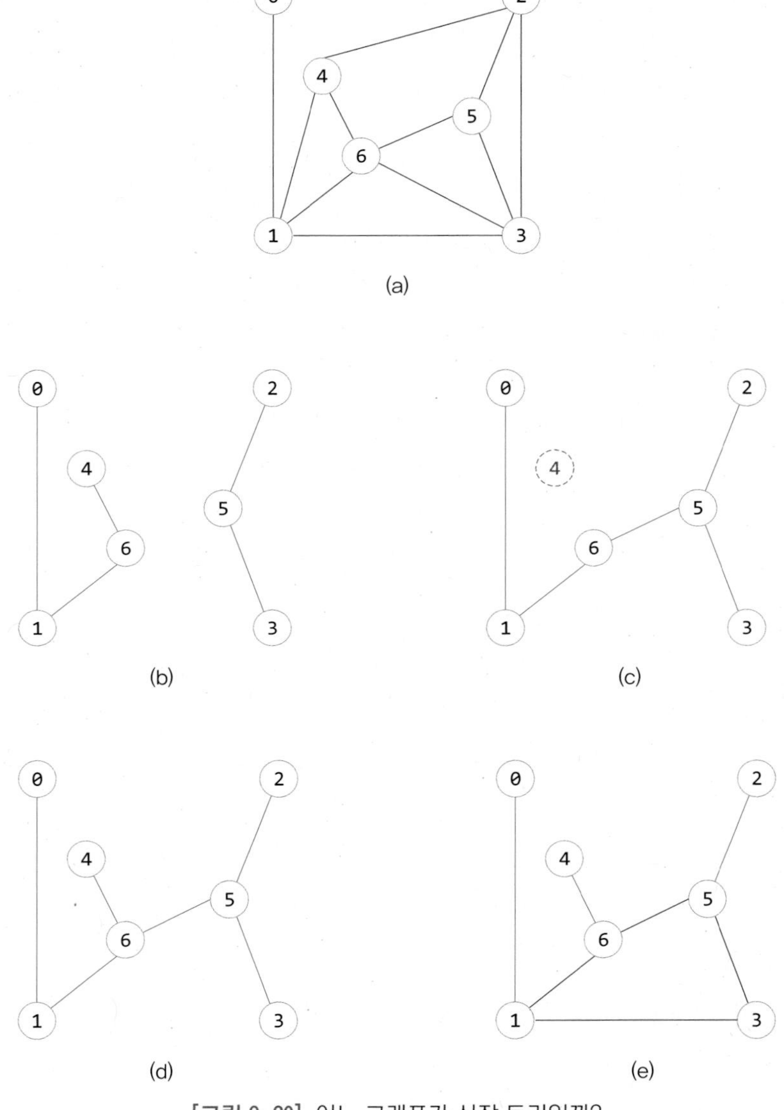

[그림 9-20] 어느 그래프가 신장 트리일까?

9.4.1 Kruskal 알고리즘

Kruskal 알고리즘은 간선들을 가중치가 감소하지 않는 순서로 정렬한 후, 가장 가중치가 작은 간선을 트리에 추가하여 사이클을 만들지 않으면 트리 간선으로 선택하고, 사이클을 만들면 버리는 일을 반복하여 n−1개의 간선이 선택되었을 때 알고리즘을 종료한다. 여기서 n은 그래프 정점의 수이다. Kruskal 알고리즘이 그리디 알고리즘인 이유는 남아있는

(정렬된) 간선들 중에서 항상 '욕심내어' 가중치가 가장 작은 간선을 가져오기 때문이다. 다음은 Kruskal의 MST 알고리즘이다. 알고리즘은 최소 신장 트리 T를 반환한다. 단, T는 초기에 empty이다.

```
[1] 가중치가 감소하지 않는 순서로 정렬된 간선 리스트 L을 만든다.
[2] while (트리의 간선 수 < n-1)
[3]     L에서 가장 작은 가중치를 가진 간선 e를 가져오고, e를 L에서 제거한다.
[4]     if (간선 e를 T에 추가하여 사이클을 만들지 않으면)
[5]         간선 e를 T에 추가한다.
```

예제 다음은 [그림 9-21](a)의 그래프에서 Kruskal 알고리즘으로 최소 신장 트리를 찾는 과정을 단계별로 나타낸 것이다.

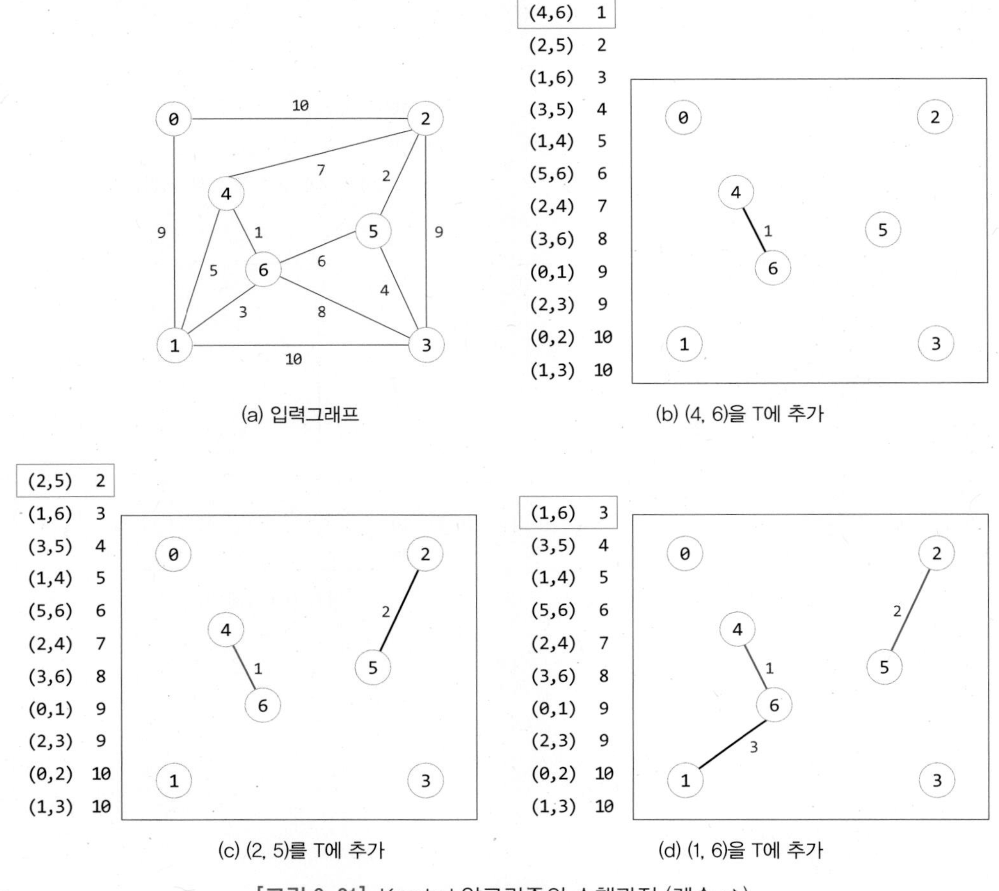

(a) 입력그래프

(b) (4, 6)을 T에 추가

(c) (2, 5)를 T에 추가

(d) (1, 6)을 T에 추가

[그림 9-21] Kruskal 알고리즘의 수행과정 (계속 ➡)

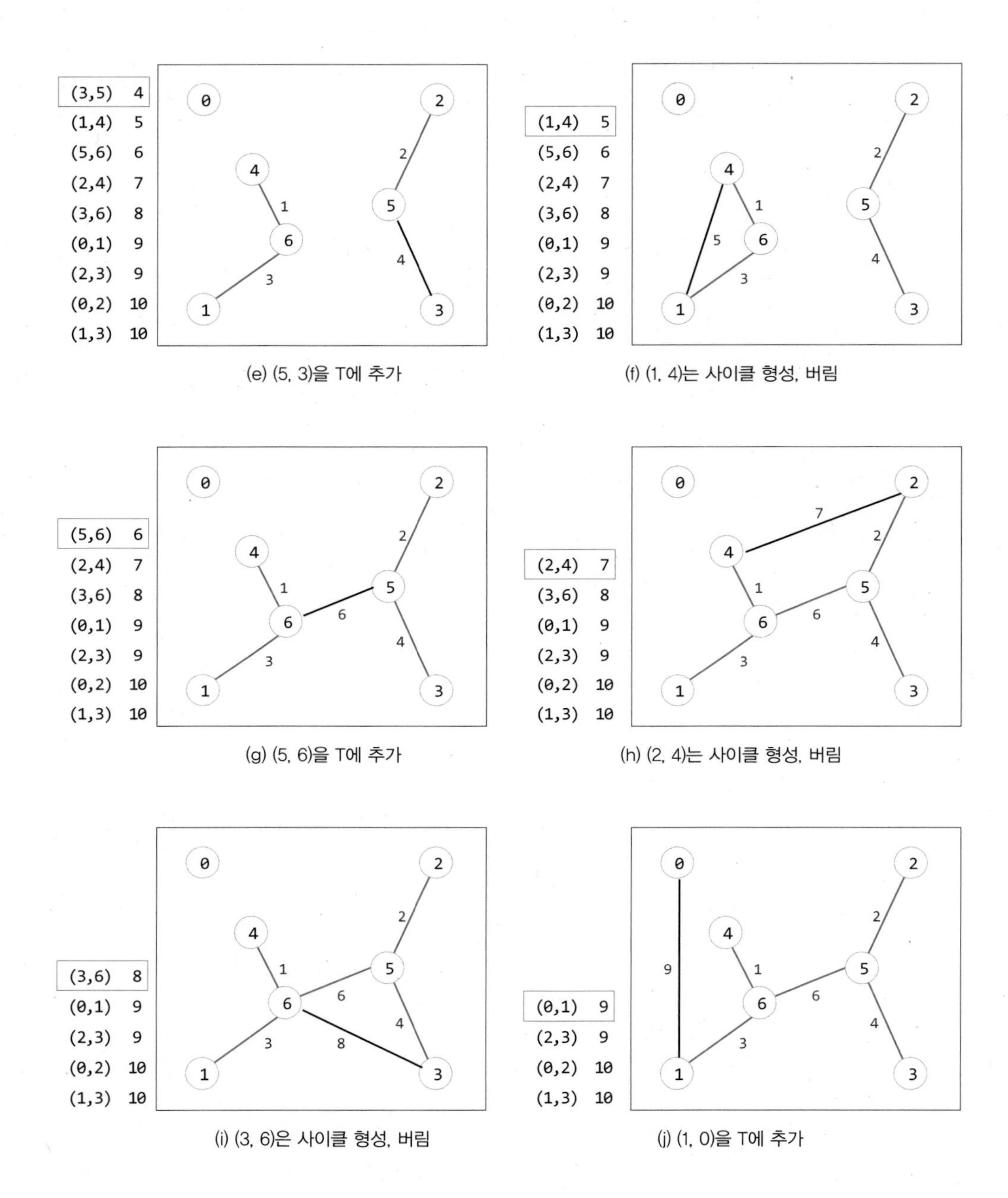

(e) (5, 3)을 T에 추가

(f) (1, 4)는 사이클 형성, 버림

(g) (5, 6)을 T에 추가

(h) (2, 4)는 사이클 형성, 버림

(i) (3, 6)은 사이클 형성, 버림

(j) (1, 0)을 T에 추가

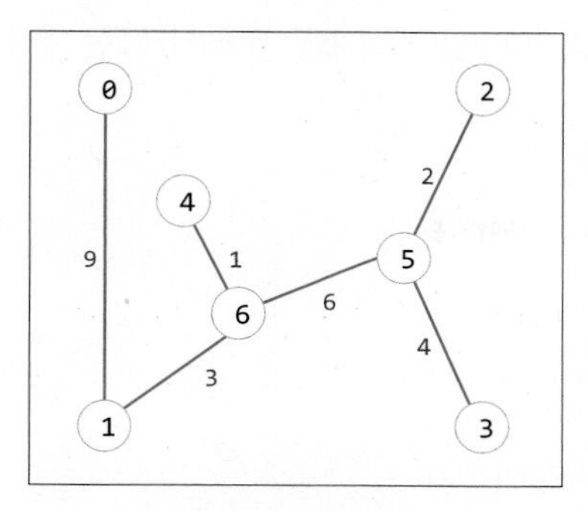

(k) 최소 신장 트리

[그림 9-21] Kruskal 알고리즘의 수행과정

[그림 9-21](b)~(e)는 정렬된 간선 리스트 L에서 차례로 가장 작은 가중치를 가진 간선을 가져와 트리에 추가한다. 그러나 (f)에서는 간선 (1, 4)의 추가가 사이클을 만들기 때문에 트리에 추가하지 않는다. (g)에서는 간선 (5, 6)을 추가하고, (h)와 (i)에서는 간선을 추가하지 않으며, 마지막으로 (j)에서 간선 (0, 1)을 추가한 후 알고리즘이 종료된다. 간선의 가중치의 합은 1 + 2 + 3 + 4 + 6 + 9 = 25이다.

다음은 Kruskal 알고리즘을 자바로 구현하기 위한 Edge 클래스이다. Edge 객체는 간선의 양 끝 정점과 간선의 가중치를 갖는다.

```
01 public class Edge {
02     int vertex, adjvertex; // 간선의 양 끝 정점
03     int weight;            // 간선의 가중치
04     public Edge(int u, int v, int wt) {
05         vertex    = u;
06         adjvertex = v;
07         weight    = wt;
08     }
09 }
```

KruskalMST 클래스에서는 간선들을 가중치로 정렬하는 대신에 line 08에서 Weight_Comparison 클래스를 선언하여 mst() 메소드 내의 line 27에서 BY_WEIGHT라는 객체를 만들어 간선의 가중치를 기준으로 간선을 비교하여 line 29~33에서 우선순위 큐(최소 힙)에 간선들을 저장한다. 우선순위 큐는 line 29에서 자바의 PriorityQueue를 사용하며

(M, BY_WEIGHT)에서 M은 우선순위 큐의 크기(size)이고, BY_WEIGHT는 우선순위 비교 기준을 의미한다.

```
01 import java.util.*;
02 public class KruskalMST {
03     int N, M; // 그래프 정점, 간선의 수
04     List<Edge>[] graph;
05     UnionFind uf; // Union-Find 연산을 사용하기 위해
06     Edge[] tree;
07     // weight를 기준으로 우선순위 큐를 사용하기 위해
08     static class Weight_Comparison implements Comparator<Edge> {
09         public int compare(Edge e, Edge f) {
10             if (e.weight > f.weight)
11                 return 1;
12             else if (e.weight < f.weight)
13                 return -1;
14             return 0;
15         }
16     }
17     public KruskalMST(List<Edge>[] adjList, int numOfEdges) {
18         N = adjList.length;
19         M = numOfEdges;
20         graph = adjList;
21         uf = new UnionFind(N);     // Union-Find 연산을 사용하기 위해
22         tree = new Edge[N-1];
23     }
24     public Edge[] mst()    {  // Kruskal 알고리즘
25         // 우선순위 큐를 weight 기준으로 구성하기 위해
26         // 자바 라이브러리의 우선순위 큐 사용
27         Weight_Comparison BY_WEIGHT = new Weight_Comparison();
28         // 우선순위 큐의 크기로 M(간선의 수)을 지정, BY_WEIGHT는 line 27의 Comparator
29         PriorityQueue<Edge> pq = new PriorityQueue<Edge>(M, BY_WEIGHT);
30         for (int i = 0; i < N; i++){
31             for (Edge e: graph[i]){
32                 pq.add(e);  // edgeArray의 간선 객체를 pq에 삽입
33             }
```

```
34          }
35          int count = 0;
36          while (!pq.isEmpty() && count < N-1) {
37              Edge e = pq.poll();             // 최소 가중치를 가진 간선을 pq에서 제거하여 가져옴
38              int u = e.vertex;               // 가져온 간선의 한쪽 정점
39              int v = e.adjvertex;            // 가져온 간선의 맞은편 정점
40              if (!uf.isConnected(u, v)) {  // u와 v가 각각 다른 집합에 속해 있으면
41                  uf.union(u, v);             // u가 속한 집합과 v가 속한 집합의 합집합 수행
42                  tree[count++] = e;          // e를 MST의 간선으로써 tree에 추가
43              }
44          }
45          return tree;
46      }
47  }
```

Kruskal 알고리즘에서 추가하려는 간선이 사이클을 만드는 간선인지 검사하기 위해, Union-Find 클래스를 활용한다. 이를 위해 line 21에서 UnionFind 객체를 생성하고, line 40에서 UnionFind 클래스에 아래와 같이 선언된 isConnected() 메소드를 이용하여 간선의 양쪽 끝 정점이 동일한 집합에 속해 있는지 검사한다.

```
01  Public boolean isConnected(int i, int j) {
02      return find(i) == find(j);
03  }
```

만약 양쪽 끝 정점이 서로 다른 집합에 속하면, line 41에서 두 집합에 대해 union() 메소드를 호출하여 합집합을 수행하고, line 42에서 간선을 트리에 추가한다. 만약 같은 집합에 속할 경우, 추가하려는 간선은 무시되고, 다음의 루프 수행을 위해 line 36의 while-루프의 조건을 검사한다.

[그림 9-22]는 완성된 프로그램을 [그림 9-21](a)의 그래프에 대해 수행한 결과이다. 수행 결과가 [그림 9-21](k)의 최소 신장 트리와 일치하는 것을 확인할 수 있다. 단, UnionFind 클래스[2]와 main 클래스는 생략하였다.

2) Part 4.4의 UnionFind 클래스 참조

```
Console ⊠
<terminated> main (44) [Java Application] C:₩Program Files₩Java₩jdk1.8.0_40₩bin₩javaw.exe
최소 신장 트리 간선: (4,6) (5,2) (1,6) (5,3) (5,6) (0,1)

최소 신장 트리의 간선 가중치 합 = 25
```

[그림 9-22] 완성된 프로그램의 수행 결과

| 수행 시간 |

Kruskal 알고리즘의 수행 시간은 간선을 정렬(또는 우선순위 큐의 삽입과 삭제)하는데 소요되는 시간인 $O(m\log m) = O(m\log n)$과 신장 트리가 만들어질 때까지 간선에 대해 isConnected()와 union()을 수행하는 시간인 $O((m+n)\log^* n)$[3]의 합이다. 즉, $O(m\log n) + O((m+n)\log^* n) = O(m\log n)$이다.

9.4.2 Prim 알고리즘

Prim 알고리즘[4]은 임의의 시작점에서 가장 가까운 정점을 추가하여 간선이 하나의 트리를 만들고, 만들어진 트리에 인접한 가장 가까운 정점을 하나씩 추가하여 최소 신장 트리를 만든다. Prim의 알고리즘에서는 초기에 트리 T는 임의의 정점 s만을 가지며, 트리에 속하지 않은 각 정점과 T의 정점(들)에 인접한 간선 중에서 가장 작은 가중치를 가진 간선의 끝점을 찾기 위해 배열 D를 사용한다.

```
[Prim 알고리즘]
[1] 배열 D를 ∞로 초기화한다. 단, 임의의 시작점 s의 D[s] = 0으로 초기화한다.
[2] while (T의 정점 수 < n)
[3]     T에 속하지 않은 각 정점 i에 대해 D[i]가 최소인 정점 minVertex를 찾아 T에 추가한다.
[4]     for (T에 속하지 않은 각 정점 w에 대해서)
[5]     if (간선 (minVertex, w)의 가중치 < D[w])
[6]         D[w] = 간선 (minVertex, w)의 가중치
```

[그림 9-23]은 Prim 알고리즘의 step [3]~[6]을 나타낸 것이다. (a)에서 트리에 가장 가까운 정점 minVertex를 찾아(트리 밖에 있는 정점들의 배열 D의 원소 중에서 최솟값을 찾

3) Part 4.4의 서로소 집합을 위한 트리 연산의 [수행 시간] 참조

4) Jarnik이 1930년에 최초로 고안했으나, Prim이 1957년에 재발견하였다.

아) (b)와 같이 트리에 추가한 후, 정점 minVertex에 인접하면서 트리에 속하지 않은 각 정점의 D 원소가 이전 값보다 작으면 갱신한다.

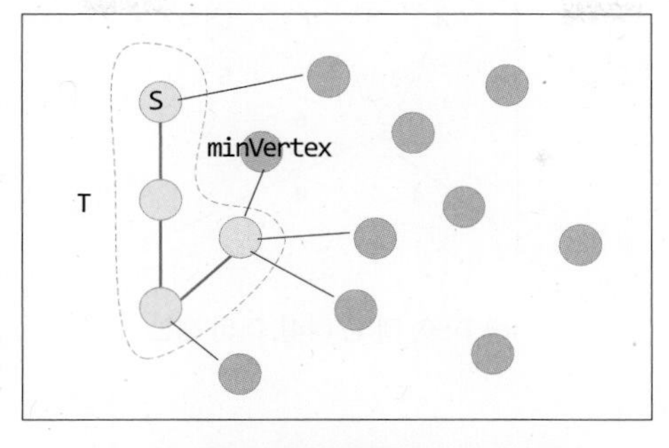

(a) T에 가장 가까운 정점 minVertex 찾기

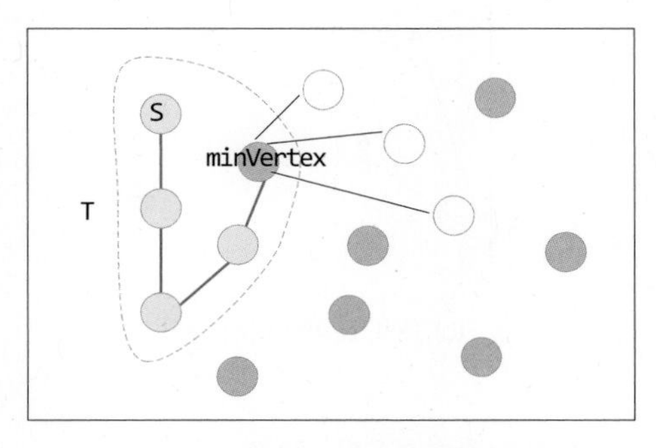

(b) minVertex를 T에 추가하고 D 원소 갱신

[그림 9-23] Prim 알고리즘의 핵심 아이디어

예제 다음은 [그림 9-24](a)의 그래프에서 정점 0을 시작점으로 Prim의 알고리즘이 수행되는 과정을 단계적으로 나타낸 것이다. 각 정점 옆의 숫자는 정점에 대응되는 배열 D의 원소 값이고, ✓ 표시는 step [6]에서 D의 원소가 갱신된 것을 나타낸다.

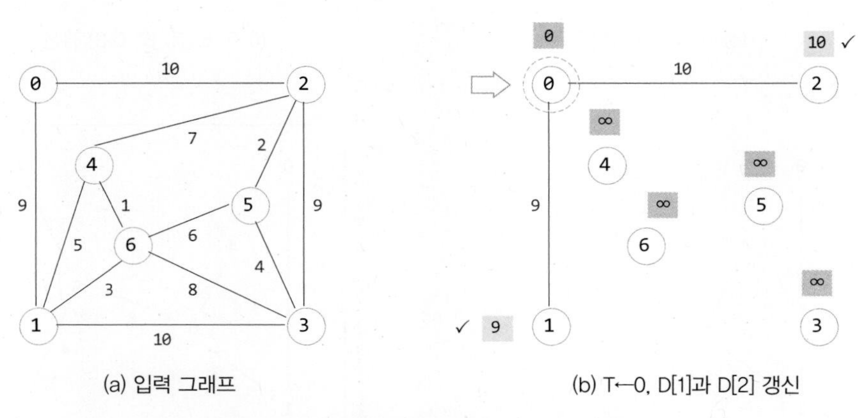

(a) 입력 그래프

(b) T←0, D[1]과 D[2] 갱신

[그림 9-24] Prim의 MST 알고리즘 수행과정 (계속 ➡)

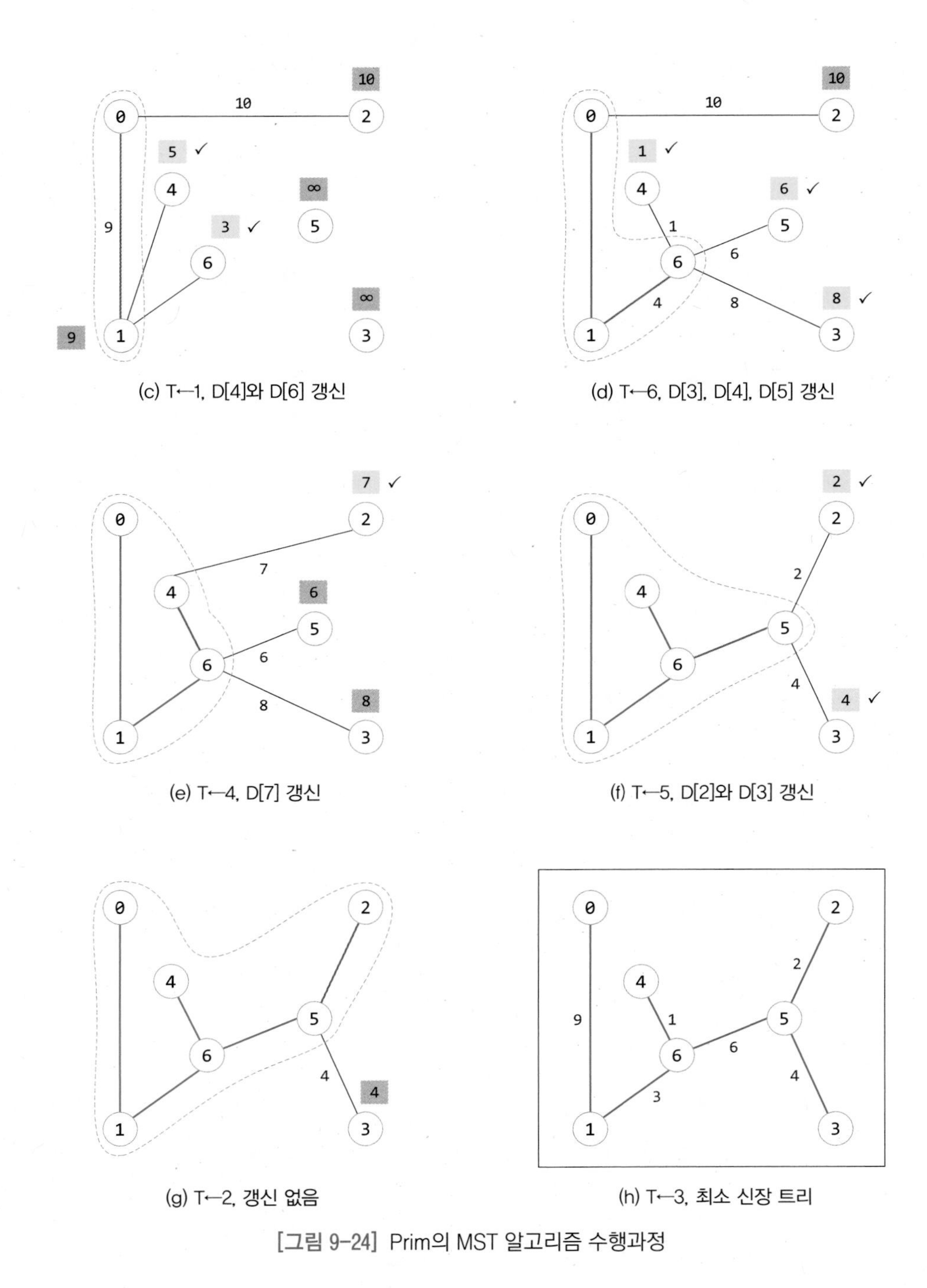

[그림 9-24] Prim의 MST 알고리즘 수행과정

[그림 9-24](b)에서 minVertex가 정점 0이므로, 정점 0이 T에 추가되고 D[1] = 9, D[2]

= 10으로 각각 갱신된다. (c)에서는 minVertex가 정점 1이므로, 정점 1이 T에 추가되고 D[4] = 5, D[6] = 3으로 각각 갱신된다. 이처럼 minVertex를 찾아 T에 추가하고 갱신하는 과정을 거쳐 T가 n개의 정점을 갖게 되면 (f)의 최소 신장 트리를 얻는다.

다음은 Edge 클래스이다. Edge 객체는 간선의 맞은편 정점과 간선의 가중치를 가진다.

```
01  public class Edge {
02      int adjvertex;  // 간선의 맞은편 끝 정점
03      int weight;     // 간선의 가중치
04      public Edge(int v, int wt) {
05          adjvertex = v;
06          weight    = wt;
07      }
08  }
```

다음은 Prim 알고리즘을 위한 PrimMST 클래스이다.

```
01  import java.util.List;
02  public class PrimMST {
03      int N; // 그래프 정점의 수
04      List<Edge>[] graph;
05
06      public PrimMST(List<Edge>[] adjList) { // 생성자
07          N = adjList.length;
08          graph = adjList;
09      }
10
11      public int[] mst (int s) { // Prim 알고리즘, s는 시작점
12          boolean[] visited = new boolean[N]; // 방문한 정점은 true로
13          int[] D = new int[N];
14          int[] previous = new int[N]; // 최소 신장 트리의 간선으로 확정될 때 간선의 맞은편 정점
15          for(int i = 0; i < N; i++) {  // 초기화
16              visited[i] = false;
17              previous[i] = -1;
18              D[i] = Integer.MAX_VALUE;  // D[i]를 최댓값으로 초기화
```

```
19          }
20          previous[s] = 0;  // 시작점 s의 관련 정보 초기화
21          D[s] = 0;
22
23          for (int k = 0; k < N; k++) {
24              int minVertex = -1;
25              int min = Integer.MAX_VALUE;
26              for (int j=0; j<N; j++) { // 방문 안 된 정점들의 D 원소 중에서
27                  if ((!visited[j])&&(D[j] < min)) { // 최솟값 가진 정점 찾기
28                      min = D[j];
29                      minVertex = j;
30                  }
31              }
32              visited[minVertex] = true;
33              for (Edge i : graph[minVertex]) { // minVertex에 인접한 각 정점의 D 원소 갱신
34                  if (!visited[i.adjvertex]) { // 트리에 아직 포함 안 된 정점이면
35                      int currentDist = D[i.adjvertex];
36                      int newDist = i.weight;
37                      if (newDist < currentDist) {
38                          D[i.adjvertex] = newDist; // minVertex와 연결된 정점의 D 원소 갱신
39                          previous[i.adjvertex] = minVertex; // 트리 간선 추출을 위해
40                      }
41                  }
42              }
43          }
44          return previous; // 최소 신장 트리 간선 정보 반환
45      }
46  }
```

PrimMST 클래스에서는 line 14에서 배열 previous를 선언하여 최소 신장 트리의 간선을 저장한다. 즉, previous[i] = j라면 간선 (i, j)가 트리의 간선이다. Line 12~21까지는 배열 선언 및 초기화에 해당하며, line 23의 for-루프는 N개의 정점을 트리에 추가한 뒤 종료된다. Line 23~31에서는 트리에서 가장 가까운 정점 minVertex를 찾고, line 33~43에서는 minVertex에 인접하면서 트리에 속하지 않은 정점의 D 원소를 갱신한다. 특히 line 38~39에서는 D 원소를 갱신하고 minVertex를 previous 배열의 해당 원소에 저장한다.

마지막으로 배열 previous를 line 44에서 반환한다.

[그림 9-25]는 완성된 프로그램이 [그림 9-24](a)의 그래프에 대해 수행된 결과이다.

```
Console
<terminated> main (67) [Java Application] C:₩Program Files₩Java₩jdk1.8.0_40₩bin₩javaw.exe
최소 신장 트리 간선 :
(1,0) (2,5) (3,5) (4,6) (5,6) (6,1)

최소 신장 트리의 간선 가중치 합 = 25
```

[그림 9-25] 완성된 프로그램의 수행 결과

| 수행 시간 |

Prim 알고리즘은 n번의 반복을 통해 minVertex를 찾고, minVertex에 인접하면서 트리에 속하지 않은 정점에 해당하는 D의 원소를 갱신한다. PrimMST 클래스에서는 minVertex를 배열 D에서 탐색하는 과정에서 $O(n)$ 시간이 소요되고, minVertex에 인접한 정점들을 검사하여 D의 해당 원소를 갱신하므로 $O(n)$ 시간이 소요된다. 따라서 총 수행 시간은 $n \times (O(n)+O(n))=O(n^2)$ 이다.

그러나 minVertex 찾기 위해 이진 힙(Binary Heap)을 사용하면 각 간선에 대한 D의 원소를 갱신하며 힙 연산을 수행해야 하므로 총 $O(m \log n)$ 시간이 필요하다. 여기서 m은 그래프 간선의 수이고, 이진 힙은 각 정점에 대응되는 D 원소를 저장하므로 힙의 최대 크기는 n이다. 또한 가중치가 갱신되어 감소하였을 때의 힙 연산(decrease_key)에는 $O(\log n)$ 시간이 소요된다. 입력 그래프가 희소 그래프라면, 예를 들어 $m=O(n)$ 이라면, 수행 시간이 $O(m \log n)=O(n \log n)$ 이 되어 이진 힙을 사용하는 것이 매우 효율적이다.

마지막으로 minVertex 찾기에 Part 7.3.4의 피보나치 힙(Fibonacci Heap) 자료구조를 사용하면 $O(n \log n+m)$ 시간에 Prim 알고리즘을 수행할 수 있다. 그러나 피보나치 힙은 복잡하고 구현도 쉽지 않아서 이론적인 자료구조라고 할 수 있다.

9.4.3 Sollin 알고리즘

Sollin[5] 알고리즘은 각 정점을 독립적인 트리로 간주하고, 각 트리에 연결된 간선 중에서 가장 작은 가중치를 가진 간선을 선택한다. 이때 선택된 간선은 2개의 트리를 하나의 트리로 만든다. 같은 방법으로 1개의 트리가 남을 때까지 각 트리에서 최소 가중치 간선을 선택하여 연결한다. Sollin 알고리즘은 병렬 알고리즘(Parallel Algorithm)[6]으로 구현이 쉽다는 장점을 갖는다.

```
[1] 각 정점은 독립적인 트리이다.
[2] repeat
[3]       각 트리에 닿아 있는 간선 중에서 가중치가 가장 작은 간선을 선택하여 트리를 합친다.
[4] until (1개의 트리만 남을 때까지)
```

예제 다음은 [그림 9-26](a)의 입력 그래프에서 Sollin 알고리즘으로 최소 신장 트리를 만드는 과정을 단계적으로 나타낸 것이다.

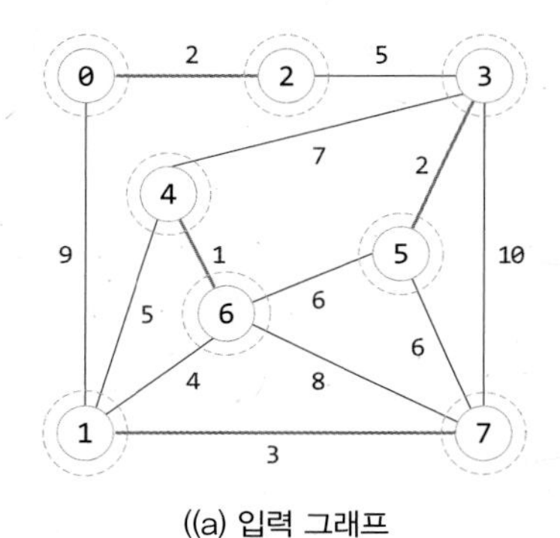

((a) 입력 그래프

5) 1926년 Borůvka가 최초로 고안하였기 때문에 이 알고리즘을 Borůvka 알고리즘으로 부르기도 한다. 이후 1965년에 Sollin에 의해 이 알고리즘을 재발견되었다.

6) 병렬 알고리즘이란 다수의 cpu를 가진 시스템 또는 GPGPU(General-Purpose computing on Graphics Processing Units) 환경에서 수행되는 알고리즘이다.

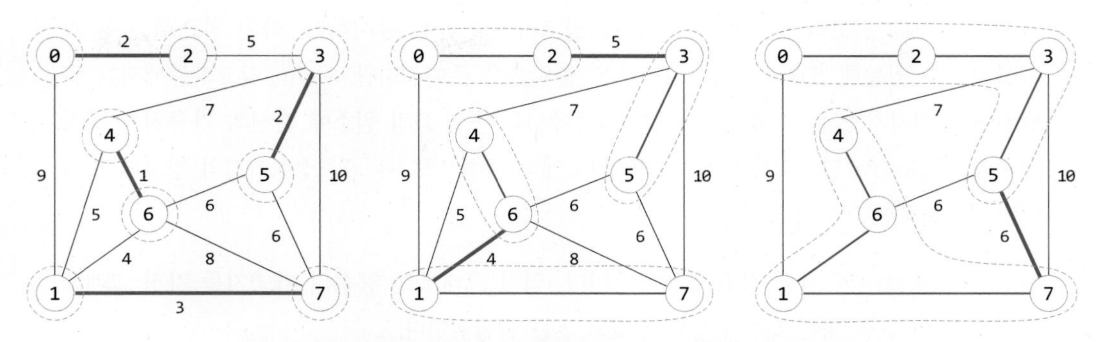

(b)~(d) 각 트리에서 가중치가 가장 작은 간선을 선택하여 트리를 합친다.

[그림 9-26]

| 수행 시간 |

Sollin 알고리즘에서 repeat-루프가 예제와 같이 각 쌍의 트리가 서로 연결된 간선을 선택하는 경우 최대 $\log n$ 번 수행된다. 루프 내에서는 각 트리가 자신에 닿아 있는 모든 간선을 검사하여 최소 가중치를 가진 간선을 선택하므로 $O(m)$ 시간이 소요된다. 따라서 알고리즘의 수행 시간은 $O(m \log n)$ 이다.

9.5 최단 경로 알고리즘

먼저 시작점에서 도착점까지의 최단 경로 찾기를 위한 두 개의 알고리즘을 살펴보자. 하나는 음수 가중치가 없는 그래프에서 최단 경로를 찾는 Dijkstra 알고리즘이고, 다른 하나는 음수 가중치를 가진 그래프에서도 최단 경로를 찾는 Bellman-Ford 알고리즘이다. 그리고 음수 가중치를 가진 그래프에서 모든 쌍의 정점에 대해 최단 경로를 찾는 Floyd-Warshall 최단 경로 알고리즘을 알아보자.

9.5.1 Dijkstra 알고리즘

최단 경로(Shortest Path) 찾기는 주어진 가중치 그래프에서 출발점으로부터 도착점까지의 최단 경로를 찾는 문제이다. Dijkstra 알고리즘은 가장 대표적인 최단 경로 알고리즘이며, 출발점에서 각 정점까지의 최단 거리 및 경로를 찾는 알고리즘이다.

또한 Dijkstra 알고리즘은 Prim의 MST 알고리즘과 매우 유사하다. 다른 점으로는 두 가지를 들 수 있는데, Dijkstra 알고리즘은 출발점이 주어지지만, Prim 알고리즘에서는 출발점이 주어지지 않는 것과 Prim 알고리즘에서는 배열 D의 원소에 간선의 가중치를 저장하지만, Dijkstra 알고리즘에서는 D의 원소에 출발점으로부터 각 정점까지의 경로의 길이(거리)를 저장한다.

다음은 Dijkstra의 최단 경로 알고리즘이다. 입력 그래프는 양수의 가중치를 가진 그래프로서 하나의 연결 성분으로 구성되어 있고, s는 출발점이다.

```
[1] 배열 D를 ∞로 초기화시킨다. 단, D[s]=0이다.
[2] for (k = 0; k < n; k++)
[3]    방문 안 된 각 정점 i에 대해 D[i]가 최소인 정점 minVertex를 찾고, 방문한다.
[4]    for (minVertex에 인접한 각 정점 w에 대해서)
[5]        if (w 가 방문 안 된 정점이면)
[6]            if (D[minVertex] + 간선 (minVertex, w)의 가중치 < D[w])
[7]                D[w] = D[minVertex] + 간선 (minVertex, w)의 가중치     // 간선 완화
[8]                previous[w] = minVertex
```

Step [7]의 간선 완화(Edge Relaxation)는 minVertex가 step [3]에서 선택된 후에 s로부터 minVertex를 경유하여 정점 w까지의 경로의 길이가 현재의 D[w]보다 더 짧아지면 그 짧아진 길이로 D[w]를 갱신하는 것을 의미한다. [그림 9-27]은 D[w]가 minVertex 덕분에 40에서 35로 완화된 것을 나타낸다.

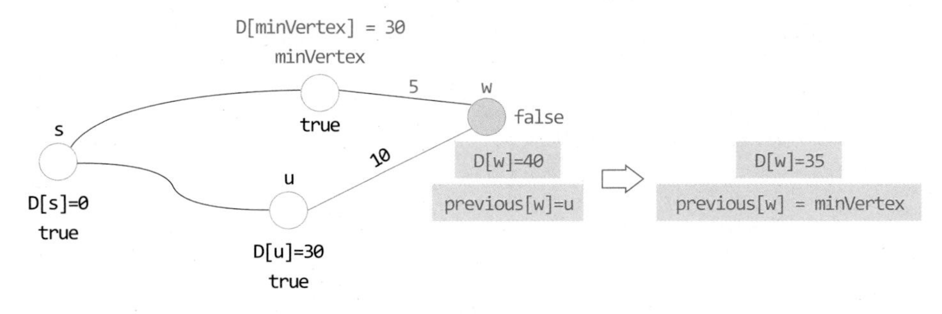

[그림 9-27] 정점 w의 간선 완화

핵심 아이디어

그리디하게 정점을 선택하여 방문하고, 선택한 정점의 방문하지 않은 인접한 정점들에 대한 간선 완화를 수행한다. 한번 방문한 정점의 D 원소는 변하지 않는다.

예제 [그림 9-28]은 그림(a)의 그래프에서 출발점을 0으로 하여 각각 다른 정점까지의 최단 거리를 계산하는 과정을 단계적으로 나타낸 것이다. 각 정점 i 옆의 숫자는 출발점 0으로부터의 거리, 즉, D[i] 이고, 대괄호 속의 숫자는 previous[i]이다. 그리고 ✓ 표시는 해당 정점의 D와 previous 원소가 갱신된 것을 나타낸다.

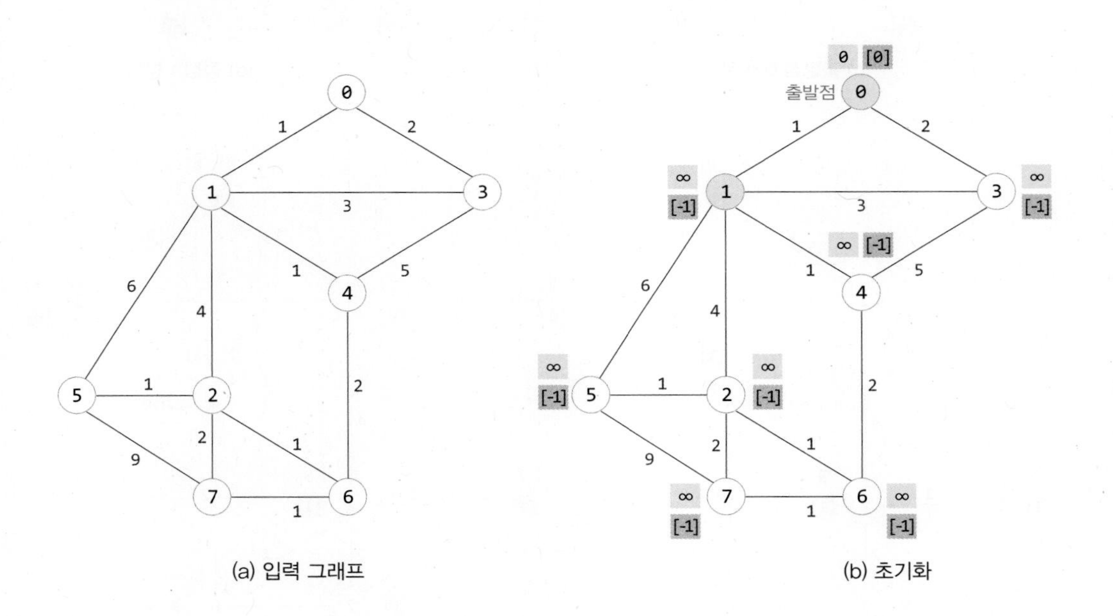

(a) 입력 그래프

(b) 초기화

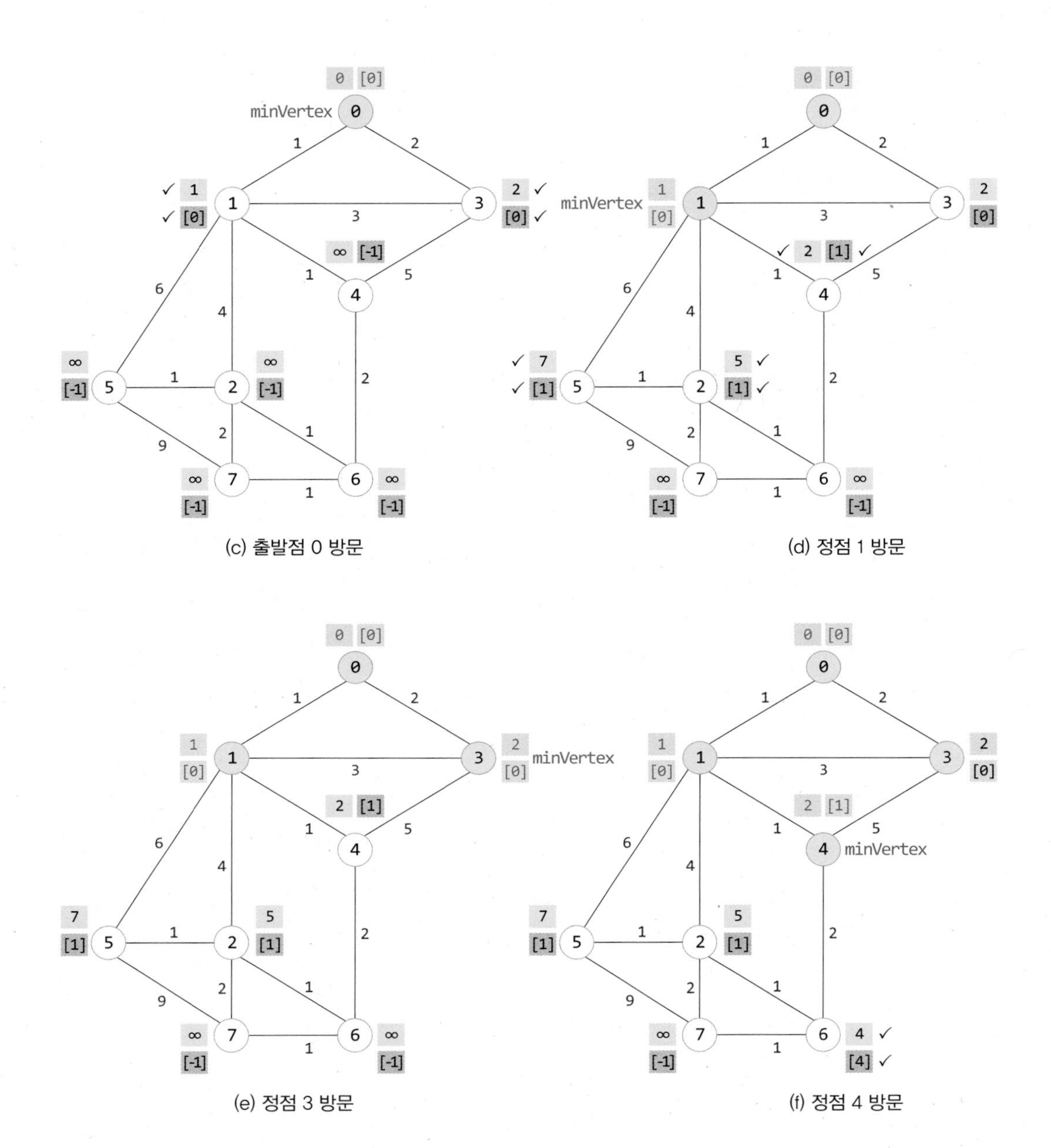

(c) 출발점 0 방문

(d) 정점 1 방문

(e) 정점 3 방문

(f) 정점 4 방문

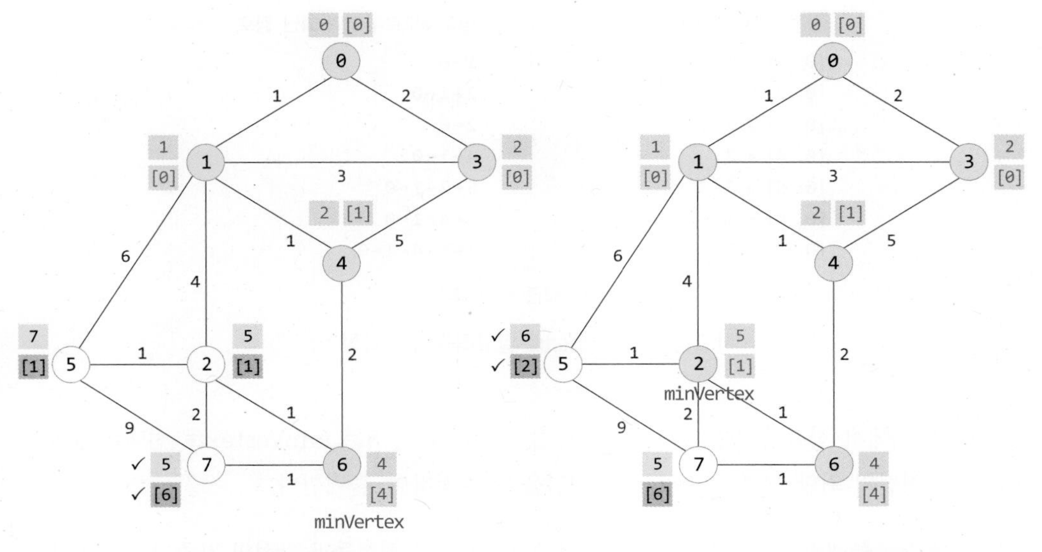

(g) 정점 6 방문

(h) 정점 2 방문

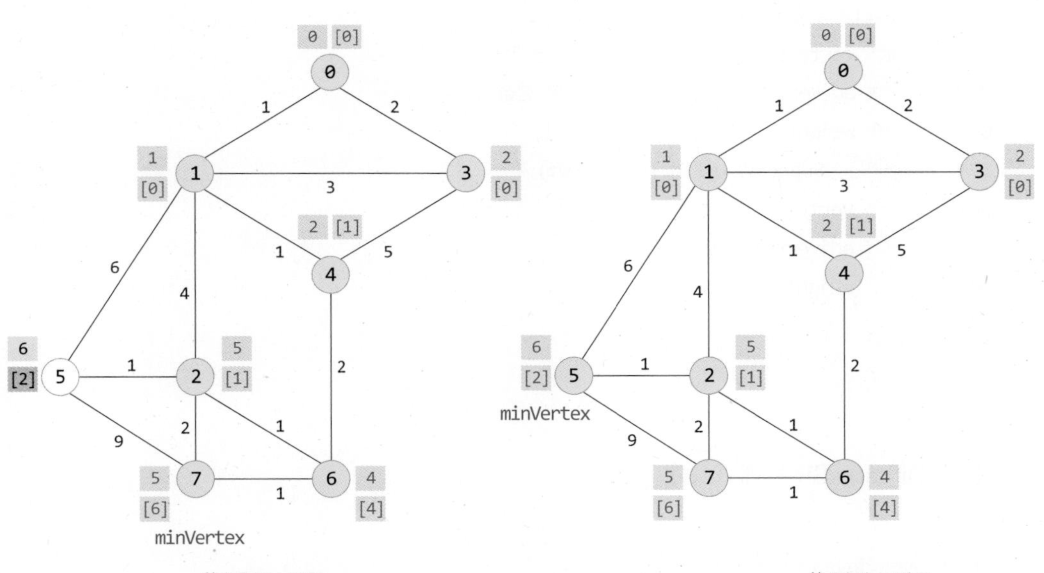

(i) 정점 7 방문

(j) 정점 5 방문

```
정점 0으로부터의 최단 거리          정점 0으로부터의 최단 경로
[0, 1] = 1                        1←0
[0, 2] = 5                        2←1←0
[0, 3] = 2                        2←0
[0, 4] = 2                        4←1←0
[0, 5] = 6                        5←2←1←0
[0, 6] = 4                        6←4←1←0
[0, 7] = 5                        7←6←4←1←0
```

(k) 알고리즘 수행 결과

[그림 9-28] Dijkstra 알고리즘 수행과정

[그림 9-28]에서 정점의 방문 순서인 0, 1, 3, 4, 6, 2, 7, 5는 minVertex로 선택된 순서이다. 각 정점의 최단 경로는 previous 배열을 '역추적하여' 출력한다.

다음은 Edge 클래스이다. Edge 객체는 간선의 양쪽의 끝 정점들과 간선의 가중치를 가진다.

```
01  public class Edge {
02      int vertex;        // 간선의 한쪽 끝 정점
03      int adjvertex;     // 간선의 맞은편 정점
04      int weight;        // 간선의 가중치
05      public Edge(int u, int v, int wt) {
06          vertex    = u;
07          adjvertex = v;
08          weight    = wt;
09      }
10  }
```

다음은 DijkstraSP 클래스이다.

```
01  import java.util.List;
02  public class DijkstraSP {
03      public int N;  // 그래프 정점의 수
04      List<Edge>[] graph;
05      public int[] previous;  // 최단 경로상 이전 정점을 기록하기 위해
06      public DijkstraSP(List<Edge>[] adjList) {
07          N = adjList.length;
```

```
08          previous = new int[N];
09          graph = adjList;
10      }
11      public int[] shortestPath (int s) {
12          boolean[] visited = new boolean[N];
13          int[] D = new int[N];
14          for (int i = 0; i < N; i++) { // 초기화
15              visited[i] = false;
16              previous[i] = -1;
17              D[i] = Integer.MAX_VALUE;
18          }
19          previous[s] = 0;  // 시작점 s의 관련 정보 초기화
20          D[s]= 0;
21          for (int k = 0; k < N; k++) { // 방문 안 된 정점 중에서
22              int minVertex = -1;       // D 원소 중 최소인 minVertex 찾기
23              int min = Integer.MAX_VALUE;
24              for (int j = 0; j < N; j++) {
25                  if ((!visited[j]) && (D[j] < min)) {
26                      min = D[j];
27                      minVertex = j;
28                  }
29              }
30              visited[minVertex] = true;
31              for (Edge e: graph[minVertex]) { // minVertex에 인접한 각 정점에 대해
32                  if (!visited[e.adjvertex]) {  // 아직 방문 안 된 정점에 대해
33                      int currentDist = D[e.adjvertex];
34                      int newDist = D[minVertex] + e.weight;
35                      if (newDist < currentDist) {
36                          D[e.adjvertex] = newDist;  // 간선 완화
37                          previous[e.adjvertex] = minVertex;
38                      }
39                  }
40              }
41          }
42          return D;
43      }
44  }
```

DijkstraSP 클래스의 line 12~20은 배열 선언 및 초기화에 해당하며, line 21의 for-루프는 n개의 정점을 방문한 후 종료된다. Line 21~29에서는 출발점에서 아직 방문하지 않은 정점 중에서 가장 가까운 정점 minVertex를 찾고, line 31~40에서는 minVertex에 인접하면서 방문하지 않은 정점에 대해 간선 완화를 수행한다. 특히 line 37에서는 D의 원소가 갱신될 때 minVertex를 previous의 원소에 저장해둔 뒤, 나중에 최단 경로 추출에 사용한다. 마지막으로 배열 D를 line 42에서 반환한다.

[그림 9-29]는 완성된 프로그램을 [그림 9-28](a)의 그래프에 대해 수행시킨 결과이다.

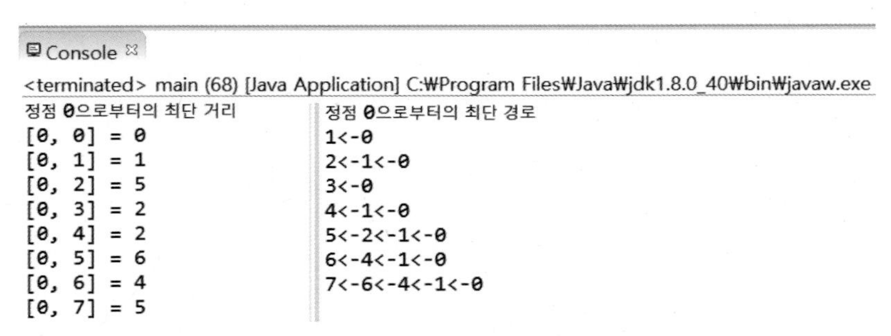

[그림 9-29] 완성된 프로그램의 수행 결과[7]

| 수행 시간 |

Dijkstra 알고리즘은 n번의 반복을 거쳐 minVertex를 찾고 minVertex에 인접하면서 방문되지 않은 정점에 대한 간선 완화를 시도한다. 배열 D에서 minVertex를 탐색하는데 O(n) 시간이 소요되고, minVertex에 인접한 정점들을 검사하여 D의 원소를 갱신하므로 추가로 O(n) 시간이 소요된다. 따라서 총 수행 시간은 $n \times (O(n)+O(n))=O(n^2)$ 이다.

하지만 minVertex를 찾기 위해 이진 힙(Binary Heap)을 사용할 수 있는데, 이렇게 하면 각 정점의 D의 원소를 힙에 저장하므로 힙 크기는 n이 된다. 또한 minVertex 찾기는 delete_min 연산으로 수행하고, 간선 완화는 decrease_key 연산을 수행한다. 이때 각 연산에 O(logn) 시간이 소요된다. 알고리즘은 minVertex를 n번 찾고, 최대 m번의 간선 완화를 수행하므로 총 $O(n\log n+m\log n)=O((m+n)\log n)$ 시간이 필요하다. 여기서 m은 그래프의 간선의 수이다. 만약 입력 그래프가 희소 그래프라면, 예를 들어 $m=O(n)$ 이라면, 수행 시간이 $O(m\log n)=O(n\log n)$ 이 되어 이진 힙을 사용하는 것이 매우 효율적이다. 마지막으로 minVertex를 찾기 위해 피보나치 힙(Fibonacci Heap)을 사용하면

7) 프로그램은 최단 경로를 최단 거리 아래에 출력하나, 지면 활용을 위해 좌우로 나란히 보여준다.

O(n logn + m) 시간에 Dijkstra 알고리즘을 수행할 수 있다. Dijkstra 알고리즘과 Prim 알고리즘은 동일한 수행 시간을 갖는다.

| 음수 가중치 |

Dijkstra 알고리즘은 입력 그래프에 음수 가중치가 있으면 최단 경로 찾기에 실패하는 경우가 발생한다. [그림 9-30]은 Dijkstra 알고리즘이 최적해를 찾지 못하는 반례를 보여준다.

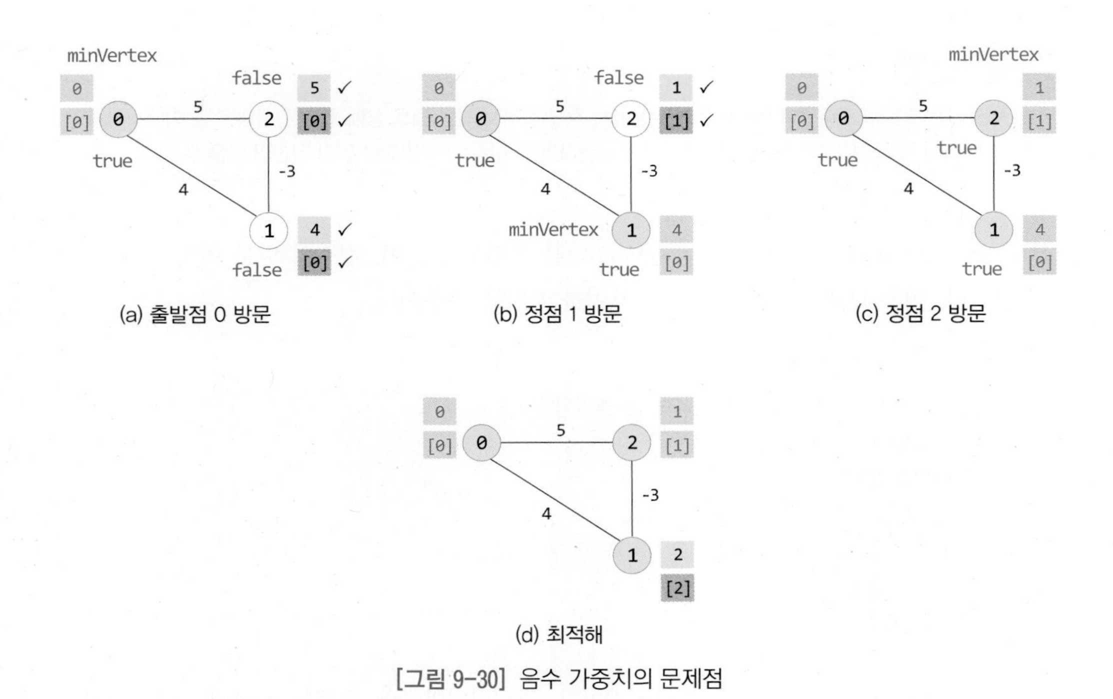

[그림 9-30] 음수 가중치의 문제점

[그림 9-30](a)에서 출발점을 방문하여 visited[0] = true가 된다. 이후 D[1] = 4, previous[1] = 0 그리고 D[2] = 5, previous[1] = 0으로 각각 갱신된다. (b)에서는 D[1]이 최솟값이므로 정점 1을 방문하고, D[2] = 1, previous[2] = 1로 갱신된다. (c)에서는 마지막으로 방문하지 않은 정점 2를 방문하고 알고리즘이 종료된다. 그러나 (d)를 보면 출발점 0에서 정점 1까지 최단 경로는 [0-2-1]이고, 경로의 길이는 2이다. 이러한 문제점이 발생한 이유는 Dijkstra 알고리즘이 D의 원소 증가 순으로 minVertex를 선택하고, 한번 경로가 확정된 정점의 D 원소나 previous 원소를 다시 갱신하지 않기 때문이다.

9.5.2 Bellman-Ford 알고리즘

Dijkstra 알고리즘은 음수 가중치를 가진 그래프에서 최단 경로를 찾지 못할 수 있는 문제점을 갖는다. Bellman-Ford 알고리즘[8]은 음수 가중치 그래프에서도 문제없이 최단 경로를 찾을 수 있다. 단, 입력 그래프에 사이클 상의 간선들의 가중치 합이 0보다 작은 음수 사이클(Negative Cycle)이 없어야 한다. 만약 어떤 경로에 음수 사이클이 있다면, 음수 사이클을 반복할수록 경로의 길이가 더 짧아지는 모순이 발생하기 때문이다.

핵심 아이디어

입력 그래프에 음수 사이클이 없으므로 출발점에서 각 정점까지 최단 경로 상에 있는 간선의 수는 최대 n-1개이다. 따라서 각 정점에 대해 간선 완화를 n-1번 수행하면 더 이상 간선 완화로 인한 갱신이 있을 수 없다.

Bellman-Ford 알고리즘에서는 minVertex를 찾지도 않으며, 정점의 방문 여부도 검사하지 않는다. 이는 Dijkstra 알고리즘과 차이를 보이는 부분이다.

```
[1] 배열 D를 ∞로 초기화한다. 단, D[s] = 0, s는 출발점이다.
[2] for (k = 0; k < n-1; k++)
[3]     각 간선 (i, j)에 대하여
[4]         if (D[j] > (D[i] +간선 (i, j)의 가중치))
[5]             D[j] = D[i] +간선 (i, j)의 가중치  // 간선 완화
[6]             previous[j] =  i;
```

배열 D를 ∞로 초기화한다. 단, D[s] = 0이다. Step [2]의 for-루프는 n-1번 수행되는데, 루프 내에서 각 간선의 한쪽 끝 정점에 대한 간선 완화를 수행한다. previous[j] = i는 출발점 s에서 정점 j까지의 경로상에서 정점 i가 j의 직전 정점이라는 것을 뜻한다.

예제 [그림 9-31]은 (a)의 입력 그래프에 대해 Bellman-Ford 알고리즘이 수행되는 과정을 단계적으로 나타낸 것이다. 각 정점 j 옆의 숫자는 D[j]이고, [ ]속의 숫자는 previous[j]이며, ✓표시는 step [5]에서 D[j]가 갱신된 것을 나타낸다. Step [2]의 k는 루프의 반복 횟수를 의미하는 변수이다.

---

8) 1955년에 Shimbel이 최초로 고안했다. Bellman은 1958년에 그리고 Ford는 1956년에 논문에서 이 알고리즘을 제안하였다.

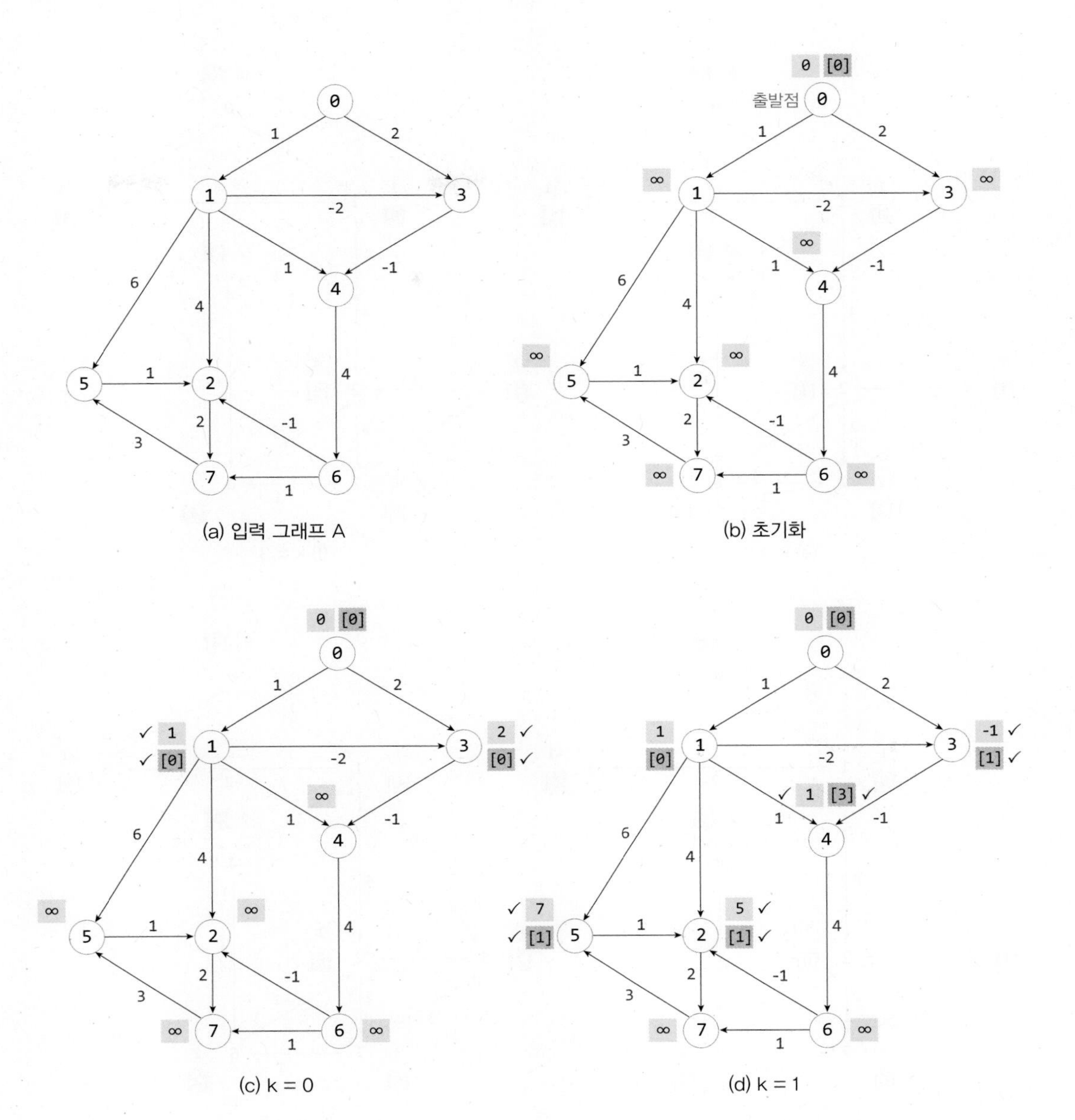

(a) 입력 그래프 A

(b) 초기화

(c) k = 0

(d) k = 1

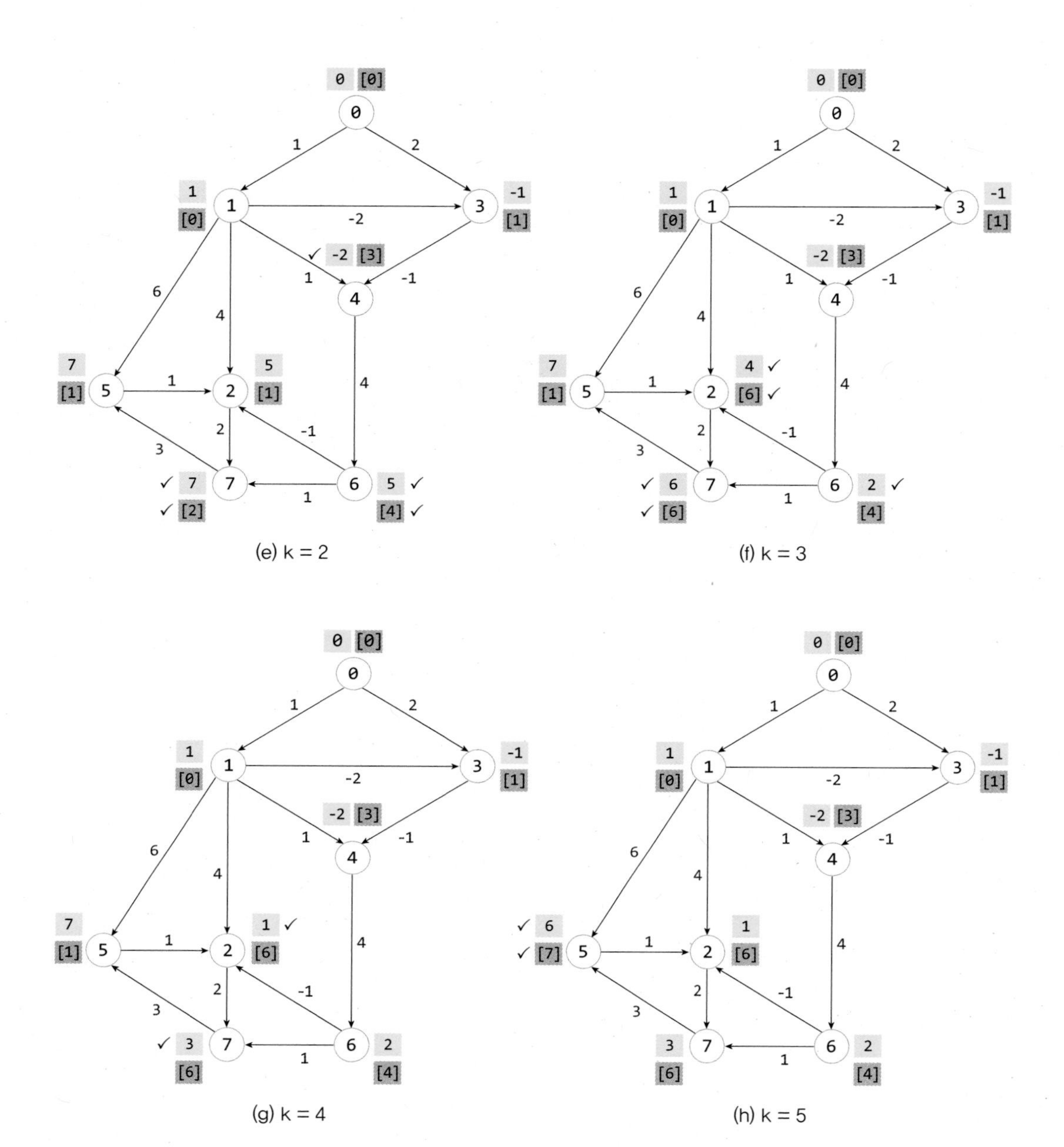
0 [0]
1 [0]
-1 [1]
✓ -2 [3]
7 [1]
5 [1]
✓ 7 ✓ [2]
5 ✓ [4] ✓
(e) k = 2
0 [0]
1 [0]
-1 [1]
-2 [3]
7 [1]
4 ✓ [6] ✓
✓ 6 ✓ [6]
2 ✓ [4]
(f) k = 3
0 [0]
1 [0]
-1 [1]
-2 [3]
7 [1]
1 ✓ [6]
✓ 3 [6]
2 [4]
(g) k = 4
0 [0]
1 [0]
-1 [1]
-2 [3]
✓ 6 ✓ [7]
1 [6]
3 [6]
2 [4]
(h) k = 5

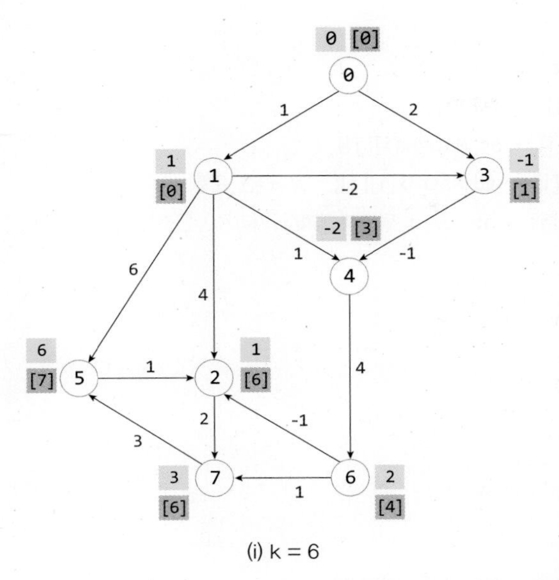

(i) k = 6

[그림 9-31] Bellman-Ford 알고리즘의 수행과정

다음은 Bellman-Ford 알고리즘을 구현한 BellmanFord 클래스이다.

```
01 public class BellmanFord {
02     public static final int INF = Integer.MAX_VALUE;
03     private int D[];
04     private int previous[];  // 경로 추출을 위해
05     private int N;
06
07     public BellmanFord(int numOfVertices) { // 생성자
08         N = numOfVertices;
09         D = new int[N];              // 최단 거리 저장
10         previous = new int[N];    // 최단 경로 추출하기 위해
11     }
12
13     public void shortestPath(int s, int adjMatrix[][]) {
14         for (int i = 0; i < N; i++)
15             D[i] = INF;  // 초기화
16         D[s] = 0; previous[s] = 0;
17         for (int k = 0; k < N-1; k++) {  // 총 N-1번 반복
```

```
18            for (int i = 0; i < N; i++) {
19                for (int j = 0; j < N; j++) {
20                    if (adjMatrix[i][j] != INF) {
21                        if (D[j] > D[i] + adjMatrix[i][j]) {
22                            D[j] = D[i] + adjMatrix[i][j];  // 간선 완화
23                            previous[j] = i;  // i 덕분에 j까지 거리가  단축됨
24                        }
25                    }
26                }
27            }
28        }
29    }
30    public void printPaths(int s) {  // 결과 출력
31        // 생략
32    }
33 }
```

Bellman-Ford 클래스에서 line 17의 for-루프는 N-1회 반복 수행된다. Line 21~22에서는 각 정점에 대해 if-조건을 만족하면 간선 완화를 수행한다. 그리고 line 23에서는 갱신될 때 정점 i를 previous[j]에 저장한다. Line 30 이후는 결과 출력을 위한 메소드이며 생략되었다.

[그림 9-32][9]는 완성된 프로그램이 [그림 9-31](a)의 그래프에 대해 수행된 결과이다.

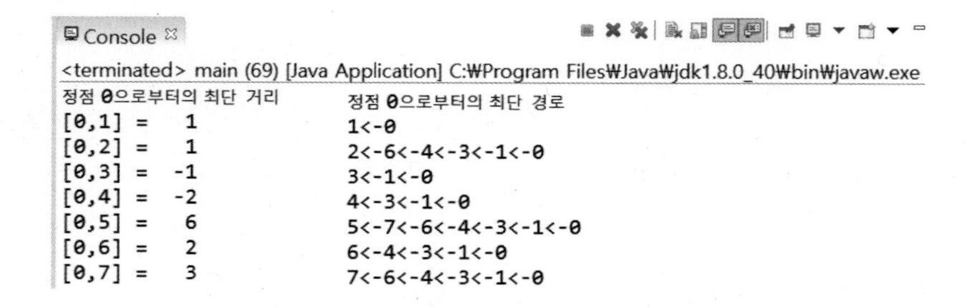
```
<terminated> main (69) [Java Application] C:₩Program Files₩Java₩jdk1.8.0_40₩bin₩javaw.exe
정점 0으로부터의 최단 거리        정점 0으로부터의 최단 경로
[0,1] =   1                     1<-0
[0,2] =   1                     2<-6<-4<-3<-1<-0
[0,3] =  -1                     3<-1<-0
[0,4] =  -2                     4<-3<-1<-0
[0,5] =   6                     5<-7<-6<-4<-3<-1<-0
[0,6] =   2                     6<-4<-3<-1<-0
[0,7] =   3                     7<-6<-4<-3<-1<-0
```

[그림 9-32] 완성된 프로그램의 수행 결과

9) 프로그램은 최단 경로들을 최단 거리 아래에 출력되나, 지면 활용을 위해 좌우로 나란히 보여준다.

| 수행 시간 |

Bellman-Ford 알고리즘은 그래프의 인접 행렬을 사용하여 n-1번의 반복을 통해 각 간선 ⟨i, j⟩에 대해 D[j]를 계산하므로 총 수행 시간은 $(n-1) \times n \times O(n) = O(n^3)$이다. 인접 리스트를 사용하면 $(n-1) \times O(m) = O(nm)$의 수행 시간이 소요된다.

9.5.3 Floyd-Warshall 알고리즘

Floyd-Warshall 알고리즘[10)]은 음수 가중치를 가진 그래프에 대해서 모든 정점 쌍 사이의 최단 경로를 찾는 알고리즘이다. 이 알고리즘은 모든 쌍 최단 경로(All Pairs Shortest Paths) 알고리즘으로도 불린다. 흔히 지도에서 [그림 9-33]과 같은 도시 간 거리를 계산해놓은 표를 볼 수 있는데, Floyd-Warshall 알고리즘을 사용하면 얻을 수 있는 결과이다.

	서울 Seoul	인천 Incheon	수원 Suwon	대전 Daejon	전주 Jeonju	광주 Gwangju	대구 Daegu	울산 Ulsan	부산 Busan
서울		40	40	155	230	320	300	410	430
인천			55	175	250	350	320	450	450
수원				130	190	300	270	355	390
대전					95	185	150	260	280
전주						105	220	330	320
광주							220	330	270
대구								110	135
울산									50
부산									

[그림 9-33] 도시 간 거리

모든 쌍 최단 경로 찾기는 출발점을 0에서 n-1까지 바꿔가며 Dijkstra 알고리즘을 각각 수행하는 것으로 모든 쌍에 대한 최단 경로를 찾을 수 있다. 이때 인접 행렬을 사용하면 수행 시간은 $O(n^3)$이다. Floyd-Warshall 알고리즘의 수행 시간도 $O(n^3)$이지만 Floyd-Warshall 알고리즘은 Dijkstra 알고리즘을 사용하는 것에 비해 훨씬 간단하고, 음수 가중치 그래프에서도 최단 경로를 찾을 수 있는 장점이 있다.

10) Bernard Roy가 1959년에 처음으로 고안하였다. 그러나 1962년에 Warshall은 그래프의 모든 쌍에 대한 경로 존재 여부(Transitive Closure)를 찾는 알고리즘을 제안하였고, Floyd는 이를 약간 수정하여 같은 해에 최단 경로 알고리즘을 발표하였다.

핵심 아이디어

입력 그래프의 정점에 0, 1, 2, …, n-1로 ID를 부여하고, 정점 ID를 증가시키며 간선 완화를 수행한다. 즉, 정점 0을 경유하는 경로에 존재하는 정점에 대해 간선 완화를 수행한다. 갱신된 결과를 바탕으로 정점 1을 경유하는 경로에 존재하는 정점에 대해 간선 완화를 수행하고, …, 정점 n-1을 경유하는 경로에 존재하는 정점에 대해 간선 완화를 수행한다.

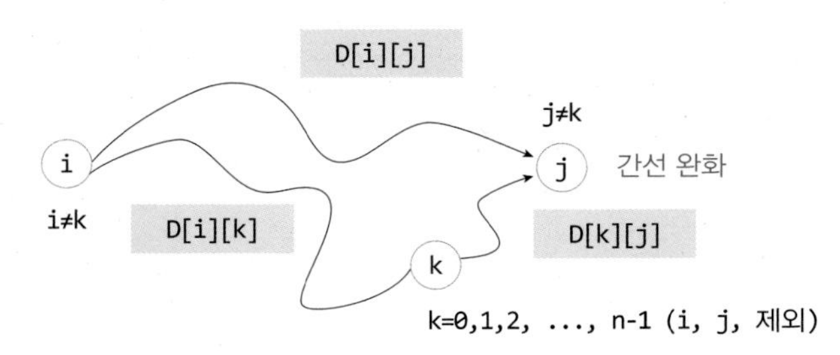

[그림 9-34] Floyd-Warshall 알고리즘의 핵심 아이디어

예제를 통해 Floyd-Warshall 알고리즘에 대해 이해해보자.

예제 [그림 9-35](a)의 그래프에서 모든 정점 쌍 i와 j에 대해 간선 완화를 수행한다. 입력은 (b)의 인접 행렬 D이다. 먼저 정점 0에 대해 간선 완화를 수행해보자.

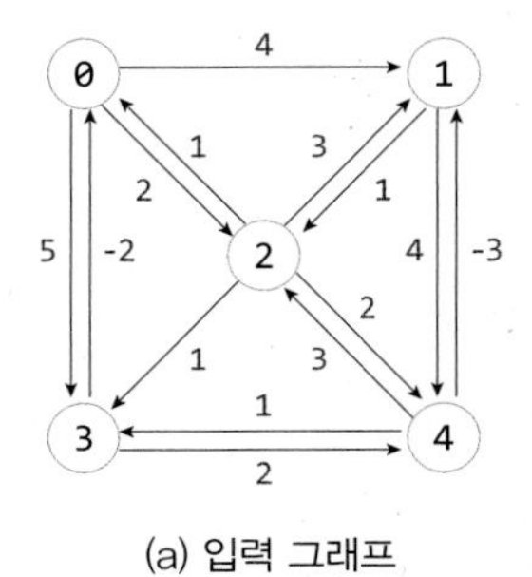

(a) 입력 그래프

D	0	1	2	3	4
0	0	4	2	5	∞
1	∞	0	1	∞	4
2	1	3	0	1	2
3	-2	∞	∞	0	2
4	∞	-3	3	1	0

(b) 인접 행렬

[그림 9-35]

정점 0을 지나면서 간선 완화가 되는 경우는 [그림 9-36]과 같이 두 경우가 있다. 하나는 정점 3에서 정점 0을 경유하여 정점 1로 가는데, 그 경로의 길이가 원래 D[3][1] = ∞이었으나, (−2 + 4) = 2로 단축되므로, D[3][1] = 2로 갱신한다. 다른 하나는 정점 3에서 정점

0을 경유하여 정점 2로 가는데, D[3][2] = ∞이었으나 거리가 (−2 + 2) = 0으로 단축되어서, D[3][2] = 0으로 갱신한다.

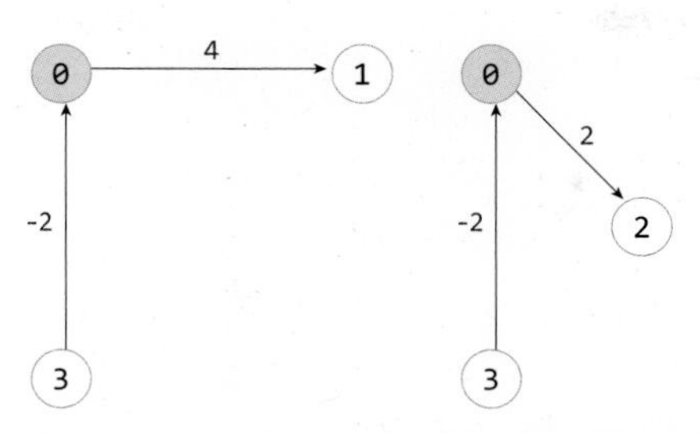

D	0	1	2	3	4
0	0	4	2	5	∞
1	∞	0	1	∞	4
2	1	3	0	1	2
3	-2	2	0	0	2
4	∞	-3	3	1	0

[그림 9-36] 정점 0에 대한 간선 완화

그 다음 정점 1에 대한 간선 완화는 [그림 9-37]과 같이 두 경우가 있다. 하나는 정점 0에서 정점 1을 경유하여 정점 4로 가는데, D[0][4] = ∞이었으나 거리가 (4 + 4) = 8로 단축되어 D[0][4] = 8로 갱신한다. 다른 하나는 정점 4에서 정점 1을 경유하여 정점 2로 가는데, D[4][2] = 3이었으나 거리가 (−3 + 1) = −2로 단축되어 D[4][2] = −2로 갱신한다.

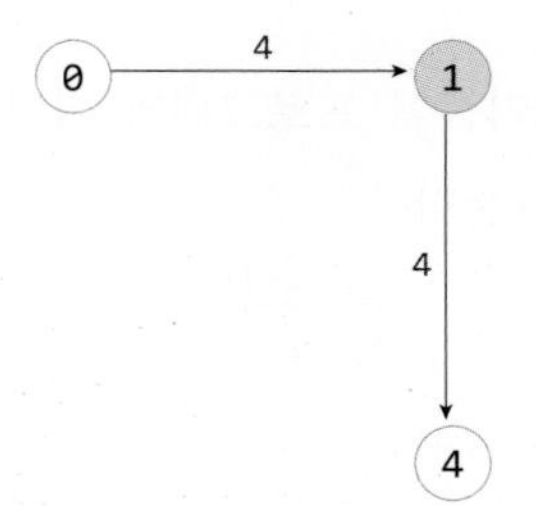

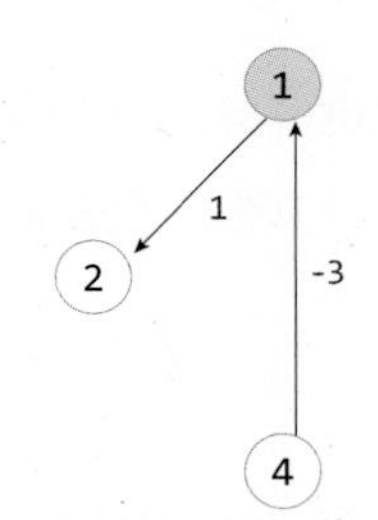

D	0	1	2	3	4
0	0	4	2	5	8
1	∞	0	1	∞	4
2	1	3	0	1	2
3	-2	2	0	0	2
4	∞	-3	-2	1	0

[그림 9-37] 정점 1에 대한 간선 완화

D	0	1	2	3	4
0	0	4	2	3	4
1	2	0	1	2	3
2	1	3	0	1	2
3	-2	2	0	0	2
4	-1	-3	-2	-1	0

(a) 정점 2를 경유

D	0	1	2	3	4
0	0	4	2	3	4
1	0	0	1	2	3
2	-1	3	0	1	2
3	-2	2	0	0	2
4	-3	-3	-2	-1	0

(b) 정점 3을 경유

D	0	1	2	3	4
0	0	1	2	3	4
1	0	0	1	2	3
2	-1	-1	0	1	2
3	-2	-1	0	0	2
4	-3	-3	-2	-1	0

(c) 정점 4를 경유

[그림 9-38] Floyd-Warshall 알고리즘의 수행 과정

[그림 9-38]은 정점 2, 3, 4를 경유할 때 차례로 각각 갱신된 D의 원소들을 나타낸 것이다. (c)가 최종 해이다. 다음은 Floyd-Warshall알고리즘이다.

```
[1] for (i = 0; i < n; i++)
[2]     for (j = 0; j < n; j++)
[3]         D[i][j] = adjMatrix[i][j];
[4] for (k = 0; k < n; k++)
[5]     for (i = 0; i < n; i++)
[6]         for (j =0; j < n; j++)
[7]             if (D[i][j] > D[i][k] + D[k][j])
[8]                 D[i][j] = D[i][k] + D[k][j];
```

알고리즘의 line [1]~[3]에서 입력 그래프의 인접 행렬 adjMatrix를 모든 쌍 최단 거리를 저장할 배열 D에 복사한다. Line [4]의 for-루프는 경유하는 정점 ID를 0부터 n-1까지 변화시킨다. 모든 쌍 i와 j에 대하여 line [5]~[6]의 이중 for-루프가 i와 j를 각각 0부터 n-1까지 증가시키며, line [7]~[8]에서 간선 완화를 수행한다.

Floyd-Warshall 알고리즘은 매우 간단하여 위에서 서술한 알고리즘이 프로그램과 거의 동일하므로, 이 알고리즘을 위한 자바 프로그램은 연습문제에서 다룬다.

| 수행 시간 |

Floyd-Warshall 알고리즘의 수행 시간은 step [1]~[3]의 배열 복사에 $O(n^2)$이 소요되고, 이후 for-루프가 3개가 중첩되므로 $O(n^3)$이 소요된다. 따라서 $O(n^2)+O(n^3)=O(n^3)$이 알고리즘의 수행 시간이다.

Bellman-Ford의 최단 경로 알고리즘과 Floyd-Warshall의 최단 경로 알고리즘은 동적 계획(Dynamic Programming) 알고리즘이다. 동적계획 알고리즘은 작은 부분 문제(Subproblem)들의 해를 먼저 계산하고 그 해들을 바탕으로 그다음으로 큰 부분 문제들을 해결하면서 주어진 문제의 해를 계산한다. 반면에 Dijkstra의 최단 경로 알고리즘은 그리디 알고리즘으로 입력 전체를 고려하지 않고 지역적인 입력에 대해 그리디하게 선택하며 이를 축적하여 해를 얻는다.

9.6 소셜 네트워크 분석

소셜 네트워크 분석(Social Network Analysis)은 그래프 이론을 통해 소셜 객체들의 관계를 연구하는 분야이다. 소셜 네트워크의 정점은 소셜 객체이고 간선은 객체의 관계를 나타내며, 관계는 친밀도, 유사도 등으로 표현된다. 소셜 네트워크에는 메타(Meta)나 트위터(Twitter) 사용자들의 관계를 나타내는 사용자 네트워크, 국제 무역 관계 네트워크, 바이러스(전염병) 확산 네트워크, 전력 공급 네트워크, 먹이사슬 관계 네트워크, 유전자 관계 네트워크 등의 다양한 네트워크[11]가 존재한다.

그래프 이론은 이러한 네트워크들의 특징을 분석하는데 필수적인 도구로 활용된다. Part 9.2의 너비 우선 탐색을 이용하여 두 사용자 간의 거리를 측정한다든지, Part 9.3의 강연결 성분 찾기에 기반하여 웹(www)의 구성을 분석하며, 소셜 네트워크에서 커뮤니티(Community)를 분석한다. 또한 전염병의 확산이나 정보 확산(Information Diffusion)에 대해 분석하고, 전력 네트워크의 강건성(Robustness)에 관한 연구 등도 그래프 이론에 기반하여 수행된다. 이 Part에서는 그래프 자료구조와 관련된 기본적인 소셜 네트워크 분석의 대표적인 중심성(Centrality)과 커뮤니티 찾기를 살펴본다.

중심성[12]이란 사용자가 네트워크에서 다른 사용자들에게 주는 영향력이다. 다시 말해 사용자가 얼마나 중요한지를 나타내는 척도이다. 이러한 사용자 중심성 분석은 정보가 얼마나 빠르게 확산하는지, 바이러스의 급속한 확산을 막기 위한 대책, 또는 네트워크의 장애 방지 대책 수립, 마케팅 등에 매우 중요한 정보를 제공한다. 중심성 분석법에는 다양한 방법이 있으나, 대표적인 몇 가지만을 살펴본다.

---

11) http://www.apsense.con(왼쪽 그림), http://www.regnetworkweb.org/about.jsp(오른쪽 그림)

12) 중앙성 또는 중심도 등으로 불리기도 한다.

| 차수 중심성 |

차수 중심성[13](Degree Centrality, DC)은 정점(사용자)의 차수(Degree)를 n−1로 나눈 값이다. 차수를 n−1로 나누는 것을 정규화(Normalization)라고 하는데, 정점 수가 수천만에서 수십억인 경우 정점들의 차수의 차이가 너무 크므로, 정점의 차수를 최대 차수인 n−1로 나누어 그 결괏값이 0.0에서 1.0 사잇값이 되도록 하기 위함이다.

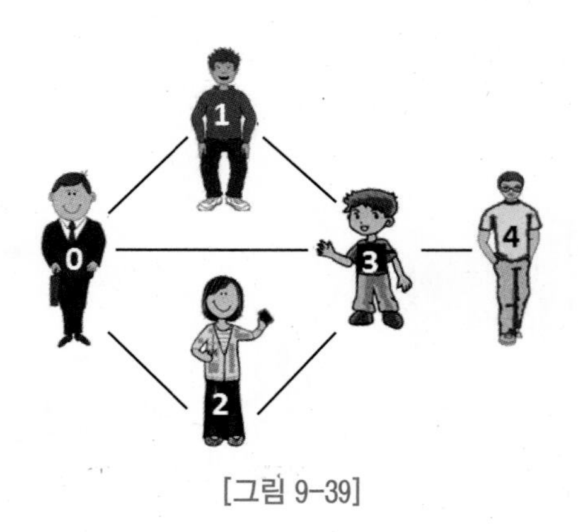

[그림 9-39]

[그림 9-39]의 네트워크에서 정점 3의 차수가 4로서 가장 크고 총 5개의 정점이 있으므로 정점 3의 DC는 4/(5-1) = 1.0이다. 차수 중심성은 단순히 정점의 친구가 몇 명인가를 보는 것이기 때문에 네트워크 전체적인 관점에서의 정점(사용자)의 중요성을 대표하는 값으로는 적절하지 않다.

| 중개 중심성 |

중개 중심성[14](Betweenness Centrality, BC)은 얼마나 많은 쌍의 정점들 사이의 최단 경로가 하나의 정점을 지나가는지를 나타내는 척도이다. 즉, 정점이 중개인(Broker) 역할을 하는 정도를 의미한다. [그림 9-40](a)에서는 정점 2를 통해 총 6개의 최단 경로가 지나간다. 정점 0에서 1로, 0에서 3으로, 0에서 4로, 1에서 3으로, 1에서 4로, 3에서 4로의 경로상에 각각 정점 2가 있다. (b)에서도 총 4개의 최단 경로가 정점 2를 지난다. 0과 3 사이, 0과 4 사이, 1과 3 사이, 1과 4 사이의 각 경로에 정점 2가 있다.

13) 연결 중심성이라고도 한다.

14) 매개 중심성이라고도 불린다.

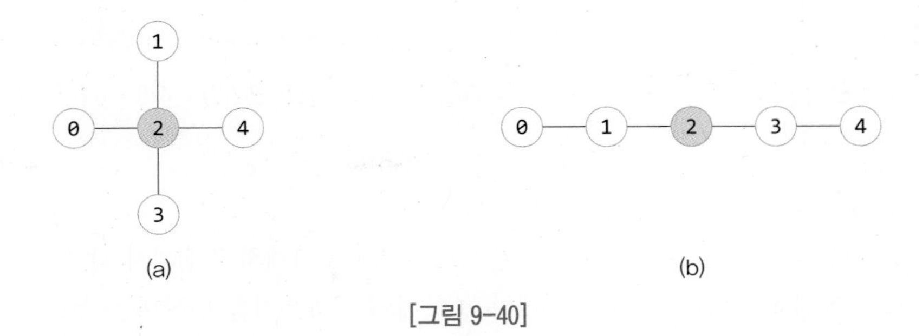

[그림 9-40]

[그림 9-40](a)의 경우 정점 2의 차수 중심성이 4/(5 - 1) = 1.0으로 가장 높고, 매개 중심성도 높으나, (b)의 경우 정점 1, 2, 3의 차수 중심성이 2/(5 -1) = 0.5로 동일하여 차수 중심성은 정보를 전달하는데 어느 정점이 더 중요한 역할을 하는 지를 보여주지 못한다.

다음은 정점 i의 중개 중심성을 계산하는 식이다. 이 식에서 $i \neq j, i \neq k, j < k$ 이다. 여기서 j가 k보다 작아야 하는 이유는 경로의 중복 계산을 방지하기 위해서이다. 예를 들어 3에서부터 6까지의 최단 경로를 계산했으면, 6에서부터 3까지의 경로는 계산하지 않는다.

$$BC(i) = \sum_{\forall j, k \neq i} \left(\frac{j\text{에서 } i\text{를 경우하여 } k\text{로 가는 최단 경로의 수}}{j\text{에서 } k\text{로 가는 총 최단 경로의 수}} \right)$$

BC 값을 정규화할 때는 BC(i)를 $(n-1)(n-2)/2$로 나눈다. $(n-1)(n-2)/2$는 정점 i를 제외한 $n-1$개의 정점에 대해, 2개씩 쌍을 만드는 최대 조합의 수이다. 여기서 쌍으로 정점을 고려하는 이유는 하나는 최단 경로의 출발점이고 다른 하나는 도착점이기 때문이다.

예제 [그림 9-39]에서 (n-1)(n-2)/2 = (5-1)(5-2)/2 = 12/2 = 6이고, BC(0) = 0.5/6 = 0.08, BC(1) = BC(2) = BC(4) = 0/6 = 0, BC(3) = 3.5/6 = 0.58이다. BC(0) = 0.5/6인 이유는 정점 1에서 2로 가는 최단 경로의 수는 2개이고 0을 경유하는 경우가 1개이기 때문이다. BC(3) = 3.5/6은 {0, 1, 2} 각각에서 3을 거쳐서 가야 정점 4로 갈 수 있고, 정점 1에서 2로 가는 최단 경로의 수는 2개이고 3을 경유하는 경우가 1개이기 때문이다.

예제 [그림 9-40](a)에서 BC(2) = 6/6 = 1.0이고, BC(0) = BC(1) = BC(3) = 0/6 = 0이다. [그림 9-40](b)에서 BC(0) = BC(4) = 0/6 = 0, BC(1) = BC(3) = 3/6 = 0.50, BC(2) = 4/6 = 0.67이다.

| 근접 중심성 |

근접 중심성(Closeness Centrality, CC)은 정점 i에서 n−1개의 정점까지 각각의 최단 거리의 합으로 정점 i가 네트워크에서 얼마나 중앙에 위치하는지를 나타내는 척도이다. CC를 계산하는 정규화된 식은 다음과 같다. CC 값이 클수록 네트워크의 중앙에 위치한다.

$$CC(i)=\sum_{j=0}^{n-1}\frac{n-1}{d_{ij}},\ i\neq j$$

위 식에서 d_{ij}는 i에서 j까지의 최단 거리이다.

예제 [그림 9-39]에서 CC(0) = (5−1) / (1 + 1 + 1 + 2) = 4 / 5 = 0.80, CC(1) = CC(2) = (5−1) / (1 + 1 + 2 + 2) = 4 / 6 = 0.67, CC(3) = (5−1) / (1 + 1 + 1 + 1) = 4 / 4 = 1.0, CC(4) = (5−1) / (1 + 2 + 2 + 2) = 4 / 7 = 0.57이다. 따라서 정점 3이 가장 근접 중심성이 높고, 정점 4가 가장 낮다.

예제 [그림 9-40](a)에서 CC(2) = (5−1)/(1 + 1 + 1 + 1) = 1.0이다. 각 주변 정점의 CC 값은 (5−1) / (1 + 2 + 2 + 2) = 4 / 7 = 0.57이다. (b)에서 CC(2) = (5−1) / (1 + 1 + 2 + 2) = 4 / 6 = 0.67이다.

| 고유 벡터 중심성 |

고유 벡터 중심성(Eigenvector Centrality, EC)은 정점 i가 얼마나 중요한(Important 또는 Popular) 정점에 인접해있는 지를 나타내는 척도이다. 이는 많은 사람이 높은 관심을 가지는 인물(Influential)의 친구도 비교적 높은 인지도를 갖는다는 것을 반영하는 것이다. 즉, EC(i)는 정점 i에 인접한 정점(친구)들의 중심성에 의존한다. 다음은 고유 벡터 중심성을 계산하는 알고리즘이다.

[고유 벡터 중심성 알고리즘]

[1] 각 정점 i에 1.0을 초기 중심성 값으로 배정한다. 즉, $EC(i) = 1.0$.

[2] 각 정점 i에 대하여 $EC(i) = \sum_{j=0}^{n-1} A[i][j]EC(j)$ 를 계산한다. 여기서 A는 인접 행렬이다.

[3] 각 정점 i의 $EC(i)$ 를 가장 큰 $EC(\ )$ 값으로 나누어 정규화한다.

[4] Step [2]와 [3]을 $EC(i)$ 값이 변하지 않을 때까지 반복 수행한다.

고유 벡터 중심성을 위의 알고리즘으로 계산할 수도 있으나, 원래의 고유 벡터 중심성 계산 방법은 인접 행렬의 고유 벡터를 계산하여 고유 벡터 중심성을 계산한다.

$$Ax = \lambda x$$

위 식에서 A는 인접 행렬이고, x는 고유 벡터(Eigenvector)이며, λ는 고유값(Eigenvalue)이다. 위의 식을 계산하면 n개의 고유값을 얻는데 이때 가장 큰 고유값[15]을 선택하여 고유 벡터 x를 계산하면 각 정점의 고유 벡터 중심성을 얻는다.

예제 [그림 9-39]의 그래프의 인접 행렬에 대한 5개의 고유값은 {-1.74, -1.27, 0.00, 0.33, 2.68}이다. 그중에서 가장 큰 고유값인 2.68을 택하고, 2.68에 대응되는 고유 벡터를 계산하면 [0.524, 0.412, 0.412, 0.583, 0.217] 이므로, 차례로 EC(0) = 0.524, EC(1) = 0.412, EC(2) = 0.412, EC(3) = 0.583, EC(4) = 0.217이다. 이 예제에서 정점 3의 고유 벡터 중심성이 가장 크다.

| 커뮤니티 찾기 |

커뮤니티 찾기(Community Detection)는 소셜 네트워크에서 유사도(Similarity)에 따라 사용자들을 그룹화하고, 추천 시스템(Recommendation System)에서는 취향이나 관심 분야가 유사한 고객들을 집단으로 분류하며, 웹 탐색 엔진(Search Engine)의 탐색 성능을 높이기 위해 유사한 웹 페이지들을 그룹으로 나누고, 복잡한 네트워크를 간단하게 시각화(Visualization)하는데 도움을 주는 등 수많은 분야에서 유용하게 쓰이는 분석 도구이다.

---

15) Perron-Frobenius 정리에 의해 가장 큰 고유값에 대응되는 고유 벡터는 1개만 존재하며, 이 고유 벡터의 n개의 값들은 모두 양수이다.

소셜 네트워크에서 커뮤니티를 찾는 방법은 매우 다양하다. 그중에서 Part 9.3.3의 강 연결 성분 찾기는 방향성을 가진 메타/트위터 네트워크나 이메일/전화 등의 통신 네트워크에서 커뮤니티를 분석하는 데 상당히 중요한 역할을 한다. 그리고 가장 대표적인 방법으로 계층적 클러스터링(Hierarchical Clustering)이 있는데, 이 방법은 가장 유사도가 높은 두 명의 사용자 또는 그룹을 하나의 그룹으로 연속적으로 합병하며, 남은 그룹 수가 원하는 그룹 수가 되었을 때 합병을 종료한다.

(a) 강 연결 성분을 이용한 커뮤니티

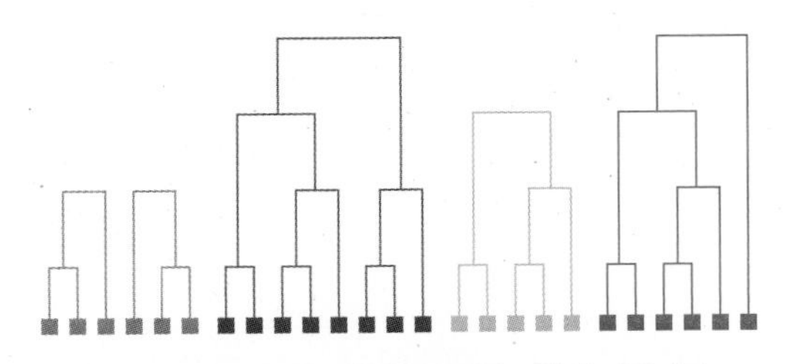

(b) 계층적 클러스터링으로 만든 4개의 커뮤니티

[그림 9-41] 소셜 네트워크 커뮤니티[16)]

16) 출처: http://www.technollarma.co.uk/social-networks-guilt-by-association

[Race Horses] 경주마

25마리의 경주마 중에서 가장 빠른 3마리를 5개의 트랙을 이용하여 찾으려고 한다. 단, 시간을 잴 수 있는 스톱워치나 타이머 같은 기기는 없다. 가장 빠른 3마리를 찾기 위한 최소의 경주 횟수는?

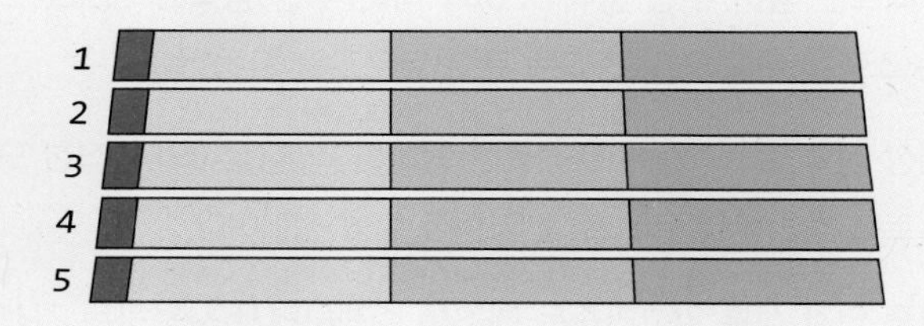

답 7회

5마리씩 5개의 그룹을 만들고, 그룹별로 경주한 결과를 얻은 다음, 각 그룹의 1위 말들을 경주하여 다음과 같은 결과를 얻었다고 하자.

6번째 경주 결과: 1위 2위 3위 4위 5위

	그룹 1	그룹 2	그룹 3	그룹 4	그룹 5
1위					
2위					
3위					
4위					
5위					
	1번째 경주	2번째 경주	3번째 경주	4번째 경주	5번째 경주

이 표를 살펴보면 그룹 4와 5의 말들은 최고 3위에 오를 수 없고, 그룹 3의 2, 3, 4, 5위 말들도 최고 3위에 오를 수 없다. 또한 그룹 2의 3, 4, 5위 말들과 그룹 1의 4, 5위 말들도 최고 3위에 오를 수 없다. 따라서 마지막으로 그룹 1의 2, 3위 말, 그룹 2의 1, 2위 말과 그룹 3의 1위 말이 경주하여 1위와 2위가 전체 최고 2위와 3위가 된다.

6번째 경주 결과: 1위 2위 3위 4위 5위

	그룹 1	그룹 2	그룹 3	그룹 4	그룹 5
1위					
2위					
3위					
4위					
5위					
	1번째 경주	2번째 경주	3번째 경주	4번째 경주	5번째 경주

요약

- 그래프를 자료구조로서 저장하기 위해 인접 행렬과 인접 리스트가 주로 사용된다.
- 그래프는 깊이 우선 탐색(DFS)과 너비 우선 탐색(BFS)으로 그래프의 모든 정점을 방문하며, DFS는 스택을 사용하고, BFS는 큐 자료구조를 사용한다.
- 위상 정렬 알고리즘은 DFS를 수행하며 각 정점 v의 인접한 모든 정점의 방문이 끝나자마자 v를 리스트에 추가한다. 리스트의 역순이 위상 정렬이다.
- 이중 연결 성분 알고리즘은 DFS를 수행하면서 사용하는 간선을 스택에 저장하고 뒷간선을 적절히 사용하여 단절 정점을 찾으며, 단절 정점을 찾은 직후에 스택에서 이중 연결 성분에 속한 간선들을 모두 꺼내어 출력하여 이중 연결 성분을 찾는다.
- Kosaraju의 강 연결 성분 알고리즘은 입력 그래프에서 위상 정렬 순서를 찾고 역방향 그래프에서 위상 정렬 순서에 따라 DFS를 수행하며 강 연결 성분들을 추출한다.
- Kruskal 알고리즘은 간선들을 가중치로 정렬한 후에, 가장 가중치가 작은 간선이 트리에 사이클을 만들지 않으면 트리 간선으로 선택하고, 만들면 버리는 일을 반복하여 n–1개의 간선을 선택한다.
- Prim 알고리즘은 트리에 인접한 가장 가까운 정점을 하나씩 추가하여 최소 신장 트리를 만든다.
- Sollin 알고리즘은 각 트리에서 트리에 연결된 간선 중에서 가장 작은 가중치를 가진 간선을 선택한다. 이때 선택한 간선은 2개의 트리를 하나의 트리로 합친다. 이와 같은 방식으로 하나의 트리가 남을 때까지 각 트리에서 최소 가중치 간선을 선택하여 연결한다.
- Dijkstra 알고리즘은 출발점으로부터 방문하지 않은 정점 중에서 가장 가까운 정점을 방문하고 방문한 정점을 기준으로 간선 완화를 수행하여 최단 경로를 계산한다.
- Bellman–Ford 알고리즘은 음수 가중치 그래프에서도 최단 경로를 찾을 수 있다. 각 정점에 대한 간선 완화를 n–1번 수행한다.
- Floyd–Warshall 알고리즘은 모든 정점 쌍 사이의 최단 경로를 찾는 알고리즘이다. 입력 그래프의 정점을 0, 1, 2, …, n–1로 ID를 부여하고, 정점 ID를 증가시키며 간선 완화를 수행한다.
- 소셜 네트워크 분석에서 정점(사용자)의 중요도를 분석하기 위한 대표적인 방법에는 차수 중심성, 중개 중심성, 근접 중심성, 고유 벡터 중심성이 있고, 커뮤니티를 분석하는 대표적인 방법에는 강 연결 성분과 계층적 클러스터링 방법이 있다.

연습문제

9.1 다음 중 그래프 G=(V, E)에 관한 설명 중 가장 거리가 먼 것은?

① V는 정점의 집합이다.

② E는 간선의 집합이다.

③ V는 empty일 수도 있다.

④ E는 empty일 수도 있다.

⑤ 답 없음

9.2 다음 중 무방향 그래프의 정점의 차수(Degree)에 관한 설명 중 옳은 것은? 단, n은 정점의 수이다.

① 차수는 정점을 지나는 경로의 수이다.

② 차수는 인접한 정점의 수이다.

③ 최대 차수는 n이다.

④ 최소 차수는 1이다.

⑤ 답 없음

9.3 1개의 연결 성분으로 된 무방향 그래프에 사이클이 없을 때 다음 중 맞는 것은? 단, n은 정점 수이고, m은 간선 수이다.

① n = m　　② n = m–1　　③ m = n–1

④ m = n+1　　⑤ 답 없음

9.4 다음 그래프에서 A의 진입 차수와 D의 진출 차수는?

① 1, 1

② 2, 1

③ 3, 2

④ 4, 3

⑤ 답 없음

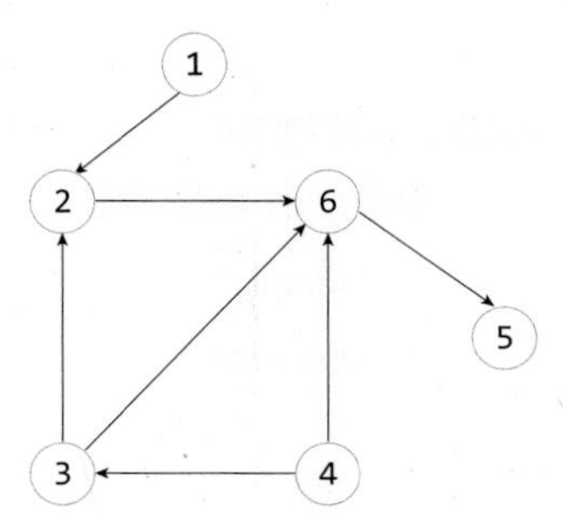

9.5 정점을 10개 가진 방향 그래프를 인접 행렬로 표현할 때 필요한 boolean 값의 개수는?

① 10　　② 20　　③ 45
④ 75　　⑤ 100

9.6 n개의 정점과 m개의 간선을 가진 그래프를 인접 리스트로 표현할 때 필요한 단순 연결 리스트의 개수는?

① n　　② m　　③ m+n
④ mn　　⑤ n^2

9.7 정점을 6개 가진 무방향 완전 그래프에 있는 간선 수는? 각 정점이 모든 다른 정점에 인접해있는 그래프를 완전 그래프(Complete Graph)라 한다. 즉, 모든 쌍의 점이 간선으로 연결되어 있다.

① 6　　② 12　　③ 15
④ 30　　⑤ 답 없음

9.8 n개의 정점을 가진 무방향 그래프에 있는 최대 간선 수는?

① n/2　　② n−1　　③ n
④ n(n−1)/2　　⑤ 답 없음

9.9 n개의 정점을 가진 무방향 그래프에 있는 모든 정점의 차수의 합에 대해 맞는 것을 모두 고르라.

① 반드시 짝수이다.　　② 반드시 홀수이다.
③ 간선 수의 2배이다.　　④ 최대 n(n−1)/2이다.
⑤ 답 없음

9.10 n개의 정점을 가진 무방향 그래프의 모든 정점을 탐색하는데 필요한 최악 경우 수행 시간은? 단, m은 간선의 수이다.

① O(logn)　　② O(n)　　③ O(m)
④ O(n+m)　　⑤ 답 없음

9.11 다음 그래프에는 몇 개의 서로 다른 신장 트리가 존재하는가?

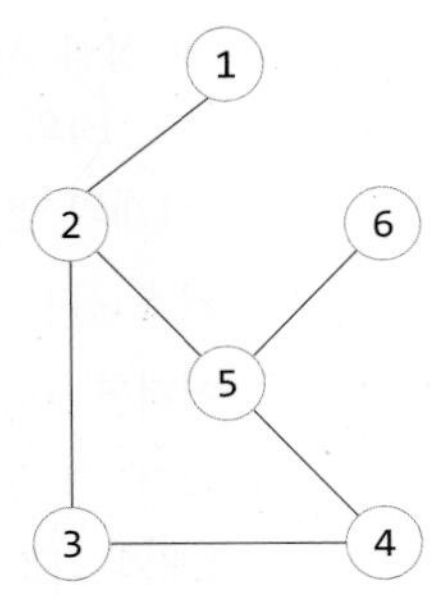

① 4 ② 5 ③ 6

④ 7 ⑤ 답 없음

9.12 n개의 정점을 가진 무방향 그래프 G에 대해 다음의 설명 중 맞는 것만 모아 놓은 것은?

(i) G의 각 쌍의 정점 사이에는 1개의 경로만 존재하면, G는 트리이다. (ii) G가 하나의 연결 성분으로 되어있고 n−1개의 간선을 가지면, G는 트리이다. (iii) G가 n−1개의 간선을 가지면서 사이클이 없으면, G는 트리이다.

① (i) ② (i), (ii) ③ (ii)

④ (i), (iii) ⑤ (i), (ii), (iii)

9.13 다음은 하나의 연결 성분으로 구성된 그래프 G=(V, E)의 신장 트리 T에 관한 설명이다. 다음 중 옳지 않은 것은? 단, n =|V|이다.

① T는 항상 n−1개의 간선을 가진다.

② T는 n−1개의 정점을 가진다.

③ T에 새로운 간선을 추가하면 사이클이 반드시 만들어진다.

④ T에는 사이클이 없다.

⑤ 답 없음

9.14 그래프 G의 인접 행렬에 대해 다음 설명 중 옳은 것은? 단, 인접 행렬의 원소 a[i][j]는 정점 i와 j 사이의 거리이다.

$$a = \begin{bmatrix} 0 & 1 & 1 \\ 1 & 0 & 1 \\ 1 & 1 & 0 \end{bmatrix}$$

① G에 대한 최소 신장 트리는 없다.

② G에는 1개의 최소 신장 트리만 있다.

③ G에는 가중치가 2인 최소 신장 트리가 3개 있다.

④ G에는 가중치가 서로 다른 최소 신장 트리가 3개 있다.

⑤ 답 없음

9.15 5개의 정점 A, B, C, D, E를 가진 무방향 그래프의 간선들이 서로 다른 가중치를 가지고, (A, B)의 거리가 최소이고, (D, E)의 거리가 최대일 때 다음 중 틀린 것은? 단, 그래프는 1개의 연결 성분으로 되어있다.

① 최소 신장 트리는 반드시 간선 (A, B)를 포함한다.

② 어떠한 최소 신장 트리도 간선 (D, E)를 포함하지 않는다.

③ 간선 (D, E)를 포함하는 최소 신장 트리는 없다.

④ 1개의 최소 신장 트리만 있다.

⑤ 답 없음

9.16 다음 중 그래프의 탐색에 관한 설명 중 틀린 것은?

① 이진 트리의 탐색과 같이 루트에서 시작한다.

② 깊이 우선 탐색과 너비 우선 탐색이 있다.

③ 깊이 우선 탐색은 스택 자료구조를 활용한다.

④ 너비 우선 탐색은 큐 자료구조를 사용한다.

⑤ 답 없음

9.17 다음은 무방향 그래프 G에 대한 DFS와 BFS에 대한 설명이다. 가장 적절한 설명은?

① DFS의 수행 시간이 BFS보다 빠르다.

② BFS의 수행 시간이 DFS보다 빠르다.

③ DFS와 BFS로 만들어지는 신장 트리는 같다.

④ DFS는 스택 자료구조를 이용한다.

⑤ BFS는 이진 힙 자료구조를 이용한다.

9.18 다음 중 n개의 정점을 가진 그래프에 대하여 BFS를 수행할 때 큐(Queue)에 최대 몇 개의 정점이 저장될 수 있는가?

① n/2　　② n−1　　③ n

④ n(n−1)/2　　⑤ 답 없음

9.19 다음 중 위상 정렬에 관한 설명 중 옳은 것은?

① 간선을 가중치 기준으로 정렬한다.

② 사이클이 없는 무방향 그래프에서도 위상 정렬을 할 수 있다.

③ 사이클이 있는 방향 그래프에서도 위상 정렬을 할 수 있다.

④ 간선 ⟨u, v⟩가 있으면 위상 정렬의 결과에서는 반드시 u가 v보다 앞서야 한다.

⑤ 답 없음

9.20 다음의 그래프에 대해 Part 9.3.1에서 설명한 위상 정렬 알고리즘에 따라 계산된 위상 정렬은?

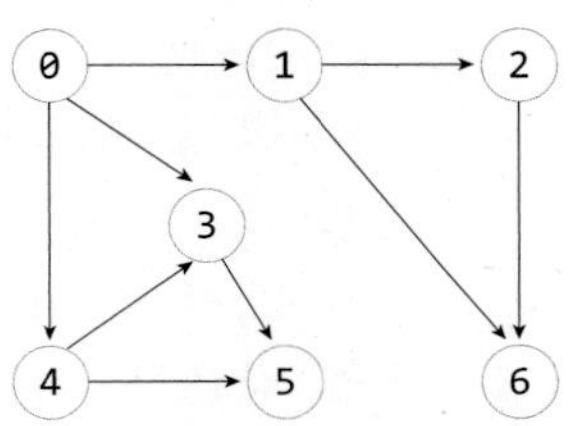

① 0, 4, 3, 5, 1, 6, 2

② 0, 1, 3, 5, 2, 4, 6

③ 6, 2, 1, 5, 3, 4, 0

④ 0, 1, 2, 6, 4, 3, 5

⑤ 답 없음

9.21 다음 중 이중 연결 성분에 관한 설명 중 가장 거리가 먼 것은?

① 단절 정점이 없다.

② 다리 간선이 없다.

③ 어느 두 점 사이에 적어도 2개의 경로가 있다.

④ 연결 성분 2개 이상이 중첩되어 있다.

⑤ 답 없음

9.22 다음 중 이중 연결 성분을 찾는 알고리즘에 관한 설명 중 가장 거리가 먼 것은?

① DFS를 기본적으로 사용한다.

② 뒷 간선을 활용한다.

③ 다리 간선을 찾아서 이중 연결 성분을 찾는다.

④ 수행 시간은 그래프 탐색 수행 시간과 같다.

⑤ 답 없음

9.23 다음의 그래프와 인접 리스트에 대해 Part 9.3.2에서 설명한 이중 연결 성분 알고리즘이 수행되면서 가장 먼저 찾는 이중 연결 성분은? 단, 정점 0이 시작점이다.

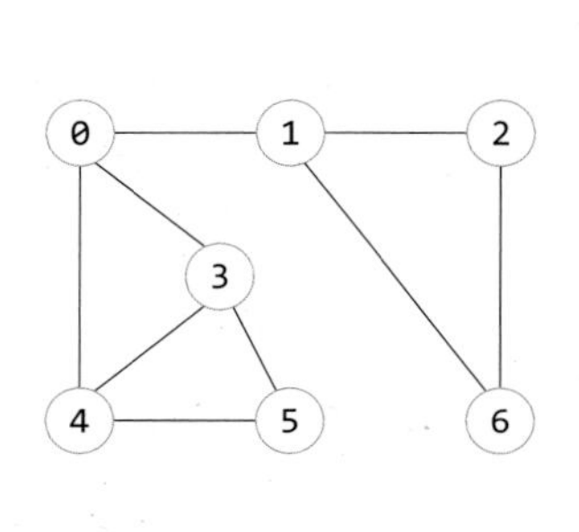

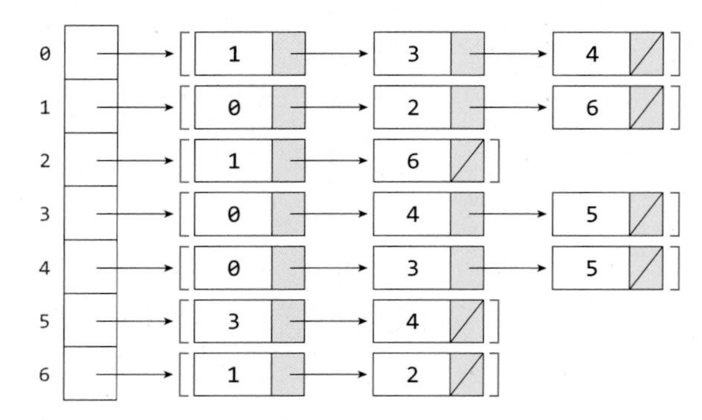

① (0, 3), (0, 4), (3, 4), (3, 5)

② (0, 1)

③ (1, 2), (2, 6), (1, 6)

④ (3, 4) (3, 5), (4, 5)

⑤ 답 없음

9.24 다음 중 강 연결 성분에 관한 설명 중 옳은 것은?

① 방향 그래프의 간선의 방향을 없앤 그래프의 이중 연결 성분과 같다.

② 두 정점 u, v에 대해 u에서 v로 가는 경로가 있고 v에서 u로 오는 경로가 있어야 한다.

③ 다리 간선이 있을 수도 있다.

④ 단절 정점이 있을 수도 있다.

⑤ 답 없음

9.25 다음의 그래프와 인접 리스트에 대해 Part 9.3.3의 Kosaraju의 강 연결 성분 알고리즘에 따라 만들어지는 강 연결 성분은? 단, 각 연결 성분은 편의상 정점들의 집합으로 표시한다.

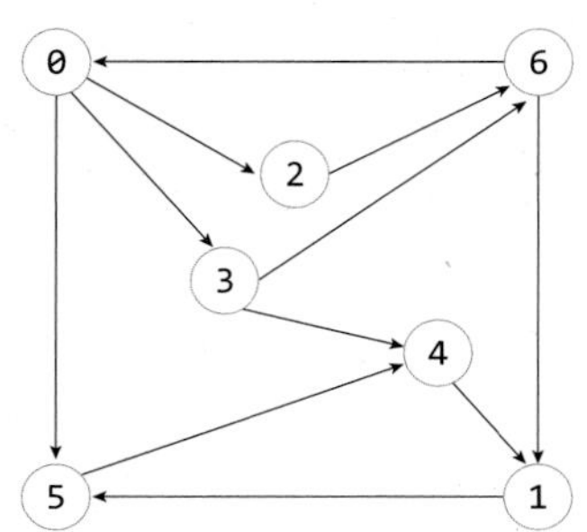

① {0, 5, 4, 1}, {2, 6}, {3}

② {0, 2, 3, 6}, {1, 5, 4}

③ {0, 2, 3, 5}, {6, 4, 1}

④ {0, 2, 6}, {0, 3, 6}, {1, 4, 5}

⑤ 답 없음

9.26 다음 중 최소 신장 트리에 관한 설명 중 가장 거리가 먼 것은? 단, 그래프는 1개의 연결 성분으로 되어 있다.

① 그래프의 모든 정점을 포함한다.

② 최소 신장 트리는 여러 개 있을 수 있다.

③ 최소 신장 트리는 간선 수는 정점 수와 같다.

④ 간선의 가중치가 모두 다른 그래프에는 1개의 최소 신장 트리만 있다.

⑤ 답 없음

9.27 다음의 그래프에서 Kruskal의 알고리즘에 의해 선택된 처음 3개의 트리 간선의 가중치의 합은?

① 8

② 9

③ 10

④ 12

⑤ 답 없음

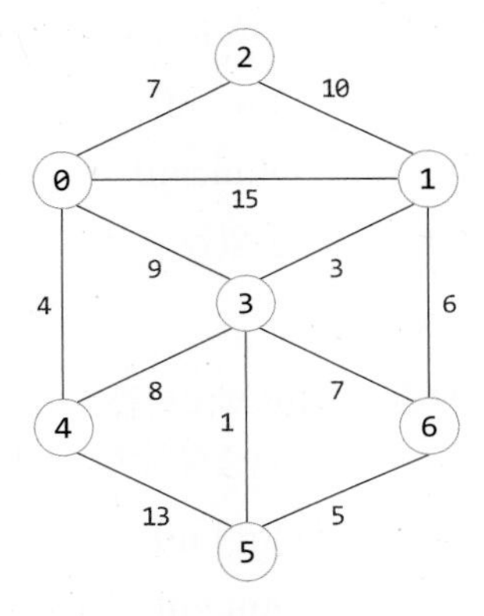

9.28 문제 9.27의 그래프에서 Prim의 알고리즘에 의해 선택된 처음 3개의 트리 간선의 가중치의 합은? 단, 시작점은 0이다.

① 8 ② 9 ③ 10

④ 13 ⑤ 답 없음

9.29 문제 9.27의 그래프에서 Sollin 알고리즘으로 최소 신장 트리를 찾으려고 한다. 알고리즘의 repeat-루프가 1회 수행된 후, 알고리즘에 의해 선택된 트리 간선의 가중치의 합은?

① 13 ② 15 ③ 16

④ 19 ⑤ 답 없음

9.30 Kruskal 알고리즘과 Prim 알고리즘을 비교한 것 중 가장 적절하게 설명한 것은?

① Prim 알고리즘은 union-find 연산을 이용하여 구현하고, Kruskal 알고리즘은 이진 힙을 이용하여 구현한다.

② Prim 알고리즘은 그리디 알고리즘이고, Kruskal 알고리즘은 동적 계획 알고리즘이다.

③ Prim 알고리즘은 수행하는 동안 하나의 트리를 유지하나, Kruskal 알고리즘은 여러 개의 트리를 합치며 마지막에 1개의 트리를 만든다.

④ Prim의 평균 경우 수행 시간은 $O(n^3)$이고, Kruskal 알고리즘의 최악 경우 수행 시간은 $O(n^2 \log n)$이다. 단, n은 정점의 수이다.

⑤ 답 없음

9.31 다음 중 Kruskal 알고리즘의 수행 시간은? 단, n은 정점의 수이고 m은 간선 수이다.

① $O(n+m)$ ② $O(n\log m)$

③ $O(m\log n)$ ④ $O(n^2)$

⑤ 답 없음

9.32 Prim 알고리즘은 구현에 사용되는 자료구조에 따라 수행 시간이 다르다. 다음 중 Prim 알고리즘의 수행 시간이 아닌 것은? 단, n은 정점의 수이고 m은 간선 수이다.

① $O(n+m)$ ② $O(n\log n)$

③ $O(m+n\log n)$ ④ $O(n^2)$

⑤ 답 없음

9.33 다음 중 Prim 알고리즘은 구현하는데 사용되는 자료구조가 아닌 것은?

① 이진 힙 ② 1차원 배열

③ 피보나치 힙 ④ 단순 연결 리스트

⑤ 답 없음

9.34 다음 중 Sollin의 최소 신장 트리 알고리즘의 수행 시간은? 단, n은 정점의 수이고 m은 간선 수이다.

① $O(n+m)$ ② $O(n\log m)$

③ $O(m\log n)$ ④ $O(n^2)$

⑤ 답 없음

9.35 양의 가중치를 가진 무방향 그래프에서 출발점 s에서 정점 u까지의 최단 거리가 10이고, s에서 정점 v까지의 최단 거리가 15일 때, 간선 (u, v)에 대해 옳은 것은?

① (u, v)의 가중치 〈 5

② (u, v)의 가중치가 5이면 (u, v)는 s에서 정점 v까지의 최단 경로에 반드시 포함된다.

③ (u, v)의 가중치 ≥ 5

④ 답 없음

9.36 다음 그래프에서 Dijkstra 알고리즘을 이용하여 정점 0에서 각 정점까지의 최단 거리를 계산 결과에 대해 맞는 것은?

① 정점 0에서 1까지의 최단 거리는 10이다.

② 정점 0에서 2까지의 최단 거리는 9이다.

③ 정점 0에서 3까지의 최단 거리는 12이다.

④ 정점 0에서 4까지의 최단 거리는 11이다.

⑤ 답 없음

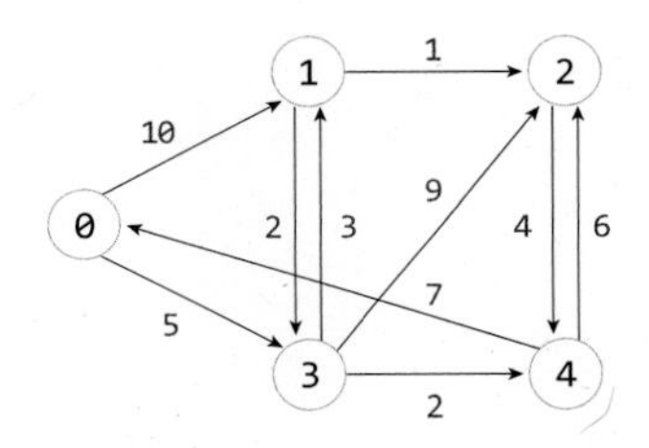

9.37 다음 그래프에서 S에서 각각 다른 점까지 최단 거리를 다익스트라 알고리즘으로 찾을 때 최단 거리가 확정되는 점들의 순서를 옳게 나열한 것은?

① S-A-B-C-D-E

② S-A-C-B-D-E

③ S-C-B-A-E-D

④ S-C-D-A-E-B

⑤ 답 없음

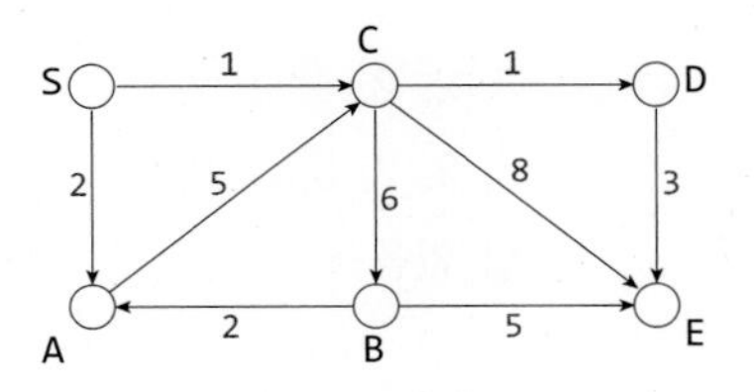

9.38 다음의 그래프에서 S에서 모든 다른 점들까지 다익스트라 알고리즘으로 최단 거리를 찾았을 때 S에서 B까지의 거리는?

① 3

② 4

③ 5

④ 6

⑤ 답 없음

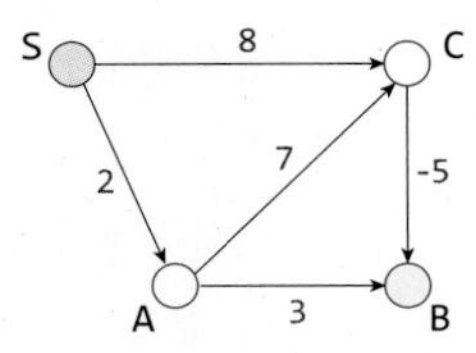

9.39 다음은 주어진 그래프에서 Bellman-Ford 알고리즘을 이용하여 정점 s에서 각 정점까지의 최단 경로와 그 거리를 단계적으로 계산하는 과정을 나타낸 것이다. 단, 정점의 빈칸은 정점 s로부터 주어진 k의 값에 따라 계산된 정점까지의 최단 거리이다. 빈칸을 번호순으로 알맞게 채운 것은?

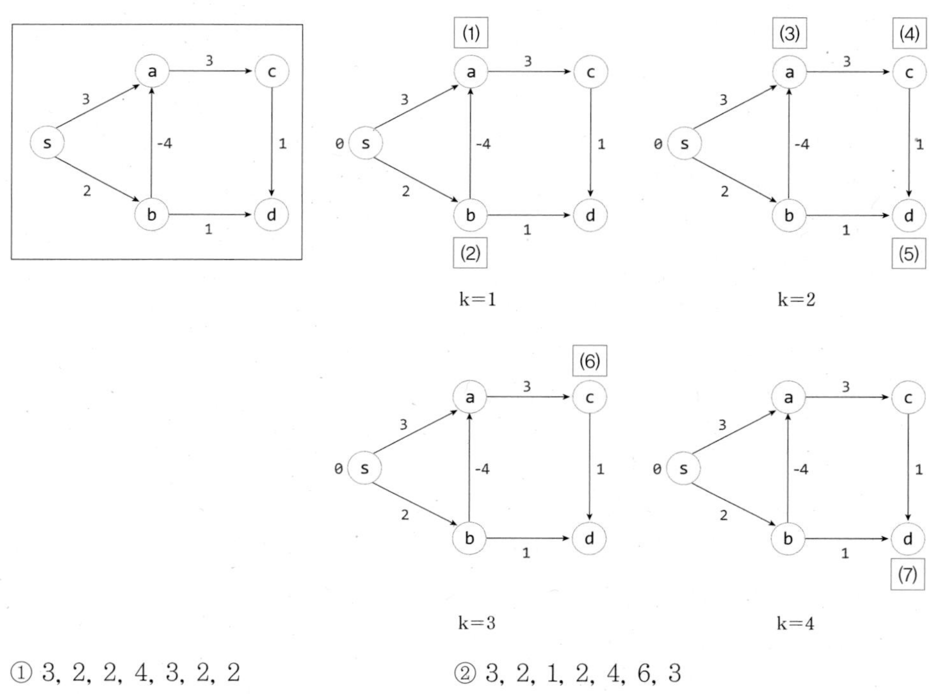

① 3, 2, 2, 4, 3, 2, 2
② 3, 2, 1, 2, 4, 6, 3
③ 3, 2, 2, 5, 3, 2, 1
④ 3, 2, 2, 6, 3, 1, 2
⑤ 답 없음

9.40 다음 그래프에서 Floyd-Warshall 알고리즘을 이용하여 모든 쌍의 최단 거리를 계산한 결과에 대해 맞는 것은?

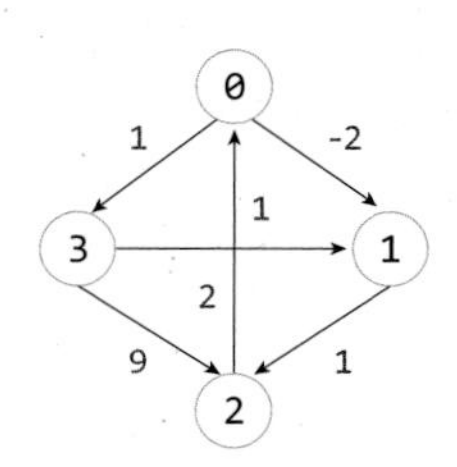

① 정점 0에서 정점 2까지의 최단 거리는 3이다.
② 정점 1에서 정점 3까지의 최단 거리는 4이다.
③ 정점 2에서 정점 1까지의 최단 거리는 -2이다.
④ 정점 3에서 정점 2까지의 최단 거리는 3이다.
⑤ 답 없음

9.41 Floyd–Warshall 알고리즘과 Bellman–Ford 알고리즘은 어떤 종류의 알고리즘에 속하는가?

① 그리디 알고리즘
② 분할 정복 알고리즘
③ 동적 계획 알고리즘
④ 랜덤 알고리즘
⑤ 답 없음

9.42 다음의 그래프 알고리즘들과 최악 경우 수행 시간을 옳게 짝지은 것은? 단, n은 정점의 수이고, m은 간선의 수이다.

A. Bellman–Ford 알고리즘	1. $O(m \log n)$
B. Kruskal 알고리즘	2. $O(n^3)$
C. Floyd Warshall 알고리즘	3. $O(mn)$
D. 위상 정렬	4. $O(n+m)$

① A–3, B–1 C–2, D–4
② A–1, B–2, C–3, D–4
③ A–2, B–3, C–4, D–1
④ A–4, B–2, C–1, D–3
⑤ 답 없음

9.43 어느 항공사에서 항공기 운항 대상인 도시들을 항공사의 운항 스케줄에 따라 방향 그래프로 표현하였다. 어느 한 도시에서 출발하여 최종 도착 도시까지 최적의 운항 연계 스케줄을 찾는데 적절한 알고리즘은?

① DFS 또는 BFS
② 위상 정렬 알고리즘
③ 강 연결 성분 알고리즘
④ 최소 신장 트리 알고리즘
⑤ 최단 경로 알고리즘

9.44 다음의 그래프에서 정점 4의 차수 중심성, 정점 0의 중개 중심성, 정점 1의 근접 중심성을 차례로 맞게 쓴 것은?

① 0.15, 0.25, 0.33
② 0.20, 0.15, 0.25
③ 0.40, 0.20, 0.33
④ 0.40, 0.25, 0.67
⑤ 답 없음

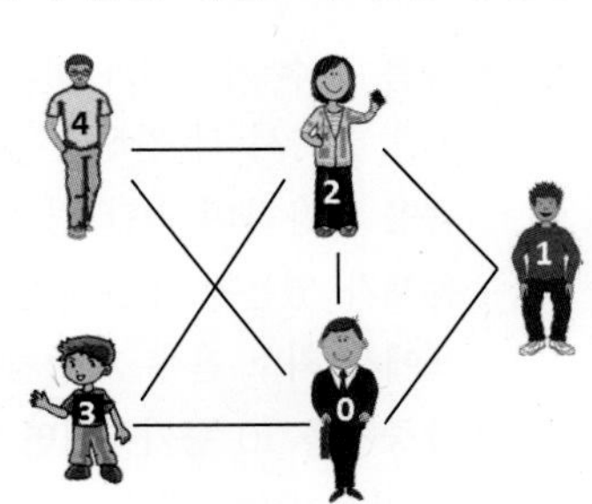

9.45 문제 9.44의 그래프에서 각 정점의 고유 벡터 중심성을 계산한 결과에 대해 틀린 것은? 단, 고유벡터를 계산하여 중심성을 계산하라.

① 정점 0과 정점 2의 고유 벡터 중심성은 동일하다.

② 정점 3과 정점 4의 고유 벡터 중심성은 동일하다.

③ 정점 0이 가장 큰 고유 벡터 중심성을 가진다.

④ 정점 1은 정점 3보다 작은 고유 벡터 중심성을 가진다.

⑤ 답 없음

9.46 이중 연결 성분 알고리즘을 위한 자바 프로그램으로 작성하라. 단, 입력 그래프를 위해 인접 리스트를 사용하라.

9.47 그래프를 저장하기 위해 일반적으로 인접 행렬 또는 인접 리스트를 사용한다. 그러나 무방향 그래프를 인접 리스트로 표현하면 간선 (i, j)에 대해 정점 i와 정점 j의 리스트에 각각 간선 정보를 저장해야 한다. 마찬가지로 인접 행렬도 2차원 배열 a의 두 개의 원소 a[i][j]와 a[j][i]에 간선 정보를 중복 저장한다. 이러한 중복 저장은 그래프에서 방문한 간선을 제거하는 경우 두 곳을 제거 또는 표시해야 하는 문제점을 갖는다. 그래프의 각 간선의 정보를 한 번만 저장하는 자료구조에 대해 조사하라.

9.48 강 연결 성분을 찾는 Kosaraju 알고리즘을 위한 자바 프로그램으로 작성하라. 단, 입력 그래프를 위해 인접 리스트를 사용하라.

9.49 주어진 가중치 그래프에서 최소 신장 트리 알고리즘을 이용하여 최대 신장 트리(Maximum Spanning Tree)를 찾을 수 있는지 설명하라. 만약 찾을 수 없다면 그 이유를 설명하라.

9.50 음수 가중치를 가진 그래프에서 최소 신장 트리 알고리즘들이 최소 신장 트리를 항상 찾을 수 있는지 설명하라. 만약 찾을 수 없다면 그 이유를 설명하라.

9.51 다음 음수 가중치가 있는 그래프에서 최소 음수 가중치 w를 찾아서 각 간선에 |w|를 더한 후 Dijkstra 알고리즘을 이용하여 최단 경로를 찾고자 한다. 이러한 방식에 문제가 있는지 없는지 설명하라. 예를 들어 다음 그래프에서 최소 음수 가중치는 −10이다. 따라서 각 간선의 가중치를 10 증가시키면 그래프에서 음수 가중치를 가진 간선이 없어진다.

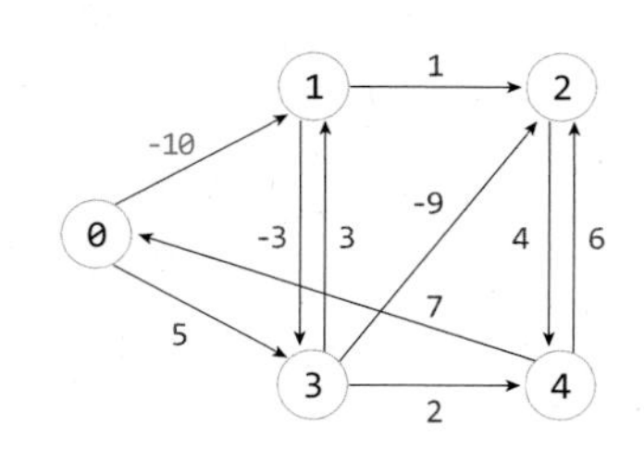

9.52 Dijkstra 최단 경로 알고리즘으로 만들어지는 트리, 즉 시작점부터 각 정점까지의 최단 경로로 만들어지는 부분 그래프가 입력 그래프의 최소 신장 트리인지 확인해보라. 단, 입력 그래프는 한 개의 연결 성분으로 되어있고 음수 가중치를 가진 간선은 없다.

9.53 다음의 문장이 맞으면 True, 틀리면 False로 답하고, 그 이유를 설명하라.

> Dijkstra 알고리즘이 찾은 최단 경로는 간선 수가 최소이다.

9.54 Dijkstra 알고리즘을 이용하여 간선 수가 최소인 최단 경로를 찾는 방법을 설명하라. 단, 모든 간선의 가중치는 양의 정수이다.

9.55 다음의 문장이 맞으면 True, 틀리면 False로 답하고, 그 이유를 설명하라.

> 모든 간선의 가중치가 양수인 그래프 G=(V, E)가 있다. G의 각 간선의 가중치에 1을 더한 그래프를 G'라고 하자. G에서의 두 점 u, v 간의 최단 경로는 G'에서도 u, v 간의 최단 경로와 같다.

9.56 다음의 문장이 맞으면 True, 틀리면 False로 답하고, 그 이유를 설명하라.

> 모든 간선의 가중치가 1보다 큰 그래프 G=(V, E)가 있다. G의 각 간선의 가중치를 제곱한 그래프를 G'라고 하자. G에서의 두 점 s, t 간의 최단 경로는 G'에서도 s, t 간의 최단 경로와 같다.

9.57 주어진 그래프의 최소 신장 트리와 어느 한 점에서 모든 다른 점들까지 다익스트라 알고리즘으로 찾은 최단 경로들로 만들어진 트리가 항상 같은지 아닌지 답하라.

9.58 다음의 문장이 맞으면 True, 틀리면 False로 답하고, 그 이유를 설명하라.

> 모든 간선의 가중치가 다른 그래프 G에는 G의 어느 점 s에서 각각의 다른 점까지의 최단 경로는 유일하다.

9.59 Bellman-Ford 알고리즘으로 최단 경로를 찾기 위해선 입력 그래프에 음수 사이클이 없어야 한다. 그런데 Bellman-Ford 알고리즘을 이용하여 입력 그래프에 음수 사이클이 있는지 없는지를 검사하려면 알고리즘을 어떻게 수정해야 하는지 설명하라.

9.60 Floyd-Warshall 알고리즘을 위한 자바 프로그램으로 작성하라. 단, 입력 그래프를 위해 인접 행렬을 사용하라.

9.61 사이클이 없는 가중치 방향 그래프(DAG)에서 최단 경로를 찾는 방법을 제안하고 제안한 방법의 수행 시간을 분석하라.

APPENDIX

부록

contents

부록

① 상각 분석

상각 분석은 1회 연산에 대한 분석하는 것이 아니라 일련의 연산, 즉 n회의 연산을 수행하는 데에 소요된 총 시간을 n으로 나누어 연산의 평균 수행 시간을 계산한다. 상각 분석은 입력의 확률 분포에 대한 가정이 필요 없으며, 최악 경우 분석보다 매우 정확한 분석이 가능하다. 하지만 항상 상각 분석이 가능한 것은 아니다. 상각 분석이 가능한 경우는 연산 수행 시간이 대부분 짧게 소요되지만 가끔 길게 소요되는 경우, 예를 들면 O(1) 시간이 소요되며 자주 수행되는 연산과 훨씬 긴 수행 시간이 필요하나 자주 수행되지 않는 또 다른 연산이 뒤섞여 수행되는 경우에 상각 분석이 유효하다.

핵심 아이디어

긴 수행 시간이 걸리는 연산 덕분에 다른 연산들이 짧은 시간에 수행될 수 있다.

Part 2에서 리스트를 배열로 구현했을 때나 Part 3에서 스택과 큐를 배열로 구현했을 때, overflow가 발생하면 resize() 메소드를 호출하여 배열의 크기를 두 배로 확장하였다. 초기에 배열 크기가 1이고, n개의 항목이 연속적으로 삽입될 때 상각 분석을 통해 1회의 삽입 연산의 평균 수행 시간이 O(1)임을 살펴보자.

상각 분석을 위해 1개의 항목을 배열 원소에 저장하거나 1개의 항목을 복사하는데 1원의 비용이 든다고 가정하고, n개의 항목들을 삽입한 후 소요된 총비용을 계산해보자. 이와 같은 비용 계산을 통한 상각 분석을 회계 방식(Accounting Scheme)[1] 상각 분석이라고 한다.

[그림 I-1]은 삽입을 연속적으로 n번 수행하는데 소요되는 시간이 O(n)이 되는 것을 보이기 위해 1개의 항목을 삽입할 때 3원이 사용된다고 가정한다. 단, 초기 배열의 크기는 1이다.

(a) 최초로 0번째 항목을 삽입하면서, 1원은 새 항목을 삽입하는 데 사용하고 2원은 저축한다. 저축한 돈은 배열 확장 시 기존 배열에 있는 항목을 확장된 새 배열로 복사하는 데 사용한다.

(b) 1번째 항목을 삽입하려는데, overflow가 발생하여 크기 2인 배열을 생성한 후, 저축해 놓은 1원을 사용[2]하여 새 배열로 복사한다.

(c) 1번째 항목을 삽입하면서 1원은 새 항목을 삽입하는 데 사용하고 2원은 저축한다.

(d) 2번째 항목을 삽입하려는데, overflow가 발생하여 크기 4인 배열을 생성한 후, 저축해 놓은 2원을 사용하여 새 배열로 2개의 항목을 복사한다.

(e) 2번째 항목을 삽입하면서 1원은 새 항목을 삽입하는 데 사용하고 2원은 저축한다.

(f) 3번째 항목을 삽입하면서 1원은 새 항목을 삽입하는 데 사용하고 2원은 저축한다.

(g) 4번째 항목을 삽입하려는데, overflow가 발생하여 크기 8인 배열을 생성한 후, 저축해 놓은 4원을 사용하여 새 배열로 4개의 항목을 각각 복사한다.

(h) 4번째 항목을 삽입하면서 1원은 새 항목을 삽입하는 데 사용하고 2원은 저축한다.

이후 연속해서 3개의 항목을 삽입한 후에, 8번째 항목을 삽입할 땐 크기가 16인 배열을 생성하여 여덟 개의 항목을 새 배열로 복사해야 하는데, 이때에도 8원이 필요하다. 필요한 8원은 앞선 4개 항목을 삽입할 때마다 각각 2원씩 저축해놓은 돈에서 충당한다. 그리고 여덟 번째 항목을 삽입하면서 1원은 새 항목을 삽입하는 데 사용하고 2원은 저축한다.

---

1) 또 다른 방식인 Aggregate Scheme과 Potential Scheme에 대한 설명은 생략한다.

2) 최초에 저축한 2원 중에서 실제로 1원만 사용하고, 예외적으로 나머지 1원은 사용되지 않는다.

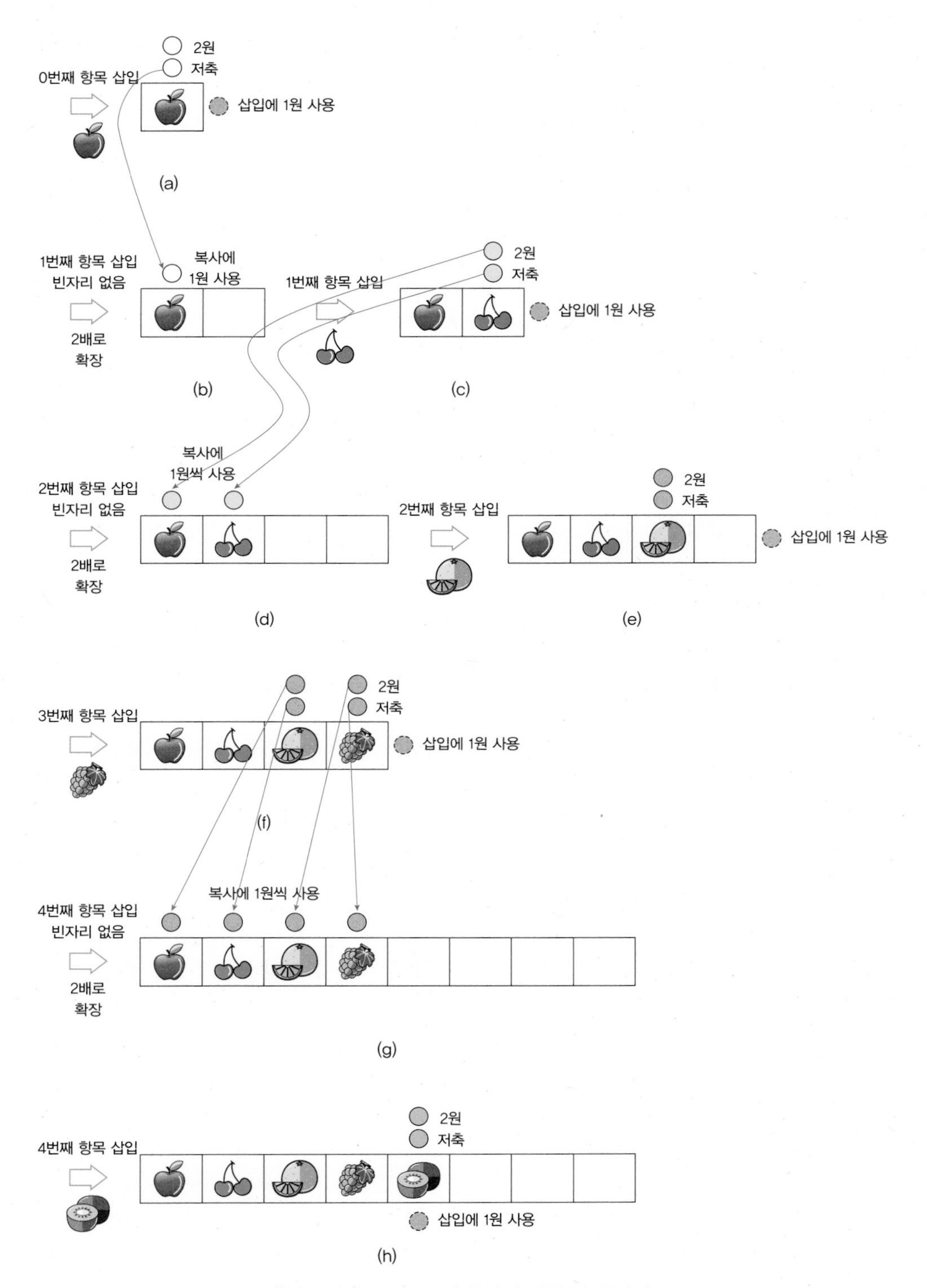

[그림 I-1] 배열의 2배 확장에 대한 상각 분석

따라서 연속적으로 n번의 삽입을 수행하며 드는 총비용은 항목 하나 당 3원이므로 3n원을 넘지 않는다. 이는 n회의 삽입에 소요되는 수행 시간이 O(n) 시간이고, 1회 평균 수행 시간은 O(1) 시간인 셈이다.

최악 경우의 분석은 1회의 연산에 소요되는 최대 시간에 연산 횟수를 곱하여 전체 수행 시간을 계산한다. 즉, 배열 크기를 2배씩 확장하며 연속적으로 n번의 삽입을 수행하면 최악 경우는 $O(n^2)$이 된다. 반면에 상각 분석은 특정 경우에만 오랜 수행 시간이 소요되고 그로 인해 대부분의 경우 수행 시간이 짧을 때, (총 수행 시간 / 연산 수)를 계산하여 평균 수행 시간을 분석하므로 최악 경우 분석보다 훨씬 현실적인 결괏값을 얻을 수 있다.

II 자바 메모리

자바 프로그램의 실행을 위해 사용되는 메인 메모리는 [그림 II-1]과 같이 세 부분으로 나뉜다. 프로그램(코드)과 static 데이터가 저장되는 영역, 프로그램의 실행에 따라 생성되는 객체들이 저장되는 heap 영역, 그리고 메소드의 호출에 따른 매개변수, 지역 변수 등이 저장되는 stack 영역으로 구분된다.

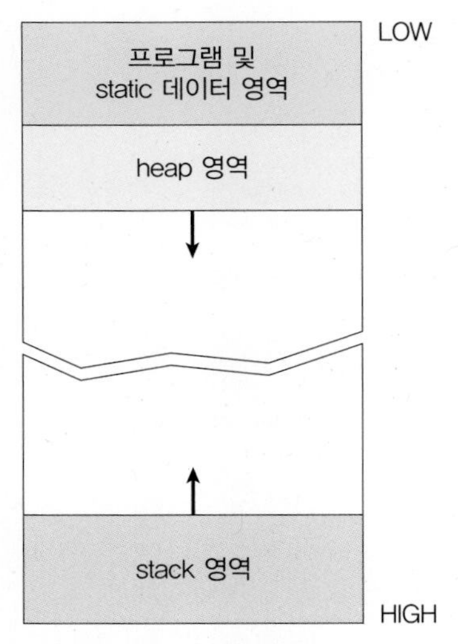

[그림 II-1] 자바 프로그램 수행에 사용되는 메모리

프로그램과 static 데이터를 저장하는 영역에는 프로그램 코드와 프로그램에 선언된 상수들, 그리고 클래스 변수, 즉 static으로 선언된 멤버 변수들이 저장된다. 클래스 변수들은 하나의 클래스로부터 생성된 모든 인스턴스가 공유하는 전역 변수의 역할을 한다. 이 영역의 상수나 변수들은 프로그램이 실행되는 동안 삭제되지 않는다.

Heap 영역은 프로그램의 실행이 시작된 후 new 연산자에 의해 생성된 객체를 저장하는 영역이다. 또한 배열도 heap 영역에 저장한다. 객체들은 가비지 컬렉션에 의해 제거되지 않는 한 프로그램이 끝날 때까지 heap 영역에 남아있다.

Stack 영역은 호출된 메소드의 매개변수(Parameter)와 호출한 메소드 내에서 선언된 지역 변수(Local Variable) 등이 저장된 스택 프레임(Stack Frame)이 저장되는 곳이다. 메소드의 수행이 끝나면 해당 스택 프레임도 제거된다. 메인 메소드의 스택 프레임이 가장 밑에 저장되고 그 위로 호출된 메소드의 스택 프레임이 순차적으로 쌓이게 된다.

[그림 II-1]에서 heap 영역은 아래 방향(메모리 주소가 커지는 방향)으로 채워지고, stack 영역은 반대 방향으로 채워지는데 이는 가용한 공간의 크기를 최대화하기 위함이다.

[예제] 다음 프로그램이 수행될 때 heap과 stack 영역에 저장되는 데이터들을 살펴보자.

```
01 public class Item {
02      private String name;
03      private int price;
04      public Item(String n, int p) {
05      }
06      // 이하 생략
07      public static void main(String[] args) {
08           int aprice = 50;
09           String aname = "appple";
10           Item fruit = new Item(aname, aprice);
11           // 이하 생략
12      }
13 }
```

위 프로그램을 실행하면 메인 메소드부터 호출되어 메인 메소드의 스택 프레임이 stack 영역에 만들어지고, 그 프레임에는 원시 타입인 int 형의 지역 변수 aprice에 50이 저장된다.

Line 09에서는 String 객체인 aname이 heap 영역에 생성되고 거기에 "apple"이 저장되며, 메인 메소드의 스택 프레임에는 String 객체를 가리키는 레퍼런스가 aname에 저장된다. [그림 II-2]는 Line 09~10이 수행된 후의 각 메모리 영역을 나타낸 것이다.

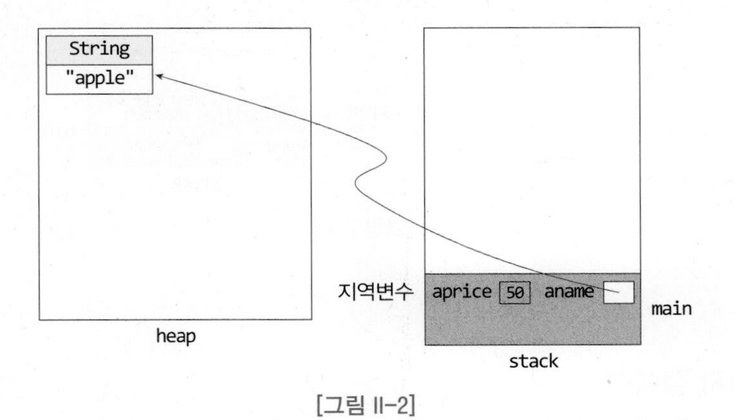

[그림 II-2]

Line 10에서 Item 객체를 생성하기 위해 line 04의 메소드가 호출된다. 따라서 Item 객체가 생성되어 heap 영역에 저장되고, 인자로 보내진 aname 레퍼런스와 50이 새 스택 프레임에 저장된다. 또한 메인 스택 프레임의 fruit에는 새로이 생성된 객체를 가리키는 레퍼런스를 저장한다. [그림 II-3]은 line 11의 수행이 끝나기 직전의 각 메모리 영역을 나타낸 것이다.

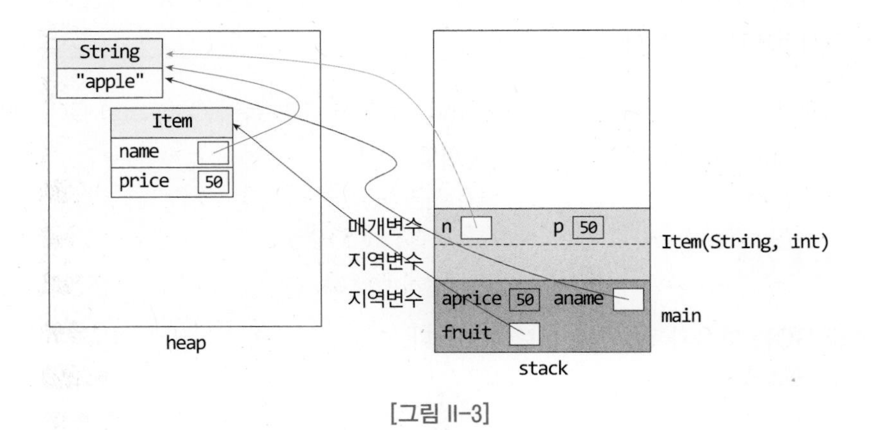

[그림 II-3]

[그림 II-4]는 line 10이 수행된 직후, line 04의 메소드에 대한 스택 프레임이 삭제된 것을 나타낸 것이다.

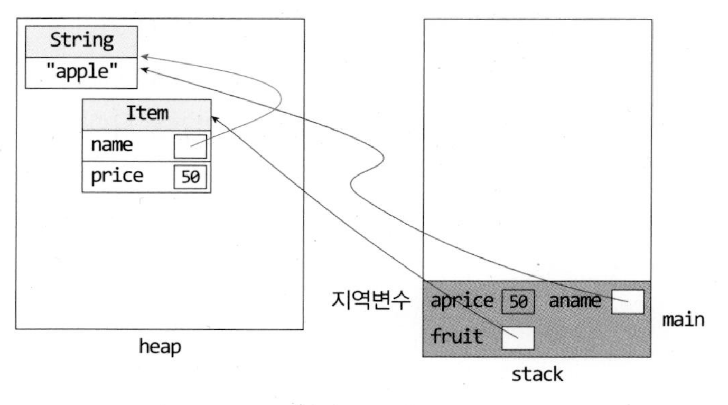

[그림 II-4]

III 가비지 컬렉션

자바에서는 프로그램이 실행되는 도중에 자바 가상 머신(Java Virtual Machine, JVM)[3]이 프로그램에서 사용되지 않는 heap 영역의 객체들을 제거한다. 이를 가비지 컬렉션(Garbage Collection)이라고 한다. 객체가 사용되는지는 그 객체가 static 영역의 클래스 변수나 스택 영역에 있는 변수에 의해 참조되는지에 따라 결정된다. 여기서 static 영역의 클래스 변수나 현재 스택 영역에 있는 변수를 통틀어 루트(root)라고 한다. 가비지 컬렉션은 각 루트로부터 깊이 우선 탐색(DFS)으로 도달 가능한(Reachable) 객체들은 놓아두고, 도달 불가능한 객체들은 제거한다. 단, 가비지 컬렉션이 수행되는 동안에는 프로그램의 실행은 일시적으로 중단된다.

가비지 컬렉션(GC)에는 마크 청소(Mark and Sweep) GC, 복사(Copying) GC, 세대 기반(Generational) GC와 같은 기본적인 방법들이 있다.

1. 마크 청소 GC

마크 청소 GC는 다음과 같이 3단계로 구성된다.

3) 자바 가상머신은 자바 프로그램이 이기종의 컴퓨터에서도 수행되도록 자바 명령어들을 변환해주는 소프트웨어이다.

[1] [마크] 각 루트로부터 DFS를 수행하며 방문한 객체들은 '살아있는 객체'라고 마크(표시)한다.
[2] [청소] 마크 안 된 객체들을 청소한다.
[3] [통합] 살아있는 객체를 한 곳으로 옮기어 객체 간의 공백을 줄인다.[4)]

[예제] stack 영역의 변수들이 heap 영역의 객체들을 [그림 III-1]과 같이 참조하고 있고, 몇몇 객체들은 다른 객체들을 참조하고 있다. 이때 마크 청소 GC가 수행되는 과정을 도식화하면 [그림 III-2]~[그림 III-4]와 같다.

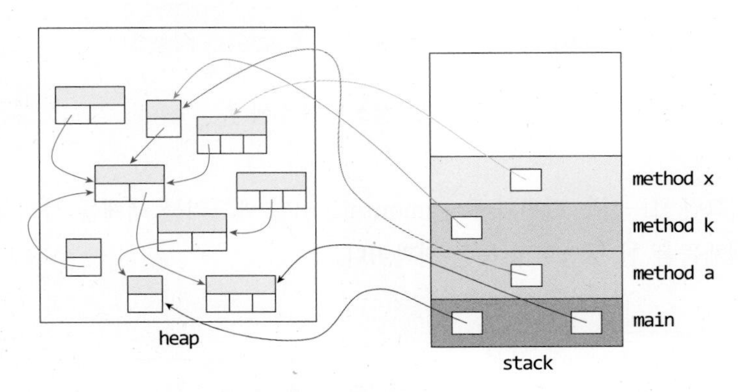

[그림 III-1] 가비지 컬렉션이 수행되기 전

[그림 III-2]는 스택 영역의 각 지역 변수로부터 DFS를 수행하여 다섯 개의 객체가 표시된 것을 나타낸 것이다. 참고로 표시되지 않은 네 개의 객체들은 지역 변수들로부터 참조 화살표를 따라가서 도달할 수 없는 객체들이다.

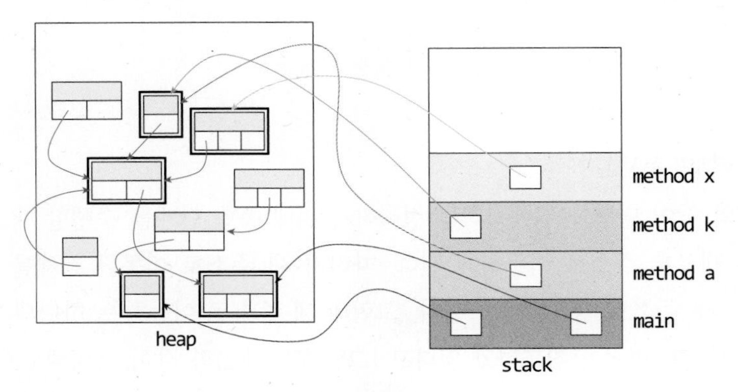

[그림 III-2] 마크 단계 수행 후

4) 메모리 단편화 현상을 제거하기 위해 데이터를 한쪽으로 모으는 것을 통합(Compaction)이라고 한다.

[그림 III-3]은 도달 불가능한 객체를 제거한 상태를 나타낸 것이다.

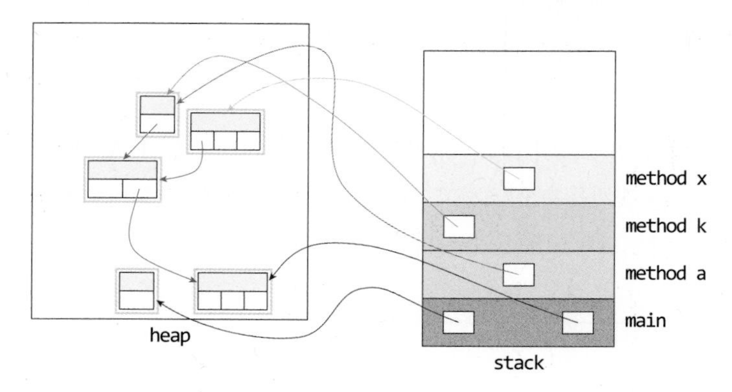

[그림 III-3] 청소 단계 수행 후

마지막으로 [그림 III-4]는 단편화(Fragmentation)된 메모리를 객체들 사이의 공백을 줄이기 위해 객체들을 한 곳으로 이동한 결과이다.

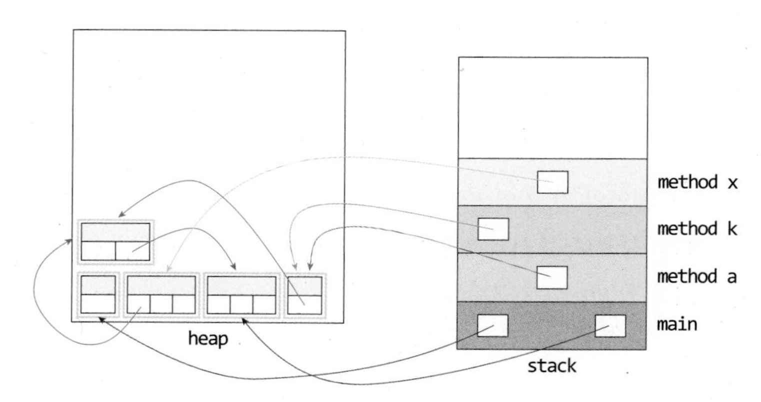

[그림 III-4] 통합 단계 수행 후

| 통합 단계 수행의 문제점 |

[그림 III-4]와 같이 단편화된 메모리를 정리하기 위해 통합 단계를 수행할 때 살아있는 각각의 객체는 새로운 주소로 이동하게 된다. 따라서 새 주소로 이동한 객체를 참조하고 있던 변수 또한 새 주소로 갱신되어야 한다. 그런데 새 주소로 이동하는 하나의 객체를 프로그램 내에서 k개의 변수가 참조하고 있다고 [그림 III-5](a)와 같이 가정해보자. 이 객체가 새 주소로 이동하면 k개의 모든 변수가 새 주소로 갱신되어야만 한다. 이렇게 일일이 각

변수를 찾아 새 주소로 갱신하는 것은 가비지 컬렉션의 성능을 극단적으로 저하시킨다.

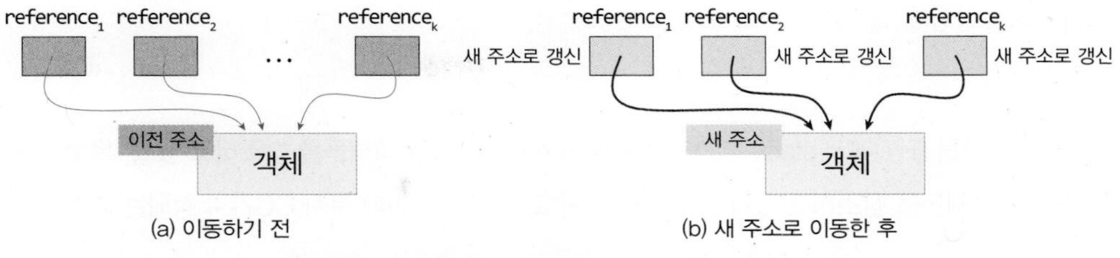

[그림 III-5] 모든 변수를 새 주소로 갱신해야 하는 문제점

이러한 문제를 해결하는 방법은 [그림 III-6](a)와 같이 객체마다 별도의 객체 참조 변수를 사용하여 프로그램의 각 변수가 별도의 객체 참조 변수를 참조하고, 별도의 객체 참조 변수가 실제 객체를 참조하도록 만드는 것이다. 만약 객체가 통합 단계에서 새 주소로 이동하게 되면 이 별도의 변수만 새 주소로 갱신하면 k개의 변수를 일일이 탐색하여 새 주소로 갱신하지 않아도 된다.

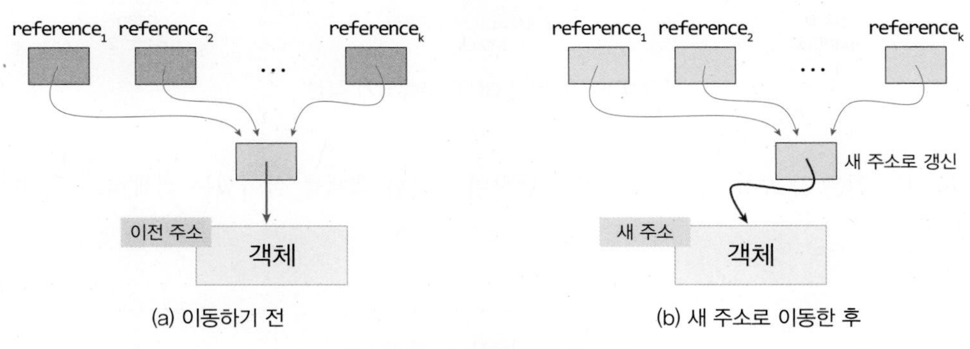

[그림 III-6] 별도의 변수 사용

2. 복사(Copying) GC

복사 GC는 heap 영역을 같은 크기의 두 영역으로 나누어 가비지 컬렉션을 수행한다. 복사 GC는 하나의 영역에만 객체들을 저장하고, 다른 영역은 비워둔다.

[1] 각 루트로부터 DFS를 수행하며 방문한 객체를 '살아있는 객체'라고 표시한다.
[2] 살아있는 객체를 다른(비워둔) 영역의 한곳으로 모아 복사한다.
[3] 살아있는 객체를 가지고 있었던 영역은 다음 가비지 컬렉션을 위해 비워둔다.

복사 GC는 마크 청소 GC의 청소 단계를 없애고, heap 영역을 반씩 두 영역으로 나누어 한 영역에서 다른 영역으로 복사할 때 자연스럽게 Compaction을 수행하여 마크 청소 GC 보다 빠른 성능을 보인다.

예제 [그림 III-7]에서 stack 영역의 변수들이 heap 영역의 객체들을 참조하고 있고, 몇몇 객체들은 다른 객체들을 참조하고 있다. [그림 III-8]~[그림 III-9]는 이때 복사 GC가 수행되는 과정을 나타낸 것이다.

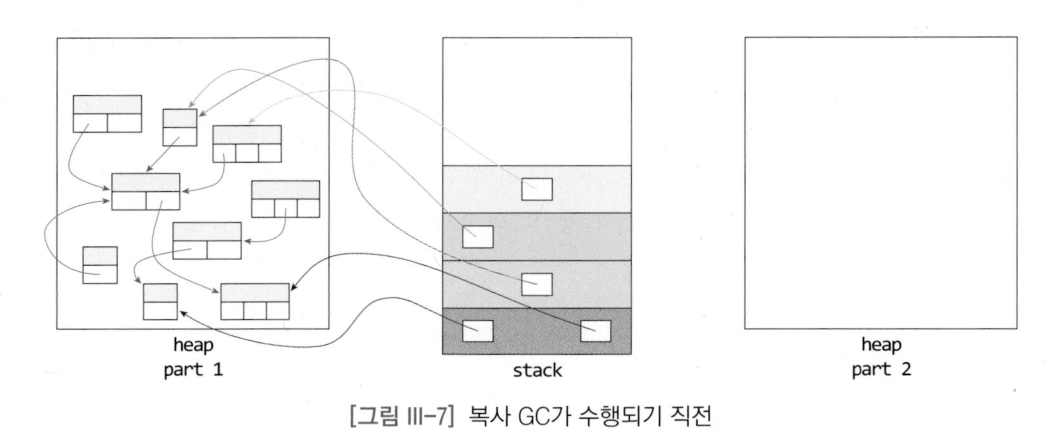

[그림 III-7] 복사 GC가 수행되기 직전

[그림 III-8]은 각 루트로부터 DFS를 수행하며 방문한 객체를 '살아있는 객체'라고 표시한 것이다.

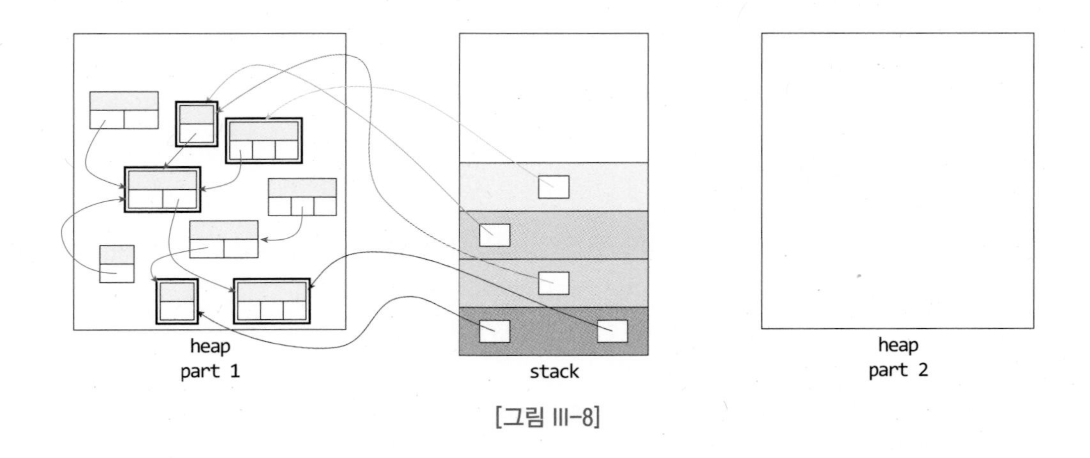

[그림 III-8]

[그림 III-9]는 현재 영역에 살아있는 객체를 다른 영역으로 통합하여 복사한 결과를 나타낸 것이다.

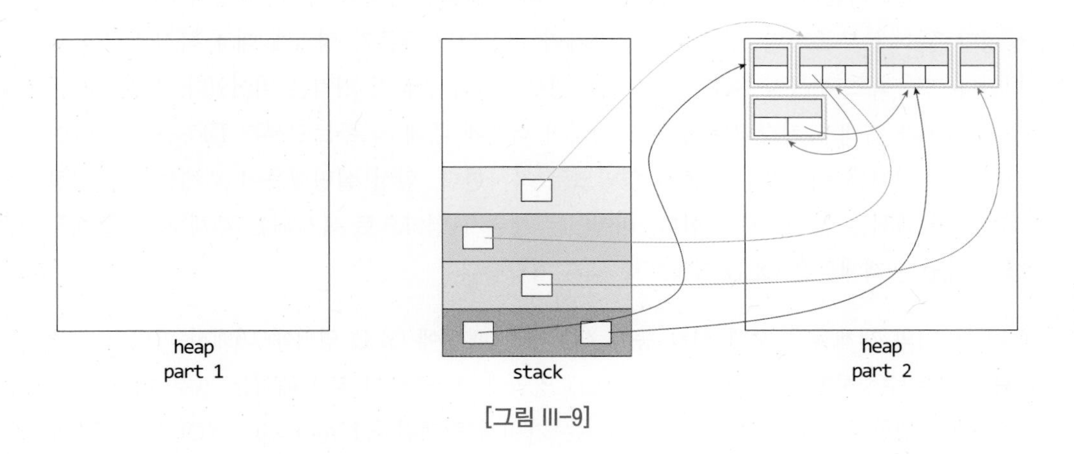

[그림 III-9]

| 장단점 비교 |

마크 청소 GC는 각 단계마다 모든 객체를 각각 방문하거나 복사해야 한다. 즉, 거의 3회에 걸쳐 모든 객체를 처리해야 한다. 그러나 복사 GC는 두 단계로 이루어져 있고 마지막 단계는 객체 수와 상관없는 O(1) 시간에 수행되어 모든 객체를 2회만 처리하므로 마크 청소 GC보다 빠르다. 반면에 복사 GC는 heap 영역을 반으로 나누어 쓴다는 단점을 갖는다.

3. 세대 기반 GC

프로그램 수행 중 생성되는 객체들의 수명을 조사해봤을 때 대부분의 객체의 수명이 매우 짧다는 것이 밝혀진 바 있다. 즉, 객체가 생성된 지 얼마 안 되어 프로그램에서 어떤 변수도 이 객체를 참조하지 않아 '죽은' 객체가 되는 것이다. 반면에 오래 살아있는 객체의 수는 그리 많지 않은 편이다. 세대 기반 GC는 자바 프로그램의 이러한 특성을 이용하여 객체의 수명에 따라 young 세대와 old 세대로 나누어 heap 영역에 저장한다.

또한 young 세대가 저장된 영역에서는 빠른 수행 시간을 가진 복사 GC를 사용하고, old 세대가 저장된 영역에서는 마크 청소 GC를 사용하는데, 이는 young 세대의 객체를 생성된지 얼마 안 되었고 그 다수가 오래 살지 못하므로 old 세대 영역보다 자주 가비지 컬렉션을 수행하기 때문이다.

세대 기반 GC는 heap 영역을 크게 old 세대 객체가 저장되는 OLD 영역과 young 세대 객체가 있는 YOUNG 영역으로 나누고, YOUNG 영역은 다시 초기 영역[5]과 2개의 생존자 영역[6]으로 나눈다. 모든 객체는 최초에 초기 영역에 생성되고, 초기 영역에 새 객체를 생성할 장소가 부족하면 초기 영역과 객체가 저장되는 생존자 영역에 대해 복사 GC를 수행한다. 단, 최초로 복사 GC를 수행하는 경우 2개의 생존자 영역은 비어있다. 복사 GC는 초기 영역과 객체가 저장되는 생존자 영역의 객체에 대해 각 루트로부터 DFS를 수행하여 살아있는 객체를 비어있는 생존자 영역으로 복사한다. 앞서 설명했듯이 객체들의 특성상 대부분의 객체는 살아남지 못한다. 비어있는 생존자 영역으로 복사되는 객체 중에 오래동안 살아있는 객체들은 OLD 영역으로 옮겨 저장한다.

OLD 영역의 객체들은 오랜 시간 동안 생존하기 때문에 OLD 영역에 대해선 가비지 컬렉션을 자주 수행하지 않는다. 그러나 OLD 영역에 빈 공간이 부족해지는 경우 마크 청소 GC[7]를 수행한다. OLD 영역에서 수행되는 가비지 컬렉션을 Major GC, YOUNG 영역에서 수행되는 가비지 컬렉션을 Minor GC라 부르기도 한다. [그림 III-10]은 세대 기반 GC의 heap 영역 분할을 나타낸 것이다. 최근 버전의 JVM은 세대 기반 GC의 기본 개념을 확장한 GC를 사용한다.

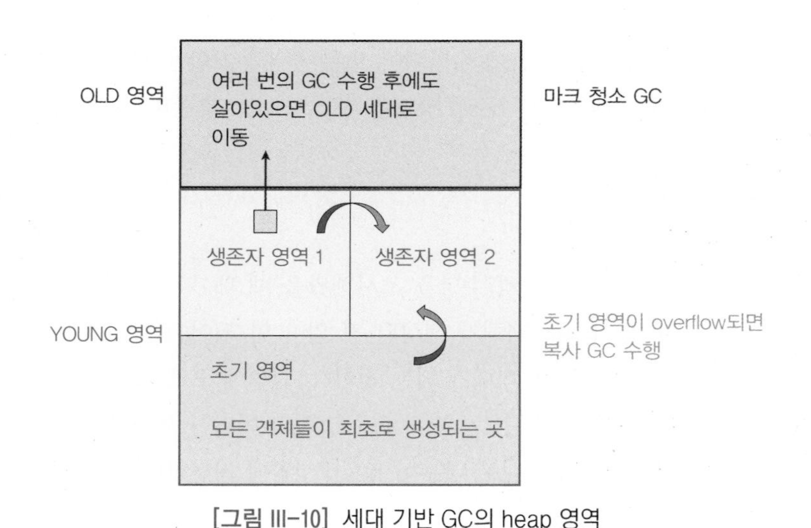

[그림 III-10] 세대 기반 GC의 heap 영역

5) 자바에서는 초기 영역을 EDEN(에덴[동산])이라고 한다.

6) 생존자 영역은 Survivor 영역이라고 한다.

7) 최근 버전의 JVM은 Serial GC, Parallel GC, Parallel Compacting GC, Concurrent Mark & Sweep GC, G1(Garbage First) GC 등의 다양한 가비지 컬렉션 방법을 사용한다.

IV 이진 탐색

이진 탐색(Binary Search)은 1차원 배열에 데이터가 감소하지 않는 순서(Nondecreasing order)로 정렬되어있을 때 주어진 데이터를 효율적으로 탐색하는 알고리즘이다. 만약 데이터가 정렬되어 있지 않으면, 주어진 데이터를 찾기 위해 배열의 모든 원소를 검색해야 한다. 즉, 탐색 연산에 최악의 경우 O(n) 시간이 소요된다. 이진 탐색은 데이터를 미리 정렬하여 최악 경우에도 logn번의 원소 비교만 하는 매우 효율적인 탐색 방법이다. 여기서 n은 배열에 있는 항목의 수이다.

다음은 이진 탐색 알고리즘이다. 입력은 n개의 정수가 정렬된 배열 a와 탐색하고자 하는 항목이 t이고, n 〉 0이다.

```
Binary_Search(left, right, t) {
[1] if (left〉 right) return -1            // 탐색 실패 (즉, t가 배열에 없음)
[2] mid = (left + right) / 2;              // 배열에서 탐색할 부분의 중간 원소의 인덱스 계산
[3] if (a[mid] == t) return mid;           // 탐색 성공
[4] if (a[mid] 〉 t)   Binary_Search(left,     mid-1, t);     // 앞부분 탐색
[5] else              Binary_Search(mid+1, right,   t);     // 뒷부분 탐색
```

예제 배열 a에서 이진 탐색 알고리즘으로 60을 찾아보자.

	0	1	2	3	4	5	6	7	8	9	10	11	12	13	14
a	5	8	10	15	20	25	30	40	50	55	60	70	80	85	90

- Binary_Search(0, 14, 60) 호출; left = 0, right = 14, t = 60
  - [1] 조건 (left 〉 right)가 false
  - [2] mid = (0 + 14) / 2 = 7
  - [3] a[7] ≠ 60
  - [4] 조건 (a[7] 〉 60)이 false
  - [5] Binary_Search(7+1, 14, 60) 호출

0	1	2	3	4	5	6	7	8	9	10	11	12	13	14
5	8	10	15	20	25	30	**40**	50	55	60	70	80	85	90

• Binary_Search(8, 14, 60) 호출; left = 8, right = 14, t = 60

[1] 조건 (left 〉 right)가 false

[2] mid = (8 + 14) / 2 = 11

[3] a[11] ≠ 60

[4] 조건 (a[11] 〉 60)이 true이므로 Binary_Search(8, 11–1, 60) 호출

8	9	10	11	12	13	14
50	55	60	70	80	85	90

• Binary_Search(8, 10, 60) 호출; left = 8, right = 10, t = 60

[1] 조건 (left 〉 right)가 false

[2] mid = (8 + 10) / 2 = 9

[3] a[9] ≠ 60

[4] 조건 (a[9] 〉 60)이 false

[5] Binary_Search(9+1, 10, 60) 호출

8	9	10
50	55	60

• Binary_Search(10, 10, 60) 호출; left = 10, right = 10, t = 60

[1] 조건 (left 〉 right)가 false

[2] mid = (10 + 10) / 2 = 10

[3] a[10] = 60 return 10, 탐색 성공

10
60

| 수행 시간 |

T(n)을 n개의 원소가 정렬된 배열에서 이진 탐색을 하는데 수행되는 원소 비교 횟수라고 정의하자. 그러면 T(n)은 한 번의 비교 후에 배열의 1/2, 즉 앞부분이나 뒷부분을 순환 호출하므로 T(n)을 다음과 같이 정의할 수 있다.

$T(n) = T(n/2) + 1$

$T(1) = 1$

따라서 $T(n) = T(n/2) + 1 = T(n/2^2) + 2 = T(n/2^3) + 3 = \cdots = T(n/2^k) + k = T(1) + k$가 되고, $n = 2^k$이라고 가정하면 $k = \log_2 n$이 되므로, $T(n) = 1 + \log_2 n = O(\log n)$이다.

| 단점 |

데이터의 삽입과 삭제가 빈번하면 정렬을 유지하기 위해 시간이 오래 걸린다. 즉, 1회의 삽입이나 삭제 연산 수행 시 최악 경우 O(n) 시간이 소요된다.

V 이진 트리 프로그램

```
01 import java.util.*;
02 public class BinaryTree<Key extends Comparable<Key>> {
03     private Node root;
04
05     public BinaryTree() { root = null; }          // 트리 생성자
06
07     public Node getRoot() { retrun root; }
08     public void setRoot(Node newRoot) { root = newRoot; }
09
10     public boolean isEmpty() { return root == null; }
11
12     public void preorder(Node n) {                // 전위 순회
13         if (n != null) {
14             System.out.print(n.getKey()+" ")      // 노드 n 방문
15             preorder(n.getLeft());                // n의 왼쪽 서브트리를 순회하기 위해
16             preorder(n.getRight());               // n의 오른쪽 서브트리를 순회하기 위해
17         }
18     }
19
20     public void inorder(Node n) {                 // 중위 순회
21         if (n != null) {
22             inorder(n.getLeft())'                 // n의 왼쪽 서브트리를 순회하기 위해
23             System.out.print(n.getKey()+" ");     // 노드 n 방문
24             inorder(n.getRight());                // n의 오른쪽 서브트리를 순회하기 위해
25         }
26     }
27
28     public void postorder(Node n) {               // 후위 순회
```

```
29          if (n != null) {
30              postorder(n.getLeft());              // n의 왼쪽 서브트리를 순회하기 위해
31              postorder(n.getRight());             // n의 오른쪽 서브트리를 순회하기 위해
32              System.out.print(n.getKey()+" ")     // 노드 n 방문
33          }
34      }
35
36      public void levelorder(Node root) {          // 레벨 순회
37          Queue<Node> q = new LinkedList<Node>(); // 큐 자료구조 이용
38          Node t;
39          q.add(root);                             // 루트를 큐에 삽입
40          while (!q.isEmpty()) {
41              t = q.remove();                      // 큐에서 가장 앞에 있는 노드 제거
42              System.out.print(t.getKey()+" ");    // 제거된 노드 출력(방문)
43              if (t.getLeft() != null)             // 제거된 왼쪽 자식이 null이 아니면
44                  q.add(t.getLeft());              // 큐에 왼쪽 자식 삽입
45              if (t.getRight() != null)            // 제거된 오른쪽 자식이 null이 아니면
46                  q.add(t.getRight());             // 큐에 오른쪽 자식 삽입
47          }
48      }
49
50      public int size(Node n) {      // n을 루트로하는 (서브)트리에 있는 노드 수
51          if (n == null)
52              return 0;              // null이면 0 반환
53          else
54              return (1 + size(n.getLeft())) + size(n.getRight()));
55      }
56
57      public int hight(Node n) {     // n을 루트로하는 (서브)트리의 높이
58          if (n == null)
59              return 0;              // null이면 0 반환
60          else
61              return (1 + Math.max(height(n.getLeft()), height(n.getRight())));
62      }
63
64      public static boolean isEqual(Node n, Node m) { // 두 트리의 동일성 검사
65          if (n==null || m==null)                     // 둘 중 하나라도 null이면
```

```
66              return n == m;        // 둘 다 null이면 true, 아니면 false
67
68          if (n.getKey().compareTo(m.getKey()) != 0)    // 둘 다 null이 아니면 item 비교
69              return false;
70
71          return ( isEqual(n.getLeft(), m.getLeft()) &&   // item이 같으면 왼쪽/오른쪽 자식으로 순환 호출
72              isEqual(n.getRight(), m.getRight()) );
73      }
74  }
```

[프로그램 V-1] BinaryTree 클래스

[프로그램 V-1]은 4.2절의 BinaryTree 클래스의 각 메소드를 완성한 프로그램이다.

```
01  public class main {
02
03      public static void main(String[] args) {
04
05          Node n1 = Node(100, null, null);  Node n2 = new Node(200, null, null);
06          Node n3 = Node(300, null, null);  Node n4 = new Node(400, null, null);
07          Node n5 = Node(500, null, null);  Node n6 = new Node(600, null, null);
08          Node n7 = Node(700, null, null);  Node n8 = new Node(800, null, null);
09
10          n1.setLeft(n2);  n1.setRight(n3);    // n1의 왼쪽 자식-> n2, n1의 오른쪽 자식-> n3
11          n2.setLeft(n4);  n1.setRight(n5);    // n2의 왼쪽 자식-> n4, n2의 오른쪽 자식-> n5
12          n3.setLeft(n6);  n1.setRight(n7);    // n3의 왼쪽 자식-> n6, n3의 오른쪽 자식-> n7
13          n4.setLeft(n8);                      // n4의 왼쪽 자식-> n8
14
15          BinaryTree t = new BinaryTree();  // 이진 트리의 객체 t 생성
16          t.setRoot(n1);
17
18          System.out.print("트리 노드 수 = "+ t.size(t.getRoot())+"\n트리 높이 ="+ t.height(t.getRoot()));
19          System.out.pritnf("\n전위 순회:   ");
20          t.preorder(t.getRoot());
21          System.out.printf("\n중위 순회   "):
22          t.inorder(t.getRoot());
23          System.out.printf("\n후위 순회   "):
```

```
24          t.postorder(t.getRoot());
25          System.out.printf("\n레벨 순회   ");
26          t.levelorder(t.getRoot());
27          System.out.println();
28
29          // 두 번째 이진 트리를 만들어 isEqual() 테스트하기 위해
30          Node n10 = new Node(100, null, null); Node n20 = new Node(200, null, null);
31          Node n30 = new Node(300, null, null); Node n40 = new Node(400, null, null);
32          Node n50 = new Node(500, null, null); Node n60 = new Node(600, null, null);
33          Node n70 = new Node(700, null, null); Node n80 = new Node(800, null, null);
34
35          n10.setLeft(n20); n10.setRight(n30);
36          n20.setLeft(n40); n20.setRight(n50);
37          n30.setLeft(n60); n30.setRight(n70);
38          n40.setLeft(n80);
39
40          BinaryTree t2 = new BinaryTree();
41          t2.setRoot(n10);
42
43          System.out.printf("동일성 검사:     "+BinaryTree.isEqual(t.getRoot(), t2.getRoot()));
44      }
45  }
```

[프로그램 V-2] main 클래스

- main 클래스의 line 05~08은 8개의 노드를 생성하고, line 10~13에서는 [그림 V-1](a)와 같이 이진 트리를 만든다.
- Line 15~16에서 BinaryTree 객체 t를 생성한 후에, t의 루트를 n1로 설정한다.
- Line 18~26은 트리의 높이와 트리의 노드 수를 출력하고, 전위 순회, 중위 순회, 후위 순회, 레벨 순회 결과를 각각 출력한다.
- Line 30~38은 또 하나의 동일한 이진 트리 t2를 [그림 V-1](b)와 같이 생성하여, line 43에서 두 트리가 같은지를 검사한다.

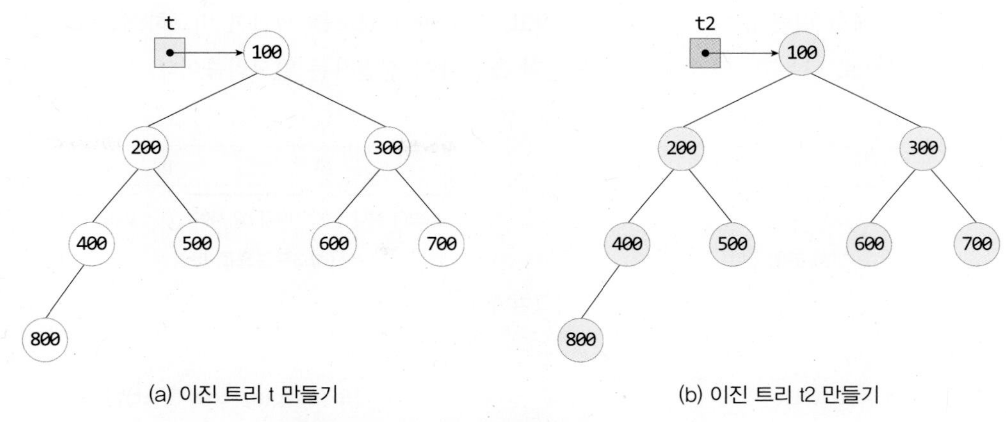

(a) 이진 트리 t 만들기 (b) 이진 트리 t2 만들기

[그림 V-1] 이진 트리 연산을 수행하기 위한 트리

[그림 V-2]는 Node 클래스, BinaryTree 클래스, 그리고 main 클래스를 선언한 [프로그램 V-2]를 수행한 결과이다. 즉, [그림 V-1]의 트리에 대해 각 연산의 결과를 출력한 것이다.

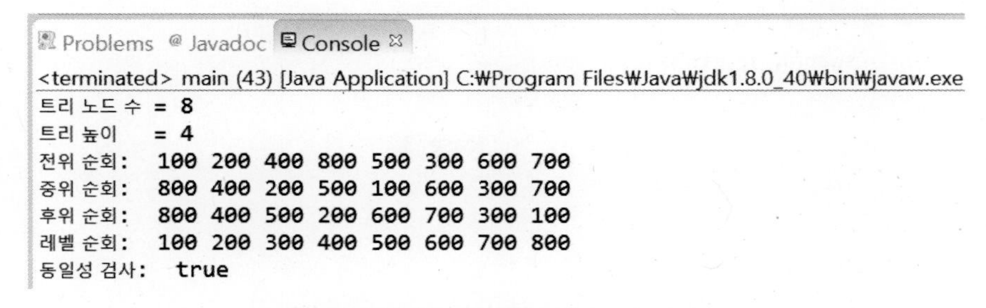

[그림 V-2] [프로그램 V-2]의 수행결과

VI 이중 피벗 퀵 정렬과 Tim Sort

1. 이중 피벗 퀵 정렬

이중 피벗 퀵 정렬(Dual Pivot Quick Sort)은 두 개의 피벗을 사용하는 퀵 정렬이다. [그

림 VI-1](a)에서 피벗 p1이 피벗 p2보다 작고, 그사이의 원소를 적절히 비교하여 (b)와 같이 세 부분으로 나누고, 각각의 부분을 순환 호출하여 정렬하는 알고리즘이다.

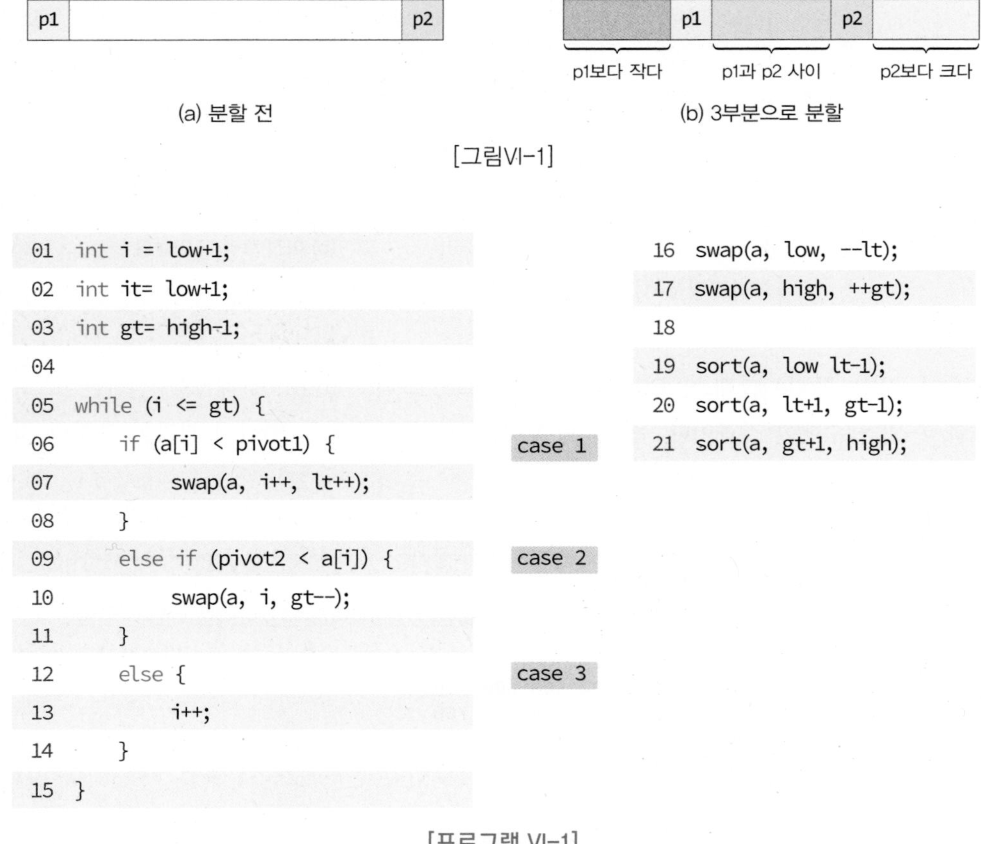

[그림VI-1]

```
01 int i = low+1;
02 int it= low+1;
03 int gt= high-1;
04
05 while (i <= gt) {
06     if (a[i] < pivot1) {          case 1
07         swap(a, i++, lt++);
08     }
09     else if (pivot2 < a[i]) {     case 2
10         swap(a, i, gt--);
11     }
12     else {                        case 3
13         i++;
14     }
15 }
16 swap(a, low, --lt);
17 swap(a, high, ++gt);
18
19 sort(a, low lt-1);
20 sort(a, lt+1, gt-1);
21 sort(a, gt+1, high);
```

[프로그램 VI-1]

- Line 01의 i는 현재 원소를 가리키는 인덱스이다. a[low]에는 작은 피벗이 있고, a[high]에는 큰 피벗이 있다. 따라서 i를 low+1로 초기화한다.
- Line 02에서는 lt = low+1로 초기화하는데, 알고리즘은 line 05의 while-루프를 수행하면서 a[low+1]~a[lt-1] 사이에 p1보다 작은 숫자들을 모아 놓으려 한다.
- Line 03에서는 gt = high-1로 초기화하는데, 알고리즘은 a[gt+1]~a[high-1] 사이에 p2보다 큰 숫자들을 모아 놓으려 한다.
- Line 05의 while-루프 내에서는 세 가지 case에 따라 원소 교환과 i, lt, gt 값이 변경된다. 이를 다음 예제를 통해 이해해보자.

예제 다음은 입력 배열 a에 대해 line 05의 while-루프가 수행되는 과정을 단계적으로 나타낸 것이다.

입력 배열 a

0	1	2	3	4	5	6	7	8	9
10	85	45	10	25	2	1	90	6	35
low	lt i							gt	high

case 2

0	1	2	3	4	5	6	7	8	9
10	6	45	10	25	2	1	90	85	35
low	lt i						gt		high

case 1

0	1	2	3	4	5	6	7	8	9
10	6	45	10	25	2	1	90	85	35
low		lt i					gt		high

case 2

0	1	2	3	4	5	6	7	8	9
10	6	90	10	25	2	1	45	85	35
low		lt i				gt			high

case 2

0	1	2	3	4	5	6	7	8	9
10	6	1	10	25	2	90	45	85	35
low		lt i			gt				high

case 1

0	1	2	3	4	5	6	7	8	9
10	6	1	10	25	2	90	45	85	35
low			lt i		gt				high

case 3

0	1	2	3	4	5	6	7	8	9
10	6	1	10	25	2	90	45	85	35
low			lt	i	gt				high

case 3

0	1	2	3	4	5	6	7	8	9
10	6	1	10	25	2	90	45	85	35
low			lt		i gt				high

case 1

0	1	2	3	4	5	6	7	8	9
10	6	1	2	25	10	90	45	85	35
low				lt	gt	i			high

마지막엔 gt=5이고 i=6이므로 while-루프가 종료된다. 그다음엔 [프로그램 VI-1]의 line 16~17이 수행되어 다음과 같이 세 부분으로 분할된다.

0	1	2	3	4	5	6	7	8	9
2	6	1	10	25	10	35	45	85	90
low			lt			gt			high

10보다 작고 10과 35 사이 35보다 크다

그리고 line 19~21에서 세 부분 각각을 순환 호출한다.

| 성능 |

이중 피벗 퀵 정렬은 실제 수행 성능이 퀵 정렬보다 우수하여 자바 SE 7 이후 버전의 원시 타입(Primitive Type) 시스템 정렬로 사용된다. 이론적으로는 이중 피벗 퀵 정렬의 평균 비교 횟수가 ~1.9nlnn이고 퀵 정렬이 ~2.0nlnn으로 큰 차이는 아니지만, 실제로 이중 피벗 퀵 정렬이 캐시 메모리(Cache Memory)의 접근이 훨씬 효율적이기 때문에 좋은 성능을 보인다.

2. Tim Sort

Tim Sort는 2002년에 파이썬 언어의 라이브러리에 구현되었고, 또한 자바 SE 7 이후 버전에서 객체를 정렬하기 위한 시스템 정렬로 구현되어 있으며, 안드로이드 운영체제에서도 사용되는 정렬 알고리즘이다.[8)]

핵심 아이디어

입력에 대해 삽입 정렬을 수행하여 일정 크기의 런(run)을 만들어 일정 조건에 따라 합병하는 정렬 알고리즘이다.

Tim Sort는 입력 배열의 원소들을 차례로 읽어가며 런을 찾아서 그 길이가 일정한 크기(min_run)보다 작으면 삽입 정렬을 이용해 min_run 크기로 만든다. 만들어진 런의 정보(런의 시작 원소 인덱스와 런의 길이)를 스택(Run Stack)에 push한다. 스택의 런에 대해 일정 조건에 위배되면 적절한 합병을 수행하여 조건을 충족하도록 만든다. 이러한 과정을 반복하며 입력 배열을 다 처리한 후에 스택이 empty가 아니면 스택 위에서 아래로 둘씩 합병하여 그 결과를 push하며 하나의 런이 될 때까지 과정을 반복하여 정렬을 마친다. 단, 각 합병은 일정 조건에 따라서 galloping 합병을 수행한다.

- min_run은 입력 크기 n에 따라 정해지며 n이 2^k이면 16, 32, 64 등으로 정한다. 단, n 〈 64이면 삽입 정렬만을 수행한다.
- 만들어진 런을 스택에 push한 후에 가장 위에 있는 세 개의 런의 크기를 차례로 Z, Y,

8) 1993년에 McIlroy가 게재한 논문("Optimistic Sorting and Information Theoretic Complexity", Proceedings of the Fourth Annual ACM-SIAM Symposium on Discrete Algorithms, pp. 467 - 474, 1993)의 알고리즘을 소프트웨어 엔지니어인 Tim Peters가 파이썬 라이브러리에 처음으로 구현하였다.

X라고 하면, 다음의 두 가지 조건이 충족되도록 런들을 [프로그램 VI-2]와 같이 합병한다.

(1) X 〉 Y + Z

(2) Y 〉 Z

만일 조건 (1)이 위배되면 Y는 X와 Z 중에서 작은 것과 합병한다. 예를 들어 [그림 VI-2](a)에서 Z가 작으므로 YZ를 합병하고, (b)에서는 X가 작으므로 XY를 합병한다. 합병 이후 [프로그램 VI-2]의 line 01의 while-루프가 수행되어 조건 (1)을 만족하면 조건 (2)를 체크한다. [그림 VI-2](a)의 합병된 후 만약 X 바로 아래의 런 크기가 210보다 크면 조건 (1)은 만족하나 조건 (2)가 위배된다. 이때에는 Y와 Z를 합병한다. 즉, 스택의 가장 위에 있는 두 개의 런을 합병한다.

[그림 VI-2] 조건 (1)에 따른 합병

```
01 while (stackSize > 1) {
02     int top = stackSize-1;
03     if (top>2 && run[top-2]<=run[top-1]+run[top]) {     // 조건(1)이 위배되면
04         if (run[top-2]<run[top]) merge(top-2, top-1);
05         else merge(top-1, top);}
06     else if (run[top-1]<=run[top])                       // 조건(2)가 위배되면
07         merge(top-1, top);
08     else break;                                          // 두 조건 모두 만족
09 }
```

[프로그램 VI-2] 스택의 런 합병 프로그램

조건 (2)는 스택의 런 크기들을 스택 위에서 아래로 감소순이 되도록 만들려는 것이고, 조건 (1)은 스택 아래서 위로 런의 크기 관계가 피보나치 숫자 관계와 유사하게 커지도록 만들려는 것이다. 따라서 마지막 런을 스택에 push한 후에 스택에 있는 런의 수는 $\log_{\phi}n$을 넘지 않는다. 여기서 φ는 황금률로서 1.61803…이다. [그림 VI-3]은 입력 배열에 대해 마지막으로 만들어진 런의 크기가 7이고, 이를 push한 후 마지막으로 연속적으로 합병하여 정렬을 종료하는 가장 이상적인 과정을 나타낸 것이다.

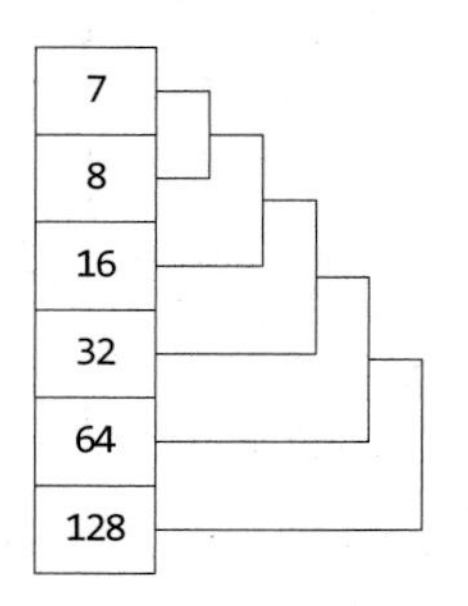

[그림 VI-3] 최종 합병 수행

[그림 VI-4]는 min_run = 5일 때 Tim Sort의 수행 과정의 일부분을 도식화한 것이다. 이 예제에서 세 번째로 찾은 런의 크기가 3이고, min_run = 5이기 때문에 두 개의 원소를 삽입 정렬을 이용하여 세 번째 런에 추가하여 크기가 5인 런을 만든다. 그리고 새로 만든 런의 정보를 런 스택에 push한다. 이때 조건 (1)이 위배되고, Z가 X보다 작으므로 Y와 Z를 합병한다. 그리고 Z가 Y보다 크게 되어 조건 (2)를 위배하므로 둘을 합병한 후 다음 런을 찾기 시작한다.

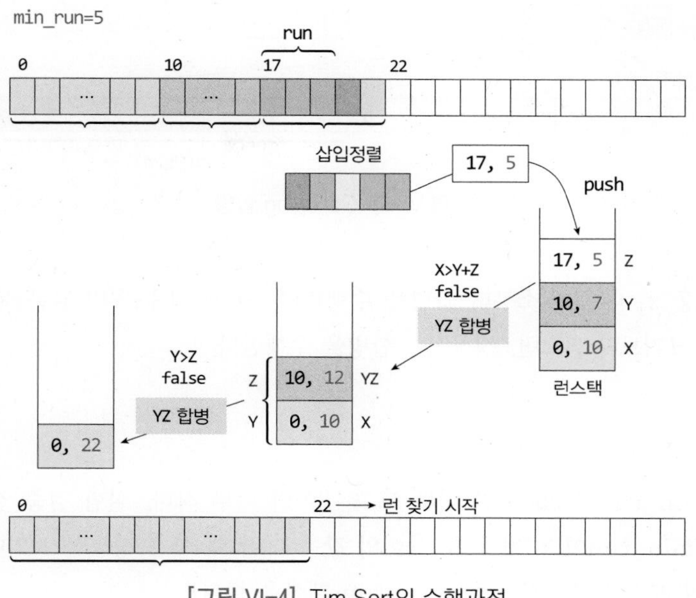

[그림 VI-4] Tim Sort의 수행과정

다음은 Tim Sort에서 두 개의 런 X와 Y의 합병을 수행하는 과정에 대해 살펴보자. 먼저 X와 Y의 가장 앞에 있는 원소를 비교하여 작은 원소(승자)를 출력 버퍼에 쓴다. 단, 승자는 자신이 속해있던 런에서 삭제된다. 비교를 통해 계속해서 '정상적인 합병'을 하다가 하나의 런에서 일정 수(min_gallop)의 승자가 연속적으로 나오면 이때부터는 Galloping 합병을 수행한다.

| Galloping 합병 |

X와 Y를 합병하는 중에 X에서 승자가 연속하여 min_gallop 수만큼 나온 직후, x_1을 y_1과 비교할 차례라고 가정하자. Galloping 합병은 X의 가장 작은 원소 x_1을 Y에서 해싱 충돌 해결 방법인 이차 조사(Quadratic Probing)와 유사한 방식으로 점프하며 y_1, y_3, y_7, y_{15}, y_{31}, …, y_{2^k-1}, …과 비교하여 y_j를 찾는다. 여기서 $y_{2^k-1} < x_1 < y_{2^{k+1}-1}$일 때 y_j는 x_1과 같거나 작으면서 y_{2^k}과 $y_{2^{k+1}-1}$ 사이의 원소 중에서 가장 큰 원소이다.

예를 들어 $y_{15} < x_1 < y_{31}$인 경우, y_{16}과 y_{30}사이에서 이진 탐색으로 y_j를 찾아서, y_1부터 y_j를 한꺼번에 승자로서 출력 버퍼에 쓴다. 여기서 y_j는 x_1과 같거나 작으면서 y_{16}과 y_{31}사이의 원소 중에서 가장 큰 원소이다. [그림 III-4]에서 y_j는 y_{20}이다. 즉, $y_{20} \le x_1 < y_{21}$이다. 따라서 y_1부터 y_{20}을 한꺼번에 출력 버퍼에 쓰고 나서 x_1을 승자로 출력 버퍼에 쓴다.

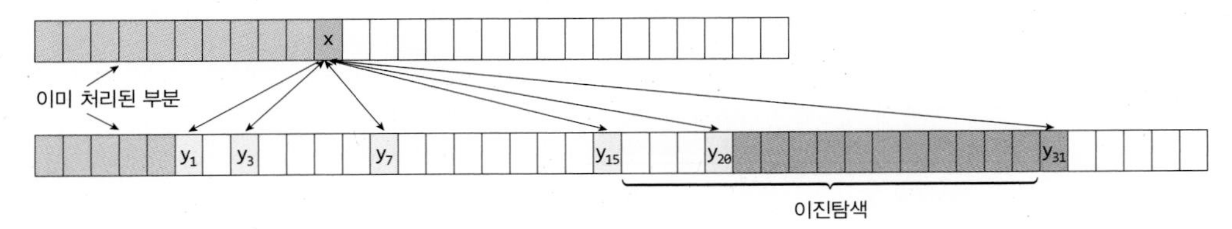

[그림 VI-5] Galloping 합병

그다음엔 y_{21}을 x_1 다음 원소부터 합병을 수행한다. 단, X 또는 Y의 남은 부분의 크기가 min_gallop 크기보다 작으면, 정상적인 합병을 수행한다.

| min_run 크기 정하기 |

일반적으로 min_run이 256이면 너무 크고, 8이면 너무 작다. 실험 검증 결과에 따르면 Tim Sort는 min_run이 32에서 65 사이의 값을 가질 때 좋은 성능을 보인다. Tim Sort에서는 다음의 메소드 호출을 통해 min_run 계산을 한다.

```
01 private static int minRunLength(int N) {
02     int r = 0;
03     while (N >= 64) {
04         r |= (N & 1);
05         N >>= 1;
06     }
07     return N + r;
08 }
```

[프로그램 VI-3] min_run 계산하기

[프로그램 VI-3]은 입력 배열 크기인 N의 이진수에서 최상위 6 비트를 추출한 수에 r을 더한다. 이때 N의 이진수의 최상위 6 비트를 제외한 나머지 비트에서 적어도 하나의 '1' 비트가 있으면 r = 1이 된다. 예를 들어 N = 5,000이면, 이진수는 1001110001000이다. 여기서 상위 6 비트는 100111이고 나머지 부분인 0001000에 '1' 비트가 있으므로, 100111 + 1 = 101000이다. 즉, min_run은 40이다.

| 수행 시간 |

Tim Sort의 수행 시간은 최선 경우에 O(n)이고, 평균과 최악 경우는 O(nlogn)이다. Tim Sort는 퀵 정렬에 필적하는 성능을 보이면서 거의 정렬된 입력에 대해서는 퀵 정렬보다 우수한 성능을 보인다. 또한 Tim Sort의 장점은 퀵 정렬과는 달리 안정한(Stable) 정렬을 수행한다.

VII Cut Property

Part 9.4에서 살펴본 세 가지 최소 신장 트리 알고리즘은 모두 그리디 알고리즘들이다. 트리 간선을 선택하는 방식은 다르지만, 공통점은 항상 '욕심내어' 최솟값을 가진 간선 또는 최솟값을 가진 간선의 끝점을 추가하여 최적해를 찾는다. "그러면 알고리즘을 수행하는 동안에 전후좌우를 살펴보지도 않고 눈앞에 보이는 것 중에서 최솟값 가진 것들을 반복적으로 선택하는데도 어떻게 최적해를 찾을 수 있을까?"하는 의문이 생긴다. 이에 대한 답을 다음의 정리를 통해 알아보자.

[정리] F가 어느 최소 신장 트리 T의 간선들의 부분 집합이라고 가정하자. 그리고 그래프에서 정점의 부분 집합 S ⊂ V에 대해 F의 어느 간선도 S와 V-S 사이를 연결하지 않도록 S를 선택한다. 한쪽 끝 정점이 S에 속하고 다른 한쪽 끝 정점이 V-S에 속하는 간선 중에서 간선 e가 가장 작은 가중치를 가진다고 가정하자. 그러면 F ∪{e}는 어떤 최소 신장 트리의 일부분이다.

[그림 VII-1]을 통해 Cut Property 정리의 의미를 살펴보자. (a)의 그래프에 대한 최소 신장 트리 T가 (b)에 주어져 있다. 여기서 T의 여섯 개의 간선 중 F = {(1, 6), (2, 5), (4, 6)}이라고 하자. 그리고 그래프의 정점을 두 개의 집합, S와 V−S로 나누되 (c)와 같이 F의 어떤 간선도 S와 V−S를 연결하지 않도록 S를 선택한다. 참고로 V−S란 그래프의 모든 정점 중에서 S의 정점들을 뺀 나머지 정점들로 이루어진 부분 그래프를 의미한다. (c)를 보면 다섯 개의 간선이 S와 V−S를 연결하고 있는데 만일 이 다섯 개의 간선을 제거하면 그래프는 두 개의 연결 성분으로 분리된다.

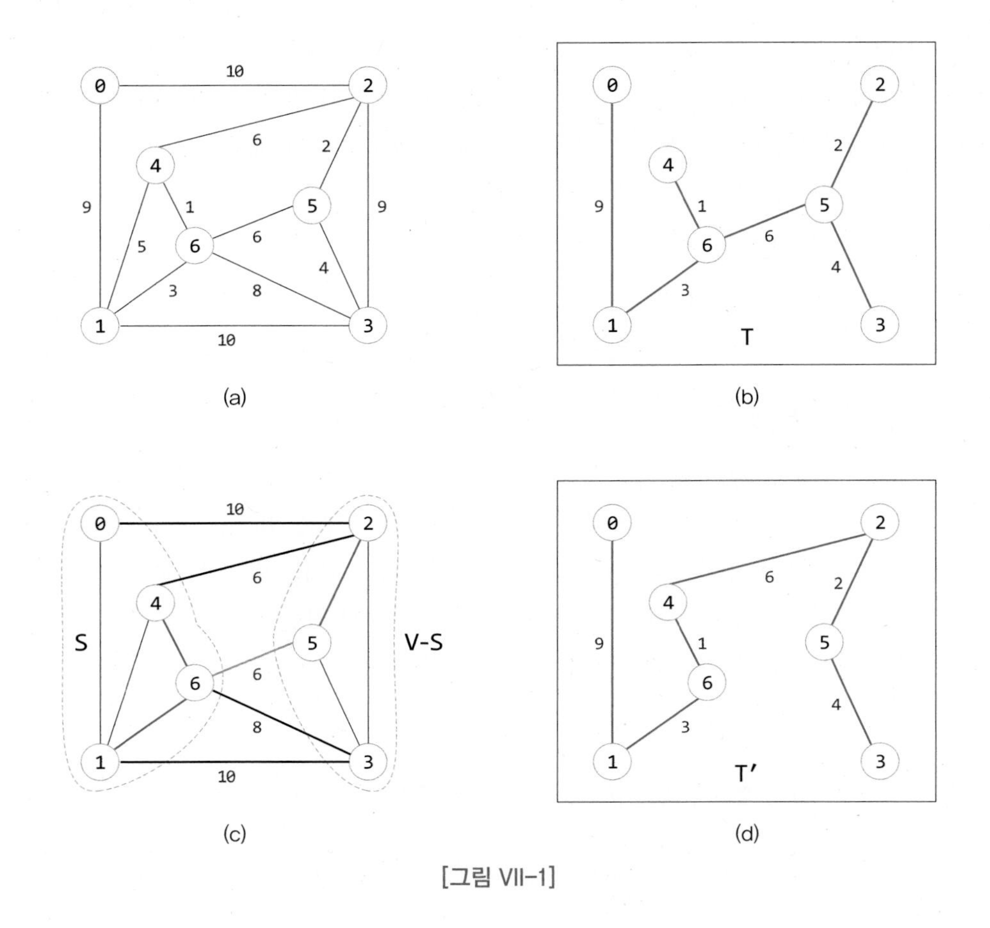

[그림 VII-1]

한쪽 끝 정점은 S에 속하고 다른 한쪽 끝 정점은 V-S에 속하는 간선 중에서 간선 e가 가장 작은 가중치를 가진 간선이므로 (c)에서 e는 가중치가 6인 간선 (6, 5) 또는 (4, 2)이다. 그러면 Cut Property는 F∪{e}는 어느 최소 신장 트리의 일부분이 되므로 '전후좌우를 살필 필요 없이' e를 트리에 추가해도 최적해를 얻을 수 있다는 의미이다. (c)에서 F∪{e} = {(1, 6), (2, 5), (4, 6)} ∪ {(6, 5)}는 최소 신장 트리 T의 일부분이고, F∪{e} = {(1, 6), (2, 5), (4, 6)} ∪ {(4, 2)}도 또 다른 최소 신장 트리의 일부분이라는 뜻이다.

| 증명 |

F∪{e}가 이미 최소 신장 트리 T에 일부분이라면 더 이상 증명이 필요 없다. 따라서 F∪{e}가 최소 신장 트리 T의 일부가 아니라고 가정하면 간선 e가 최소 신장 트리 T의 일부가 아니므로 T∪{e}는, 즉 간선 e를 T에 추가해보면, [그림 VII-2]와 같이 사이클이 만들어진다.

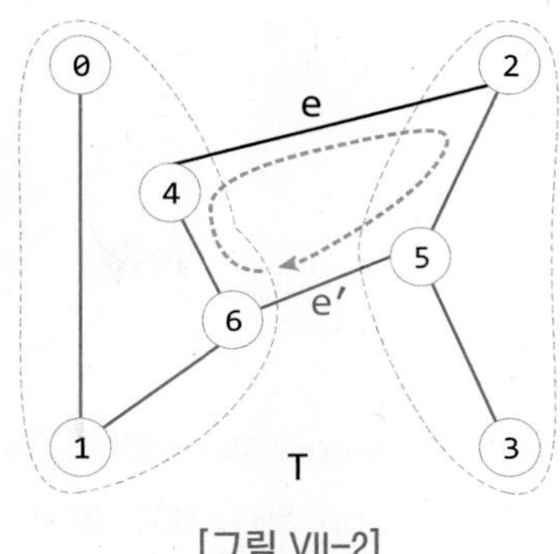

[그림 VII-2]

e를 제외한 이 사이클의 간선들 중에는 반드시 S와 V−S를 연결하는 트리 간선 e'이 존재한다. [그림 VII−1](c)에서 간선 (4, 2)가 e이고, 간선 (6, 5)가 바로 e'이다. 이제 사이클이 만들어진 T ∪ {e}에서 트리 간선 e'을 제거하면, 또 다른 신장 트리 T'이 만들어진다. 즉, T' = T ∪ {e} − {e'}이다. 그런데 e의 가중치가 S와 V−S를 연결하는 간선 중에서 가장 작다고 했으므로, (T'의 가중치) ≤ (T의 가중치)이다. 그러나 가정에서 T가 최소 신장 트리라고 했으므로 (T'의 가중치) = (T의 가중치)이다. 그러므로 F∪{e}는 최소 신장 트리의 일부이다. □

Kruskal과 Sollin 알고리즘에선 "욕심내어" 최소 가중치 간선을 연결하는 과정에서 Cut Property의 집합 S와 V−S가 자연스럽게 형성되므로, 이 알고리즘들이 만든 신장 트리가 최소 신장 트리가 됨을 증명한 것이다. Prim 알고리즘의 경우, 시작점으로부터 정점을 하나씩 추가하는 방식이므로 항상 1개의 트리만을 유지하며 신장 트리를 만든다. 따라서 Cut Property의 집합 S는 Prim 알고리즘이 만들어가고 있는 트리로 간주하고, 나머지 트리 밖의 정점 집합을 V−S로 생각하면, Prim 알고리즘이 "욕심내어" 최소 가중치 간선의 끝 정점을 추가하는 것이 바로 F∪{e}와 부합되므로 Prim 알고리즘도 항상 최소 신장 트리를 생성한다.

| 참고문헌 |

- Azar, Broder, Karlin and Upfal, “Balanced Allocations”, Proceedings of the 26th ACM Symposium on Theory of Computing, pp. 593 – 602, 1994.
- Bayer and McCreight, “Organization and Maintenance of Large Ordered Indexes”, Acta Informatica, 1(3), pp. 173–189, 1972.
- Bayer, R., “Symmetric Binary B–Trees: Data Structure and Maintenance Algorithms”. Acta Informatica, 1(4), pp. 290 – 306, 1972.
- Bellman, R., “On a Routing Problem”, Quarterly of Applied Mathematics, 16, pp. 87 – 90, 1958.
- Ciura, M., “Best Increments for the Average Case of Shellsort”, Proceedings of the 13th International Symposium on Fundamentals of Computation Theory, pp. 106–117, 2001.
- Cormen, Leiserson, Rivest, and Stein, “Red – Black Trees”, Introduction to Algorithms, 3rd ed., MIT Press, pp. 308 – 323, 2009.
- Crane, C., Linear Lists and Priority Queues as Balanced Binary Trees, Department of Computer Science, Stanford University, 1972.
- Easley and Kleinberg, Networks, Crowds, and Markets, Reasoning About a Highly Connected World, Cambridge University Press, NY, 2010.
- Floyd, R., “Algorithm 97: Shortest Path”, Communications of the ACM, 5 (6), p. 345, 1962.
- Ford, L., Network Flow Theory. Paper P–923. Santa Monica, California: RAND Corporation, 1956.
- Fredman and Tarjan, “Fibonacci Heaps and Their Uses in Improved Network Optimization Algorithms”, Journal of the Association for Computing Machinery, 34 (3), pp. 596 – 615, 1987.
- Guibas and Sedgewick, “A Dichromatic Framework for Balanced Trees”, Proceedings of the 19th Annual Symposium on Foundations of Computer Science. pp. 8 – 21, 1978.
- Guibas and Szemeredi, “The Analysis of Double Hashing”, J. of Computer and System Sciences, 16(2), pp. 226–274, 1978.

- Hopcroft and Tarjan, "Algorithm 447: Efficient Algorithms for Graph Manipulation", Communications of the ACM, 16 (6), pp. 372 – 378, 1973.
- Hopcroft and Ullman, "Set Merging Algorithms", SIAM Journal on Computing, 2 (4), pp. 294 – 303, 1973.
- http://www.growingwiththeweb.com/2014/06/fibonacci-heap.html
- https://brilliant.org/wiki/fibonacci-heap/
- https://code.google.com/archive/p/back40computing/wikis/RadixSorting.wiki
- https://www.cs.usfca.edu/~galles/visualization/RadixSort.html
- Huffman, D., "A Method for the Construction of Minimum-Redundancy Codes", Proceedings of the IRE, 40 (9), pp. 1098 – 1101, 1952.
- Knuth, D., "Notes on Open Addressing", Unpublished memorandum, 1963.
- Knuth, D., The Art of Computer Programming, Sorting and Searching, Vol. 3, 2nd ed., 1998.
- Kronrod, M., "Optimal Ordering Algorithm without Operational Field", Soviet Mathematics, 10, pp. 744–746, 1969.
- Liskov and Zilles, "Programming with abstract data types", Proceedings of the ACM SIGPLAN Symposium on Very High Level Languages, pp. 50 – 59, 1974.
- Litwin, W., "Linear Hashing: A New Tool for File and Table Addressing", Proc. 6th Conference on Very Large Databases, pp. 212 – 223, 1980.
- Morris, J., "Traversing Binary Trees Simply and Cheaply", Information Processing Letters, 9 (5), pp. 197–200, 1979.
- Pagha and Rodler, "Cuckoo Hashing", Lecture Notes in Computer Science 2161. pp. 121 – 133, 2001.
- Sedgewick and Wayne, Algorithms, 4th ed., Addison-Wesley, 2011.
- Sedgewick, "Left-leaning Red-Black Trees", 2008.
- Sharir, M., "A Strong Connectivity Algorithm and its Applications to Data Flow Analysis", Computers and Mathematics with Applications 7(1), pp. 67 – 72, 1981. (Kosaraju, who described it in 1978, but did not publish his results)
- Shell, D., "A High-Speed Sorting Procedure", Communications of the ACM 2 (7), pp. 30 – 32, 1959.
- Sleator and Tarjan, "Self-Adjusting Heaps," SIAM J. Computing, 15(1), pp. 52–69, 1986.
- Sollin, M., "Le tracé de Canalisation", Programming, Games, and Transportation

Networks, 1965.

- Tarjan, R., "Amortized computational complexity", SIAM J. Appl. Discrete Math. 6, pp. 306–318, 1983.
- Tarjan, R., "Depth–first Search and Linear Graph Algorithms", SIAM Journal on Computing, 1 (2), pp. 146 – 160, 1972.
- Tarjan, R., "Efficiency of a Good But Not Linear Set Union Algorithm", Journal of the ACM, 22 (2), pp. 215 – 225, 1975.
- Top–10 Algorithms, http://web.ist.utl.pt/ist11038/acad/or/aux/Top10Algorithms.pdf
- Vuillemin, J, "A data structure for manipulating priority queues", Communications of the ACM 21, pp. 309 – 314, 1978.
- Warshall, S., "A Theorem on Boolean Matrices", Journal of the ACM, 9 (1), pp. 11 – 12, 1962.
- Williams, F., "Handling Identifiers as Internal Symbols in Language Processors", Comm. ACM 2, pp. 21–24, 1959.
- Yaroslavskiy, V., 2009, http://mail.openjdk.java.net/pipermail/core–libs–dev/2009–September/002630.html

| 찾아보기 |

ㄱ

ㄴ

ㄷ

ㄹ

ㅁ

ㅂ

ㅅ

ㅇ